LE BILAN DU MONDE

Rédaction en chef
Gaïdz Minassian avec Bastien Bonnefous (France), Pierre Jullien (chronologies),
Simon Roger (Planète) et Alain Salles (International)
Avec les services
Economie, France, International et Planète
Responsables des hors-séries
Michel Lefebvre
Direction artistique
Sylvain Peirani
Création artistique
Coralie Heintz
Réalisation graphique
Cécile Coutureau-Merino et Malo Boutanquoi
Chef d'édition
Sabine Ledoux
Edition
Claudine Carroué et Michelle Benaïm avec Dominique Buffier
Iconographie
Cathy Remy
Infographie
Delphine Papin (responsable), Véronique Malécot (coordination),
Marianne Boyer et Floriane Picard (infographie et cartographie)
Correction, documentation, photogravure et production
Le Monde
Chef de fabrication
Jean-Marc Moreau
Fabrication
Alex Monnet
Directeur de la diversification
Julien Frydman
Promotion et communication
Brigitte Billiard, Marianne Brédard, Sylvie Fenaillon, Marlène Godet,
Christiane Montillet et Anne-Laure Simonian
M Publicité
Présidente
Laurence Bonicalzi Bridier
Directrices déléguées
Michaëlle Goffaux et Valérie Lafont
Direction diffusion et production
Hervé Bonnaud
Responsable des ventes France et International
Sabine Gude
Chef de produit
Hélène Rouanet
Responsable commerciale International
Saveria Colosimo Morin
N° ISBN : 978-2-36804-105-5

Edité par la Société éditrice du *Monde* SA.
Durée de la société : 99 ans à compter du 15 décembre 2000.
Capital social : de 124 610 348,70 €. RCS Paris.
Actionnaire principal : Le Monde Libre (SCS).
Président du directoire, directeur de la publication
Louis Dreyfus
Directeur du « Monde », membre du directoire
Jérôme Fenoglio
Directeur de la rédaction
Luc Bronner
Direction du développement éditorial
Emmanuel Davidenkoff
Rédaction, administration et siège social
80, boulevard Auguste-Blanqui, 75707 PARIS CEDEX 13
Tél. : + (33) 01 57 28 20 00 Fax. : + (33) 01 57 28 21 21
Internet : www.lemonde.fr
A la disposition des diffuseurs de presse pour modifications de service,
demande de réassort ou autre, utiliser nos numéros de téléphone verts.
Paris : 0805.050.147 Dépositaires banlieue/province : 0805.050.146
Reproduction interdite de tous les articles, sauf accord avec l'administration.
Commission paritaire des journaux et publications : n° 0722 C 81 975.
ISSN : 0395-2037
Origine du papier : Suède. Taux de fibres recyclées : 0 %.
Ce magazine est imprimé par Maury imprimeur certifié PEFC.
Eutrophisation : PTot = 0,003kg/tonne de papier
Printed in France

Prépresse Le Monde
Impression Maury Imprimeur,
RN 152 route de Pithiviers
Loiret 45330

*Photo de couverture : première manifestation contre le projet de réforme des retraites,
à Paris, le 5 décembre 2019.* CORENTIN FOHLEN/DIVERGENCE

JE SERAI GARANT DU DROIT & DES LIBERTÉS

www.enm.justice.fr

DEVENIR MAGISTRAT

 concours à bac+4, 31 mois de formation rémunérée,
hautes responsabilités dès le 1er poste, grande diversité de fonctions

Faire partie de l'autorité judiciaire, exercer un métier diversifié à très haute responsabilité, veiller au respect des libertés individuelles, rendre la justice au nom du peuple français sont autant de défis passionnants offerts par le métier de magistrat.

Étudiant titulaire d'un bac+4 ou équivalent, d'un diplôme d'IEP, optez pour un concours donnant accès à des fonctions multiples : procureur, juge d'instruction, juge des enfants...

RÉPUBLIQUE FRANÇAISE
MINISTÈRE
DE LA JUSTICE

ENM
ÉCOLE NATIONALE
de la MAGISTRATURE

Avant-propos *Gaïdz Minassian*

DÉSOBÉISSANCE

Le monde est devenu une marmite dont la température augmente. Chaque année, quelques degrés supplémentaires d'incandescence sociale : d'un continent à l'autre, la contestation populaire s'est installée en 2019, structurant un peu partout les rapports entre les Etats et la société civile. De Hongkong au Chili, en passant par l'Indonésie, l'Iran, l'Irak, le Liban, l'Algérie, le Soudan, la France, l'Espagne, le Venezuela, la Bolivie, la Colombie, l'Equateur, Haïti, le Honduras, le Nicaragua et l'Uruguay, se forment les maillons d'une chaîne de mécontentement globalisé contre les inégalités, la pauvreté, la corruption, mais aussi la domination du patriarcat et de l'Etat, qu'il soit démocratique ou autoritaire, sans oublier l'activisme écologique, car la planète se réchauffe aussi... au sens propre.

La tectonique des plaques sociales affole les pouvoirs en place. Certes, on est encore très loin de l'idée d'une révolution mondiale, mais le slogan « Indignez-vous », cher à l'intellectuel Stéphane Hessel, semble déjà très loin et gentillet. La fièvre sociale est montée d'un cran pour prendre la forme d'un mouvement de désobéissance contre les politiques publiques et contre l'impuissance des Etats à soigner les maux de la planète, mais aussi afin d'obtenir davantage de reconnaissance, car les populations descendues dans les rues ou non ont peur pour leur avenir et celui de leurs enfants.

N'est-ce pas dans cette demande de dignité que sont en train de pousser les bourgeons d'un « printemps social mondial » qui ne dit pas encore son nom ? D'espoir ou de désespoir, agressive ou pacifique, spontanée ou organisée, la contestation sociale mondiale qui s'étend ici et là a pour principal dénominateur commun le sentiment de ne pas être entendu, de ne pas être compris et surtout de ne pas savoir quoi faire pour être entendu, si ce n'est de recourir parfois à un peu plus de violence.

D'un pays à l'autre, au sein même de chaque mouvement, les revendications s'agrègent les unes aux autres et irriguent cortèges et slogans autour de trois messages. D'abord, ces défilés de masse remettent le social au cœur du débat public, à l'exception sans doute de la Catalogne qui menace l'unité du royaume d'Espagne. Le retour de ces enjeux – à ne pas confondre avec celui de la solidarité – a ceci d'intéressant qu'il est à l'image d'un monde toujours plus complexe à décrypter, en rupture avec les explications hasardeuses et manichéennes de celles et ceux qui défendent une approche identitaire et essentialiste du monde contemporain. Ensuite, ces défilés populaires accentuent le risque de délégitimité des pouvoirs en place : crise de la démocratie en Occident et crise de l'autoritarisme ailleurs, mais en prenant toujours pour cibles des Etats jugés incapables de répondre aux différents défis globaux. Participer davantage à la prise de décision, aller plus loin que le vote régulier à l'échelle nationale, dépasser le principe de la démocratie participative et fendre l'armure des politiques autoritaires des régimes émergents. Voilà les nouvelles formes de mobilisations politiques qui transcendent les peuples.

DES MOUVEMENTS À PLUSIEURS INCONNUES

Ce réchauffement social est enfin l'expression populaire d'un décentrement du politique, qui jusqu'à maintenant constituait la clé de voûte du système international. En perdant son rôle de médiation, le politique laisse le social et l'économique dans un face-à-face explosif et exacerbe du même coup la dégradation du rapport entre le pouvoir et la société. Avec ce phénomène de démonopolisation, le politique n'est plus au centre du jeu, mais à la marge.

Insaisissables dans leur forme, innovants dans leurs expressions, ces mouvements de contestation sociale renferment trois inconnues. La première : ces poches de désobéissance vont-elles un jour converger à travers le globe ? Deuxième inconnue : une fois que l'on descend dans la rue pour s'opposer à une mesure impopulaire, à un abus de pouvoir ou à un immobilisme, que se passe-t-il après avoir obtenu satisfaction, si on l'obtient ? Une fois brandis pancartes et slogans antisystème, ces colères en marche savent-elles réellement ce qu'elles souhaitent ? Au déficit de crédibilité des pouvoirs s'oppose aussi souvent un déficit de lisibilité des mouvements. Dernière inconnue : les Etats sont-ils en mesure d'absorber la forte demande sociale d'un politique régénéré ? Dans ce bras de fer entre pouvoir et société, on a parfois l'impression d'assister à un duel entre défenseurs des régimes et défenseurs des Etats, les manifestants exigeant à la fois de la part des seconds plus de protection et la sauvegarde de ce qui reste de l'Etat-providence, mais en le conspuant. C'est la grande question de l'année 2020 : ces mouvements de désobéissance collective vont-ils renverser la marmite et faire le jeu de l'Etat sécuritaire ou allonger la liste des Etats faillis ? ∎

> Certes, on est encore très loin de l'idée d'une révolution mondiale, mais le slogan « Indignez-vous », cher à l'intellectuel Stéphane Hessel, semble déjà très loin et gentillet

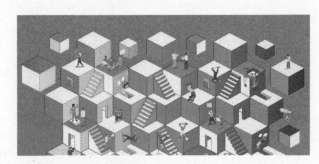

PORTFOLIO

Le « Bilan du Monde »
revient sur les temps forts
de l'année 2019
à travers une sélection
d'images issues de
la production journalistique
internationale.

HONGKONG. *1ᵉʳ juillet 2019, 22ᵉ anniversaire de la rétrocession à la Chine. Des centaines de milliers de Hongkongais défilent dans les rues pour réclamer des réformes démocratiques. En marge de la manifestation, des contestataires prennent d'assaut le Parlement local, appelant à la démission de la chef de l'exécutif Carrie Lam, dont le projet de loi sur l'extradition vers la Chine continentale a déclenché un mouvement de contestation historique dans l'ex-colonie britannique.* VINCENT YU/AP

NIGERIA. *Un partisan du président nigérian Muhammadu Buhari, du Congrès des progressistes (APC). Candidat à sa propre succession, l'ancien général, âgé de 76 ans et à la santé fragile, a été reconduit à l'issue de l'élection présidentielle, en février 2019.* BEN CURTIS/AP

VIETNAM. *Un jeune Vietnamien se fait coiffer comme Kim Jong-un, à l'occasion de la rencontre entre le leader nord-coréen et le président américain Donald Trump, à Hanoï, les 27 et 28 février.* NGUYEN HUY KHAM/REUTERS

KENYA. *Nairobi, le 15 janvier. Les forces armées kényanes encerclent le complexe hôtelier DusitD2, cible des terroristes Chabab, un groupe armé affilié à Al-Qaida, en plein centre de la capitale. Une attaque qui a fait plus de vingt morts.* BEN CURTIS/AP

FRANCE. *Samedi 12 janvier 2019, l'acte IX de la mobilisation des «gilets jaunes» réunit quelque 84 000 manifestants à travers la France, dont 8 000 à Paris, où les forces de l'ordre ont fait usage de canons à eau.* CHRISTIAN HARTMANN/REUTERS

VENEZUELA. *Le 24 février 2019, des Vénézuéliens tentent d'escalader le pont qui relie le département colombien du Norte de Santander à l'Etat de Tachira, dans l'espoir d'accéder aux camions en provenance de Colombie transportant vivres et médicaments. La veille, l'opposant Juan Guaido, qui s'est autoproclamé président, avait annoncé l'entrée de l'aide humanitaire dans le pays, contre l'avis du chef de l'Etat Nicolas Maduro.* MERIDITH KOHUT/THE NEW YORK TIMES-REDUX-REA

ISRAËL. *Au terme des élections anticipées d'avril, puis de celles de septembre, ni le premier ministre Benjamin Nétanyahou (photo), ni le centriste Benny Gantz n'ont réussi à atteindre la majorité parlementaire pour former un gouvernement. M. Nétanyahou, inculpé pour des faits de corruption, de fraude et d'abus de confiance, a toutefois été maintenu à la tête du Likoud après les primaires du parti de droite du 26 décembre, un test de popularité qui le renforce avant la tenue de législatives prévues en mars 2020.* ODED BALILTY/AP

SOUDAN. *Un nouveau sit-in a lieu devant le quartier général de l'armée, à Khartoum, le 19 avril 2019, où les Soudanais viennent en masse réclamer un pouvoir civil. Cela, une semaine après la destitution du président Omar Al-Bachir, condamné, le 14 décembre, à deux ans de « résidence surveillée » pour corruption.* BRYAN DENTON/THE NEW YORK TIMES-REDUX-REA

HAÏTI. *Le 4 mars 2019, à Port-au-Prince, des Haïtiens font défiler des cercueils contenant les dépouilles des manifestants tués lors d'affrontements qui ont commencé en février. Le pays fait face à un chaos politique, économique et social sans précédent.* DIEU NALIO CHERY/AP

FRANCE. *Le 15 mai 2019, un mois après l'incendie qui a ravagé partiellement la cathédrale Notre-Dame-de-Paris, un premier bilan recense la liste des trésors sauvés des flammes. Ici, la « Pieta » de Nicolas Coustou, une œuvre commandée par Louis XIV et réalisée entre 1712 et 1728.*
PHILIPPE LOPEZ/AP

INDE. *Le 28 mai 2019, à Srinagar, dans le Cachemire indien, des séparatistes qui réclament le rattachement de la région au Pakistan, affrontent les forces gouvernementales locales sous contrôle indien. Le 5 août, l'Inde a brutalement révoqué l'autonomie constitutionnelle dont jouissait le territoire à majorité musulmane.* DAR YASIN/AP

AFRIQUE DU SUD. *Un partisan du Congrès national africain (ANC) porte des perles aux couleurs du parti, et un autre un t-shirt à l'effigie du président Cyril Ramaphosa, après la victoire de l'ANC aux élections législatives, à Johannesburg, le 12 mai 2019.* BEN CURTIS/AP

ESPAGNE. *Au lendemain de l'annonce, le 14 octobre 2019, de la condamnation des dirigeants catalans qui avaient organisé un référendum illégal sur l'indépendance en 2017, d'importantes manifestations ont dégénéré à Barcelone. Le 26 octobre, 350 000 indépendantistes ont défilé pacifiquement près du Parlement catalan.* BERNAT ARMANGUE/AP

BRÉSIL. *Année record pour les incendies qui ont dévasté certaines parties de l'Amazonie, comme ici, à Vila Nova Samuel, dans le nord du pays, le 27 août 2019.* VICTOR R. CAIVANO/AP

HONGKONG. *Le 25 août 2019, des policiers sortent, pour la première fois, leurs armes à feu lors d'une confrontation avec des manifestants prodémocratie. Le territoire semi-autonome du sud de la Chine est secoué depuis plus de six mois par une contestation populaire contre un projet de loi permettant les extraditions vers la Chine continentale. Malgré la suspension de ce dernier, le conflit semble au point mort.* KIN CHEUNG/AP

ROYAUME-UNI. *Candidat à la direction du Parti conservateur, Boris Johnson, ici à Barry Island, au Pays de Galles, le 6 juillet 2019, a mené campagne à travers le pays. L'ex-maire de Londres a été élu le 22 juillet, puis nommé premier ministre le 24.* FRANK AUGSTEIN/AP

SYRIE. *Havrine Khalaf, une responsable politique kurde, et son chauffeur, Ferhad Remedan, ont été tués par des miliciens pro-Turcs, dans le nord-est du pays, le 13 octobre 2019. Des femmes pleurent, à l'hôpital de Derik, en venant chercher le corps de M. Remedan.*
LAURENCE GEAI POUR « LE MONDE »

INDONÉSIE. *Le 30 septembre 2019, la police a fait usage de gaz lacrymogène à Jakarta et dans plusieurs villes du pays, notamment à Bandung (photo), contre des étudiants. Ces derniers protestent contre la réduction du budget de la lutte anti-corruption et un projet de révision du code pénal qui prévoit des peines de prison pour les relations sexuelles hors mariage ou entre personnes du même sexe.* KUSUMADIREZA/AP

BAHAMAS. *Le 2 septembre 2019, l'ouragan Dorian, de catégorie 5, a dévasté cet archipel des Caraïbes. Avec des vents moyens de 295 km/h, Dorian est le deuxième plus puissant cyclone enregistré dans l'Atlantique, derrière Allen, en 1980.*
RAMON ESPINOSA/AP

ITALIE. *Après un épisode d'acqua alta et une crue exceptionnelle, le 12 novembre 2019, qui a submergé 80 % de la ville de Venise, une nouvelle alerte est donnée le 15 novembre : la place Saint-Marc est inondée et les touristes sont évacués.* LUCA BRUNO/AP

OTAN. *Lors d'une réunion des dirigeants de l'OTAN, à Watford, en Royaume-Uni, le 4 décembre 2019, Jens Stoltenberg, son secrétaire général (premier plan, à gauche), a rejeté les critiques françaises selon lesquelles l'alliance militaire souffre de « mort cérébrale » et a insisté pour que l'organisation s'adapte aux défis modernes. De gauche à droite, le président français Emmanuel Macron, la première ministre norvégienne, Erna Solberg, la chancelière allemande, Angela Merkel, le président américain, Donald Trump, le président polonais, Andrzej Duda et le premier ministre grec, Kyriakos Mitsotakis.* FRANCISCO SECO/AP

IRAN. *La hausse du prix de l'essence, à la mi-novembre 2019, a provoqué un vaste mouvement de protestation, qui a très vite pris une tournure politique. Manifestations antisystème et rassemblements progouvernementaux, comme ici à Téhéran, le 25 novembre, se sont relayés. Ces émeutes ont fait au moins 304 morts, selon le décompte d'Amnesty International, à la fin décembre.*
EBRAHIM NOROOZI/AP

PLANÈTE. *A l'origine du mouvement des jeunes pour le climat, la Suédoise de 16 ans, Greta Thunberg, devenue l'égérie d'une génération prête à se battre pour son futur, a été désignée «personnalité de l'année 2019» par le magazine «Time». Le 3 décembre, elle arrive au port de Lisbonne, après avoir traversé l'Atlantique à bord d'un voilier – limitant ainsi son empreinte carbone –, pour se rendre, depuis les Etats-Unis, à la COP25, à Madrid.* LUIS FILIPE CATARINO/4SEE-RÉA

CHILI. *A la mi-octobre 2019, des manifestations, à l'origine menées par des collégiens, lycéens et étudiants, contre la hausse du prix du ticket de métro à Santiago, la capitale, se sont rapidement étendues à l'ensemble du pays. Des millions de Chiliens sont descendus dans la rue, donnant lieu à de violents affrontements avec les forces de l'ordre, comme le 6 décembre (photo), 50e jour de la mobilisation. Face à cette colère sociale, le président Sebastian Piñera a décrété l'état d'urgence et annulé la COP25, qui s'est tenue finalement à Madrid, du 2 au 13 décembre.* FERNANDO LLANO/AP

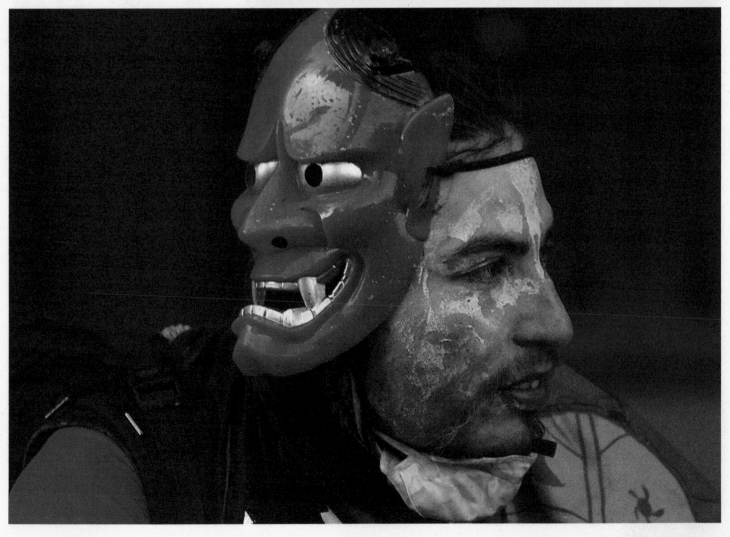

ALLEMAGNE. *Nés le 31 août 2019, au jardin zoologique de Berlin, les bébés pandas jumeaux ont été nommés Meng Xiang («Rêve désiré») et Meng Yuan («Rêve réalisé»), puis présentés à la presse par le maire de Berlin et l'ambassadeur chinois en Allemagne, le 9 décembre. Les deux mammifères ont été baptisés cent jours après leur naissance, comme le veut la tradition chinoise. Leurs parents, Meng Meng («Petit rêve») et le mâle Jiao Qing («Petit trésor»), sont prêtés par Pékin depuis juin 2017.* MICHAEL SOHN/AP

AFGHANISTAN. *De jeune afghanes partagent un pain dans un camp pour personnes déplacées, à Kaboul, le 30 novembre 2019. Les mauvaises conditions climatiques, qui ont fortement affecté le secteur agricole, ont poussé des milliers de personnes vers des villes incapables de les loger et de les nourrir.* ALTAF QADRI/AP

ALGÉRIE. *Décès, le 23 décembre 2019, du général Ahmed Gaïd Salah, chef d'état-major des armées et homme fort du pays depuis la chute du président Abdelaziz Bouteflika, le 2 avril. Ses funérailles, le 25 décembre, ont rassemblé plusieurs milliers de partisans, à Alger.* RAMZI BOUDINA/REUTERS

**LEADING TOMORROW'S WORLD STARTS
BY CHOOSING AN OPEN WORLD TODAY*

CHOOSE ESCP

ESCP
BUSINESS SCHOOL

[IT ALL STARTS HERE

BERLIN I LONDON I MADRID I PARIS I TURIN I WARSAW

INTERNATIONAL

La vague de protestations populaires qui a rythmé l'année 2019 plonge le monde dans une profonde incertitude sur fond de tensions politiques et économiques entre les Etats-Unis et la Chine. Donald Trump entre dans une année électorale à haut risque pour son avenir (impeachment) et sa majorité. Xi Jinping sort des 70 ans de la fondation de la République populaire de Chine sans savoir quelle issue prendra la crise de Hongkong. Ailleurs, les convulsions du Moyen-Orient accentuent la montée du sentiment d'inquiétude alors que l'Occident a abandonné les Kurdes face à l'offensive de la Turquie. Dans ce brouillard international, deux certitudes : le Brexit aura bien lieu en 2020 et les droites populistes ont ralenti leur progression en 2019.

Manifestation à Bagdad contre le régime irakien, le 7 novembre 2019.
KHALID MOHAMMED/AP

Sahel, Moyen-Orient, Asie centrale : « l'arc de crise »

● Violences contre les civils
(répression, batailles, explosions...)
du 1er janvier au 16 novembre

L'offensive turque contre les Kurdes a fait des centaines de morts et 300 000 déplacés. Appelé à l'aide par les Kurdes, le gouvernement de Damas en a profité pour réinvestir la zone en dépit de la menace djihadiste.

Dix-huit ans après leur chute, en 2001, les talibans contrôlent plus ou moins la moitié du pays, le plus touché par le terrorisme en 2018, selon le think tank australien Institute for Economics and Peace.

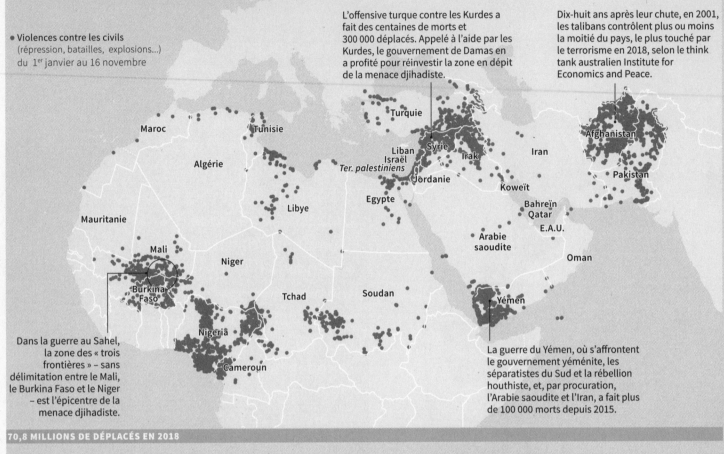

Dans la guerre au Sahel, la zone des « trois frontières » – sans délimitation entre le Mali, le Burkina Faso et le Niger – est l'épicentre de la menace djihadiste.

La guerre du Yémen, où s'affrontent le gouvernement yéménite, les séparatistes du Sud et la rébellion houthiste, et, par procuration, l'Arabie saoudite et l'Iran, a fait plus de 100 000 morts depuis 2015.

70,8 MILLIONS DE DÉPLACÉS EN 2018

NOMBRE DE PERSONNES DÉPLACÉES DANS LE MONDE
en millions

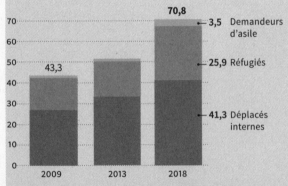

- 3,5 Demandeurs d'asile
- 25,9 Réfugiés
- 41,3 Déplacés internes

70,8 — 43,3 — 2009 2013 2018

VICTIMES DU TERRORISME entre 2002 et 2018, en nombre de morts

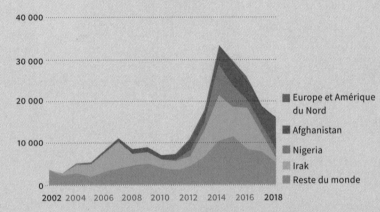

■ Europe et Amérique du Nord
■ Afghanistan
■ Nigeria
■ Irak
■ Reste du monde

2002 2004 2006 2008 2010 2012 2014 2016 2018

CROISSANCE MONDIALE

en %

3   5,4   3

-0,1

2008   2019*

COMMERCE MONDIAL DE MARCHANDISES

ÉVOLUTION, en %

14,1
5,2
2   2,2 2,5 2,7 2,3 1,7   4,6   3   1,2
-12,2

2008   2019*

ÉTATS-UNIS - CHINE

EXPORTATIONS EN 2018, en milliards de dollars

Des Etats-Unis vers la Chine | **De la Chine** vers les Etats-Unis

120,1 | 539,6

419
milliards de dollars
(376 milliards d'euros)

Le déficit commercial des **Etats-Unis** vis-à-vis de la **Chine**

*Prévisions

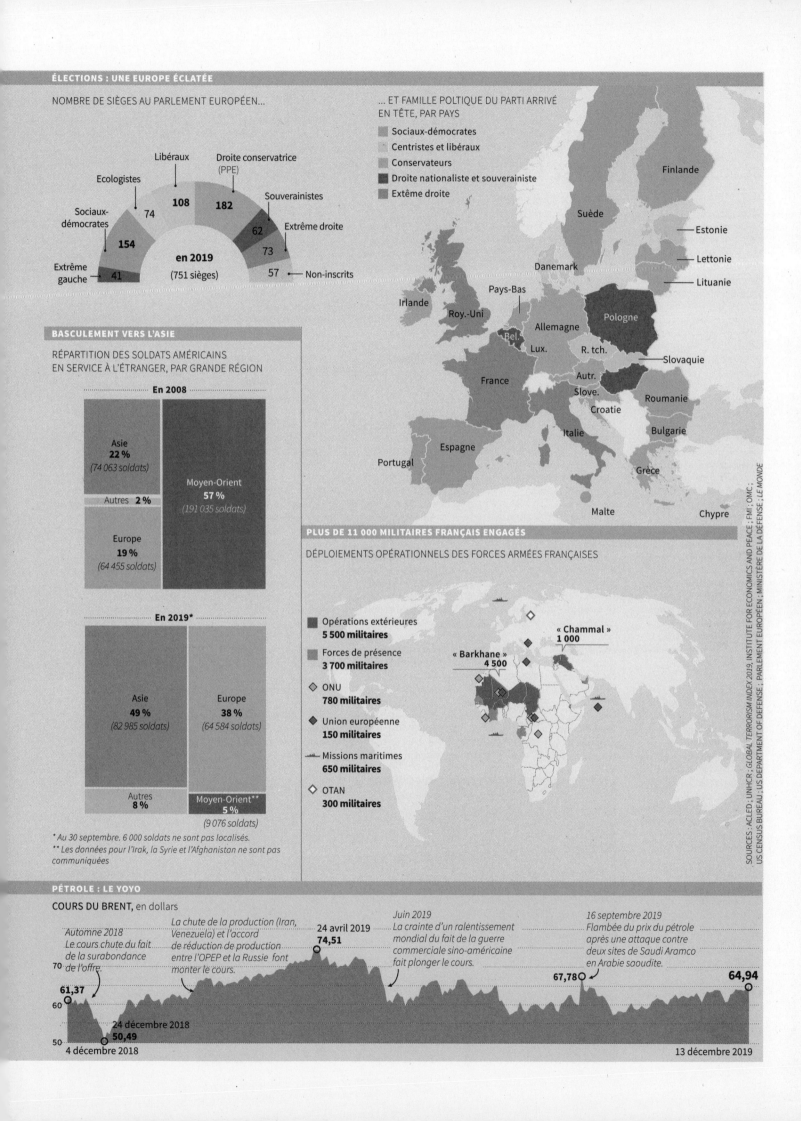

ÉLECTIONS : UNE EUROPE ÉCLATÉE

NOMBRE DE SIÈGES AU PARLEMENT EUROPÉEN...

Ecologistes
Libéraux
74
108

Sociaux-démocrates
154

Extrême gauche
41

Droite conservatrice (PPE)
182

Souverainistes
62

Extrême droite
73

Non-inscrits
57

en 2019
(751 sièges)

... ET FAMILLE POLTIQUE DU PARTI ARRIVÉ EN TÊTE, PAR PAYS

- Sociaux-démocrates
- Centristes et libéraux
- Conservateurs
- Droite nationaliste et souverainiste
- Extême droite

Finlande
Suède
Estonie
Lettonie
Lituanie
Danemark
Pays-Bas
Irlande
Roy.-Uni
Bel.
Allemagne
Pologne
Lux.
R. tch.
Slovaquie
France
Autr.
Slove.
Roumanie
Croatie
Italie
Bulgarie
Espagne
Grèce
Portugal
Malte
Chypre

BASCULEMENT VERS L'ASIE

RÉPARTITION DES SOLDATS AMÉRICAINS EN SERVICE À L'ÉTRANGER, PAR GRANDE RÉGION

En 2008

Asie
22 %
(74 063 soldats)

Autres 2 %

Europe
19 %
(64 455 soldats)

Moyen-Orient
57 %
(191 035 soldats)

En 2019*

Asie
49 %
(82 985 soldats)

Europe
38 %
(64 584 soldats)

Autres
8 %

Moyen-Orient**
5 %
(9 076 soldats)

* Au 30 septembre. 6 000 soldats ne sont pas localisés.
** Les données pour l'Irak, la Syrie et l'Afghanistan ne sont pas communiquées

PLUS DE 11 000 MILITAIRES FRANÇAIS ENGAGÉS

DÉPLOIEMENTS OPÉRATIONNELS DES FORCES ARMÉES FRANÇAISES

- Opérations extérieures
  5 500 militaires
- Forces de présence
  3 700 militaires
- ◇ ONU
  780 militaires
- ◆ Union européenne
  150 militaires
- Missions maritimes
  650 militaires
- ◇ OTAN
  300 militaires

« Barkhane »
4 500

« Chammal »
1 000

SOURCES : ACLED ; UNHCR ; GLOBAL TERRORISM INDEX 2019, INSTITUTE FOR ECONOMICS AND PEACE ; FMI ; OMC ; US CENSUS BUREAU ; US DEPARTMENT OF DEFENSE ; PARLEMENT EUROPÉEN ; MINISTÈRE DE LA DÉFENSE ; LE MONDE

PÉTROLE : LE YOYO

COURS DU BRENT, en dollars

Automne 2018
Le cours chute du fait de la surabondance de l'offre.

La chute de la production (Iran, Venezuela) et l'accord de réduction de production entre l'OPEP et la Russie font monter le cours.

24 avril 2019
74,51

Juin 2019
La crainte d'un ralentissement mondial du fait de la guerre commerciale sino-américaine fait plonger le cours.

16 septembre 2019
Flambée du prix du pétrole après une attaque contre deux sites de Saudi Aramco en Arabie saoudite.

61,37

50,49
24 décembre 2018

4 décembre 2018

67,78

64,94

13 décembre 2019

2019

JANVIER

1ᴱᴿ || ESPACE | La sonde New Horizons de la NASA survole l'objet céleste le plus éloigné et peut-être le plus ancien jamais observé de près, Ultima Thule, situé à quelque 6,4 milliards de kilomètres de la Terre.

1ᴱᴿ || UNION EUROPÉENNE | La Roumanie prend la présidence tournante. En juillet, la Finlande lui succède.

3 || ENTREPRISES | Annonce du rachat de Celgene, l'une des plus grosses sociétés américaines de biotechnologies, par le laboratoire Bristol-Myers Squibb (BMS) pour 74 milliards de dollars (près de 67 milliards d'euros).

12 || JUSTICE | Condamné en Italie pour quatre meurtres, l'ancien activiste d'extrême gauche Cesare Battisti, 64 ans, est arrêté en Bolivie puis renvoyé en Italie, où il arrive le 14. Il reconnaît sa responsabilité le 23 mars.

15 || CÔTE D'IVOIRE | L'ancien président, Laurent Gbagbo, est acquitté de crimes contre l'humanité par la Cour pénale internationale (CPI).

23 || VENEZUELA | Le président de l'Assemblée nationale et chef de l'opposition, Juan Guaido, 35 ans, s'auto-proclame président du Venezuela. Il est reconnu par les Etats-Unis, le Canada et les principaux pays d'Amérique latine, en dehors du Mexique et de Cuba.

25 || GRÈCE | Après leurs homologues macédoniens, qui se sont prononcés le 11 janvier, les députés approuvent le nom de « Macédoine du Nord », pour l'ex-République des Balkans. Le 12 février, l'accord entre Skopje et Athènes sur le nouveau nom de la Macédoine entre en vigueur.

FÉVRIER

11 || ARMEMENT | Signature de l'accord franco-australien négocié fin 2016 pour la construction de douze sous-marins d'attaque Shortfin Barracuda.

15 || ÉTATS-UNIS | Donald Trump décrète l'état d'urgence nationale pour mener à bien son projet de mur antimigrants à la frontière mexicaine.

19 || MODE | Mort de Karl Lagerfeld, né en 1933 ou 1935.

20 || FINANCE | La banque suisse UBS est condamnée par la 32ᵉ chambre correctionnelle du tribunal de Paris à 3,7 milliards d'euros d'amende pour « démarchage bancaire illégal » et « blanchiment de fraude fiscale ». Le procès en appel doit se tenir en juin 2020.

27 || UNION EUROPÉENNE | 17 des 19 banques centrales nationales de la zone euro cessent d'émettre des billets de 500 euros. L'Allemagne et l'Autriche bénéficient d'un délai supplémentaire de trois mois. La coupure continue d'avoir valeur légale.

27 || ASIE | Un combat aérien oppose les forces indiennes et pakistanaises.

MARS

4 || PIXELS | Surveillance de l'Internet chinois : selon le constat fait par des hackers étrangers à la suite d'une fuite de données, en Chine, 364 millions de profils seraient surveillés, et leurs données transmises aux commissariats.

6 || AFFAIRE GHOSN | L'ex-patron de l'Alliance Renault-Nissan-Mitsubishi sort de la prison de Kosuge (Tokyo) où il était détenu depuis le 19 novembre 2018.

10 || TRANSPORT | 157 victimes dans le crash d'un Boeing 737 MAX de la compagnie Ethiopian Airlines.

25 || VENEZUELA | Les quatorze pays du groupe de Lima appellent à une transition démocratique « sans usage de la force ».

27-28 || DIPLOMATIE | Rencontre entre le président américain, Donald Trump, et son homologue nord-coréen, Kim Jong-un, à Hanoï (Vietnam).

12 || TERRORISME | A Bruxelles, condamnation à perpétuité de Mehdi Nemmouche, qui avait tué quatre personnes au Musée juif de Belgique en 2014.

12 || PARADIS FISCAUX | Les 28 ministres des finances de l'UE adoptent une nouvelle liste noire. Outre les 5 déjà présents – Samoa américaines, Samoa, Guam, Trinité-et-Tobago et îles Vierges américaines – 10 sont ajoutés : Aruba, Belize, Bermudes, Fidji, Oman, Vanuatu, Dominique, Barbade, Emirats arabes unis et îles Marshall.

15 || TERRORISME | Une attaque perpétrée par le terroriste australien d'extrême droite Brenton Tarrant contre deux mosquées de Christchurch, en Nouvelle-Zélande, fait 51 morts.

20 || PIXELS | La Commission européenne sanctionne Google d'une nouvelle amende pour abus de position dominante : 1,49 milliard d'euros. La décision concerne AdSense for Search, un système de publicité contextuelle du leader mondial de la recherche en ligne.

27 || ROYAUME-UNI | Theresa May propose sa démission aux députés s'ils acceptent de ratifier l'accord de sortie négocié avec l'UE.

29 || UNION EUROPÉENNE | Pour la 3ᵉ fois depuis janvier, les députés britanniques rejettent la sortie de l'Union, le jour de la date initialement prévue pour le Brexit.

AVRIL

2 || ALGÉRIE | Le président Abdelaziz Bouteflika, 82 ans, informe le Conseil constitutionnel de sa démission.

4 || AFFAIRE GHOSN | Le parquet japonais arrête M. Ghosn pour la 4ᵉ fois pour abus de confiance aggravé. Le 8, à Tokyo, les actionnaires de Nissan votent la révocation de son mandat d'administrateur lors d'une assemblée générale extraordinaire. Le 25, il est libéré sous caution.

9 || ALGÉRIE | Abdelkader Bensalah est nommé président par intérim. Le 10, il signe un décret selon lequel la présidentielle aura lieu le 4 juillet. Le 1ᵉʳ juin, la présidentielle est reportée par le Conseil constitutionnel. Le 25 septembre, Abdelkader Bensalah annonce qu'elle aura lieu le 12 décembre.

14 || PIXELS | La France remporte à Londres, sur console, la FIFA eNations Cup, devenant ainsi la première nation championne du monde de football virtuel.

21 || UKRAINE | L'humoriste et producteur de télévision Volodymyr Zelensky remporte la présidentielle face à Petro Porochenko avec 73 % des suffrages.

21 || SRI LANKA | Des attentats, revendiqués le 23 par l'EI, font 269 morts.

24 || ALGÉRIE | Mort d'Abassi Madani (88 ans), fondateur du Front islamique du salut.

28 || ESPAGNE | Pedro Sanchez, le premier ministre socialiste, sort vainqueur des législatives, le PSOE arrivant en tête avec 28,7 % des suffrages. Vox, le parti d'extrême droite, fait son entrée au Parlement avec 24 députés et 10 % des voix.

11 AVRIL || WIKILEAKS | Julian Assange est arrêté à Londres après plus de six ans d'asile politique au sein de l'ambassade d'Equateur. Le 23 mai, la justice américaine annonce avoir retenu contre lui 17 chefs d'inculpation supplémentaires. HANNAH MCKAY/REUTERS

MAI

1ER || JAPON | Naruhito monte sur le trône, après l'abdication d'Akihito. Le pays entre dans une nouvelle ère impériale, Reiwa.

12 || ÉMIRATS ARABES UNIS | A Foujeyra, attaque de quatre bateaux, dont deux supertankers saoudiens. Le 13 juin, deux nouveaux pétroliers, l'un japonais, l'autre norvégien, sont pris pour cibles en mer d'Oman.

14 || AVORTEMENT | L'Alabama adopte une loi qui interdit toutes les interruptions volontaires de grossesse, même en cas d'inceste ou de viol.

16 || ARCHITECTURE | Mort de Ieoh Ming Pei, architecte sino-américain, créateur de la Pyramide du Louvre, à 102 ans.

20 || SPORT | Décès de Niki Lauda, à 70 ans, champion du monde autrichien de formule 1 en 1975, 1977 et 1984.

23 || INDE | Victoire du premier ministre, Narendra Modi, aux législatives : il obtient la majorité absolue au Parlement et assoit l'hégémonie des nationalistes hindous.

24 || ROYAUME-UNI | Faute d'accord sur le Brexit, reporté au 31 octobre, Theresa May annonce sa démission officielle le 7 juin.

26 || EUROPÉENNES | Percée confirmée des partis populistes partout dans l'UE.

28 || UNION EUROPÉENNE | Mise en circulation des nouveaux billets de 100 euros et de 200 euros.

JUIN

2 || RELIGION | En voyage en Roumanie, le pape demande pardon aux Roms au nom de l'Eglise catholique *« pour les fois où, au cours de l'histoire, nous vous avons discriminés, maltraités (…) où nous n'avons pas été capables de vous (…) défendre dans votre singularité ».*

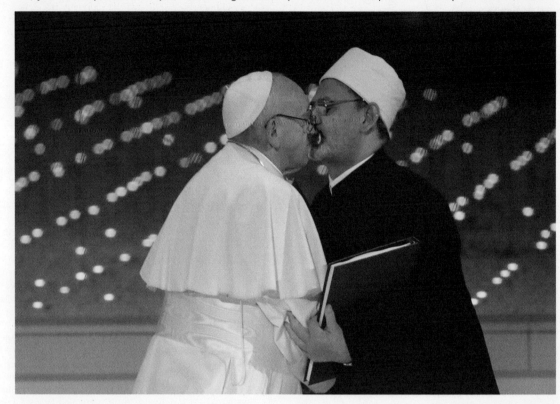

7 || FISCALITÉ | Le montant des dépôts bancaires dans les comptes offshore a baissé de 34 % en dix ans, soit 489 milliards d'euros, selon un rapport de l'OCDE.

9 || HONGKONG | Plus de 1 million de personnes défilent pour dénoncer un projet de loi d'extradition de suspects en Chine afin qu'ils y soient jugés, après une manifestation qui avait réuni des dizaines de milliers de personnes dès le 28 avril. Près de 2 millions de personnes défilent le 16.

17 || ÉGYPTE | L'ancien président égyptien Mohamed Morsi meurt pendant son procès d'une crise cardiaque en plein tribunal à 67 ans.

18 || CRYPTOMONNAIES | Facebook annonce la naissance de la libra, une monnaie électronique censée permettre d'acheter des biens ou d'envoyer de l'argent aussi facilement qu'un message instantané.

23 || TURQUIE | Recep Tayyip Erdogan perd la ville d'Istanbul lors des municipales : l'opposition, emmenée par le candidat laïque Ekrem Imamoglu, l'emporte sur le candidat du pouvoir, Binali Yildirim.

28 || COMMERCE | Signature d'un accord controversé de libre-échange entre l'Union européenne (UE) et le Mercosur (Brésil, Argentine, Uruguay, Paraguay). Le 2 juillet, la porte-parole du gouvernement français, Sibeth Ndiaye, indique que *« la France pour l'instant n'est pas prête à* [le] *ratifier ».*

30 || ASIE | Donald Trump devient le premier président américain en exercice à fouler le sol nord-coréen.

JUILLET

2 || UNION EUROPÉENNE | Les dirigeants européens s'entendent pour la direction de l'UE, qui verra deux femmes aux postes-clés : l'Allemande Ursula von der Leyen, à la Commission, confirmée à ce poste au Parlement européen le 16 juillet, et la Française Christine Lagarde à la BCE, directrice générale du FMI, succédant à l'Italien Mario Draghi le 1er novembre.

3 || UNION EUROPÉENNE | Le social-démocrate italien David Sassoli est élu président du Parlement européen à Strasbourg.

5 || ALGÉRIE | Des centaines de milliers de personnes manifestent pour demander le départ du nouvel homme fort du pays, le général Ahmed Gaïd Salah.

12 || PIXELS | Facebook est condamné par la Federal Trade Commission, l'autorité de concurrence américaine, à verser 5 milliards de dollars (4,5 milliards d'euros) pour une fuite de données.

17 || JUSTICE | Le narcotrafiquant Joaquin Guzman, dit « El Chapo », est condamné à la perpétuité par le parquet de New York.

22 || CHINE | Mort de Li Peng, ancien premier ministre chinois (1988-1998), surnommé le « boucher de Tiananmen », à 90 ans.

23 || COMMERCE | France : l'accord de libre-échange entre l'UE et le Canada (CETA) est ratifié par l'Assemblée nationale.

24 || ROYAUME-UNI | L'ancien maire de Londres Boris Johnson est nommé premier ministre après avoir été désigné la veille chef du Parti conservateur.

25 || ÉTATS-UNIS | Lors d'un appel téléphonique, le président Donald Trump demande à son homologue ukrainien, Volodymyr Zelensky, d'enquêter sur l'ancien vice-président américain Joe Biden et sa famille.

25 || TUNISIE | Le président Béji Caïd Essebsi, 92 ans, meurt des suites de son malaise du mois de juin. Mohamed Ennaceur, 85 ans, le remplace par intérim. Kaïs Saïed est élu à la présidence le 13 octobre.

AOÛT

1ER || KENYA | Le pays devient exportateur de pétrole avec un premier accord conclu sur 200 000 barils de pétrole vers la Chine. Le premier tanker part de Monbassa le 26.

5 || INDE | New Delhi supprime le statut d'autonomie du Cachemire indien (Etat du Jammu-et-Cachemire).

8 || KIRGHIZISTAN | Arrestation de l'ancien président Almazbek Atambaïev (2011-2017), inculpé fin juin pour corruption.

10 || JUSTICE | Suicide en prison à Manhattan du milliardaire américain Jeffrey Epstein, 66 ans, accusé de pédocriminalité.

17 || AFGHANISTAN | 80 morts et plus de 180 blessés dans un attentat-suicide d'un kamikaze du groupe djihadiste Etat islamique contre un mariage à Kaboul.

18 || GÉOPOLITIQUE | Donald Trump confirme son intérêt pour acheter le Groenland au Danemark.

20 || FINANCE | La Jyske Bank, la troisième banque du Danemark, qui a lancé début août un crédit immobilier sur dix ans à – 0,5 %, prévoit dorénavant de faire payer ceux qui laissent dormir des sommes trop importantes sur leurs comptes.

26 || INDONÉSIE | Le président indonésien Joko Widodo dévoile le choix d'un site sur l'île de Bornéo pour déménager la capitale du pays.

28 || UNION EUROPÉENNE | Boris Johnson annonce la suspension du Parlement jusqu'au 14 octobre.

SEPTEMBRE

1ER || COMMERCE | Les Etats-Unis et la Chine commencent à prélever des droits de douane majorés sur leurs importations mutuelles, marquant une nouvelle escalade dans le conflit commercial qui les oppose. Le 2, la Chine dépose une plainte à l'OMC.

4 || ROYAUME-UNI | Les députés britanniques adoptent la loi qui oblige

17 MAI || MARIAGE POUR TOUS | Taïwan devient le premier pays d'Asie à légaliser l'union des personnes de même sexe. CHIANG YING-YING/AP

le premier ministre à demander un report du Brexit au 31 janvier 2020 à Bruxelles pour éviter un « no deal » le 31 octobre. Ils refusent l'organisation d'élections générales.

4 || HONGKONG | La chef de l'exécutif, Carrie Lam, annonce le retrait du projet de loi d'extradition qui a plongé le territoire dans une grave crise politique depuis plusieurs mois.

6 || ZIMBABWE | Mort de l'ancien président Robert Mugabe, à 95 ans.

7 || DIPLOMATIE | L'Ukraine et la Russie effectuent un échange de 70 prisonniers, dont le cinéaste ukrainien Oleg Sentsov.

14 || ARABIE SAOUDITE | Une attaque de drones et de missiles dévaste deux sites pétroliers majeurs.

16 || DIPLOMATIE | Les îles Salomon rompent leur alliance diplomatique avec Taïwan pour reconnaître Pékin.

19 || TUNISIE | Mort de Zine El-Abidine Ben Ali, ancien président de la Tunisie (1987-2011), à 83 ans, en exil en Arabie saoudite.

20 || ÉTATS-UNIS | Pour la quatrième fois en une semaine, la Réserve fédérale américaine (Fed) injecte 75 milliards de dollars

(68 milliards d'euros) sur les marchés monétaires, après être déjà intervenue les 17 (53 milliards), 18 et 19 septembre (75 milliards dans les deux cas).

23 || ENTREPRISE | Faillite du voyagiste Thomas Cook. Le 1er novembre, le groupe chinois Fosun annonce l'acquisition de la marque pour 11 millions de livres (près de 13 millions d'euros).

23 || TRANSPORT | Achèvement « officiel » des neuf premiers kilomètres du tunnel Lyon-Turin sous les Alpes.

24 || ROYAUME-UNI | La Cour suprême britannique déclare illégale la décision du premier ministre de suspendre cinq semaines le Parlement britannique.

24 || ÉTATS-UNIS | La présidente démocrate de la Chambre des représentants, Nancy Pelosi, annonce l'ouverture d'une enquête en vue de la destitution de Donald Trump pour abus de pouvoir et obstruction au Congrès.

OCTOBRE

1ER || IRAK | Début des grandes manifestations qui font des centaines de victimes dans les semaines qui suivent à Bagdad, à Kerbala, etc.

2 || COMMERCE | L'OMC autorise les Etats-Unis à imposer des droits de douane de 7,5 milliards de dollars (6,9 milliards d'euros) sur les importations européennes. Un record historique.

6 || SYRIE | Washington donne son accord à une offensive turque. Le 7, les forces américaines commencent à se retirer de certaines zones aux abords de la frontière turque dans le nord de la Syrie.

7 || CHILI | Début de manifestations monstres contre les inégalités socio-économiques. Le 25, plus de 1,2 million de personnes défilent à Santiago.

10 || UNION EUROPÉENNE | Le Parlement européen rejette la nomination de la Française Sylvie Goulard comme commissaire au marché intérieur.

10 || CULTURE | La Polonaise Olga Tokarczuk et l'Autrichien Peter Handke Prix Nobel de littérature au titre de l'année 2018 et pour 2019.

11 || NORVÈGE | Le prix Nobel de la paix est attribué au premier ministre éthiopien Abiy Ahmed.

13 || TUNISIE | Election du conservateur Kaïs Saïed à la présidence de la République.

14 || ÉCONOMIE | La franco-américaine Esther Duflo reçoit le prix d'économie de la Banque de Suède, en même temps qu'Abhijit Banerjee et Michael Kremer.

15 || UNION EUROPÉENNE | La France et les Pays-Bas s'opposent de nouveau à l'ouverture de négociations d'adhésion avec la Macédoine du Nord et l'Albanie.

19 || UNION EUROPÉENNE | Le Parlement britannique contraint Boris Johnson à demander un nouveau report du Brexit au 31 janvier 2020.

23 || NUMÉRIQUE | Google réussit à l'aide d'un ordinateur quantique de sa conception, pour la première fois, à effectuer un calcul plus rapidement que les meilleurs supercalculateurs classiques.

23 || MIGRATION | Découverte au Royaume-Uni de 39 corps de migrants vietnamiens dans un camion frigorifique immatriculé en Bulgarie qui arrivait d'un port belge.

27 || TERRORISME | Annonce par Donald Trump de la mort la veille du chef de l'EI, Abou Bakr Al-Baghdadi, lors d'un raid des forces spéciales américaines.

27 || ARGENTINE | Le péroniste Alberto Fernandez, allié de Cristina Kirchner, est élu président au premier tour.

28 || BREXIT | Les 27 pays de l'UE sont d'accord pour reporter la date de sortie du Royaume-Uni au 31 janvier 2020.

29 || ÉTATS-UNIS | La Chambre des représentants vote la reconnaissance du génocide des Arméniens.

31 || AUTOMOBILE | Les groupes PSA et Fiat-Chrysler Automobiles annoncent l'accord à l'unanimité de leurs deux conseils d'administration sur un projet de fusion.

NOVEMBRE

1ER || MALI | L'attaque d'un camp militaire fait 50 morts.

Nous sommes les forces du changement

Faites un don sur ccfd-terresolidaire.org

Cette indienne Madiha se bat pour préserver la culture et les terres de son peuple en Amazonie. À ses côtés, le *Conselho Indigenista Missionário* défend le mode de vie ancestral des peuples indigènes.

Comité Catholique contre la Faim et pour le Développement - Terre Solidaire

CCFD TERRE SOLIDAIRE
Soyons les forces du changement

Grâce à vos dons, le CCFD Terre-Solidaire soutient le *Conselho Indigenista Missionário* et plus de 600 organisations à travers le monde.

2 || SPORT | L'Afrique du Sud remporte la Coupe du monde de rugby au Japon contre l'Angleterre.

6 || BURKINA FASO | Au moins 38 morts et 60 blessés dans un attentat contre un convoi minier.

7 || GÉOPOLITIQUE | Emmanuel Macron déclare à l'hebdomadaire *The Economist* que l'OTAN est en état de « *mort cérébrale* ».

8 || BRÉSIL | Libération de l'ex-président Lula.

10 || BOLIVIE | Démission du président Evo Morales puis exil au Mexique le 11.

12 || BOLIVIE | La seconde vice-présidente du Sénat, Jeanine Añez, se proclame présidente intérimaire.

13 || ÉTATS-UNIS | Mise en accusation de Donald Trump : ouverture des auditions publiques au Congrès.

14 || UNION EUROPÉENNE | Une majorité de députés européens approuve la candidature de Thierry Breton à la Commission européenne.

16 || IRAN | Emeutes après la hausse du prix de l'essence. Le bilan de la répression est de 300 morts.

18 || MALI | Vingt-quatre soldats maliens tués dans des attaques djihadistes.

18 || ISRAËL | Pour les Etats-Unis, les colonies israéliennes en Cisjordanie sont légales.

19 || ÉTATS-UNIS | Le Sénat adopte à l'unanimité un texte soutenant les « droits de l'homme et la démocratie » à Hongkong, promulgué par Donald Trump le 27.

24 || HONGKONG | Elections locales : l'opposition remporte la majorité dans 17 des 18 conseils de district, dans un vote de défiance à l'encontre du gouvernement de Carrie Lam et de la Chine.

25 || ENTREPRISE | LVMH rachète le joaillier new-yorkais Tiffany pour 14,7 milliards d'euros.

30 OCTOBRE || ÉTATS-UNIS | Vote favorable de la Chambre des représentants, présidée par la démocrate Nancy Pelosi, à la procédure de mise en accusation du président Donald Trump. ANDREW HARNIK/AP

25 || « CHINA CABLES » | Un consortium de 17 médias, dont *Le Monde*, révèle des directives secrètes pour placer la minorité musulmane ouïgoure dans des camps de rééducation idéologique au Xinjiang.

27 || UNION EUROPÉENNE | Le Parlement valide la nomination de la présidente de la Commission, Ursula von der Leyen, qui entre en fonctions le 1er décembre.

27 || LIBYE | Le gouvernement d'union nationale (GNA) signe deux accords, l'un sur la sécurité et la coopération militaire, l'autre sur les frontières maritimes en Méditerranée orientale, avec la Turquie, son principal soutien dans le conflit qui l'oppose à l'homme fort de l'Est libyen Khalifa Haftar soutenu par l'Arabie saoudite, l'Egypte et les Emirats arabes unis.

DÉCEMBRE

1ER || BURKINA FASO | L'attaque d'un temple protestant attribuée à des djihadistes dans l'est du pays fait 14 morts.

3 || ÉTATS-UNIS | La Chambre américaine des représentants approuve un projet de loi appelant à imposer des sanctions contre de hauts responsables du Xinjiang, en raison des internements de musulmans ouïgours dans cette région.

9 || SPORT | Le comité exécutif de l'Agence mondiale antidopage (AMA) vote à l'unanimité en faveur de la suspension de la Russie pour une période de quatre ans des grandes compétitions internationales, dont les JO et la Coupe du monde de football.

10 || BIRMANIE | Aung San Suu Kyi comparaît devant la Cour internationale de justice, à La Haye, pour répondre des accusations portées contre son pays de génocide contre la minorité musulmane des Rohingya.

10 || NIGER | 71 morts dans l'attaque d'un camp militaire par des forces djihadistes.

12 || BOURSE | Au terme de ses deux premiers jours de cotation sur le Tadawul, l'indice-phare de la Bourse de Riyad, la compagnie pétrolière Saudi Aramco – la plus grosse introduction en Bourse de l'histoire – atteint une valorisation de 1 960 milliards de dollars (1 758 milliards d'euros), ce qui en fait la société la plus chère du monde.

12 || ROYAUME-UNI | Victoire historique pour les conservateurs de Boris Johnson aux législatives qui devrait concrétiser le Brexit le 31 janvier 2020.

12 || ALGÉRIE | Scrutin présidentiel : Abdelmadjid Tebboune, 74 ans, est élu au premier tour avec 58,13 % des voix et une participation de 39,88 %.

16 || AÉRONAUTIQUE | Boeing stoppe la production du 737 MAX, cloué au sol depuis la mi-mars, pendant deux mois, après deux crashs.

18 || ÉTATS-UNIS | La Chambre des représentants, à majorité démocrate, vote l'acte d'accusation de Donald Trump pour abus de pouvoir et obstruction au Congrès, qui devient le troisième président de l'histoire du pays à devoir affronter une procédure d'impeachment.

21 || AFRIQUE | Le président français Emmanuel Macron déclare que le colonialisme a été une « *une erreur profonde, une faute de la République* » à Abidjan, en compagnie du président ivoirien Alassane Ouattara. Ces derniers annoncent l'abandon du franc CFA par les huit pays de l'Union économique et monétaire d'Afrique de l'Ouest (UEMOA), qui deviendra l'eco en 2020 en restant arrimé à l'euro.

23 || ALGÉRIE | Mort du général Ahmed Gaïd Salah, puissant chef d'état-major de l'armée algérienne, à 79 ans. Le général Saïd Chengriha, 74 ans, chef d'état-major de l'armée de Terre, assume l'intérim.

23 || ARABIE SAOUDITE | Si cinq Saoudiens sont condamnés à mort pour l'assassinat du journaliste Jamal Khashoggi en 2018 dans l'enceinte du consulat du pays à Istanbul, deux membres de son entourage suspectés d'avoir supervisé l'opération sont blanchis par la justice du royaume.

24 || BURKINA FASO | Une attaque djihadiste fait 42 morts dans le nord du pays.

26 || BOURSE | En atteignant 9 022,39 points, le Nasdaq dépasse pour la première fois le seuil symbolique des 9 000 points.

27 || DÉFENSE | La Russie met en service ses premiers missiles hypersoniques Avangard, l'une des nouvelles armes développées par Moscou et vantées par le président Vladimir Poutine comme « *pratiquement invincibles* ».

28 || SOMALIE | Un attentat à la voiture piégée fait des dizaines de morts et de blessés dans un quartier de Mogadiscio.

29 || UKRAINE | Echange de 200 prisonniers ukrainiens et séparatistes prorusses.

30 || AFFAIRE GHOSN | L'ancien dirigeant de l'Alliance Renault-Nissan fuit le Japon où il était assigné à résidence et atterrit à Beyrouth à bord d'un avion privé en provenance de Turquie.

31 || CORÉE DU NORD | Kim Jong-un annonce la fin du moratoire sur les essais nucléaires et sur les essais de missiles balistiques intercontinentaux.

31 || MIGRATIONS | 2 358 migrants tentant de traverser la Manche pour rejoindre la Grande-Bretagne ont été secourus en mer en 2019, contre 586 en 2018.

PAGES RÉALISÉES PAR PIERRE JULLIEN

MAKE

(oui, fais les choses et n'attends pas)

THE

WORLD

(oui, laisse les frontières aux autres)

YOURS*

(oui, choisis une école qui fait bouger)

ISG
INTERNATIONAL BUSINESS SCHOOL

isg.fr

* OSEZ LE MONDE.

Delphine Allès
Politiste

« LES PEUPLES VEULENT CONTRÔLER LEUR DESTINÉE »

Pour la chercheuse en science politique, la contestation sociale, d'un continent à l'autre, a pour constante de s'en prendre au « système », accusé de priver les peuples de leur dignité

Chercheuse au Centre Asie du Sud-Est (CASE), Delphine Allès dirige la filière relations internationales à l'Institut national des langues et civilisations orientales (Inalco). Ses travaux portent sur les approches extra-occidentales des relations internationales et la confessionnalisation des politiques mondiales, à partir de terrains Sud-Est asiatique.

Comment expliquez-vous cette irruption de mouvements de contestation qui a gagné l'ensemble des continents en 2019 ?

La convergence temporelle est frappante, mais elle n'est pas inédite : les années 1980 avaient déjà vu se développer des mobilisations sur tous les continents. Bien au-delà de l'effondrement du bloc communiste, ces contestations, qui ont parfois débouché sur des guerres civiles, ont entraîné de nombreux changements de régime – au Sri Lanka, en Inde, en Argentine, aux Philippines, au Soudan, en Corée du Sud, au Panama, en Birmanie, au Chili, au Liban... Pour revenir à l'actualité, les mobilisations de 2018-2019 forment le développement le plus récent d'une décennie contestataire marquée par l'enchevêtrement des demandes politiques et économiques. Les prémices de ces mouvements ont été posées dans le contexte des crises alimentaires, économiques et financières de 2007-2008, puis des « printemps » arabes de 2011. La plupart des mobilisations actuelles s'inscrivent en effet dans le sillage de contestations récentes dont elles reprennent les modalités et dont elles amplifient les demandes.

C'est le cas à Hongkong, où les manifestants ont à l'esprit la « révolte des parapluies » de 2014 ; au Chili, où des révoltes principalement étudiantes avaient duré plusieurs semaines entre 2011 et 2013 ; en Iran, où des manifestations ont bravé la répression à plusieurs reprises, notamment en 2009, et, depuis 2017 au Liban, où « l'intifada de la dignité » de 2011 dénonçait déjà le système confessionnel, à Haïti, où des « émeutes de la faim » avaient embrasé Port-au-Prince en 2008...

L'issue décevante de ces précédents, du point de vue des manifestants, a accentué leurs frustrations et durci leurs exigences. Elle a renforcé le rejet des concessions en demi-teinte et imprimé l'idée qu'il est nécessaire de « tenir » pour obtenir gain de cause, alors que toute négociation avec le pouvoir serait illusoire.

Au-delà de ces observations, il faut pourtant éviter les causes mécaniques : on a beaucoup manifesté en 2019, mais c'est loin d'être le cas partout où existe de la frustration économique et sociale, de l'oppression politique ou un régime de corruption endémique... La diversité des enjeux, de la Bolivie à l'Indonésie, souligne la singularité des circonstances et l'importance du niveau d'analyse microsociologique pour saisir le déclenchement de ces mobilisations et les agendas de leurs acteurs.

Quels points communs voyez-vous entre tous ces mouvements ?

Derrière la dénonciation récurrente du « système », qui traverse la quasi-totalité des mobilisations, il y a un rejet des assignations et des déterminismes, qu'ils soient sociaux, identitaires ou politiques. Le contexte de cette observation est celui d'une tendance générale à la dépolitisation de la conduite des affaires collectives, en vertu de l'idée selon laquelle existerait une voie unique en dehors de laquelle les sociétés seraient condamnées à la misère ou à la déliquescence.

On résume souvent ce phénomène de dépolitisation au « TINA » (*« There is no alternative »*) thatchérien, mais il ne forme que l'une des incarnations d'un phénomène plus large dont les autres formes peuvent être de nature identitaire, sociale ou religieuse. Le confessionnalisme au Liban, le contrôle social et politique par le pouvoir religieux en Iran, la tentative de remettre en question le principe « un pays, deux systèmes » à Hongkong forment d'autres modalités de l'idée selon lequel une seule voie serait souhaitable et légitime.

La dépolitisation de l'exercice du pouvoir conforte la représentation selon laquelle les élites politiques et économiques formeraient un bloc homogène, face auquel la divergence ne peut s'incarner que dans le dégagisme. D'où la contestation, au cœur de beaucoup de mouvements, de l'idée même de représentation politique. Celle-ci exprime simultanément la volonté des peuples de contrôler un destin dont ils s'estiment dépossédés, et une critique radicale des solutions collectives qui leur sont proposées. Elle rend ces contestations inédites et difficiles à appréhender politiquement, puisqu'elles rejettent tout intermédiaire.

Qui est principalement visé dans ces mouvements ? Les inégalités ? Le pouvoir oligarchique ? La mondialisation ?

Selon les contextes, les revendications sont très diverses – demandes de libertés politiques à Hongkong, indépendance et reconnaissance en Papouasie indonésienne, redistribution et libertés à Haïti. Mais la constante est la référence au renversement d'un « système » aux contours variables, accusé de déposséder les peuples du contrôle de leur destinée... alors même que les complexités du monde contemporain rendent inopérantes les analyses autour d'une seule cause.

> « Derrière la dénonciation récurrente du "système", on trouve un rejet des assignations et des déterminismes, qu'ils soient sociaux, identitaires ou politiques »

*La politiste à Paris,
en novembre 2019.*
LÉA CRESPI POUR «LE MONDE»

¶

Delphine Allès
*est professeure des
universités et chercheuse
en science politique
(CASE, EHESS/Inalco).
Elle a récemment publié
Un monde fragmenté.
Autour de la sociologie
des relations
internationales
de Bertrand Badie
(avec Stéphane Paquin
et Romain Malejacq,
CNRS Editions, 2018) et
Relations internationales
(avec Frédéric Ramel
et Pierre Grosser,
Armand Colin, 2018).*

l'idée d'une convergence des luttes : des leaders catalans ont exprimé leur soutien à la cause des Papous d'Indonésie, les mobilisations chiliennes ont été saluées par des «gilets jaunes» français... mais les appuis réciproques restent limités.

Paradoxalement, ces expressions de solidarité peuvent aussi conduire à diluer les revendications spécifiques, au détriment de certaines causes. L'ambassadeur de Chine en France s'est, par exemple, saisi de l'assimilation de la crise de Hongkong à celle des «gilets jaunes» pour renvoyer les problématiques de l'île à une «ambiance contestataire» généralisée et le gouvernement français à ses propres limites en matière de maintien de l'ordre...

Bien sûr, certaines causes s'inscrivent dans un transnationalisme (l'écologie ou le féminisme sont irréductibles aux frontières), mais elles sont minoritaires au sein de contestations dont la nature est oppositionnelle plus que revendicative. Développer une coordination politique mondiale supposerait de pouvoir identifier une instance de gouvernance commune, susceptible de produire du changement – ce que n'est pas encore en mesure de faire, par exemple, le système onusien.

**Ces mouvements sont-ils de nature
à renforcer la démocratisation,
ou fragilisent-ils les Etats au point
d'allonger la liste des «Etats faillis»?**

Face à des demandes radicales, conçues comme non négociables, une sortie politique apparaît aussi nécessaire que délicate. Les précédentes expériences de mobilisations déçues ont débouché sur des logiques antisystèmes, concourant à affaiblir les institutions des États dans lesquels elles prennent de l'ampleur. La prédominance de la dimension contestataire sur la dimension revendicatrice a favorisé l'élargissement des mobilisations, alors que les causes sont fragmentées. Elle complique leur organisation et leur issue, en l'absence de corps intermédiaires susceptibles d'effectuer la synthèse des expressions de colère en demandes et en alternatives viables.

Le défi consiste donc à traduire politiquement ces oppositions au «système». Par-delà la variété de leurs causes et de leurs agendas, ces mouvements ont en commun la volonté de se réapproprier un destin et une dignité dont ils s'estiment privés, pour des raisons différentes – systèmes politiques fermés, fonctionnement contesté de la représentation politique, opportunités limitées. Recréer de la légitimité et du commun implique de se confronter à ce sentiment de dépossession et donc aux différentes formes de dépolitisation qui le nourrissent. ●

**PROPOS RECUEILLIS PAR
GAÏDZ MINASSIAN**

Cette observation incite à compléter l'analyse du politiste James Rosenau, qui expliquait les contestations quasi simultanées des années 1980 par l'émergence d'individus compétents, stimulés par la mondialisation de l'information, capables d'une opinion sur le monde et donc d'une aspiration à le transformer. Les «individus compétents» revendiquaient la possibilité de faire valoir leurs idées dans des institutions susceptibles de permettre l'alternance... par contraste, les mobilisations actuelles sont plutôt le fait d'individus «critiques», qui perçoivent la table rase comme une étape nécessaire à l'amélioration de leur condition, mais dont le haut degré de critique est difficilement soluble dans des propositions politiques nécessitant des concessions.

**Cette nouvelle vague de contestation ne
vient-elle pas compromettre la dynamique
néonationaliste qui s'est emparée des Etats
depuis quelques années?**

La contestation de la légitimité des dirigeants ne s'oppose pas forcément à la mobilisation d'une référence au néonationalisme. Celui-ci ne se limite pas à ses expressions étatiques ou

officielles. On en retrouve au contraire des formes contestataires dans de nombreuses mobilisations. C'est évidemment le cas lorsque les manifestants s'emparent de drapeaux pour opposer le critère de la solidarité nationale à des élites qui auraient «trahi» le peuple (au profit d'intérêts financiers, de puissances étrangères ou de leur propre cause).

C'est également le cas, à un niveau infranational, lorsque les contestations s'incarnent dans des revendications séparatistes conçues comme une manière de s'émanciper à l'égard d'un État accusé à la fois d'échouer à exercer ses fonctions protectrices et de nier les singularités régionales. La sécession devient alors une modalité du dégagisme, et forme l'échelon subsidiaire d'une volonté d'affirmation nationaliste face aux élites jugées illégitimes.

**Peut-on imaginer une interconnexion entre
ces différents mouvements? Si oui, quelle
forme pourrait-elle prendre, selon vous?**

Sur un plan symbolique, on observe de nombreuses déclarations de solidarité, évidemment facilitées par les réseaux sociaux, qui nourrissent

Le peuple algérien déterminé à en finir avec le régime en place

La mort de l'ex-chef d'état-major algérien, le général Gaïd Salah, qui plonge le pays dans un brouillard épais, n'altère pas la puissance de la rue qui a empêché le président Bouteflika de se maintenir au pouvoir

Le crépuscule de l'Etat-FLN ? Celui qu'on croyait être le « maître de l'Algérie » est mort le 23 décembre 2019. Le point d'orgue d'une année qui a changé l'Algérie et déstabilisé comme jamais le régime bâti autour du Front de libération nationale (FNL) et de son armée depuis 1962. Soit la génération qui a libéré le pays avant de sombrer, comme celles issues de tant d'Etats issus de luttes de libération nationale, dans une caricature gérontocrate. La faute à l'irruption soudaine sur la scène politique de la société réelle, dont 70 % a moins de 30 ans.

Le décès de l'ex-chef d'état-major de l'armée et dirigeant de fait de celle-ci, Ahmed Gaïd Salah, 80 ans, laisse un pays en plein brouillard et en pleine ébullition.

Comment, en cette année 2019, les tenants du pouvoir algérien ont-ils pu penser que la réédition du « coup de 2014 » marcherait ? En tentant d'imposer, par cupidité et aveuglement, le cinquième mandat d'un président malade, invisible et inaudible, les maîtres d'Alger ont réveillé un pays.

« L'humiliation de trop » des « cadres » auxquels prêtaient allégeance des petites légions d'obligés du régime, née d'un haut-le-cœur collectif devant les mises en scène de la photo encadrée d'Abdelaziz Bouteflika, a débouché sur le puissant mouvement de contestation populaire que connaît l'Algérie depuis son indépendance : le Hirak.

Une société réveillée, armée de la seule force de son pacifisme, a entravé le dessein de ceux qui s'étaient cachés, pour l'occasion, derrière le portrait d'un président fantôme. Eux qui avaient dissimulé la nature militaire du régime derrière les murs blancs immaculés du palais d'El Mouradia, la présidence « civile », sise sur les hauteurs d'Alger. Ceux qui se sont partagé une rente qui fond aujourd'hui comme neige au soleil – les hydrocarbures. Ceux, enfin, qui ont divisé, cassé et étouffé toute opposition dans le pays.

Le 2 avril, Abdelaziz Bouteflika est démissionné par ses pairs militaires, soucieux de gagner du temps en actionnant des leviers coutumiers et en apparence immuables : alterner fausse ouverture et répression ; convoquer le spectre de la guerre civile des années 1999 ; désigner un « ennemi intérieur » : les Kabyles. A ce jour, en vain.

Le pouvoir n'a pas vu, ni su comprendre, que la société algérienne avait profondément changé, transformée par l'urbanisation et l'évolution des modes de vie, l'accession massive à l'enseignement supérieur, le développement de nouveaux comportements connectés via les réseaux sociaux.

SIMULACRE DE PRÉSIDENTIELLE

« C'est un moment inédit car tout le monde manifeste, la diversité sociologique de l'Algérie se retrouve et se brasse. Jeunes, familles, vieux : tous sortent. Les couches moyennes comme les quartiers populaires. Mais aussi des gens aisés, des petits entrepreneurs, cadres, professions libérales, expliquait au Monde le sociologue Nacer Djabi. La force du mouvement tient au fait qu'aucune classe n'avance de revendication socio-économique ou catégorielle. Il y a un objectif commun, une détermination collective à rompre avec le système. »

Après dix mois de contestation, l'armée fait face, seule, à la société. Les relais traditionnels du régime, le FLN ou l'UGTA, la centrale syndicale, ont été balayés. Mais l'état-major a tenu, coûte que coûte, à organiser un simulacre d'élection présidentielle pour se revêtir des oripeaux de la légalité constitutionnelle.

Le 12 décembre, l'Algérie a recouvré les apparences d'une normalité. Sur le papier. Ce scrutin, annoncé comme « le plus ouvert jamais organisé dans le pays », selon les termes rabâchés par les médias publics et privés contrôlés par le pouvoir, s'est déroulé de bout en bout dans une ambiance extrêmement tendue. Le taux de participation – à peine 40 % officiellement – est le plus bas qu'ait connu le pays. Il souligne à lui seul l'ampleur du rejet des Algériens pour ce rendez-vous électoral.

LES SOUDANAIS METTENT FIN À L'ÈRE AL-BACHIR

Pendant des mois, courant 2019, les Soudanais sont descendus dans les rues, bravant les violences de l'appareil sécuritaire qu'avait mis en place le régime d'Omar Al-Bachir pour éviter d'être renversé. Il l'a pourtant été, le 11 avril, quand le pouvoir s'est retourné contre celui qui, arrivé par un coup d'État le 30 avril 1989, s'apprêtait à fêter ses trente ans au pouvoir.

Ces démonstrations de rue, orchestrées sur tout le territoire, n'étaient pas de simples manifestations du pain, comme en témoignent les slogans entendus à Atbara, où a commencé la contestation : « Liberté, paix, justice et chute du régime ». La colère économique est venue se greffer sur un programme déjà construit et bien établi. Avant que les premiers manifestants ne descendent dans la rue, les membres de l'Association des professionnels soudanais – forme de syndicat parallèle – avaient défini leurs objectifs, envisagé la suite et médité aussi les leçons des « printemps arabes », convaincus que tout recours à la violence serait une erreur.

Pour l'éviter, des groupes de femmes, sur Facebook, forts de centaines de milliers de membres, ont fait circuler les photos des agents des services de sécurité déchaînés contre les manifestants. Une fois identifiés par des voisins, ceux-ci recevaient des messages signalant que leur adresse était connue...

Une forme d'intimidation subtile, qui a sapé la détermination du bras armé de la répression.

Dans ce pays tenu d'une main de fer par le général Omar Al-Bachir, l'état de l'économie a donc constitué un facteur important dans la mobilisation des contestataires de tous les âges, de tous les sexes, et issus d'abord des classes moyennes, urbaines, avant d'être rejoints par d'autres milieux. Ensuite, d'autres types de revendications sont apparus, élargissant la contestation aux libertés individuelles.

Deux ans de réclusion

Après la signature le 17 août d'un accord entre le Conseil militaire de transition – qui avait succédé à M. Bachir – et les meneurs de la contestation, le Soudan s'est doté d'un Conseil souverain, qui doit superviser la transition. Le général Hemetti, numéro deux, en est le véritable homme fort et envisage de se présenter aux élections, qui doivent être organisées après trois ans et demi de transition. Depuis septembre, un gouvernement officie, et huit mois après son éviction Omar Al-Bachir a été condamné, samedi 14 décembre, à deux ans de réclusion par un tribunal spécial de Khartoum, une première étape alors que d'autres procédures sont en cours. ●

JEAN-PHILIPPE RÉMY (JOHANNESBURG)

A Alger, le 1er novembre 2019, jour anniversaire du début de la guerre anticoloniale, des milliers de manifestants sont dans la rue pour réclamer une « nouvelle indépendance ».
FAROUK BATICHE/PICTURE-ALLIANCE/DPA/AP IMAGES

> M. Tebboune et ses pairs font face à deux choix : engager une transition politique ou s'entêter à colmater les brèches

Un rejet profond, loin de l'habituelle indifférence des Algériens envers les présidentielles, qu'ils se contentaient jusqu'ici de boycotter en silence. Le jour du vote, comme le lendemain, les manifestants emplissaient les rues, qu'ils n'ont pas abandonnées depuis. La compétition factice entre cinq candidats issus du sérail, symbolisée par un « débat » télévisé sans contradiction et ponctuée de « meetings » organisés dans une quasi-clandestinité, par peur des manifestants, a fait basculer le scrutin dans une atmosphère improbable. Le dévitalisant complètement.

Face au « système », le Hirak est quant à lui allé trop loin, mobilisant et mettant en mouvement de profonds ressorts dans une société qui se redécouvre. Sa force repose aussi sur ses limites. Son discours « unifié » et son organisation horizontale, qui lui ont permis de déjouer la répression et la division, ne lui permettent pas non plus d'investir un champ politique dévasté. Sans porte-parole ni verticalité, comment désigner des représentants et « négocier », quand l'opposition traditionnelle est en ruine ? Plusieurs de ses cadres rencontrés en Algérie admettent que leurs partis sont exsangues, déconsidérés, et n'ont bénéficié d'aucun effet « Hirak ».

A l'autre bout du champ politique, Abdelmadjid Tebboune entame son mandat « plombé » par nombre de handicaps. Au déficit de légitimité, les électeurs ayant boudé les urnes, s'ajoute la contestation populaire, le Hirak, qui l'a désavoué en descendant massivement dans les rues dès le lendemain de l'élection.

Sera-t-il malgré tout l'homme d'un début de transition politique, ou du moins de la sortie de crise ? Lui qui se dit prêt à tourner la page ? *« Je m'adresse directement au Hirak, que j'ai, à maintes reprises,* qualifié de bénédiction, pour lui *tendre la main afin d'amorcer un dialogue sérieux au service de l'Algérie, et l'Algérie seule »*, a déclaré le président Tebboune lors de sa première conférence de presse, le 12 décembre. Mais *« le pouvoir algérien est-il prêt à négocier sa propre mort ? »*, s'interrogeait l'économiste Smaïl Lalmas dans une tribune publiée dans le quotidien *El Watan*.

LES MÉDIAS TOUJOURS BLOQUÉS
« Une fois cette farce électorale passée, le pouvoir ouvre les portes du dialogue, mais je rappelle à ce dernier qu'il avait raté l'occasion, en juillet 2019, de transformer le conflit en opportunité », écrit M. Lalmas, qui fut un membre éphémère de l'instance de dialogue mise en place à la fin de l'été par le président par intérim, Abdelkader Bensalah, avant d'en claquer la porte au bout de quarante-huit heures. *« Actuellement, et au point où en sont les choses, la phase de dialogue est par conséquent dépassée, on doit plutôt parler de négociations »*, selon M. Lalmas.

Marqué politiquement par son passé d'ancien ministre d'Abdelaziz Bouteflika et d'homme du sérail, Abdelmadjid Tebboune ne peut se limiter à des déclarations de bonnes intentions s'il tient à rétablir un minimum de confiance. Sa volonté de « dialoguer » sera mesurée à l'aune des décisions qu'il doit prendre sans attendre. Les préalables exigés par la société civile sont connus de longue date : la libération des détenus d'opinion, la libération du champ médiatique, le droit de manifester...

Les gestes d'apaisement tardent pour l'heure à venir : plus de 200 activistes dorment toujours en prison, et les condamnations à la prison ferme pour « attroupement illégal » ou « atteinte au moral de l'armée » continuent de pleuvoir ; les médias indépendants sont toujours bloqués ; les journalistes des grands médias publics et privés continuent d'être sanctionnés...

En cette nouvelle année, cruciale pour l'avenir de l'Algérie, M. Tebboune et ses pairs font face à deux choix : engager une transition politique ou s'entêter à colmater les brèches. Au risque, dans le second cas, que le face-à-face, vertigineux, entre un pouvoir réel majoritairement rejeté et une société remobilisée perdure. Pour le meilleur ou pour le pire. ●

MADJID ZERROUKY

Hongkong gâche la fête des 70 ans de la République populaire de Chine

Les Chinois s'étaient préparés depuis longtemps à cet anniversaire. La crise de Hongkong et la répression des Ouïgours ont compromis les festivités, même si le régime n'est pas contesté en interne

Avec 15 000 soldats et des équipements militaires dernier cri, puis 100 000 civils défilant place Tiananmen pour rendre hommage au secrétaire général du Parti communiste chinois (PCC) Xi Jinping et à ses prédécesseurs, la Chine s'est offert, le 1er octobre 2019, un spectacle à sa démesure. Rien n'était trop beau pour célébrer les 70 ans de la « Nouvelle Chine », ce pays qui, selon la propagande, s'apprête à retrouver, après plus d'un siècle d'humiliation par les Occidentaux, la place qui était la sienne dans le monde jusqu'au début du XIXe siècle : la première. « *Ouverture* », « *développement pacifique* », « *communauté de destins partagés* », « *unité* »... étaient les maîtres mots de cette cérémonie grandiose à la gloire d'un Parti communiste qui semble au faîte de sa puissance.

Il y a vingt ans, les Occidentaux étaient convaincus que l'adhésion de la Chine à l'Organisation mondiale du commerce (OMC), effective en 2001, allait faire de celle-ci un grand pays capitaliste puis, peu à peu, une démocratie.

Aujourd'hui, les mêmes s'inquiètent de voir les entreprises chinoises leur « *tailler des croupières* », comme l'a dit le président Emmanuel Macron à Pékin le 6 novembre 2019, mais constatent surtout que l'empire du Milieu doit sa prospérité à un capitalisme d'Etat qui est tout sauf libéral. Pour Xi Jinping, en raison même de son succès, le Parti est en danger, menacé par des Occidentaux, qui, de Donald Trump aux militants des droits de l'homme, en passant par la presse, les Eglises chrétiennes et ces jeunes Hongkongais entraînés dans une « révolution de couleur » aux portes de la Chine, veulent remettre son modèle en question.

Une grille de lecture qu'il a pu appliquer en 2019. Déjà malmenée sur la scène internationale en juin, lorsque les médias occidentaux sont longuement revenus sur les massacres de Tiananmen de juin 1989 – tabous à Pékin –, la Chine a vu à nouveau son modèle autoritaire de développement contesté, cette fois par la population de Hongkong. A partir de juin, cette région administrative spéciale a connu un véritable soulèvement contre le principe « un pays, deux systèmes » supposé régir ses relations avec la Chine continentale.

UNE DIPLOMATIE CHINOISE SOUS TENSIONS

Coup sur coup, les Etats-Unis ont adopté, en fin d'année 2019, deux lois dénonçant les pratiques de Pékin, tant à Hongkong que dans le Xinjiang. Le président américain a ratifié, mercredi 27 novembre, une résolution votée quelques jours plus tôt qui lie le maintien d'un statut économique préférentiel en faveur de ce territoire à un examen régulier du respect des droits de l'homme par les autorités locales.

C'était l'une des demandes des militants pro-démocratie de Hongkong. Cette loi pourrait avoir des effets négatifs sur le développement économique de Hongkong, qui est membre de l'Organisation mondiale du commerce par exemple et n'est pas concerné par la guerre commerciale entre la Chine et les Etats-Unis. Mais c'est justement ce que veulent les manifestants, qui estiment que Hongkong ne dispose plus d'autonomie par rapport à Pékin et qu'il faut en tirer les conséquences.

Par ailleurs, la publication par le *New York Times* fin novembre de plus de 400 pages de documents internes au Parti communiste prouvant la sévérité de la répression contre les musulmans au Xinjiang et l'implication personnelle de Xi Jinping dans ce processus, puis quelques jours plus tard la publication d'autres documents sur le Xinjiang par un consortium international de journaux, dont *Le Monde,* ne sont pas restées sans conséquence.

Comptes Twitter

Le Congrès américain a adopté le 3 décembre, à une écrasante majorité, une loi incitant l'administration américaine à imposer des sanctions contre de hauts responsables chinois en réponse aux « *détentions arbitraires de masse* » des musulmans ouïgours dans la province du Xinjiang.

Ces deux textes s'ajoutent à d'autres règlements adoptés par les Etats-Unis en 2019 contre des entreprises chinoises, notamment Huawei. Ils rendent encore plus improbable la conclusion prochaine d'un accord mettant fin à la guerre commerciale lancée au printemps 2018 par Donald Trump contre la Chine.

Pékin a réagi très vigoureusement à ces textes, mais sa réponse est plus générale que ponctuelle. Ses diplomates dans les pays occidentaux adoptent un ton de plus en plus agressif. Une stratégie élaborée au plus haut niveau par Pékin. Symboliquement, l'année 2019 aura été marquée par l'ouverture de comptes Twitter par nombre de diplomates chinois. Une présence a priori étonnante puisque Twitter est interdit en Chine. Mais la Chine ne se contente pas d'être présente sur les réseaux sociaux occidentaux. Son réseau diplomatique est désormais plus étendu que celui des Etats-Unis, selon le Lowy Institute, un institut de recherche australien. ●

FRÉDÉRIC LEMAÎTRE

REPRISE EN MAIN DU PARTI

Il s'agit de la plus grave crise qu'ait connue la Chine depuis 1989 et l'un des principaux défis qu'ait à affronter Xi Jinping. Face à ces difficultés, celui-ci juge que le Parti doit être exemplaire et serrer les rangs derrière son chef. Ce qui n'est pas forcément le cas. La publication par le *New York Times,* en novembre 2019, de plus de 400 pages de documents internes au Parti communiste illustrant le rôle émanant de Xi Jinping dans la répression « *sans aucune pitié* » menée au Xinjiang contre les Ouïgours, notamment depuis 2017, prouve que le Parti est plus divisé qu'il y paraît, en tout cas sur cette question.

A peine désigné secrétaire général, en 2012, Xi Jinping avait fait la leçon à ses camarades. « *Pourquoi l'Union soviétique s'est-elle désintégrée ? Pourquoi le Parti communiste soviétique s'est-il effondré ? C'est une leçon profonde pour nous [...] Proportionnellement, le Parti communiste*

Célébration en grande pompe des 70 ans d'existence du régime, à Pékin, sur la place Tiananmen, le 1er octobre 2019. NG HAN GUAN/AP

de l'Union soviétique avait plus d'adhérents que nous, mais personne n'a eu le cran d'être un homme, de se lever et de résister », déclare-t-il.

Xi Jinping ne cesse donc de mettre le Parti sous tension. Bien sûr, il y a la guerre féroce menée contre la corruption et les innombrables officiels jetés en prison du jour au lendemain pour des motifs souvent obscurs. Mais, au-delà, la reprise en main du Parti est généralisée : ces passeports que nombre de cadres doivent désormais rendre à l'administration, ces voyages à l'étranger réduits à quatre jours au maximum, cette obligation, depuis le début de 2019, de consulter régulièrement, sur son portable, l'application *« Etudier Xi, rendre le pays plus fort »*... Il n'y a aucune vache sacrée.

A ce contrôle incessant, qui doit faire grincer bien des dents parmi les 90 millions d'adhérents, se superpose une véritable gestion des compétences, autre clé de la résilience du PCC. Difficile d'adhérer au Parti si l'on ne compte pas parmi les meilleurs, au lycée ou à l'université.

> « Ouverture », « communauté de destins partagés », « développement pacifique »... étaient les maîtres mots de cette cérémonie grandiose à la gloire d'un Parti qui semble au faîte de sa puissance

« Le Parti assume totalement le fait de ne plus être un parti révolutionnaire mais de faire de la gouvernance, analyse Alex Payette, un universitaire canadien, fondateur du groupe Cercius, spécialisé sur la Chine. *Les fonctionnaires doivent non seulement être dans la droite ligne, mais aussi réussir leurs examens s'ils veulent faire carrière. »*

« INCIDENTS DE MASSE »
Les témoignages sur la compétence accrue des fonctionnaires abondent. Mais les efforts de Xi Jinping pour instiller la discipline chez les membres du Parti en distribuant

les sanctions à tout-va ont aussi des effets pervers : ils favorisent la flagornerie, tétanisent les bureaucrates et découragent l'esprit critique et d'innovation.

Critère de l'efficacité du Parti : la réponse aux besoins de la population et le contrôle de celle-ci afin de prévenir tout conflit. *« Si le Parti parvient à se maintenir au pouvoir si longtemps, c'est parce que son appareil de propagande sait parfaitement quelles sont les attentes de la population et parce qu'il a été capable de créer des règles et de générer du droit, ce qui lui permet de répondre à des besoins collectifs et de créer de la croissance économique. Ce faisant, de larges segments de la population adhèrent au projet de l'Etat-parti »*, estime Alex Payette.

Evidemment, les tensions sociales n'ont pas disparu. Même si leur nombre n'est plus publié officiellement depuis 2010, les *« incidents de masse »*, c'est-à-dire des conflits et manifestations qui impliquent parfois des milliers de citoyens, restent nombreux. ▶▶▶

A Hongkong, le 12 juin 2019, de violents heurts éclatent devant le Parlement local, entre la police et les manifestants venus protester contre un nouveau projet de loi sur les extraditions vers la Chine. LAM YIK FEI-THE NEW YORK TIMES-REDUX-RÉA

▶▶▶ Il y en aurait près de 150 000 par an, selon une évaluation de sociologues respectés de Pékin. On l'a vu, fin novembre, au Guangdong, quand la population de Wenlou, une ville de 60 000 habitants, s'est révoltée contre la construction d'un crématorium. La répression semble avoir été sévère.

APPAREIL POLICIER « HIGH-TECH »

La police a utilisé des gaz lacrymogènes et a procédé à de nombreuses arrestations. Mais l'affaire est restée locale et les Chinois n'en ont pas eu connaissance. « *L'administration est capable d'amortir le choc grâce à son appareil policier high-tech et à son usage de l'intelligence artificielle. Cela permet à l'Etat policier d'éviter que les incidents locaux ne dégénèrent en crises au niveau national* », juge Willy Lam, expert de la politique chinoise à l'université chinoise de Hongkong, auteur de *The Fight for China's Future* (« La Bataille pour l'avenir de la Chine », Routledge, 2019, non traduit). « *Mais il existe des fissures dans l'armure. Xi a beau avoir détruit les églises, il devrait y avoir, dans moins de dix ans, plus de chrétiens en Chine que de membres du Parti communiste,* poursuit-il. *La société civile survit, malgré une répression sans précédent.* »

Bien moins virulente et organisée qu'elle ne l'était avant 2013, rendue K.-O. par les arrestations de masse,

> Contrairement à une théorie en vogue au début du siècle, plus personne à Washington ne se risque à penser que la Chine communiste va connaître le même destin que l'Union soviétique

la société civile n'occupe plus que quelques niches : « *Ce qui a disparu sous Xi, c'est la capacité pour la société civile de négocier plus d'espace en s'appuyant sur la Constitution, en disant que le droit est au-dessus du Parti et devrait limiter son pouvoir. C'était l'ambition du mouvement de défense des droits, né en 2003, de démocratiser la Chine grâce aux mobilisations juridiques. Les arrestations d'avocats et de militants entre 2013 et 2015 y ont mis un coup d'arrêt brutal,* explique la sinologue Chloé Froissart, qui travaille sur les mobilisations et la participation politique dans un régime autoritaire. *Mais le processus de négociation entre le régime autoritaire et la société n'a pas entièrement été remis en cause, malgré les réflexes totalitaires qui se manifestent. Car le Parti a besoin des ONG et de l'apport de la société.* »

Si les Occidentaux mettent souvent en avant l'absence de libertés publiques en Chine, nombre de Chinois sont davantage sensibles à l'augmentation spectaculaire de leur niveau de vie par rapport aux générations antérieures, mais aussi à toutes sortes de libertés nouvelles : ils peuvent voyager, choisir leur conjoint, leur emploi, leur logement...

Le Parti fonde sa légitimité sur ses succès économiques et ses réformes sociétales. « *Quand on compare avec l'URSS, on constate que les dirigeants chinois ont été d'une rigidité absolue sur la politique, mais très souples sur l'économie. C'est la clé de la longévité du régime* », explique le sinologue Michel Bonnin. Le PCC annoncera très vraisemblablement dès 2020 – un an avant le centenaire de la création du Parti communiste en 2021 – avoir vaincu la grande pauvreté.

Contrairement à une théorie en vogue au début du siècle, plus personne à Washington ne se risque à

penser que la Chine communiste va connaître le même destin que l'Union soviétique. Selon Wu Si, un ancien journaliste qui a présidé l'institut économique indépendant Unirule, jusqu'à ce que celui-ci soit contraint de mettre la clé sous la porte à l'été 2019, si le Parti communiste est parvenu à se maintenir au pouvoir toutes ces années, c'est parce qu'il a changé : « *Ce n'est plus le même parti. Dans un premier temps, ils ont éliminé les capitalistes, mais sont allés trop loin avec la Révolution culturelle [1966-1976]. Et maintenant, ils réadmettent les capitalistes, au sein même du Parti. Ce qui ne change pas, c'est que le Parti communiste continue de s'appuyer sur l'armée. "Le pouvoir est au bout du fusil", disait Mao. C'est toujours le cas.* » En plus d'être secrétaire général du Parti, Xi Jinping est aussi président de la Commission militaire centrale, l'organe suprême de contrôle de l'armée.

COMME SOUS MAO

Mais, avec la suppression par Xi Jinping et ses partisans de la limite du double mandat pour le président chinois, lors du XIXe congrès de 2017, le pays pourrait redevenir tributaire d'un pouvoir personnel, comme sous Mao. Xi Jinping n'a pas encore de successeur désigné, rompant avec la pratique institutionnalisée par Deng Xiaoping.

« *Le processus de succession est devenu mystérieux* », pointe l'intellectuel Wu Si. Mais, selon lui, toute comparaison avec l'ère maoïste est erronée : « *A la différence de Mao, Xi Jinping sait que le communisme ne fonctionne pas, mais sa ligne n'est pas si claire : il donne des gages à la fois à la droite et à la gauche du spectre politique chinois, tout en redoublant de prudence car il sait que les Occidentaux veulent qu'il change le système économique centralisé sur lequel repose le succès du pays.* »

« *De manière générale, les Chinois soutiennent leur régime politique et reconnaissent la légitimité des institutions qu'il a mises en place [...] Ils font confiance et s'identifient à ces institutions ainsi qu'à leurs symboles, comme le drapeau national* », explique le sinologue Jean-Pierre Cabestan dans son livre *Demain la Chine : démocratie ou dictature ?* (Gallimard, 2018). ∎

BRICE PEDROLETTI
ET FRÉDÉRIC LEMAÎTRE (PÉKIN)

La République islamique d'Iran sur la voie de la confrontation

Face à Washington, qui estime que la politique de pression maximale est un succès, Téhéran est entré dans une logique de résistance, perçue comme victorieuse, éloignant d'autant plus toute perspective d'apaisement

La sortie des Etats-Unis de l'accord sur le nucléaire iranien de juillet 2015 et l'adoption à l'encontre de la République islamique d'une politique de pression maximale par Washington ont conduit l'Iran à riposter au moyen d'une escalade graduée face aux puissances occidentales et à ses adversaires régionaux.

En s'éloignant pas à pas, depuis mai 2019, de ses engagements sur le dossier nucléaire, Téhéran tente de mobiliser les capitales désireuses de sauver le pacte, pour obtenir de Washington une levée des sanctions qui étouffent son économie. Dans le même temps, la République islamique continue à mettre en scène ses capacités de déstabilisation dans la région, pratiquant un chantage à l'escalade militaire qui vise à témoigner de sa détermination stratégique. Ainsi, à la pression maximale américaine, l'Iran répond par sa propre politique de pression maximale. En s'installant dans la durée et en l'absence de signe de détente de la part des Etats-Unis, ce choix du bras de fer pourrait toutefois se révéler être une dangereuse fuite en avant pour la République islamique.

Le 5 novembre, Téhéran a annoncé la réactivation des centrifugeuses du site de Fordow, mesure entrant en violation de l'accord sur le nucléaire signé avec les Etats-Unis, la Russie, la Chine, la France, le Royaume-Uni et l'Allemagne. Il s'agit de la dernière étape en date d'une stratégie qui n'a toujours pas porté ses fruits. La levée de la limite de 300 kg d'uranium faiblement enrichi et du plafond d'enrichissement de 3,67 % prévu par l'accord annoncé en juillet, puis la reprise, en septembre, des efforts iraniens en matière de recherche nucléaire avec l'activation de centrifugeuses avancées n'ont pas permis à la République islamique de contraindre les autres signataires de l'accord à garantir à Téhéran les dividendes économiques attendus selon l'esprit de l'accord de 2015, en échange du renoncement de Téhéran à son programme nucléaire. Malgré les pressions iraniennes, le mécanisme de troc Instex, censé permettre aux Etats qui sont encore parties à l'accord nucléaire de commercer avec l'Iran, demeure une coquille vide. Puissance des sanctions américaines oblige, aucune autre capitale ne semble en mesure de pallier les effets du retrait de Washington.

POLITIQUE DE DÉSENGAGEMENT

La médiation entre Téhéran et Washington tentée par la France, qui visait à une levée des exemptions sur les importations de brut iranien, a ainsi fait long feu. Cette initiative lancée en marge du sommet du G7 à Biarritz, fin août, marquée par l'arrivée spectaculaire et inattendue dans la ville basque du ministre iranien des affaires étrangères, Mohammad Javad Zarif, avait laissé planer un espoir relatif de détente. La mise à l'étude par Paris et Téhéran d'un mécanisme qui permettrait à la République islamique de reprendre ses exportations de pétrole s'est toutefois traduite par une impasse, de même que la tentative, portée par Emmanuel Macron, d'organiser une rencontre entre les présidents Donald Trump et Hassan Rohani, en marge de l'Assemblée générale des Nations unies, à New York, en septembre.

Cependant, si la République islamique peut se féliciter d'avoir alimenté les divisions au sein du camp occidental, la poursuite de sa politique de désengagement – une nouvelle étape est attendue début janvier – pourrait contraindre les Européens à durcir leurs positions et à se rapprocher de Washington, laissant le champ libre à une logique de pure confrontation.

Parallèlement à l'épreuve de force engagée sur le dossier nucléaire, l'Iran a signalé sa volonté de ▶▶▶

LES ÉCHECS DU PRÉSIDENT AMÉRICAIN AU PROCHE-ORIENT

Le Proche-Orient continue d'être une impasse pour les administrations américaines, et la diplomatie non conventionnelle de Donald Trump ne permet pas d'échapper à ses pièges. Le président des Etats-Unis a créé la confusion en octobre en annonçant brutalement, moins d'un an après une première tentative, le retrait des forces spéciales déployées dans le nord-est de la Syrie. Le premier avait entraîné le départ de son secrétaire à la défense, James Mattis.

Ce retrait américain a été motivé par l'offensive que la Turquie a lancée contre les milices kurdes alliées aux Etats-Unis dans la lutte contre l'organisation Etat islamique (EI), et à laquelle Washington ne s'est pas opposé. Donald Trump est finalement revenu partiellement sur sa décision en acceptant de maintenir sur place quelques centaines de soldats, mais la crédibilité des Etats-Unis, qui ont mis leurs alliés devant le fait accompli, a été atteinte.

Il n'a pas été mieux inspiré dans le conflit israélo-palestinien en multipliant les concessions au profit d'Israël sans rien obtenir en retour. Donald Trump a en effet annoncé sur Twitter qu'il reconnaissait la souveraineté israélienne sur le plateau syrien du Golan, conquis militairement en 1967, puis le secrétaire d'Etat Mike Pompeo a jugé que les colonies israéliennes installées dans les territoires palestiniens n'avaient rien d'illégales.

Il s'agit de deux revirements majeurs par rapport aux positions défendues des années durant par des administrations démocrates comme républicaines. En l'absence d'une coalition gouvernementale en Israël, malgré deux élections législatives anticipées, Washington a été pourtant incapable de dévoiler le plan de paix préparé par le gendre du président, Jared Kushner. Ce dernier n'entretient par ailleurs aucun contact avec la partie palestinienne depuis la reconnaissance unilatérale de Jérusalem comme capitale d'Israël par les Etats-Unis, en 2017.

Sanctions dévastatrices

Un an après la sortie de Washington de l'accord sur le nucléaire iranien, en mai 2018, l'administration Trump n'est pas parvenue non plus à obliger Téhéran d'accepter des mesures plus contraignantes, en dépit de sanctions dévastatrices pour l'économie iranienne. Cette stratégie de pression maximale a généré des incidents dans le golfe arabo-persique et incité le régime iranien à s'affranchir en partie du cadre de l'accord de 2015, notamment concernant ses capacités d'enrichissement d'uranium.

Ces tensions ont conduit Washington à dépêcher des forces militaires dans la région, un résultat contraire aux promesses de campagne de Donald Trump. ∎

GILLES PARIS (WASHINGTON)

Un religieux musulman chiite chante un slogan lors d'une action anti-américaine, devant l'ancienne ambassade des Etats-Unis, à Téhéran (Iran), le 4 novembre 2019.

VAHID SALEMI/AP

▶▶▶ se lancer dans une série de provocations militaires face aux alliés de Washington dans la région. L'enjeu, pour Téhéran, est de faire sentir à ses adversaires qu'ils ont davantage à perdre en cas de conflagration régionale que la République islamique. Sur ce registre, le leadership iranien peut se targuer d'avoir franchi avec succès et à très peu de frais plusieurs lignes rouges. En mai et juin, au moment ou Téhéran commence à riposter au retour des sanctions américaines, les incidents se succèdent dans le golfe arabo-persique, avec des attaques multiples de pétroliers attribuées à l'Iran. Le 20 juin, l'Iran va jusqu'à détruire un drone américain, une action laissée sans réponse par Washington. La pression iranienne, qui se poursuit au fil de l'été, culmine ensuite le 14 septembre, lorsqu'une attaque combinée de drones et de missiles ravage le site pétrolier stratégique saoudien d'Abqaiq-Khurais. L'opération est revendiquée par les rebelles houthistes du Yémen, alliés de la République islamique, mais attribuée à Téhéran par Washington et Riyad.

L'absence de riposte américaine, la relative détente consentie par l'Arabie saoudite au Yémen, ainsi que la volonté manifestée ponctuellement par Abou Dhabi d'engager

> L'Iran pourrait franchir le pas de trop et déclencher, non pas de la part des Etats-Unis mais d'Israël, une réaction qui plongerait la région dans le chaos

avec Téhéran un dialogue bilatéral sont perçues par la République islamique comme des signes de succès de cette politique d'escalade graduée. Toutefois, à vouloir pousser son avantage, notamment en intensifiant ses transferts de missiles et des drones vers l'Irak, la Syrie et le Liban, l'Iran pourrait franchir le pas de trop et déclencher, non pas de la part des Etats-Unis mais d'Israël, une réaction qui plongerait la région dans le chaos.

Par ailleurs, l'apparente pusillanimité des Etats-Unis face à l'agressivité iranienne doit être relativisée.

L'administration Trump s'estime en effet gagnante. Sans représenter le coût politique ou financier d'une riposte militaire, les sanctions américaines saignent déjà, depuis leur rétablissement, l'économie de la République islamique. Avec la levée des exemptions dont bénéficiaient les principaux acheteurs de brut iranien, les exportations de pétrole de l'Iran sont réduites à des quantités insignifiantes, grippant, dans son ensemble, une économie largement dépendante de la manne énergétique. La stratégie mise en œuvre par Washington part du principe que les difficultés économiques rencontrées par les Iraniens ordinaires produiront un climat favorable à la contestation du régime et, in fine, à sa fragilisation sans même que les Etats-Unis aient à la provoquer directement.

CITADELLE ASSIÉGÉE

C'est dans cette perspective que l'administration Trump interprète le mouvement de contestation qui s'est abattu sur l'Iran après la décision, soutenue par le Guide suprême, Ali Khamenei, de diminuer les subventions d'Etat sur l'essence, annoncée le 14 novembre. Provoquant une mobilisation massive allant jusqu'à remettre en cause non seulement cette mesure d'austérité mais le système politique

dans son ensemble, ce mouvement populaire a été écrasé avec une violence extrême par des forces de l'ordre. Selon le bilan publié par Amnesty International le 2 décembre, la répression des manifestations a fait au moins 208 morts. A défaut de faire chanceler le régime, les sanctions américaines ont, de fait, contribué à son durcissement.

La tendance de la République islamique à se percevoir comme une citadelle assiégée est d'ailleurs renforcée par la contestation dont sa domination fait l'objet dans certains pays de « *l'axe chiite* », rassemblant les Etats et les organisations alliés de Téhéran, relais de son influence dans la région. Ces foyers de contestation libanais et irakiens, que la République islamique perçoit comme relevant d'une même campagne de déstabilisation dirigée par des puissances extérieures hostiles, ont de quoi inciter Téhéran, qui estime que sa stratégie d'escalade et de répression est un succès, à choisir la confrontation.

Selon une logique jumelle, l'administration Trump, qui a cru voir vaciller la République islamique, estime avoir moins de raison que jamais d'assouplir sa politique de pression maximale, éloignant d'autant plus toute perspective d'apaisement. ●

ALLAN KAVAL

Les conséquences de l'abandon des Kurdes

En ouvrant la voie à une intervention turque contre ses propres alliés des Forces démocratiques syriennes, Donald Trump a mis à mal la coalition internationale

En rendant possible une opération militaire turque contre les Forces démocratiques syriennes (FDS), alliées de la Coalition internationale contre l'organisation Etat islamique (EI) depuis 2014, voulue de longue date par le président turc Recep Tayyip Erdogan, Washington a renoncé aux dividendes de cinq années d'un engagement payant sur le terrain syrien. Après la destruction de l'EI sous sa forme territoriale en avril 2019, la présence des Occidentaux dans les enclaves kurdes et les vastes territoires repris par les FDS aux djihadistes devait nourrir trois objectifs : poursuivre la lutte contre les ramifications clandestines de l'organisation terroriste, endiguer l'influence iranienne et peser, à terme, dans le processus politique face à une Russie toute puissante. Ces desseins ont été définitivement compromis par la déstabilisation causée par l'intervention turque contre les FDS, paradoxalement menée avec le feu vert de la Maison Blanche, mais au grand désarroi des alliés de Washington.

TERRITOIRE LIVRÉ AU CHAOS

Alors que le nord-est du pays, sous la protection d'effectifs minimes de la coalition internationale emmenée par les Etats-Unis, constituait un ensemble hétérogène mais stable, placé sous le contrôle des FDS, la décision américaine de permettre une invasion turque a livré ce territoire au chaos. Ankara et ses supplétifs islamistes y contrôlent désormais une zone frontalière qui s'étend sur près de 150 km d'est en ouest, pour une profondeur d'environ 20 km entre les localités mixtes de Tall Abyad et Ras Al-Aïn. A l'appel des FDS, le régime syrien a redéployé son armée dans le territoire, appuyé par son allié russe. De leurs côtés, les forces de la coalition, dont l'essentiel est constitué d'un contingent américain de 600 hommes, se sont repliées sur une mince bande territoriale, le long de la frontière irakienne, au poids stratégique limité.

Ce nouvel état de fait est une bénédiction pour l'EI. En se concentrant sur le front nord ouvert par la Turquie et ses milices supplétives, les Forces démocratiques syriennes ont en effet été contraintes de mettre au second plan la poursuite de leur lutte contre les cellules dormantes de l'organisation dont les métastases continuent de progresser dans les territoires repris récemment. L'EI, dont les attaques se sont multipliées depuis l'intervention turque, peut également bénéficier de la déstabilisation relative des institutions à vocation inclusive mises en place par l'appareil politico-militaire kurde et à la montée de la défiance entre populations kurdes et arabes pour recruter.

Malgré l'intervention turque, les risques de dissémination des prisonniers djihadistes retenus ou détenus par les FDS demeurent limités par le maintien de la coalition près la frontière irakienne. C'est en effet dans cette zone que se trouvent les prisons et les camps où ils résident. Toutefois, l'EI bénéficie de la division du nord-est syrien entre la zone d'occupation turque, la zone d'influence réduite de la coalition et celle, en formation, du régime syrien et de son allié russe.

La reculade occidentale constitue par ailleurs une victoire politique pour Damas, qui prive les Occidentaux de tout levier dans le cadre d'une hypothétique transition politique. La présence du régime dans les zones contrôlées par les FDS est, pour l'instant, limitée au déploiement d'unités dépenaillées de l'Armée arabe syrienne. Cependant, les tractations sur la nature des relations politiques à venir entre le pouvoir de Bachar Al-Assad, allié de circonstance des FDS, et les institutions mises en place par les forces kurdes sont une excellente affaire pour les soutiens du régime qui jouent les intermédiaires. Cette négociation, précipitée par l'offensive turque, met à la disposition de Moscou l'ensemble des cartes du conflit syrien. Et elle permet à Téhéran de rebâtir son influence, bridée jusqu'à une période récente par une domination américaine sans partage.

Le retrait américain fait aussi figure d'un consentement au moins partiel au projet turc pour les régions kurdes de Syrie. Déjà expérimentée depuis 2018 dans l'enclave kurde d'Afrin, la stratégie turque consiste à chasser les populations kurdes des zones où elles étaient présentes pour organiser un afflux de réfugiés syriens arabes sunnites installés sur le territoire turc au cours de la guerre civile. Ankara se débarrasse ainsi de populations locales, jugées hostiles, tout en les remplaçant par des populations considérées comme plus conciliantes et dont elle n'a plus à assurer la charge sur son propre sol.

UNE IDÉE DE REVANCHE

Dans la région d'Afrin, cette phase de repeuplement s'est accompagnée de l'imposition d'un système de gouvernance d'inspiration islamiste radicale bénéficiant d'une autonomie relative sous la férule des autorités turques.

De tels développements, rendus possibles par l'impuissance des alliés occidentaux de Washington, fournissent enfin un capital politique non négligeable dont M. Erdogan et ses alliés islamo-nationalistes pourront tirer partie. L'opération turque en Syrie permet en effet d'alimenter le récit mis en avant depuis 2015 par le pouvoir à Ankara, alliant dans un même mouvement le motif de la conquête territoriale à l'idée d'une revanche contre le monde occidental, ainsi qu'à l'éradication du mouvement kurde. ■

A. KA.

Le recul kurde après les opérations militaires turques en Syrie

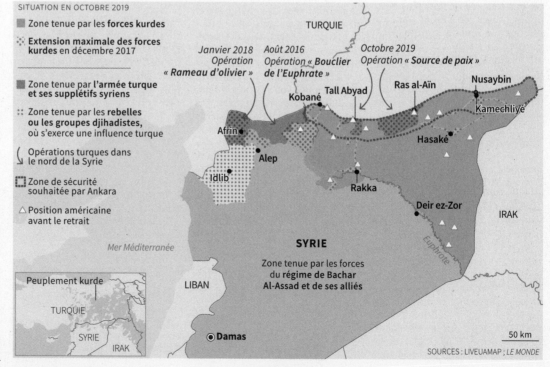

SITUATION EN OCTOBRE 2019

- Zone tenue par les **forces kurdes**
- **Extension maximale des forces kurdes** en décembre 2017
- Zone tenue par **l'armée turque et ses supplétifs syriens**
- Zone tenue par les **rebelles ou les groupes djihadistes**, où s'exerce une influence turque
- **Opérations turques** dans le nord de la Syrie
- **Zone de sécurité** souhaitée par Ankara
- Position américaine avant le retrait

Janvier 2018 Opération « *Rameau d'olivier* »
Août 2016 Opération « *Bouclier de l'Euphrate* »
Octobre 2019 Opération « *Source de paix* »

TURQUIE
Nusaybin
Kamechliyé
Ras al-Aïn
Tall Abyad
Kobané
Afrin
Hasaké
Alep
Idlib
Rakka
Deir ez-Zor
IRAK
Euphrate

Mer Méditerranée

SYRIE
Zone tenue par les forces du **régime de Bachar Al-Assad et de ses alliés**

Peuplement kurde
TURQUIE
SYRIE
IRAK
LIBAN
●Damas

50 km

SOURCES : LIVEUAMAP ; *LE MONDE*

Trump aborde la campagne présidentielle dans l'incertitude

Sans cesse Donald Trump brocarde ses adversaires démocrates potentiels en 2020, affublés de surnoms méprisants. A l'en croire, sa réélection ne sera qu'une formalité. Il aborde, il est vrai, l'année présidentielle avec plusieurs atouts.

Le premier relève du constat : les derniers présidents sortants qui ont tenté d'obtenir un second mandat ont presque toujours réussi, comme le montrent les exemples de Barack Obama, de George W. Bush et de Bill Clinton. George H. W. Bush n'y est pas parvenu, mais il avait succédé à un républicain présent pendant huit ans à la Maison Blanche, Ronald Reagan, dont il avait été le vice-président. Jimmy Carter avait été terrassé, pour sa part, par une « tempête parfaite » : un marasme économique entraîné par le second choc pétrolier et une crise diplomatique majeure, avec la prise en otage pendant plus d'un an de cinquante-deux membres de l'ambassade des Etats-Unis à Téhéran, en pleine révolution islamique.

SOUTIEN DE LA CHAÎNE FOX NEWS
Aucun des éléments de cette « tempête » n'assombrit pour l'instant l'horizon du milliardaire élu à la surprise générale en 2016. L'économie américaine est demeurée florissante pendant toute l'année 2019, comme en témoigne le taux de chômage resté à des niveaux historiquement bas. Et Wall Street, auquel est liée une bonne partie des retraites, va finir une nouvelle fois l'année à un niveau supérieur à celui de son début.

Certes, les tensions créées par les guerres commerciales lancées par Donald Trump, en premier lieu avec la Chine, ont commencé à peser sur le moral des ménages, comme en témoigne l'indice de confiance des consommateurs calculé par l'université du Michigan, mais à la marge. La consommation reste d'ailleurs le moteur le plus solide de la croissance américaine, alors que le secteur manufacturier est en net recul, notamment dans des Etats-clés pour la présidentielle, comme le Michigan et la Pennsylvanie.

Personnalité clivante et imprévisible, le président américain, Donald Trump, possède autant de handicaps, comme la procédure d'impeachment en cours, que d'atouts pour 2020, année de la réélection ou de la punition

Selon les prévisions de l'agence de notation Moody's, un maintien de l'économie aux niveaux de 2019 constituerait une quasi-garantie de réélection. Les trois modèles de l'agence donnent tous le milliardaire réélu avec une marge supérieure à celle de 2016, en nombre de grands électeurs, dans deux scénarios sur trois. Selon Moody's, Donald Trump serait en effet capable d'ajouter à tous les Etats remportés lors de son élection le Minnesota et le New Hampshire. Ces prévisions présidentielles, lancées dans les années 1980, ont toujours été validées par les résultats des scrutins à une seule exception, notable, celle qui avait vu précisément Donald Trump l'emporter sur la démocrate Hillary Clinton, alors donnée gagnante.

L'hôte de la Maison Blanche peut ensuite compter sur un parti litté-

ralement tombé en dévotion, grâce notamment au soutien massif apporté par la puissante chaîne conservatrice Fox News, qui constitue l'unique source d'information d'une bonne partie de cet électorat. Les rangs des « Never Trumpers », composés des républicains restés hostiles au style ou aux idées de l'ancien homme d'affaires, ont été décimés au cours des trois années qu'il a passées à la Maison Blanche.

Le bloc républicain est ainsi resté soudé durant la procédure de mise en accusation déclenchée à la Chambre des représentants par un troc problématique proposé, en juillet 2019, à son homologue ukrainien Volodymyr Zelensky (des enquêtes contre des adversaires politiques de Donald Trump en échange d'une visite à la Maison Blanche et d'une aide militaire cruciale).

UN BILAN ORTHODOXE
Les républicains partagent désormais sans réserves le protectionnisme défendu par Donald Trump, son indifférence par rapport au déficit du budget fédéral et son souci d'une immigration limitée à son minimum. En dépit de ces entorses considérables aux convictions défendues auparavant par les conservateurs, Donald Trump peut mettre en avant un bilan orthodoxe. Il repose principalement sur une réforme fiscale qui a bénéficié en premier lieu aux entreprises et aux plus aisés. Le président a également procédé à un nombre record de nominations à vie de juges fédéraux, auxquels s'ajoutent Neil Gorsuch et Brett Kavanaugh à la Cour suprême. Ils doivent défendre les dogmes républicains en matière de limitation de l'avortement et de défense intraitable du laxisme ambiant quant aux armes à feu.

Donald Trump, enfin, a enthousiasmé sa droite religieuse en

multipliant les concessions en faveur d'Israël et en plaçant la défense de la liberté religieuse au centre de sa diplomatie. Il a enfin été épargné par une crise internationale majeure, ce qui lui permet de ne pas être pénalisé par les échecs, pourtant nombreux, essuyés sur les dossiers iranien, nord-coréen, et vénézuélien, à la date de décembre 2019. Sa relation ambiguë avec Vladimir Poutine n'a pas produit non plus le moindre trouble au sein d'une formation pourtant historiquement méfiante vis-à-vis de l'URSS, puis de la Russie.

Signe de cette loyauté républicaine, dans une demi-douzaine d'Etats, le Grand Old Party a purement et simplement annulé les primaires pour l'investiture, pour simplifier la campagne de réélection du président. Aucune des figures centristes dont les noms avaient été évoqués, le gouverneur du Maryland Larry Hogan ou l'ancien gouverneur de l'Ohio John Kasich, n'a osé se porter sur les rangs. Trois rebelles ont bien déclaré leur candidature (deux anciens gouverneurs et un ancien membre de la Chambre des représentants), mais sans susciter le moindre intérêt. L'un d'eux a d'ailleurs abandonné après quelques semaines de campagne seulement.

Face à Donald Trump, le Parti démocrate ne dispose pas, pour l'instant, d'un candidat fédérateur et incontestable. L'ancien vice-président Joe Biden, entré dans la primaire d'investiture en favori, a été affaibli par ses prestations souvent laborieuses lors des débats. Il a été également pénalisé par l'affaire ukrainienne à laquelle il se trouve mêlé par le truchement de son fils Hunter, qui a siégé au conseil d'administration d'une société gazière du pays pendant qu'il était chargé du suivi du dossier ukrainien pour le compte de Barack Obama.

Les démocrates hésitent également sur la ligne politique à suivre, partagés entre une aile gauche qui défend le principe de dépenses fédérales massives, notamment dans le domaine de l'assurance-santé, et un courant plus pragmatique favorable à des changements plus graduels.

Donald Trump est le seul président de l'époque moderne à ne jamais avoir obtenu au moins 50 % d'avis favorables pour son action à la Maison Blanche

Le président Donald Trump enlace le drapeau américain lors du rassemblement annuel des conservateurs, à Oxon Hill (Maryland), le 2 mars 2019. CAROLYN KASTER/AP PHOTO

En dépit de ces atouts, la campagne de réélection de Donald Trump va devoir éviter un certain nombre d'écueils. En refusant d'élargir sa coalition par des mesures ou un style consensuels, Donald Trump s'est privé de marge de manœuvre. Il est ainsi le seul président de l'époque moderne à ne jamais avoir obtenu au moins 50 % d'avis favorables pour son action à la Maison Blanche. Le système du collège électoral (la présidentielle est un scrutin indirect, avec la désignation de grands électeurs par Etats) le dispense cependant d'obtenir le plus grand nombre de suffrages. Il pourrait être réélu avec un déficit de voix supérieur à celui de 2016 (son adversaire, Hillary Clinton, avait obtenu 2,7 millions de suffrages en plus).

Son style abrasif et provocateur a aliéné un électorat-clé, celui des femmes souvent diplômées qui habitent dans les zones périurbaines. Ces électrices accordent leur priorité, au moment du vote, à des questions de la vie quotidienne pour lesquelles les démocrates apparaissent plus à l'écoute et plus compétents que leurs adversaires républicains.

Cette désertion est à l'origine du basculement de la majorité de la Chambre des représentants lors des élections de mi-mandat, en 2018. Il a été confirmé par des élections partielles en novembre 2019, notamment dans le Kentucky et la Louisiane, deux bastions conservateurs dans lesquels des démocrates ont pourtant pu conquérir ou garder le poste de gouverneur remis en jeu.

RIEN DE GAGNÉ D'AVANCE
Donald Trump peut cependant tenter de rectifier son image en s'adjoignant les services de l'ancienne gouverneure de Caroline du Sud, Nikki Haley. Ambassadrice des Etats-Unis à l'ONU de 2017 à la fin de 2018, issue d'une minorité ethnique (sa famille est originaire d'Inde), cette dernière multiplie les prises de position louangeuses à l'égard du milliardaire, alimentant les spéculations sur une éventuelle nomination comme candidate à la vice-présidence à la place de l'actuel bras droit du président milliardaire, Mike Pence.

Contrairement à l'année 2016, les démocrates ne se lanceront pas dans la campagne aveuglés par la conviction d'une élection gagnée d'avance. Traumatisés par l'issue de la soirée électorale de cette année-là, alors que les premiers sondages de sortie des urnes apparaissaient comme très favorables, ils affichent leur détermination à prendre leur revanche. Battre Donald Trump arrive d'ailleurs comme premier objectif dans de nombreux sondages, devant le programme qu'ils souhaitent voir appliqué dans le pays.

Ces électeurs devraient donc être beaucoup plus mobilisés en 2020, notamment dans les trois Etats perdus de justesse face à Donald Trump : le Michigan, la Pennsylvanie et le Wisconsin. Le Parti démocrate avait été affaibli, en outre, par la personnalité extrêmement clivante de leur candidate, Hillary Clinton. Aucun de ceux en lice en 2020 n'est pénalisé par une image aussi controversée que celle de l'ancienne First lady, qui prétendait succéder à son mari, à seize ans d'écart.

La démographie joue également, à moyen et long termes, au bénéfice du camp démocrate. La proportion croissante de Latinos dans l'électorat explique les rééquilibrages en cours dans d'anciens bastions considérés naguère comme inexpugnables du Grand Old Party, au Texas comme dans l'Arizona. S'y ajoute un vote afro-américain que Donald Trump s'est montré incapable de conquérir, tout comme celui des moins de 30 ans.

Alors que le renouvellement partiel du Sénat place le Parti républicain sur la défensive, compte tenu de son étroite majorité de trois voix et d'un plus grand nombre de sièges en jeu, il faudrait en outre un raz-de-marée conservateur pour arracher la majorité de la Chambre des représentants, désormais détenue par les démocrates.

A moins d'un décrochage, si le président sortant n'est jugé que sur des données macroéconomiques similaires à celles qui prévalent à la fin de l'année 2019, et dont il revendique de manière discutable l'exclusive paternité, sa réélection sera en bonne voie. Si la présidentielle tourne en revanche au référendum sur son style et sa personnalité, il se retrouvera alors dans une situation beaucoup moins confortable. ∎

GILLES PARIS (WASHINGTON)

Le Brexit aura finalement bien lieu en 2020

Les Britanniques ont voté à 51,9 % pour quitter l'Union européenne (UE) en juin 2016. Mais il aura fallu trois ans et demi d'atermoiements, deux élections générales au Royaume-Uni, deux accords de retrait différents avec l'Union européenne (UE), des milliers d'heures de débat au Parlement de Westminster et trois reports successifs du « D-Day » pour y parvenir. Le Brexit aura finalement lieu, selon toute vraisemblance, le 31 janvier 2020.

L'année 2019 a été à cet égard à la fois cruciale et totalement chaotique. Le 15 janvier, la première ministre conservatrice, Theresa May, soumet une première fois l'accord de retrait tout juste négocié avec Bruxelles à la Chambre des

Le Royaume-Uni devrait sortir de l'Union européenne le 31 janvier. Le premier ministre, Boris Johnson, jouit désormais d'une large majorité à la Chambre des communes pour y parvenir, mais les négociations sont loin d'être finies avec Bruxelles

communes : il doit être approuvé par une majorité des députés, avant d'être entériné dans la loi britannique. Le rejet est massif : 230 élus se prononcent contre, la pire défaite d'un gouvernement britannique devant son Parlement.

Le « backstop irlandais » cristallise les critiques : il s'agit de la partie du traité de retrait visant à éviter, après le Brexit, le retour d'une frontière physique entre République d'Irlande et Irlande du Nord. Mme May et les Européens sont tombés d'accord sur une solution complexe, aboutissant au maintien probable, pendant de longues années, du Royaume-Uni dans l'Union douanière européenne. Inacceptable pour les « brexiters » : ce backstop priverait le pays d'une politique commerciale autonome à l'avenir.

FARDEAU POLITIQUE

Opiniâtre, Theresa May soumet encore deux fois, à la fin de l'hiver, son traité de retrait légèrement amendé aux députés. Mais rien n'y fait : même pas sa démission, qu'elle offre en échange d'une approbation de son texte, fin mars. Elle ira jusqu'à tenter, en désespoir de cause, une alliance avec le Parti travailliste. Mais son leader, Jeremy Corbyn refuse de s'associer à un Brexit dont il aurait à assumer d'éventuelles conséquences négatives : autant laisser les conservateurs porter seuls ce fardeau politique.

Certains députés du Labour s'en mordront les doigts par la suite : car le « deal » de Mme May esquissait une « relation future » entre le Royaume-Uni et l'UE bien plus étroite que l'accord négocié à la hussarde, six mois plus tard, par son successeur, Boris Johnson. Il ressemblait à l'accord que Jeremy Corbyn promettra, de son côté, de renégocier

avec Bruxelles s'il parvient à entrer au 10 Downing Street.

Theresa May est contrainte, fin mars, de réclamer un premier report de la date du Brexit aux Européens – il était prévu initialement le 31 mars 2019. La chute de la dirigeante est dès lors inévitable : comment peut-elle conduire sa majorité après avoir promis pendant deux ans que « *Brexit means Brexit* » (« le Brexit signifie le Brexit ») et qu'il aura lieu au jour prévu ? Elle ne confirme sa démission qu'au lendemain d'élections européennes ayant vu les conservateurs lourdement chuter.

Boris Johnson prend la relève fin juillet. L'ex-maire de Londres, connu pour sa tignasse blonde et son rapport élastique à la vérité, a remporté haut la main la présidence du Parti conservateur. Décisionnaires, les militants apprécient son énergie, espèrent que sa popularité va redonner des couleurs à une formation menacée, sur son aile droite, par les ultras du Brexit Party. Boris Johnson a été deux années ministre des affaires étrangères du gouvernement May, jusqu'en juillet 2018. Puis il a patienté un an sur les « bancs du fond » au Parlement de Westminster. Il a vécu de l'intérieur – tout en y participant à l'occasion –, la désunion et le manque de discipline au sein du Parti conservateur. Il compte bien en tirer les leçons.

LE PARI DE L'INTRANSIGEANCE

Pas question de continuer à laisser prospérer la division en interne, ni d'adopter la stratégie jugée trop conciliante de Mme May vis-à-vis de l'UE. Boris Johnson fait le pari de l'intransigeance, voire de la provocation à l'égard de Bruxelles. Il promet que le Brexit aura bien lieu le 31 octobre, « *do or die* » (« plutôt mourir »), exige des Européens la suppression du « backstop » irlandais

Double frontière après la sortie de l'UE

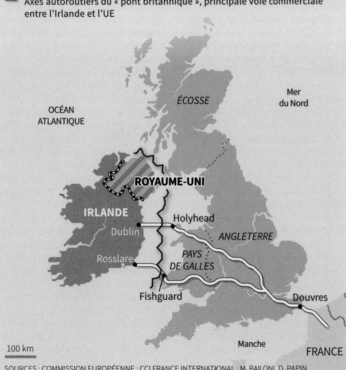

— Frontière internationale, légalement nouvelle frontière politique de l'Union européenne (UE), où ne s'appliquera pas de contrôle

Territoire appartenant à l'union douanière : ▨ britannique ▨ de l'UE

∧ Nouvelle frontière extérieure de l'UE, où s'appliqueront les contrôles douaniers européens

= Axes autoroutiers du « pont britannique », principale voie commerciale entre l'Irlande et l'UE

OCÉAN ATLANTIQUE
ÉCOSSE
Mer du Nord
ROYAUME-UNI
IRLANDE
Holyhead
Dublin
ANGLETERRE
PAYS DE GALLES
Rosslare
Fishguard
Douvres
Manche
FRANCE
100 km

SOURCES : COMMISSION EUROPÉENNE ; CCI FRANCE INTERNATIONAL ; M. BAILONI, D. PAPIN, *ATLAS GÉOPOLITIQUE DU ROYAUME-UNI*, AUTREMENT, 2019 ; GÉOCONFLUENCES ; THE IRISH TIMES ; BBC ; LE MONDE

Boris Johnson va pouvoir rester cinq longues années à Downing Street et compter sur un Parlement renouvelé, et majoritairement « pro-Brexit »

du traité de retrait. Et assure qu'il est prêt à aller au « *no deal* » (« divorce sans accord »), si la partie adverse refuse de céder. Tant pis pour les élus que rebute cette politique radicale : une vingtaine d'entre eux seront exclus du parti à l'automne, pour s'être associés à une coalition d'élus travaillistes et libéraux démocrates opposés au « *no deal* ».

DÉCISION ILLÉGALE

Conseillé par Dominic Cummings, artisan de la victoire de la campagne du « *Leave* » lors du référendum de 2016, M. Johnson tente par ailleurs une manœuvre très peu conventionnelle : il décrète une suspension inhabituellement longue du Parlement (cinq semaines, jusqu'à mi-octobre), espérant avoir les mains libres dans sa négociation avec Bruxelles. Le speaker de la Chambre des communes, John Bercow, dénonce un « *outrage constitutionnel* ». La Cour suprême juge la décision illégale fin septembre et oblige le premier ministre à revenir sur sa décision.

Humilié, M. Johnson semble prêt désormais au compromis avec Bruxelles et décroche contre toute attente, en six jours seulement, mi-octobre, un nouveau traité de retrait sans « backstop » irlandais. Cet accord de divorce nouvelle formule prévoit que l'Irlande du Nord restera

Vue de Londres depuis les toits de la Switch House, le nouveau bâtiment de la Tate Modern.
ERIC TSCHAEN/RÉA

à la fois dans l'Union douanière européenne et dans la future Union douanière britannique. Les députés unionistes d'Irlande du Nord crient à la trahison, refusant de soutenir un traité proposant un traitement différencié pour l'Irlande du Nord du reste du Royaume-Uni. Le texte passe tout juste la barre du vote en deuxième lecture à Westminster, mais les députés contraignent M. Johnson, comme Mme May six mois plus tôt, à renier sa promesse d'un Brexit dans les temps, et à

réclamer à Bruxelles un nouveau report. Cette fois au 31 janvier 2020.

Sans majorité parlementaire, avec un traité dans les limbes et un Brexit « *do or die* » ayant totalement déraillé... M. Johnson se retrouve dans l'impasse. Pour en sortir, il prend le risque d'élections générales anticipées. Jeremy Corbyn accepte de relever le gant et le Parlement est dissous début novembre. S'ensuivent cinq semaines de campagne éclair mais sans relief, M. Johnson concentrant son message sur la

promesse, simpliste et efficace, d'un « *get Brexit done* » (« réalisons le Brexit »), M. Corbyn s'ingéniant à éviter le plus possible ce sujet qui divise les travaillistes.

COUP DE MAÎTRE

Le coup de dé se révèle être un coup de maître : le camp conservateur regagne une majorité historique à la Chambre des communes (365 sièges sur 650), le vote travailliste s'effondre dans les bastions historiquement Labour des Midlands et du Nord de l'Angleterre. Lassitude des électeurs, rejet du leadership de M. Corbyn, exaspération des leavers, qui considèrent qu'on les a dépossédés de leur vote de 2016... Tout cela a pu jouer. M. Johnson va pouvoir rester cinq longues années à Downing Street et compter sur un Parlement renouvelé, et majoritairement « pro-Brexit ». Plus rien ne s'oppose à l'adoption du « *Withdrawal agreement Bill* » (projet de loi sur l'accord de retrait) par la Chambre des communes. Probablement tout début 2020. Plus rien ne s'oppose non plus à un divorce effectif le 31 janvier 2020 à minuit.

Pour autant, tout reste à négocier : à quoi ressembleront les relations futures, commerciales et géopolitiques, entre le Royaume-Uni et les 27 membres de l'UE ? M. Johnson va-t-il opter pour la proximité, le maintien d'un alignement réglementaire et politique ? Ou, au contraire, choisira-t-il une relation réduite au minimum, avec les possibles chocs économiques qu'elle impliquera (imposition de quotas aux frontières, etc.) ? « *Le plus dur est devant nous* », estime-t-on à Bruxelles, où l'on se préparait mentalement, fin 2019, à une année 2020 marathon.

LE ROYAUME-UNI AU RISQUE DE LA DÉSUNION

L'échéance désormais plus que probable du Brexit, le 31 janvier 2020, risque de relancer la question de l'unité du Royaume-Uni. En Ecosse, le parti indépendantiste SNP, très opposé au Brexit, a enregistré une très belle performance aux élections générales du 12 décembre, regagnant le terrain perdu à celles de 2017, et trustant 48 des 59 sièges réservés à l'Ecosse au Parlement de Westminster.

Après l'échec de 2014, Nicola Sturgeon, la chef du parti, réclame depuis des mois un deuxième référendum sur l'indépendance de l'Ecosse. Son argument ? En cinq ans, la donne a complètement changé : l'Ecosse a voté à 62 % pour rester dans l'UE en 2016, et ses électeurs ont le droit d'être à nouveau consultés sur leur appartenance au Royaume-Uni. Privilégieront-ils l'indépendance, pour avoir une chance de rester dans l'UE ? Au risque de voir surgir une frontière avec l'Angleterre et d'avoir à faire une demande d'adhésion à Bruxelles ?

Au préalable, il faudra que les Ecossais du SNP décrochent l'indispensable feu vert de la Chambre des communes sur le principe du deuxième référendum. Or Boris Johnson, qui dispose d'une très large majorité conservatrice à Westminster, a fait très clairement savoir qu'il refuserait ce nouveau scrutin. « *Les conservateurs ont perdu des voix en Ecosse, j'ai un mandat pour offrir aux Ecossais le choix, cela ne fait pas de doute* »,

a réagi Mme Sturgeon, fin 2019. Le premier ministre tiendra-t-il longtemps cette position « *antidémocratique* », si le parti indépendantiste remporte une victoire sans appel lors du renouvellement du Parlement écossais, en 2021 ?

Sept sièges pour le Sinn Fein

Le paysage politique ayant émergé du scrutin du 12 décembre en Irlande du Nord est tout aussi préoccupant pour Londres. Pour la première fois, les unionistes – attachés au maintien dans le Royaume-Uni, ont perdu leur majorité parlementaire face aux partis nationalistes (en faveur de l'unification de l'Irlande). Le Democratic Unionist Party (DUP), qui disposait de 10 sièges à Westminster (sur 18 réservés à l'Irlande du Nord) en perd 2. Et l'APNI (plutôt libéral et unioniste modéré) en garde 1.

Les nationalistes, qui avaient su faire alliance avant le scrutin, remportent 9 sièges (7 pour le Sinn Fein, 2 pour le SDLP, le Parti travailliste social-démocrate). Particulièrement symbolique est la défaite du numéro deux du DUP, Nigel Dodds, chef de file du groupe parlementaire à Westminster. Son siège de Belfast North a été enlevé par John Finucane, un élu Sinn Fein dont le père avait été assassiné par un groupe loyaliste durant la guerre civile. ∎

C. DU.

CÉCILE DUCOURTIEUX (LONDRES)

Les succès contrastés de l'extrême droite en Europe

La droite populiste et nationaliste semble atteindre un palier dans l'Union. Elle conforte ou améliore ses positions électorales dans un certain nombre de pays, mais essuie des revers dans les Etats où elle a pu accéder au pouvoir, en particulier en Italie et en Autriche

Le dirigeant italien Matteo Salvini espérait être aux avant-postes de la recomposition politique en Europe, comme dans son pays, au profit de l'extrême droite. Lors de la campagne pour les européennes en mai 2019, le chef de la Ligue, volontiers détracteur d'Emmanuel Macron, n'avait de cesse d'appeler *« à la renaissance d'une Europe en perdition »*. Moins de deux mois plus tard, un ultime coup de poker au pouvoir s'est retourné contre le vice-président du Conseil : il a dû quitter son poste après avoir décrété la fin de la coalition avec le Mouvement 5 étoiles (M5S), dans l'espoir de précipiter la tenue de nouvelles élections. Las, son ancien allié a préféré rester aux affaires en s'associant avec le Parti démocrate (centre gauche). Depuis, le dirigeant de la Ligue ronge son frein dans l'opposition, son parti caracolant toujours en tête des sondages en dépit du pari raté de son chef.

Les turpitudes de Matteo Salvini marquent-elles un coup d'arrêt à la montée progressive de l'extrême droite sur le continent européen, après une année 2018 qui avait vu la mouvance populiste ou « illibérale » accéder au pouvoir dans l'ouest du continent et consolider ses bastions dans l'est ? Rien n'est moins sûr en Italie, où le dirigeant de la Ligue engrange les succès dans les scrutins régionaux et espère prendre au plus vite sa revanche à Rome. Riche en rendez-vous électoraux, l'année 2019 a cependant vu les formations d'extrême droite et la droite illibérale connaître des succès contrastés, dans l'opposition comme au pouvoir.

En Autriche, le FPÖ a dû, comme la Ligue italienne, quitter contre son gré la coalition constituée en décembre 2017 avec les conservateurs, à l'issue d'un scandale retentissant impliquant son chef, Heinz-Christian Strache, piégé lors d'une vraie-fausse tentative de corruption filmée dans une villa d'Ibiza par une présumée intermédiaire russe. Un scandale qui a convaincu le jeune chancelier conservateur Sebastian Kurz de mettre un terme précipité à la coalition, puis de convoquer des élections. Après ce coup de théâtre, le FPÖ recule dans les urnes, sans s'effondrer, et M. Kurz opte, afin de former un nouveau gouvernement, pour de laborieuses discussions avec les Verts.

Sur le plan électoral, le recul le plus cinglant est venu du Royaume-Uni, après trois ans de crise politique à la suite du référendum de juin 2016 : le Brexit Party de Nigel Farage s'est sacrifié pour aider Boris Johnson à emporter une majorité absolue lors du scrutin du 12 décembre, afin de sortir (enfin) de l'Union européenne. Résultat : la formation ne parvient pas à entrer au Parlement de Westminster. Mais elle est désormais assurée de réaliser son rêve : le Brexit, pas plus tard que le 31 janvier 2020.

PLAFOND DE VERRE ET DIVISIONS AU PARLEMENT EUROPÉEN

La nouvelle est rude pour les formations d'extrême droite au Parlement européen. Brexit oblige, les 29 élus du Brexit Party, vainqueur du scrutin européen au Royaume-Uni en mai, vont devoir quitter les bancs de l'hémicycle de Strasbourg le 31 janvier 2020, si la sortie de l'Union européenne (UE) devient bel et bien réalité à cette date. Ces dernières années, leur chef, Nigel Farage, s'était fait une spécialité de conspuer les dirigeants européens, provoquant des gloussements de bonheur auprès de ses cousins ultras du continent, Marine Le Pen en tête.

En mai, les élections européennes avaient livré un double enseignement. D'une part, la lame de fond qui touche le continent n'est pas près de se retirer, mais elle semble marquer le pas sur l'ensemble de l'UE. Avec quelque 150 élus – y compris les élus du Brexit Party –, ces formations ont confirmé leur influence, sans vraiment progresser par rapport aux élections de 2014. Même le Rassemblement national (RN), arrivé en première position en France après une campagne où il promettait de peser à Bruxelles, a fait moins bien que cinq ans plus tôt, avec 22 élus (contre 25 à l'époque). Aux Pays-Bas, le Parti pour la liberté, de Geert Wilders, s'est effondré, tout comme le Parti populaire danois et le Parti de la liberté d'Autriche (FPÖ).

D'autre part, en dépit des appels à l'union d'un Matteo Salvini pendant la campagne, cette mouvance est restée fragmentée. En attendant la sortie de l'UE, les élus du Brexit Party ne sont pas parvenus à maintenir le groupe Europe de la liberté et de la démocratie directe. La Ligue italienne et le RN de Marine Le Pen ont au contraire prolongé leur alliance, avec le renfort de l'AfD allemande, sous la bannière « Identité et démocratie » (76 élus, après le Brexit). Quant aux députés du parti Droit et justice, au pouvoir en Pologne, ils sont restés fidèles au groupe souverainiste des conservateurs et réformistes européens. Pour eux, il n'est pas question de s'associer au RN français, dont ils critiquent la russophilie. Mais le Brexit devrait affaiblir leur famille, avec le retrait des eurodéputés tories de Boris Johnson.

Plus largement, les conservateurs du Parti populaire européen (PPE, 187 élus après le Brexit) et les sociaux-démocrates (148) ont certes perdu leur majorité commune au Parlement, mais ils s'associent aux centristes de Renew Europe (97, dont les élus macroniens) pour rester incontournables, avec, sans doute, un soutien des écologistes.

Marginalisées, les extrêmes droites européennes ont espéré le renfort du premier ministre hongrois, Viktor Orban. Suspendu à l'automne du PPE en raison de ses diatribes contre Bruxelles, ce dernier était apparu pendant la campagne aux côtés de Matteo Salvini. Il n'a pas caché son intention de rapprocher le mouvement conservateur de la droite radicale. Contre l'avis de la chancelière allemande, Angela Merkel, dont la doctrine est encore majoritaire au sein du PPE. Ce dernier promettait de statuer début 2020 sur le sort de M. Orban, pour mettre fin à la suspension de son parti ou l'exclure définitivement. ∎

ÉMERGENCE DE VOX, EN ESPAGNE

Dans d'autres parties du continent, au contraire, les extrémistes de droite gagnent du terrain. C'est le cas notamment en Finlande, même si les Vrais Finlandais, arrivés deuxièmes aux législatives d'avril sur un discours identitaire, sont tenus à l'écart du pouvoir en raison d'une large alliance entre les sociaux-démocrates, les centristes, les Verts et l'Alliance de gauche. C'est le cas aussi en Estonie, où, après avoir remporté plus de 17 % des voix en mars, le Parti populaire conservateur (EKRE), une formation nationaliste anti-immigration et eurosceptique fondée en 2012, partage le pouvoir avec le centre et un parti de droite, en dépit des mises en garde de la présidente de la République : Kersti Kaljulaid considère qu'*« en siégeant au gouvernement* [les dirigeants d'EKRE] *disposent d'une plate-forme pour changer la culture politique du pays »*.

Ailleurs, l'extrême droite a confirmé en 2019 son émergence dans des terres longtemps sourdes à sa rhétorique. Ainsi l'Espagne ne fait-elle plus exception, avec l'émergence de Vox, quarante-quatre ans après la mort du dictateur Franco, dont elle cultive

P. RI.

La percée des partis populistes de droite aux élections européennes de juin 2019

En % des suffrages exprimés

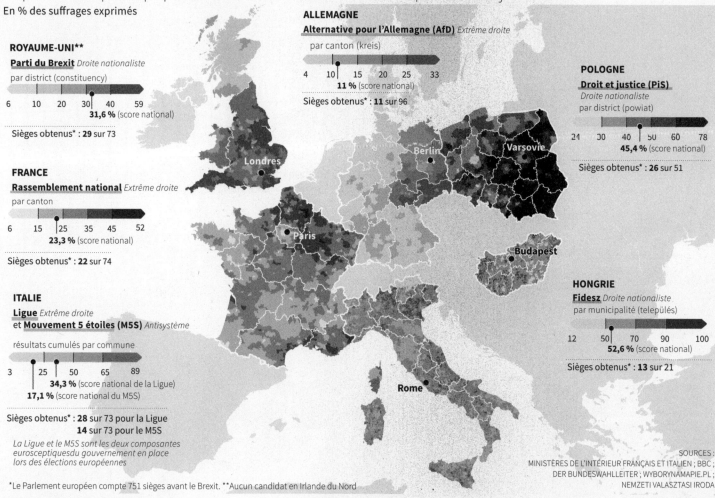

ROYAUME-UNI**

Parti du Brexit *Droite nationaliste*

par district (constituency)

6 10 20 30 40 59

31,6 % (score national)

Sièges obtenus* : **29** sur 73

FRANCE

Rassemblement national *Extrême droite*

par canton

6 15 25 35 45 52

23,3 % (score national)

Sièges obtenus* : **22** sur 74

ITALIE

Ligue *Extrême droite*
et **Mouvement 5 étoiles (M5S)** *Antisystème*

résultats cumulés par commune

3 25 50 65 89

34,3 % (score national de la Ligue)

17,1 % (score national du M5S)

Sièges obtenus* : **28** sur 73 pour la Ligue
14 sur 73 pour le M5S

La Ligue et le M5S sont les deux composantes eurosceptiquesdu gouvernement en place lors des élections européennes

ALLEMAGNE

Alternative pour l'Allemagne (AfD) *Extrême droite*

par canton (kreis)

4 10 15 20 25 33

11 % (score national)

Sièges obtenus* : **11** sur 96

POLOGNE

Droit et justice (PiS)
Droite nationaliste

par district (powiat)

24 30 40 50 60 78

45,4 % (score national)

Sièges obtenus* : **26** sur 51

HONGRIE

Fidesz *Droite nationaliste*

par municipalité (település)

12 50 70 90 100

52,6 % (score national)

Sièges obtenus* : **13** sur 21

Carte avec villes : Londres, Paris, Rome, Berlin, Varsovie, Budapest

SOURCES :
MINISTÈRES DE L'INTÉRIEUR FRANÇAIS ET ITALIEN ; BBC ;
DER BUNDESWAHLLEITER ; WYBORYNAMAPIE.PL ;
NEMZETI VALASZTASI IRODA

*Le Parlement européen compte 751 sièges avant le Brexit. **Aucun candidat en Irlande du Nord

---

volontiers la nostalgie. La formation, fondée par d'anciens membres du Parti conservateur, arrive en troisième position lors des législatives de novembre (15 % des voix, 52 députés), remportées par le socialiste Pedro Sanchez. Tandis que la vie politique espagnole est dans l'impasse, faute de gouvernement majoritaire, Vox dénonce les velléités indépendantistes de la Catalogne et l'arrivée de migrants. Elle s'oppose à l'avortement et défend une vision passéiste du pays.

En Allemagne, la formation d'extrême droite Alternative pour l'Allemagne (AfD) semble plafonner dans l'ouest du pays, mais elle continue de progresser dans l'est, trente ans après la chute du mur de Berlin. Elle concurrence la gauche radicale (Die Linke), pour capter le vote protestataire des perdants de la réunification, tout en attisant les tensions suscitées par l'afflux de réfugiés en 2015. La jeune formation, qui avait réussi à faire élire 93 députés en septembre 2017, engrange les succès en Saxe, dans le Brandebourg et en Thuringe. La montée en puissance est telle qu'elle suscite un

> En Allemagne, l'AfD semble plafonner dans l'ouest du pays, mais elle progresse dans l'est

débat dans les rangs du parti conservateur d'Angela Merkel sur l'opportunité de s'allier avec l'AfD, au moins au niveau régional. Et elle incite les autorités allemandes à renforcer la surveillance des groupuscules néonazis et ultranationalistes, parfois proches de l'AfD, après des attaques antisémites et xénophobes.

En dépit du succès de la réunification, la situation politique de l'Allemagne de l'Est rappelle, pour nombre d'experts, celle des démocraties nées sur les ruines du bloc soviétique, voilà trente ans. Une large frange de l'électorat de ces régions ébranlées par l'émigration et les restructurations économiques ne se retrouve pas dans les partis classiques de gouvernement. Et ne cache pas son attirance pour des dirigeants en rupture avec le libéralisme des années de transition.

DÉFAITE INÉDITE DE VIKTOR ORBAN

Dans l'est du continent, les gouvernements illibéraux ont, d'ailleurs, consolidé leurs positions, non sans connaître quelques revers. En Pologne, le parti ultraconservateur Droit et justice (PiS), au pouvoir depuis 2015 sous la houlette de Jaroslaw Kaczynski, remporte plus de 43% des voix lors des législatives d'octobre. Il gagne au passage plus de 2 millions de nouveaux électeurs. Mais il va devoir faire face à une opposition renouvelée et élargie, avec le retour de la gauche au Parlement, au côté de la Plate-forme civique (centre droit). Surtout, un parti d'extrême droite, Confédération, est parvenu à faire élire des députés. Ultra-nationaliste, la formation entend contester le « monopole de la radicalité » longtemps assumé par le PiS. Ce dernier n'en promet pas moins de poursuivre ses réformes,

en particulier en matière de justice.

En Hongrie, Viktor Orban essuie une défaite inédite près de dix ans après son retour au pouvoir, à l'occasion des élections municipales du mois d'octobre. Son parti, le Fidesz, perd sept grandes villes, dont la capitale, Budapest. Après avoir repris en main les différentes institutions, le premier ministre, chantre de l'illibéralisme, a buté sur un front composé des différents partis d'opposition. La gauche s'est ainsi associée au Jobbik, dont le passé antisémite et anti-roms avait longtemps découragé ce genre de rapprochement.

Plus tard, l'une des premières initiatives du nouveau maire de Budapest, Gergely Karacsony, sera de créer une « alliance des villes libres » avec ses homologues de Varsovie, de Prague et de Bratislava, pour incarner la résistance dans les pays du groupe de Visegrad (Pologne, Hongrie, République tchèque et Slovaquie). L'événement a eu lieu dans la capitale hongroise, là où siège le gouvernement de M. Orban, l'enfant terrible de la droite européenne et héros des extrêmes droites du continent. ■

PHILIPPE RICARD

PLANÈTE

Face à l'inertie du système international, comme l'atteste l'absence de résultats tangibles lors de la COP25 qui s'est tenue à Madrid, en décembre 2019, les sociétés civiles se sont davantage mobilisées tout au long de l'année pour secouer les consciences en faveur de la sauvegarde de la planète. Les catastrophes s'accumulent : forêts, océans, faune ne cessent d'être menacés, tandis que les phénomènes climatiques extrêmes se multiplient, fragilisant des populations qui subissent sécheresses, cyclones ou canicules à répétition. La défiance augmente à l'égard des Etats jugés incapables de s'adapter aux enjeux écologiques.

Des membres d'Extinction Rebellion manifestent devant les bâtiments du gouvernement lors du vote du budget à Dublin, en Irlande, le 8 octobre 2019.
LORRAINE O'SULLIVAN/REUTERS

L'effondrement du vivant

POURCENTAGE DES ESPÈCES MENACÉES D'EXTINCTION, PAR GROUPE

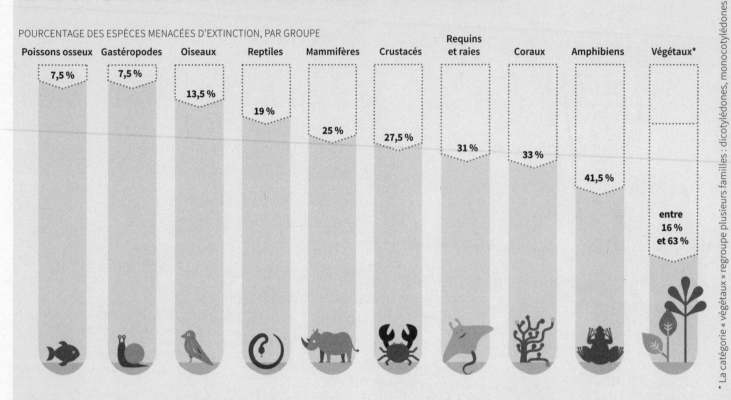

Poissons osseux	Gastéropodes	Oiseaux	Reptiles	Mammifères	Crustacés	Requins et raies	Coraux	Amphibiens	Végétaux*
7,5 %	7,5 %	13,5 %	19 %	25 %	27,5 %	31 %	33 %	41,5 %	entre 16 % et 63 %

* La catégorie « végétaux » regroupe plusieurs familles : dicotylédones, monocotylédones...

L'ACCÉLÉRATION DES EXTINCTIONS D'ESPÈCES

POURCENTAGE CUMULÉ DES ESPÈCES DISPARUES DEPUIS 1500

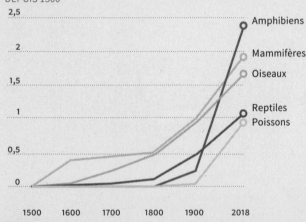

Amphibiens
Mammifères
Oiseaux
Reptiles
Poissons

(axe vertical : 0 / 0,5 / 1 / 1,5 / 2 / 2,5 — axe horizontal : 1500 / 1600 / 1700 / 1800 / 1900 / 2018)

DES INSECTICIDES DE PLUS EN PLUS NOCIFS

INDICE DE CHARGE TOXIQUE AIGUË DES INSECTICIDES (VOIE ORALE) DE L'AGRICULTURE AMÉRICAINE

● Néonicotinoïdes   ● Autres insecticides

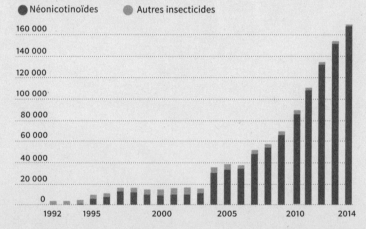

(axe vertical : 0 / 20 000 / 40 000 / 60 000 / 80 000 / 100 000 / 120 000 / 140 000 / 160 000 — axe horizontal : 1992 / 1995 / 2000 / 2005 / 2010 / 2014)

L'IMPACT DU RÉCHAUFFEMENT CLIMATIQUE À + 1,5 °C OU À + 2 °C

BIODIVERSITÉ

Perte de plus de la moitié de l'habitat naturel pour...

... **4 % des vertébrés** à + 1,5 °C **contre 8 %** à + 2 °C

... **6 % des insectes** à + 1,5 °C **contre 18 %** à + 2 °C

... **8 % des plantes** à + 1,5 °C **contre 16 %** à + 2 °C

BANQUISE ARCTIQUE

Fonte complète de la banquise en été...

... **1 fois par siècle** à + 1,5 °C

... **1 fois par décennie** à + 2 °C

VAGUES DE CHALEUR

À + 1,5 °C

Des vagues de chaleur **plus chaudes de 3 °C**

À + 2 °C

Des vagues de chaleur **plus chaudes de 4 °C**

CULTURES CÉRÉALIÈRES

Baisse de rendement plus important à + 2 °C, notamment en Afrique subsaharienne, en Asie du Sud-Est et en Amérique latine

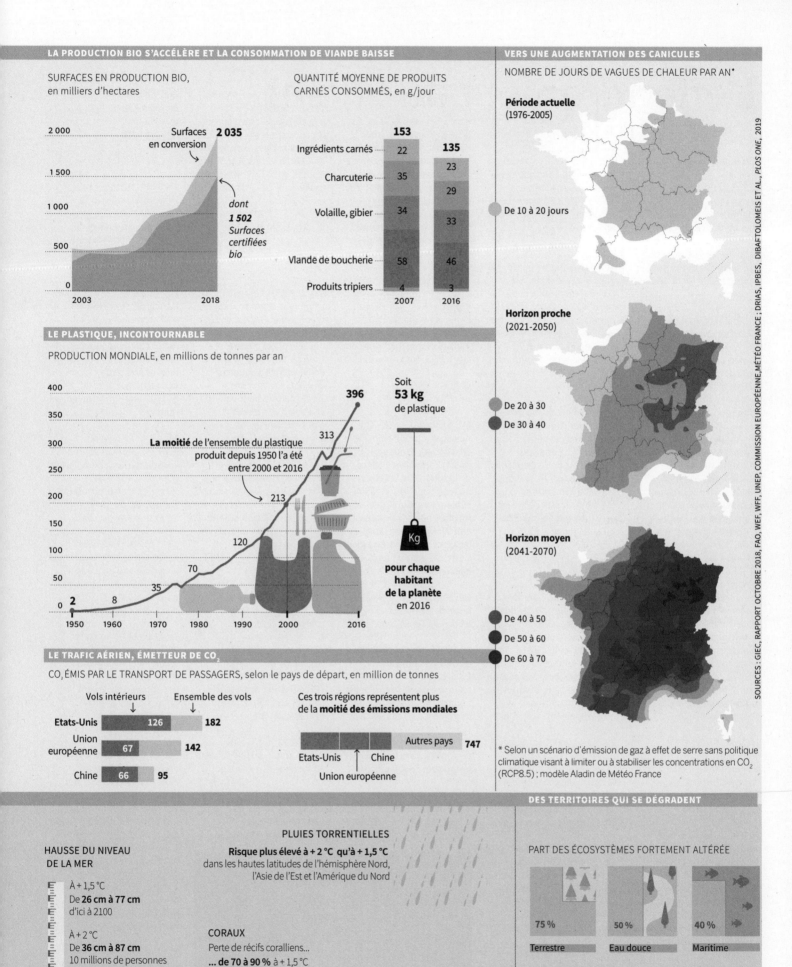

LA PRODUCTION BIO S'ACCÉLÈRE ET LA CONSOMMATION DE VIANDE BAISSE

SURFACES EN PRODUCTION BIO,
en milliers d'hectares

2 000
1 500
1 000
500
0

Surfaces en conversion **2 035**

dont **1 502** *Surfaces certifiées bio*

2003 — 2018

QUANTITÉ MOYENNE DE PRODUITS CARNÉS CONSOMMÉS, en g/jour

	153	**135**
Ingrédients carnés	22	23
Charcuterie	35	29
Volaille, gibier	34	33
Viande de boucherie	58	46
Produits tripiers	4	3
	2007	2016

LE PLASTIQUE, INCONTOURNABLE

PRODUCTION MONDIALE, en millions de tonnes par an

400
350
300
250
200
150
100
50
0

396

313

La moitié de l'ensemble du plastique produit depuis 1950 l'a été entre 2000 et 2016

213

120

70

35

8

2

1950 1960 1970 1980 1990 2000 2016

Soit **53 kg** de plastique

pour chaque habitant de la planète en 2016

LE TRAFIC AÉRIEN, ÉMETTEUR DE CO_2

CO_2 ÉMIS PAR LE TRANSPORT DE PASSAGERS, selon le pays de départ, en million de tonnes

Vols intérieurs — Ensemble des vols

Etats-Unis — 126 — **182**
Union européenne — 67 — **142**
Chine — 66 — **95**

Ces trois régions représentent plus de la **moitié des émissions mondiales**

Etats-Unis — Chine — Autres pays **747**
Union européenne

SOURCES : GIEC, RAPPORT OCTOBRE 2018, FAO, WEF, WWF, UNEP, COMMISSION EUROPÉENNE, MÉTÉO FRANCE ; DRIAS, IPBES, DIBAFTOLOMEIS ET AL., *PLOS ONE*, 2019

VERS UNE AUGMENTATION DES CANICULES

NOMBRE DE JOURS DE VAGUES DE CHALEUR PAR AN*

Période actuelle (1976-2005)

De 10 à 20 jours

Horizon proche (2021-2050)

De 20 à 30
De 30 à 40

Horizon moyen (2041-2070)

De 40 à 50
De 50 à 60
De 60 à 70

* Selon un scénario d'émission de gaz à effet de serre sans politique climatique visant à limiter ou à stabiliser les concentrations en CO_2 (RCP8.5) ; modèle Aladin de Météo France

DES TERRITOIRES QUI SE DÉGRADENT

HAUSSE DU NIVEAU DE LA MER

À + 1,5 °C
De **26 cm à 77 cm** d'ici à 2100

À + 2 °C
De **36 cm à 87 cm**
10 millions de personnes menacées de plus

PLUIES TORRENTIELLES

Risque plus élevé à + 2 °C qu'à + 1,5 °C dans les hautes latitudes de l'hémisphère Nord, l'Asie de l'Est et l'Amérique du Nord

CORAUX

Perte de récifs coralliens...

... de 70 à 90 % à + 1,5 °C

... jusqu'à 99 % à + 2 °C

PÊCHE

Prise annuelle de poissons réduite de ...

... 1,5 million de tonnes à + 1,5 °C

... plus de 3 millions de tonnes à + 2 °C

PART DES ÉCOSYSTÈMES FORTEMENT ALTÉRÉE

75 % — Terrestre
50 % — Eau douce
40 % — Maritime

2019

JANVIER

5 || PÊCHE | Prix record pour un thon rouge de 278 kg vendu aux enchères 333,6 millions de yens (2,7 millions d'euros, soit près de 10 000 euros le kilo), à Tokyo.

7 || ALIMENTATION | La Cour suprême des Etats-Unis valide l'interdiction du foie gras en Californie. Le 30 octobre, New York adopte un texte interdisant la commercialisation du produit à partir de 2022.

8 || ASSURANCES | Les catastrophes naturelles ont coûté 160 milliards de dollars de dégâts en 2018, loin des 350 milliards de 2017, mais plus que la moyenne des trente dernières années, selon l'assureur Munich Re.

23 || SANTÉ | L'Agence nationale de sécurité sanitaire de l'alimentation, de l'environnement et du travail (Anses) alerte sur *« la présence de différentes substances chimiques dangereuses dans les couches jetables, qui peuvent notamment migrer dans l'urine et entrer en contact prolongé avec la peau des bébés ».*

24 || GLYPHOSATE | Emmanuel Macron renonce à sa promesse d'interdire l'herbicide en 2021, un engagement qu'il avait pris personnellement.

26-27 || CLIMAT | Près de 150 000 personnes se mobilisent en France et en Belgique pour faire face à l'urgence climatique. La pétition en ligne d'associations écologistes pour un recours contre l'Etat réunit 2,1 millions de signatures.

FÉVRIER

9 || SANTÉ | Selon un rapport sur « les impacts sanitaires du bruit des transports » de Bruitparif, un individu peut perdre plus de trois ans de vie en bonne santé dans les zones les plus exposées en Ile-de-France.

10 || BIODIVERSITÉ | Selon une étude publiée dans la revue *Biological Conservation,* 40 % des espèces d'insectes sont en déclin, parmi lesquelles les fourmis, les abeilles, les éphémères, etc. Depuis trente ans, la biomasse totale des insectes diminue de 2,5 % par an.

13 || OCÉANS | Le Parlement européen met fin de manière définitive aux exceptions qui permettaient – en particulier à une partie de la flotte de pêche néerlandaise – de pratiquer la pêche à impulsion électrique. Cette pêche ne sera totalement interdite qu'au 1er juillet 2021.

MARS

5 || ÉCOLOGIE | Au nom d'une coalition de dix-neuf associations, ONG et syndicats, le secrétaire général de la CFDT, Laurent Berger, et Nicolas Hulot présentent un « pacte social et écologique » de 66 propositions visant à concilier transition environnementale et équité.

12 || POLLUTION | Selon une étude publiée dans l'*European Heart Journal,* les particules fines seraient à l'origine de 9 millions de morts prématurées par an à l'échelle de la planète.

14 || MOZAMBIQUE | Le cyclone Idai s'abat sur la deuxième ville du pays, Beira, avant de poursuivre sa course au Zimbabwe, provoquant la mort d'un millier de personnes.

22 || EAU | Près de 844 millions de personnes dans le monde sont encore privées de tout service élémentaire d'eau potable, selon un rapport 2019 des Nations unies.

AVRIL

4 || LEVOTHYROX | Des travaux franco-britanniques, publiés dans la revue *Clinical Pharmacokinetics,* indiquent que les deux formulations du médicament commercialisé par Merck ne sont pas substituables pour chaque individu : près de 60 % des patients pourraient ne pas réagir de la même manière aux deux versions du produit.

8 || CLIMAT | Conclusion d'une étude parue dans *Nature,* les glaciers ont perdu 9 600 milliards de tonnes de glace depuis un demi-siècle.

MAI

6 || BIODIVERSITÉ | Un million d'espèces animales et végétales risquent de disparaître à brève échéance de la surface de la Terre ou du fond des océans, selon la plate-forme intergouvernementale scientifique et politique sur la biodiversité et les services écosystémiques. Ce même jour, Emmanuel Macron estime que le projet minier « Montagne d'or » en Guyane n'est *« pas compatible avec les exigences de protection de l'environnement ».*

20 || OCÉANS | La montée des eaux pourrait atteindre 2,4 mètres à la fin du siècle, selon une étude parue dans les Comptes rendus de l'Académie américaine des sciences.

28 || EUROPÉENNES | Les écologistes font une percée historique. En Allemagne, récoltant 20,7 % des suffrages, les Grünen se hissent à la deuxième place derrière les conservateurs, mais devant les sociaux-démocrates. En France, les Verts sont troisièmes, avec 13,5 % des voix. En Autriche, en Irlande, en Scandinavie, aux Pays-Bas et au Royaume-Uni, ils dépassent les 10 %.

JUIN

4 || JEUX OLYMPIQUES | Le groupe pétrolier Total renonce à être sponsor des JO de Paris 2024 en raison des réticences d'Anne Hidalgo. Fin mars, la maire de la capitale avait réclamé des Jeux exemplaires sur le plan environnemental et n'ayant pas recours à des sponsors actifs dans les énergies fossiles.

20 || CLIMAT | Réunis en conseil à Bruxelles, les chefs d'Etat et de gouvernement ne parviennent pas à s'accorder sur un objectif de neutralité carbone en 2050, ni à relever leurs efforts de réduction des émissions de gaz à effet de serre d'ici à 2030. En cause : une opposition de la Pologne, soutenue par la Hongrie, la République tchèque et l'Estonie.

23 || ALIMENTATION | Le Chinois Qu Dongyu est élu directeur de l'Organisation des Nations unies pour l'alimentation et l'agriculture.

26 || ALIMENTATION | Nestlé annonce qu'il se rallie au système d'étiquetage nutritionnel Nutri-Score en France, en Belgique et en Suisse.

JUILLET

1ER || PALUDISME | Pour la première fois sur le continent africain, environ 6 400 moustiques génétiquement modifiés sont lâchés au Burkina Faso.

5 || BIODIVERSITÉ | Les Terres et mers australes françaises sont classées au Patrimoine mondial par l'Unesco. Le site retenu inclut l'archipel Crozet, les îles Kerguelen, Saint-Paul et Amsterdam et s'étend sur près de 673 000 km², principalement marins.

11 || SANTÉ | Selon le *British Medical Journal,* la consommation quotidienne d'un petit verre de soda ou de jus de fruits pourrait augmenter de 18 % les risques de cancer.

23 || BIODIVERSITÉ | La Commission européenne interdit jusqu'au 31 décembre la pêche au cabillaud dans la majeure partie de la mer Baltique.

24 || CLIMAT | La Terre vit sa période la plus chaude depuis 2 000 ans, selon une étude publiée par *Nature.* Seul le continent antarctique est encore en partie épargné par ce réchauffement.

25 || SANTÉ | Une juge américaine réduit de 2,055 milliards à 86,7 millions de dollars le montant des dommages infligés à la firme Monsanto en mai, dans la troisième condamnation, parmi des milliers de procédures liées au désherbant Roundup, confirmant toutefois le *« comportement répréhensible »* du groupe racheté par Bayer.

27 || FAUNE | Un arrêté publié au *Journal officiel* relève le pourcentage de loups pouvant être tués en 2019 de 10-12 % à 17-19 %, soit un plafond de 90 voire de 100 bêtes.

31 DÉCEMBRE || INCENDIES | En Australie, trois millions d'hectares ont été détruits par les flammes. Depuis septembre 2019, le pays enregistre des records de chaleur.

AOÛT

5 || CLIMAT | Juillet 2019 a été le mois le plus chaud jamais mesuré en France et dans le monde, selon les données du service européen Copernicus sur le changement climatique.

8 || ARMEMENT | Accident nucléaire de Nionoksa, en Russie, lors du test d'un nouveau missile sur une base d'essais dans le Grand Nord. L'explosion a fait cinq morts.

25 || BIODIVERSITÉ | La Convention sur le commerce international des espèces de faune et de flore sauvages menacées d'extinction, à laquelle adhèrent 182 pays, vote la régulation du commerce de la girafe et du requin mako, et renforce la protection d'autres animaux, comme des espèces de concombres de mer, de raies ou de loutres.

29 || SANTÉ | Selon l'OMS, au cours des six premiers mois de 2019, 89 994 cas de rougeole ont été recensés en Europe, soit plus que sur l'ensemble de l'année 2018, où l'on dénombrait 84 462 cas.

30 || ÉNERGIE | Selon le Commissariat à l'énergie atomique, la construction du réacteur prototype de 4e génération Astrid n'est pas programmée à court ou moyen terme et la perspective d'un déploiement industriel n'est plus envisagée avant 2050.

SEPTEMBRE

1ER || INTEMPÉRIES | Aux Bahamas, l'ouragan Dorian fait 52 morts et des dizaines de disparus.

16 || TRANSPORTS | Selon le CNRS et l'association Respire, dans le métro et le RER, l'air peut être jusqu'à dix fois plus pollué en particules fines que dans l'air ambiant extérieur.

19 || POLLUTION | L'ONG européenne Transport & Environment montre que les camions roulant au GNL rejettent davantage de gaz toxiques – jusqu'à cinq fois plus d'oxyde d'azote – que les diesels.

19 || FUKUSHIMA | Trois anciens dirigeants du groupe Tokyo Electric Power (Tepco) sont acquittés par le tribunal de Tokyo, qui a estimé qu'ils ne pouvaient être reconnus coupables des conséquences de la catastrophe nucléaire à la suite du tsunami du 11 mars 2011.

20 || CLIMAT | Des millions de jeunes du monde entier manifestent dans le sillage de Greta Thunberg pour demander à la classe politique de prendre des mesures pour lutter contre le changement climatique.

23 || ONU | Le sommet sur le climat s'achève à New York sur un maigre bilan, les grands Etats refusant d'accroître leurs efforts. Seuls 66 pays, essentiellement en développement, pesant pour 6,8 % des émissions mondiales, annoncent de nouveaux engagements. Discours de Greta Thunberg, qui tance les dirigeants mondiaux : *« Comment osez-vous dire que vous en faites assez ? »*

26 || INCENDIE | L'usine Lubrizol, à Rouen, classée Seveso seuil haut, est détruite par les flammes.

30 || INCENDIES | Depuis le début de l'année, plusieurs millions d'hectares de forêt ont été détruits par les flammes en Amazonie, selon les données de l'Institut national de recherche spatiale du Brésil.

OCTOBRE

4 || POLITIQUE | Tirés au sort, 150 Français rassemblés dans une convention citoyenne pour le climat, commencent à se pencher sur les mesures à prendre pour lutter contre le dérèglement climatique.

10 || SANTÉ | Le Fonds mondial de lutte contre le sida, la tuberculose et le paludisme atteint son objectif de recueillir 14 milliards de dollars (12,5 milliards d'euros) pour la période 2020-2022.

12 OCTOBRE || TEMPÊTE | Glissements de terrain, inondations, vents violents et hautes vagues, comme ici, dans le port de Kiho : le typhon Hagibis, qui a déferlé sur le Japon, a causé des dizaines de morts et de blessés. TORU HANAI/AP

24 || POLLUTION | Dans un arrêt, la Cour de justice de l'UE condamne la France pour son incapacité à protéger ses citoyens contre la pollution de l'air.

29 || OCÉANS | D'après une étude publiée dans *Nature Communications*, d'ici à 2050, 300 millions de personnes (640 millions à la fin du siècle) risquent d'être confrontées à des inondations côtières annuelles, contre 80 millions d'après les précédentes estimations.

30 || CLIMAT | Le Chili, secoué par une crise sociale, renonce à accueillir la COP25 qui devait se tenir du 2 au 13 décembre à Santiago. L'Espagne prend le relais.

NOVEMBRE

4 || CLIMAT | Les Etats-Unis officialisent leur retrait de l'accord de Paris, départ qui sera effectif au lendemain de la présidentielle américaine.

12 || CLIMAT | Venise enregistre la pire « acqua alta » (« marée haute ») de son histoire depuis 1966.

15 || AGRICULTURE | Les députés français rejettent un amendement (voté le 14) prolongeant de six ans les avantages fiscaux de l'huile de palme.

23 || POLLUTION | La marée noire, qui a déjà souillé plus de 2 000 km et plus de 200 plages du littoral brésilien depuis fin août, atteint l'Etat de Rio de Janeiro.

26 || CLIMAT | Les Etats ont *« collectivement échoué »* à infléchir la croissance des émissions de gaz à effet de serre, estime le Programme des Nations unies pour l'environnement.

DÉCEMBRE

2-13 || COP25 | Le Chili place la question de la préservation des mers au cœur de la 25e Conférence des Nations unies sur le climat, qui s'est tenue à Madrid et que le pays préside.

6 || SANTÉ | L'UE vote contre le renouvellement de l'autorisation du chlorpyrifos et du chlorpyrifos-méthyl, deux pesticides nocifs pour le cerveau du fœtus et des jeunes enfants, qui arrivait à échéance le 31 janvier 2020.

9 || GLYPHOSATE | L'Agence nationale de sécurité sanitaire de l'alimentation, de l'environnement et du travail annonce que 36 produits phytosanitaires à base de glyphosate, passé un délai de grâce de quelques mois, ne pourront plus être utilisés en France à compter de fin 2020.

12 || CLIMAT | Accord partiel de l'UE sur la neutralité carbone pour 2050, mais sans la Pologne, qui obtient un statut dérogatoire.

13 || LUBRIZOL | Alors que l'origine de l'incendie de l'usine chimique rouennaise du 26 septembre reste indéterminée, le préfet de Seine-Maritime donne son feu vert au redémarrage partiel du site.

15 || CLIMAT | La conférence des Nations unies sur le climat (COP25) se solde par un accord minimal : 80 Etats s'engagent à rehausser leurs ambitions au cours de l'année 2020, mais ils ne représentent que 10,5 % des émissions mondiales de CO_2.

20 || NUCLÉAIRE | La Suisse ferme une première centrale nucléaire, à Mühleberg, dans le canton de Berne.

25 || INTEMPÉRIES | Le typhon Phanfone fait une trentaine de victimes aux Philippines.

31 || BIODIVERSITÉ | Parution au *Journal officiel* du décret d'interdiction de deux nouveaux pesticides, la flupyradifurone et le sulfoxaflor, jugés responsables du déclin des insectes pollinisateurs.

PAGES RÉALISÉES PAR
PIERRE JULLIEN

Valérie Masson-Delmotte
Paléoclimatologue

« DES SOLUTIONS EXISTENT MAIS L'ON NE CHANGERA PAS TOUT DEMAIN »

Présente à la COP25, à Madrid, en décembre, la paléoclimatologue constate le peu d'avancées concrètes dans la lutte contre le réchauffement climatique. Elle appelle à dépasser les émotions paralysantes en faveur d'une approche plus rationnelle

Paléoclimatologue, Valérie Masson-Delmotte est directrice de recherche au Commissariat à l'énergie atomique et aux énergies alternatives (CEA) et coprésidente du groupe n° 1 du Groupe d'experts intergouvernemental sur l'évolution du climat (GIEC) depuis 2015. Elle déplore une sous-information sur les évolutions récentes et estime que des solutions existent, même si l'on ne changera pas tout demain.

Quel bilan tirer de la conférence mondiale sur le climat (COP25) qui s'est achevée le 15 décembre, à Madrid ?

J'étais présente à cette COP. Je ne peux que constater le décalage entre le peu d'avancées et la gravité de la situation telle qu'elle ressort des derniers rapports du GIEC, le rapport sur l'océan et la cryosphère et celui sur le changement climatique et l'utilisation des terres, pourtant mentionnés dans la déclaration finale. Certains points positifs peuvent être soulignés, comme la mention des *« transitions justes »*, le plan d'action sur le genre (égalité et autonomisation des femmes) en lien avec l'action climat... Mais, finalement, il y a peu d'avancées concrètes. Le rendez-vous important sera donc à la prochaine COP, à Glasgow, en novembre 2020, quand les pays mettront sur la table leurs révisions d'ambition, leurs plans nationaux d'atténuation et d'adaptation.

Comment estimez-vous l'engagement européen, matérialisé par un Green Deal (« pacte vert ») et par l'objectif de la neutralité carbone en 2050 ?

L'Union européenne, à l'exception de la Pologne qui n'est pas dans l'accord, semble vouloir reprendre la main et construire une ambition plus forte. La révision à l'horizon 2030 de moins 50 % à moins 55 % des émissions (par rapport à 1990), hors importation et tout gaz à effet de serre (GES), semble cohérente avec l'accord de Paris. Mais elle mériterait d'être clarifiée, gaz par gaz, CO_2 et autres. Car si les émissions de GES ont diminué de 23 % entre 1990 et 2018, la baisse devra être beaucoup plus rapide d'ici à 2030. Et la question du comment est essentielle.

S'il y a des points positifs dans ce Green Deal, comme la mention d'une *« transition juste et équitable »*, d'une action climat en lien avec la biodiversité ou encore le fait qu'il aborde la question des importations et des politiques commerciales, il reste peu explicite sur les actions envisagées. L'important volet sur l'érosion de la biodiversité en Europe et le rôle des importations sur la perte de biodiversité ailleurs dans le monde n'est pas précis. Idem pour les forêts et l'océan, où aucune action n'est explicitée. La question de la montée du niveau des mers est, elle, absente du document. Quel est le lien entre la stratégie annoncée – *« de la ferme à la table »* – et la nouvelle politique agricole commune (PAC) ? Le plus important reste donc de fixer des objectifs précis secteur par secteur, et par gaz à effet de serre, ainsi qu'un calendrier concret.

Que faudrait-il faire pour que les politiques soient plus efficaces ?

Ce qui est vraiment essentiel, et on l'a vu avec les crises sociales récentes, c'est de construire des *« transitions justes »*, un terme utilisé, je crois, dans la présentation du Green Deal. Des transitions qui intègrent, par exemple, des actions par rapport à la précarité énergétique, et tout particulièrement le chauffage. Dans les discours, à la COP25, on a aussi vu l'idée de renforcer l'ambition aux frontières avec, éventuellement, une fiscalité environnementale sur les importations. C'est un levier d'action supplémentaire.

Comment analysez-vous le message d'impatience des ONG et de Greta Thunberg porté à la COP ?

J'ai rencontré, dans le cadre de réflexions sur l'éducation et le changement climatique, plusieurs représentants de mouvements de jeunesse. Il est vrai qu'on sent une impatience. Il y a aussi, parfois, une forme de candeur par rapport à la complexité de ce qu'il est nécessaire de mettre en place. Ce qui me frappe, c'est un effet générationnel où l'on voit des changements de pratique de consommation et une envie d'agir d'une jeunesse plutôt diplômée, plutôt qualifiée et dont le discours n'est pas, comme celui de Greta Thunberg, centré sur des enjeux de justice climatique. Cette jeunesse met en avant des solutions à très court terme, par l'innovation technologique, l'innovation sociale ou encore frugale. Réduire la jeunesse qui se préoccupe du climat à une tête d'affiche, c'est passer à côté d'un mouvement de fond qui se met en place dans beaucoup de régions du monde, pas spécialement militant, mais d'acteurs de terrain qui, dans les entreprises, portent des projets.

Le fait que Greta Thunberg ait été désignée par le magazine « Time » comme femme de l'année 2019, est-il un bon signe ?

C'est assez troublant. Cela veut-il dire que l'on fait confiance à de très jeunes personnes pour transformer le monde ? C'est aussi dédouaner

Nombre d'émissions de télévision indiquent comment décorer son logement, mais pas comment faire baisser les émissions de gaz à effet de serre en le rénovant

*La paléoclimatologue
à Paris, en novembre 2019.*
LÉA CRESPI POUR «LE MONDE»

**Valérie
Masson-Delmotte**
*est paléoclimatologue.
Lauréate de nombreux
prix et titulaire de
plusieurs récompenses,
dont la médaille Milutin
Milankovic de l'European
Geosciences Union (2020)
et la médaille d'argent
du CNRS (2019), elle
est aussi l'auteure de
plusieurs ouvrages dont
un qu'elle a dirigé,*
Le Groenland. Climat,
écologie, société, *CNRS
Editions, 2016.*

des responsabilités ceux qui sont au pouvoir. En même temps, ce mouvement de jeunesse change les conversations. Il ancre la question climatique comme un enjeu d'aujourd'hui et pas de long terme. Il s'accompagne aussi d'une défiance profonde vis-à-vis de la capacité des gouvernants actuels à agir à la hauteur des enjeux. Ce qui est préoccupant.

Car, pour agir de manière forte, on a besoin de changements structurants, de réorientation des financements, de changement de système énergétique, dans les transports... Je fais confiance à l'intelligence des gens, mais ils ont besoin d'information pour changer leurs comportements, faire des choix de consommation, d'investissement. Et elle manque prodigieusement.

Pensez-vous que la Convention citoyenne pour le climat, mise en place à l'issue de la crise des «gilets jaunes», puisse être un outil intéressant?

En novembre 2018, j'avais publié, avec Matthieu Orphelin (député Libertés et territoires, Maine-et-Loire), une tribune demandant la mise en place d'une assemblée citoyenne. Lors de discussions sur des rondspoints, j'avais constaté une défiance généralisée de la part de personnes qui ne s'étaient jamais manifestées collectivement. J'ai compris la nécessité d'une autre forme de représentation

que la voie parlementaire. Dans le cadre du grand débat national, j'ai noté la qualité des débats, associée à une aspiration à agir. La Convention citoyenne montre cette capacité à réfléchir, à écouter, à échanger. Je suis curieuse de voir quelles en seront les propositions. Après ma présentation de la question climatique, certaines personnes n'en ont pas dormi en découvrant l'importance des enjeux. Et beaucoup regrettaient que ceux-ci ne soient pas mieux expliqués dans les médias, sur les chaînes de télévision à des heures de grande écoute.

Pensez-vous que les médias n'informent pas assez sur les effets du changement climatique?

Il y a une sous-information sur les évolutions récentes, la part des activités humaines sur le réchauffement, sur le fait que c'est irréversible... Cette question est invisible. Aucune émission de la télévision publique ne montre les solutions possibles face à cet enjeu. Un grand nombre d'émissions indiquent comment décorer son logement, mais pas comment faire baisser les émissions de gaz à effet de serre en le rénovant.

Tout un tas d'émissions de cuisine existent, mais rien sur une alimentation plus saine qui réduise l'empreinte environnementale. On parle de ces questions, mais de façon

superficielle. *Le Monde* a fait un «spécial voyage» en indiquant les émissions de CO_2 associées à chacun d'entre eux, mais il n'y a pas beaucoup d'exemples de ce type.

L'école est-elle à la hauteur?

Elle avance lentement. Beaucoup d'enseignants passent plus de temps, aujourd'hui, à préparer leurs cours afin qu'ils soient adaptés aux connaissances récentes. Le Conseil supérieur des programmes a révisé les programmes de terminale sur le climat. C'est bien, même si cela arrive tard. Il y a des propositions pour les écoles maternelle et élémentaire et le collège. Mais cela manque encore de compétence.

Il serait important de construire, chez les jeunes, une culture du risque adaptée à chaque région, pour favoriser l'adaptation à un climat qui est en train de changer. Il existe une anxiété chez les jeunes, face à l'avenir, et il est crucial que cette question soit traitée dans le cadre scolaire, que l'on ne les laisse pas s'informer uniquement par les réseaux sociaux.

Dans l'enseignement supérieur aussi, cela bouge. Le manifeste étudiant [*«Manifeste étudiant pour un réveil écologique» lancé en octobre 2018, signé par plusieurs milliers d'étudiants, notamment de grandes écoles]* a beaucoup fait parler de lui dans le monde des entreprises car, pour elles, le fait de pouvoir recruter des talents motivés, un capital humain de valeur, est très important, et l'appel émanait des formations les plus prestigieuses. On trouve chez cette génération, que j'appelle gentiment «anthropocène», une recherche de cohérence qui ne se manifeste pas chez les plus anciens.

N'existe-t-il pas un risque de catastrophisme qui serait paralysant pour l'action?

Des solutions existent, mais l'on ne changera pas tout demain. Il faut apprendre aussi à se mettre à la place des uns et des autres, à développer l'empathie. Cela me tient à cœur car il existe une anxiété, qui entraîne parfois le déni et un mal-être qui peut se révéler très profond. Il faut dépasser des émotions qui peuvent paralyser, le sentiment d'impuissance, la colère par rapport à ceux qui contribuent aux problèmes, pour avoir une approche plus rationnelle.

Je redoute le discours sur l'urgence absolue – même s'il est vrai que le scénario d'un réchauffement à plus de 3 °C, vers lequel on se dirige, est angoissant – car on doit identifier les leviers d'action les plus positifs et se méfier des fausses bonnes idées. On a besoin de recul et de réflexion. ∎

PROPOS RECUEILLIS PAR
RÉMI BARROUX

Lubrizol rappelle que la France n'est pas à l'abri d'un accident industriel majeur

Classée Seveso seuil haut, l'usine chimique de Rouen a été ravagée par les flammes en septembre 2019. La reprise partielle de son activité, un peu plus de deux mois après la catastrophe, renforce l'inquiétude des riverains et des élus locaux

Après AZF, il y aura désormais Lubrizol. Près de vingt ans après l'explosion de l'usine qui fit 31 morts le 21 septembre 2001 à Toulouse, un autre site classé Seveso laissera son nom dans l'histoire des catastrophes industrielles en France. Ce jeudi 26 septembre 2019, au matin, pendant que tous les médias nationaux passent en édition spéciale après l'annonce du décès de Jacques Chirac, les Rouennais se réveillent avec un immense panache de fumée noir au-dessus de leurs têtes et une grande frayeur : l'usine chimique Lubrizol, spécialisée dans la fabrication de lubrifiants, est en feu.

L'incendie de Lubrizol a rappelé avec fracas que les Français n'étaient toujours pas à l'abri d'un accident industriel majeur et que le territoire français restait constellé d'établissements à risque. Environ 500 000 installations sont *« classées pour la protection de l'environnement »* (ICPE). Et 1379 ICPE présentant des *« risques d'accidents majeurs impliquant des substances dangereuses »* sont rangées dans la catégorie Seveso. Parmi ces sites Seveso, 744 sont estampillés « seuil haut », en raison de la quantité très importante de matières dangereuses qu'ils exploitent. C'est le cas de l'usine Lubrizol.

A Rouen, pas de victimes mais de nombreuses questions qui peinent à se dissiper. Quelles seront les conséquences sanitaires à long terme des 9 500 tonnes (et non des 5 253 tonnes initialement annoncées) de produits dangereux partis en fumée et dont certains sont potentiellement cancérogènes ou perturbateurs endocriniens ? Comment un feu d'une telle ampleur a-t-il pu se déclarer sur un site censé être surveillé comme le lait sur le feu, six ans après un premier incident (une fuite de mercaptan s'était fait ressentir jusqu'en région parisienne) et deux ans après une inspection estimant le risque d'un incendie à *« au maximum une fois tous les 10 000 ans »* ? Comment Lubrizol a-t-il pu stocker plus de 4 000 tonnes de produits potentiellement dangereux chez son voisin Normandie Logistique, pourtant non classé Seveso, et dont les entrepôts ont également été ravagés par les flammes ?

MOYENS D'ALERTE « OBSOLÈTES »

L'enquête ouverte par le parquet de Paris pour mise en danger d'autrui doit tenter de lever toutes les zones d'ombre, à commencer par l'origine de l'incendie, toujours indéterminée. Les députés et les sénateurs, dans le cadre respectivement d'une mission d'information et d'une commission d'enquête, multiplient les auditions pour identifier les éventuelles défaillances des industriels et des services de l'Etat et en tirer des leçons pour éviter que l'histoire ne se répète une nouvelle fois.

Selon le dernier rapport du Bureau des risques et pollutions industriels, le nombre d'accidents sur les sites Seveso a augmenté de 25 % entre 2016 et 2018. Associations écologistes, spécialistes du droit de l'environnement et inspecteurs du travail dénoncent un affaiblissement des normes et des contrôles à l'œuvre depuis une dizaine d'années. Le groupe américain Lubrizol a ainsi pu obtenir en 2018 le feu vert de la préfecture de Seine-Maritime pour deux demandes d'extension de ses capacités de stockage de produits dangereux, sans les soumettre au préalable à une évaluation des risques.

« A défaut de permettre un renforcement du contrôle des ICPE, les réformes engagées depuis dix ans ont surtout contribué à simplifier la vie des exploitants, au détriment de l'exigence de protection de l'environnement et des personnes », estime Jessica Makowiak, directrice du Centre de recherches interdisciplinaires en droit de l'environnement, de l'aménagement et de l'urbanisme. Ce desserrement des contraintes sur les industriels se traduit aussi par une chute des inspections : elles sont passées de 30 000 en 2006 à 18 196 en 2018, alors que le nombre d'ICPE est resté le même.

Lubrizol rappelle aussi que la France, près de vingt ans après AZF, n'est toujours pas préparée aux risques industriels. Le ministre de l'intérieur, Christophe Castaner, l'a reconnu lors de son audition devant les parlementaires : *« On n'a pas de culture du risque. »* Le Monde a pu le constater à Rouen : les riverains de Lubrizol ignoraient tout du plan de secours d'urgence et n'avaient participé à aucun exercice de simulation. Prévention en berne, moyens d'alerte *« obsolètes »*, communication de crise *« dépassée »*..., l'Association nationale des collectivités pour la maîtrise des risques technologiques majeurs a publié un rapport très sévère après l'incendie de Rouen. Sous le feu des critiques, le préfet de Seine-Maritime, Pierre-André Durand, a admis que le système d'alerte reposait sur *« des outils datés »*.

> Comment un feu d'une telle ampleur a-t-il pu se déclarer sur un site censé être surveillé comme le lait sur le feu ?

Lors de son déplacement à Rouen, fin octobre, Emmanuel Macron a assuré qu'il n'avait *« pas vu de défaillance »* des services de l'Etat. Moins de trois mois après l'incendie, ces derniers ont autorisé une réouverture partielle de l'usine. Même si les résultats d'analyses n'ont pour l'heure pas mis au jour de pollution susceptible de menacer la santé des habitants de l'agglomération, la défiance vis-à-vis de l'Etat est un feu qui n'est pas près de s'éteindre. ●

STÉPHANE MANDARD

La France compte 1 379 sites à risque

Nombre de sites classés Seveso par commune en 2019 (selon le seuil)

- **744** sites classés **« seuil haut »**
- **635** sites classés **« seuil bas »**

Densité de population
- Très forte
- Forte

0
1 15 30 sites

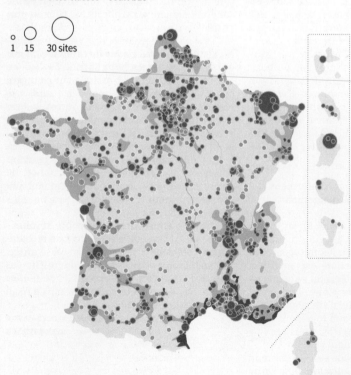

Pesticides : l'Etat retient des distances minimalistes

A partir du 1er janvier, les agriculteurs ne peuvent plus épandre de pesticides à moins de trois mètres d'une habitation. Des distances jugées insuffisamment protectrices

C e sera donc trois mètres, cinq mètres, dix mètres, voire très exceptionnellement vingt mètres. Le gouvernement d'Edouard Philippe a fini par trancher. Et, sans surprise, il a campé sur ses positions. A partir du 1er janvier 2020, les agriculteurs devront respecter une distance minimale dite « de sécurité » entre les zones d'épandage de pesticides et les habitations, a informé l'exécutif, vendredi 20 décembre. Elle variera en fonction du type de culture et de la dangerosité des produits utilisés.

Le gouvernement était sous pression. Le Conseil d'Etat lui avait donné jusqu'au 31 décembre pour publier un nouvel arrêté. Le 26 juin, la plus haute autorité administrative avait annulé le texte précédent, estimant qu'il n'était pas suffisamment protecteur.

Le gouvernement met en avant une « *distance incompressible* » de vingt mètres pour « *les produits les plus dangereux* ». Comprendre ceux dont « *la toxicité est quasi avérée pour l'homme* », comme les substances classées dans la catégorie cancérogène, mutagène et reprotoxique (CMR) avérée pour l'homme. Cette limite de vingt mètres ne concernera qu'une infime partie des pesticides utilisés en France puisque, selon les estimations du ministère de l'agriculture, 0,3 % seulement des produits phytosanitaires consommés chaque année entrent dans cette catégorie. Exit le célèbre glyphosate ou les SDHI (fongicides), aux effets néfastes pourtant scientifiquement documentés.

Pour les 99,7 % d'autres pesticides non jugés comme « les plus dangereux », la distance retenue varie en fonction du type de culture : dix mètres pour les cultures hautes (vignes ou arbres fruitiers), cinq mètres pour les cultures dites « basses », comme les céréales et les salades. Le décret, qui sera publié en même temps que l'arrêté, prévoit même la possibilité de réduire cette « zone tampon » dans le cadre de « *chartes d'engagement* » validées au niveau départemental entre agriculteurs, riverains et élus : cinq mètres pour l'arboriculture et trois mètres pour les vignes et les autres cultures, à la condition d'avoir recours aux « *matériels de pulvérisation les plus performants sur le plan environnemental* ».

« *Avec ce dispositif, la France devient l'un des premiers pays européens à se doter d'un cadre national pour la protection des riverains des cultures agricoles* », se félicite la ministre de la transition écologique, Elisabeth Borne. La Slovénie et certains Länder allemands font figure de pionniers. Pour les associations de défense de l'environnement, ces distances sont au contraire « *très insuffisantes pour protéger la santé des populations* ». A l'instar des maires, qui ont multiplié les arrêtés antipesticides depuis l'été, les ONG prônaient des zones tampons d'au moins 150 mètres.

« *Les distances, dites "de sécurité", retenues sont inconséquentes*, réagit François Veillerette, le directeur de Générations futures, l'association qui avait saisi le Conseil d'Etat pour contester le précédent arrêté régissant l'usage des pesticides. *Dix mètres ou rien, c'est pareil. Il y a là un mépris flagrant des familles exposées.* » De son côté, la FNSEA, le principal syndicat agricole, se garde de tout triomphalisme : « *Ce n'est pas une victoire* », déclare son secrétaire général adjoint, Eric Thirouin.

DONNÉES SCIENTIFIQUES DATÉES

Pour justifier les distances retenues, le gouvernement dit s'en être tenu à « *la ligne de la science* ». Il s'en remet à un avis rendu par l'Agence nationale de sécurité sanitaire (Anses) du 14 juin. Or, dans cet avis, l'Anses elle-même reconnaît des limites. Elle s'appuie sur un document guide de l'Autorité européenne de sécurité des aliments (EFSA) de 2014, qui repose sur des données issues d'études effectuées dans les années 1980 et concernant seulement l'exposition de personnes résidant à des distances de trois mètres, cinq mètres et dix mètres, mais pas au-delà.

Les associations reprochent également au gouvernement de ne pas avoir tenu compte de la consultation publique qu'il avait ouverte en septembre. Organisée sur le site du ministère de la transition écologique et solidaire, celle-ci avait enregistré une participation record avec plus de 53 000 contributions en moins d'un mois. La Fondation Nicolas-Hulot, France Nature Environnement, Générations futures, Association Santé Environnement France et Alerte des médecins sur les pesticides avaient écrit au premier ministre, le 11 décembre, pour lui demander de publier « *de toute urgence* » les résultats de cette consultation. En vain.

Une « synthèse » devait être communiquée fin octobre. Elle sera finalement publiée en même temps que l'arrêté. « *Cette consultation a montré que nous étions face à un sujet peu consensuel avec des positions très antagonistes, avec d'un côté des inquiétudes chez les riverains quant à leur santé et de l'autre des craintes quant aux impacts sur le monde agricole* », résume-t-on au ministère de la transition écologique. ∎

STÉPHANE MANDARD

Les territoires français exposés aux pesticides les plus toxiques

Intensité du recours à des pesticides cancérogènes, mutagènes ou reprotoxiques (CMR), à effets sur l'allaitement, et toxiques ou très toxiques (T et T +), en nombre moyen de traitements par hectare (NODU) de surface agricole utile, en 2017

■ Plus de 10 traitements ■ De 5 à 10 ▨ De 2 à 5 ▨ De 1 à 2 ▨ De 0,1 à 1 □ Presque pas de traitement

◇ Commune où le maire a pris un arrêté de restriction ou d'interdiction d'utilisation de pesticides

■ Absence de surface agricole utile ou achats non communiqués

100 km

Méthodologie

L'indicateur **NODU** (nombre de doses unités) a été mis en place pour suivre le recours aux pesticides. Les doses de substances actives présentes dans les produits varient considérablement selon leur efficacité ; cet indicateur permet de les comparer. Cette carte a été réalisée à partir des données suivantes :

– **les ventes déclarées de substances actives par les distributeurs.** Ces ventes sont enregistrées au code postal du siège social de l'exploitation, qui n'est pas toujours le lieu d'utilisation des produits ; les valeurs enregistrées dans les agglomérations peuvent être surestimées. Les achats effectués à l'étranger ne sont pas pris en compte. Enfin, les valeurs ne sont pas représentatives pour les départements et régions d'outre-mer (non représentés) ;

– **les valeurs des doses unités de référence** de chaque substance active, telles que publiées dans le dernier arrêté disponible du ministère de l'agriculture du 27 avril 2017. Cinq substances problématiques pour la santé (sur les 107 classées par l'Anses) n'ont cependant pas pu être intégrées en raison de l'absence de données dans le dernier arrêté ;

– **les surfaces agricoles utiles** qui proviennent du dernier recensement agricole de 2010.

SOURCES : BNV-D, DATA.EAUFRANCE.FR ; AGRESTE ; ANSES ; *LE MONDE* ; MINISTÈRE DE L'AGRICULTURE ET DE L'ALIMENTATION

Les menaces d'un océan en surchauffe

Montée du niveau des mers, perte d'oxygène... le premier rapport spécial du GIEC sur l'océan et la cryosphère résonne comme un cri d'alarme

Un monde marin plus chaud jusque dans les abysses, plus salé, moins riche en oxygène, plus acide, dépeuplé, qui se dilate et se gorge de glaces fondues. Tel est le diagnostic du Groupe d'experts intergouvernemental sur l'évolution du climat (GIEC) qui, pour la première fois, a consacré un rapport spécial complet à l'océan et à la cryosphère (neige permanente, glaciers de montagne, calottes glaciaires, banquise, sols gelés), dans le contexte du changement climatique.

Rendu public à Monaco le 25 septembre 2019 et signé par 195 pays, ce travail est le fruit de la collaboration de 104 scientifiques de 36 pays qui ont référencé près de 7000 publications, pour aboutir à ce document de plus de 800 pages. Il constitue une sorte de chronique d'un immense bouleversement déjà à l'œuvre, avec son lot prévisible de catastrophes, où cyclones et typhons puissants à l'extrême risquent fort de devenir communs. C'est en fait un monde globalement différent qui se dessine, avec des conditions environnementales inédites depuis des millions d'années ; d'autres paysages, d'autres modes de vie pour des millions d'humains et beaucoup d'autres espèces habitant la Terre. L'importance des symptômes de la planète en surchauffe est à la hauteur d'un ensemble d'écosystèmes qui représente 71 % de la superficie du globe, au moins 90 % du volume de l'habitat disponible pour les organismes vivants, et contient 97 % de l'eau sur Terre.

DÉGEL DU PERGÉLISOL

L'océan est un milieu complexe, qui produit la moitié de notre oxygène et redistribue d'énormes quantités de chaleur grâce aux courants qui le traversent, et capte 20 % à 30 % du dioxyde de carbone généré par les activités humaines. Sous l'effet du réchauffement global, la montée du niveau des mers, la migration des poissons vers des zones plus tempérées ou le dégel du pergélisol (sol gelé en permanence) sont déjà en œuvre. Pour montrer qu'il y a donc urgence à agir, le rapport compare systématiquement l'importance des conséquences en fonction de nos émissions de gaz à effet de serre (GES) dans l'atmosphère. Soit elles seront contenues et devraient nous conduire à une élévation de la température moyenne de 2 °C d'ici à la fin du siècle par rapport à l'ère préindustrielle (scénario RCP2.6 du GIEC), soit elles continuent d'être débridées, comme actuellement, et devraient se traduire par au moins 4 °C supplémentaires en moyenne (RCP8.5). *« Il est pratiquement certain que l'océan mondial s'est réchauffé sans relâche depuis 1970 et qu'il a absorbé plus de 90 % de la chaleur excédentaire dans le système climatique »*, écrivent les auteurs du GIEC. Autrement dit, sans lui, la température sur Terre aurait déjà atteint des sommets.

« Les prochaines estimations des scientifiques vont indiquer que l'océan absorbe 94 % de l'énergie interne à notre climat, ce qui dégage toujours plus de vapeur d'eau dans l'atmosphère, modifie le cycle des nuages, des précipitations, intensifie les sécheresses, les pluies diluviennes, explique Sabrina Speich, professeure d'océanographie et de sciences du climat à l'Ecole normale supérieure. *Si l'on continue à envoyer autant de CO_2 dans l'atmosphère, on peut s'attendre à des guerres pour l'eau, pour la surface habitable qui va se réduire... »*

Depuis la période préindustrielle (de 1850 à 1900) jusqu'aux années 1986-2005, la température moyenne de l'océan s'est élevée de 0,68 °C, selon les observations effectuées à sa surface. Le rythme de son

Des écosystèmes marins fortement affectés par le dérèglement climatique

Impact de la hausse des températures sur les écosystèmes marins

Très haut : impact très sévère et irréversibilité possible
Haut : impact significatif et répandu
Modéré : impact détectable
Bas : impact indétectable

Récifs coralliens
Forêt de laminaires
Couche superficielle (jusqu'à 200 m)
Marais salants
Estuaires
Plages de sable
Forêts de mangroves
Plaines abyssales

Montée du niveau des océans, en mètres

— Evolution passée
— Projection : scénario bas (+ 1,6 °C en moyenne par rapport à l'ère préindustrielle)
— Projection : scénario haut (+ 4,3 °C en moyenne)

SOURCE : GIEC

> Dans les régions tropicales en particulier, les pêches pourraient décliner de 30 % à 40 %

réchauffement a plus que doublé depuis 1993 et pourrait atteindre entre 1,6 °C et 2 °C, voire 2,4 °C d'ici à 2050. Puis, selon les scénarios d'émissions de GES que le monde va suivre, la température moyenne pourrait soit rester stable jusqu'à la fin de ce siècle ou bien atteindre, voire dépasser, 4,3 °C supplémentaires. Il existe des disparités : en surface, l'océan Arctique se réchauffe deux fois plus vite que la moyenne mondiale. Les *« canicules océaniques »* sont responsables de la détérioration d'écosystèmes, comme les récifs coralliens et les forêts de kelp, ces grandes algues brunes qui abritent de nombreuses espèces. Ces vagues de chaleur se sont intensifiées et sont deux fois plus nombreuses depuis 1982.

MANQUE D'EAU DOUCE

Les scientifiques observent également que la « stratification » se renforce. Au sein des colonnes d'eau où varient salinité et températures, les échanges entre les couches situées près de la surface, plus chargées en oxygène, et les couches profondes, riches en nutriments, en sont freinés. Ces bouleversements entraînent une diminution de la biomasse des espèces vivantes. Dans les régions tropicales en particulier, les pêches pourraient décliner de 30 % à 40 %.

A cause des pertes de glace très rapides du Groenland et de l'Antarctique, le GIEC a revu à la hausse ses prévisions de la montée du niveau de l'océan. Sous l'effet conjugué de sa dilatation et de la fonte des calottes glaciaires, sa surface a gagné 0,16 mètre entre 1902 et 2015. D'ici à la fin de ce siècle, elle risque de s'élever en moyenne de 0,43 mètre par rapport à la période 1986-2005, selon la tendance la plus favorable ; mais de 0,84 mètre, voire 1,10 mètre, selon le RCP8.5, le scénario conforme aux émissions actuelles. Quels que soient nos taux de GES à venir, la montée des mers va s'accélérer et pourrait atteindre plusieurs mètres à l'horizon 2300, accentuant les inondations, l'érosion des côtes, la pénétration du sel

Des icebergs dérivent près de Kulusuk, au Groenland, le 16 août 2019. FELIPE DANA/AP

dans les nappes souterraines d'eau douce. Les événements météorologiques extrêmement intenses, qui surviennent tous les cent ans actuellement, pourraient devenir annuels. Mégapoles ou communautés villageoises vont être frappées de plein fouet dès lors qu'elles se situent près de la mer. Aujourd'hui, 680 millions de personnes résident dans des régions côtières de faible altitude. Tandis que 670 autres millions vivant dans des régions de haute montagne

seront exposées au manque d'eau douce, aux glissements de terrain, aux avalanches, aux inondations... Les quatre millions d'habitants de l'Arctique sont, eux, déjà confrontés à un environnement en pleine mutation.

LES ORGANISMES VIVANTS AFFECTÉS

Les humains ne seront pas les seuls affectés. Du sommet des montagnes, d'où vont disparaître des espèces dépendantes de l'enneigement, à la faune des lagons et même des

abysses, les changements vont être sévères pour les organismes vivants. Dans le milieu marin, l'eau devient plus acide, ce dont pâtissent les coquillages.

En raison d'une réduction des échanges avec l'atmosphère et du réchauffement, l'océan a perdu entre 0,5 % et 3 % de son oxygène entre 1970 et 2010. La respiration des bactéries s'accroît, produisant davantage de CO_2. Les aires en hypoxie, dites « zones mortes », se sont étendues de 3 % à 8 % durant cette même période. Les espèces tendent à migrer vers les pôles – elles se déplacent de 30 km à 50 km par décennie depuis les années 1950. Du moins celles qui peuvent se déplacer. Les autres, comme les coraux d'eau chaude, sont très mal en point.

Construire des digues – à condition d'avoir les moyens de les entretenir –, des bâtiments sur pilotis ou regagner de l'espace sur la mer peut constituer une réponse – limitée – aux changements dans l'océan. Reste des solutions plus radicales, comme de reculer devant l'eau qui monte. Les milieux naturels – mangroves, récifs coralliens, herbiers sous-marins, plages, dunes – constituent de bons remparts pour atténuer les vagues. Mais ils sont eux-mêmes mis à mal par l'intensification des tempêtes. Ne reste plus qu'une alternative : la réduction de nos émissions de GES. ◼

MARTINE VALO

LA FONTE DES GLACES ATTEINT UN SEUIL INQUIÉTANT

Elle représente 10 % de la surface terrestre et stocke près de 70 % de l'eau douce disponible. La cryosphère – la neige, l'ensemble des glaciers de montagne, des calottes glaciaires, des banquises, des lacs et des sols gelés – recule rapidement, dans toutes les régions et à toutes les altitudes. C'est ce qu'a rappelé le rapport spécial sur l'océan et la cryosphère, rendu en septembre 2019 par le GIEC, qui dresse un état des lieux inquiétant des effets de cette débâcle.

« On a aujourd'hui une idée plus précise que jamais de la vitesse à laquelle les calottes glaciaires et les glaciers perdent leur masse », explique Sabrina Speich (Laboratoire de météorologie dynamique), chercheuse en sciences du climat. Au nord, le Groenland est l'un des territoires glacés qui décline le plus vite. Entre 2006 et 2015, la grande île a perdu ses glaces à la vitesse de près de 280 milliards de tonnes par an (Gt/an) – soit, chaque année, environ 0,75 millimètre ajouté au niveau des océans. Sur la même période, l'Antarctique a perdu en moyenne 155 Gt/an. Les deux grands inlandsis sont à, eux deux, des contributeurs majeurs à l'élévation du niveau des mers.

La contraction de la banquise arctique, elle, ne contribue pas à la hausse du niveau marin, mais elle est singulièrement rapide. Au cours des quarante dernières années, elle a abandonné

en moyenne près de 13 % de sa superficie estivale (mesurée au mois de septembre) par décennie. Sa faible étendue est *« sans précédent depuis au moins mille ans »,* précisent les experts dans leur rapport.

Pourquoi se soucier de la pérennité de la banquise arctique ? *« Lorsque celle-ci voit sa superficie diminuer, son "effet miroir" est réduit,* précise Sabrina Speich. *On a alors plus de rayonnement solaire qui est absorbé par l'océan, c'est-à-dire plus d'énergie thermique qui entre dans le système Terre. »*

Les glaciers des montagnes en perte de masse

Avec ces étendues de glace de mer qui disparaissent, c'est la climatisation de l'hémisphère Nord qui s'éteint. Les projections indiquent que, dans un scénario d'émissions débridées, l'océan arctique pourrait être totalement libre de glaces à la fin de l'été d'ici à 2050 environ. Les glaciers de montagne, sous toutes les latitudes, perdent également une part toujours plus grande de leur masse – 220 Gt/an en moyenne entre 2006 et 2015, à l'échelle mondiale. Outre les effets locaux de la réduction des glaciers de montagne (glissements de terrain, vidanges brutales de lacs glaciaires...), c'est l'approvisionnement estival des cours d'eau en aval qui seront affectés. Avec une incidence sur la production d'énergie, l'agriculture et l'accès à l'eau. ◼

STÉPHANE FOUCART

La faim continue de progresser dans le monde

L'insécurité alimentaire n'est pas liée à une production insuffisante mais à un accès inégal à une nourriture saine et équilibrée. C'est le constat du rapport annuel publié en juillet 2019 par plusieurs agences des Nations unies

C'est une urgence qui fait peu de bruit, mais qui s'aggrave chaque année un peu plus. La faim progresse, alors que nous produisons, en théorie, de la nourriture en quantité suffisante pour les 7,7 milliards de Terriens. Selon le rapport annuel sur « L'état de la sécurité alimentaire dans le monde » (rapport SOFI), publié le 15 juillet par plusieurs agences des Nations unies (FAO, OMS, PAM, Unicef), un peu plus de 820 millions de personnes, soit 10,8 % de la population mondiale, étaient sous-alimentées en 2018. Un chiffre qui grimpe de façon continue depuis 2015, compromettant un peu plus l'objectif « faim zéro » d'ici à 2030 que s'est fixé la communauté internationale dans ses objectifs de développement durable.

Dans ce rapport, la FAO a mis au point un nouvel indicateur, appelé de très longue date par la société civile, qui mesure « l'insécurité alimentaire ». Alors que la sous-alimentation est calculée selon un rapport calories/dépenses énergétiques, l'insécurité alimentaire est, elle, une notion plus vaste, qui fait référence à l'accès régulier à une nourriture saine, équilibrée et nutritive. Lorsque la sécurité alimentaire fait défaut, les personnes concernées font des compromis sur la qualité de leur alimentation, avec des conséquences en termes de carences, ou de surpoids et d'obésité. *« Le problème est bien plus vaste que la seule question de la faim, et même des niveaux modérés d'insécurité alimentaire ont des effets de santé publique »*, analyse Cindy Holleman, économiste à la FAO et coauteure du rapport SOFI.

SOUS-ALIMENTATION ET SURPOIDS

Selon cette méthodologie et ces définitions, la FAO distingue deux niveaux d'insécurité alimentaire : l'insécurité alimentaire sévère, qui recoupe en grande partie la notion de faim, concerne 9,2 % de la population ; l'insécurité alimentaire modérée, qui implique de faire des compromis sur la qualité de l'alimentation, affecte quant à elle 17,2 % des habitants. Au total, l'insécurité alimentaire touche 26,4 %, soit 2 milliards de personnes, qui n'ont pas accès à une alimentation saine et équilibrée. Cette malnutrition peut prendre de nombreuses formes.

Ce sont, par exemple, les femmes anémiées (un tiers de la population féminine en âge de procréer), dont les carences en fer font croître le risque de mortalité maternelle et entraînent également des retards de croissance chez les enfants. *« Ce sont aussi les personnes contraintes de se tourner vers une alimentation bon marché et de moins bonne qualité, souvent trop grasse*, explique Cindy Holleman. *On voit ainsi de nombreux pays où se combinent sous-alimentation et surpoids et obésité. »* Ces deux derniers indices augmentent dans toutes les régions du monde, entraînant 4 millions de morts chaque année.

Paradoxalement, les principales victimes de la faim sont les populations paysannes. Les trois quarts des personnes souffrant de la faim dans le monde vivent dans les zones rurales. C'est en Afrique que la situation est la plus alarmante, avec une hausse de la sous-alimentation dans presque toutes les sous-régions continentales. En Amérique latine et dans les Caraïbes, les taux augmentent également, avec une explosion au Venezuela due à l'instabilité économique et politique du pays.

L'insécurité alimentaire touche par ailleurs tous les continents, y compris les pays les plus riches : 9 % des Européens et Nord-Américains étaient concernés en 2018.

Dans ses deux précédentes éditions, le rapport SOFI avait pointé du doigt le rôle des conflits armés et du dérèglement climatique dans la hausse de la malnutrition. Cette année, le rapport s'intéresse à une troisième cause majeure d'insécurité alimentaire : les récessions et ralentissements économiques.

INÉGALITÉS SOCIALES

Aux racines de la faim et de la malnutrition, on trouve la pauvreté et les inégalités sociales. Les pays où la faim augmente le plus ne sont pas les plus pauvres, mais des pays à revenus moyens, très fortement dépendants des importations et exportations. Le rapport montre notamment que 54 % des pays où la sous-alimentation a augmenté ces dernières années sont des pays dépendants des marchés internationaux de matières premières, principalement alimentaires. *« C'est la première fois qu'une corrélation de cette ampleur est mise au jour*, relève Valentin Brochard, chargé de plaidoyer pour l'ONG CCFD-Terre solidaire. *C'est directement la conséquence des politiques, menées depuis les années 1990, de spécialisation de pays sur des monocultures agricoles, comme le cacao en Côte d'Ivoire, l'huile de palme en Indonésie, ou le soja et le maïs en Amérique latine. »*

Selon l'association Oxfam, toutes les leçons n'ont pas été tirées de la crise de 2007-2008, où l'extrême volatilité des prix des denrées alimentaires avait conduit à des émeutes de la faim dans une trentaine de pays. *« La réponse politique à cette crise a été de produire plus*, explique Marc Cohen, chercheur à Oxfam et coauteur d'un rapport sur "Les inégalités de genre et l'insécurité alimentaire". *Cela a occulté les problèmes sociaux et politiques qui soustendent l'insécurité alimentaire. »*

Face à ce constat inquiétant, le rapport SOFI établit clairement que l'insécurité alimentaire n'est pas due à une production insuffisante, mais à un accès inégal à une nourriture saine. *« On constate que les pays les plus concernés sont ceux où les inégalités économiques sont fortes et où les dépenses publiques ont chuté »*, poursuit Cindy Holleman. Les agences onusiennes appellent donc les gouvernements à garantir un accès universel à la santé et à l'éducation pour tous et à mettre en œuvre des politiques pour réduire les inégalités sociales et économiques. ●

MATHILDE GÉRARD

Un Africain sur cinq est touché par la sous-alimentation

Nombre de personne sous-alimentées dans le monde, en millions

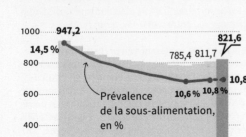

Sous-alimentation : consommation alimentaire insuffisante pour fournir l'apport énergétique alimentaire nécessaire à une vie normale, active et saine

Prévalence de la sous-alimentation en 2018*, par région, en %

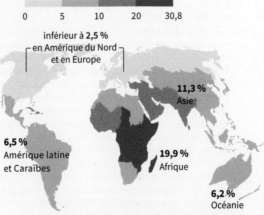

inférieur à 2,5 % en Amérique du Nord et en Europe

11,3 % Asie

6,5 % Amérique latine et Caraïbes

19,9 % Afrique

6,2 % Océanie

* Prévisions   SOURCE : FAO

La « génération climat » vent debout

Tout au long de l'année, la jeunesse a manifesté à travers le monde pour dénoncer l'inaction des Etats

Mobilisation de jeunes militants pour le climat, le 13 décembre 2019, en marge de la COP25, à Madrid. SUSANA VERA/REUTERS

hanger le système, pas le climat », « Il n'y a pas de planète B ». En cet avant-dernier vendredi de l'année, le 20 décembre, ils étaient encore des milliers de jeunes, aux quatre coins du monde, arborant leurs pancartes aux slogans désormais célèbres. En Ouganda, en Turquie, en Australie ou au Japon, des étudiants, lycéens, voire collégiens, sont une fois de plus descendus dans les rues pour demander aux dirigeants des actions urgentes contre le dérèglement climatique. Comme chaque vendredi de l'année 2019, qui a marqué une mobilisation inédite de ce que l'on a surnommé « la génération climat ».

« Nous sommes la première génération à subir les effets du changement climatique et la dernière à avoir une chance réaliste de prévenir une catastrophe, résume Linus Steinmetz, 16 ans, qui se mobilise chaque semaine en Allemagne depuis février. Nous continuerons tant que les gouvernements n'agiront pas à la hauteur de la crise que nous traversons. » A leurs yeux, les Etats en sont encore loin. Dernière déception : la 25ᵉ conférence des Nations unies sur les changements climatiques (COP25), organisée à Madrid du 2 au 13 décembre, qui s'est achevée sur un accord minimum. Les gros pollueurs, la Chine,

> Aux Etats-Unis, des jeunes ont convaincu la chaîne CNN de diffuser sept heures de débat en direct sur la crise climatique

les Etats-Unis, l'Inde, le Brésil ou l'Australie, n'ont montré aucun signe qu'ils étaient prêts à augmenter leurs efforts, notoirement insuffisants. Pire, ils n'ont cessé de saper toute avancée dans les négociations.

ÉLAN PLANÉTAIRE

« Il semble que la COP25 à Madrid s'effondre en ce moment. La science est claire, mais la science est ignorée. Quoi qu'il arrive, nous n'abandonnerons jamais. Nous ne faisons que commencer », a tweeté Greta Thunberg quelques heures avant la clôture de la conférence. La Suédoise de 16 ans, devenue une égérie de la lutte contre le changement climatique, est à l'origine de ce mouvement nommé « Fridays for Future », spontané, horizontal et majoritairement féminin. En débutant une grève pour le climat tous les vendredis

devant le Parlement de Stockholm, le 20 août 2018, la jeune fille a montré qu'il était encore possible d'agir face à un dérèglement climatique qui convoie quotidiennement son lot de catastrophes (inondations, sécheresses, incendies, etc.). Un combat solitaire transformé en élan planétaire grâce à la puissance des réseaux sociaux.

A l'initiative de Greta Thunberg, 1,8 million de jeunes ont ainsi fait entendre leur voix pour défendre leur avenir le 15 mars, lors de la première journée de mobilisation internationale, selon les chiffres des organisateurs. Ils étaient de nouveau plus de 2 millions le 24 mai, lors de la seconde grève mondiale, et plus de 4 millions le 20 septembre, à la veille d'un sommet de l'ONU consacré au climat. La jeune Suédoise est intervenue à la tribune des Nations unies avec un discours cinglant dénonçant l'inaction des puissants de la planète, dont le « Comment osez-vous ? » (« How dare you ? ») accusateur restera célèbre.

Un engouement qui a valu à Greta Thunberg d'être désignée personnalité de l'année 2019 par le magazine Time. Le mouvement Fridays For Future s'est, quant à lui, vu décerner par l'ONU le titre de « champion de la Terre ». Revers de la médaille, cette influence et cette exposition devenues considérables

valent aussi à Greta Thunberg d'être la cible de nombreuses attaques, contre ses propos mais aussi contre sa jeunesse et son autisme. Et de manière générale aux jeunes d'être raillés et accusés de manipulation (essentiellement de la part de l'extrême droite).

Malgré ces attaques, les jeunes militants, dont le mouvement se veut apolitique, ont remporté une victoire : inscrire la question climatique à l'agenda politique de nombreux pays. En Europe, ils ont permis de faire du climat l'un des thèmes centraux de la campagne des élections européennes de mai, et ont contribué au succès des Verts en Allemagne ou en France. Le Parlement européen, ainsi que les assemblées de plusieurs Etats membres (France, Royaume-Uni, Irlande) ont également voté l'urgence climatique.

2020, « ANNÉE DE L'ACTION »

Aux Etats-Unis, les jeunes, particulièrement ceux du Sunrise Movement, ont contribué à installer le climat comme un sujet majeur du débat public. Ils ont convaincu la chaîne CNN de diffuser sept heures de débat en direct sur la crise climatique en août, une émission à laquelle ont participé dix candidats à la primaire démocrate. « Nous ne voyons pas encore au niveau international de décisions politiques qui soient en accord avec les demandes des grévistes du climat, relativise Mattias Wahlström, sociologue à l'université de Göteborg (Suède), qui étudie ce mouvement de jeunesse. De nombreux politiciens semblent écouter ces jeunes. En même temps, c'est une chose d'écouter, c'en est une autre d'agir en fonction de ce que l'on entend. »

De quoi pousser les jeunes militants à maintenir la pression pour faire de l'année 2020 une « année de l'action », comme l'a nommée Greta Thunberg. Les Etats se sont en effet engagés à rehausser leurs engagements pour le climat d'ici à la COP26, qui se tiendra en novembre à Glasgow (Ecosse). Alors qu'il faudrait diviser par deux les émissions de gaz à effet de serre d'ici à 2030 pour conserver une chance de maintenir le réchauffement à 1,5 °C, la Suédoise a affirmé mi-décembre : « Cette nouvelle décennie définira notre futur. » ∎

AUDREY GARRIC

La vie sauvage menacée de disparition

Un rapport mondial révèle qu'une espèce sur huit, animale et végétale, sur la terre comme au fond des océans, risque de disparaître à brève échéance. Eviter le pire est-il encore possible ?

C'est un chiffre-choc, propre à frapper les esprits, les consciences et peut-être les cœurs : un million d'espèces animales et végétales – soit une sur huit – risquent de disparaître à brève échéance de la surface de la Terre ou du fond des océans. Telle est l'alerte, lancée lundi 6 mai, à Paris, par la Plate-forme intergouvernementale scientifique et politique sur la biodiversité et les services écosystémiques (IPBES). Pour engager à l'action plutôt qu'à la résignation, celle-ci veut pourtant garder espoir : éviter le pire est encore possible, à condition de mettre fin à la surexploitation de la nature.

Le rapport exhaustif de 1700 pages, accompagné d'un *« résumé pour les décideurs »*, que publie l'organisation onusienne, souvent appelée le *« GIEC de la biodiversité »*, est le fruit de trois ans de recensement et d'analyse de données par plusieurs centaines d'experts. Le document final traduit donc un consensus, à la fois scientifique et politique, qui lui donne tout son poids.

« ESPÈCES MORTES AMBULANTES »

« La santé des écosystèmes dont nous dépendons, comme toutes les autres espèces, se dégrade plus vite que jamais, résume le président de l'IPBES, le Britannique Robert Watson. *Nous sommes en train d'éroder les fondements mêmes de nos économies, nos moyens de subsistance, la sécurité alimentaire, la santé et la qualité de vie dans le monde entier. »* « Les activités humaines menacent d'extinction davantage d'espèces au niveau mondial que jamais auparavant »*, avertit solennellement l'IPBES.

Ce sont ainsi *« environ un million d'espèces [qui] sont déjà menacées d'extinction, pour beaucoup dans les prochaines décennies »*. Cela sur un total de 8,1 millions d'espèces animales et végétales, dont 5,9 millions terrestres et 2,2 millions marines, sachant que ces chiffres sont des estimations, puisque seulement 15 % environ du vivant est connu et répertorié. Autrement dit, une espèce sur huit est en danger de mort.

Dans une formule saisissante qui n'a pas été reprise dans le résumé pour les décideurs, le rapport scientifique précise que, d'ores et déjà, plus d'un demi-million d'espèces terrestres peuvent être considérées comme des *« espèces mortes*

Murmuration d'étourneaux migrateurs dans le ciel israélien, en juin 2016.
AMIR COHEN/REUTERS

ambulantes » si leurs habitats ne sont pas restaurés. Car telle est la principale cause de cet effondrement : 75 % des milieux terrestres sont *« altérés de façon significative »*, 66 % des milieux marins subissent *« de plus en plus d'impacts cumulatifs »*, et plus de 85 % des zones humides *« ont été perdues »*.

L'un des intérêts du rapport est de hiérarchiser les facteurs de la perte de biodiversité, tous imputables aux activités humaines. En tête (30 % des impacts) arrive le changement d'usage des milieux naturels. S'y ajoute (pour 23 %) l'exploitation des ressources naturelles – chasse, pêche, coupes de bois… – ou plutôt leur surexploitation, souvent par des pratiques illégales. Arrivent ensuite, à égalité (14 %), le changement climatique et les pollutions de toutes sortes, des sols, des eaux et de l'air, en particulier par les pesticides, par les déchets industriels et par le plastique, dont le volume a été multiplié par dix dans les océans depuis 1980.

Ce sont aussi *« les contributions de la nature aux populations, vitales pour l'existence humaine et la bonne qualité de vie »*, qui s'amenuisent dramatiquement, mettent en garde les experts. Aujourd'hui, plus de deux milliards de personnes dépendent du bois pour leurs besoins énergétiques, et plus de quatre milliards se soignent par des médecines

naturelles. Plus de 75 % des cultures alimentaires, notamment de fruits et légumes, reposent sur la pollinisation. Et les milieux naturels, océans, sols et forêts, absorbent 60 % des émissions de gaz à effet de serre d'origine anthropique.

Le rapport accorde une large place aux peuples autochtones et aux communautés locales, gardiens d'au moins un quart des terres de la planète et de plus d'un tiers des territoires encore peu dénaturés par les activités humaines. Ce patrimoine est aussi le plus menacé par la prédation croissante de ressources naturelles.

« POINT DE BASCULE »

D'ores et déjà, il est clair que la plupart des objectifs que la communauté internationale s'était fixés en 2010, lors de la conférence de la Convention sur la diversité biologique d'Aichi, au Japon, ne seront pas atteints. Il s'agissait notamment de faire en sorte que, d'ici à 2020, *« le rythme d'appauvrissement de tous les habitats naturels [soit] réduit de moitié au moins et si possible ramené à près de zéro »*, et que *« l'état de conservation des espèces menacées [soit] amélioré »*. Si elle se poursuit, la tendance actuelle va également *« saper les progrès »* nécessaires aux *« objectifs de développement durable »* des Nations unies pour 2030. Cela, qu'il s'agisse de la

lutte contre la pauvreté et la faim dans le monde ou de l'accès à l'eau et à la santé.

La perte du *« patrimoine commun »* que constitue la biodiversité est-elle alors inéluctable ? Elle peut encore être enrayée, assurent les chercheurs, ce qui suppose une moindre pression sur les terres pour les besoins énergétiques et alimentaires, une croissance démographique *« faible ou modérée »* ainsi qu'une *« atténuation »* du changement climatique. L'IPBES met en avant la nécessité de *« réformes fondamentales des systèmes financier et économique mondiaux »* au profit d'une *« économie durable »*. Et souligne la nocivité des subventions accordées aux entreprises de pêche, à l'agriculture intensive, à l'élevage du bétail, à l'exploitation forestière ou à l'extraction de minerais et de combustibles fossiles.

« Nous arrivons à un point de bascule. Une prise de conscience des enjeux de la biodiversité est en train de se faire jour, comme cela a été le cas auparavant pour le climat, confiait la secrétaire exécutive de l'IPBES, Anne Larigauderie. *Elle doit à présent se diffuser à tous les niveaux, chez les responsables politiques comme dans les entreprises et chez les citoyens, dans tous les secteurs d'activité. »* Tel est précisément le sens de l'alerte rouge des scientifiques. ●

PIERRE LE HIR

Climat : Macron délègue à la convention citoyenne

Tirés au sort, 150 citoyens français, de tous âges et de toutes conditions sociales, ont jusqu'au printemps 2020 pour faire leurs propositions en faveur de l'environnement

La convention citoyenne pour le climat doit s'achever au début du mois d'avril 2020. Qu'adviendra-t-il de ses conclusions ? La réponse n'est pas sans risque pour le gouvernement et le chef de l'Etat. Tirés au sort, durant les mois d'août et septembre, les 150 citoyens, hommes et femmes, jeunes ou plus âgés, de toutes les conditions sociales et provenances géographiques, vont examiner avec attention ce que le gouvernement retiendra de leurs dizaines de propositions pour assurer la transition écologique du pays. Pour, précisait leur feuille de route, permettre notamment la réduction de 40 % des émissions de gaz à effet de serre de la France d'ici à 2030 (par rapport à 1990), puis la neutralité carbone à l'horizon 2050, tout en rendant cette transition socialement acceptable.

Ce dernier point est loin d'être anodin, puisque la convention elle-même est née du mouvement social des « gilets jaunes » lancé en novembre 2018. Pour sortir de cette crise sociale, aux formes inédites, dont l'un des points de départ fut la poursuite de la hausse de la taxe carbone, le président Emmanuel Macron a imaginé deux outils, présentés lors de la conférence de presse de conclusion du grand débat national, le 25 avril : un conseil de défense écologique, sorte de conseil des ministres consacré exclusivement à la transition écologique et aux mesures à prendre, et cette convention citoyenne, qui devait « redessiner toutes les mesures concrètes d'aides aux citoyens sur la transition climatique dans le domaine des transports, de la rénovation des logements, pour les rendre plus efficaces ».

Ce faisant, le gouvernement a fait peser sur ces 150 citoyens une assez lourde responsabilité, puisqu'ils ont en charge la définition de mesures « complémentaires, incitatives ou contraignantes, ainsi que leur financement » pour atteindre les objectifs.

Et l'annonce de la création de cette assemblée avait suscité critiques et doutes, notamment de la part des ONG engagées dans la lutte contre le changement climatique. « Le gouvernement brandit la participation des citoyens pour dissimuler son inaction », a réagi Greenpeace. « L'Etat se dédouane de ses responsabilités et repousse le moment d'agir, alors que les solutions sont connues depuis longtemps et que des textes importants pour le climat, comme la loi d'orientation sur les mobilités ou la loi climat-énergie, sont en cours d'examen », poursuivait l'ONG, dans un communiqué début juin, juste après l'annonce de la mise en place de cette convention citoyenne.

Depuis, ce sont trois week-ends d'intense travail – en fait, trois jours – qui se sont déroulés durant l'automne 2019. Trois autres week-ends suivront en janvier, février et mars, jusqu'à l'issue, début avril 2020. Viendra alors le moment de vérifier la validité de l'expérience, son efficacité démocratique et écologique. Une échéance qui comporte aussi des risques politiques pour le gouvernement. Tiendra-t-il ses engagements, à savoir transmettre « sans filtre », c'est-à-dire sans intervention ou réécriture de sa part, aux députés et aux sénateurs, les dizaines de propositions que ne manqueront pas de faire les citoyens, puis proposer de les transcrire par voie référendaire, réglementaire ou législative dans les politiques futures ?

MODÈLE IRLANDAIS

Des cinq ateliers, où les 150 citoyens ont été répartis – par tirage au sort pour éviter que des « spécialistes » ne travaillent sur leur thème favori –, se loger, se déplacer, produire-travailler, se nourrir et consommer, devraient surgir moult mesures concrètes. Ainsi, alors que les travaux n'en étaient qu'à leurs débuts, émergeaient déjà des pistes de travail sur la régulation de la publicité, la lutte contre l'artificialisation des sols en limitant l'étalement urbain,

la réforme de la politique agricole commune, l'obligation de recycler tous les plastiques d'ici à 2025 ou encore l'indexation de la TVA « selon le lieu de production et le lieu de vente d'un produit ».

Peu formés, voire franchement ignorants des questions climatiques et des politiques environnementales, ces citoyens se sont pris au jeu, appréciant cet exercice relativement inédit de démocratie directe. « Ils sont assez bluffants. En trois week-ends de travail, ils ont acquis une bonne compréhension des mécanismes et de ce qu'il faudrait mettre en œuvre pour la transition écologique », juge Cyril Dion, le réalisateur du film documentaire Demain (2015) et l'un des trois garants de l'indépendance des travaux de cette convention.

L'expérience est copiée sur le modèle irlandais d'une assemblée citoyenne mise en place en 2012, qui a permis notamment de décider, par voie référendaire, d'autoriser l'avortement ou encore le mariage pour tous, alors que le débat était bloqué dans le pays.

L'issue de la convention citoyenne à la française sera-t-elle marquée par des avancées dans la mise en place d'une transition écologique efficace et acceptée par la société ? L'enjeu est de taille tant pour le gouvernement, qui a fait de cette assemblée un témoin de sa volonté de dialogue démocratique, que pour la lutte contre le réchauffement climatique, qui réclame des actions rapides. ∎

RÉMI BARROUX

> « Le gouvernement brandit la participation des citoyens pour dissimuler son inaction », a réagi Greenpeace

La convention citoyenne pour le climat, lors de sa première séance, au Conseil économique, social et environnemental, à Paris, le 4 octobre 2019. NICOLAS LASCOURRÈGES

Amazonie, Afrique, Sibérie... la planète brûle

L'année a été marquée par des images spectaculaires d'incendies sur tous les continents. Ceux-ci menacent les « puits de carbone », l'écosystème et la santé des habitants

Des feux de forêt *« exceptionnellement intenses »* dans certaines régions du monde, et une attention médiatique soutenue durant ces épisodes : tel est le bilan tiré, jeudi 12 décembre, par le service européen de surveillance de l'atmosphère Copernicus des incendies ayant eu lieu en 2019. Au total, Copernicus estime que 6 735 mégatonnes de dioxyde de carbone (CO_2) ont été émises par ces feux autour du globe, soit plus qu'une année d'émissions des Etats-Unis.

L'Amazonie brûle. Les arbres s'enflamment, mais aussi les réseaux sociaux et les relations diplomatiques. Si des feux dévorent chaque année une partie de la plus grande forêt tropicale du monde, la déforestation, aggravée par l'arrivée au pouvoir du président brésilien d'extrême droite Jair Bolsonaro, met à mal un écosystème au fragile équilibre. Et menace un joyau de biodiversité, qui stocke le CO_2 et régule le climat.

L'AMAZONIE EN LIGNE DE MIRE

Face à une pression internationale croissante, Jair Bolsonaro a signé, mercredi 28 août, un décret interdisant les brûlis agricoles dans tout le Brésil pendant soixante jours pour tenter de freiner la multiplication des incendies. Selon l'Institut national de recherche spatiale (INPE), le pays enregistre le plus grand nombre de feux (85 000 en huit mois, dont 44 000 en Amazonie) depuis 2010. L'agence Copernicus confirme que les émissions de dioxyde de carbone liées aux feux dans toute l'Amazonie n'ont pas été aussi élevées depuis 2003, et ceux de la partie brésilienne depuis 2010.

Une partie des incendies au Brésil se répète chaque année. Le problème, c'est quand les incendies affectent la forêt dense humide. *« Les arbres amazoniens ne sont pas adaptés aux incendies : ils meurent, ainsi que leurs graines, de sorte que la forêt ne se régénère pas, ou mal, par la suite »*, explique Florent Mouillot, écologue chargé des incendies à l'Institut de recherche pour le développement. Pour Paulo

Artaxo, physicien spécialiste de l'atmosphère à l'université de Sao Paulo, interrogé par le magazine *Science*, *« il ne fait aucun doute que cette augmentation de l'activité des feux est associée à une forte augmentation de la déforestation »*. Les arbres sont d'abord abattus, avant que le reste de la végétation soit brûlé pour faire place à du pâturage ou à des cultures (souvent du soja). Selon l'INPE, plus de 10 000 km² ont été déboisés entre août 2018 et juillet 2019, un chiffre au plus haut depuis 2008.

Les effets de ces feux sont à la fois locaux et globaux. Première conséquence : la libération dans l'atmosphère d'une grande quantité de CO_2, principal gaz à effet de serre. Parce que la combustion de la biomasse émet naturellement du CO_2, mais aussi parce que la mort des arbres libère le carbone qui y est séquestré depuis des décennies.

Au total, la déforestation contribue à 10 % des émissions mondiales de CO_2. Outre qu'ils émettent du carbone dans l'atmosphère, les incendies compromettent la possibilité de le stocker. Ils détruisent ce que l'on appelle les « puits de carbone », c'est-à-dire la capacité des végétaux à absorber du CO_2, permettant ainsi de limiter le réchauffement. Les forêts amazoniennes encore intactes représentent entre 10 % et 20 % de l'absorption globale du CO_2 par la végétation et les sols – les océans étant les principaux puits. Les presque 6 millions de kilomètres carrés de la forêt amazonienne régulent aussi en partie le climat, localement et mondialement, en participant notamment au cycle de l'eau.

AFRIQUE, UNE AUTRE RÉALITÉ

Dans l'émotion générale provoquée par les incendies massifs en Amazonie, il aura suffi d'une carte publiée par l'agence spatiale américaine, la NASA, pour que l'alerte s'étende à l'Afrique, elle aussi transformée – à en croire les interprétations hâtives des données satellitaires – en vaste brasier, du sud de la République démocratique du Congo à Madagascar, en passant par l'Angola, la Zambie, la Tanzanie et le Mozambique.

De part et d'autre de l'océan Atlantique, les situations ne se ressemblent pourtant pas, et la portée des feux n'est pas identique. Contrairement au Brésil, la géographie des incendies africains se situe en dessous des forêts humides du bassin du Congo. Elle couvre des écosystèmes de savanes plus ou moins arborées où se concentrent les activités agricoles. *« Les feux de savane ou de brousse sont saisonniers*, explique Arona Diedhiou, membre du Groupe d'experts intergouvernemental sur l'évolution du climat (GIEC). *Ils se produisent chaque année à la même période et leurs superficies n'ont pas augmenté significativement, même si elles sont importantes. La savane se régénère vite et elle a même "besoin" du feu pour cela. »*

Si l'Afrique est bien le « continent du feu », comme n'hésite pas à l'affirmer la NASA, les experts se gardent d'en tirer des conclusions catastrophistes : l'impact de ces feux sur l'atmosphère est en général temporaire, car la végétalisation des sols qui suit permet de séquestrer le carbone émis par la combustion en quelques mois ou quelques années. Ce n'est pas le cas des défrichements réalisés dans les tourbières indonésiennes pour augmenter les superficies plantées en palmiers à huile, ou

> Les presque 6 millions de kilomètres carrés de la forêt amazonienne régulent en partie le climat, localement et mondialement, en participant notamment au cycle de l'eau

Un soldat brésilien combat un feu dans la région de Novo Progresso, dans l'Etat du Para, au Brésil, traversé par la forêt amazonienne, en septembre 2019. LEO CORREA/AP

en Amazonie pour étendre les grandes exploitations destinées à la culture du soja ou à l'élevage extensif des bovins.

Le gros nuage de fumée suspendu au-dessus de la République démocratique du Congo jusqu'à l'océan Indien traduit une autre réalité : celle de petits agriculteurs dont les techniques, faute de moyens, sont inchangées depuis des lustres. Le feu permet de nettoyer les champs et d'enrichir les sols en sels minéraux.

« Dans cette région, l'agriculture itinérante sur brûlis est, pour des millions de familles, la seule façon d'assurer leur subsistance et quelques revenus », observe Guillaume Lescuyer, économiste rattaché à l'unité Forêts et sociétés du Centre de coopération internationale en recherche agronomique pour le développement. Cela pose, à ses yeux, *« le problème du développement de cette Afrique rurale »*.

Si les situations de l'Amazonie et de l'Afrique subsaharienne sont peu comparables, elles se rejoignent cependant sur un point : *« La déforestation augmente, et l'agriculture en est la principale cause »*, constate Rémi d'Annunzio, coordinateur des projets de surveillance des forêts à l'Organisation des Nations unies pour l'agriculture et l'alimentation (FAO).

LA SIBÉRIE SOUS UNE FUMÉE NOIRE

Durant l'été 2019, c'était l'un des thèmes les plus discutés sur Twitter. Sous le hashtag #EteignezLesFeuxEnSibérie, des milliers de Russes ont raconté leur quotidien dans la fumée des incendies, les quintes de toux et l'horizon bouché par un impressionnant nuage noir.

Comme chaque été, la Sibérie était en proie à des incendies d'une ampleur difficilement concevable. Au 26 juillet, la surface de taïga en flammes dépassait 1,5 million d'hectares, soit une progression de 200 000 hectares en vingt-quatre heures. Plusieurs centaines de foyers étaient comptabilisés dans la région de Krasnoïarsk, la plus touchée, mais aussi dans celles d'Irkoutsk, de Bouriatie, de Transbaïkalie... Plus à l'est, en Extrême-Orient, des inondations monstres ont englouti des milliers de kilomètres carrés.

Le record de 2018 – 3,2 millions d'hectares brûlés – a été encore atteint. Si les incendies se déroulaient dans des lieux isolés et inhabités, la fumée dégagée par le feu, elle, a recouvert des espaces gigantesques. Le 25 juillet, le site Internet *Meduza* titrait : « La fumée des incendies s'étend sur six fuseaux horaires ». Au total, selon le service européen de surveillance Copernicus, les feux en Sibérie et dans le cercle arctique ont causé un *« nuage de fumée et de suie plus grand que l'Union européenne »*.

Les principales villes de Sibérie, mais aussi d'autres situées à des milliers de kilomètres à l'ouest, dans l'Oural et jusqu'au Tatarstan, comme Perm ou Kazan, ont été englouties par une épaisse fumée. L'état d'alerte « ciel noir », qui met en garde les p lus fragiles contre la pollution de l'air, a été déclaré, mais la réaction des autorités, tardive, a provoqué la colère dans les régions concernées.

Les autorités se sont d'abord appuyées sur un règlement de 2015 du ministère des ressources naturelles et de l'environnement de la Fédération de Russie pour ne pas agir, au motif que le feu ne constituait pas une menace immédiate pour les habitants et que les coûts de la lutte contre les incendies s'annonçaient plus importants que les dommages matériels provoqués. Le 31 juillet, sous la pression citoyenne, Vladimir Poutine s'est finalement résolu à ordonner la mobilisation de l'armée pour éteindre les feux.

Le retard pris dans la lutte anti-incendie a provoqué l'exaspération des habitants des villes atteintes par les fumées. D'autant que les feux les plus importants en cours dans la région de Krasnoïarsk s'étaient déclarés dès le mois de mai et que, chaque année, les moyens mis à disposition des pompiers se révèlent insuffisants, obligeant les citoyens à s'organiser eux-mêmes pour protéger leur maison ou lutter contre les flammes.

Selon le directeur Russie du WWF, si l'impact sur le climat est limité (en matière d'émission de carbone), le risque pour l'écosystème et pour la santé des habitants des villes touchées est plus important. ●

GARY DAGORN, AUDREY GARRIC,
LAURENCE CARAMEL
ET BENOÎT VITKINE (MOSCOU)

FRANCE

A mi-mandat, le président Emmanuel Macron poursuit ses réformes tout en se heurtant au mouvement des « gilets jaunes », entré dans sa deuxième année, ainsi qu'à une vaste contestation sociale de la part des syndicats hostiles à la réforme des retraites. Et pourtant, malgré la crise sociale, la majorité présidentielle a commencé l'année 2019 en obtenant un score honorable aux élections européennes. Qu'en sera-t-il aux municipales de 2020 ? Alors que le président Macron s'érige en rempart contre la droite populiste, une troisième force, l'écologie, entend changer la donne et s'imposer dans le jeu politique national.

Les médecins, personnels soignants et cadres hospitaliers défilent à Paris, le 14 novembre 2019, pour demander plus de moyens pour l'hôpital public.
PHILIPPE LABROSSE

149 féminicides en 2019

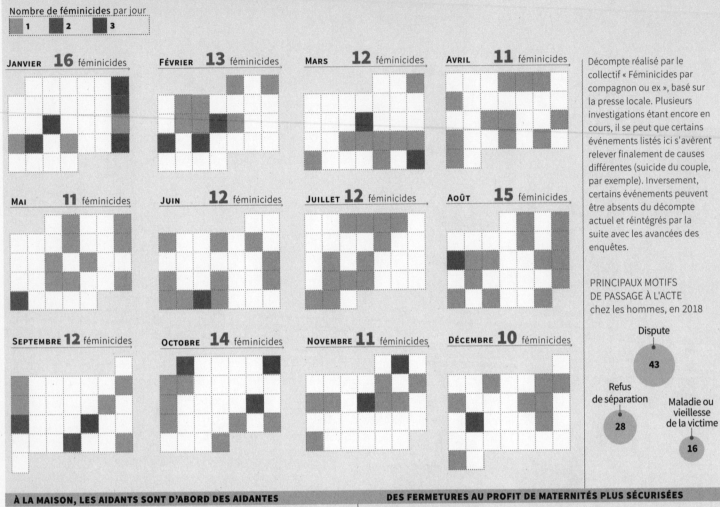

Nombre de féminicides par jour
1   2   3

JANVIER 16 féminicides

FÉVRIER 13 féminicides

MARS 12 féminicides

AVRIL 11 féminicides

MAI 11 féminicides

JUIN 12 féminicides

JUILLET 12 féminicides

AOÛT 15 féminicides

SEPTEMBRE 12 féminicides

OCTOBRE 14 féminicides

NOVEMBRE 11 féminicides

DÉCEMBRE 10 féminicides

Décompte réalisé par le collectif « Féminicides par compagnon ou ex », basé sur la presse locale. Plusieurs investigations étant encore en cours, il se peut que certains événements listés ici s'avèrent relever finalement de causes différentes (suicide du couple, par exemple). Inversement, certains événements peuvent être absents du décompte actuel et réintégrés par la suite avec les avancées des enquêtes.

PRINCIPAUX MOTIFS DE PASSAGE À L'ACTE chez les hommes, en 2018

Dispute
43

Refus de séparation
28

Maladie ou vieillesse de la victime
16

À LA MAISON, LES AIDANTS SONT D'ABORD DES AIDANTES

54 % des aidants familiaux sont des femmes

74 % en cas de dépendance lourde

PART DES FRANÇAIS DE 75 ANS ET PLUS, en %

10 % 2019

16,4 % 2050

DES FERMETURES AU PROFIT DE MATERNITÉS PLUS SÉCURISÉES

NOMBRE DE MATERNITÉS

835 1997

497 2019

NOMBRE DE MATERNITÉS LES PLUS SÉCURISÉES (de niveaux II et III)

247 2000

303 2017

PRINCIPAUX INDICATEURS ÉCONOMIQUES

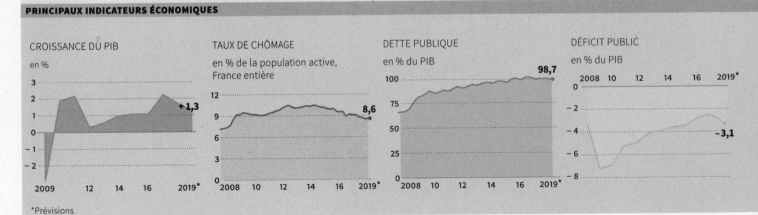

CROISSANCE DU PIB
en %

+1,3

2009   12   14   16   2019*

TAUX DE CHÔMAGE
en % de la population active, France entière

8,6

2008   10   12   14   16   2019*

DETTE PUBLIQUE
en % du PIB

98,7

2008   10   12   14   16   2019*

DÉFICIT PUBLIC
en % du PIB

2008   10   12   14   16   2019*

-3,1

*Prévisions

APRÈS LE DÉCLIN, LE REBOND ?

SOLDE ANNUEL DES OUVERTURES OU FERMETURES D'USINES, EN NOMBRE D'USINES

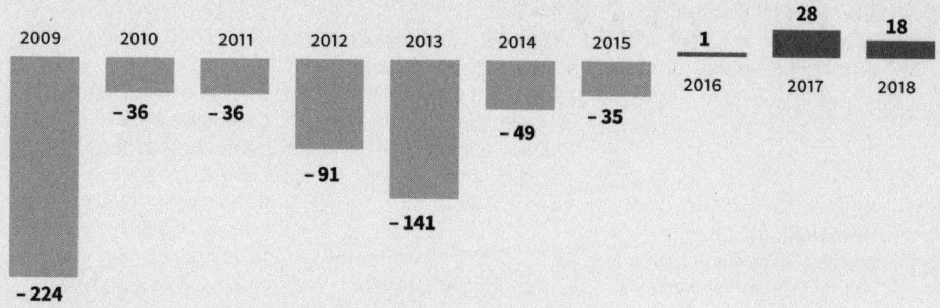

2009	2010	2011	2012	2013	2014	2015	2016	2017	2018
− 224	− 36	− 36	− 91	− 141	− 49	− 35	1	28	18

ZONES D'EMPLOI POUR LESQUELLES LA PART DES EMPLOIS INDUSTRIELS entre 1975 et 2014 A LE PLUS...

... augmenté

... baissé

LES PRIX DE L'IMMOBILIER FLAMBENT À PARIS

PRIX, EN EUROS PAR M², appartements anciens

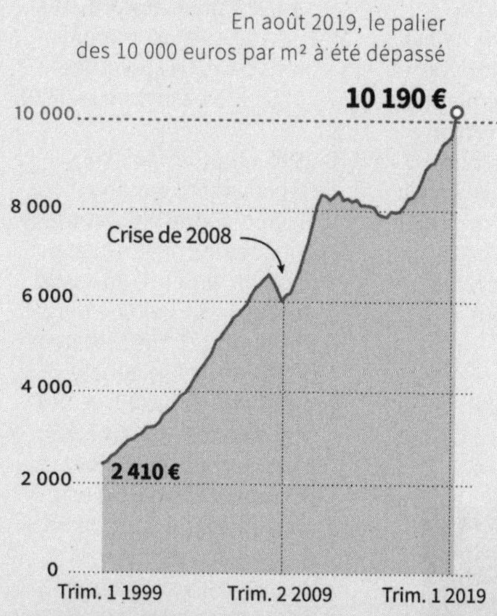

En août 2019, le palier des 10 000 euros par m² à été dépassé

10 190 €

10 000 € PAR M²

Crise de 2008

2 410 €

Trim. 1 1999   Trim. 2 2009   Trim. 1 2019

PRIX MOYEN DU M², FIN MAI 2019, EN EUROS, appartements anciens

- de 7 200 à 8 000
- de 8 000 à 10 000
- 10 000 € PAR M²
- de 10 000 à 12 000
- de 12 000 à 14 000
- de 14 000 à 15 740

○ données indisponibles
★ les plus fortes évolutions du prix au m², sur cinq ans (supérieures à 25 %)

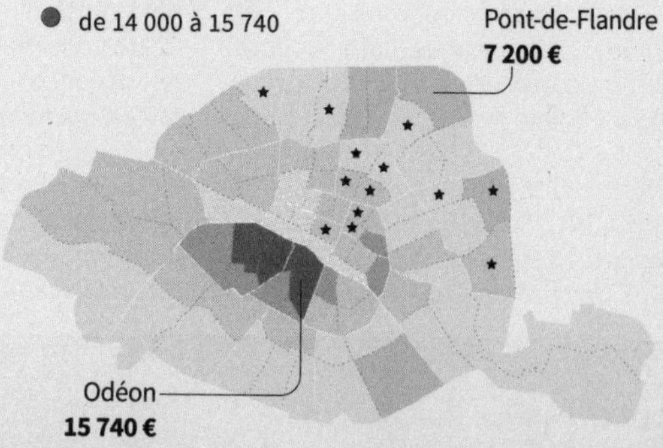

Pont-de-Flandre
7 200 €

Odéon
15 740 €

LES ZONES RURALES SOUS-ÉQUIPÉES

TEMPS D'ACCÈS AUX SERVICES COURANTS (police-gendarmerie, collèges, supermarchés, stations-service...), en 2014...

- ... supérieur à vingt minutes
- ... supérieur à vingt-cinq minutes

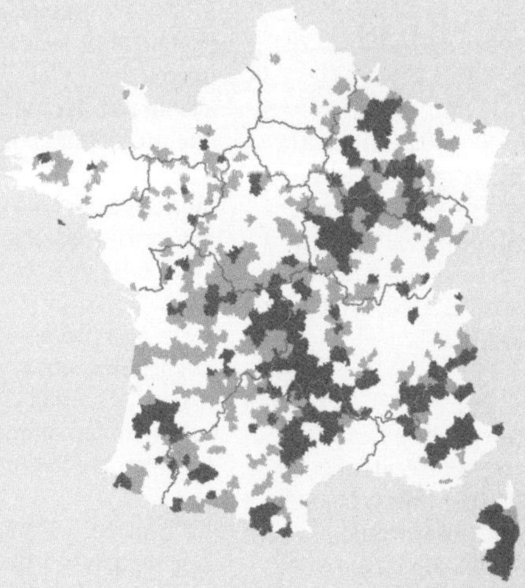

COMMUNES OÙ LE DÉBIT MAXIMUM EST INFÉRIEUR À... (deuxième trimestre 2017)

- ... 3 MBIT/S
- ... 8 MBIT/S

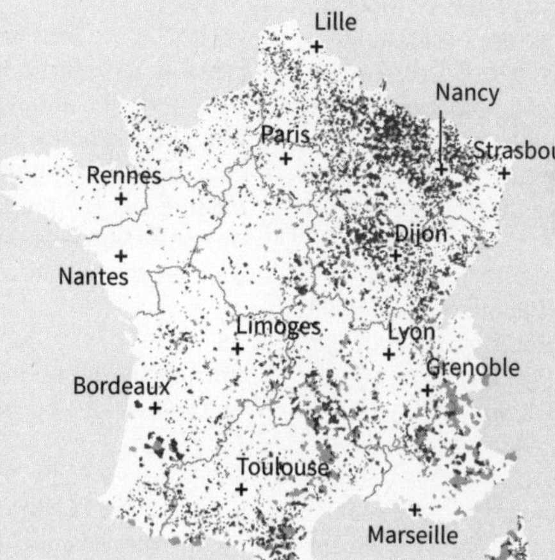

Lille
Nancy
Paris
Strasbourg
Rennes
Dijon
Nantes
Limoges
Lyon
Grenoble
Bordeaux
Toulouse
Marseille

SOURCES : INSEE ; SAE ; SPMI ; RAPPORT D'INFORMATION, N° 243 DU SÉNAT ; DREES 2017, TRENDEO ; CGET, INSEE ; « RAPPORT AU SÉNAT SUR L'AIDE À DOMICILE, 2014 »

L'ENVIRONNEMENT, INQUIÉTUDE PRINCIPALE DES FRANÇAIS

QUELS SONT LES ENJEUX QUI VOUS PRÉOCCUPENT LE PLUS À TITRE PERSONNEL ?

en % des personnes interrogées

La protection de l'environnement	52
L'avenir du système social (retraites...)	48
Le pouvoir d'achat (salaires, impôts...)	43

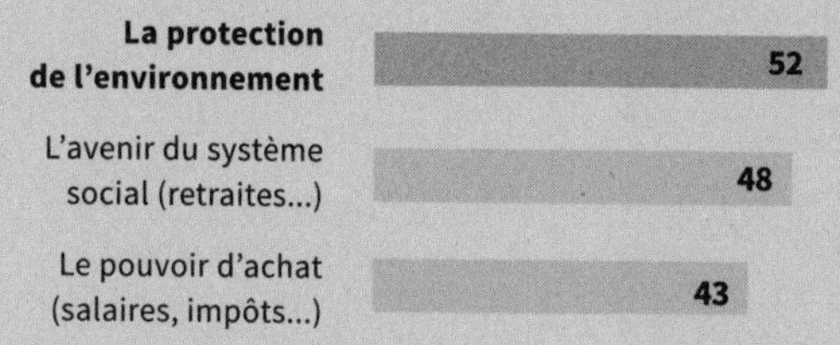

Sondage « Les Fractures françaises. Vague 7», Ipsos - Sopra Steria, effectué du 30 août au 3 septembre 2019.

LA PMA PLUTÔT BIEN ACCUEILLIE

ÊTES-VOUS FAVORABLE OU DÉFAVORABLE À L'OUVERTURE DES DROITS...

en % des personnes interrogées

- Favorable
- Plutôt favorable
- Plutôt opposé
- Opposé

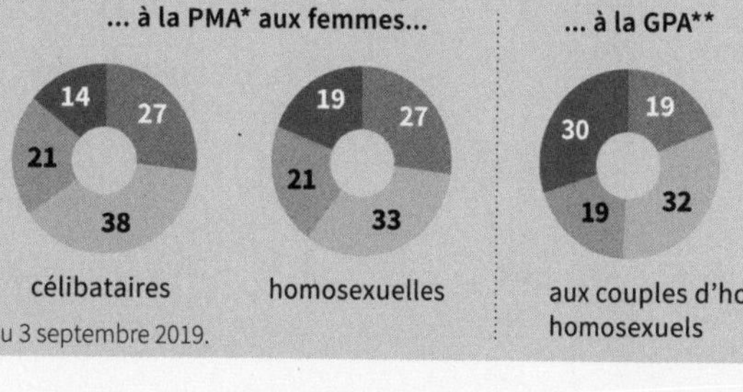

... à la PMA* aux femmes...

14 27
21
38
célibataires

19 27
21
33
homosexuelles

... à la GPA**

30 19
19 32
aux couples d'hommes homosexuels

* PMA : procréation médicalement assistée, ensemble de techniques médicales comme l'insémination artificielle ou la FIV

** GPA : gestation pour autrui, c'est-à-dire le recours à une mère porteuse

2019

JANVIER

1ER || FISCALITÉ | Entrée en vigueur du prélèvement à la source de l'impôt sur le revenu.

7 || PRISON | La Santé, à Paris, accueille de nouveau des détenus, après quatre ans de travaux.

8 || EXTRÊME DROITE | L'ancien ministre des transports et membre des Républicains (LR) Thierry Mariani et Jean-Paul Garrraud, ex-député UMP de Gironde, officialisent leur ralliement à la liste du Rassemblement national (RN, ex-FN) en vue des élections européennes.

13 || POLITIQUE | Le président de la République rend publique sa « lettre aux Français » afin d'ouvrir le débat national promis en réponse à la crise des « gilets jaunes ». Les ministres Sébastien Lecornu et Emmanuelle Wargon sont missionnés pour l'organisation du débat lancé par Emmanuel Macron le 15.

17 || AFFAIRE BENALLA | L'ex-collaborateur de l'Elysée est placé en garde à vue dans l'enquête ouverte en décembre 2018, sur l'utilisation controversée de ses passeports diplomatiques, après son limogeage de l'Elysée à l'été 2018. Il est mis en examen puis déféré au parquet de Paris le 18, avant d'être auditionné par le Sénat, le 21.

26 || MUSIQUE | Disparition du musicien Michel Legrand, à l'âge de 86 ans.

FÉVRIER

1ER || PROSTITUTION | Les clients des prostituées resteront passibles d'une amende : le Conseil constitutionnel déclare « conforme » à la loi fondamentale la loi d'avril 2016, rejetant l'argument d'associations qui critiquaient un texte portant atteinte à la « liberté d'entreprendre » et à la « liberté sexuelle ».

5 || ITALIE | Luigi Di Maio, chef du M5S, rencontre des figures des « gilets jaunes » à Montargis (Loiret), suscitant une protestation du gouvernement français. Le 7, Paris rappelle pour consultation son ambassadeur à Rome.

5 || MÉMOIRE | Conformément à sa promesse de campagne, Emmanuel Macron fixe au 24 avril la journée nationale de commémoration du génocide des Arméniens.

19 || MODE | Mort de Karl Lagerfeld, né en 1933 ou 1935.

19 || AFFAIRE BENALLA | Alexandre Benalla et Vincent Crase sont placés en détention provisoire pour avoir violé leur contrôle judiciaire en se rencontrant le 26 juillet 2018. Remise en liberté le 26 février.

26 || MODE | Sous la pression des réactions de politiques et d'anonymes, Decathlon renonce à vendre son « hidjab de running » destiné aux sportives de confession musulmane, déjà vendu au Maroc.

28 || CULTURE | L'Académie française se prononce en faveur d'une ouverture à la féminisation des noms de métier, de fonction, de titre et de grade.

MARS

4 || EUROPÉENNES | Jean-Pierre Raffarin annonce qu'il soutient la liste La République en marche pour les élections.

7 || BORDEAUX | Nicolas Florian est élu maire afin de remplacer Alain Juppé entré au Conseil constitutionnel.

11-13 || GRAND DÉBAT | Conférences réunissant les organisations syndicales et patronales, les associations d'élus et des associations représentatives de la société civile sur les quatre thématiques du grand débat. Les 15 et 16 et 22-23, dix-huit conférences dans chaque région métropolitaine et dans les Outre-mer.

14 || ENTREPRISE | Cyrille Bolloré succède comme PDG à son père, Vincent Bolloré, à la tête du groupe du même nom, moins d'un an après que Yannick Bolloré a pris la présidence du conseil de surveillance de Vivendi.

16 || EUROPÉENNES | Le Conseil national du PS approuve une résolution désignant l'essayiste et fondateur de Place publique, Raphaël Glucksmann, comme tête de liste pour les élections.

27 || DIPLOMATIE | Le Conseil d'Etat annule le décret du 3 août 2018 permettant notamment la nomination de l'écrivain Philippe Besson comme consul général à Los Angeles.

29 || CORSE | Distribution : une charte garantissant des prix bas sur 233 produits de première nécessité est signée à Ajaccio entre les élus nationalistes corses et les représentants insulaires de grandes enseignes de distribution.

29 || TERRORISME | Jawad Bendaoud, ayant loué un squat à Saint-Denis (Seine-Saint-Denis) à deux djihadistes du commando des attentats du 13 novembre 2015, est condamné, en appel, à quatre ans de prison pour « recel de malfaiteurs terroristes ».

29 || CINÉMA | Disparition de la réalisatrice Agnès Varda, à l'âge de 90 ans.

31 || GOUVERNEMENT | Deux conseillers du président, Sibeth Ndiaye (secrétaire d'Etat et porte-parole du gouvernement) et Cédric O (secrétaire d'Etat au numérique) et une députée LRM, Amélie de Montchalin (secrétaire d'Etat aux affaires européennes), entrent au gouvernement.

AVRIL

3 || RELIGION | Eric de Moulins-Beaufort, 57 ans, est élu président de la Conférence des évêques de France et prend ses fonctions le 1er juillet, succédant à Georges Pontier, 75 ans, archevêque de Marseille.

11 || SÉCURITÉ | Promulgation de la loi dite « anticasseurs » et publication au Journal officiel.

15 || PARIS | Un incendie ravage partiellement la cathédrale Notre-Dame.

18 || TERRORISME | Abdelkader Merah, le frère de Mohammed Merah (l'assassin en mars 2012 à Toulouse et Montauban de trois militaires et de quatre civils juifs), est condamné à trente ans de réclusion criminelle par la cour d'assises de Paris pour complicité.

21 || ÉDUCATION | Publication au Journal officiel de l'arrêté sur les « frais différenciés » pour les étudiants étrangers extracommunautaires (hors UE) pour une application à la rentrée 2019.

25 || « GILETS JAUNES » | Le président Emmanuel Macron donne les grandes orientations tirées du grand débat. Il annonce une série de mesures dont une baisse des impôts et l'instauration d'une retraite minimale à 1 000 euros. Le 29, le ministre de l'action et des comptes publics, Gérald Darmanin, en estime le coût à environ 6,5 milliards d'euros, qui s'ajoutent aux 10 milliards d'euros de mesures en faveur du pouvoir d'achat présentées en décembre 2018.

30 || DISTRIBUTION | Auchan annonce la vente de 21 sites déficitaires en France.

MAI

3 || EUROPÉENNES | Record de candidatures avec 33 listes validées par le ministère de l'intérieur, une 34e validée ultérieurement par le Conseil d'Etat.

3 SEPTEMBRE || VIOLENCES FAITES AUX FEMMES | Ouverture du Grenelle des violences conjugales à Matignon, après 102 féminicides recensés entre janvier et août 2019. Un chiffre porté à 149 à la fin de l'année. KAMIL ZIHNIOGLU/AP

9 || POLITIQUE | Le Conseil constitutionnel valide la procédure de référendum d'initiative partagée sur la privatisation du groupe ADP. Une première et un revers pour l'exécutif, contraint d'annoncer le report de la privatisation pourtant votée par le Parlement. La collecte commence en ligne le 13 juin. Pour être organisé, le référendum doit recueillir plus de 4,7 millions de signatures d'ici au 12 mars 2020.

12 || NOUVELLE-CALÉDONIE | Elections provinciales: les loyalistes conservent une courte majorité au Congrès avec 28 sièges contre 26 aux indépendantistes.

13 || DISTINCTION | Stefanie Stantcheva, 33 ans, professeure à Harvard, prix du meilleur jeune économiste 2019 décerné par *Le Monde* et Le Cercle des économistes.

17 || SOCIAL | Réélection du secrétaire général de la CGT Philippe Martinez à la tête du syndicat.

26 || EUROPÉENNES | Le Rassemblement national arrive en tête (23,3 %), devant la liste LRM-MoDem (22,4 %) et les Verts (13,5 %). Les Républicains (8,5 %) et La France insoumise (6,3 %) subissent un revers majeur. Le PS (6,2 %) poursuit sa chute.

JUIN

1ER || CULTURE | Mort de Michel Serres, philosophe et académicien, à 88 ans.

2 || POLITIQUE | Laurent Wauquiez annonce qu'il quitte la présidence du parti LR. Le 5, c'est au tour de Valérie Pécresse de démissionner.

17 || MARCHÉ DE L'ART | L'homme d'affaires Patrick Drahi rachète la maison de vente aux enchères Sotheby's pour 3,7 milliards de dollars (3,3 milliards d'euros).

17 || ÉDUCATION | Les enseignants opposés à la loi Blanquer appellent à la grève de la surveillance des épreuves du bac avant d'organiser une «grève des notes».

7 JUIN || SPORT | La France organise la Coupe du monde féminine de football. Les Etats-Unis remportent la compétition le 7 juillet (photo) après avoir éliminé l'équipe de France en quarts de finale, le 28 juin. DENIS BALIBOUSE/REUTERS

18 || CHÔMAGE | L'exécutif présente la réforme de l'assurance-chômage dont le but est d'économiser 3,4 milliards d'euros entre 2019 et 2021.

25 || BANQUE | L'AMF accorde une dérogation à La Banque postale pour qu'elle puisse prendre le contrôle de CNP sans passer par une offre publique d'achat (OPA), ouvrant ainsi la voie à la signature finale de l'opération visant à la constitution d'un vaste groupe financier public, rassemblant la Caisse des dépôts et consignations (CDC), La Poste et CNP Assurance.

26 || SANTÉ | La Haute Autorité de santé vote le déremboursement de l'homéopathie. Le 9 juillet, la ministre de la santé annonce que le taux de remboursement passera à 15 % en 2020, puis à 0 % au 1er janvier 2021.

27 || JUSTICE | Le parquet général de la cour d'appel de Rennes annonce l'ouverture d'une information judiciaire après la disparition d'un jeune homme de 24 ans à Nantes pendant la Fête de la musique, au cours de laquelle une opération policière controversée a été menée.

28 || NOUVELLE-CALÉDONIE | Thierry Santa, de l'alliance anti-indépendance L'Avenir en confiance, est élu président de Nouvelle-Calédonie grâce au soutien d'un parti loyaliste rival mais devra composer avec l'assemblée législative de la collectivité qui, le 24 mai, a porté à sa tête l'indépendantiste Rock Wamytan (UC-FLNKS).

JUILLET

1ER || DISTRIBUTION | Le groupe Conforama décide de supprimer 1 900 postes en France en 2020 et prévoit la fermeture d'une quarantaine de magasins.

8 || ENSEIGNEMENT | Mouvement de protestation contre la réforme du lycée engagée par le ministre de l'éducation nationale, Jean-Michel Blanquer: toutes les copies encore manquantes du premier groupe d'épreuves du baccalauréat sont rapportées par les professeurs grévistes dans les différents centres d'examens, selon le ministère.

9 || AFFAIRE TAPIE | Le tribunal de Paris exonère l'homme d'affaires d'escroquerie et de détournement de fonds pour lesquelles le parquet avait réclamé cinq ans ferme. Les juges estiment que la procédure d'arbitrage était légale.

10 || PARIS | Benjamin Griveaux est désigné candidat LRM pour les municipales de 2020.

11 || FISCALITÉ | Le Parlement adopte l'instauration d'une taxe dite «GAFA» (pour Google, Apple, Facebook et Amazon), faisant de la France l'un des premiers pays à imposer le chiffre d'affaires des géants du numérique. Elle devrait rapporter 400 millions d'euros en 2019, puis 650 millions en 2020.

13 || MÉDECINE | Obsèques à Longwy (Meurthe-et-Moselle) de Vincent Lambert, patient tétraplégique en état végétatif pendant près de onze ans, mort le 11.

16 || GOUVERNEMENT | Démission de François de Rugy, ministre de la transition écologique et solidaire après des accusations portées par Médiapart portant sur des travaux dans son logement de fonction et des dîners fastueux. Dans la nuit Elisabeth Borne, en charge des transports, lui succède.

18 || SOCIAL | Jean-Paul Delevoye dévoile ses recommandations sur le futur système universel de retraite qui doit entrer en vigueur en 2025 et a vocation à remplacer les 42 régimes existants. Le haut-commissaire propose un système par points – à la place des annuités – s'engrangeant tout au long de la carrière et commun à tous les actifs. Les régimes spéciaux sont appelés à disparaître.

21 || DÉFENSE | L'épave du sous-marin *Minerve* est localisée après sa disparition en Méditerranée au large de Toulon en janvier 1968 avec 52 membres d'équipage.

23 || COMMERCE | L'Assemblée nationale approuve la ratification du controversé traité de libre-échange entre l'UE et le Canada (Ceta). Neuf députés LRM ont voté contre et 52 se sont abstenus.

25 || MODE | La maison de prêt-à-porter Sonia Rykiel est mise en liquidation judiciaire.

28 || SPORT | Le Colombien Egan Bernal remporte son premier Tour de France cycliste à 22 ans.

AOÛT

5 || FAITS DIVERS | Le maire de Signes (Var), Jean-Mathieu Michel, est écrasé par une camionnette venue déposer illégalement des gravats.

8 || CINÉMA | Décès de Jean-Pierre Mocky, cinéaste, à 86 ans.

23 || AFFAIRE EPSTEIN | Le parquet de Paris ouvre une enquête préliminaire pour « viols » et « agressions sexuelles », notamment sur « mineurs de 15 ans » et « association de malfaiteurs ».

26 || IMMOBILIER | Selon les notaires franciliens, le prix moyen du mètre carré parisien a en août franchi le seuil des 10 000 euros à 10 190 euros, soit une hausse de 7,3 % en un an.

28 || FISCALITÉ | Le service de traitement des déclarations rectificatives (STDR) mis en place en 2013 et fermé en 2018 a permis à l'Etat de récolter 9,4 milliards d'euros.

29 || JUSTICE | Crash du Rio-Paris le 1er juin 2009 : non-lieu pour Air France et Airbus. Dix ans après l'accident du vol AF447, les juges d'instruction mettent en avant des « fautes de pilotage ». Le parquet de Paris annonce le 6 septembre avoir fait appel.

SEPTEMBRE

3 || GOUVERNEMENT | Le député LRM Jean-Baptiste Djebbari devient secrétaire d'Etat aux transports et Jean-Paul Delevoye, haut-commis-saire aux retraites, est délégué auprès de la ministre des solidarités et de la santé.

7 || RELIGION | Deux femmes, Eva Janadin et Anne-Sophie Monsinay, dirigent la première prière mixte de la mosquée itinérante qu'elles ont créée.

12 || HIGHTECH | Google accepte de payer près de 1 milliard d'euros pour « fraude fiscale » et « rattra-page » d'impôts dans le ca-dre d'une convention validée par le tribunal de Paris ados-sée à un accord avec Bercy.

13 || JUSTICE | Patrick Balkany, le maire de Leval-lois-Perret (Hauts-de-Seine) est condamné à quatre ans de prison, dix ans d'inéligibi-lité pour fraude fiscale et aussitôt écroué à la prison de la Santé. Isabelle Balkany, condamnée à trois ans de prison, est laissée libre.

22 || CULTURE | L'exposition « Toutankhamon, le trésor du Pharaon » ferme ses portes à La Villette sur un record, celui de la plus visitée de l'histoire en France, après avoir accueilli 1 423 170 visiteurs.

23 || SANTÉ | Ouverture du procès Mediator : les labora-toires Servier comparaissent pour « tromperie aggravée ».

23 || ÉDUCATION | Suicide d'une directrice d'école, Christine Renon, 58 ans, dans sa maternelle à Pantin (Seine-Saint-Denis).

24 || PMA | Début de l'exa-men du texte sur la bioéthi-que à l'Assemblée nationale.

25 || SEXISME | Sandra Muller, initiatrice de #balance-tonporc, est condamnée pour diffamation.

27 || TRANSPORT | La SNCF annonce un projet de fusion entre Eurostar et Thalys, ses deux opérateurs ferroviaires à grande vitesse qui assurent des liaisons vers la Grande-Bretagne et la Belgique.

30 || SANTÉ | Le projet de loi de financement de la Sécurité sociale (PLFSS) prévoit un déficit de 5,1 mil-liards d'euros en 2020.

OCTOBRE

1ER || JUSTICE | Affaire Byg-malion : la Cour de cassation confirme le renvoi en procès de Nicolas Sarkozy pour les dépenses excessives de sa campagne présidentielle malheureuse de 2012.

3 || TERRORISME | Un informaticien de la police, Mickaël Harpon, 45 ans, né en Martinique et converti à l'islam depuis dix-huit mois, tue à coups de couteau trois policiers et un agent administratif à la préfecture de police de Paris avant d'être abattu.

11 || ENSEIGNEMENT | Le Conseil constitutionnel entérine le principe de « gratuité » de l'enseignement supérieur.

11 || POLICE | Un homme interpellé à l'aéroport de Glasgow se révèle ne pas être Xavier Dupont de Ligon-nès, suspecté d'avoir assas-siné sa famille et recherché depuis avril 2011.

17 || RICHESSE | Selon une note de l'Insee, en 2018, 14,7 % des ménages – 9,3 millions de personnes – vivaient sous le seuil de pauvreté (avec moins de 1 050 euros par mois).

18 || JUSTICE | Procès Balk-any. Le maire de Levallois-Perret est de nouveau con-damné à cinq ans de prison ferme pour blanchiment, son épouse Isabelle, à quatre ans. Le couple fait appel.

21 || AFFAIRE GHOSN | Nicolas Sarkozy rencontre l'ex-dirigeant de Renault-Nissan au Japon.

29 || VIOLENCES FAITES AUX FEMMES | Soixante mesures contre les violences conjugales sont présentées par les groupes de travail constitués dans le cadre du Grenelle des violences conju-gales lancé le 3 septembre, avant la présentation le 25 novembre des mesures du gouvernement.

29 || EMPLOI | Agnès Buzyn reçoit le rapport par Myriam El Khomri sur l'attractivité des métiers du grand âge et de l'autonomie. La mise en œuvre de ces préconisations impliquerait de dégager 825 millions d'euros dès 2020.

29 || ÉDUCATION | Le Sénat vote la proposition de loi des Républicains sur l'inter-diction des signes religieux pour les accompagnateurs de sorties scolaires.

31 || SOCIAL | Prime de fidélisation des fonction-naires, renforts d'effectifs, rénovation d'hôpitaux et de commissariats : le gouver-nement dévoile son plan composé de 23 mesures pour la Seine-Saint-Denis pour les dix prochaines années.

NOVEMBRE

1ER || TRANSPORT | Jean-Pierre Farandou prend la tête de la SNCF.

1ER || SOCIAL | Entrée en vigueur de la réforme de l'assurance-chômage.

5 || CULTURE | Emmanuel Macron inaugure à Shanghaï une antenne du Centre Pompidou.

6 || SALAIRES | Les PDG du CAC 40 ont gagné en moyenne 277 fois le smic en 2018, selon une étude du cabinet Proxinvest (+ 12 % par rapport à 2017).

6 || IMMIGRATION | Le gou-vernement présente son pro-jet de réforme des politiques migratoires et des conditions d'accueil des étrangers en France. L'exécutif entend mettre en place des quotas pour définir, métier par métier, le nombre de places ouvertes pour l'immigration professionnelle.

8 || ÉDUCATION | Un étu-diant en situation précaire, Anas K., s'immole par le feu, à Lyon, pour dénoncer la précarité étudiante.

26 SEPTEMBRE || POLITIQUE | Mort de Jacques Chirac, premier maire de Paris depuis Jules Ferry en 1977, président de la République de 1995 à 2007, à 86 ans. Ses obsèques ont eu lieu le 30 en l'église Saint-Sulpice, à Paris. LAURENT VAN DER STOCKT POUR « LE MONDE »

12 || DROGUES | Une quantité de plus d'une tonne de cocaïne a été récupérée depuis le 18 octobre sur les pages de la façade atlantique.

13 || SPORT | Décès de Raymond Poulidor, cycliste, à 83 ans.

17 || VIOLENCES FAITES AUX FEMMES | Le rapport de l'inspection générale de la justice émet vingt-quatre propositions pour améliorer la prévention.

18 || PÉDOPHILIE | 184 patients – dont 181 mineurs au moment des faits – ont porté plainte contre le docteur Joël Le Scouarnec pour agressions sexuelles et viols.

20 || SANTÉ | Edouard Philippe annonce que l'Etat va reprendre 10 milliards d'euros de dette hospitalière. Seront versées une prime annuelle de 800 euros pour les infirmiers et aides-soignants de la région parisienne gagnant moins de 1900 euros mensuels ainsi qu'une prime mensuelle de 100 euros pour les aides-soignants qui exercent auprès des personnes âgées.

21 || BOURSE | Première journée de cotation à la Bourse de Paris de la Française des jeux, dont l'Etat a vendu 52 % du capital pour n'en conserver que 20 %, après une période de souscription ouverte aux particuliers ouverte du 7 au 19 novembre. Le titre enregistre une hausse de près de 15 %.

25 || VIOLENCES FAITES AUX FEMMES | Fin du Grenelle des violences conjugales à Matignon ouvert le 3 septembre. Le premier ministre rend publique des mesures réglementaires et législatives : la notion d'emprise fera son entrée dans les codes civil et pénal. L'accueil des femmes dans les commissariats sera amélioré. L'autorité parentale sera suspendue pour le père en cas de féminicide.

29 || RELIGION | Procès Barbarin : le ministère public requiert la relaxe pour l'archevêque de Lyon poursuivi en appel pour « non-dénonciation d'agressions sexuelles ».

29 || JUSTICE | Après le directeur financier du parti, Alexandre Nardella (le 16) et l'ancien ministre de la justice et ex-trésorier du MoDem, Michel Mercier (le 22), l'actuelle sous-gouverneure de la Banque de France, eurodéputée du parti centriste entre 2009 et 2017, Sylvie Goulard, est mise en examen pour « détournement de fonds publics » dans l'enquête sur les emplois présumés fictifs des assistants de députés européens. Le 4 décembre, c'est au tour de Marielle de Sarnez, le 6 décembre de François Bayrou.

DÉCEMBRE

3 || RELIGION | Les députés français adoptent une proposition de résolution controversée visant à lutter contre l'antisémitisme, en y associant l'antisionisme.

4 || JUSTICE | Policiers brûlés à Viry-Châtillon le 8 octobre 2016 : huit des treize accusés, âgés de 19 à 24 ans, ont été reconnus coupables et condamnés à des peines allant de dix à vingt ans de prison. Cinq accusés ont été acquittés, parmi lesquels deux étaient mineurs au moment des faits.

5 || RETRAITES | Nombreuses grèves et manifestations pour protester contre une réforme du régime des retraites, entre 806 000 (selon le ministère de l'intérieur) et 1 500 000 de personnes (selon les syndicats) manifestent dans toute la France. Paris est paralysée.

5 || JUSTICE | La procureure générale de la cour d'appel de Paris présente une première série de mesures qu'elle recommande pour éliminer les angles morts dans le traitement judiciaire des affaires de violences intrafamiliales.

9 || SANTÉ | La Cour des comptes publie un audit très sévère du fonctionnement de l'ordre des médecins, dénonçant une gestion « dispendieuse » et de « graves lacunes » dans l'exercice des missions de l'organisme.

9 || JUSTICE | Le leader de La France insoumise Jean-Luc Mélenchon est condamné à trois mois de prison avec sursis et à une amende de 8 000 euros par le tribunal correctionnel de Bobigny pour rébellion et provocation lors de la perquisition agitée au siège de son parti en octobre 2018.

11 || RETRAITES | Système universel par points, « âge d'équilibre », taux de cotisation, fin progressive des régimes spéciaux… Devant le Conseil économique, social et environnemental (CESE), Edouard Philippe présente les grandes orientations de la réforme des retraites.

13 || VIOLENCES FAITES AUX FEMMES | L'ordre des médecins approuve la levée du secret médical dans un cadre restrictif (à condition que ce soit une simple possibilité et non une obligation, que la victime soit « en danger vital immédiat », que le signalement soit fait auprès d'un « procureur chargé des violences conjugales », et que cela aille de pair avec des mesures d'accompagnement).

16 || RETRAITES | Mis en cause sur sa déclaration d'intérêts, le haut-commissaire aux retraites, Jean-Paul Delevoye, démissionne.

16 || BOURSE | Le CAC 40 franchi les 6 000 points, un niveau qui n'avait pas été atteint depuis juillet 2007.

18 || RETRAITES | Laurent Pietraszewski, député LRM du Nord, est nommé secrétaire d'Etat chargé des retraites en remplacement de Jean-Paul Delevoye.

18 || JUSTICE | Les époux Balkany renoncent à se représenter aux municipales en 2020 après les réquisitoires au procès en appel du couple pour fraude fiscale.

18 || VIOLENCES FAITES AUX FEMMES | Le Parlement adopte, par un ultime vote du Sénat, le bracelet anti-rapprochement. Ce dispositif est la mesure-phare de la proposition de loi « agir contre les violences au sein de la famille », adoptée à l'unanimité par le Sénat, après l'Assemblée nationale.

19 || POLITIQUE | Baisse d'impôts, refonte de la fiscalité locale : l'Assemblée nationale vote le budget « gilets jaunes », le projet de loi de finances pour 2020.

19 || SANTÉ | Un rapport rendu à la ministre de la santé Agnès Buzyn propose la création d'un numéro unique, le « 113 », pour désengorger les urgences.

20 || ÉCONOMIE | Selon l'Insee, la dette publique de la France a dépassé – temporairement – le seuil des 100 % du PIB à la fin du troisième trimestre 2019, à 100, 4 % du PIB.

20 || JUSTICE | Trois anciens dirigeants de France Télécom – condamnés à un an de prison dont huit mois avec sursis – ainsi que l'entreprise sont reconnus coupables de « harcèlement moral institutionnel » par le tribunal correctionnel de Paris.

26 || POLITIQUE | Publication au *Journal officiel* de la loi d'orientation des mobilités (LOM) promulguée le 24.

28 || MÉDIAS | Le tribunal de commerce de Bobigny valide le plan de continuation du quotidien *L'Humanité*, après dix mois de redressement judiciaire.

31 || POLITIQUE | Dans ses vœux aux Français, Emmanuel Macron affirme que *« la réforme des retraites sera menée à son terme »*.

PAGES RÉALISÉES PAR
PIERRE JULLIEN

25 NOVEMBRE || ARMÉE | Hommage, à Pau (Pyrénées-Atlantiques), aux treize militaires français de la force « Barkhane » tués dans la collision de deux hélicoptères, au Mali. BOB EDME/AP

Jérôme Fourquet
Politologue

« LRM EST FAIBLE DANS SON ANCRAGE TERRITORIAL »

Le spécialiste de géographie électorale analyse le nouveau paysage politique de la France depuis 2017. Selon lui, si le clivage progressiste-populiste se confirme, la sensibilité écologiste dans les urnes peut toutefois changer la donne

Directeur du département « opinion et stratégies d'entreprise » de l'Institut de sondages IFOP, Jérôme Fourquet travaille sur des thématiques comme le Rassemblement national, les religions ou l'immigration, mais aussi l'évolution des classes moyennes.

Le 5 décembre 2019, les Français sont descendus dans la rue pour dénoncer le projet de réforme des retraites. Entrons-nous dans une nouvelle année de mécontentement croissant à l'encontre du président Macron ?

L'impopularité d'Emmanuel Macron ne date pas du conflit sur les retraites. Environ deux tiers des Français sont insatisfaits de sa politique depuis plus d'un an. Pour autant, à l'occasion de cette nouvelle crise sociale, la détermination des opposants se renforce et l'hostilité se durcit parmi ceux qui ont fait grève ou manifesté, comme cela avait été le cas il y a un an parmi ceux qui occupaient les ronds-points. Bref, le fossé se creuse entre le président et toute une partie de la population.

Mobilisés depuis plus d'un an, les « gilets jaunes » constituent un mouvement sans précédent dans l'histoire de la contestation sociale en France. Est-il en train de devenir un phénomène structurant du mandat du président Macron ?

« La casse paie » est l'un des enseignements majeurs intégrés par les Français et qui va marquer la suite du quinquennat. Face à un pouvoir perçu comme intransigeant, beaucoup pensent qu'il ne faut pas hésiter à transgresser les règles, voire recourir à un certain niveau de violence. Sans minimiser ce qu'a représenté ce mouvement, il n'y aura pourtant pas de saison II des « gilets jaunes », bien que les ferments soient toujours là. C'est une jacquerie contemporaine d'une partie de la population appelée « les invisibles », devenus soudainement visibles en endossant un gilet jaune. Cette jacquerie a enregistré des avancées importantes. On parle de 12 à 17 milliards d'euros, ce qui représente beaucoup plus d'argent qu'aucun syndicat n'a jamais obtenu en utilisant les ressorts classiques de la contestation sociale. Ce mouvement a également eu plusieurs effets sur le plan politique. D'abord, celui de la transgression légitimée. Puis, celui de la révélation au sens photographique du terme de « la France des invisibles ». Autre effet dans le domaine de la démocratie directe, avec l'abaissement du seuil de déclenchement dans l'organisation d'un référendum d'initiative partagée ou parlementaire. Rappelons cependant que, dans une société aussi complexe que la nôtre, le mode de gestion délégataire de mandats représentatifs demeure incontournable. Et dans ce cadre, tant que les groupes sociaux qui se sont reconnus dans les « gilets jaunes » ne parviendront pas à se structurer, leur voix ne sera pas entendue.

Aux européennes de 2019, la majorité présidentielle a obtenu un score honorable en pleine crise des « gilets jaunes ». Comment se présentent les municipales de 2020 pour les listes soutenues par M. Macron ?

Les résultats des européennes ont montré que, deux ans après la présidentielle, le processus d'installation du macronisme comme nouvelle force dans le paysage politique se poursuivait et que, dans le même temps, les anciens partis de gouvernement étaient à la peine. Si les 22 % de la liste La République en marche (LRM) ont permis d'acter le fait qu'il existait bien un électorat macroniste et que 2017 n'avait pas été un accident, l'émergence de cette force politique nouvelle ne s'opère que dans le cadre de scrutins nationaux. Or le scrutin des municipales est local et pose de redoutables problèmes à LRM. Aux européennes, il n'y avait qu'une liste à monter. Là, on parle de centaines de candidats à présenter et à structurer partout en France. En termes de ressources militantes et d'encadrement, LRM est encore faible dans son ancrage territorial.

Paradoxe de la situation actuelle, le jeune parti présidentiel souffre soit de pléthore de candidats dans certaines grandes villes, d'où les divisions à Paris et à Lyon, soit d'absence de candidats valables dans beaucoup de municipalités, d'où le risque de voir LRM incapable de se présenter, sauf à enregistrer un score dérisoire. Après l'irruption fracassante sur la scène nationale, la deuxième étape dans l'implantation de LRM, cette fois au plan local, sera beaucoup plus compliquée et va prendre la forme d'une guerre de position ingrate et fastidieuse.

Campés sur des positions solides, les vieux partis de l'ancien monde peuvent faire preuve d'une bonne résistance et sauver les meubles dans de nombreuses villes en repoussant les assauts des impétrants de LRM. Au total, ce scrutin sera très dur à lire. La leçon tirée des municipales se cantonnait souvent à apprécier l'ampleur de la claque infligée par les électeurs au parti présidentiel. Or si le pouvoir actuel est certes impopulaire, il n'y a pas suffisamment de sortants se revendiquant de Macron pour être les paratonnerres ou les cibles de la colère. Le parti présidentiel adoptera une attitude pragmatique et opportuniste. Il partira sous ses propres couleurs ou soutiendra

> « Les vieux partis de l'ancien monde peuvent faire preuve d'une bonne résistance et sauver les meubles dans de nombreuses villes en repoussant les assauts des impétrants de LRM »

*Le politologue à Paris,
en novembre 2019.*
LÉA CRESPI POUR «LE MONDE»

¶

Jérôme Fourquet,
*spécialiste de
géographie électorale,
est depuis 2011 directeur
du département
«opinion et stratégies
d'entreprise» de l'Institut
de sondages IFOP. Il est
également l'auteur de
plusieurs ouvrages, dont
le dernier,* L'Archipel
français : naissance
d'une nation multiple
et divisée *a paru
au Seuil en 2019.*

tantôt un candidat de droite, tantôt un candidat socialiste. Cette stratégie à la carte contribuera à brouiller les cartes. A cela s'ajoutera un effet trompe-l'œil, à savoir que si la droite et la gauche sauvent chacune plusieurs dizaines de mairies, elles claironneront que les vieux partis ne sont pas morts en oubliant de préciser que les candidats auront d'abord été élus sur leur nom et leur bilan plus que sur leur étiquette partisane. Ces municipales vont ainsi nous faire toucher du doigt l'entrée, depuis 2017, de la France dans un processus de recomposition politique qui n'est pas linéaire. Nous avons quitté l'ancien monde sans pour autant que le paysage électoral soit stabilisé, les vieilles forces conservant des positions locales, tandis que LRM, le Rassemblement national et Europe Ecologie-Les Verts (EELV) connaissent une dynamique au plan national.

**Ce serait à l'image d'un nouveau clivage
progressiste-populiste contre l'ancien
clivage droite-gauche ? Le «dégagisme»
s'amplifie-t-il ou se tasse-t-il ?**

Ce nouveau clivage est un phénomène profond qui affecte les démocraties européennes. Il devient dominant sans être en capacité de restructurer le paysage électoral. Il n'a pas, en effet, la capacité d'agrégation qu'avait le vieux clivage gauche-droite. Nous avons deux partis, qui font aujourd'hui entre 20 et 25 % des voix chacun. Ils sont certes dominants mais ne parviennent pas à

amalgamer des majorités autour d'eux. Tout ceci se comprend si l'on intègre le diagnostic d'une société «archipélisée» avec des blocs sociologiques et idéologiques assez constitués, mais aussi de nombreux îlots séparés par de multiples clivages. Ce nouveau duopole risque toutefois de se heurter à la montée de la sensibilité écologiste dans les urnes. Le dégagisme a pris plusieurs formes : une forme radicale autour de M. Mélenchon et de Mme Le Pen ; et une forme soft autour de M. Macron, tout en restant dans l'épure d'un parti de gouvernement. Le vote Macron doit être convaincu que son candidat poursuit l'œuvre de refondation. C'est ce qui se joue dans le cadre du conflit des retraites : la faculté du gouvernement à montrer à son électorat et à celui de la droite qu'il convoite qu'il conserve sa capacité réformatrice. Est-ce que le vent dégagiste va pour autant encore souffler aux municipales ? Ce n'est pas évident. On pourrait être confronté à un paradoxe : un dégagisme qui demeure puissant à l'échelle nationale, mais au niveau local, de nombreux maires sortants pourraient bien être réélus car leur bilan est jugé correct.

**L'écologie vient-elle renverser la donne
en se plaçant au centre du jeu, ou est-elle
condamnée à se diluer dans le nouveau
clivage progressisme-populisme ?**

Nos enquêtes d'opinion montrent que toute une partie de la population considère que la

grille de lecture environnementale devient la grille majeure, au point de modifier ses pratiques alimentaires, ses modes de déplacement et ses loisirs. Trois scénarios sont possibles.

Premier scénario, celui du feu de paille. Les municipales seront une élection importante pour voir si les écologistes sont capables de transformer l'essai en conquérant certaines villes ou, à défaut, en faisant de bons scores qui leur permettent de gagner des postes stratégiques dans certains exécutifs locaux. Deuxième scénario, celui de la structuration d'une île écologiste. Ayant diagnostiqué ce phénomène, le gouvernement a tenté une OPA sur les thématiques environnementales sans qu'elle apparaisse comme très sincère. Si cette «île» parvient bien à émerger dans l'archipel français et à s'élargir, cette île importante viendra perturber le schéma de l'affrontement entre Macron et Le Pen. On aurait alors une société fragmentée avec trois pôles (LRM, RN, Ecologistes) qui surnagent. Dernier scénario, celui de l'écologie qui transcende : la transition écologique prend de l'épaisseur et annonce l'avènement d'un nouveau récit politique. Les grandes matrices structurantes comme le catholicisme, le bloc républicain et le communisme se sont effondrées. N'assiste-t-on pas aujourd'hui à la consécration d'une nouvelle matrice, où l'écologie ferait office d'une nouvelle religion, à savoir qui crée du lien ?

**Mais le principal handicap de l'écologie
n'est-il pas la faiblesse de son instrument
politique ?**

Yannick Jadot est conscient du défi. Il a déclaré qu'il fallait sortir du vieux réflexe de l'«union de la gauche» car on serait désormais dans une autre époque historique. Or c'est l'aile gauche d'EELV qui est sortie renforcée des récentes élections internes. Et avec les municipales en ligne de mire se pose la question des alliances. Si les Verts parviennent à prendre la gestion de villes comme Bordeaux, ce sera une étape supplémentaire dans la crédibilité de leur message. On aurait ainsi un bloc national-populiste, un bloc centriste macronien, un bloc écologiste et les restes de la droite et de la gauche.

**Que devraient faire la droite républicaine
et la gauche démocratique pour retrouver
un plus grand espace de légitimité ?**

Elles n'ont pas encore pris la mesure du choc encaissé successivement depuis 2017, et leur espace politique s'est fortement rétréci. On doit aussi s'interroger sur leur capacité à s'en remettre et à prendre conscience que les règles du jeu et le paysage ont été totalement bouleversés, ce qui rend inefficace le recours aux vieux réflexes du passé. La droite s'en tient à un procès en laxisme du macronisme dans les domaines de l'ordre public et de l'immigration. La gauche sociale-démocrate n'a pas beaucoup plus d'espace entre le macronisme et l'écologie en pleine restructuration. Il leur reste des interstices : à droite, autour de 10-12 % entre Le Pen et la droite des Marcheurs ; à gauche, ce sera «ni Macron, ni Mélenchon, ni Verts», soit moins de 10 % également. On peut parler à leur égard de «modémisation». Car dans l'ancien monde, le MoDem existait mais jouait toujours en deuxième division. ∎

**PROPOS RECUEILLIS PAR
GAÏDZ MINASSIAN**

Macron s'érige en rempart contre la droite populiste

Dans un pays en colère et politiquement fragmenté, le président Emmanuel Macron cherche à incarner une force en marche mais sans assise locale, ni réelle cohésion

La France s'énerve... Cheminots et enseignants, infirmières et chômeurs, étudiants et «gilets jaunes», ce sont au total plusieurs centaines de milliers de Français qui ont manifesté à la fin de l'année 2019 contre la réforme des retraites proposée par le gouvernement. En l'espace d'un an, Emmanuel Macron aura été confronté à deux crises sociales majeures.

La crise des «gilets jaunes» d'abord, partie à l'automne 2018 des ronds-points de «la France des territoires» pour s'enflammer sur les Champs-Elysées et «la France des beaux quartiers». Un mouvement social terriblement moderne : surgi par surprise et démultiplié par les réseaux sociaux et les chaînes d'information en continu, sans coordination ni mot d'ordre, rejetant toute représentation politique et ne refusant pas même le recours à la violence. Un coup de gueule national comme la France n'en avait pas connu depuis mai 1968, qui a déstabilisé les élites et provoqué une répression policière sans commune mesure dans le passé récent.

La mobilisation contre la réforme des retraites ensuite, commencée le 5 décembre 2019. Mouvement social plus classique dans sa forme, encadré par des syndicats revenus au premier plan politique, avec

> Son parti, La République en marche (LRM), est toujours à l'état gazeux...

assemblées générales de grévistes dans les transports, appel à la «convergence des luttes» et relais partisan des oppositions. Et au final une fièvre nationale qui convoque les dernières grandes grèves de l'hiver 1995 pour effet de comparaison.

Ces deux conflits consécutifs et connexes témoignent de la persistance de la crise politique et démocratique française au moment où le président de la République, persuadé que les résistances diverses étaient affaiblies, ambitionnait de revoir le modèle social. Lors de l'élection présidentielle de 2017, M. Macron a été le produit politique de cette crise française, l'emportant en sachant profiter du rejet majeur du traditionnel clivage gauche-droite. Deux ans plus tard, en est-il pour autant la solution ?

DIRIGEANT «DISRUPTIF»

Au mitan de son quinquennat, comme pour ses prédécesseurs, le profil politique de M. Macron s'est stabilisé dans l'opinion : perçu comme un dirigeant volontaire et «disruptif» en langage macronien, qui enregistre une baisse du chômage et incarne la figure de l'autorité régalienne, il est aussi vu par une partie des Français comme un chef arrogant, solitaire et plus en phase avec la fraction privilégiée de la population – mondialisée et métropolisée – qu'avec sa part plus défavorisée. «Jupiter» contre le président des «premiers de cordée».

Autour de lui, le chef de l'Etat a bâti une architecture de pouvoir qui lui permet d'agir sans réelle difficulté interne, mais qui le fragilise dans l'opinion en l'exposant en permanence. Son parti, La République en marche (LRM), est toujours à l'état gazeux ; sa majorité parlementaire, largement composée de primo-députés sans expérience ni ancrage local, n'a guère d'existence propre ; et son gouvernement constitué de nombreux ministres experts eux aussi peu connus des Français peine à remplir le rôle de paratonnerre présidentiel – les «poids lourds» François Bayrou, Gérard Collomb ou Nicolas Hulot

Européennes : le Rassemblement national et LRM assoient leur domination

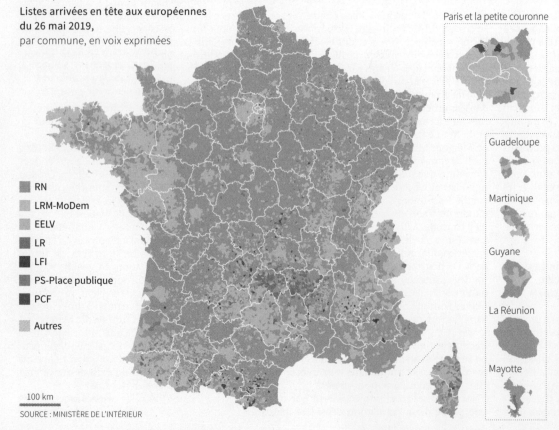

Listes arrivées en tête aux européennes du 26 mai 2019,
par commune, en voix exprimées

Paris et la petite couronne

Guadeloupe

Martinique

Guyane

La Réunion

Mayotte

- RN
- LRM-MoDem
- EELV
- LR
- LFI
- PS-Place publique
- PCF
- Autres

100 km

SOURCE : MINISTÈRE DE L'INTÉRIEUR

sont partis depuis longtemps avec plus ou moins de fracas. Surtout, le macronisme est dans son essence une adaptation-conversion de la société et de l'économie françaises aux canons de la mondialisation libérale. Mais dans cette bataille, M. Macron souffre d'un problème de calendrier : il accède au pouvoir quand ce modèle est contesté partout en Europe et dans d'autres parties du monde, aussi bien par les populismes que par les mouvements écologistes. Le « maître des horloges » Macron serait-il à contretemps politique ?

UNE BASE POLITIQUE ÉTROITE

Jusqu'à présent, le chef de l'Etat, bien que contesté, reste protégé par les institutions de la Ve République, comme par l'incapacité chronique de la gauche et de la droite traditionnelles à renaître de leurs cendres après leurs débâcles successives depuis 2017. Résultat, son duel avec Marine Le Pen s'installe déjà dans les sondages comme une évidence pour 2022, quand bien même aucun des scénarios écrits trois ans avant les scrutins présidentiels de 2012 et 2017 n'a été vérifié le jour J.

Mais le résultat des élections européennes de mai 2019 en serait le message annonciateur : 23 % pour le Rassemblement national (RN), en tête face à la liste LRM rassemblant 22 %. Au-delà de ces deux partis, rien n'apparaîtrait comme vraiment solide : la surprise d'Europe Ecologie-Les Verts, troisième du vote avec 13 %, est trop faible à cette heure pour installer une force écologiste capable de rivaliser ; les autres partis de gauche ont dévissé (La France insoumise) ou sont toujours dans les limbes (Parti socialiste) ; à droite, Les Républicains (LR) avec son score calamiteux de 8 % a subi le même sort que le PS en 2017.

Dans ce champ de ruine politique, le macronisme incarnerait donc la seule force « en marche » et le seul rempart au lepénisme. Mais sa base politique réelle reste étroite, constituée bon gré mal gré par les 24 % de M. Macron au premier tour de la présidentielle de 2017, augmentés de quelque 10 % venus d'anciens électeurs LR depuis les européennes.

Cette mutation de son électorat en deux ans – rarissime dans les annales de la Ve République – démontre, certes, la plasticité politique et la capacité d'adaptation de M. Macron, mais elle handicape également le chef de l'Etat en le rendant de plus en plus prisonnier de la droite conservatrice. Au point désormais de parler d'immigration comme

> « La mutation de son électorat démontre, certes, la plasticité politique et la capacité d'adaptation de M. Macron, mais elle handicape également le chef de l'Etat en le rendant de plus en plus prisonnier de la droite conservatrice »

Nicolas Sarkozy en son temps, ou de défendre le modèle nucléaire français et l'agriculture intensive à l'heure du grand défi écologique.

S'il veut se maintenir politiquement et ne pas voir sa présidence réduite dans les futurs livres d'histoire à une simple présidence de transition, le chef de l'Etat est condamné à conserver cet électorat droitier sensible à la fois à la « croissance », à la « réforme » économique et fiscale et au maintien de l'ordre public. S'il hésite ou recule, le risque est grand que ces électeurs retourneront à terme sur leurs anciennes

terres – où Xavier Bertrand, Valérie Pécresse et François Baroin les y attendent déjà – ou s'en iront sur les terres lepénistes, charmés par les sirènes populistes.

S'il devait être candidat à un second mandat en 2022, Emmanuel Macron ne pourra pas vanter le dépassement du clivage droite-gauche. L'argument déjà utilisé en 2017 est une arme politique à un seul coup. Le macronisme devra donc se réinventer. Comment ? En ressuscitant le thème de la « France unie » qui avait permis à François Mitterrand d'être réélu en 1988, comme le suggèrent certains dans l'entourage direct du chef de l'Etat ? Vaste gageure dans une France éclatée que M. Macron décrit lui-même – pour s'en inquiéter – comme un « archipel ». ∎

BASTIEN BONNEFOUS

MARINE LE PEN À L'ASSAUT DES MUNICIPALES SANS QG NI ADHÉRENTS

L'extrême droite française savoure sa cuvée 2019, repue d'une année riche en revanches. *« Pour ceux qui parmi vous s'inquiétaient de nous voir disparaître, je veux les rassurer sans attendre »*, se délectait Marine Le Pen, sarcastique dès le mois de janvier. Les suivants lui ont offert d'autres occasions de parader.

En mai, le Rassemblement national (RN) s'est en effet requinqué en se hissant en tête des élections européennes de mai 2019, juste devant le parti présidentiel. Et ce, alors que le président Emmanuel Macron avait justement fait de l'ex-FN son épouvantail et principal ennemi électoral. Marine Le Pen n'a pas manqué de lui répondre en transformant le scrutin européen en *« référendum anti-Macron »*, jusqu'à appeler à sa démission.

Le pas de deux entre les finalistes de la dernière présidentielle n'a cessé de se rejouer tout au long de l'année. Clivage lepéniste *« mondialistes/nationaux »* endossé par le chef de l'Etat sous la nomenclature miroir *« progressistes/nationalistes »*, affichage d'une task force anti-RN par La République en marche, débat sur l'immigration et les *« quotas »* voulu et lancé par Emmanuel Macron lui-même...

A mi-mandat d'un président qui en a fait sa meilleure adversaire pour 2022, les planètes semblent se réaligner dans le ciel de la patronne de l'extrême droite française.

Entre une gauche atomisée et une droite incapable de se relever, Marine Le Pen profite d'une opposition en lambeaux pour s'afficher comme *« seule alternative »* à la politique macroniste, appuyée par des sondages favorables, qui enrayent désormais sa chute de crédibilité post-2017.

En septembre, l'enquête annuelle « Fractures françaises », réalisée depuis 2013 par Ipsos-Sopra Steria pour *Le Monde*, en partenariat cette année avec la Fondation Jean-Jaurès et l'Institut Montaigne, concluait ainsi que 33 % des personnes interrogées jugeaient le RN *« capable de gouverner le pays »*, soit 6 points de plus qu'en 2018.

Des adhésions en berne

Un mois plus tard, un autre obstacle se retirait officiellement de sa route vers 2022 : sa nièce Marion Maréchal annonçait le 1er octobre qu'elle n'avait *« pas l'intention d'être candidate à la présidentielle de 2022 »*. Bingo. Deux semaines plus tard, Marine Le Pen lâche qu'a contrario *« oui »*, elle en a bien *« envie »*, lors du « Grand Jury » RTL-*Le Figaro*-LCI. Avant d'annoncer, en novembre, les prémices de son futur programme sous forme de « livres blancs », qu'elle déclare vouloir publier régulièrement d'ici deux ans et dont le premier sera consacré à la sécurité.

Tout est désormais en place pour que la présidente du RN roule en vitesse de croisière jusqu'à la présidentielle. Mais avec qui ? Au lendemain de

l'élection de 2017, les départs volontaires ou forcés ont vidé l'appareil d'une partie importante de ses adhérents comme de ses dirigeants. Florian Philippot et ses troupes, Marion Maréchal et les siennes... Sans compter le repli de Louis Aliot à Perpignan, et la concentration de cadres fraîchement élus à Bruxelles.

Des adhésions en berne, un QG délaissé... *« Il n'y a plus de dynamique, plus d'engouement. Comme si le ressort était cassé »*, glisse un cadre qui ne croit absolument pas à une victoire contre Macron en 2022, en confiant presque son soulagement : *« Vous voyez qui, dans la boutique du RN, pour être ministre, sérieusement ? »*

Soit la même sentence que celle prononcée par Jean-Marie Le Pen, dans le deuxième tome de ses *Mémoires* (éditions Muller) publié en octobre 2019, contre sa propre fille et le parti qu'il a fondé : *« Elle aurait peut-être pu gagner, mais pour quoi faire ? Avec quel état-major ? Quelle équipe ? Quelles relations avec l'administration ? L'industrie ? La banque ? Les syndicats ? La police ? L'armée ? L'Eglise ? Le Front national, c'est l'une de ses grandes faiblesses et c'est la rançon de son indépendance, est dramatiquement seul, il n'engrène sur nulle force concrète, sauf, naguère, celle de ses militants, qui tend à diminuer. L'échec de Marine fut peut-être providentiel. »* ∎

LUCIE SOULLIER

Politiques : tous écolos ?

Préoccupation incontournable des Français, la thématique de la protection de la planète est en train de devenir le sujet central des formations, par conviction ou par opportunisme

Le prochain scrutin sera-t-il teinté de vert ? A trois mois des élections municipales, rares sont les candidats qui ne s'arment pas de propositions écologiques, ne serait-ce qu'à dose homéopathique, pour capter un électorat devenu hautement sensible à l'urgence environnementale.

La protection de la planète s'impose désormais au premier rang des inquiétudes des Français, comme le montre l'enquête de 2019 « Fractures françaises » d'Ipsos-Sopra Steria pour *Le Monde*, la Fondation Jean-Jaurès et l'Institut Montaigne. Plus de la moitié des sondés (52 %) en font la première des priorités. Entre détresse sociale et environnementale, fin du mois et fin du monde, les sondés hésitent, ou peut-être ne veulent-ils pas choisir : 51 % souhaitent des mesures environnementales rapides, même si cela entraîne des sacrifices financiers, 49 % veulent d'abord des mesures sociales. Aussi, de la gauche à l'extrême droite en passant par La République en marche (LRM), les projets politiques se verdissent.

« LE TEMPS DES CONQUÊTES »

Europe Ecologie-Les Verts (EELV), fort de sa percée de 13,5 % aux européennes, se dit « *ravi* » de voir tous les partis aller sur son terrain et veut y voir une victoire culturelle, prélude à la victoire politique. « *On a réussi à remettre l'écologie politique au cœur du débat public et EELV en position de leadership. La phase de résurrection est terminée. C'est désormais le temps des conquêtes* », note Stéphane Pocrain, compagnon de route d'EELV. Pour l'ex-secrétaire national David Cormand, EELV revient de loin. « *On recalcifie un électorat où l'on retrouve ceux qui sont désespérés de ce qu'est devenu la gauche mais également ceux qui ont été déçus par Macron*, dit-il. *Le nouveau monde, c'est nous.* »

Face à EELV, les partis s'activent pour disputer aux historiques la primeur du vote vert. Côté macroniste, « *c'est un sujet que l'on ne prend pas à la légère. EELV peut prendre plusieurs villes et capte quasiment toutes les voix là où il n'y a pas de maire sortant de gauche* », observe un stratège. D'où la vigilance du parti. Pour recevoir l'investiture de la majorité, tout candidat doit adhérer à une charte de dix

Des militants écologistes lors de la soirée électorale du groupe EELV, au Hang'art, à Paris, après l'annonce des résultats des européennes, le 26 mai 2019.
LUCAS BARIOULET
POUR « LE MONDE »

> Le RN décline un concept des européennes, le « localisme », à l'échelon municipal

engagements qui précise notamment que « *l'élu s'engage à faire de la transition écologique une priorité* ».

Pour convaincre que sa formation a pris la mesure de l'enjeu, le patron de LRM, Stanislas Guerini, entend se démarquer. « *Contrairement à EELV, nous ne voulons pas nous contenter d'une écologie de l'incantation mais mettre en œuvre une écologie concrète (...) sans rogner sur les libertés individuelles* », dit-il. Ses candidats peuvent s'appuyer sur quelques décisions symboliques du chef de l'Etat, comme l'abandon du projet EuropaCity, mais ils pâtissent de sa « *politique des petits pas* », dénoncée par Nicolas Hulot lors de son départ du gouvernement en août 2018.

A gauche, le local semble inspirer le national. Trois maires sortantes pionnières du tournant vert du projet social-démocrate sont brandies en exemple par le PS : Anne Hidalgo (Paris), Johanna Rolland (Nantes), Nathalie Appéré (Rennes). « *Leur bilan est très positif pour répondre*

à l'urgence environnementale », ne cesse de répéter le premier secrétaire, Olivier Faure. Pour répondre aux attentes d'électeurs de gauche devenus sensibles à l'urgence du climat, les socialistes prônent un nouveau modèle de gestion locale, incluant participation citoyenne et projets (réduction de la place de la voiture, restauration de terres agricoles) parfois inspirés des Verts, tout en gardant des marqueurs sociaux telles la gratuité des dix premiers mètres cubes d'eau ou la construction de logements sociaux. « *Il y a une transition écologique de gauche et populaire si on la met au service des inégalités* », assure Johanna Rolland.

ÉCOLOGIE « PRAGMATIQUE »

A droite, les maires sortants, nombreux, entendent bien jouer la carte écolo, malgré l'absence de ligne nationale claire sur le sujet. Les Républicains (LR), en pleine reconstruction après l'élection à la tête du parti de Christian Jacob, restent en effet divisés entre héritiers d'un credo pronucléaire, productiviste et à l'occasion viscéralement « anti-Greta Thunberg », et une nouvelle garde qui veut éviter les caricatures et croit en la possibilité d'une écologie « *pragmatique* », compatible avec l'économie de marché.

Au niveau local, les édiles n'ont pas attendu pour verdir leur programme. « *A un moment donné, Les Républicains devront produire une*

réflexion nationale sur l'écologie », souligne ainsi le maire LR de Cannes David Lisnard, instigateur d'une charte environnementale pour les bateaux de croisière. « *On devrait être le parti du civisme environnemental* », ajoute l'édile. Proche voisin, le maire de Nice Christian Estrosi assure pour sa part œuvrer à un projet de « *ville verte exemplaire de la Méditerranée* » faite de végétalisation et de nouvelle ligne de tramway, quitte à s'attirer les foudres de collectifs citoyens qui dénoncent une « *écologie décorative et préélectorale* ».

Nul ne délaisse donc le terrain environnemental, pas même le Rassemblement national (RN), qui décline un concept des européennes, le « localisme », à l'échelon municipal. Produits locaux dans les cantines, jardins partagés, « *faire en sorte qu'on puisse vivre et travailler dans la commune* », Marine Le Pen a explicité en septembre ses propositions. Pour autant, le projet vert du RN reste avant tout adossé à une vision identitaire et civilisationnelle : « *On est de son quartier avant d'être de sa ville.* » A la préférence nationale succède donc la préférence municipale. Revendiquée par tous, parfois comme un axe central source d'identité politique nationale, parfois comme un colifichet électoral, l'écologie sera au cœur des municipales, en paroles tout du moins. ∎

SERVICE FRANCE

Yannick Jadot, l'énergie verte

Fort du résultat d'EELV aux européennes – 13,5 % des voix –, le nouveau leader des Verts cultive l'image d'un présidentiable serein et d'une écologie politique qui aspire à devenir le pivot de l'opposition

C'est son moment. Celui où l'on savoure sa revanche. Où, enfin, l'on arrive sur le devant de la scène. En ce dimanche soir du 26 mai 2019, qui marque la fin des élections européennes, Yannick Jadot peut mesurer le chemin parcouru. N'a-t-il pas dû, deux ans auparavant, renoncer à l'élection présidentielle et se retirer au profit du socialiste Benoît Hamon ? Le désastre présidentiel qui s'est ensuivi (6,36 % des suffrages) puis la bérézina d'Europe Ecologie-Les Verts (EELV) aux législatives de juin 2017 – où les écolos n'obtiennent aucun élu – l'ont convaincu d'une chose : sa route, il la construira désormais tout seul. Ou presque.

Avant d'arriver en troisième position (13,5 % des voix, plus de 3 millions de voix, un record pour EELV) aux européennes, derrière le Rassemblement national et La République en marche (respectivement 23,3 % et 22,4 %), la tête de liste EELV aura dû batailler. Pour convaincre les siens, d'abord. Puis pour s'imposer à gauche, quand tout le monde pensait que Jean-Luc Mélenchon et sa France insoumise (LFI) étaient incontournables.

FORMULES-CHOCS

Retour à l'été 2017. Yannick Jadot a la gueule de bois. L'ancien de Greenpeace, devenu eurodéputé en 2009, ronge son frein. Il enrage contre Benoît Hamon, qui lance son mouvement et quitte le PS. Pas question de rester le supplétif de l'ancien rocardien. EELV paraît en situation de mort imminente : endettée, la formation a vu partir nombre de ses cadres vers La République en marche. Les militants ont déserté. Ainsi, beaucoup des camarades de M. Jadot verraient bien la reconduction de l'alliance de la présidentielle pour les élections européennes.

Cela peut sembler logique : EELV et Génération.s (qui s'appelle encore à l'époque Mouvement du 1er juillet) ont quasiment le même programme. De nombreux Verts ont rejoint Benoît Hamon (comme Pierre Serne, Yves Contassot et Claire Monod) ou le soutiennent ouvertement (Cécile Duflot et Noël Mamère). Le secrétaire national, David Cormand, et les porte-parole Julien Bayou et Sandra Regol défendent la même option stratégique. Pas Yannick Jadot, qui veut construire un récit politique autour de l'écologie comme force de recomposition, avec *« une liste 100 % écolo, 100 % pro-européenne ».*

Yannick Jadot est sympathique, mais il aime les formules-chocs. Quitte à froisser ses éventuels partenaires, quand il assimile l'union de la gauche au *« vieux monde ».* Peu importe : il profite des palabres sans fin entre M. Hamon et M. Cormand pour convaincre en interne. Résultat, le conseil fédéral (le parlement de EELV) avalise sa ligne à l'été 2018 : les écolos partiront seuls au scrutin européen de mai 2019. Les premiers sondages ne sont pas très positifs, mais M. Jadot s'entête et le claironne partout : il sera la surprise du scrutin. Pourtant, il a l'air bien seul. Flanqué du fidèle Alexis Braud et de sa compagne, la journaliste Isabelle Saporta, la tête de liste écolo – qui n'aime pas les intrigues d'appareil – n'a ni écurie ni courant structuré. Pis, il s'est fait des adversaires dans sa propre famille. Tout le monde le regarde avec méfiance, on le décrit comme *« libéral »,* trop *« réalo »* (centriste, dans le jargon de EELV), trop *« à l'allemande ».* *« Cela a été un long combat, avec plein de chausse-trapes,* confirme Alexis Braud, son bras droit. *Le fait qu'il soit tête de liste n'allait pas de soi pour tout le monde. Cela s'est fait en plusieurs étapes. Il a voulu mener la bataille d'une écologie qui s'affirme et il a fallu sortir du marigot de la présidentielle. Pour cela, on a imposé notre stratégie. »*

LA CARTE CHANCE

Maintenant qu'il est numéro un, il doit mettre en ordre de marche un parti connu pour son indiscipline. *« Yannick avait raison, son discours correspondait à un chemin cohérent, écologiste. Il y a de la constance chez lui »,* continue Alexis Braud. *« Le mec est solide. Quand le vent tourne, lui ne tourne pas. Il a l'écologie chevillée au corps »,* abonde Stéphane Pocrain, sorte d'éminence grise d'EELV.

Mais toute la meilleure volonté du monde ne remplace pas la chance. Or, M. Jadot va en avoir deux fois, coup sur coup. D'abord avec la démission de Nicolas Hulot du gouvernement, à la fin de l'été 2018. Pour les écologistes, c'est une nouvelle fois la preuve qu'il n'est pas possible de mener une politique écologiste dans un gouvernement qui ne l'est pas. Cela leur ouvre aussi un champ des possibles inespéré en pouvant incarner de nouveau *« le vrai combat écologiste ».* Ensuite, en octobre 2018, avec les perquisitions au siège de La France insoumise (LFI) et au domicile de Jean-Luc Mélenchon. Les images de ce dernier où on le voit éructer *« la République, c'est moi ! »,* marquent une cassure dans l'opinion et à gauche. LFI ne s'en remettra pas. Le choix de Manon Aubry, ancienne de l'ONG Oxfam, comme tête de liste, initialement pensé comme un moyen de grappiller l'électorat écologiste sera, en fait, une erreur : pendant toute la campagne, les « insoumis » donneront l'impression de courir après EELV.

Désormais, M. Jadot regarde l'avenir sereinement. Le parti semble apaisé – fin 2019, le congrès d'EELV s'est passé sans bisbilles, même si la liste soutenue par M. Jadot a été distancée – et il n'a, pour l'instant, pas de concurrent pour son véritable objectif, l'élection présidentielle de 2022. Pas de raison, pour lui, de dévier de sa route. ∎

ABEL MESTRE

> «On le décrit comme "libéral", trop "réalo" (centriste, dans le jargon de EELV), trop *"à l'allemande"* »

Yannick Jadot, lors de la soirée électorale du groupe EELV, le 26 mai 2019, à Paris. LUCAS BARIOULET POUR «LE MONDE»

Les vieux partis à la peine

L'année 2019 confirme le déclin des formations traditionnelles de gauche comme de droite et consacre les Verts comme nouvelle force politique

Deux ans et demi après l'irruption d'Emmanuel Macron à l'élection présidentielle, la recomposition du paysage politique se poursuit, entre Les Républicains (LR), sous le coup d'un décrochage aux élections européennes, une marginalisation du Parti socialiste (PS), des difficultés tenaces pour La France insoumise (LFI) et le Parti communiste (PC) et l'émergence des écologistes. Une constante : les partis traditionnels, relégués aux marges du nouveau clivage entretenu par La République en marche (LRM) avec le Rassemblement national (RN), peinent à relever la tête. Dans le même temps, la prise de conscience environnementale des Français fait les affaires d'Europe Ecologie-Les Verts (EELV). Tous ou presque espèrent reprendre pied à la faveur des municipales, scrutin local où la majorité présidentielle part sans ancrage.

A droite, 2019 a été l'année de la défaite de trop, puis du chantier. Après l'échec de la présidentielle, après des législatives qui ont vu le groupe LR à l'Assemblée fondre de moitié, le parti s'est effondré aux européennes, à 8,5 %. Le score a contraint LR à l'introspection, d'abord en déclenchant la démission de son président, Laurent Wauquiez. Pendant cinq mois, le parti a navigué à vue, sous l'intérim de Jean Leonetti. L'enjeu : contenir la panique et limiter les départs. Il était trop tard pour Valérie Pécresse, qui a quitté LR pour son mouvement, « Soyons libres ». En revanche, le parti continue de couver de ses attentions ses nombreux maires, souvenirs des victoires de la vague bleue de 2014, pour éviter des défections, limitées mais retentissantes, vers LRM ou le RN et assurer son identité de « parti des territoires ».

CHANGEMENT D'ÈRE AU RN
Symbole de ce recentrage vers les territoires, le président du Sénat Gérard Larcher est apparu en pasteur de la droite et du centre lors d'un tour de France auprès, notamment, des barons fâchés avec l'étiquette LR. Et à la tête du parti, c'est un chiraquien consensuel, Christian Jacob, qui a été élu en octobre avec la participation de 62 000 adhérents. Candidat du rassemblement sans ambition nationale personnelle, l'ancien ministre s'est entouré d'un organigramme rajeuni et local, et a fait revenir son ami et éternel espoir de la droite François Baroin. Comme un signal de changement d'ère, quand Laurent Wauquiez se plaisait à courtiser l'électorat RN au risque de l'ambiguïté, la présidence Jacob a lancé une procédure d'exclusion contre un adhérent proche de Marion Maréchal, Erik Tegnér. Le défi, pourtant, reste immense, tant LRM continue d'afficher des marqueurs de droite, tandis que, dans l'opinion, le RN est perçu comme premier parti d'opposition. Enfin, pour un mouvement pétri de culture du chef, la question des personnes reste en suspens. Quelques noms sont sur la table : Bruno Retailleau, Valérie Pécresse, Xavier Bertrand, François Baroin... Non sans conjurer la possibilité d'un « aventurier » pour 2022.

A gauche, le PS s'accroche de toutes ses forces à la perspective des municipales. Après avoir évité le pire aux européennes, avec un maigre 6 % au scrutin de juin, les socialistes misent sur l'élection locale pour revenir dans le jeu et ne pas se faire distancer par les écologistes. « Il n'y a pas de pertes en vue, les maires sortants sont crédités d'une image positive », assure leur premier secrétaire, Olivier Faure. Le PS a mangé son pain noir et veut croire son numéro un : il n'est plus persona non grata dans les manifestations, parvient à entraîner les autres partis de gauche dans une campagne commune pour un référendum contre la privatisation d'Aéroports de Paris (ADP), ses parlementaires se font entendre. En interne, M. Faure a prévenu qu'une rénovation devait être opérée avec d'autres forces à gauche, à l'image de ce qu'il avait réussi avec Place publique pour les européennes. S'il recommence à être audible, le PS a pourtant perdu son hégémonie à gauche. Mars 2020 dira si, oui ou non, il a été supplanté par les écologistes.

GRANDES AMBITIONS DES VERTS
En effet, EELV ne redescend toujours pas de son nuage : avec 13,5 % des suffrages, la liste conduite par Yannick Jadot est arrivée en troisième position lors des élections européennes, loin devant La France insoumise et ses 6,3 %. De quoi nourrir les ambitions présidentielles pour 2022 de M. Jadot, qui estime être celui en meilleure position pour incarner l'alternance au duo Macron-Le Pen. Les écologistes comptent monter en puissance lors des deux années qui les séparent de l'élection suprême. Avec comme première étape les municipales, pour lesquelles ils nourrissent de grandes ambitions : d'abord, maintenir Grenoble dans leur giron, mais aussi gagner d'autres grandes villes, comme Rouen, Bordeaux ou Montpellier. Ensuite viendront les régionales. L'occasion pour EELV de tester des alliances avec le reste de la gauche. Une gauche au sein de laquelle les choix de LFI interrogent.

Le mouvement populiste traverse une crise profonde depuis les perquisitions houleuses, en octobre 2018, à son siège et au domicile de Jean-Luc Mélenchon. Ce dernier a été condamné à trois mois de prison avec sursis et 8 000 euros d'amende, le 9 décembre 2019. Il faut ajouter à cela des départs de cadres et des critiques sur le manque de démocratie interne. Avec peu de militants, la formation de l'ancien sénateur socialiste a même décidé de ne présenter aucune liste sous son nom aux municipales, préférant se ranger derrière les « initiatives citoyennes ».

Son frère ennemi communiste n'est pas en meilleure posture. Avec un petit 2,5 % aux européennes, le PC tente à tout prix d'exister. Tous les combats sont bons à mener : lutte contre la privatisation d'ADP, contre la réforme des retraites... Cela sera-t-il suffisant pour enrayer le déclin ? Rien n'est moins sûr. ∎

SYLVIA ZAPPI, ABEL MESTRE
ET JULIE CARRIAT

Le paysage politique français : du clivage droite-gauche à la fragmentation

Evolution des forces politiques, en % des suffrages exprimés au premier tous de l'élection présidentielle depuis 1965

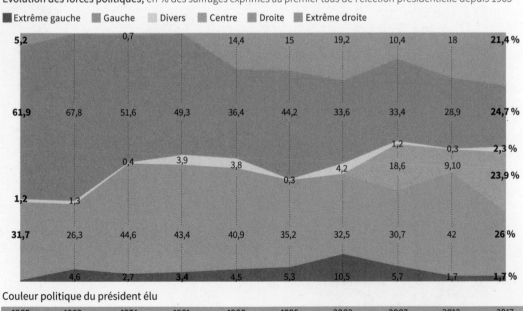

■ Extrême gauche ■ Gauche ■ Divers ■ Centre ■ Droite ■ Extrême droite

	1965	1969	1974	1981	1988	1995	2002	2007	2012	2017
Extrême gauche	5,2	0,7			14,4	15	19,2	10,4	18	21,4 %
Gauche	61,9	67,8	51,6	49,3	36,4	44,2	33,6	33,4	28,9	24,7 %
Divers			0,4	3,9	3,8	0,3	4,2	1,2	0,3	2,3 %
Centre								18,6	9,10	23,9 %
Droite	1,2	1,3								
Extrême droite	31,7	26,3	44,6	43,4	40,9	35,2	32,5	30,7	42	26 %
		4,6	2,7	3,4	4,5	5,3	10,5	5,7	1,7	1,7 %

Couleur politique du président élu

SOURCE : MINISTÈRE DE L'INTÉRIEUR

Les «gilets jaunes» ont transformé les luttes sociales

Phénomène unique dans l'histoire de la contestation en France, le mouvement des «gilets jaunes» a obtenu, sans débouché politique ni structuration, de fortes mesures de la part du gouvernement

A travers des manifestations sauvages et des occupations de ronds-points, des milliers d'anonymes en gilet jaune ont provoqué, fin 2018, la plus grande secousse sociale qu'ait connue la France depuis longtemps.

Mais la mobilisation s'est érodée lentement après les mesures économiques annoncées par le gouvernement, étouffée par une répression policière et judiciaire sans précédent. *«En faisant pleuvoir une pluie d'amendes et d'ennuis avec la justice sur les "gilets jaunes", le pouvoir est parvenu à casser la dynamique du mouvement»*, résume Olivier Fillieule, professeur de sociologie politique à l'université de Lausanne, en Suisse, qui mène un projet de recherche ambitieux sur les «gilets jaunes». Un an plus tard, il ne subsiste que quelques poches de résistance, sur des ronds-points le samedi ou bravant les forces de l'ordre dans les grandes villes, et un noyau tentant de penser une structuration plus durable – notamment au travers de grandes assemblées réunissant des délégués «gilets jaunes» de toute la France.

La fronde s'est bâtie dans le rejet de la structuration, ce qui en a limité la portée politique. Aucune des figures médiatiques ne s'est imposée à la tête du mouvement. *«L'absence de structure était, pour eux, une réponse à ce qu'ils dénoncent. Avec toutes les difficultés que ça comporte, pour s'inscrire dans la durée. Comment marquer des points quand on ne négocie pas et qu'on ne se présente pas aux élections?»*, souligne l'historienne spécialiste des mouvements sociaux Danielle Tartakowsky.

HAUSSE DU POUVOIR D'ACHAT

Sans débouché politique clair à ce jour, les «gilets jaunes» ont pourtant laissé des traces. A commencer par des mesures économiques d'envergure: quelque 17 milliards d'euros débloqués par l'exécutif en deux temps. En décembre 2018 d'abord, avec des dispositifs centrés sur les travailleurs pauvres (revalorisation de la prime d'activité, défiscalisation des heures supplémentaires, suppression de la hausse de la CSG pour les petites retraites). Puis, à l'issue du grand débat, fin avril 2019, avec la baisse de 5 milliards d'euros de l'impôt sur le revenu, ciblant plus spécifiquement les classes moyennes, et la réindexation d'une partie des pensions de retraite sur l'inflation. Une inflexion dans la politique budgétaire, dont les plus aisés étaient initialement les grands gagnants. L'Observatoire français des conjonctures économiques tablait sur une hausse du pouvoir d'achat de 800 euros en moyenne par ménage en 2019, du jamais-vu depuis 2007, pour moitié grâce aux mesures «gilets jaunes».

Nul ne peut aujourd'hui ignorer les difficultés du bas de la classe moyenne. Le terme «gilets jaunes» est devenu omniprésent, référentiel de cette catégorie de la population peu politisée, aux *«fins de mois difficiles»*. Ils étaient invisibles. Le gilet jaune, *«vêtement de haute visibilité»* dans la terminologie administrative, les a rendus incontournables.

C'est notamment le cas sur les questions écologiques. Il y a un an, on opposait volontiers ceux qui parlaient de *«fin du monde»* à ceux qui parlaient de *«fin du mois»*, la contestation s'étant d'abord élevée contre la hausse des taxes sur le carburant. Une mesure dont on a découvert combien elle pesait sur les petits budgets de ceux contraints d'avaler des kilomètres en voiture pour aller travailler. Désormais, les marches climat scandent *«fin du monde, fin du mois, même combat».* Et l'articulation entre lutte contre le réchauffement climatique et justice sociale est au cœur des travaux de la Convention citoyenne pour le climat, installée à l'automne. Une assemblée de citoyens tirés au sort, comme une réponse à une autre antienne des «gilets jaunes»: leur critique profonde du fonctionnement de la démocratie représentative. L'instauration du «référendum d'initiative citoyenne» s'est vite installée parmi leurs revendications principales. Ce qui n'a pas été sans inspirer les parlementaires qui, au printemps, ont exhumé le référendum d'initiative partagée, créé en 2008.

Ce bilan est d'autant plus inattendu qu'en matière de revendications sociales une certaine résignation avait gagné les esprits. En témoigne la difficulté des syndicats à mobiliser lors de la loi travail de 2016 ou contre les ordonnances réformant le code du travail en 2017. Depuis 1995, rares sont les conflits sociaux qui ont payé.

AVEC OU SANS LES SYNDICATS

En quelques mois, sans un jour de grève, mais en recourant à la violence, les «gilets jaunes» ont obtenu bien plus que ceux qui les ont précédés. Et ce, sans l'aide des syndicats qui n'ont pas vu venir le phénomène, ni su l'accompagner. *«C'est la première fois que l'on a une mobilisation sociale dans laquelle ne se greffent pas les syndicats,* précise Jean-Marie Pernot, politiste à l'Institut de recherches économiques et sociales. *On est passé de la question: "Va-t-il y avoir une syndicalisation progressive des 'gilets jaunes'?" à "Assiste-t-on à une giletjaunisation dans des territoires d'action syndicale?"»*

Depuis, des mouvements spontanés, venus de la base, ont émergé dans des secteurs où les syndicats sont pourtant encore bien implantés: le Collectif inter-urgences à l'hôpital, les «stylos rouges» dans l'éducation nationale, les arrêts de travail au techni-centre SNCF de Châtillon. Pour Danielle Tartakowsky, *«les "gilets jaunes" ont sans doute contribué, indirectement, à une reprise des luttes».* Les syndicats ont repris le flambeau avec le mouvement de grève contre la réforme des retraites commencé le 5 décembre 2019. Agrégeant les colères, dont celle des «gilets jaunes», pour tenter, à nouveau, de faire reculer le gouvernement. ∎

**AUDREY TONNELIER,
RAPHAËLLE BESSE DESMOULIÈRES
ET ALINE LECLERC**

Un an après le début du mouvement, les chiffres de la réponse pénale

BILAN PROVISOIRE DES COMDAMNATIONS AU 30 JUIN

Gardes à vue : **plus de 10 000** dans toute la France

Orientation des dossiers (pour les cas renseignés)

2 400	5 300	2 200
Mesures alternatives aux poursuites	**Poursuites judiciaires**	Classements sans suite

Condamnations : **plus de 3 100**

Bilan à partir des données transmises par les parquets à la chancellerie. Certains chiffres ont été arrondis.

SOURCE : MINISTÈRE DE LA JUSTICE

Réforme des retraites : sauver l'Etat-providence

Commencée le 5 décembre 2019, la grève à la SNCF et à la RATP contre le projet de réforme est devenue le plus long conflit social depuis mai 1968. Début janvier 2020, syndicats et gouvernement tentent de négocier une sortie de crise

Si tout se déroule comme prévu, le Parlement va se pencher, à partir de la fin février 2020, sur l'un des projets-phares du quinquennat : la réforme des retraites. Son ambition est si élevée qu'on la compare souvent à l'ascension de l'Everest. Un parallèle non dénué de fondement, au vu des multiples difficultés techniques soulevées et des protestations suscitées. Il s'agit, en effet, de fondre les quelque 42 caisses existantes à l'heure actuelle dans un système universel par points. C'est la traduction du slogan de campagne d'Emmanuel Macron : *« Un euro cotisé donnera les mêmes droits à tous. »* Le régime continuera de fonctionner selon un principe de répartition : les cotisations payées par les personnes en emploi resteront affectées au financement des pensions des retraités.

Après deux ans de concertation avec les partenaires sociaux, au cours desquels les intentions de l'exécutif avaient beaucoup fluctué, le premier ministre, Edouard Philippe, a, enfin, stabilisé, en décembre 2019, les grandes orientations de ce chantier qui, s'il est mené à son terme, fera date dans l'histoire de l'Etat-providence français. Ses arbitrages ont largement repris les propositions du rapport remis cinq mois plus tôt par Jean-Paul Delevoye, à l'époque où celui-ci occupait le poste de haut-commissaire chargé du dossier.

Dans les annonces faites fin 2019 par le chef du gouvernement, il y a eu tout d'abord une confirmation : les régimes spéciaux (SNCF, RATP, industries électriques et gazières) ont vocation à disparaître, au grand dam des salariés concernés, dont beaucoup ont fait grève pour s'y opposer, à la fin de l'automne 2019 puis au début de l'hiver qui a suivi. Le 5 décembre, entre 800 000 et 1,5 million de manifestants ont défilé dans les rues, à l'appel de la CGT, de FO, de la FSU et de Solidaires, afin d'exiger le retrait de la réforme.

UN CHÔMAGE EN BAISSE, DES DROITS À INDEMNISATION RÉDUITS

Engagée depuis la mi-2015, la décrue du chômage se poursuit à un rythme lent et quasi linéaire. Au troisième trimestre 2019, le pourcentage de personnes à la recherche d'un poste (et n'occupant aucun emploi) s'établissait à 8,6 % de la population active (contre 9,1 % douze mois plus tôt), sur l'ensemble du territoire – outre-mer compris mais sans Mayotte. Selon l'Insee, il s'agit du ratio le plus faible depuis le premier trimestre 2009. Il reste toutefois plus élevé de 1,6 point à son niveau *« d'avant-crise, début 2008 »*. Ces résultats découlent de la bonne santé du marché du travail : pour 2019, la *« hausse attendue »* de l'emploi total était de + 277 000. Les entreprises tricolores s'en sortent relativement bien, en dépit des incertitudes économiques et politiques qui ont pesé sur la conjoncture internationale (tensions commerciales sino-américaines, Brexit...). En 2020, le taux de chômage en France devrait continuer à baisser pour atteindre 8,2 % à l'issue du premier semestre, d'après l'Insee.

Ces tendances positives interviennent alors que le gouvernement a profondément modifié, durant l'été 2019, les règles applicables aux demandeurs d'emploi. Cette réforme va durcir les conditions dans lesquelles les personnes privées de travail sont admises puis couvertes par le régime d'assurance-chômage, mais elle va aussi leur accorder de nouveaux droits. L'un des objectifs affichés consiste à modifier les comportements pour que les individus inscrits à Pôle emploi ne s'installent pas dans la « permittence » (allers-retours incessants entre contrats précaires et périodes d'inactivité assorties du versement d'une allocation).

Désormais, pour pouvoir être indemnisé, il faut avoir travaillé six mois sur une *« période de référence »* de vingt-quatre mois (et non plus quatre mois sur vingt-huit). Les droits à une prestation sont par ailleurs « rechargés » à partir d'un seuil six fois plus haut qu'auparavant. L'indemnisation décroît à partir du septième mois pour ceux qui avaient une rémunération élevée quand ils travaillaient. Enfin, à partir d'avril 2020, le montant de l'allocation sera déterminé en vertu de nouvelles modalités, susceptibles de pénaliser une partie des chômeurs : d'après l'Unedic, l'association paritaire qui gère le dispositif, environ 850 000 personnes seront touchées la première année, le montant mensuel de leur indemnisation diminuant en moyenne de 22 % pour passer de 905 euros à 708 euros.

Favoriser les contrats de travail durables

Au chapitre des dispositions favorables aux demandeurs d'emploi, deux d'entre elles correspondent à des engagements de campagne d'Emmanuel Macron. Pourront entrer dans le régime d'indemnisation les personnes qui ont démissionné en vue d'un *« projet professionnel »*. D'autre part, les travailleurs indépendants (artisans, etc.) seront éligibles à une allocation spécifique. Le gouvernement a également souhaité renforcer l'accompagnement des chômeurs et des sociétés qui peinent à recruter ; dans cette optique, Pôle emploi bénéficiera de moyens humains supplémentaires. Enfin, à partir de mars 2021, les employeurs de sept secteurs d'activité verront leurs cotisations augmenter s'ils se séparent fréquemment de leurs salariés (ou baisser, dans le cas inverse).

Ainsi, l'exécutif espère concourir au reflux du chômage et favoriser les reprises de contrats de travail durables. Il s'attend aussi à réaliser des économies (– 3,7 milliards d'euros, de novembre 2019 à fin 2021). ■

B. Bi.

UN BONUS-MALUS TRÈS CRITIQUÉ

Le dispositif en cours de construction pourrait, par ailleurs, se structurer autour d'un âge pivot, dans le but d'encourager les individus à se maintenir en activité plus longtemps : ceux qui partent à la retraite avant cette borne d'âge se verraient appliquer un malus sur leur pension ; à l'inverse, les assurés qui partent après bénéficieraient d'un bonus. Un tel paramètre, qui n'avait pas été évoqué par M. Macron lorsqu'il briguait l'Elysée, entrerait en vigueur dès 2022 : il serait fixé à 62 ans et quatre mois, la première année (avant d'être porté graduellement à 64 ans en 2027) et permettrait ainsi de contenir la hausse des dépenses liées aux pensions. L'exécutif y tient beaucoup pour pouvoir apurer rapidement le déficit du système, qui oscillerait entre 7,9 milliards et 17,2 milliards d'euros en 2025.

Cette mesure se heurte toutefois à un obstacle : elle est dénoncée par trois organisations syndicales dites « réformistes » (CFDT, CFTC, UNSA), qui la jugent profondément injuste pour les personnes ayant commencé à travailler tôt car celles-ci devront retarder le moment où elles réclament le versement de leur pension pour ne pas se voir infliger un malus.

Le pouvoir en place s'est cependant dit prêt à étudier d'autres solutions. « Il y a des marges de manœuvre, elles ne sont pas immenses, nous le savons tous, mais elles existent », a affirmé, le 19 décembre 2019, M. Philippe, tout en précisant qu'une hausse des cotisations sociales comme une baisse des pensions étaient exclues.

DES POINTS CONVERTIS EN EUROS

La plupart des dispositions nouvelles s'appliqueront en 2025 aux actifs nés à partir de début 1975. Les droits accumulés avant cette date seront garantis à 100 % en vertu des règles actuelles, tandis que ceux constitués après 2025 seront convertis selon les principes du futur système universel. Un calendrier différent est prévu pour les fonctionnaires exerçant des métiers pénibles et les salariés des régimes spéciaux, qui n'auront plus le droit de liquider leur pension de façon anticipée : la première génération concernée sera 1980 pour ceux qui peuvent partir à 57 ans dans le système actuel, et 1985 pour ceux qui ont la faculté de s'en aller dès 52 ans. Quant aux jeunes, ils intégreront le régime universel dès 2022, pour ceux qui sont nés à partir de 2004.

Autre changement de taille : le futur système sera libellé en points, alors que dans l'actuel régime général des salariés du privé, l'unité de compte est le trimestre validé. La pension sera calculée non plus sur les six derniers mois de la carrière dans la fonction publique ou les vingt-cinq meilleures années dans le privé, mais sur l'ensemble de la vie professionnelle. Chaque heure cotisée engendrera des points, qui (au moment de la liquidation de la pension) seront convertis en euros, sur la base d'une « valeur de service » : celle-ci progressera tous

La pension sera calculée non plus sur les six derniers mois de la carrière dans la fonction publique ou les vingt-cinq meilleures années dans le privé, mais sur l'ensemble de la vie professionnelle

Une lente décrue du chômage depuis février 2016

Demandeurs d'emploi de catégorie A en France métropolitaine*

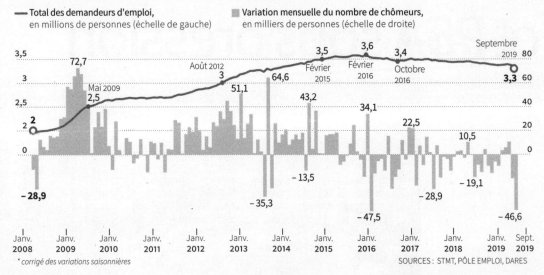

— Total des demandeurs d'emploi, en millions de personnes (échelle de gauche)   Variation mensuelle du nombre de chômeurs, en milliers de personnes (échelle de droite)

* corrigé des variations saisonnières

SOURCES : STMT, PÔLE EMPLOI, DARES

Le dispositif en cours de construction pourrait, par ailleurs, se structurer autour d'un âge pivot, dans le but d'encourager les individus à se maintenir en activité plus longtemps

les ans au même rythme que le salaire moyen de l'ensemble des actifs, ce qui est plus favorable que le mécanisme actuel, calé sur l'inflation. Le gouvernement a promis qu'une « règle d'or » serait édictée, stipulant que cette valeur ne baissera pas.

Au chapitre des avancées sociales mises en avant par l'exécutif, il y a le relèvement du minimum de pension. M. Philippe avait tout d'abord déclaré que cette prestation serait portée à 1 000 euros, soit environ 85 % du smic. Avant les vacances de Noël, le premier ministre a indiqué qu'il était prêt à aller plus loin sur le sujet.

DES GESTES D'OUVERTURE

Même chose s'agissant de la prise en compte des phénomènes d'usure causés par des métiers physiquement éprouvants. Très vite, le gouvernement avait manifesté son intention d'élargir le compte professionnel de prévention (aujourd'hui réservé aux salariés du privé) aux fonctionnaires et aux agents des régimes spéciaux : ce dispositif permet des départs à la retraite précoces pour ceux qui occupent un emploi pénible. Des concessions supplémentaires pourraient être faites, en particulier en

faveur des personnes qui travaillent la nuit ou en équipe alternante.

Des concertations ont été engagées depuis début janvier 2020 sur ce dossier et pourraient se traduire par des amendements lors du débat parlementaire. Idem s'agissant de la retraite progressive, qui donne la possibilité de percevoir une partie de sa pension tout en travaillant à temps partiel.

La réflexion doit également se poursuivre, tout au long du premier semestre 2020, entre le ministre de l'éducation nationale et les syndicats. L'objectif est de parvenir à un « protocole d'accord » sur des scénarios de revalorisation salariale susceptibles de garantir aux enseignants « un même niveau de retraite que pour des corps équivalents de la fonction publique ». Car en l'état, la réforme risquerait de pénaliser financièrement les professeurs, ce qui explique, d'ailleurs, que ceux-ci aient été aux avantpostes de la contestation.

Avec ces gestes d'ouverture, le pouvoir en place espère faire retomber une partie des critiques, en particulier celles émises par les organisations de salariés réformistes, favorables au principe d'un régime universel (mais dans une version différente de celle retenue par le gouvernement). Dans les tractations à venir, l'aile gauche de la majorité parlementaire sera peut-être appelée à jouer un rôle important : soucieux de maintenir le dialogue avec la CFDT, les élus incarnant cette sensibilité aimeraient que l'exécutif se montre plus souple sur le retour à l'équilibre financier du système. ∎

**RAPHAËLLE BESSE DESMOULIÈRES
ET BERTRAND BISSUEL**

Les constructeurs Renault et PSA sous pression

En dépit des apparences plutôt positives, les deux groupes automobiles français doivent affronter la baisse des ventes, les exigences des normes écologiques et les problèmes de stratégies et de gouvernance

Une Renault Duster importée dans une salle d'exposition, à Qingdao, province chinoise du Shandong.
STR/AFP

La perspective semble positive. Les deux grands constructeurs automobiles français, Renault et PSA, pourraient, dans un peu plus d'un an, figurer dans le top 4 mondial de l'automobile grâce à leurs alliances respectives, avec les japonais Nissan et Mitsubishi pour la firme au losange, avec l'italo-américain Fiat-Chrysler Automobiles (FCA) pour le groupe au lion. Mais ceci n'est que l'apparence. La réalité, c'est plutôt que les deux groupes français sont entrés depuis 2019 dans une zone de turbulences, et que la tempête va très probablement continuer à souffler en 2020.

Il y a d'abord un contexte mondial, qui fait tanguer l'ensemble de l'industrie automobile. Après une première baisse en 2018, l'année 2019 se révèle être un millésime de fort recul de la production globale de voitures. Sur les onze premiers mois de l'année, elle était en chute de 5 % par rapport à la même période de 2018, selon l'institut LMC Automotive. Les trois grands marchés de l'automobile – Chine,

Etats-Unis, Europe – sont en panne de croissance en même temps. Une telle configuration négative ne s'était pas produite lors de la grande crise financière et industrielle de 2008-2009.

Et ce n'est pas terminé... L'équipementier français Faurecia, un des géants mondiaux de la pièce automobile, donc bien placé pour anticiper les à-coups industriels, prévoit une production automobile mondiale à 85,5 millions de véhicules en 2020 contre environ 90 millions l'année passée.

CHUTE DU MARCHÉ CHINOIS

Contrairement à 2008-2009, c'est la Chine, premier marché mondial, qui tire vers le bas l'industrie automobile, laquelle sortait d'un cycle exceptionnel de dix ans de prospérité. En 2019, la chute du marché chinois est spectaculaire, paralysé par la querelle commerciale lancée par le président américain Donald Trump. Les ventes en Chine affichent un déprimant – 9 % pour la période janvier-novembre 2019. Le choc est rude. Il va particulièrement

impacter l'automobile allemande, forte exportatrice vers la Chine, qui constate en 2019 une baisse de production inédite depuis vingt-deux ans.

Mais les deux groupes français y souffrent aussi. Renault, arrivé tard, ne parvient pas à faire décoller sa marque dans l'empire du Milieu. L'entreprise espère beaucoup de la petite Renault électrique à bas prix K-ZE. Elle arrive malheureusement dans un marché du véhicule électrique qui s'est lui aussi effondré du fait d'une baisse des incitations financières octroyées par l'Etat.

Plus globalement, avec la baisse simultanée de quasiment tous les marchés émergents mondiaux de l'automobile, Renault pâtit de ce qui avait fait sa force : son développement à l'international dans des gammes à prix abordable qui lui a permis de réaliser la moitié de son chiffre d'affaires hors d'Europe ces dernières années.

Les soucis de PSA en Chine sont plus sérieux encore. Le premier marché automobile mondial était une vache à lait et un marché à

730 000 véhicules en 2014. Cinq ans plus tard, la firme au lion vend en Chine moins de 150 000 voitures, alors que l'entreprise y fait tourner quatre usines pour une capacité de production supérieure à 1 million de véhicules. PSA est d'ailleurs en train de se désengager de la coentreprise et de l'usine de Shenzhen qui fabrique les DS en Chine.

PSA est aussi en recul sur la plupart de ses marchés mondiaux (les performances sont mauvaises en Amérique latine, le groupe a dû fuir l'Iran avec le retour des sanctions américaines, ce qui lui a fait perdre 450 000 ventes en deux ans), à l'exception notable de l'Europe. Le constructeur français s'y est renforcé avec l'acquisition d'Opel, mais la part que prend le Vieux Continent dans ses ventes (87 % en 2019) l'expose à un accident conjoncturel en Europe.

95 GRAMMES DE CO_2 PAR KM

Or, l'année automobile européenne 2020 est celle de l'incertitude. La confirmation du Brexit inquiète les industriels. Mais c'est surtout la mise en place de la législation européenne en matière d'objectifs d'émissions de CO_2 qui fait entrer le secteur dans l'inconnu. Fin 2020, l'industrie automobile européenne doit être parvenue à une moyenne de 95 grammes de CO_2 par kilomètre parcouru émis par chaque véhicule immatriculé. En France, à fin novembre 2019, ce chiffre avoisinait encore les 110 (contre 112 fin 2018) et dans l'ensemble de l'Union européenne, on est encore au-dessus, probablement autour de 115 (120 en 2018).

Les constructeurs risquent en 2021 des amendes élevées en cas de fort dépassement de leurs objectifs. Le cabinet de conseil AlixPartners estime que ces pénalités pourraient atteindre au total 4,5 milliards d'euros pour les douze principaux constructeurs présents en Europe, dont les deux tiers pour les seuls groupes Volkswagen, PSA et FCA. A ce péril s'ajoute une potentielle perturbation artificielle du marché, les constructeurs pouvant être tentés de pousser ou restreindre des ventes de véhicules en fonction de ces objectifs environnementaux.

Pour passer sous les fourches caudines du CO_2, les constructeurs n'ont guère le choix : ils doivent électrifier en masse leurs catalogues. Renault a pris de l'avance sur ce terrain en particulier avec la Zoe, mais PSA a accompli un effort d'ingénierie et d'industrialisation qui lui permet aujourd'hui de proposer une vraie petite gamme électrique.

En face, la concurrence met des moyens colossaux. Selon le cabinet AlixPartners, en 2021, 485 modèles électriques rechargeables seront proposés dans le monde, et la moitié auront été lancés entre fin 2019 et 2021. Les besoins d'investissement sont énormes, d'autant plus qu'aux dépenses en matière d'électrification s'ajoute le coût de la recherche sur la voiture autonome et connectée.

Et dans ce contexte, mieux vaut avoir une force de frappe considérable. A lui seul le groupe Volkswagen peut mobiliser 27 milliards d'euros d'investissement par an, alors que, en restant franco-français, PSA et Renault plafonnent à 6 milliards chacun. D'où l'importance des alliances, des fusions ou des rachats pour atteindre la taille critique.

Dans ce cadre inhospitalier, les entreprises peuvent avoir aussi leurs propres difficultés. Renault est dans le dur d'une relation extrêmement dégradée avec son partenaire Nissan depuis l'arrestation, en novembre 2018, de l'ex-président de l'alliance Renault-Nissan-Mitsubishi, Carlos Ghosn. Les projets industriels communs générateurs de synergies sont restés au point mort toute l'année 2019, et Nissan, en perte de rentabilité, ne contribue plus que marginalement aux résultats de son actionnaire Renault.

Conséquence : la marque au losange a dû se résoudre mi-octobre à avertir d'une dégradation de ses résultats pour l'année 2019. Un problème que ne connaît pas PSA. Ce dernier affiche pour sa division automobile une compétitivité équivalente, voire supérieure, à celle des marques premium allemandes.

FUSION PSA-FCA

On le mesure, l'inclusion réussie des « petits » Français dans des ensembles plus vastes est vitale pour eux. D'où cette compétition pour savoir qui se marierait en 2019 à FCA en quête d'un partenaire depuis déjà plusieurs mois. Renault fut à deux doigts de convoler avec le groupe italo-américain au printemps 2019, mais ses difficultés relationnelles avec Nissan et les hésitations de l'Etat français ont empêché la fusion. La firme au losange s'est donc reconcentrée sur le Japon et promet du concret en 2020 en matière de relance de l'alliance Renault-Nissan-Mitsubishi.

C'est donc PSA qui a gagné le cœur de FCA. Un protocole d'accord a été signé en décembre 2019, lançant le processus d'une fusion qui ne sera effective qu'en 2021. PSA en profite pour résoudre son problème de surconcentration en Europe et doubler sa capacité d'investissement. ●

ÉRIC BÉZIAT

CARLOS GHOSN, UN PATRON DÉCHU ET EN FUITE

Coup de théâtre dans l'affaire Carlos Ghosn, l'ancien président de Renault-Nissan a fui le Japon pour gagner le Liban, où il a atterri le 30 décembre 2019. Se considérant comme « *l'otage d'un système judiciaire japonais partial* » dans lequel les « *droits de l'homme basiques sont déniés* », Carlos Ghosn se trouve désormais à Beyrouth, dans une maison protégée par plusieurs gardes. Jusqu'à sa fuite, l'homme, qui passait sa vie en jet privé à circuler d'un continent à l'autre, comptait les heures dans une villa anonyme qu'il louait à Tokyo. Carlos Ghosn, le fondateur de la triple alliance automobile Renault-Nissan-Mitsubishi, arrêté pour soupçons de malversations financières, le 19 novembre 2018, était, depuis le printemps 2019, assigné à résidence. Les contacts avec son épouse lui étaient interdits. Il était privé de moyens de communication lorsqu'il n'était pas dans le cabinet de son avocat japonais.

Sous le coup d'une enquête diligentée par le bureau du procureur de Tokyo, M. Ghosn a commencé son année 2019 dans la sévère prison de la capitale japonaise, où il aura passé cent trente jours au total, avant d'être libéré sous caution, puis arrêté de nouveau, puis libéré de nouveau au cours d'un printemps à rebondissements. Le PDG déchu fait face à deux chefs d'accusation qui pourraient lui valoir plus de dix ans de prison. Le premier, c'est la dissimulation de revenus entre 2009 et 2017. Le second, c'est l'abus de confiance, pour avoir fait rémunérer par Nissan des intermédiaires au Moyen-Orient, en échange d'avantages financiers personnels présumés.

Fin 2019, la date du procès de Carlos Ghosn n'était toujours pas fixée officiellement, même si un juge japonais a indiqué qu'il devrait se tenir en avril 2020. Son avocat estime d'ailleurs que l'affaire fera l'objet de deux procès, un pour chacun des délits qui lui sont reprochés.

En attendant, M. Ghosn a lancé sa contre-offensive judiciaire. Lors d'une audience préliminaire, en octobre, ses avocats ont plaidé l'innocence de leur client et demandé l'annulation de toute la procédure, estimant l'enquête des procureurs japonais « *inconstitutionnelle, illégale et invalide* ».

Enquête interne secrète

La défense de l'ex-PDG accuse le parquet de Tokyo de collusion avec des membres éminents de la direction de Nissan, en particulier l'ancien directeur juridique de l'entreprise japonaise Hari Nada. Ce dernier avait conduit en 2018, avec l'aide d'un cabinet d'avocats américain, Latham & Watkins, une enquête interne secrète en collaboration avec les procureurs japonais, qui a conduit à l'arrestation de M. Ghosn. M. Nada a ensuite bénéficié d'un statut de témoin protégé accordé par la justice japonaise.

Comme son ex-président, le constructeur nippon a vu son existence bouleversée tout au long de 2019 : l'homme qui avait remplacé Carlos Ghosn en tant que PDG de Nissan, Hiroto Saikawa, a été limogé, lui aussi, pour dissimulation de revenus (mais sans être inquiété par la justice). Un nouveau patron, Makoto Uchida, a été nommé et a pris ses fonctions le 1er janvier 2020 alors que Carlos Ghosn a annoncé préparer sa défense à partir du Liban, son pays d'origine. ●

É. BÉ.

C'est surtout la mise en place de la législation européenne en matière d'objectif d'émissions de CO_2 qui fait entrer le secteur dans l'inconnu

AMÉRIQUE

198 pays font dans cet atlas
l'objet d'une synthèse
de leur activité politique,
économique, sociale
et environnementale
de l'année 2019, rédigée
par les journalistes et les
correspondants du « Monde »

ATLAS

198 pays

Les indicateurs

▶ Le produit intérieur brut (PIB) réel, en milliards de dollars, est la somme des valeurs des biens et services produits sur l'année, en tenant compte de la variation des prix. Source : FMI, estimations oct. 2019 – www.imf.org

▶ Le PIB réel par habitant, en dollars, est le PIB réel divisé par le nombre d'habitants, en tenant compte de la variation des prix. Source : FMI, estimations oct. 2019 – www.imf.org

▶ La croissance (du PIB), en pourcentage, est l'évolution de l'activité sur une année par rapport à l'année précédente. Source : FMI, estimations oct. 2019 – www.imf.org

▶ L'indice de perception de la corruption de Transparency International, créé en 1995, classe les pays en fonction du degré de corruption perçue dans les administrations publiques et la classe politique. Baromètre 2019 – www.transparency.org

▶ Les émissions de CO_2, totales en millions de tonnes et par habitant en kilotonnes (milliers de tonnes ; rang, du plus gros au plus petit émetteur), sont les émissions de dioxyde de carbone produites par l'industrie, les transports et les bâtiments. Source : Global Carbon Project 2019 – www.globalcarbonatlas.org

▶ La superficie est exprimée en kilomètres carrés. Source : Institut national d'études démographiques 2019 – www.ined.fr

▶ La population est exprimée en millions d'habitants. Source : INED, estimations 2019 – www.ined.fr

▶ Le chômage est exprimé en pourcentage de la population active. Sources : Organisation de coopération et de développement économiques (OCDE), perspectives 2019 – www.oecd.org – et Organisation internationale du travail (OIT), estimations 2019. Depuis 2017, l'OIT a changé son mode de calcul pour être en accord avec l'International Conference of Labour Statisticians (ICLS), d'où des taux de chômage revus à la hausse ou à la baisse pour certains pays – www.ilo.org/ilostat/

▶ Le chiffre suivant la monnaie indique le cours de la devise en euros, valeur au 3 décembre 2019. Source : convertisseur de devises Oanda – www.oanda.com

La création d'un Etat palestinien reste tributaire de négociations avec Israël. La Palestine a, depuis novembre 2012, le statut d'Etat observateur non membre de l'ONU

Légende
■ Europe ■ Amérique ■ Afrique ■ Moyen-Orient ■ Asie ■ Océanie

A
Afghanistan	184
Afrique du Sud	158
Albanie	111
Algérie	144
Allemagne	96
Andorre	111
Angola	159
Antigua-et-Barbuda	127
Arabie saoudite	176
Argentine	135
Arménie	112
Australie	198
Autriche	97
Azerbaïdjan	112

B
Bahamas	127
Bahreïn	177
Bangladesh	185
Barbade (la)	128
Belgique	98
Belize	128
Bénin	148
Bhoutan	185
Biélorussie	113
Birmanie (Myanmar)	193
Bolivie	136
Bosnie-Herzégovine	113
Botswana	160
Brésil	137
Brunei	194
Bulgarie	98
Burkina Faso	149
Burundi	163

C
Cambodge	194
Cameroun	154
Canada	124
Cap-Vert	149
Centrafrique	155
Chili	137
Chine	188
Chypre	99
Colombie	138
Comores	168
Congo	155
Congo (République démocratique du)	155
Corée du Nord	190
Corée du Sud	191
Costa Rica	128
Côte d'Ivoire	150
Croatie	99
Cuba	129

D
Danemark	99
Djibouti	166
Dominicaine (Rép.)	129
Dominique	129

E, F
Egypte	172
Emirats arabes unis	177
Equateur	139
Erythrée	166
Espagne	99
Estonie	101
Eswatini (ex-Swaziland)	160
Etats-Unis	125
Ethiopie	167
Fidji	199
Finlande	101
France	101

G
Gabon	156
Gambie	150
Géorgie	113
Ghana	150
Grèce	102
Grenade	130
Guatemala	130
Guinée	151
Guinée-Bissau	151
Guinée équatoriale	157
Guyana	139

H
Haïti	131
Honduras	131
Hongkong	189
Hongrie	102

I, J
Inde	185
Indonésie	194
Irak	177
Iran	178
Irlande	103
Islande	113
Israël	173
Italie	103
Jamaïque	131
Japon	191
Jordanie	174

K
Kazakhstan	182
Kenya	163
Kirghizistan	183
Kiribati	199
Kosovo	114
Koweït	178

L
Laos	195
Lesotho	160
Lettonie	105
Liban	174
Liberia	151
Libye	145
Liechtenstein	114
Lituanie	105
Luxembourg	105

M
Macédoine du Nord	114
Madagascar	169
Malaisie	195
Malawi	161
Maldives	186
Mali	151
Malte	106
Maroc	146
Marshall (îles)	199
Maurice	169
Mauritanie	147
Mexique	132
Micronésie	199
Moldavie	115
Monaco	115
Mongolie	192
Monténégro	115
Mozambique	161

N
Namibie	161
Nauru	200
Népal	186
Nicaragua	132
Niger	152
Nigeria	152
Norvège	115
Nouvelle-Zélande	200

O, P
Oman	179
Ouganda	164
Ouzbékistan	183
Pakistan	187
Palaos	201
Palestine*	173
Panama	133
Papouasie-Nouvelle-Guinée	201
Paraguay	139
Pays-Bas	106
Pérou	139
Philippines	195
Pologne	106
Portugal	107

Q, R
Qatar	179
Roumanie	107
Royaume-Uni	108
Russie	116
Rwanda	164

S
Sainte-Lucie	133
Saint-Kitts-et-Nevis	133
Saint-Marin	117
Saint-Vincent-et-les-Grenadines	134
Salomon (îles)	201
Salvador	134
Samoa	201
Sao Tomé-et-Principe	157
Sénégal	153
Serbie	118
Seychelles	169
Sierra Leone	153
Singapour	196
Slovaquie	109
Slovénie	109
Somalie	167
Soudan	164
Soudan du Sud	165
Sri Lanka	187
Suède	110
Suisse	118
Suriname	140
Syrie	175

T
Tadjikistan	183
Taïwan	192
Tanzanie	165
Tchad	157
Tchèque (Rép.)	110
Thaïlande	196
Timor oriental	197
Togo	153
Tonga	202
Trinité-et-Tobago	134
Tunisie	147
Turkménistan	183
Turquie	118
Tuvalu	202

U, V
Ukraine	120
Uruguay	140
Vanuatu	202
Vatican	104
Venezuela	141
Vietnam	197

Y, Z
Yémen	179
Zambie	162
Zimbabwe	162

Les analyses de nos correspondants dans le monde sont arrêtées au 31 décembre 2019.

je suis rien qu' un petit con *

*À force d'entendre qu'on ne vaut rien, on finit par le croire.

À Apprentis d'Auteuil, nous voyons le meilleur en chacun des 27 000 jeunes [1] que nous accompagnons jour après jour dans nos 240 établissements. Aidez-les à construire leur avenir.

LA CONFIANCE PEUT SAUVER L'AVENIR

FAITES UN DON sur www.apprentis-auteuil.org

LES HUIT TRAVAUX DE LA COMMISSION EUROPÉENNE

Devant l'ampleur de la tâche, Ursula von der Leyen, la nouvelle présidente de la Commission européenne, ne veut pas perdre de temps. Avec un objectif : donner un nouvel élan à l'Union

Elle a finalement pris ses fonctions avec un mois de retard, le 1er décembre 2019, cinq mois après sa nomination et au terme d'un parcours semé d'embûches. Depuis, Ursula von der Leyen, la nouvelle présidente de la Commission européenne, ne veut pas perdre de temps. Tour d'horizon d'un mandat qui s'annonce chargé.

L'APRÈS-BREXIT

Le 31 janvier 2020, le Royaume-Uni ne fera plus partie de l'Union européenne. Passé cette date, Londres continuera d'appliquer les règles européennes, le temps que les deux parties s'entendent sur leur relation future. Boris Johnson martèle que la séparation sera effective au 31 décembre 2020, la date prévue pour la fin de la période de transition, et qu'il ne demandera pas de report.

En théorie, Londres et Bruxelles veulent parvenir à un accord de libre-échange, sans droits de douane et sans quotas. Du côté européen, la conclusion d'un tel accord doit s'accompagner du côté britannique d'engagements sur des conditions de concurrence loyales en matière sociale, fiscale ou encore environnementale. L'Europe et le Royaume-Uni devront aussi s'entendre sur de nombreuses autres questions, comme la pêche ou la sécurité.

Le Green Deal doit être la pièce maîtresse de cette reconquête, à l'heure où la croissance ralentit

Vu la difficulté des négociations à venir, l'hypothèse du « no deal » au 31 décembre 2020 n'est pas exclue. *« Le calendrier face à nous est extrêmement ambitieux »*, a souligné Mme von der Leyen. *« Il ne sera pas possible (...) de tout faire, mais nous ferons tout notre possible »*, a insisté le négociateur en chef de la Commission sur le Brexit, Michel Barnier.

UN « GREEN DEAL » POUR UNE NOUVELLE IMPULSION

Mme von der Leyen espère sans doute que le Brexit ne parasitera pas son mandat, comme il a pu le faire pour son prédécesseur, Jean-Claude Juncker. Elle souhaite donner une nouvelle impulsion à l'Europe, après toutes les crises qui l'ont affaiblie ces dernières années (Grèce, migration, Brexit). Et de ce point de vue, le Green Deal, dont elle a présenté les grandes lignes le 11 décembre, doit être la pièce maîtresse de cette reconquête, à l'heure où la croissance ralentit.

Qu'il s'agisse de la politique énergétique, de l'industrie, des transports, des sols, de l'eau, de la construction, du commerce, de la recherche ou encore de la biodiversité et de l'agriculture, l'exécutif européen se veut sur tous les fronts de la transition écologique. Le Green Deal doit irriguer tout l'arsenal législatif et réglementaire de l'Europe. Tout cela pour faire de l'Europe le premier continent neutre en 2050. Mais encore faut-il que la Pologne, qui est aujourd'hui le dernier des Vingt-Huit à ne s'être pas rallié à cette ambition, évolue. Et que l'Europe revoie ses ambitions climatiques à la hausse pour 2030, sans quoi elle ne pourra jamais atteindre son objectif de 2050.

UN « PACTE MIGRATOIRE »

Le Green Deal n'est pas le seul sujet sur lequel les négociations avec l'Europe de l'Est seront compli-

quées. Les questions migratoires promettent également de donner du fil à retordre à l'exécutif européen. C'est au Grec Margaritis Schinas que Mme von der Leyen a confié cette mission de remettre à plat la législation européenne en matière de migrations, qui doit, notamment, permettre de mieux répartir les efforts au sein de l'Union européenne.

Le programme est vaste : mettre en place un régime d'asile commun, rétablir le fonctionnement de l'espace sans passeport de Schengen, réviser les accords de Dublin (qui confient actuellement aux pays d'arrivée la charge du traitement des demandes d'asile), mieux contrôler les frontières, développer une politique de retour plus rapide. La Commission espère agir début 2020, mais elle devra convaincre les pays de l'Est, ceux qui, a dénoncé M. Schinas au Parlement, *« refusent de nourrir des migrants »*.

L'URGENCE DU NUMÉRIQUE

C'est une mission prioritaire à ses yeux : Mme von der Leyen veut adapter l'Europe au siècle numérique et assurer sa souveraineté technologique. Des normes pour les réseaux 5G et les technologies de nouvelle génération devront être établies.

La Commission envisage également l'instauration d'une taxe numérique européenne, au cas où aucun accord sur le sujet ne serait trouvé dans le cadre de l'Organisation de coopération et de développement économiques (OCDE). Les commissaires sont par ailleurs invités à développer une *« approche européenne coordonnée »* relative à l'intelligence artificielle (IA), dont les grands principes devraient être connus dès mars 2020.

Et à concocter un projet de loi sur les services numériques, qui fixerait des dispositions de responsabilité et de sécurité pour les plates-formes, les services et les produits numériques. Une harmonisation, elle aussi, bien difficile.

UNE UE « GÉOPOLITIQUE »

Il n'y a pas que dans le domaine digital que l'Europe devra s'affirmer comme une puissance. Mme von der Leyen souhaite une Commission *« géopolitique »*. *« Nous construirons notre partenariat avec les Etats-Unis, nous définirons nos relations avec une Chine davantage affirmée et nous serons un voisin fiable, par exemple pour l'Afrique. Cette équipe devra défendre nos valeurs et nos normes de stature mondiale »*, a annoncé la nouvelle présidente.

Mme von der Leyen veut aussi faire de l'Europe une vraie *« puissance »* sur la voie de l'autonomie stratégique. Une ambition sans doute difficile à atteindre, même si l'Union européenne accomplit des progrès dans le domaine de la défense, et si, en son sein, les plus frileux sont, eux aussi, bien contraints de prendre en compte le changement de position des Etats-Unis envers leurs alliés.

A l'égard de la Russie, l'heure sera-t-elle au *reset* (« redémarrage ») évoqué par Emmanuel Macron ? Cette idée glace les pays de l'Est de l'Europe. Et les Vingt-Sept ne seront, en

Ursula von der Leyen, la première femme à présider la Commission européenne.
PHILIPP VON DITFURTH/PICTURE-ALLIANCE/DPA/AP IMAGES

réalité, pas plus unis pour déterminer une position face aux Etats-Unis de Trump. Ou face à la Chine, qui investit massivement chez certains d'entre eux, dans le cadre de ses « nouvelles routes de la soie ».

Pour Mme von der Leyen, la souveraineté européenne passe aussi par une politique commerciale repensée. Pour cela, l'Europe envisage, entre autres, de réformer sa politique de la concurrence.

UN BUDGET À LA HAUTEUR

Sans budget à la hauteur de ses ambitions, Mme von der Leyen aura du mal à dérouler son programme. Les Etats membres, qui discutent d'un budget de quelque 1300 milliards d'euros sur la période 2021-2027, sont divisés, notamment sur la manière de compenser les 13 milliards perdus chaque année en raison du Brexit. Les débats à venir porteront aussi bien sur les contributions de chacun

d'entre eux que sur les moyens affectés à l'agriculture, aux régions les plus pauvres et aux nouvelles priorités (climat, migration...). Quant à l'idée de conditionner les subventions au respect de l'Etat de droit, c'est un épouvantail pour l'Est.

DES AMBITIONS SOCIALES

Mme von der Leyen s'est engagée à établir un salaire minimum européen, mettre en place une nouvelle autorité du travail et instaurer un régime européen de réassurance chômage. Et aussi légiférer dans le domaine du numérique, pour lutter contre le dumping social.

UNE MAJORITÉ INSTABLE

Les élections européennes du 26 mai 2019 n'ont pas donné au Parlement de Strasbourg une majorité stable. Trois groupes politiques – les conservateurs du PPE, les sociaux-démocrates des S&D et les libéraux de Renew – constituent la majorité sur laquelle la présidente peut s'appuyer. Mais ces formations sont loin d'être d'accord sur tout. Il lui faudra donc, pour chaque projet de loi, travailler très en amont avec les eurodéputés pour s'assurer de leur soutien. Et constituer sans doute des coalitions parlementaires. ●

VIRGINIE MALINGRE

PAYS	PIB 2019 RÉEL	RÉEL PAR HAB.	CROISSANCE DU PIB 2019	EMISSIONS DE CO$_2$ 2018	INDICE DE CORRUPTION 2008	INDICE DE CORRUPTION 2018	PAYS	PIB 2019 RÉEL	RÉEL PAR HAB.	CROISSANCE DU PIB 2019	EMISSIONS DE CO$_2$ 2018	INDICE DE CORRUPTION 2008	INDICE DE CORRUPTION 2018
ALBANIE	15,4	5 373	3	4,6	85*	99*	LIECHTENSTEIN	n.c.	n.c.	n.c.	0,2	n.c.	n.c.
ALLEMAGNE	3 863,3	46 564	0,5	759	14*	11*	LITUANIE	53,6	19 267	3,4	13,6	58*	38*
ANDORRE	n.c.	n.c.	n.c.	0,5	nc	nc	LUXEMBOURG	69,5	113 196	2,6	9,6	11	9
ARMÉNIE	13,4	4528	6	5,6	109*	105*	MACÉDOINE	12,7	6 096	3,2	7,3	72*	93*
AUTRICHE	447,7	50 023	1,6	68,9	12*	14*	MALTE	14,9	30 650	5,1	1,6	36*	51
AZERBAÏDJAN	47,2	4 689	2,7	36,8	158*	152*	MOLDAVIE	11,7	3 300	3,5	5,1	109*	117*
BELGIQUE	517,6	45 176	1,2	99,7	18*	17	MONACO	n.c.	n.c.	n.c.	n.c.	n.c.	n.c.
BIÉLORUSSIE	62,6	6 604	1,5	65,5	151*	70*	MONTÉNÉGRO	5,4	8 704	3	2	85*	67*
BOSNIE-HERZÉGOVINE	20,1	5 742	2,8	21,7	92*	89*	NORVÈGE	417,6	77 975	1,9	44,3	14*	7
BULGARIE	66,3	9 518	3,7	44,5	72*	77	PAYS-BAS	902,4	52 368	1,8	161,6	7*	8
CHYPRE	24,3	27 720	3,1	7,5	31	38*	POLOGNE	565,9	14 902	4	343,5	58*	36*
CROATIE	61,0	12 015	3	18,6	62*	60	PORTUGAL	236,4	23 031	1,9	50,9	32	30
DANEMARK	347,2	59 795	1,7	34,8	1*	1	ROUMANIE	243,7	12 483	4	74,1	70*	61*
ESPAGNE	1 397,9	29 961	2,2	268,2	28*	41*	ROYAUME-UNI	2 743,6	41 030	1,2	379	16*	11*
ESTONIE	31,0	23 524	3,2	19,6	27	18*	RUSSIE	1 637,9	11 163	1,1	1 710,7	147*	138*
FINLANDE	269,7	48 869	1,2	47	5*	3*	SAINT-MARIN	1,6	47 280	0,8	n.c.	n.c.	n.c.
FRANCE	2 707,1	41 761	1,2	337,9	23*	21	SERBIE	51,5	7 398	3,5	45,4	85*	87*
GÉORGIE	15,9	4 289	4,6	10,6	67*	41*	SLOVAQUIE	106,6	19 548	2,6	36	52*	57
GRÈCE	214,0	19 974	2	73,9	57	67*	SLOVÉNIE	54,2	26 170	2,9	14,4	26	36*
HONGRIE	170,4	17 463	4,6	49,9	47*	64*	SUÈDE	528,9	51 242	0,9	41	1*	3*
IRLANDE	384,9	77 771	4,3	38,9	16*	18*	SUISSE	715,4	83 717	0,8	36,9	5*	3*
ISLANDE	23,9	67 037	0,8	3,6	7*	14*	RÉP. TCHÈQUE	247,0	23 214	2,5	105,9	45*	38*
ITALIE	1 988,6	32 947	0	338	55*	53*	TURQUIE	743,7	8 958	0,2	428,2	58*	78*
KOSOVO	8,0	4 442	4,2	8,9	-	93*	UKRAINE	150,4	3 592	3	225	134*	120*
LETTONIE	35,0	18 172	2,8	7,2	52*	41*							

*ex aequo

PIB réel : en milliards de dollars • PIB/hab. : en dollars • Croissance : en % du PIB • Emissions de CO$_2$: en millions de tonnes

Union européenne

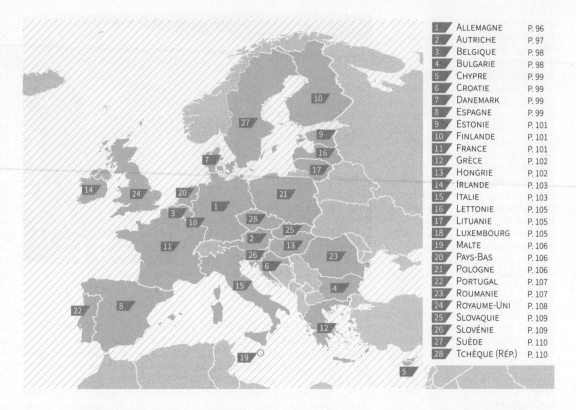

ALLEMAGNE

CHEF DE L'ÉTAT Frank-Walter Steinmeier
CHANCELIÈRE Angela Merkel
SUPERFICIE 357 000 km²
POPULATION (HAB.) 83,5 millions
PIB (MD $) 3 863,3
CROISSANCE 0,5 %
CHÔMAGE (OCDE) 3,1 %
MONNAIE euro
ÉMISSIONS DE CO_2 (T/HAB.) 9,1 (31e)

Nuit du 1er au 2 juin 2019. Walter Lübcke, le préfet de l'arrondissement de Cassel (Hesse), au nord de Francfort, est abattu d'une balle dans la tête sur la terrasse de sa maison. Dans les jours qui suivent, des messages de haine circulent sur les réseaux sociaux pour saluer la mort de cet homme de 65 ans, membre de l'Union chrétienne-démocrate (CDU) d'Angela Merkel et ancien élu régional, devenu la bête noire de l'extrême droite depuis qu'il a pris fait et cause pour la politique de la chancelière allemande en faveur de l'accueil des réfugiés, en 2015. Deux semaines après son assassinat, un suspect est arrêté. Il passe rapidement aux aveux. Son nom : Stephan Ernst, un néonazi de 45 ans, déjà condamné à de la prison pour une attaque à l'explosif contre un foyer d'étrangers, en 1993.

9 octobre 2019. Un homme en tenue militaire tente de pénétrer dans la synagogue de Halle (Saxe-Anhalt), pleine de monde en ce jour de Yom Kippour. La porte lui résiste. Il tire alors sur une passante puis, un peu plus loin, sur un homme à l'entrée d'un restaurant turc. Tous deux meurent sur le coup. Interpellé quelques minutes plus tard par la police, Stephan Balliet, 27 ans, a tout filmé. Retransmise en direct sur Twitch, une plate-forme filiale d'Amazon spécialisée dans la diffusion de parties de jeux vidéo, la séquence dure trente-cinq minutes. On y voit le tueur affirmer, face caméra, que *« l'Holocauste n'a jamais existé »*, que *« le féminisme est la cause du déclin de l'Occident »* et que *« les juifs sont à l'origine de tous les problèmes »*.

Les violences d'extrême droite ne sont pas une nouveauté en Allemagne, où l'attentat le plus sanglant depuis la guerre reste celui perpétré par un néonazi pendant la fête de la bière à Munich, le 26 septembre 1980 (13 morts, 211 blessés). De 1990 à 2017, au moins 169 assassinats ont été commis par l'extrême droite dans le pays, selon un décompte effectué, fin 2018, par *Die Zeit* et *Der Tagesspiegel*. Depuis la crise des réfugiés de 2015, plusieurs élus locaux ont également été agressés ou menacés de mort pour avoir défendu la politique d'accueil de Mme Merkel. Reste que l'assassinat du préfet Lübcke n'a pas de précédent : depuis 1945, aucun homme politique n'avait été tué par un militant d'extrême droite en Allemagne.

UNE ANNÉE DE CÉSURES
Il en va de même pour l'antisémitisme. Sa recrudescence ne date pas d'hier. En 2001, la police allemande avait enregistré 28 agressions physiques à caractère antisémite, dont 27 imputées à l'extrême droite. En 2018, elle en a comptabilisé 69, dont 49 ont été commises par des militants d'extrême droite. Ce rappel n'en fait pas moins de l'attentat de Halle un événement exceptionnel : depuis 1970, personne n'était mort dans une attaque contre une synagogue en Allemagne.

En cela, 2019 a bien marqué une césure outre-Rhin. Que l'année se soit terminée par un déplacement de Mme Merkel à Auschwitz-Birkenau, en Pologne, le 6 décembre, n'a fait que le souligner. Depuis son arrivée au pouvoir, en 2005, jamais la chancelière ne s'était rendue dans l'ancien camp de concentration et d'extermination nazi. Dans son discours, elle n'a mentionné ni l'assassinat de Walter Lübcke ni la tuerie de Halle. Mais tout le monde a compris qu'elle avait en tête ces événements tragiques lorsqu'elle a déclaré que la nécessité de défendre la démocratie *« n'est pas qu'une formule rhétorique de nos jours »*. Dans ce contexte, il n'est pas étonnant que les deux grandes commémorations nationales de l'année 2019 – le centenaire de la République de Weimar et les trente ans de la chute du mur de Berlin – aient été empreintes d'une gravité particulière. Ces deux anniversaires auraient pu donner l'occasion aux dirigeants allemands de se féliciter du chemin parcouru entre hier et aujourd'hui. Ils les ont incités, au contraire, à méditer sur les parallèles entre le passé et le présent, dans une forme de mise en garde contre le retour des vieux démons.

« NOUVEAUX MURS »

« Quand des personnes politiquement engagées (…) sont agressées verbalement ou physiquement, quand des gens perdent leur foi dans la valeur de la démocratie, nous ne pouvons garder les bras croisés », a ainsi affirmé le président allemand, Frank-Walter Steinmeier, le 6 février 2019, à Weimar. *« Le mur, ce grand mur inhumain qui a fait tant de victimes, est tombé une fois pour toutes. Mais, depuis, de nouveaux murs se sont dressés dans notre pays. Des murs de frustration, de colère et de haine. (…) Des murs invisibles, mais des murs qui séparent. Des murs qui se mettent en travers de notre vivre-ensemble »*, a-t-il déclaré devant la porte de Brandebourg, le 9 novembre 2019, trente ans jour pour jour après la chute du mur de Berlin.

L'image des *« nouveaux murs »* utilisée par M. Steinmeier pour décrire la société allemande correspond à une réalité dans un pays jadis réputé pour sa capacité à bâtir du consensus et où les clivages ne cessent de s'accentuer. Aux législatives de 2017, 53,4 % des électeurs avaient voté pour les sociaux-démocrates (SPD) ou pour les conservateurs (CDU-CSU). Aux européennes de 2019, ces deux formations, qui cohabitent au sein de la grande coalition de Mme Merkel, n'ont totalisé que 44,7 % des voix. Là aussi, l'année 2019 aura marqué une césure. Depuis 1949, jamais les grands partis de gouvernement n'avaient obtenu moins de 50 % à eux deux lors d'un scrutin national.

Deux forces politiques ont profité de ce déclin. La première est Alternative pour l'Allemagne (AfD). Devenu, en 2017, le premier groupe d'opposition au Bundestag, ce parti d'extrême droite a obtenu des scores historiques aux élections régionales organisées, fin 2019, dans la Saxe (27,5 %), le Brandebourg (23,5 %) et la Thuringe (23,4 %). Dans ces trois Länder d'ex-Allemagne de l'Est, l'AfD s'est hissé à la deuxième place, alors

même que ses têtes de liste appartenaient au courant le plus radical du parti, baptisé « L'Aile » (*der Flügel*). Un courant qui, en janvier 2019, a été *« mis sous surveillance »* par l'office de renseignement intérieur allemand, qui lui reproche de *« relativiser le national-socialisme dans sa dimension historique »*.

Avec l'AfD, les Verts sont l'autre formation politique qui a bénéficié du désaveu frappant les conservateurs et les sociaux-démocrates. Aux européennes de 2019, les écologistes ont recueilli 20,5 % des voix, derrière la CDU-CSU (28,9 %), mais devant le SPD (15,8 %). Jamais ils n'étaient arrivés en deuxième position dans un scrutin national.

Ce succès est la traduction, sur le plan électoral, d'une évolution en profondeur de la société allemande. En mai 2019, un sondage indiquait ainsi que 30 % des électeurs considéraient le changement climatique comme une priorité. A la veille des législatives de 2017, ils n'étaient que 5 %. A l'époque, les Verts n'avaient obtenu que 8,9 % des voix. Début décembre 2019, ils étaient crédités de 21 à 23 % des intentions de vote.

L'ÉCONOMIE ALLEMANDE MARQUE LE PAS

En 2019, le moteur allemand a tourné au ralenti. Sur l'ensemble de l'année, la croissance devrait être de seulement 0,5 %. C'est la première fois, depuis 2013, que la hausse du PIB allemand est inférieure à 1 %. Après une décennie de croissance d'affilée, la première économie européenne a passé l'année 2019 à redouter une entrée en récession.

Ce ralentissement est dû principalement à la conjoncture mondiale. Fortement tourné vers l'exportation, le secteur manufacturier – cœur du modèle allemand – a subi les contrecoups du conflit douanier entre la Chine et les Etats-Unis, ainsi que les incertitudes liées à un Brexit qui n'en finit pas.

Une timide reprise

Malgré ce contexte peu reluisant, le marché du travail a continué à bien se porter. Sur l'ensemble de l'année, le taux de chômage est resté à peu près stable, entre 4,9 % et 5 %, selon les chiffres officiels (3,1 % selon l'OCDE). Il n'a jamais été aussi bas depuis la réunification, en 1990. En 2020, l'horizon devrait s'éclaircir légèrement. Le gouvernement et les experts tablent sur une hausse

Cette percée des écologistes dans les urnes s'est accompagnée d'une importante mobilisation de la jeunesse allemande contre le réchauffement climatique, dans le sillage du mouvement Fridays for Future, lancé par la lycéenne suédoise Greta Thurnberg, en 2018. Plus suivies que dans la plupart des pays d'Europe, les « grèves » scolaires du vendredi ont connu un point d'orgue le 20 septembre 2019. Ce jour-là, les rassemblements ont réuni près de 1,5 million de personnes dans 500 villes allemandes, alors qu'au même moment le gouvernement présentait son plan climat, un ensemble de mesures censées permettre à l'Allemagne, d'ici à 2030, de réduire ses émissions de gaz à effet de serre de 55 % par rapport à leur niveau de 1990. Fin 2019, la baisse n'était que de 30 %, alors que Berlin s'était engagé, en 2007, à ce qu'elle soit de 40 % en 2020…

Négocié dans la douleur, ce plan climat a mis à rude épreuve la grande coalition de Mme Merkel, attisant les dissensions entre le SPD et la CDU-CSU. Absente de la campagne des législatives de 2017, la

d'environ 1 % du PIB. Cette timide reprise ne devrait toutefois pas empêcher d'importantes destructions d'emplois dans certains secteurs en difficulté, comme la sidérurgie et l'automobile. Fin 2019, Audi a ainsi annoncé qu'il supprimerait 9 500 emplois en Allemagne d'ici à 2025.

Dans ce climat morose, patronat et syndicats se sont alliés pour exhorter le gouvernement à davantage de volontarisme. Dans une déclaration commune, publiée mi-novembre, le président du puissant lobby industriel BDI et le chef de la confédération syndicale DGB ont réclamé des investissements massifs de 450 milliards d'euros sur dix ans, notamment dans les infrastructures et le numérique.

Le gouvernement a répondu que le budget pour 2020 portait les investissements publics à un niveau record à 42,1 milliards d'euros, soit 3,1 milliards de plus qu'en 2019. Il n'a toutefois pas estimé que la situation était préoccupante au point de mettre en œuvre une politique de relance budgétaire, réclamée par la gauche, mais aussi par la France ou le FMI. ■

TH. W.

question environnementale devrait continuer à occuper une place centrale dans le débat politique, en 2020. Lors de leur congrès, en décembre 2019, les sociaux-démocrates ont ainsi décidé de réclamer aux conservateurs une révision du plan climat présenté fin septembre.

Ajoutée à d'autres demandes (augmentation du salaire minimum, plan d'investissements de 500 milliards d'euros sur dix ans dans les transports publics, l'éducation et le numérique, etc.), cette revendication pourrait tendre davantage les relations entre les deux partenaires de la grande coalition, dont beaucoup d'observateurs estiment qu'elle aura bien du mal à tenir jusqu'aux prochaines élections, prévues à l'automne 2021. ■

THOMAS WIEDER

AUTRICHE

CHEF DE L'ÉTAT Alexandre Van der Bellen
CHANCELIER Sebastian Kurz
SUPERFICIE 84 000 km²
POPULATION (HAB.) 9 millions
PIB (MD $) 447,7
CROISSANCE 1,6 %
CHÔMAGE (OCDE) 4,6 %
MONNAIE euro
ÉMISSIONS DE CO₂ (T/HAB.) 7,7 (44e)

De l'extrême droite au pouvoir à une probable entrée des Verts au gouvernement… L'Autriche a connu un grand écart politique dans une année 2019 faite de scandales et de rebondissements politiques comme la petite nation alpine en avait peu connu. Formant une coalition contestée avec les conservateurs du chancelier Sebastian Kurz depuis fin 2017, le Parti de la liberté d'Autriche (FPÖ, extrême droite) a vécu une annus horribilis après la révélation, en mai, d'une vidéo tournée en secret de son chef de file, Heinz-Christian Strache, lors de vacances à Ibiza en 2017. Dans cette séquence tournée en caméra cachée lors d'une soirée arrosée, il se dit prêt à accepter de l'argent de ce qu'il croit être une oligarque russe proche de Poutine. Il lui demande aussi de racheter le ►►►

Europe Union européenne

▶▶▶ principal tabloïd autrichien pour le mettre au pas.

Finalement révélée le 17 mai par la presse, la vidéo déclenche un vaste scandale. Le chancelier Sebastian Kurz demande alors la démission de M. Strache et du très contesté ministre de l'intérieur Herbert Kickl. Le FPÖ refuse de retirer ce dernier et préfère faire tomber le gouvernement, quelques jours seulement avant les élections européennes. Lors de celles-ci, l'extrême droite chute de dix points par rapport aux législatives de 2017, tandis que les conservateurs de M. Kurz sortent renforcés. Des élections législatives anticipées sont convoquées pour septembre, et, entre-temps, un gouvernement technique est nommé pour la première fois depuis le rétablissement de la République en 1945.

La campagne tourne largement autour des scandales du FPÖ. En plus des «dérapages» xénophobes ou antisémites de certains de ses candidats, les révélations sur le train de vie de M. Strache, débarqué de la tête du parti, se multiplient.

«GENDRE IDÉAL»

Cerné par les affaires, M. Strache est finalement exclu du parti en décembre. Dans ce contexte, le parti a essuyé une défaite aux élections anticipées du 29 septembre, laissant un boulevard au chef des conservateurs, Sebastian Kurz, qui obtient 37,5 % des voix. A 33 ans à peine, celui-ci profite à fond de son image de «gendre idéal», alliée à un discours très dur sur l'immigration qui plaît dans un pays qui reste majoritairement conservateur. Il profite aussi de la bonne situation économique de l'Autriche et de la faiblesse historique des sociaux-démocrates, qui ont réalisé leur plus mauvais score depuis 1945.

Idéologiquement très proche de l'extrême droite, M. Kurz se résout début novembre à ouvrir des négociations avec l'autre force montante de la scène politique autrichienne, les Verts. Ceux-ci ont fait un retour en force au Parlement en obtenant 14 % des suffrages. Plus centristes que les Verts français, ils ont accepté d'ouvrir des négociations en vue de former une sorte de coalition inédite en Autriche.

Les discussions entre les deux partis n'étaient toutefois toujours pas finies fin 2019. Les principaux points de divergence sont notamment l'immigration ou la création d'une taxe carbone. Plusieurs responsables écologistes restaient par ailleurs opposés à gouverner avec M. Kurz, vu comme le symbole de la collaboration avec l'extrême droite. ■

JEAN-BAPTISTE CHASTAND

BELGIQUE

50 KM

CHEF DE L'ÉTAT Philippe de Belgique
PREMIÈRE MINISTRE Sophie Wilmès
(par intérim depuis le 27/10/2019)
SUPERFICIE 31 000 km²
POPULATION (HAB.) 11,5 millions
PIB (MD $) 517,6
CROISSANCE 1,2 %
CHÔMAGE (OCDE) 5,5 %
MONNAIE euro
ÉMISSIONS DE CO₂ (T/HAB.) 8,7 (36ᵉ)

Tombée, en décembre 2018, sur l'affaire de la ratification du « pacte de Marrakech » pour la migration, la coalition du libéral Charles Michel ne s'est jamais relevée. Si le premier ministre belge s'en est allé, soutenu par Emmanuel Macron, vers la présidence du Conseil européen, son gouvernement, conduit pour la première fois de l'histoire par une femme, Sophie Wilmès, a, lui, été réduit aux affaires courantes. Une gestion minimale dont le premier effet a été de creuser le déficit budgétaire : à politique constante, il devrait atteindre 2,3 % en 2020, estime la Commission européenne. Le pays accumule, par ailleurs, les retards dans le domaine de la transition énergétique et de la lutte contre le réchauffement.

Les élections législatives de mai 2018 n'ont rien arrangé, bien au contraire. En Flandre, l'extrême droite xénophobe a fortement progressé, tandis qu'en Wallonie et à Bruxelles ce sont la gauche radicale et les écologistes qui réalisaient les plus beaux scores. Cela rendait dès lors presque obligatoire une alliance des partis dominants dans leurs régions respectives : les nationalistes flamands de la N-VA et le Parti socialiste. Or, après diverses tentatives de rapprochement, les rivaux ont échoué à s'entendre, laissant la population à son indifférence, teintée d'une colère que n'a pas calmée la mise en place, plus rapide celle-là, de gouvernements régionaux.

Le blocage au niveau fédéral ne pouvait finalement être levé que par de nouvelles élections, redoutées par toutes les grandes formations, ou

par la mise en place d'une coalition minoritaire du côté flamand. Une situation qui ne serait pas inédite mais malvenue dans un contexte de tensions institutionnelles, entretenues par la N-VA. Le parti indépendantiste a remis sur la table son projet de « confédéralisme », à savoir d'une scission douce. Un projet qui, selon un sondage, séduit désormais 37 % des Flamands. Il reste à savoir comment se réglerait, dans un tel cas, le problème du partage de la dette du pays, promise à atteindre près de 100 % du PIB en 2020.

Dans l'immédiat, les autres paramètres économiques du royaume restent bons, avec une augmentation de l'emploi et une consommation interne qui soutiennent une croissance modérée (1,2 %). La question du financement futur du système de santé et des retraites reste, elle, ouverte. ■

JEAN-PIERRE STROOBANTS

BULGARIE

100 KM

CHEF DE L'ÉTAT Roumen Radev
PREMIER MINISTRE Boïko Borissov
SUPERFICIE 111 000 km²
POPULATION (HAB.) 7 millions
PIB (MD $) 66,2
CROISSANCE 3,7 %
CHÔMAGE 4,8 %
MONNAIE lev (0,51 €)
ÉMISSIONS DE CO₂ (T/HAB.) 6,3 (56ᵉ)

C'est une forme de stabilité pour la Bulgarie : le pays a été secoué en 2019 par de multiples scandales de corruption, qui ont eu un impact somme toute limité. Au printemps, les sites d'investigation Bivol et Radio Free Europe ont multiplié les révélations sur les achats immobiliers à prix bradés de ministres ou de procureurs. Sans compter les suspicions de détournements de fonds européens. Cette vague de révélations a bien déclenché quelques démissions, mais rien de plus dans ce pays qui en a vu d'autres.

Le parti du premier ministre, Boïko Borissov (GERB, conservateur), a remporté les élections européennes du 26 mai, puis les municipales en novembre. Même la mairie de Sofia, la ville la plus disputée du pays, est restée dans les mains de la maire sortante, issue du parti. Dans ce contexte, la nomination contestée d'un nouveau procureur général en octobre a bien déclenché quelques protestations dans la rue, mais sans plus.

Malgré ces scandales, la Commission européenne a préconisé en octobre de sortir le pays du mécanisme de surveillance de son système judiciaire mis en place lors de son adhésion à l'UE, en 2007, en notant que Sofia *« a constamment œuvré à la mise en œuvre de ses recommandations »*. Avec sa croissance prévue de 3,7 % et un taux de chômage autour de 5 %, la Bulgarie, qui reste le pays le plus pauvre de l'UE, bénéficie d'une situation économique positive, même si elle pourrait être encore meilleure si le pays luttait davantage contre la corruption, selon les experts. ◼

J.-B. C.

CHYPRE

TURQUIE

Zone occupée par l'armée turque depuis 1974, autoproclamée République turque de Chypre du Nord

NICOSIE
Famagouste
Paphos Larnaka
Limassol Mer Méditerranée

40 KM

CHEF DE L'ÉTAT Nicos Anastasiades
SUPERFICIE 9 000 km²
POPULATION (HAB.) 1,2 million
PIB (MD $) 24,3
CROISSANCE 3,1 %
CHÔMAGE 7,9
MONNAIE euro
ÉMISSIONS DE CO₂ (T/HAB.) 6,3 (57e)

Léger ralentissement de la croissance à Chypre – 3,1 % en 2019 contre 4 % en 2018 –, l'île divisée de la Méditerranée orientale, où la consommation des ménages et les investissements demeurent solides, notamment dans la construction de logements et d'infrastructures, essentiellement financée par des fonds étrangers.

Le retard pris dans la résolution du problème des créances non productives pourrait peser sur les banques et entraver la disponibilité du crédit. Les risques externes, liés à la montée du protectionnisme, au ralentissement de la croissance de

la zone euro, à la réalisation du Brexit, pourraient affecter les revenus du tourisme, des transports maritimes et les flux d'investissements directs étrangers.

En revanche, l'exploitation des gisements de gaz offshore et les investissements dans le secteur de l'énergie devraient stimuler la croissance à long terme. Pour l'heure, la découverte de gaz et de pétrole ces dernières années au large de l'île divisée est devenue un nouveau sujet de litige entre la République de Chypre, membre de l'UE, et la Turquie, dont l'armée occupe le tiers nord de l'île.

Ces derniers mois, la Turquie a envoyé des navires de forage, escortés par des bâtiments militaires, dans la zone économique exclusive de Chypre, suscitant l'ire de l'UE, qui, en juillet 2019, a adopté des mesures visant à sanctionner la poursuite de ces forages. La solution passe par la réunification de l'île, mais les pourparlers à ce sujet sont au point mort depuis 2017. ◼

MARIE JÉGO

CROATIE

SLOVÉNIE HONGRIE
ZAGREB
Rijeka Osijek
Krk
Cres
Losinj
Zadar BOSNIE-
Dugi Otok HERZÉGOVINE
Mer Split
Brac
Vis Hvar
Korcula
Adriatique Lastovo Mljet MONT.
ITALIE 100 KM

CHEF DE L'ÉTAT
Mme Kolinda Grabar-Kitarovic
PREMIER MINISTRE Andrej Plenkovic
SUPERFICIE 57 000 km²
POPULATION (HAB.) 4,1 millions
PIB (MD $) 60,7
CROISSANCE 3 %
CHÔMAGE 7,8 %
MONNAIE kuna (0,13 €)
ÉMISSIONS DE CO₂ (T/HAB.) 4,5 (82e)

Fait rare pour ce pays qui est le membre le plus récent de l'Union européenne, la Croatie a connu une année 2019 particulièrement stable sur le plan politique. Sauf surprise, la présidente conservatrice Kolinda Grabar-Kitarovic, en bonne position à l'issue du premier tour de la présidentielle organisée dimanche 22 décembre, devait être réélue lors du second tour le 5 janvier 2020 face au social-démocrate Zoran Milanovic.

Cette ancienne diplomate de 51 ans, qui s'est fait remarquer sur la scène internationale pour son soutien à son équipe de football lors de la Coupe du monde perdue de 2018, a su jouer de la corde nationaliste dans une campagne surtout animée par les débats sur la guerre d'indépendance des années 1990. Comme le premier ministre, Andrej Plenkovic, elle est membre de l'Union démocratique croate (HDZ, droite), qui domine la vie politique locale depuis l'indépendance. Grâce à l'explosion du tourisme, la Croatie a bénéficié d'une croissance dynamique de 3 % en 2019, mais cela n'empêche toujours pas les Croates d'émigrer massivement vers l'ouest de l'UE. ◼

J.-B. C.

DANEMARK

NORVÈGE
Skagerrak
Mer SUÈDE
du Alborg
Nord Kattegat
Aarhus
COPENHAGUE
Esbjerg Mer
Odense Baltique
ALLEMAGNE 100 KM

CHEF DE L'ÉTAT Margrethe II
PREMIÈRE MINISTRE
Mette Frederiksen (06/06/2019)
SUPERFICIE 43 000 km²
POPULATION (HAB.) 5,8 millions
PIB (MD $) 347,2
CROISSANCE 1,7 %
CHÔMAGE (OCDE) 5 %
MONNAIE couronne danoise (0,13 €)
ÉMISSIONS DE CO₂ (T/HAB.) 6,1 (59e)

Au terme d'une campagne électorale axée sur la promesse d'une politique migratoire ultrarestrictive et la défense de l'Etat-providence, la leader des sociaux-démocrates, Mette Frederiksen, a doublement réussi son pari : non seulement son parti a remporté les élections législatives du 5 juin, mais elle est parvenue à former un gouvernement minoritaire, avec le soutien, au Parlement, des sociaux-libéraux, de la Liste d'unité (verts) et du Parti socialiste du peuple.

Grand perdant du scrutin : le Parti populaire danois (Dansk Folkeparti). Accusé de fraude aux fonds européens et concurrencé sur sa droite par deux formations encore plus radicales, le parti nationaliste et anti-immigration ne remporte que 8,7 % des voix, contre 21,1 % des

voix en 2011, marquant une rupture dans le paysage politique danois.

Si l'économie du royaume se porte bien, le pays doit faire face à un manque de main-d'œuvre croissant, en partie causé par le vieillissement rapide de la population, dont les effets se font sentir sur les finances des collectivités locales. En 2019, l'âge de la retraite est passé de 65 à 65,5 ans et va continuer à augmenter.

Alors que la campagne électorale a été dominée par la question du climat, le Danemark s'est fixé comme objectif de réduire de 70 % les émissions de CO₂ d'ici à 2030 par rapport à 1990. Parmi les mesures évoquées : l'interdiction de la vente de voitures à moteur thermique d'ici à 2030, une conversion au vert du secteur agricole, ainsi que la construction de grands parcs éoliens offshore. ◼

ANNE-FRANÇOISE HIVERT

ESPAGNE

FRANCE
Bilbao
Barcelone
PORTUGAL MADRID
Valence Iles
Baléares
Océan Séville Mer
Atlantique Méditerranée
MAROC 200 KM

CHEF DE L'ÉTAT Felipe VI
PREMIER MINISTRE Pedro Sanchez
SUPERFICIE 506 000 km²
POPULATION (HAB.) 46,7 millions
PIB (MD $) 1 397,9
CROISSANCE 2,2 %
CHÔMAGE (OCDE) 14,2 %
MONNAIE euro
ÉMISSIONS DE CO₂ (T/HAB.) 5,7 (64e)

En 2019, la crise politique et institutionnelle qui paralyse l'Espagne depuis 2016 s'est encore aggravée. L'année a été marquée par la tenue de deux élections législatives, la montée de l'extrême droite et l'enkystement de la crise catalane.

Début janvier, la formation du gouvernement régional d'Andalousie donne le ton de la polarisation politique croissante dans le pays. Pour ravir le pouvoir aux socialistes, qui gouvernaient la région depuis 1982, le Parti populaire (PP, droite) et le parti libéral Ciudadanos (Cs) signent un accord pour un gouvernement de coalition, et vont ensuite chercher le soutien des députés régionaux du mouvement d'extrême droite nationaliste et ►►►

Europe union européenne

▶▶▶ réactionnaire Vox, indispensables pour compléter la majorité de droite. Cette manœuvre permet la « normalisation » institutionnelle accélérée de l'extrême droite, dont l'ascension est particulièrement liée à la menace que le mouvement séparatiste en Catalogne fait peser sur l'unité du royaume.

Or le 12 février, l'ouverture, à Madrid, du procès de douze leaders indépendantistes catalans, accusés de « rébellion » pour avoir mené une tentative de sécession en octobre 2017, ravive la crise territoriale. Ce procès met à mal les négociations alors menées par le gouvernement du socialiste Pedro Sanchez, soutenu par le parti de la gauche radicale Podemos, pour faire approuver la loi de finances 2019. A la fin du mois, les indépendantistes de la Gauche républicaine de Catalogne (ERC), indispensables pour approuver le budget, rejettent le texte, après avoir demandé un geste en faveur des dirigeants indépendantistes en détention provisoire. Le chef de l'exécutif annonce immédiatement la convocation d'élections anticipées, le 28 avril. Remporté par les socialistes avec 28,7 % et 123 députés (sur 350), ce scrutin ne permet pas de dégager une majorité claire. Le PP réalise le pire score de son histoire (16,7 %) et perd plus de la moitié de ses députés (66), au profit de Ciudadanos, qui grimpe à 15,9 % (57 sièges), suivi de la coalition Unidas Podemos, qui chute à 14,3 % (42). Quant à Vox, il fait son entrée au Parlement national, avec 10,3 % des voix et 24 députés. C'est la première fois, depuis 1982 et la fin de la transition démocratique menée à la mort de Franco, que l'extrême droite entre au Congrès des députés.

Aucune négociation politique n'est entamée avant la tenue, le 26 mai, des élections locales, régionales et européennes. Celles-ci confirment la large avance des socialistes, mais aussi la percée de Vox, qui se rend indispensable pour la formation de gouvernements de droite dans les régions de Murcie et de Madrid et dans plusieurs villes, dont la capitale espagnole.

En Catalogne, les indépendantistes arrivent en tête, y compris dans la ville de Barcelone, où la maire sortante, Ada Colau, du parti de gauche alternative Barcelone en commun, ne parvient à conserver le pouvoir que grâce aux voix de la plate-forme Manuel Valls. Candidat déçu à la mairie catalane (avec 13 % des voix), l'ancien premier ministre français plaide pour faire barrage aux séparatistes. Pendant ce temps, à Madrid, le blocage s'installe. La possibilité que le Parti socialiste ouvrier espagnol (PSOE) scelle un grand accord de gauche se heurte à deux obstacles : il dépend d'ERC, considéré comme peu fiable, et Podemos exige de gouverner en coalition, avec un nombre de ministères proportionnel aux résultats, alors que les socialistes entendent gouverner « en solitaire », avec des accords « à géométrie variable » en fonction des lois débattues.

Quant à Ciudadanos, bien que ses voix suffiraient à compléter la majorité socialiste, son président, Albert Rivera, refuse de négocier avec M. Sanchez. Espérant se poser en principal parti d'opposition, les libéraux confirment leur virage à droite. Le 25 juillet, M. Sanchez perd le vote d'investiture au Parlement par 124 voix pour et 155 contre. Le 24 septembre, le Parlement est dissous et de nouvelles élections sont convoquées le 10 novembre, sur fond de ralentissement économique.

PRÉACCORD DE GOUVERNEMENT

L'industrie affiche des signaux négatifs, le rythme de réduction du chômage se modère considérablement et la prévision de croissance du PIB est revue à la baisse, même si, à 2,2 %, elle reste très supérieure à la moyenne de la zone euro (1,2 %).

En pleine période préélectorale, le 13 octobre, la Cour suprême condamne neuf leaders indépendantistes à des peines allant de neuf à treize ans de prison pour « sédition », provoquant une vague d'émeutes en Catalogne. Et le 24 octobre, M. Sanchez honore l'une de ses grandes promesses : l'exhumation du dictateur Francisco Franco hors du mausolée monumental d'El Valle de los Caidos, et sa réinhumation dans un discret cimetière de banlieue.

C'est dans ce contexte que, le 10 novembre, se tiennent les quatrièmes élections législatives en quatre ans. Celles-ci compliquent la formation d'une majorité cohérente, affaiblissent la gauche et dopent l'extrême droite. Avec 28 % des voix, le PSOE perd trois députés (120 sièges), tandis que Podemos recule à 35 députés (12,8 %). Quant à Ciudadanos, il s'effondre à 6,8 % des voix et ne conserve que dix députés, ce qui provoque la démission de son leader, Albert Rivera. Au contraire, le PP remonte à 88 députés (20,1 %). Et Vox devient la troisième force politique, avec 15 % des voix et 52 sièges.

Malgré sa fragilité, Pedro Sanchez ne veut pas perdre de temps. Le 12 novembre, il signe avec Pablo Iglesias (Podemos) un préaccord de gouvernement de coalition et commence les négociations pour obtenir le soutien de sept autres partis, dont les indépendantistes catalans, pour compléter sa majorité.

En parallèle, Madrid accueille, en décembre, le sommet de l'ONU sur le climat (COP25), délocalisé dans la capitale du fait des émeutes au Chili. Le gouvernement espagnol en intérim, qui a accompagné la fermeture de ses dernières mines de charbon le 1er janvier 2019, en profite pour se poser en acteur de premier plan dans la

LES CATALANS DANS LA RUE APRÈS LA CONDAMNATION DE NEUF SÉPARATISTES

Du 12 février au 12 juin 2019, douze leaders indépendantistes catalans ont été jugés par la Cour suprême espagnole, à Madrid, pour l'organisation du référendum d'indépendance illégal d'octobre 2017. Lors de ce procès « historique », ébranlant les ciments de la démocratie espagnole, neuf d'entre eux étaient accusés de « rébellion », un « délit contre la Constitution » passible de vingt-cinq ans de prison.

Après quatre mois d'audiences, incluant les témoignages de l'ex-chef du gouvernement Mariano Rajoy, de ministres et d'élus de tous bords, de policiers et de militants, la Cour a rendu son arrêt le 14 octobre, et dicté des peines de 9 ans à 13 ans de prison pour « sédition, malversation de fonds publics et désobéissance » contre le président de la Gauche républicaine de Catalogne (ERC), Oriol Junqueras, l'ex-président du Parlement catalan, Carme Forcadell, de plusieurs anciens ministres catalans et des leaders des deux principales associations indépendantistes. Le délit de « rébellion », qui impliquait l'usage de la violence, a été écarté. Immédiatement, des manifestations ont eu lieu dans toute la Catalogne, et des actions de blocage d'aéroport, de routes et d'autoroutes, ont été organisées par une mystérieuse plate-forme née sur la messagerie cryptée Telegram, « Tsunami démocratique ». Durant près de deux semaines, les principales villes catalanes ont ainsi été le théâtre d'affrontements violents entre les manifestants et les polices catalane et espagnole, avant que la situation ne retourne progressivement à la normale. ●

S. M.

lutte contre le réchauffement climatique. Malgré l'accélération des négociations, l'année se clôt sans gouvernement, dans l'attente de la décision des indépendantistes d'ERC sur un possible soutien à un gouvernement de gauche. ∎

SANDRINE MOREL

ESTONIE

CHEF DE L'ÉTAT Mme Kersti Kaljulaid
PREMIER MINISTRE Jüri Ratas
SUPERFICIE 45 000 km²
POPULATION (HAB.) 1,3 million
PIB (MD $) 31
CROISSANCE 3,2 %
CHÔMAGE (OCDE) 5 %
MONNAIE euro
ÉMISSIONS DE CO₂ (T/HAB.) 15 (15ᵉ)

L'image de ce petit Etat balte dirigé depuis trois ans par Kersti Kaljulaid, première femme présidente, s'est un peu ternie, en avril 2019, avec l'entrée dans le gouvernement de coalition d'une formation d'extrême droite, EKRE (Parti conservateur d'Estonie), dont le leader, Mart Helme, n'hésite pas à faire en public le signe des suprémacistes blancs américains.

Paradoxe : dans un pays où le soutien à l'Europe dépasse les 74 % d'opinions favorables, ce parti eurosceptique est parvenu à se hisser à la troisième place sur l'échiquier politique national en jouant sur le rejet des élites et du multiculturalisme, du droit à l'avortement, des droits homosexuels et de ceux de la minorité russophone. Il a obtenu cinq portefeuilles ministériels, l'intérieur, les finances, l'environnement, les affaires rurales et le commerce. Une ombre sur l'Estonie présentée comme l'un des meilleurs élèves de la classe européenne.

En se tournant très tôt vers les hautes technologies, cet Etat d'1,3 million d'habitants, berceau du logiciel Skype mondialement connu, a su creuser son avance dans le domaine de la sécurité informatique et cybernétique – Tallinn, sa capitale, où les services administratifs ont été numérisés, attire ainsi de nombreux experts en la matière.

Sur le plan économique, le pays possède d'autres atouts, comme des comptes publics excédentaires et une quasi-autosuffisance énergétique grâce aux schistes bitumineux. Pour autant, les inégalités persistent au sein de sa population, notamment dans les régions orientales à majorité russophone. ∎

ISABELLE MANDRAUD

FINLANDE

CHEF DE L'ÉTAT Sauli Niinisto
PREMIÈRE MINISTRE Sanna Marin (10/12/2019)
SUPERFICIE 338 000 km²
POPULATION (HAB.) 5,5 millions
PIB (MD $) 269,7
CROISSANCE 1,2 %
CHÔMAGE (OCDE) 6,6 %
MONNAIE euro
ÉMISSIONS DE CO₂ (T/HAB.) 8,5 (37ᵉ)

Il avait permis aux sociaux-démocrates de reprendre la direction du gouvernement, pour la première fois depuis 2003. A l'issue des élections législatives du 14 avril, dominées par les questions de l'immigration et de la lutte contre le réchauffement climatique, l'ancien leader syndical Antti Rinne a pris la tête d'une coalition composée des sociaux-démocrates, des centristes, des Verts, du parti du peuple suédois et de l'Alliance de gauche, le 6 juin, moins d'un mois avant que la Finlande n'assure la présidence du Conseil de l'Union européenne.

Menacé d'un vote de défiance au Parlement, Antti Rinne a présenté sa démission le 3 décembre. Un départ provoqué par un conflit social dans le secteur de la poste, qui ne remet pas en cause, cependant, l'accord de coalition passé en juin. La vice-présidente des sociaux-démocrates, Sanna Marin, 34 ans, lui a succédé au poste de premier ministre, le 10 décembre, devenant la plus jeune chef de gouvernement de la planète.

L'année s'est terminée sur une série de grèves, dans le contexte de la renégociation des accords collectifs. Après s'être serré la ceinture pendant des années, dans un effort visant à augmenter la compétitivité du pays, les salariés du privé réclament une amélioration de leurs conditions de travail, tandis que les négociations débuteront début janvier dans le secteur public.

Sur le plan du climat, la Finlande vise désormais la neutralité carbone d'ici à 2035 – un objectif que le gouvernement souhaite inscrire dans la loi. Le défi : protéger ses forêts, capables d'absorber en moyenne 20 millions de tonnes de CO₂. ∎

ANNE-FRANÇOISE HIVERT

FRANCE

CHEF DE L'ÉTAT Emmanuel Macron
PREMIER MINISTRE Edouard Philippe
SUPERFICIE 552 000 km²
(France métropolitaine)
POPULATION (HAB.) 65,1 millions
PIB (MD $) 2 707,1
CROISSANCE 1,2 %
CHÔMAGE (OCDE) 8,5 %
MONNAIE euro
ÉMISSIONS DE CO₂ (KT) 5,2 (69ᵉ)

MARTINIQUE

FORT-DE-FRANCE ▫

Population (Insee)
364 354 habitants
Superficie **1 100 km²**

10 KM

GUADELOUPE

Population (Insee) **382 704 habitants**
Superficie **1 703 km²**

POINTE-À-PITRE ▫

20 KM

GUYANE FRANÇAISE

CAYENNE ▫

Population (Insee)
296 711 habitants
Superficie
90 000 km²

100 KM

LA RÉUNION

SAINT-DENIS ▫

Population (Insee)
866 506 habitants
Superficie **2 500 km²**

10 KM

MAYOTTE

DZAOUDZI ▫

Population (Insee)
270 372 habitants
Superficie **375 km²**

5 KM

NOUVELLE-CALÉDONIE

Population (Insee*)
282 200 habitants
Superficie
18 576 km²

* en 2018

NOUMÉA ▫

100 KM

Eur@nion européenne

GRÈCE

Thessalonique
ALBANIE
MACÉDOINE DU NORD
BULGARIE
TURQUIE
Corfou
Mer Égée
Lesbos
Eubée
Chios
Patras
☐ ATHÈNES
Le Pirée
Mer Ionienne
Santorin
Rhodes
Héraklion
Mer Méditerranée
Crète
150 KM

CHEF DE L'ÉTAT Prokopis Pavlopoulos
PREMIER MINISTRE
Kyriakos Mitsotakis (07/07/2019)
SUPERFICIE 132 000 km²
POPULATION (HAB.) 10,5 millions
PIB (MD $) 214
CROISSANCE 2 %
CHÔMAGE (OCDE) 17,5 %
MONNAIE euro
ÉMISSIONS DE CO$_2$ (T/HAB.) 7 (50e)

En 2019, la Grèce se relève toujours de la crise économique qui, en huit ans, a fait reculer le PIB du pays de 25 %. Les indices macroéconomiques sont encourageants : croissance de 2 % en 2019, exportations en hausse (de 45 milliards d'euros en 2009 à 66 milliards en 2019), chute des taux des emprunts grecs à dix ans à leur plus bas niveau depuis quatorze ans.

Le nouveau premier ministre conservateur, Kyriakos Mitsotakis, élu le 7 juillet face à Alexis Tsipras (premier ministre de gauche radicale de 2015 à 2019) avec près de 40 % des voix, a gagné en partie grâce à son programme libéral visant à encourager les investissements étrangers et à diminuer la pression fiscale sur les classes moyennes.

Dès son élection, Kyriakos Mitsotakis a affiché sa volonté d'accélérer les privatisations, freinées par la bureaucratie, a baissé les impôts sur les bénéfices des entreprises (passant de 28 % à 24 %), a fait voter un allégement fiscal pour toute entreprise qui déciderait d'installer son siège en Grèce (à 15 %) et une diminution de l'impôt foncier. Mais l'économie grecque reste fragile. « *Avec, à long terme, une croissance prévue à 0,9 %, il faudra encore une décennie et demie pour que les revenus réels par tête atteignent les niveaux d'avant la crise* », analyse le FMI. Le taux de chômage est, certes, passé de 28 % de la population active en 2013, à 16,9 % en 2019, selon l'Autorité des statistiques grecques, mais reste le plus élevé de la zone euro. La précarité

est également prégnante, avec un fort pourcentage des contrats à temps partiel.

L'élection de Kyriakos Mitsotakis marque le retour de la droite au pouvoir et d'une grande dynastie politique en Grèce. Le père du premier ministre, Konstantinos, a occupé le poste de premier ministre de 1990 à 1993, sa sœur Dora Bakoyannis a été ministre de la culture (1992-1993) et des affaires étrangères (2006-2009), et son neveu Kostas Bakoyannis a été élu maire d'Athènes en juin.

MESURES SÉCURITAIRES

Les premiers mois du gouvernement conservateur ont été marqués par une série de mesures sécuritaires. Dans le quartier « anarchiste » d'Athènes, les interventions policières se sont multipliées et les squats ont été évacués. Le gouvernement Mitsotakis a embauché 1 500 policiers, a voté le renforcement des peines pour violences urbaines et prévoit de construire des prisons de haute sécurité. Le Parlement grec a également supprimé l'« asile universitaire », une loi héritée d'un soulèvement étudiant en 1973 contre le « régime des colonels », qui interdisait aux forces de l'ordre de pénétrer dans les facultés.

En 2019, la Grèce est redevenue la première porte d'entrée des réfugiés et des migrants en Europe. En 2019, plus de 67 000 demandeurs d'asile sont arrivés sur les îles grecques face à la Turquie, contre 32 500 en 2018 selon le Haut-Commissariat de l'ONU pour les réfugiés. Plus de 32 000 demandeurs d'asile vivent, fin 2019, dans des conditions sordides, dans les cinq camps des îles de Lesbos, Samos, Leros, Chios et Kos, pour une capacité théorique de seulement 6 200 personnes.

Face à cette situation explosive, le gouvernement a annoncé le déploiement de davantage de patrouilleurs en mer Egée, la construction de centres fermés sur les îles et l'accélération des renvois vers la Turquie des personnes déboutées du droit d'asile. Des mesures qui inquiètent les défenseurs des droits de l'homme. ●

MARINA RAFENBERG

HONGRIE

SLOVAQUIE
UKR.
AUTRICHE
Miskolc
BUDAPEST ☐
Debrecen
Pecs
Szeged
CROATIE
ROUMANIE
BOSNIE-HERZÉGOVINE
SERBIE
100 KM

CHEF DE L'ÉTAT Janos Ader
PREMIER MINISTRE Viktor Orban
SUPERFICIE 93 000 km²
POPULATION 9,7 millions
PIB (MD $) 170,4
CROISSANCE 4,6 %
CHÔMAGE (OCDE) 3,4 %
MONNAIE forint (0,003 €)
ÉMISSIONS DE CO$_2$ (T/HAB.) 5,1 (71e)

Pour la première fois en presque dix ans de pouvoir, Viktor Orban a essuyé une défaite électorale historique en 2019 en perdant la mairie de Budapest et six autres grandes villes du pays lors des municipales organisées le 13 octobre. Premier ministre depuis trois mandats consécutifs, le leader nationaliste avait jusqu'ici remporté tous les scrutins sans exception en profitant de sa mise au pas de toutes les institutions indépendantes du pays et des profondes divisions de l'opposition.

Mais l'enfant terrible de l'Europe centrale a dû, cette fois, faire face à un front uni des opposants, allant de la gauche à l'extrême droite. Ainsi, à Budapest, après l'organisation d'une primaire, c'est l'ancien chef de file de la gauche social-démocrate aux législatives de 2018 qui avait été désigné comme candidat unique. Gergely Karacsony a ensuite remporté largement le scrutin contre le maire sortant, issu du Fidesz, la formation de M. Orban. Après son élection, le nouveau maire a promis de « *ramener Budapest en Europe* », alors que la Hongrie est menacée de multiples procédures de sanctions européennes en raison de ses atteintes à l'Etat de droit.

Bien qu'historique, cette alliance a toutefois posé plusieurs questions. Si, dans la capitale, le parti d'extrême droite au passé antisémite Jobbik s'est fait relativement discret, il a bien soutenu l'élection de M. Karacsony. Par ailleurs, deux membres de cette formation ont remporté des grandes villes de province, avec cette fois le soutien de la gauche. Bien que cette formation ait fait ces derniers mois un virage vers le centre pour contourner le discours de plus en plus nationaliste du Fidesz, elle n'a jamais totalement condamné les dérives antisémites et anti-Roms du passé, ni écarté les élus ayant tenu des discours xénophobes.

La gauche a toutefois justifié cette alliance par le départ *« des éléments les plus radicaux »* du parti après une scission survenue fin 2018, et en raison du mode de scrutin à un seul tour mis en place par M. Orban qui impose d'arriver en tête pour l'emporter. Efficace au niveau local, cette alliance semble toutefois encore difficilement reproductible au niveau national en raison des divergences de programme entre tous les partis d'opposition de gauche, libéraux, écologistes et le Jobbik.

DES RÉFORMES CONTESTÉES
M. Orban a connu également en 2019 un revers au niveau européen. S'il a largement remporté le scrutin du 26 mai dans son pays, ses tentatives de construire une alliance entre l'extrême droite et la droite au Parlement européen ont échoué. Au contraire, il a été suspendu du Parti populaire européen (PPE) en raison de ses campagnes aux relents antisémites contre le milliardaire américain d'origine hongroise George Soros, et la formation des conservateurs traditionnels a très majoritairement préféré continuer sa coalition avec les sociaux-démocrates à Bruxelles. Par ailleurs, ses alliés européens d'extrême droite comme Matteo Salvini en Italie ou Heinz-Christian Strache en Autriche ont dû quitter le pouvoir dans leurs pays respectifs. Et les Polonais du parti Droit et justice ont catégoriquement refusé une alliance avec Marine Le Pen, en raison de sa proximité avec la Russie.

Malgré ces deux grands revers, M. Orban est encore loin de perdre le contrôle d'un pays où il reste très populaire, notamment dans les campagnes, en raison de son refus catégorique des demandeurs d'asile venus de pays non européens ou musulmans.

Au cours de l'année, il a encore fait adopter sans difficulté plusieurs réformes vivement contestées par les ONG et l'opposition, en matière d'indépendance de la justice ou de droits des groupes politiques au Parlement. Il a également fait voter en trois jours une réforme des théâtres qui permettra au gouvernement d'avoir son mot à dire sur la nomination des directeurs de toutes les scènes municipales qui demandent des subventions publiques. Cette dernière réforme

a déclenché la protestation de plusieurs milliers d'artistes à Budapest début décembre, sans faire renoncer le gouvernement.

La Hongrie peut aussi compter sur une croissance très dynamique attendue à 4,6 % en 2019 et un chômage à un niveau historiquement bas, en dessous de 4 %. Devenu la base arrière de l'industrie automobile allemande, le pays souffre cependant d'un manque de plus en plus criant de main-d'œuvre, dans un contexte où les salaires y augmentent moins vite que chez les pays voisins. Face à cette pression économique, la Hongrie s'est mise à ouvrir son marché du travail à l'immigration, mais en privilégiant les travailleurs venus d'Ukraine et d'Asie. ●

JEAN-BAPTISTE CHASTAND

IRLANDE

CHEF DE L'ÉTAT	Michael Higgins
PREMIER MINISTRE	Leo Varadkar
SUPERFICIE	70 000 km²
POPULATION (HAB.)	4,9 millions
PIB (MD $)	384,9
CROISSANCE	4,3 %
CHÔMAGE (OCDE)	5,3 %
MONNAIE	euro
ÉMISSIONS DE CO$_2$ (T/HAB.)	8,1 (42e)

La République d'Irlande s'est imposée, en 2019, comme un modèle de stabilité en comparaison de son grand voisin, le Royaume-Uni, très fortement secoué par les répliques politiques du référendum de 2016 sur l'appartenance à l'Union européenne. Leo Varadkar, le premier ministre irlandais, leader du parti de centre droit Fine Gael, a gardé le pouvoir sans encombre depuis juin 2017, bien qu'il dirige un gouvernement minoritaire. L'autre principal parti, le Fianna Fail, approuve la plupart de ses décisions, ainsi, celle sur le budget 2020.

Car, s'il est considéré avec la plus grande anxiété comme un danger majeur pour l'économie du pays, le Brexit a, jusqu'à présent, constitué un vrai ferment d'unité nationale.

Prenant la suite du premier ministre conservateur Enda Kenny, M. Varadkar a adopté une ligne intransigeante, non contestée en interne, dans la défense des intérêts nationaux : le refus absolu du retour d'une frontière « physique » avec l'Irlande du Nord (partie du Royaume-Uni). Le but : maintenir les échanges commerciaux, intenses, entre les deux parties de l'île, et, surtout, préserver les termes du *« Good Friday Agreement »*, le traité de paix signé en 1998 et ayant mis fin à presque quarante ans de guerre civile en Irlande du Nord.

SOUTIEN DE BRUXELLES
Grâce à des efforts diplomatiques constants, Dublin a pu compter sur un soutien inédit de Bruxelles. La Commission européenne a fait de la préservation des accords de paix une de ses grandes priorités dans la négociation des différents traités de retrait (le premier, abandonné, avec Theresa May, le second, en passe d'être exécuté, avec Boris Johnson). Les pays membres ont suivi : *« Même les pays de l'Est, même la Hongrie n'osent pas discuter cette priorité »*, insiste un diplomate européen.

C'est d'ailleurs M. Varadkar, fort du soutien européen, qui a débloqué les négociations entre Londres et Bruxelles, mi-octobre 2019, signifiant à Boris Johnson qu'il était prêt à accepter sa solution pour l'Irlande du Nord. Cette dernière devrait rester à la fois dans l'Union douanière européenne et le futur espace douanier britannique, après le Brexit, assurant une fluidité théoriquement totale des échanges entre Dublin et Belfast. Les contrôles douaniers devraient s'effectuer en mer d'Irlande, dans les ports britanniques et irlandais.

Les performances économiques du pays ont aussi aidé à la stabilité politique. La crise financière de 2010, qui avait touché l'Irlande de plein fouet, paraît désormais très loin. A en croire les prévisions d'automne de la Commission européenne, la croissance du PIB irlandais, en 2019, devrait encore être de 5,6 % (4,3 % selon le FMI), un des plus élevés d'Europe, avec une inflation contenue (0,8 %) et un taux de chômage encore en baisse (à 5,3 % de la population active).

L'année 2020 se révèle plus risquée. Le Brexit devrait avoir lieu le 31 janvier 2020. Dans les mois qui suivent et jusqu'à fin 2020, Londres et Bruxelles sont censés négocier une « relation future ». C'est pendant cette période de transition (durant laquelle le Royaume-Uni est autorisé à rester

dans le marché intérieur européen, même s'il n'en fait plus partie) que l'Irlande, ses citoyens et surtout ses entreprises devront adapter à marche forcée leurs procédures et leur logistique, afin de pouvoir maintenir des échanges les plus fluides possible avec l'Irlande du Nord et le reste du Royaume-Uni au 1er janvier 2021. Ce dernier est le deuxième partenaire commercial de l'Irlande et absorbe 35 % de ses exportations. L'essentiel du commerce irlandais transite par la Grande-Bretagne via l'Irlande du Nord.

Il est par ailleurs assez probable qu'aient lieu des élections générales anticipées, l'Assemblée irlandaise (le Dail Eireann) ne pouvant pas siéger plus de cinq années d'affilée et devant être dissoute au plus tard début avril 2021. La proximité de ce rendez-vous et les soubresauts éventuels de l'après-Brexit pourraient avoir raison de la coalition gouvernementale et obliger M. Varadkar à remettre son mandat en jeu. ●

CÉCILE DUCOURTIEUX

ITALIE

CHEF DE L'ÉTAT	Sergio Mattarella
PRÉSIDENT DU CONSEIL	Guiseppe Conte
SUPERFICIE	301 000 km²
POPULATION (HAB.)	60,6 millions
PIB (MD $)	1 988,6
CROISSANCE	0 %
CHÔMAGE (OCDE)	10 %
MONNAIE	euro
ÉMISSIONS DE CO$_2$ (T/HAB.)	5,6 (66e)

Tout a basculé en un clin d'œil, alors que l'Italie était plongée dans la torpeur estivale. Mercredi 7 août, quelques heures après un débat électrique au Sénat sur le projet de tunnel Lyon-Turin (TAV), habituelle pomme de discorde de la majorité constituée de la Ligue (extrême droite) et du Mouvement 5 étoiles (M5S, antisystème), ▶▶▶

Union européenne

▶▶▶ le ministre de l'intérieur et vice-président du Conseil, Matteo Salvini (la Ligue), se rend au palais Chigi pour y rencontrer le premier ministre, Giuseppe Conte, et lui réclamer une nouvelle inflexion politique, ainsi que trois ou quatre portefeuilles de plus pour sa formation.

Fort de sa popularité record et de son score aux élections européennes (près de 35 % des voix), Salvini est en position de tout exiger. Son allié, le M5S, passé en un an de 33 % des suffrages à 17 %, n'est-il pas au plus mal, victime de son incapacité à répondre aux immenses attentes qu'il avait suscitées auprès de leur électorat ? L'affaire paraît d'autant plus entendue qu'au sein de la Ligue, depuis des mois, ses proches le pressent de rompre avec la formation antisystème, accusée de mettre à l'arrêt l'ensemble de la machine économique. Pour contenter sa base, il faut donc qu'il obtienne quelque chose. Et si possible quelque chose de gros. Depuis la plage privée de Milano Marittima où il a pris ses quartiers d'été, et où le moindre de ses faits et gestes est relayé à l'infini sur les réseaux sociaux, le chef de la Ligue semble inarrêtable.

Mais cette fois-ci, curieusement, le M5S refuse de capituler, comme il l'a tant fait durant les mois passés. C'est que, pour cette formation inclassable, l'affaire du chantier Lyon-Turin est une question de principe, un sujet identitaire sur lequel il est impossible de transiger. Salvini décide donc de passer à l'action, et de provoquer la crise que son entourage réclame avec insistance depuis des mois. Lorsqu'il annonce, le 8 août, que ses ministres vont quitter le gouvernement, il pense que le chemin vers les sommets est pour lui tout tracé : faute de majorité, le président du conseil, Giuseppe Conte, va remettre sa démission dans les plus brefs délais, et le président de la République, Sergio Mattarella, n'aura d'autre choix que de dissoudre les Chambres.

C'est là que la machine se grippe, le soir du 8 août. Face au coup d'éclat de son ministre, le président du conseil refuse de se démettre et défie Salvini de s'expliquer devant le Parlement. Etrange métamorphose d'un chef de gouvernement jusqu'alors transparent, présenté comme au-dessus des partis (même si réputé proche du M5S), et que les circonstances parent soudain des attributs du chef de guerre...

RENVERSEMENT D'ALLIANCES
Commence alors, en moins de deux semaines, le plus invraisemblable des renversements d'alliance. Naguère allié à la Ligue, une formation ultra droitière et eurosceptique, le M5S prend langue, le plus naturellement du monde, avec la quintessence du « système », le Parti démocrate (centre gauche pro-européen). Alors que les deux dirigeants de ces formations, Nicola Zingaretti (PD) et Luigi Di Maio (M5S), sont plutôt réticents, le rapprochement est favorisé par les deux parrainages les plus inattendus qui soient : Beppe Grillo, humoriste, fondateur du M5S et grand pourfendeur de l'Union européenne, et son meilleur ennemi, l'ancien président du conseil Matteo Renzi, qui depuis des années appelait à refuser la moindre compromission avec le M5S.

Le 5 septembre, moins d'un mois après le début de la crise qu'il a lui-même déclenchée, Matteo Salvini assiste, médusé, à la formation du deuxième gouvernement Conte. Un exécutif débarrassé des ministres léguistes, remplacés par des figures issues de la gauche, et qui se donnera vite pour priorité de renouer le dialogue avec Bruxelles, devenu impossible au temps du premier gouvernement Conte. Avec l'ancien eurodéputé Roberto Gualtieri (PD) au ministère des finances, et surtout l'ancien premier ministre Paolo Gentiloni (PD) comme vice-président de la Commission européenne, tout était réuni pour une vraie inflexion pro-européenne du gouvernement italien.

Les marchés financiers ne s'y sont pas trompés, et ont salué ce nouvel exécutif par une détente sur le marché de la dette (le *spread* entre les bons du Trésor italiens et allemands, qui avait un temps dépassé les 300 points, est subitement redescendu sous les 150 points), ce qui a offert au gouvernement Conte 2 des marges de manœuvre qui avaient fait défaut à son prédécesseur.

Nanti de ce surplus de confiance de Bruxelles et des marchés, le gouvernement italien est parvenu à désamorcer la « clause de sauvegarde » (une augmentation automatique de la TVA pour 23 milliards d'euros) à laquelle s'étaient engagés ses prédécesseurs. Certes, le déficit 2020 ne devrait pas baisser autant que prévu (il reste estimé à 2,2 %), ce qui provoquera une nouvelle remontée de la dette (plus de 135 % du PIB). Mais, en rompant avec la rhétorique menaçante de son devancier, le gouvernement Conte II a réussi à diminuer les inquiétudes, malgré son absence de résultats économiques tangibles. Après une année 2019 marquée par la stagnation (0,2 % de croissance attendue), la Banque d'Italie annonce une année 2020 à peine meilleure (0,6 % de croissance), qui ne suffira pas à freiner l'exode des jeunes, qui continuent à quitter en masse le pays.

Seul le commerce extérieur affiche une santé insolente, avec 35 milliards d'euros pour les neuf premiers mois de 2019, en hausse de 22 % par rapport à la même période en 2018. Cependant, même dans ce domaine, le ralentissement économique général ainsi que les

LE VATICAN DANS LA TOURMENTE

Les affaires de pédophilie ont continué de faire souffler la tempête sur l'Eglise catholique. Le pape François a pourtant tenté de l'extraire de cette ornière. Mais le sommet sur la pédocriminalité, à Rome, en février, n'a pas rassuré les associations de victimes. La seule mesure « concrète » qui en est sortie est l'obligation faite aux clercs de signaler à leur autorité ecclésiastique tout cas dont ils auraient connaissance.

Les dissensions au sein de l'Eglise catholique n'ont pas cessé. *« C'est un honneur pour moi que les Américains m'attaquent »*, a ainsi lancé le pape, en septembre, faisant référence à un livre (Nicolas Senèze, *Comment l'Amérique veut changer de pape*, Bayard, 2019) qui explique les attaques contre lui par l'hostilité à sa ligne d'un puissant courant catholique conservateur américain décidé à refermer la « parenthèse » François. Le pape a évoqué, à ce sujet, *« la possibilité d'un schisme »*. Des courants conservateurs se sont aussi exprimés lors du synode sur l'Amazonie, en octobre, qui a envisagé l'ordination d'hommes mariés dans des zones manquant de prêtres.

Enfin, le Souverain pontife a confirmé, à Hiroshima et à Nagasaki, au Japon, en novembre, le changement de doctrine du Saint-Siège sur le nucléaire. Auparavant, les papes avaient admis la dissuasion comme un pis-aller sur la voie du désarmement. Mais, pour François, désormais, la possession même des armements nucléaires est condamnable. ∎

CÉCILE CHAMBRAUD

tensions commerciales avec les Etats-Unis interdisent toute forme d'optimisme à long terme.

Dans ce contexte de stagnation et d'inquiétudes, le gouvernement italien peine à faire valoir ses succès, tandis que Matteo Salvini attend sagement son heure. Au sein de son électorat, l'incroyable erreur tactique qu'il a commise à l'été semble déjà oubliée, et sa popularité est à peine entamée. Dans la peau du chef de l'opposition, il continue à enchaîner les succès lors des élections locales – fin octobre, la candidate de la Ligue a ainsi remporté l'élection régionale en Ombrie, arrachant à la gauche un de ses derniers bastions historiques, avec 20 points d'avance – et travaille à polir son discours afin de finir d'absorber ce qui reste en Italie de droite modérée.

Ce recentrage est favorisé par l'affaiblissement continu de la formation de Silvio Berlusconi, Forza Italia, et la montée en puissance d'une concurrente à sa droite en la présence de Giorgia Meloni (Fratelli d'Italia, postfasciste) qui professe un souverainisme pur et dur, au point de le faire parfois passer pour un modéré, et est parfois créditée de 10 % d'intentions de vote dans les enquêtes d'opinion.

« MACHINE DE GUERRE »

Pour donner corps à son discours, Matteo Salvini n'a qu'à dépeindre le gouvernement en vassal de l'Union européenne, tirant parti de toutes les difficultés qu'il rencontre et poursuivant ses attaques contre l'immigration alors même que le phénomène a atteint en 2019 un plus bas historique (11 000 arrivées sur les côtes italiennes en 2019, soit la moitié des chiffres de 2018 et dix fois moins qu'en 2017).

Face à cette « machine de guerre » redoutablement efficace, les formations pro-européennes semblent impuissantes. C'est pour cette raison, sans doute, que le mouvement des « sardines » a rencontré un tel écho dans le camp pro-européen. Parti de Bologne, ce mouvement non partisan, antifasciste et pro-européen, a gagné toute l'Italie (50 000 personnes à Rome, le 14 décembre), dans une ferveur qui n'est pas sans rappeler le Mouvement 5 étoiles des origines. A une différence près : les « sardines » revendiquent un ton policé et modéré, et rejettent l'insulte et les attaques personnelles. Dans l'Italie de 2020, une telle profession de foi a quelque chose de profondément subversif. ●
JÉRÔME GAUTHERET

LETTONIE

CHEF DE L'ÉTAT Egils Levits
(élu le 29/05/2019, en fonctions le 08/07/2019)
PREMIER MINISTRE
Arturs Krisjanis Karins (23/01/2019)
SUPERFICIE 65 000 km²
POPULATION (HAB.) 1,9 million
PIB (MD $) 35
CROISSANCE 2,8 %
CHÔMAGE (OCDE) 6,4 %
MONNAIE euro
ÉMISSIONS DE CO$_2$ (T/HAB.) 3,7 (94e)

Comme ses deux autres voisins baltes, l'Estonie et la Lituanie, la Lettonie, ex-République soviétique assujettie, jusqu'en 1991, à l'URSS, entretient des rapports complexes avec la Russie. En novembre 2019, l'autorité lettone chargée des médias a annoncé l'interdiction de neuf chaînes de télévision russes à destination de la minorité russophone, qui représente un quart de la population dans ce pays de 1,9 million d'habitants. Cette décision fait suite aux sanctions décrétées par l'Union européenne contre l'un de leurs propriétaires, Youri Kovaltchouk, un banquier milliardaire proche du Kremlin. Et c'est seulement à l'automne 2019 que le Parlement letton a adopté une loi attribuant la nationalité lettone aux enfants de la minorité russophone, restée après l'indépendance, si les parents en font la demande.

A contrario, le pays souffre toujours de l'émigration des jeunes qualifiés et du vieillissement de sa population. Toutefois, la croissance, quoique ralentie, devait garder un bon niveau en 2019 grâce à la consommation, à l'augmentation des salaires réels et aux investissements publics soutenus par les fonds européens. Selon la Coface, l'investissement privé reste cependant contraint par l'inquiétude liée à la Russie et par quelques affaires de corruption. ●
ISABELLE MANDRAUD

LITUANIE

CHEF DE L'ÉTAT Gitanas Nauseda
(élu le 26/05/2019, en fonctions le 12/07/2019)
PREMIER MINISTRE Saulius Skvernelis
SUPERFICIE 65 000 km²
POPULATION (HAB.) 2,8 millions
PIB (MD $) 53,6
CROISSANCE 3,4 %
CHÔMAGE (OCDE) 6 %
MONNAIE euro
ÉMISSIONS DE CO$_2$ (T/HAB.) 4,8 (74e)

Digne d'un épisode de la guerre froide, deux Lituaniens et un Norvégien, accusés d'espionnage en Russie, ont été échangés début novembre 2019 contre deux espions russes graciés par le président, Gitanas Nauseda, un indépendant élu en mai 2019, en vertu d'une nouvelle loi portant sur les échanges d'espions... Celui-ci a eu lieu à la frontière avec l'enclave russe de Kaliningrad. Il témoigne, avec d'autres, des tensions réapparues ces dernières années dans la région.

Le plus peuplé des pays baltes, 2,8 millions d'habitants, ne se résume évidemment pas à cela. En l'espace de quelques années, la Lituanie, qui a rejoint l'OCDE en mai 2018, s'est transformée en terre promise pour start-up à grand renfort d'incitations fiscales, de démarches administratives allégées, et grâce à une main-d'œuvre à bas coût. Vinted, l'application de revente de vêtements et d'accessoires de mode, est ainsi devenue la première licorne du pays, c'est-à-dire la première entreprise lituanienne à dépasser le cap du milliard de dollars de valorisation.

La disparité de revenus entre la capitale, Vilnius, et la province, et la forte économie souterraine (26 % du PIB, selon la Coface) constituent néanmoins des freins au développement de son économie. ●
I. M.

LUXEMBOURG

CHEF DE L'ÉTAT grand-duc Henri
PREMIER MINISTRE
Xavier Bettel
SUPERFICIE 2 600 km²
POPULATION (HAB.) 616 000
PIB (MD $) 69,5
CROISSANCE 2,6 %
CHÔMAGE (OCDE) 5,3 %
MONNAIE euro
ÉMISSIONS DE CO$_2$ (T/HAB.) 16 (13e)

Reconduit dans ses fonctions à la fin de 2018, après une victoire électorale dont il semblait lui-même douter, le premier ministre libéral, Xavier Bettel, n'a, apparemment, pas de souci à se faire pour la situation économique de son pays. Même si elle reste à la merci d'une fluctuation des marchés internationaux, dont dépend largement la richesse du Grand-Duché.

L'économie du pays devrait encore connaître une forte croissance en 2020 (2,6 %), son secteur bancaire reste florissant, et la consommation intérieure a été alimentée par une augmentation des salaires et des pensions de retraite. Le surplus budgétaire (2,3 % en 2019) devrait quant à lui fondre légèrement après la décision de la coalition, qui réunit libéraux, socialistes et écologistes, d'assurer la gratuité de tous les transports publics et de baisser l'impôt des sociétés.

Le gouvernement entend également investir massivement dans une politique climatique offensive qui se traduira, pour les frontaliers français et belges, par la fin du « tourisme à la pompe » : le prix, jusque-là sans concurrence, des carburants est promis à une forte hausse. ●
JEAN-PIERRE STROOBANTS.

Europe Union européenne

MALTE

CHEF DE L'ÉTAT George Vella
(élu le 02/04/2019, en fonctions le 04/04/2019)
PREMIER MINISTRE Joseph Muscat
SUPERFICIE 300 km²
POPULATION (HAB.) 440 000
PIB (MD $) 14,9
CROISSANCE 5,1 %
CHÔMAGE 4,6 %
MONNAIE euro
ÉMISSIONS DE CO₂ (T/HAB.) 3,6 (97ᵉ)

Joseph Muscat, le premier ministre maltais, a été brusquement rattrapé, en 2019, par les répercussions de l'assassinat de la journaliste anticorruption Daphne Caruana Galizia, morte en octobre 2017 dans l'explosion de sa voiture. Après des mois d'enquête menées avec grande difficulté dans ce petit pays gangrené par la mafia et la corruption, la police maltaise a finalement arrêté, en novembre, un des plus riches hommes d'affaires de l'île pour avoir commandité le meurtre.

Propriétaire d'un conglomérat allant des casinos à l'hôtellerie, Yorgen Fenech était aussi le directeur du consortium qui a construit la nouvelle centrale électrique à l'aide de nombreux pots-de-vin présumés, sur lesquels la journaliste enquêtait. Or M. Fenech était, par ailleurs, un intime du chef de cabinet du premier ministre, qui le tenait visiblement au courant de toutes les avancées de l'enquête. Après des jours de manifestations historiques déclenchées par ce scandale, M. Muscat a dû annoncer, début décembre, qu'il démissionnerait d'ici à janvier 2020. ●

JEAN-BAPTISTE CHASTAND

PAYS-BAS

CHEF DE L'ÉTAT Willem-Alexander
PREMIER MINISTRE Mark Rutte
SUPERFICIE 42 000 km²
POPULATION (HAB.) 17,1 millions
PIB (MD $) 902,4
CROISSANCE 1,8 %
CHÔMAGE (OCDE) 3,4 %
MONNAIE euro
ÉMISSIONS DE CO₂ (T/HAB.) 9,5 (29ᵉ)

C'est sans doute la fragilité de sa coalition qui a finalement retenu, à La Haye, le premier ministre libéral, Mark Rutte : à l'heure du grand « mercato » pour les postes de dirigeants de l'UE, beaucoup voyaient le Néerlandais accéder – avec le soutien de Paris et Berlin – à une haute fonction à Bruxelles. Il a finalement décidé de rester à la tête d'un gouvernement constitué en 2017 et qui, dès le départ, ne disposait que d'une voix de majorité à la deuxième Chambre et a été rapidement mis en minorité au Sénat.

UN PLAN « VERT » AMBITIEUX

Au sein de la haute assemblée, il a dû, à la fin de 2018, batailler pour trouver un accord avec l'opposition en vue de faire passer un très ambitieux plan de réduction des émissions de gaz à effet de serre, censé mettre le royaume en conformité avec les accords de Paris. Vivement contesté par le secteur agricole, ce projet comporte un soutien massif à la politique du logement ou encore l'abandon de centrales au charbon.

Même s'il a connu une existence chahutée depuis ses débuts, le gouvernement Rutte III a maintenu le cap, dans un contexte économique favorable. La croissance du PIB devrait se rapprocher de la moyenne européenne (1,3 % en 2020) en raison du fléchissement des exportations, mais le taux de chômage reste faible (3,4 %), la dette publique diminue encore (47 % du PIB) et une hausse importante des salaires soutient la consommation privée. Le gouvernement entend, en outre, continuer de réduire le niveau de l'imposition. ●

JEAN-PIERRE STROOBANTS

POLOGNE

CHEF DE L'ÉTAT Andrzej Duda
PREMIER MINISTRE Mateusz Morawiecki
SUPERFICIE 313 000 km²
POPULATION (HAB.) 37,9 millions
PIB (MD $) 565,9
CROISSANCE 4 %
CHÔMAGE (OCDE) 3,4 %
MONNAIE zloty (0,23 €)
ÉMISSIONS DE CO₂ (T/HAB.) 9,1 (32ᵉ)

En remportant, le 13 octobre, les élections législatives avec 43,59 % des voix, le parti ultra-conservateur Droit et justice (PiS), au pouvoir depuis 2015, a été reconduit pour quatre ans, et a conforté la position d'archifavori pour l'élection présidentielle de mai 2020 de son candidat, le président sortant Andrzej Duda. Bien que la victoire du parti de Jaroslaw Kaczynski puisse être qualifiée d'historique, les résultats ont laissé apparaître une réalité politique plus inconfortable pour le parti au pouvoir. Cette nouvelle donne peut potentiellement ralentir la « révolution conservatrice » à l'œuvre depuis fin 2015, qui, menée à un rythme effréné, a soulevé de multiples controverses autour du respect des principes de l'Etat de droit et de la séparation des pouvoirs.

Dans un contexte de participation électorale record (61,74 %, contre 50,92 % en 2015), le PiS a enregistré une victoire imposante, gagnant 2,3 millions de voix supplémentaires par rapport à son score de 2015. L'opposition démocrate est, quant à elle, restée loin derrière : 27,4 % pour la Coalition civique (KO, centre droit), 12,56 % pour la Gauche unie, 8,55 % pour les conservateurs paysans du PSL et 6,81 % pour le parti d'extrême droite Confédération. L'entrée de ce dernier à la Diète a constitué la principale surprise du scrutin, et une concurrence de taille pour le parti de Jaroslaw Kaczynski. Le chef de la majorité a toujours tenu à garder le « monopole de la radicalité » et le contrôle sur les débats qui agitent les franges les plus dures de son électorat.

Le gouvernement redoute que l'extrême droite et ses leaders ne puissent jouer la surenchère sur nombre de sujets sensibles. La gauche, de son côté, qui signe son retour au Parlement après quatre années d'absence, pourra concurrencer le PiS sur le terrain social. Les trois partis d'opposition démocrate ont également réussi, grâce à un « pacte de non-agression », à conquérir d'une voix d'avance le Sénat. S'il n'a pas la possibilité de bloquer les initiatives gouvernementales, le Sénat est en mesure de considérablement ralentir le processus législatif.

POTENTIEL CHAOS JURIDIQUE

Pour ces raisons, Jaroslaw Kaczynski s'est gardé de tout triomphalisme à l'issue du scrutin, conscient que le score cumulé de l'opposition démocrate fut d'un million de voix supérieur à celui de la majorité. Compte tenu des moyens considérables engagés par le gouvernement, notamment les transferts massifs de prestations sociales, cet avantage numérique de « l'anti-PiS » constitue une déception et apparaît comme une certaine limite au consentement populaire vis-à-vis du projet de « démocratie non libérale », inspirée par le premier ministre hongrois, Viktor Orban. En conséquence, le PiS, qui a renforcé les courants dits modérés au sein de son nouveau gouvernement, affiche une volonté de « normaliser » son image afin de sortir le pays de sa relative isolation sur la scène européenne et internationale.

Le parti n'avait pas moins annoncé, durant sa campagne, une volonté d'amplifier ses réformes controversées de la justice, qui restent sous le coup d'une procédure de sauvegarde de l'Etat de droit enclenchée par la Commission européenne. Cette question fait toujours l'objet de tensions, après que plusieurs arrêts de la Cour de justice de l'Union européenne sont venus remettre en cause certains aspects des réformes. Les associations de magistrats polonais alarment toujours sur un danger de potentiel chaos juridique que pourraient engendrer ces tensions.

L'année 2019 a également vu la société polonaise, une des plus catholiques d'Europe, traversée par des débats sans précédent sur des sujets de société comme la pédophilie au sein de l'Eglise, les droits des minorités sexuelles, l'éducation sexuelle. Jaroslaw Kaczynski a fait de la « *défense de la famille et des valeurs traditionnelles* » le principal axe idéologique des campagnes pour les élections européennes et législatives, dans une alliance ouverte avec l'Eglise. Les minorités sexuelles ont ainsi été victimes de violentes campagnes de dénigrement de la part du parti au pouvoir, de ses médias affiliés et des hiérarques de l'Eglise. D'un autre côté, un film documentaire indépendant dévoilant des scandales d'ampleur de pédophilie au sein de l'Eglise polonaise a enregistré 23 millions de vues sur Internet.

Le gouvernement ultraconservateur jouit toujours d'une conjoncture économique extrêmement favorable : une croissance de 4 % et le plein-emploi, qui se traduit dans les faits par un phénomène de pénurie de main-d'œuvre. Pour y remédier, les autorités font appel à une migration professionnelle massive en provenance d'Ukraine. Le nombre de travailleurs ukrainiens en Pologne est estimé à 1,2 million. Cette conjoncture exceptionnelle a notamment permis au gouvernement de financer sa très généreuse politique de prestations sociales, pilier de son succès électoral. De nombreux économistes tirent cependant la sonnette d'alarme en vue d'un possible ralentissement économique, qui mettrait les finances publiques à rude épreuve. ∎

JAKUB IWANIUK

PORTUGAL

CHEF DE L'ÉTAT
Marcelo Rebelo de Sousa
PREMIER MINISTRE Antonio Costa
SUPERFICIE 92 000 km²
POPULATION (HAB.) 10,2 millions
PIB (MD $) 236,4
CROISSANCE 1,9 %
CHÔMAGE (OCDE) 6,5 %
MONNAIE euro
ÉMISSIONS DE CO_2 (T/HAB.) 5 (73ᵉ)

Pays miraculé de la crise des dettes souveraines de 2010, le Portugal poursuit, une décennie plus tard, une route singulière au sein du Vieux Continent. A l'ère d'une Europe bousculée par le « dégagisme » et la vague de candidats antisystème ou radicaux, le social-démocrate Antonio Costa, à la tête du traditionnel Parti socialiste portugais (PSP, gauche), maintient son leadership quasi incontesté. L'ancien maire de Lisbonne, désigné comme l'auteur du « *miracle portugais* » ayant permis au pays de renouer avec la croissance sans faire déraper les comptes publics, a remporté haut la main les élections législatives d'octobre 2019. Frisant la majorité absolue, le PSP entend désormais gouverner seul, abandonnant la coalition hétéroclite – la « *geringonça* » (« bidule ») – avec le Parti communiste portugais et le Bloc de gauche (gauche radicale) qui lui avait permis de prendre le pouvoir quatre ans plus tôt.

Le PSP domine, de fait, la scène politique, sans craindre, pour l'heure, la menace d'une opposition de droite modérée défaite, incarnée par le Parti social-démocrate (PSD, centre-droit). L'atteste son score d'à peine 28 % lors du scrutin, contre 36,65 % pour le PSP.

COUP DE FREIN

Antonio Costa ne reste pas moins confronté à des défis de taille. Avec une croissance de près de 2 % en 2019, que beaucoup jugent dopée par le tourisme et les investissements étrangers, le Portugal devra affronter le ralentissement prévu de l'économie mondiale. Ce coup de frein pourrait mettre au jour les fractures d'un pays qui a dû délaisser ses investissements publics pendant de longues années, et souligner les fragilités de son modèle où, en dépit d'un chômage au plus bas, les emplois créés restent en majorité mal payés et précaires. Tour à tour surnommé le « Gandhi de Lisbonne », pour la politique sociale qu'il a mise en place dans la capitale, ou le « Tigre de Malaisie », pour ses colères imprévues, Antonio Costa sait qu'il ne pourra plus mener une politique de « petites doses » et qu'il lui faudra construire une majorité solide. Seul, le voici contraint de former des alliances ponctuelles, à sa gauche, au centre ou avec ce nouvel « ovni politique », le PAN (le Parti des personnes, des animaux et de la nature), un jeune mouvement écologiste « ni de gauche ni de droite », parvenu à séduire la jeunesse.

Antonio Costa, le « charmeur », sera ainsi plus ouvertement à la merci des attaques de la gauche de la gauche, désormais hors de la coalition, qui ne manquera pas de critiquer la faiblesse de ses mesures sociales, les privatisations et le délabrement des services publics, laminés par les mesures d'austérité.

Le Portugal accueille aussi, pour la première fois depuis le retour de la démocratie, un député du parti Chega ! (extrême droite), André Ventura, 36 ans, un ancien commentateur de football décrit comme un orateur entraîné. Un signal d'alerte ? « *Pour le moment, le pays est immunisé contre le populisme, mais les germes sont là* », prévient l'analyste politique Pedro Marques Lopes. ∎

CLAIRE GATINOIS

ROUMANIE

CHEF DE L'ÉTAT Klaus Iohannis
PREMIER MINISTRE
Ludovic Orban (15/10/2019)
SUPERFICIE 238 000 km²
POPULATION (HAB.) 19,4 millions
PIB (MD $) 243,7
CROISSANCE 4 %
CHÔMAGE 4,2 %
MONNAIE Leu roumain (0,21 €)
ÉMISSIONS DE CO_2 (T/HAB.) 3,8 (91ᵉ)

La Roumanie a viré à droite. Après sept ans de gouvernance sociale-démocrate, l'opposition libérale a réussi à faire tomber le gouvernement à la suite d'une motion de défiance votée au Parlement en octobre 2019. Un mois plus tard, les Roumains ont confié un second mandat au président libéral d'origine allemande Klaus Iohannis. En 2020, deux nouvelles échéances électorales décideront du futur politique du pays : les élections municipales au printemps et législatives à l'automne. Entre la droite et la gauche traditionnelles, un troisième mouvement politique est né sur le modèle de La République en marche, à savoir l'Union sauver la Roumanie Plus (USR-Plus). Composé de jeunes urbains, ce mouvement représente l'apparition d'une nouvelle société civile qui veut avoir son mot à dire en politique.

Le pays a connu une forte secousse politique lorsque le gouvernement social-démocrate a lancé une campagne visant à limiter le pouvoir des magistrats. ►►►

Euro**Union européenne**

►►► Mais les tentatives des sociaux-démocrates pour sauver la face de leur leader Liviu Dragnea ont échoué. En mai 2019, le chef de file de la gauche a été condamné à trois ans et demi de prison ferme pour abus de pouvoir. Néanmoins, les attaques contre l'Etat de droit ont fragilisé la jeune démocratie roumaine et lui ont attiré de sévères critiques de la part des instances européennes. Les rapports négatifs de la Commission de Bruxelles concernant la justice repoussent indéfiniment l'adhésion de la Roumanie à l'espace Schengen de libre circulation. Le nouveau gouvernement libéral s'est engagé auprès de l'Union européenne à rétablir l'indépendance de la justice.

TROU DANS LES FINANCES PUBLIQUES
La Roumanie a affiché une croissance économique de 4 % en 2019 et compte atteindre 3,5 % en 2020. L'inflation a atteint 4,2 % et devrait baisser à 3,4 % en 2020. Au pouvoir depuis octobre 2019, le gouvernement a hérité d'un déficit budgétaire de 4 %, qui dépasse le niveau de 3 % convenu avec la Commission européenne. Ce trou dans les finances publiques est imputable à l'ancien gouvernement social-démocrate, qui entendait sécuriser son bassin électoral en vue des prochaines élections. Le salaire minimum est passé de 280 à 500 euros, mais cette hausse a eu un effet boomerang qui a obligé nombre d'entreprises à fermer leurs portes. Les retraites ont bénéficié elles aussi d'une hausse significative qui fait pression sur le budget de l'Etat.

Pourtant le taux de chômage est proche des 4 %. Ce taux très bas n'est pas dû au dynamisme de l'économie mais à la migration de la main-d'œuvre vers l'Occident. Les Roumains sans emploi ont trouvé un débouché sur les marchés de l'Europe de l'Ouest, principalement en Italie, en Espagne et en France. Selon la Fédération des Roumains de l'étranger, plus de quatre millions de Roumains ont quitté leur pays à la recherche d'une vie meilleure en Occident. Le gouvernement libéral dirigé par Ludovic Orban promet de remettre sur pied l'économie du pays afin d'encourager les Roumains partis à l'Ouest à revenir dans leur pays d'origine. ■
MIREL BRAN

ROYAUME-UNI

CHEF DE L'ÉTAT Elizabeth II
PREMIER MINISTRE
Boris Johnson (24/07/2019)
SUPERFICIE 243 000 km²
POPULATION (HAB.) 67,5 millions
PIB (MD $) 2 743,6
CROISSANCE 1,2 %
CHÔMAGE (OCDE) 3,9 %
MONNAIE livre sterling (1,17 €)
ÉMISSIONS DE CO₂ (T/HAB.) 5,6 (65ᵉ)

En 2019, l'économie britannique s'est progressivement dégonflée, à l'instar d'un pneu touché par une lente crevaison. Rien de spectaculaire : il était presque impossible de détecter le trou dans la chambre à air et le pneu n'a perdu sa pression qu'imperceptiblement. Mais le résultat est incontournable. La croissance économique ne devait être que de 1,2 % pour l'ensemble de l'année, son plus faible niveau depuis la crise de 2008.

Le Royaume-Uni fait mieux que l'Allemagne (0,5 %) et à peine moins bien que la France (1,3 %, selon la Banque mondiale), mais la tendance est au ralentissement depuis 2014, quand la croissance était de 2,6 %. Depuis, elle a été de 2,4 % (2015), 1,9 % (2016), 1,9 % (2017), 1,4 % (2018).

Comme partout ailleurs, une partie de l'explication vient de la guerre commerciale entre la Chine et les Etats-Unis. Le Royaume-Uni n'est pas un grand pays exportateur et est moins touché que l'Allemagne, par exemple, mais le bras de fer a contribué au ralentissement de la conjoncture.

Une autre partie de l'explication est spécifique au Royaume-Uni, avec l'incertitude du Brexit qui a pesé toute l'année, avant de finalement s'envoler juste avant Noël, quand le premier ministre, Boris Johnson, a remporté les élections législatives du 12 décembre. La sortie de l'Union européenne doit maintenant avoir lieu le 31 janvier 2020, de façon quasiment certaine.

Avant ce dénouement, les entreprises et les ménages sont restés suspendus aux yoyos permanents des négociations et des déchirements politiques. Initialement, le Brexit devait avoir lieu le 29 mars. Mais Theresa May, alors première ministre, a échoué à faire ratifier son accord, les députés rejetant à trois reprises son texte.

Ne sachant pas si la date serait repoussée, les entreprises se sont préparées au pire, à savoir une sortie de l'UE sans accord (« no deal »), qui aurait instauré du jour au lendemain des tarifs douaniers entre le Royaume-Uni et l'UE, et provoqué de fortes perturbations dans le commerce transfrontalier. Beaucoup ont fait des stocks, dépensant une partie de leur trésorerie pour réserver des lieux dans les entrepôts, conserver des pièces détachées en avance, identifier des alternatives dans leur chaîne logistique...

LE BREXIT A PESÉ
Ces achats effectués en avance ont créé une hausse artificielle de la croissance, qui a connu un bond spectaculaire au premier trimestre, à 0,6 %. De façon tout aussi artificielle, les entreprises ont ensuite écoulé leurs stocks au deuxième trimestre, une fois que la date du Brexit avait été repoussée au 31 octobre. La croissance est tombée dans le rouge, à – 0,2 %. Le même phénomène s'est répété, de façon moins marquée, dans la deuxième moitié de l'année. A partir d'août, la croissance a été pratiquement nulle.

Ces secousses sont épuisantes pour les entreprises. Chez les grandes multinationales, le coût des préparatifs s'est compté en millions, voire en dizaine de millions d'euros. A Airbus, la facture a atteint 100 millions d'euros. Certaines entreprises européennes ont commencé à modifier leur chaîne logistique, évitant autant que possible le Royaume-Uni. Du côté des PME, en revanche, beaucoup ont renoncé à se préparer, ne pouvant dépenser autant d'argent ou d'énergie sur un phénomène qui leur échappait.

Outre ces préparatifs, le Brexit a pesé à deux niveaux. Il y a d'abord eu la chute de la livre sterling, qui a perdu près de 15 % par rapport à son niveau d'avant-référendum. Au cœur de l'été 2019, elle a même frôlé le plus bas niveau de son histoire face à un panier d'autres monnaies internationales. Le Royaume-Uni important plus qu'il n'exporte, cela a provoqué de l'inflation, grignotant le pouvoir d'achat des Britanniques. Le phénomène est désormais résorbé.

Le second effet du Brexit, qui se fait sentir de plus en plus lourdement, est le fort ralentissement de l'investissement. Face à l'incertitude, les entreprises repoussent leurs décisions stratégiques. Plus elles attendent, plus ces investissements finissent par être annulés et partir ailleurs.

L'industrie automobile est l'exemple le plus criant. En 2015, le secteur avait investi 2,5 milliards de livres (2,8 milliards d'euros) au Royaume-Uni. Depuis, c'est la dégringolade : 1,6 milliard de livres en 2016, 1,1 milliard en 2017, 0,6 milliard en 2018 et... 0,09 milliard sur les six premiers mois de 2019. *« Les investissements sont de fait arrêtés »*, constate, impuissant, le SMMT, l'organisation représentant le secteur automobile britannique.

Ces difficultés ont cependant été compensées par l'étonnant marché du travail britannique. Le taux de chômage n'est que de 3,9 %, à son plus bas niveau depuis quarante ans. Le taux d'emploi est à un record historique, à 76 %, avec notamment un fort niveau d'emploi chez les femmes et chez les plus de 60 ans. Mieux encore, les salaires progressent enfin, en hausse de 1,8 % en 2019, en valeur réelle (corrigée de l'inflation).

RETOUR DES INCERTITUDES

Comment un tel phénomène est-il possible alors que la croissance est médiocre ? Les économistes se perdent en conjectures, aucun n'ayant prédit cette tendance. En grande partie, cela reflète des contrats plus flexibles qu'autrefois. Au moment de la crise, le nombre d'auto-entrepreneurs a fortement augmenté. Cette flexibilité a provoqué un affaiblissement des salaires, qui retrouvent seulement maintenant leur niveau d'avant 2008. Les travailleurs pauvres sont de plus en plus nombreux. Malgré le chômage bas, les recours aux banques alimentaires augmentent, tandis que le nombre de sans-abri a pratiquement doublé.

Fin décembre, l'incertitude du Brexit s'est envolée. Cela va-t-il se traduire par un rebond de la croissance ? A courte échéance, c'est possible. Certains projets qui avaient été repoussés pourraient être lancés. La livre sterling a retrouvé l'un de ses plus hauts niveaux depuis trois ans (mais qui demeure en dessous du niveau d'avant le référendum de 2016). Mais les incertitudes risquent de revenir très vite. L'accord du Brexit qui a été signé ne concerne que les conditions du divorce, en s'accordant sur trois domaines : l'argent que le Royaume-Uni doit à l'UE, au nom de projets déjà engagés notamment ; le sort des citoyens européens qui vivent au Royaume-Uni et britanniques qui vivent dans l'UE ; la frontière irlandaise, en excluant toute frontière terrestre entre le Nord et le Sud, afin de ne pas risquer de compromettre la paix.

Il faut maintenant négocier les futures relations commerciales entre Londres et Bruxelles d'ici à fin décembre 2020. Pendant cette période de transition, toutes les règles actuelles restent en place. Onze mois pour conclure un accord de libre-échange est extrêmement court, alors qu'il faut négocier secteur par secteur : pêche, finance, normes environnementales, conservation des données, industrie automobile, agroalimentaire...

En cas d'échec des négociations, la date butoir peut être repoussée d'un an, voire de deux. Mais Boris Johnson a promis dans le programme de sa campagne électorale qu'il ne demanderait pas de temps supplémentaire. Cela ouvre donc un nouveau risque majeur : que le Royaume-Uni sorte de l'UE sans accord fin 2020. Pour les entreprises, ce serait le retour à la case départ, quand elles faisaient des stocks début 2019 pour se préparer au pire. ∎

ÉRIC ALBERT

SLOVAQUIE

CHEF DE L'ÉTAT Mme Zuzana Caputova
(élue le 30/03/2019, en fonctions le 15/06/2019)
PREMIER MINISTRE Peter Pellegrini
SUPERFICIE 49 000 km²
POPULATION (HAB.) 5,5 millions
PIB (MD $) 106,6
CROISSANCE 2,6 %
CHÔMAGE (OCDE) 5,8 %
MONNAIE euro
ÉMISSIONS DE CO₂ (T/HAB.) 6,6 (54e)

La Slovaquie a encore vécu une année rythmée par les répercussions de l'assassinat du journaliste d'investigation Jan Kuciak, survenu en février 2018. Au fil de l'année, l'enquête de police sur ce meurtre a en effet révélé que le commanditaire était le plus grand mafieux de l'histoire démocratique de ce petit pays d'Europe centrale. Inculpé en mars 2019, Marian Kocner, 56 ans, avait pris le contrôle de plusieurs magistrats, ministres ou journalistes en les corrompant ou les menaçant, comme l'a révélé la publication de ses échanges téléphoniques.

Selon l'acte d'accusation, publié en novembre, il a fait tuer M. Kuciak simplement parce que le journaliste de 27 ans enquêtait sur ses affaires. Les révélations qui ont émaillé l'actualité sur le niveau de pénétration de la mafia au plus haut niveau de l'Etat slovaque ont sidéré l'ensemble du pays et déclenché de nouvelles manifestations. Plusieurs magistrats ainsi que le secrétaire d'Etat à la justice ont été forcés de démissionner pour avoir conclu des arrangements avec M. Kocner.

CONTEXTE POLITIQUE CHARGÉ

Fin mars, une activiste anticorruption, Zuzana Caputova, a été élue présidente en promettant de lutter contre ces dérives mafieuses. La victoire de cette candidate indépendante, libérale et farouchement opposée à l'extrême droite a montré que les poussées populistes n'étaient pas irréversibles au sein du groupe de Visegrad, dont la Slovaquie fait partie.

Mais le véritable pouvoir reste dans les mains du gouvernement, toujours contrôlé par le parti de gauche populiste SMER, dont l'ex-premier ministre Robert Fico, forcé de démissionner en 2018 face aux protestations, est toujours vice-président. Détesté par les Slovaques qui ont manifesté après l'assassinat, il bénéficie toujours d'une certaine popularité dans le reste de la population et figure de nouveau sur les listes pour les élections législatives de février 2020, pour lesquelles l'opposition n'a pas réussi à s'unir. Malgré ce contexte politique chargé, la Slovaquie a connu une année économique dynamique qui a permis une forte baisse du chômage. ∎

JEAN-BAPTISTE CHASTAND

SLOVÉNIE

CHEF DE L'ÉTAT Borut Pahor
PREMIER MINISTRE Marjan Sarec
SUPERFICIE 20 000 km²
POPULATION (HAB.) 2,1 millions
PIB (MD $) 54,2
CROISSANCE 2,9 %
CHÔMAGE (OCDE) 4,5 %
MONNAIE euro
ÉMISSIONS DE CO₂ (T/HAB.) 6,9 (51e)

A son arrivée au pouvoir, en 2018, ses détracteurs se plaisaient à le qualifier de « clown ». Mais Marjan Sarec, 41 ans, ancien humoriste devenu premier ministre de Slovénie, a cessé de rire. A la tête d'une coalition fragile allant de la gauche au centre, le quadragénaire a évité, en novembre, une crise politique, lors du vote du budget qui aurait pu conduire à la chute de son gouvernement. Mais le fondateur du parti LMS, la Liste de Marjan Sarec, sait que son maintien à la tête du petit pays peut être, de nouveau, remis en question.

Après avoir perdu le soutien d'un parti de gauche en novembre, il ne dispose plus d'une majorité au Parlement. Et, dans l'opposition, l'ex-premier ministre conservateur, Janez Jansa, multiplie les provocations et les discours anti-immigration avec un certain succès. Le « Viktor Orban slovène » était arrivé en tête des législatives de 2018, sans pouvoir accéder au pouvoir en raison d'un barrage du reste de la scène politique slovène. En 2019, son parti, le SDS, a confirmé sa popularité en arrivant en tête des élections européennes. ∎

CLAIRE GATINOIS

Europe | Union européenne

SUÈDE

CHEF DE L'ÉTAT Carl XVI Gustave
PREMIER MINISTRE Stefan Löfven
SUPERFICIE 450 000 km²
POPULATION (HAB.) 10 millions
PIB (MD $) 528,9
CROISSANCE 0,9 %
CHÔMAGE (OCDE) 6,8 %
MONNAIE couronne suédoise (0,09 €)
ÉMISSIONS DE CO_2 (T/HAB.) 4,1 (88e)

L'année 2019 avait commencé dans l'incertitude. Quatre mois après les élections législatives du 9 septembre 2018, aucun candidat au poste de premier ministre ne semblait capable d'obtenir la majorité au Parlement. Finalement, un compromis a été trouvé entre les sociaux-démocrates, les Verts, les centristes et les libéraux, permettant au premier ministre sortant, Stefan Löfven, d'entamer un second mandat, le 18 janvier, à la tête d'un gouvernement, composé des Verts et des sociaux-démocrates.

L'accord dit « de janvier », passé entre les quatre formations, a bouleversé la donne politique en Suède. En soutenant le gouvernement de Stefan Löfven, les centristes et les libéraux ont entériné la rupture avec les conservateurs et les chrétiens-démocrates, marquant la fin de l'alliance de centre droite, qui avait dirigé le pays entre 2006 et 2014.

De leurs côtés, les sociaux-démocrates et les Verts, accusés d'avoir fait trop de concessions à leurs partenaires centristes et libéraux, ont suscité de vives critiques, dans leurs propres rangs, mais aussi de la part de l'extrême gauche, qui avait soutenu le premier gouvernement Löfven. En cause : la décision de privatiser le « Pôle emploi » suédois et la suppression de la taxe sur les plus hauts revenus.

Un parti tire son épingle du jeu : les Démocrates de Suède (Sverigedemokraterna, SD). En fin d'année, pour la première fois depuis sa création, en 1988, la formation d'extrême droite dépasse le Parti social-démocrate suédois dans les sondages. La stratégie du cordon sanitaire a volé en éclats le 4 décembre, quand le leader des conservateurs, Ulf Kristersson, a fait savoir qu'il était prêt à collaborer avec Jimmie Akesson, le chef de file de SD, sur des sujets tels que l'énergie, l'immigration et la lutte contre la criminalité organisé.

VIOLENCE ORGANISÉE

La violence, provoquée par des luttes de pouvoir entre gangs, a dominé l'agenda politique, en 2019, après plusieurs fusillades meurtrières qui ont suscité l'indignation. Si les chiffres de la criminalité restent faibles en Suède, la violence organisée a fait une quarantaine de victimes. En octobre, le gouvernement a annoncé une série de mesures, incluant le renforcement des peines et une surveillance accrue.

Le sentiment croissant d'insécurité a contribué au succès de l'extrême droite, ainsi qu'à une polarisation du débat : alors que la gauche et les Verts veulent renforcer l'intégration, la droite et l'extrême droite plaident pour le durcissement de la politique d'immigration – une position partagée par certains élus sociaux-démocrates.

Autre sujet d'inquiétude : les difficultés financières croissantes des collectivités locales, en raison notamment du vieillissement de la population. D'importantes cures budgétaires sont annoncées, alors que les économistes mettent en garde contre un ralentissement de l'activité économique en 2020.

Dans l'effort pour atteindre la neutralité carbone en 2045, les discussions se sont cristallisées sur la place du nucléaire dans la transition énergétique, à l'initiative de la droite et de SD, qui plaident pour la construction de nouveaux réacteurs. ∎

ANNE-FRANÇOISE HIVERT

TCHÈQUE (RÉP.)

CHEF DE L'ÉTAT Milos Zeman
PREMIER MINISTRE Andrej Babis
SUPERFICIE 79 000 km²
POPULATION (HAB.) 10,7 millions
PIB (MD $) 247
CROISSANCE 2,5 %
CHÔMAGE (OCDE) 2 %
MONNAIE couronne tchèque (0,04 €)
ÉMISSIONS DE CO_2 (T/HAB.) 9,9 (27e)

Sur fond d'agitation dans la rue et sur le plan politique, la République tchèque a célébré les 30 ans de la « révolution de velours ». Accusé de conflit d'intérêts et de fraudes aux subventions européennes, le premier ministre, Andrej Babis, a fait face à une enquête de justice et des mouvements de protestations massifs qui ont réuni à plusieurs reprises des centaines de milliers de Tchèques pour demander la démission de sa ministre de la justice et le placement de ses actifs dans un trust totalement indépendant.

Deuxième fortune du pays, Andrej Babis est propriétaire d'un gigantesque conglomérat, Agrofert. La Commission européenne a estimé qu'Agrofert devait rembourser 17 millions d'euros de subventions touchées indûment. Malgré ces pressions, M. Babis a toujours refusé de prendre en compte les demandes européennes et celles du mouvement Un million de moments pour la démocratie. Dirigée par un étudiant de 26 ans, cette mobilisation a eu un succès considérable chez les jeunes et les citadins, mais sans réussir à faire bouger le pouvoir.

Inclassable politiquement même s'il est allié au groupe Renaissance d'Emmanuel Macron au Parlement européen, M. Babis est toujours en tête dans les sondages grâce à des mesures populaires, comme une réduction de 75 % dans les transports pour les retraités et les étudiants.

Le pays a par ailleurs connu une année prospère sur le plan économique, le PIB par habitant atteignant désormais presque celui de l'Espagne, et le chômage étant à un niveau historiquement bas. ∎

JEAN-BAPTISTE CHASTAND

Europe L'autre Europe

ALBANIE

CHEF DE L'ÉTAT Ilir Meta
PREMIER MINISTRE Edi Rama
SUPERFICIE 29 000 km²
POPULATION (HAB.) 2,9 millions
PIB (MD $) 15,4
CROISSANCE 3 %
CHÔMAGE 14 %
MONNAIE lek (0,008 €)
ÉMISSIONS DE CO$_2$ (T/HAB.) 1,6 (142e)

Le tremblement de terre a frappé avant l'aube, lorsque les gens dormaient. Des bâtiments entiers se sont écroulés, piégeant les victimes sous des montagnes de gravats. En ce mois de novembre, l'Albanie est en deuil après le séisme le plus puissant de cette région des Balkans depuis près d'un siècle. Une cinquantaine de personnes ont perdu la vie et plus de 5 000 ont perdu leur logement.

Le drame s'ajoute à la déconvenue, infligée quelques semaines plus tôt, par le président français,
Emmanuel Macron, concluant ainsi l'«annus horribilis» d'une Albanie se sentant délaissée et méprisée par le reste de l'Europe.

Choquant une partie de ses partenaires de l'Union européenne, le chef d'Etat français a imposé, en octobre, son veto à l'ouverture des négociations d'adhésion de l'Albanie ainsi que de la Macédoine du Nord. Pour les uns, il s'agit d'une *« erreur historique »*, pour d'autres, Emmanuel Macron sanctionne à juste titre l'arrivée programmée d'Etats encore incapables de s'aligner sur les standards démocratiques européens.

De fait, si la Macédoine du Nord fait montre de progrès significatifs pour assurer la stabilité politique et la transparence économique, l'Albanie fait encore figure de mauvais élève. Le pays a déposé sa candidature en 2009 et a vu son statut de pays-candidat reconnu en 2014 mais souffre toujours de maux endémiques : la corruption et le crime organisé. ∎

CLAIRE GATINOIS

ANDORRE

PREMIER MINISTRE Xavier Espot Zamora (16/05/2019)
SUPERFICIE 468 km²
POPULATION (HAB.) 80 000
PIB (MD $) n. c.
CROISSANCE n. c.
CHÔMAGE n. c.
MONNAIE euro
ÉMISSIONS DE CO$_2$ (T/HAB.) 6,1 (58e)

Après être sortie de la liste grise des paradis fiscaux de l'Union européenne en décembre 2018, l'Andorre a poursuivi en 2019 les négociations pour obtenir un accord d'association sur le modèle du Liechtenstein. Ce dernier s'annonce cependant difficile, notamment du fait des réticences de la principauté à céder sur la libre circulation de personnes et à renoncer à son système de quotas de travailleurs communautaires.

Le pays, qui a ouvert plusieurs enquêtes sur l'utilisation de banques de la principauté par ▶▶▶

Europe **l'autre Europe**

▶▶▶ des réseaux de corruption internationaux, souhaite aussi être couvert par la Banque centrale européenne avant que puisse être instaurée la libre circulation des services financiers.

Lors des élections législatives du 7 avril, le parti Democrates per Andorra (centre droit), mené par Xavier Espot, a été reconduit au pouvoir, mais sans majorité absolue. Le pays a par ailleurs été secoué par un mouvement en faveur de la dépénalisation de l'avortement, toujours passible de prison. ●

SANDRINE MOREL

ARMÉNIE

CHEF DE L'ÉTAT Armen Sarkissian
PREMIER MINISTRE Nikol Pachinian
SUPERFICIE 30 000 km²
POPULATION (HAB.) 3 millions
PIB (MD $) 13,4
CROISSANCE 6 %
CHÔMAGE 17,7 %
MONNAIE dram (0,002 €)
ÉMISSIONS DE CO$_2$ (T/HAB.) 1,9 (133e)

Le gouvernement, mis en place après les élections législatives organisées fin 2018 qui ont confirmé la victoire de la « révolution de velours » et de son chef de file, Nikol Pachinian, a renouvelé son engagement en faveur de la bonne gouvernance et de la lutte contre la corruption.

Les anciennes figures du pouvoir, accusées de malversations, restent sous le coup de procédures judiciaires. L'ancien président arménien Serge Sarkissian a ainsi été inculpé début décembre 2019 pour « appropriation illégale et détournement » de fonds par des responsables politiques à hauteur de 489 millions de drams (un peu plus de 922 000 euros).

Agé de 65 ans, M. Sarkissian s'est vu interdire de quitter le territoire de l'Arménie. Son prédécesseur, Robert Kotcharian, fait également face à des poursuites. Il est notamment soupçonné d'avoir truqué l'élection de 2008 en faveur de

M. Sarkissian, ce qui avait provoqué de violentes manifestations entraînant la mort de dix personnes.

Ce contexte n'a pas empêché ce petit Etat du Caucase de 3 millions d'habitants de bénéficier d'une croissance toujours soutenue (6 %). Le premier ministre, Nikol Pachinian, s'en est félicité en soulignant que l'Arménie était le pays de l'ex-URSS qui affichait la plus forte croissance.

L'inflation a été ramenée à 1,8 % en août 2019, et les salaires ont continué de croître. En janvier 2020, le salaire minimum devrait ainsi progresser de 23 % et les pensions de retraite augmenter de 10 %. Enfin, le budget 2020, approuvé par le Parlement, ne prévoit pas de fortes augmentations des dépenses militaires malgré le conflit persistant avec l'Azerbaïdjan dans la province du Haut-Karabakh.

Toutefois, le taux de pauvreté concerne encore une bonne partie de la population et le chômage reste élevé (17,7 %). L'économie arménienne reste par ailleurs fortement dépendante de son partenaire russe, aussi bien en ce qui concerne les exportations (un quart) que le transfert des expatriés, qui représentent 15 % du PIB, dont 70 % en provenance de Russie. ●

ISABELLE MANDRAUD

AZERBAÏDJAN

CHEF DE L'ÉTAT Ilham Aliev
PREMIER MINISTRE Ali Assadov (08/10/2019)
SUPERFICIE 87 000 km²
POPULATION (HAB.) 10 millions
PIB (MD $) 47,2
CROISSANCE 2,7 %
CHÔMAGE 5,4 %
MONNAIE nouvelle manat (0,53 €)
ÉMISSIONS DE CO$_2$ (T/HAB.) 3,7 (95e)

Après sa réélection à la présidence de l'Azerbaïdjan en 2018, Ilham Aliev devait faire un geste. L'homme fort de cet Etat pétrolier du Caucase, qui a succédé à son père au pouvoir en 2003, a gracié

au mois de mars une quinzaine de militants d'opposition et de journalistes. La question des prisonniers politiques est un bon indicateur des humeurs du régime, mais aussi de la volonté de Bakou d'améliorer ses relations avec l'Europe.

Cela ne suffit toutefois pas à faire taire la contestation. Malgré un boom économique nourri par de larges réserves d'hydrocarbures (croissance attendue à près de 3 % en 2019), l'Azerbaïdjan reste miné par les inégalités et la corruption. En octobre, une dizaine d'arrestations ont touché le parti Musavat.

ÉLECTIONS ANTICIPÉES

Le clan Aliev, lui, serre les rangs. Le président a désigné comme premier ministre son conseiller économique, Ali Assadov, en octobre, et dissous le Parlement le 2 décembre, ouvrant la voie à des élections anticipées. Depuis la nomination de son épouse, Mehriban Alieva, à la vice-présidence en 2017, les spéculations faisant d'elle une candidate à la succession se sont multipliées.

Plus inhabituel, M. Aliev, dont le pays reste troublé par plus de vingt ans de conflit avec l'Arménie au sujet du Haut-Karabakh, fait de plus en plus part de sa mauvaise humeur vis-à-vis de l'Ouest. « A quel espace devrions-nous chercher à nous arrimer ? », s'est-il interrogé fin novembre, avant d'accuser l'Europe « de dire "stop à l'islam" » et de « ne plus faire la différence entre les hommes et les femmes ».

Ces déclarations détonnent alors même que Bakou a toujours plaidé pour une intégration euro-atlantique poussée, intégration encore renforcée par la mise en service à la fin de l'année du deuxième tronçon du gazoduc transanatolien Tanap entre l'Azerbaïdjan et l'Italie. ●

BENOÎT VITKINE

BIÉLORUSSIE

CHEF DE L'ÉTAT
Alexandre Loukachenko
PREMIER MINISTRE Sergueï Roumas
SUPERFICIE 208 000 km²
POPULATION (HAB.) 9,5 millions
PIB (MD $) 62,6
CROISSANCE 1,5 %
CHÔMAGE 5,7 %
MONNAIE rouble biélorusse (0,43 €)
ÉMISSIONS DE CO_2 (T/HAB.) 6,9 (52ᵉ)

En juillet 2019, Alexandre Loukachenko a célébré ses vingt-cinq ans à la tête de la Biélorussie, et il n'entend pas lâcher une miette de son pouvoir quasi absolu. Le président biélorusse l'a encore prouvé à l'occasion des législatives du 17 novembre, marquées par l'élimination des deux seuls députés d'opposition que comptait le Parlement. Réagissant aux critiques et accusations de fraude, émises notamment par l'UE et l'Organisation pour la sécurité et la coopération en Europe, M. Loukachenko a commenté : *« Si la société n'aime pas comment le président organise le vote, elle peut en choisir un nouveau l'année prochaine. »*

Il faut dire que le président a des problèmes autrement plus sérieux à régler. Les discussions avec Moscou pour relancer le traité d'Union entre Russie et Biélorussie qui fêtait, elle, ses 20 ans, ont été la grande affaire de l'année 2019. M. Loukachenko a été soumis à une forte pression de son homologue russe, qui désire une intégration plus poussée. Mais la partie russe se montre aussi moins disposée à payer pour garantir la loyauté de son voisin : Moscou a ainsi commencé en janvier à diminuer ses subventions à l'économie biélorusse très étatisée, via le détaxage du pétrole. Logiquement, les négociations entre les deux présidents n'ont abouti qu'à des déclarations d'intention.

Parallèlement, M. Loukachenko continue à améliorer ses relations avec l'Occident, débloquées en 2015 par la libération de prisonniers politiques et la levée des sanctions européennes contre Minsk. Le président biélorusse a ainsi accueilli en août John Bolton, le conseiller à la sécurité nationale américain, puis effectué en Autriche son premier déplacement en Europe depuis trois ans. ∎

B. VI.

BOSNIE-HERZÉGOVINE

PRÉSIDENCE COLLÉGIALE TOURNANTE
Zoran Tegeltija (19/11/2019)
PREMIER MINISTRE Denis Zvizdic
SUPERFICIE 51 000 km²
POPULATION (HAB.) 3,3 millions
PIB (MD $) 20,1
CROISSANCE 2,8 %
CHÔMAGE 21,2 %
MONNAIE mark (0,51 €)
ÉMISSIONS DE CO_2 (T/HAB.) 6,5 (55ᵉ)

Il a fallu treize mois pour que la Bosnie-Herzégovine parvienne à désigner un nouveau premier ministre, à la suite des élections générales organisées en octobre 2018. Après d'interminables négociations, les trois présidents représentant les trois peuples du pays – bosniaque, serbe et croate – ont fini par s'entendre, en novembre 2019, sur le nom de Zoran Tegeltija, un Serbe membre du parti nationaliste du président Milorad Dodik.

Farouche opposant d'un Etat bosnien, ce dernier refuse catégoriquement d'avancer sur la voie d'une adhésion à l'OTAN, réclamée par les communautés bosniaques et croates, et bloquait à ce titre tout accord de gouvernement. Un accord, négocié sous la tutelle des puissances occidentales – comme souvent dans ce pays toujours dysfonctionnel plus de vingt ans après la guerre –, a finalement débloqué la situation. M. Tegeltija a ensuite été élu par le Parlement en décembre, en évitant soigneusement de répondre aux questions sur le génocide de Srebrenica, que les nationalistes serbes refusent toujours de reconnaître.

Ce blocage politique a de nouveau empêché la Bosnie de fonctionner correctement. Le pays a notamment été incapable de gérer le soudain afflux de centaines de migrants souhaitant rejoindre l'Union européenne via son territoire et bloqués par les forces de l'ordre du voisin croate, membre de l'UE. Près de 800 migrants ont dû être évacués dans l'urgence, début décembre, de la zone frontalière où ils vivaient, dans des conditions déplorables, pour être hébergés à Sarajevo. ∎

JEAN-BAPTISTE CHASTAND

GÉORGIE

CHEF DE L'ÉTAT
Mᵐᵉ Salomé Zourabichvili
PREMIER MINISTRE
Guiorgui Gakharia (08/09/2019)
SUPERFICIE 70 000 km²
POPULATION (HAB.) 4 millions
PIB (MD $) 15,9
CROISSANCE 4,6 %
CHÔMAGE 14,3 %
MONNAIE lari (0,3 €)
ÉMISSIONS DE CO_2 (T/HAB.) 2,6 (111ᵉ)

À l'orée d'une année électorale sensible, la Géorgie vit à l'heure des crises politiques à répétition. Installé au pouvoir depuis 2012, le Rêve géorgien, parti formé et contrôlé par le discret oligarque Bidzina Ivanichvili, est de plus en plus contesté, jusque dans la rue, après avoir subi une première alerte lors de la présidentielle de 2018.

La crise la plus sérieuse est intervenue à l'été, lorsque l'opposition est massivement descendue dans la rue pour protester contre l'invitation au Parlement d'un élu russe. Parmi les éléments avancés comme sortie de crise, après quelques jours de troubles parfois violents, la promesse d'une réforme du système électoral, jugé trop favorable au pouvoir en place, pour les législatives de 2020. Peine perdue, l'oubli de cette promesse a provoqué de nouvelles manifestations en novembre, l'opposition (composée en partie de fidèles de l'ancien président Mikheïl Saakachvili) accusant le pouvoir de pratiques autoritaires.

Ces crises ont aussi rappelé le poids prépondérant que continue de jouer la relation avec Moscou sur la scène politique. Après les manifestations de l'été, la Russie a suspendu pendant plusieurs semaines ses liaisons aériennes avec Tbilissi, sans réellement en expliquer la raison. L'opposition accuse volontiers le pouvoir de compromissions, quand celui-ci parle d'une politique *« pragmatique »*, moins agressive qu'à l'époque Saakachvili (2004-2013).

Si Tbilissi peut se prévaloir d'un retour de la croissance depuis 2018, celle-ci ne compense pas la dégradation des années précédentes. Et, le pouvoir ne parvient pas à résorber la pauvreté, plus importante que dans les autres pays de la région. ∎

B. VI.

ISLANDE

CHEF DE L'ÉTAT Gudni Johannesson
PREMIÈRE MINISTRE Katrin Jakobsdottir
SUPERFICIE 103 000 km²
POPULATION (HAB.) 340 000
PIB (MD $) 23,9
CROISSANCE 0,8 %
CHÔMAGE (OCDE) 3,7 %
MONNAIE couronne islandaise (0,007 €)
ÉMISSIONS DE CO_2 (T/HAB.) 11 (25ᵉ)

On attendait en Islande en 2019 un printemps social agité, mais il n'en fut rien. La revalorisation des bas salaires n'a pas entraîné un retour de l'inflation (2,7 % sur l'année, un bon chiffre pour l'Islande). La première ministre (gauche écologique), Katrin Jakobsdottir, en coalition avec les conservateurs et les centristes, peut s'estimer satisfaite de la stabilité du pays.

Mais l'île a été ébranlée par trois chocs successifs. L'Islande a été mise – seul pays d'Europe – sur la liste grise du GAFI (Groupe d'action financière intergouvernemental) qui fait la chasse au blanchiment d'argent. Voilà qui a inspiré de nouveau la méfiance des organismes financiers internationaux. Autre choc : une diminution des ▶▶▶

Europe *l'autre Europe*

▶▶▶ touristes d'environ 16 %. La faillite de la compagnie aérienne Wow, en affaiblissant l'attractivité du hub de l'aéroport de Keflavik, a renforcé l'érosion du tourisme. Du coup, la croissance est atone.

La divulgation enfin par WikiLeaks des manœuvres frauduleuses de la compagnie de pêche Samherji, pour obtenir des quotas en Namibie, a créé un scandale qui a fait sortir les Islandais dans la rue. Des ministres namibiens, emprisonnés depuis, recevaient des sommes importantes de la compagnie islandaise, en échange de quotas de pêche. Une large partie des gains était ensuite transférée aux îles Marshall. ●

GÉRARD LEMARQUIS

KOSOVO

50 KM

CHEF DE L'ÉTAT Hashim Thaçi
PREMIER MINISTRE Ramush Haradinaj
SUPERFICIE 11 000 km²
POPULATION (HAB.) 1,8 million
PIB (MD $) 8
CROISSANCE 4,2 %
CHÔMAGE n. c.
MONNAIE euro
ÉMISSIONS DE CO_2 (T/HAB.) 4,8 (75e)

Cet ex-leader étudiant, jusqu'ici cantonné au rôle d'agitateur de rue, Albin Kurti, 44 ans, est désormais aux portes du pouvoir. Figure du parti Vetëvendosja (« autodétermination »), une formation nationaliste de gauche arrivée en tête lors des législatives d'octobre, Albin Kurti s'attelle à former un gouvernement dans lequel, a-t-il promis, *« il n'y aura plus de voleurs »*.

La victoire de ce chef charismatique, que l'on surnomme aussi le « Che kosovar », a provoqué un véritable séisme politique dans la courte histoire du Kosovo en infligeant une déroute au Parti démocratique du Kosovo (PDK) et au président actuel Hashim Thaçi, dit « Le Serpent ». Pour la première fois depuis l'indépendance de ce petit pays des Balkans obtenue en 2008, le PDK ne devrait plus être en mesure de gouverner. Les électeurs de cet Etat rongé par la corruption

et une situation économique désespérante ont aussi chassé du paysage politique kosovar la *« coalition des commandants »*, nom donné aux autres vétérans qui dirigeaient la majorité sortante.

Un nettoyage salvateur ? Hier critique du rôle des Etats-Unis et de l'Union européenne ou prônant le rattachement du Kosovo à l'Albanie, sujet potentiellement explosif dans la région, M. Kurti l'a emporté en menant une campagne modérée, promettant à *« ses alliés internationaux »* qu'il allait chercher *« leur partenariat »* pour discuter avec la Serbie. Le dialogue entre la Serbie et son ex-province du Kosovo, dont Belgrade refuse de reconnaître l'indépendance et soutenu par la plupart des pays occidentaux, est, pour l'heure, toujours au point mort. ●

CLAIRE GATINOIS

LIECHTENSTEIN

20 KM

CHEF DE L'ÉTAT Hans-Adam II
PREMIER MINISTRE Adrian Hasler
SUPERFICIE 160 km²
POPULATION (HAB.) 40 000
PIB (MD $) n. c.
CROISSANCE n. c.
CHÔMAGE n. c.
MONNAIE franc suisse (0,91 €)
ÉMISSIONS DE CO_2 (T/HAB.) 4 (89e)

A la mi-août 2019, les quelque 40 000 habitants du Liechtenstein ont célébré les 300 ans de leur principauté – Etat lilliputien, coincé entre l'Autriche et la Suisse – en buvant une bière avec leur monarque, le prince Hans-Adam II. Les liens avec la famille régnante n'ont pas toujours été si chaleureux. En 2003, Hans-Adam II avait menacé d'abdiquer si ses sujets ne lui accordaient pas plus de pouvoirs. Depuis 2004, c'est son fils, le prince régent Alois, qui veille sur cette monarchie constitutionnelle basée sur la démocratie directe. Si la Constitution accorde au prince un droit de veto sur les nouvelles lois, les citoyens, eux, ont en principe le droit de le démettre de ses fonctions. Les risques sont faibles :

le royaume détient un des PIB par an et par habitant les plus élevés au monde (149 798 euros), un taux de chômage de 1,5 % et un taux d'endettement public quasi nul (0,5 % du PIB), selon France Diplomatie. ●

MARIE BOURREAU

MACÉDOINE DU NORD

50 KM

CHEF DE L'ÉTAT Stevo Pendarovski
(élu le 05/05/2019, en fonctions le 15/05/2019)
PRÉSIDENT DU GOUVERNEMENT Zoran Zaev
SUPERFICIE 26 000 km²
POPULATION (HAB.) 2,1 millions
PIB (MD $) 12,7
CROISSANCE 3,2 %
CHÔMAGE 21,6 %
MONNAIE denar (0,016 €)
ÉMISSIONS DE CO_2 (T/HAB.) 3,5 (99e)

Stupeur. C'est en Macédoine du Nord, sans doute, que le refus de la France de faire avancer l'élargissement de l'UE a causé le plus d'émois. Le petit pays des Balkans n'avait pas ménagé ses efforts pour que s'ouvrent, à l'automne, des négociations exclusives en vue de son adhésion à l'UE. Les *« efforts énormes »* accomplis par la Macédoine du Nord, comme par l'Albanie, auraient *« mérité »* d'ouvrir les négociations, a même souligné la présidente de la Commission européenne, Ursula von der Leyen, après avoir été confirmée dans ses fonctions par le Parlement de Bruxelles.

Pour s'assurer de cette future adhésion et mettre fin à vingt-sept ans de contentieux avec le voisin grec, la Macédoine du Nord avait même accepté de changer de nom, cessant d'être désignée comme l'Ancienne République yougoslave de Macédoine (ARYM). *« Nous avons réalisé quelque chose que personne d'autre n'a fait dans l'histoire de la diplomatie moderne. Mais, même ça, ce n'était pas assez »*, soulignait, lors d'un entretien au *Monde* en novembre, Stevo Pendarovski, le président social-démocrate. Qualifié *« d'erreur historique »* par le premier ministre Zoran Zaev, le «non» français, soutenu par les Pays-Bas et le Danemark, a contraint le chef du gouvernement à annoncer des élections anticipées en avril 2020.

Mais après la phase d'incompréhension, Skopje espère avoir une seconde chance au printemps. Tout en reconnaissant la justesse des arguments d'Emmanuel Macron visant à changer et à améliorer le processus d'adhésion à l'UE, le pays pense que les étapes de son adhésion pourraient être menées en parallèle à la refonte des règles de l'UE.

En éloignant la perspective d'une adhésion européenne, le pays redoute de basculer à nouveau dans un régime autoritaire. Entre 2006 et 2016, la Macédoine du Nord a été gouvernée par Nikola Gruevski, condamné à deux ans de prison pour abus de pouvoir, avant de prendre la fuite en Hongrie. ∎

C. G.

MOLDAVIE

CHEF DE L'ÉTAT Igor Dodon
PREMIER MINISTRE Ion Chicu (14/11/2019)
SUPERFICIE 34 000 km²
POPULATION (HAB.) 4 millions
PIB (MD $) 11,7
CROISSANCE 3,5 %
CHÔMAGE 3,4 %
MONNAIE leu (0,051 €)
ÉMISSIONS DE CO_2 (T/HAB.) 1,3 (148ᵉ)

La Moldavie s'est payé le luxe de vivre, en à peine une année, une révolution et une contre-révolution. Première étape : la Constitution, à l'issue des législatives de février, d'une coalition entre lesdits socialistes et les libéraux proeuropéens d'ACUM, qui porte au pouvoir la jeune réformatrice Maia Sandu. La révolution est double : non seulement la nouvelle équipe engage un profond nettoyage des institutions, vérolées par la corruption et soumises durant des années au parti de l'oligarque Vlad Plahotniuc. Symbole de ce revirement, le tout-puissant homme d'affaires, qui avait mis le pays en coupe réglée et anéanti l'Etat de droit tout

en se proclamant «proeuropéen», quitte le pays. Mais la révolution est aussi géopolitique : si la coalition entre ACUM et les socialistes a pu voir le jour, c'est, dit-on, parce que Moscou, Bruxelles et Washington ont permis à leurs protégés de s'entendre.

Sauf que la belle histoire n'a pas duré. Dès le mois de novembre, le gouvernement de Mᵐᵉ Sandu est renversé par le Parlement, puni pour avoir tenté d'imposer la nomination d'un procureur général indépendant, étape indispensable pour lutter contre la corruption. Quelques jours plus tard, les socialistes s'allient avec le Parti démocrate de M. Plahotniuc et désignent Ion Chicu premier ministre. A l'issue de cette séquence politique inédite, Vlad Plahotniuc s'offre un répit, même s'il n'est pas encore revenu de son exil, et les prorusses du président socialiste Igor Dodon sortent immensément renforcés.

La Russie sort elle aussi gagnante. M. Dodon souhaite s'en rapprocher, et c'est dans la capitale russe que le nouveau premier ministre a effectué sa première visite, y décrochant une réduction très importante du prix du gaz que Chisinau achète à la Russie. Nombre d'observateurs attendent désormais une accélération des discussions pour une réintégration de la Transnistrie séparatiste. Aux conditions de Moscou. ∎

BENOÎT VITKINE

MONACO

CHEF DE L'ÉTAT Albert II
MINISTRE D'ÉTAT Serge Telle
SUPERFICIE 2 km²
POPULATION (HAB.) 40 000
PIB (MD $) n. c.
CROISSANCE n. c.
CHÔMAGE n. c.
MONNAIE euro
ÉMISSIONS DE CO_2 (T/HAB.) n. c

Une année 2019 placée sous le signe de la Chine. Son président, Xi Jinping, s'est ainsi rendu à Monaco le 24 mars, où il s'est entretenu avec Albert II. Cette rencontre

constitue un succès diplomatique historique pour le prince, qui avait été reçu en septembre 2018 à Pékin : hormis la France, la Principauté n'avait jamais accueilli de dirigeant d'une grande puissance, membre du Conseil de sécurité de l'ONU.

Le 9 juillet, Monaco est devenu le premier pays entièrement couvert en 5G après l'alliance de Monaco Telecom (dont le fondateur de Free, Xavier Niel, est actionnaire majoritaire à titre individuel et, par ailleurs, actionnaire du *Monde* à titre individuel) et du chinois Huawei.

La Principauté, dont le PIB est reparti à la hausse en 2018 (+ 6,1 %, selon l'Institut monégasque de la statistique et des études économiques [Imsee], derniers chiffres connus), après une baisse de 3,5 % en 2017, continue de parier sur le gain d'hectares de foncier sur la mer, avec, en juillet, la pose au large du 17ᵉ et dernier caisson de béton d'une digue précédant une phase de remblaiement pour créer une plate-forme où sera construit un nouveau quartier d'ici à 2025. ∎

PIERRE JULLIEN

MONTÉNÉGRO

CHEF DE L'ÉTAT Milo Djukanovic
PREMIER MINISTRE Dusko Markovic
SUPERFICIE 14 000 km²
POPULATION (HAB.) 628 000
PIB (MD $) 5,4
CROISSANCE 3 %
CHÔMAGE 15,8 %
MONNAIE euro
ÉMISSIONS DE CO_2 (T/HAB.) 3,2 (101ᵉ)

Milo Djukanovic a retrouvé en 2018 sa position de maître du Monténégro, après son vrai faux retrait de la vie politique en 2016. Elu dès le premier tour du scrutin présidentiel organisé dans ce petit Etat des Balkans de 620 000 habitants, l'homme a clamé *«la victoire de l'avenir européen du Monténégro»* devant ses partisans.

Père de l'indépendance en 2006, six fois premier ministre, une fois président, Milo Djukanovic

est une personnalité clivante et controversée, régulièrement accusée d'entretenir des liens étroits avec le crime organisé de son pays.

Et c'est sous sa direction qu'après son adhésion à l'OTAN, effective depuis 2017, le pays s'efforce désormais d'accomplir les réformes nécessaires afin de rejoindre l'UE. Avec la lutte contre le crime organisé et la corruption, l'indépendance de la justice est considérée par l'UE comme un point crucial dans les négociations d'adhésion. Dans son dernier rapport, en 2018, la Commission de Bruxelles avait estimé que *«le cadre légal visant à améliorer l'indépendance et le professionnalisme du système judiciaire restait à être entièrement mis en place».* ∎

C. G.

NORVÈGE

CHEF DE L'ÉTAT Harald V
PREMIÈRE MINISTRE Erna Solberg
SUPERFICIE 385 000 km²
POPULATION (HAB.) 5,4 millions
PIB (MD $) 417,6
CROISSANCE 1,9 %
CHÔMAGE (OCDE) 3,4 %
MONNAIE couronne norvégienne (0,10 €)
ÉMISSIONS DE CO_2 (T/HAB.) 8,3 (39ᵉ)

En 2019, l'actualité politique norvégienne a été marquée par les élections locales du 9 septembre et la victoire du vote contestataire, au détriment des deux grands partis, les sociaux-démocrates et les conservateurs (Hoyre). Nouveau venu sur la scène politique, Folkeaksjonen nei til mer bompenger (Action populaire en faveur du non à l'augmentation des péages urbains, FNB), créé en 2014, entre dans plusieurs conseils municipaux, tandis que les Verts progressent fortement dans les centres urbains.

Pendant l'été, le Parti du progrès (Fremskrittspartiet, FrP), une formation populiste anti-immigration, en déroute dans les sondages, avait envisagé de quitter la ▶▶▶

Europe **l'autre Europe**

▶▶▶ coalition gouvernementale, dirigée, depuis 2013, par la conservatrice Erna Solberg. A l'issue du scrutin, le FrP a mis fin à l'incertitude en décidant de rester au gouvernement.

La progression du vote écologiste ne remet pas en cause la politique d'exploitation de la pétromonarchie norvégienne, dont le fonds souverain a dépassé la barre des 10 000 milliards de couronnes (près de 1 000 milliards d'euros). En mars, les gestionnaires de la manne pétrolière ont annoncé un désengagement progressif et partiel du secteur pétrolier.

Mis en service début octobre, le gisement Johan Sverdrup, qui constitue la plus importante découverte en mer du Nord depuis plus de trente ans, a immédiatement dopé la production norvégienne. Parallèlement, le royaume – qui n'est plus à une contradiction près – espère être un des premiers à atteindre la neutralité carbone d'ici à 2030. ●

ANNE-FRANÇOISE HIVERT

RUSSIE

CHEF DE L'ÉTAT Vladimir Poutine
PREMIER MINISTRE Dmitri Medvedev
SUPERFICIE 17 098 000 km²
POPULATION (HAB.) 145,9 millions
PIB (MD $) 1 637,9
CROISSANCE 1,1 %
CHÔMAGE 4,6 %
MONNAIE rouble (0,014 €)
ÉMISSIONS DE CO₂ (T/HAB.) 12 (23ᵉ)

Scrutin électoral de second ordre, les élections locales du 8 septembre en Russie auraient dû ne constituer qu'une péripétie sans importance. Elles sont devenues le feuilleton politique de l'année. L'ampleur prise par ce scrutin à faible enjeu illustre bien le paradoxe russe en cette année 2019. De plus en plus incontournable sur la scène internationale, le pouvoir russe se voit affaibli en interne.

Dès le début de l'été, il est apparu clair que ces élections organisées dans 56 sujets de la Fédération seraient un mauvais moment à passer pour le pouvoir : à Moscou et dans plusieurs régions et villes de province, les candidats du parti au pouvoir, Russie unie, se sont présentés sans étiquette, reconnaissant par là l'impopularité de la formation présidentielle ; parallèlement, les candidats de l'opposition libérale et ceux d'Alexeï Navalny étaient les uns après les autres empêchés de se présenter au motif – la plupart du temps fallacieux – qu'ils n'auraient pas respecté les procédures.

DES MILLIERS D'ARRESTATIONS

Durant tout l'été, la capitale a été le théâtre d'un mouvement de protestation pour des *« élections libres »*, important sans être massif (jusqu'à 60 000 personnes réunies), qui ne s'est arrêté que le jour du scrutin. Dans les urnes, le résultat a été contrasté : à Moscou, les candidats de l'opposition « autorisée » – communistes et nationalistes – ont infligé un recul massif au pouvoir, qui a perdu 21 circonscriptions sur 45, en grande partie grâce à la stratégie de *« vote intelligent »* prônée par M. Navalny pour faire battre les candidats du pouvoir ; en province, les autorités ont limité la casse, en recul certes, mais en l'emportant dans une grande majorité de régions.

Face à cette contestation d'ampleur limitée, le Kremlin a choisi une réponse intégralement répressive. Durant l'été, les manifestations pourtant pacifiques ont donné lieu à des milliers d'arrestations. Surtout, des condamnations à des peines allant jusqu'à cinq ans de prison ont été prononcées contre des manifestants pour des faits de violence la plupart du temps imaginaires. L'organisation de M. Navalny, le Fonds de lutte contre la corruption, fait elle aussi l'objet de poursuites pénales.

Cet acharnement des services de sécurité (FSB) à punir les responsables de la contestation, présentés dans les médias comme des *« émeutiers »*, correspond à un nouveau recul des libertés en Russie. Celui-ci dépasse la seule « affaire de Moscou » : en province, des activistes locaux ont également été ciblés ; une organisation comme Memorial, spécialisée dans la défense des droits de l'homme et la recherche sur les crimes communistes, reçoit amende après amende.

De nouvelles législations répressives ont également été adoptées tout au long de l'année : extension de la loi sur les « agents de l'étranger » aux personnes physiques ; loi sur « l'Internet souverain » ; délit d'offense aux représentants du pouvoir sur Internet ; loi sur les « fausses nouvelles ». Ces innovations législatives résonnent avec l'entretien accordé par Vladimir Poutine au *Financial Times*, en juin, dans lequel il juge explicitement le libéralisme *« obsolète »*.

Ce repli est parallèle à une fragilisation du contrat social russe et de la promesse d'enrichissement poutinienne. La baisse du pouvoir d'achat est continue depuis 2014 (de l'ordre de 12 %). Sur la seule année 2019, le pays a enregistré 500 000 nouveaux pauvres (20,9 millions de personnes vivant avec moins de 10 753 roubles mensuels, soit 154 euros).

La Russie paie là le recul économique débuté avant même le début de la crise avec l'Occident et l'adoption de sanctions et de contre-sanctions : la croissance stagne (les prévisions les plus optimistes évoquent 1,3 % pour 2019), et les promesses sociales, elles, ont été oubliées : les observateurs ont ainsi cruellement déterré des archives la promesse, faite par M. Poutine en 2008, que le salaire moyen atteindrait, en 2020, 2 500 euros. A l'échéance dite, le chiffre est de 650 euros.

Le climat des affaires souffre lui aussi de la mainmise de plus en plus évidente des « ministères de force ». En juin, au forum de Saint-Pétersbourg, les milieux d'affaires ont déploré la remise en question de la sacro-sainte stabilité vantée par le Kremlin, fragilisée par les défaillances de l'Etat de droit et les offensives des services de sécurité contre certains investisseurs. En témoigne, entre autres, l'arrestation du Français Philippe Delpal, directeur financier du fonds Baring Vostok.

LUTTES DE CLANS

Ce climat fébrile atteint également les sommets de l'Etat. Les arrestations de hauts responsables, fonctionnaires ou élus, sont devenues une routine, comme en témoigne le rapport du think tank Mission libérale montrant qu'en moyenne, depuis 2014, 2 % des membres de l'élite font chaque année l'objet de poursuites pénales. Derrière l'objectif affiché de la lutte contre la corruption percent luttes de clans et volonté du pouvoir de maintenir la cohésion au sommet en utilisant l'arme de la peur.

Si les mouvements de protestation se cristallisent à Moscou et Saint-Pétersbourg autour des questions politiques et de droit, dans les régions, ce sont les dossiers sociaux ou écologiques, comme l'importante contestation contre l'implantation d'une décharge dans la région d'Arkhangelsk, qui mobilisent les citoyens russes. Dans le même temps, la place de la télévision comme unique source d'information des Russes recule, dépassée pour la première fois, en 2019, par Internet.

Malgré tout, la défiance vis-à-vis des autorités n'atteint qu'à la marge le président lui-même, lequel se positionne en arbitre des conflits, au-dessus des contingences du quotidien. La cote de popularité de M. Poutine reste élevée, à environ 70 %, même si la méthodologie des enquêtes d'opinion sur le sujet pose question. Il s'agit néanmoins d'un score proche de ses plus bas historiques. Et cette dépendance à la personnalité du président pose des questions quant à la succession

théoriquement attendue en 2024, lorsque M. Poutine aura accompli le nombre maximum de mandats prévu par la Constitution.

L'autre nouveauté est que l'accent mis sur les questions internationales ne suffit plus à satisfaire l'opinion, voire à la mettre en ébullition comme cela avait été le cas après l'annexion de la Crimée, en 2014. Et pourtant, 2019 a été une année de succès indiscutables pour Moscou sur la scène mondiale. *« Poutine a découvert que le monde pouvait être plus facile à manipuler que son propre pays »*, résume le journaliste Leonid Bershidsky.

Le succès le plus net concerne le dossier syrien. L'offensive turque contre les milices kurdes du nord

CES MILLIARDS QUE MOSCOU N'ARRIVE PAS À DÉPENSER

L'annonce, en 2018, rappelait les grandes heures du New Deal rooseveltien. D'ici à 2024, la Russie allait dépenser 400 milliards de dollars (360 milliards d'euros) dans une série de « projets nationaux » placés directement sous la supervision de la présidence. L'objectif : stimuler la croissance et l'emploi, mais aussi combler le retard russe en investissements dans un certain nombre de domaines : santé, éducation, infrastructures...

Début novembre, un rapport de la Cour des comptes a montré que ces projets étaient en grande partie à l'arrêt. D'après le document, les sommes allouées pour l'année 2019 à ces grands travaux n'ont été engagées qu'à 52,1 % s'agissant des infrastructures, à 62,9 % dans les autres secteurs. Les appels d'offres, eux, n'ont été pourvus que pour 14 % des montants prévus.

Le problème est en réalité d'une ampleur encore plus importante. Chaque année, ce sont des milliards que la Russie ne parvient tout simplement pas à dépenser. On ne parle pas ici des fonds importants placés chaque année dans les réserves, et qui ont notamment permis à la Russie de bien amortir les chocs financiers passés, mais bien de sommes qui ne trouvent pas d'autre place dans le budget fédéral qu'à la ligne *« excédent »*, et ne sont pas même placées sur les marchés.

Un trillion de roubles

Dès 2017, 3,6 milliards d'euros étaient ainsi laissés en déshérence dans le budget au lieu d'être alloués, et ce, alors même que la situation sociale est mauvaise, docteurs et professeurs touchant des salaires très bas. La tendance n'a fait que se confirmer, et cette somme atteint, pour l'année 2019, un trillion de roubles, soit 14,4 milliards d'euros. *« Cela a l'air d'être beaucoup »*, a sobrement réagi le président Vladimir Poutine lorsque le président de la Cour des comptes, Alexeï Koudrine, lui a fait part de cette situation.

Grands projets ou budget fédéral, les explications sont les mêmes. Selon M. Koudrine, l'un des derniers membres influents du clan des libéraux, il s'agit d'une conséquence de la *« faible qualité de la gouvernance étatique »*. En clair, les fonctionnaires ne sont tout simplement pas capables de dépenser ces sommes, ou de s'assurer qu'elles ne soient pas volées avant d'arriver à destination.

Surtout, le système dans son ensemble est paralysé par la crainte des poursuites judiciaires, qui décime régulièrement les élites. *« Il est impossible d'exécuter les ordres sans enfreindre les règles »*, résume l'ancien vice-gouverneur de la Banque centrale Sergueï Aleksachenko. Ce constat, valable pour tous les secteurs de la vie publique, devient terrifiant s'agissant de projets dépendant de la présidence. ●

B. VI.

du pays, à l'automne, déclenchée après le retrait américain de la zone, aurait pu mettre à bas le fragile équilibre mis en place par Moscou. C'est l'inverse qui s'est produit : Moscou a réussi à sortir de la crise par la voie diplomatique en donnant des gages à Ankara tout en affermissant les positions de son allié Bachar Al-Assad. Entré dans le conflit syrien en utilisant le bulldozer de son armée, le Kremlin a montré sa capacité à bâtir des compromis. La situation dans le Nord syrien reste toutefois volatile, et les tentatives russes de bâtir une solution de paix acceptée par les différents acteurs, notamment à travers la mise en place d'un organe constitutionnel, sont encore balbutiantes.

La Russie n'est plus seulement « de retour » dans les relations internationales, elle en est devenue l'un des arbitres. Ce changement est d'autant plus visible, en creux, avec le retrait américain de plus en plus prononcé, mais aussi à travers les mots du président français, Emmanuel Macron, reprenant, dans une interview à *The Economist*, les théories russes sur l'inutilité de l'OTAN, ou plaidant pour un *« partenariat »* avec Moscou.

PREMIER SOMMET AFRICAIN

En d'autres termes, l'ordre établi a volé en éclats, et Vladimir Poutine peut se permettre de vendre des systèmes de défense antiaérienne russes, les S-400, à un membre de l'OTAN, la Turquie. En Ukraine, Moscou maintient un statu quo qui, pour l'instant, lui convient. La reprise du dialogue au « format Normandie », le 9 décembre, à Paris, permet à la partie russe de faire peser les attentes sur le nouveau président ukrainien, Volodymyr Zelensky, sans que la Russie n'ait à modifier ses positions.

Ailleurs, la Russie paraît même à l'offensive. Quoique largement symbolique, la tenue d'un tout premier sommet africain à Sotchi, en septembre, réunissant une quarantaine de chefs d'Etat du continent, a marqué un retour russe dans une région longtemps désertée. En Libye, l'utilisation du groupe paramilitaire privé Wagner permet à Moscou de mettre en échec les plans occidentaux. De la même façon, l'allié vénézuélien de Moscou, Nicolas Maduro, a réussi à se maintenir au pouvoir en bénéficiant d'un soutien diplomatique et logistique russe.

Pendant ce temps, le rapprochement se poursuit avec la Chine, comme l'a symbolisé l'inauguration, à la fin de l'année, du gazoduc « Force de Sibérie ». Celui-ci illustre toutefois aussi les déséquilibres et

les faux-semblants de cette relation russo-chinoise puisque son coût très élevé (les estimations vont jusqu'à 100 milliards de dollars) fait douter les experts quant à une possible rentabilité du projet. ●

BENOÎT VITKINE

SAINT-MARIN

CHEF DE L'ÉTAT Deux « capitaines-régents » élus pour six mois : Luca Boschi et Mme Mariella Mularoni (depuis 01/10/2019)
SUPERFICIE 61,2 km²
POPULATION (HAB.) 33 400
PIB (MD $) 1,6
CROISSANCE 0,8 %
CHÔMAGE n. c.
MONNAIE euro
ÉMISSIONS DE CO$_2$ (T/HAB.) n. c.

C'est comme si le pays ne devait jamais parvenir à s'en sortir. Naguère considérée comme une petite oasis de stabilité au milieu des soubresauts italiens, la République de Saint-Marin n'en finit plus de se débattre dans une crise financière profonde, provoquée par les errements d'un système bancaire sur lequel elle avait fondé sa croissance du demi-siècle écoulé.

Véritable place « offshore » au cœur des montagnes de Romagne (centre nord de l'Italie), la plus vieille république d'Europe paie encore les conséquences de la crise des années 2008-2009, qui a détérioré les bilans de toutes les institutions financières (en particulier celui de la banque d'Etat, la Cassa di Risparmio) tout en forçant le pays à adopter, sous la pression de l'Italie, les normes européennes en matière de transparence. Dans un rapport publié au printemps 2019, le FMI a ainsi préconisé une recapitalisation des banques et un « nettoyage » des bilans qui se font toujours attendre.

Sur le plan politique, les élections générales du 8 décembre ont vu le retour en force de la démocratie chrétienne, redevenue la principale force politique locale, après trois années d'éclipse. ●

JÉRÔME GAUTHERET

Europe @ l'autre Europe

SERBIE

CHEF DE L'ÉTAT Aleksandar Vucic
PREMIÈRE MINISTRE Ana Brnabic
SUPERFICIE 77 000 km²
POPULATION (HAB.) 8,8 millions
PIB (MD $) 51,5
CROISSANCE 3,5 %
CHÔMAGE 13,5 %
MONNAIE dinar serbe (0,008 €)
ÉMISSIONS DE CO_2 (T/HAB.) 5,2 (70e)

Malgré une vague de protestations en janvier et un accident cardiovasculaire en novembre, Aleksandar Vucic tient toujours fermement les rênes du pouvoir en Serbie. Les membres de l'opposition sont régulièrement passés à tabac, la presse et la justice sont sous contrôle, et la corruption explose. Mais l'homme fort de Belgrade s'accroche à la présidence qu'il tient depuis 2017. *« Nous devons écouter le peuple, mais je ne serai jamais prêt à écouter des leaders politiques qui veulent détruire l'avenir du pays »*, a-t-il expliqué début 2019 au *Financial Times*.

Hier ultranationaliste prônant la « Grande Serbie », M. Vucic a su, toutefois, faire preuve de pragmatisme. Considéré dans les Balkans comme le principal allié de la Russie qui, comme le pouvoir serbe, refuse de reconnaître l'indépendance du Kosovo, le chef d'Etat s'affiche aujourd'hui comme un proeuropéen, jouant la réconciliation régionale. Et c'est avec tous les honneurs que son pays a reçu, en juillet, le président français, Emmanuel Macron, venu l'inciter à reprendre le dialogue avec son voisin kosovar.

Les deux parties ont entamé en 2011 un dialogue avec la médiation de Bruxelles. Mais celui-ci, qui semblait s'être engagé sur une voie de reprise en 2018, semble à nouveau au point mort. La Serbie négocie son adhésion à l'Union européenne. Et après la visite d'Emmanuel Macron, plusieurs pays européens ainsi que les Etats-Unis l'ont exhortée à reprendre *« d'urgence »* les pourparlers avec le Kosovo afin de *« faire des progrès sur la voie vers l'Union européenne »*. ∎

CLAIRE GATINOIS

SUISSE

CHEF DE L'ÉTAT Ueli Maurer (01/01/2019)
SUPERFICIE 41 000 km²
POPULATION (HAB.) 8,6 millions
PIB (MD $) 715,4
CROISSANCE 0,8 %
CHÔMAGE (OCDE) 4,5 %
MONNAIE franc suisse (0,91 €)
ÉMISSIONS DE CO_2 (T/HAB.) 4,3 (86e)

En octobre 2019, les Suisses ont bousculé le paysage politique en faisant des formations écologistes la quatrième force politique lors des élections fédérales. Le parti populiste et conservateur de l'UDC reste toutefois très majoritaire et le bon score des écologistes n'a pas suffi à renverser la formule dite « magique » – qui prévaut depuis six décennies et qui octroie sept places de ministres aux cinq principaux partis (2 Union démocratique du centre, 2 Parti socialiste, 2 Parti libéral-radical et 1 Parti démocrate-chrétien).

Dans ce pays alpin qui souffre du réchauffement climatique – il a enterré au mois d'octobre le glacier du Pizol qui culminait à 2 700 mètres –, cette prise de conscience écologiste a déjà conduit le conseil fédéral à adopter en novembre une initiative sur les glaciers qui vise à inscrire les termes de l'accord de Paris sur le climat dans la Constitution et à atteindre la neutralité carbone d'ici à 2050.

Autre mobilisation, celle des Suissesses – qui, trois décennies après leur grande manifestation féministe, ont été près de 500 000 à défiler au mois de juin pour plus d'équité salariale. Adepte de la démocratie directe, le peuple suisse a aussi approuvé au mois de mai un durcissement de la législation sur les armes à feu pour se conformer aux directives antiterroristes de l'Union européenne (UE) alors que 3 Helvètes sur 10 possèdent une arme. Bien que ni membre de l'UE ni de l'Espace économique européen (EEE), la Suisse a pour principal partenaire commercial l'Europe, qui contribue à en faire un marché prospère avec une croissance annuelle de 1,1 % dopée par l'industrie de la chimie et de la pharmacie, un taux de chômage de 4,5 % et un PIB par habitant parmi les plus élevés au monde de 73 146 euros, selon les chiffres du secrétariat d'Etat à l'économie (SECO) d'octobre 2019.

Le scepticisme à l'égard de l'UE reste toutefois très fort. Alors que Bruxelles négocie depuis dix ans un accord-cadre censé simplifier les échanges bilatéraux sur la base du droit européen, Berne fait la sourde oreille. La perspective du Brexit et la nouvelle commission européenne devraient accélérer les discussions. ∎

MARIE BOURREAU

TURQUIE

CHEF DE L'ÉTAT Recep Tayyip Erdogan
SUPERFICIE 784 000 km²
POPULATION (HAB.) 83,4 millions
PIB (MD $) 743,7
CROISSANCE 0,2 %
CHÔMAGE (OCDE) 13,5 %
MONNAIE lire turque (0,16 €)
ÉMISSIONS DE CO_2 (T/HAB.) 5,2 (68e)

Convalescence en vue pour l'économie turque, qui se remet lentement du choc monétaire subi à l'été 2018, quand la devise locale, la livre turque (TL), a perdu près de 30 % de sa valeur face au dollar, à la suite d'une crise diplomatique aiguë avec Washington.

Après trois trimestres consécutifs de contraction, la croissance est revenue au quatrième trimestre 2019, avec une progression de 0,9 % par rapport à l'année précédente. Un point positif à mettre au crédit des mesures de relance adoptées par le gouvernement de Recep Tayyip Erdogan qui, depuis sa réélection en juin 2018, cumule les fonctions de président et de premier ministre.

Cette relance a entraîné *« une hausse de la demande intérieure plus vigoureuse que prévu et la dépréciation de la monnaie soutient les exportations »*, explique l'OCDE dans un rapport publié fin novembre. L'organisation a d'ailleurs revu à la hausse sa prévision de croissance du PIB en 2019, passant d'une contraction de 0,3 %, prévue en septembre, à une croissance de 0,3 %. Le FMI, qui prévoyait initialement une contraction de 2,5 %, s'attend désormais à un taux de croissance de 0,2 % en 2019, et 3 % en 2020.

Pour autant, la reprise est fragile. Soucieux de donner un coup de pouce rapide à l'économie, le gouvernement mise sur le recours massif au crédit facile, plutôt que d'entamer les réformes attendues par les investisseurs. Ainsi, le nouveau gouverneur de la Banque centrale, Murat Uysal, a réduit le taux d'intérêt de référence de 1 200 points de base depuis sa nomination, en juillet. Pour stimuler la demande intérieure, les banques d'Etat ont été incitées à rouvrir les vannes du crédit. Les banques publiques ont fait la même chose, allant jusqu'à prêter à des taux inférieurs à ceux auxquels elles empruntent.

Le cycle d'assouplissement monétaire s'est assorti d'une augmentation des dépenses publiques dans tous les domaines, allant des salaires des fonctionnaires aux aides aux ménages et aux prêts avantageux consentis aux entreprises amies du pouvoir. Pour les cinq premiers mois de 2019, les dépenses publiques ont augmenté de plus de 30 %.

Le déficit budgétaire s'est creusé, passant de 1,5 % du PIB en mai 2018 à 2,9 % en novembre 2019. Le gouvernement considère qu'il restera inchangé jusqu'en 2021, mais les dépenses pourraient rapidement devenir incontrôlables. Les méthodes du gouvernement, parfois peu orthodoxes, comme le transfert de certains fonds de réserve de la Banque centrale vers le Trésor pour colmater le déficit public, ne sont pas une solution de long terme.

LE FARDEAU DE LA DETTE

Des fragilités demeurent, notamment l'endettement en devises des entreprises privées (273 milliards d'euros). La crise monétaire les a contraintes à restructurer leurs remboursements aux banques en dollars ou en euros. Un exercice d'autant plus difficile que le fardeau de la dette ne cesse de s'alourdir, du fait du niveau élevé des primes de risque.

Le chômage est en hausse (14 % en novembre). En un an, le nombre de demandeurs d'emploi a bondi de plus d'un million, pour s'établir à 4,67 millions, et le chômage des 15-24 ans a grimpé, à 27 %. L'inflation, censée être contenue sous la barre des 5 %, selon les objectifs de la Banque centrale, demeure élevée, estimée par le FMI à 15,7 % en rythme annuel.

Récession, forte inflation, baisse du pouvoir d'achat et volatilité de la monnaie locale nourrissent le mécontentement des électeurs, y compris les représentants de cette classe moyenne que M. Erdogan et son Parti de la justice et du développement (AKP, islamo-conservateur) se vantent d'avoir fait émerger pendant les dix-huit années passées aux manettes du pays.

Le désaveu envers l'AKP est apparu dans les urnes lorsque, pour la première fois en vingt-cinq ans, le parti, désormais dirigé par M. Erdogan en personne, a perdu plusieurs grandes villes aux élections municipales du 31 mars. Ankara, Istanbul mais aussi Mersin, Adana, Antalya, des villes à fort potentiel économique sur la côte méditerranéenne, ont été ravies par l'opposition dominée par le Parti républicain du peuple (CHP, kémaliste).

Les islamo-conservateurs restent dominants dans les campagnes et les villes moyennes, mais la classe moyenne, urbaine, active et éduquée, semble leur avoir tourné le dos. Après cette déroute, deux figures de l'AKP – Ali Babacan, un ancien ministre de l'économie, et Ahmet Davutoglu, un ex-premier ministre (2014-2016) –, ont démissionné, chacune annonçant son intention de créer sa propre formation politique. Ces démissions ont ébranlé l'hégémonie du parti présidentiel, qui a jusqu'en 2023, date des prochaines élections, législatives et présidentielle, pour redorer son blason.

Les tensions géopolitiques et l'isolement croissant de la Turquie, pilier oriental de l'OTAN depuis 1952, constituent un frein supplémentaire à la croissance. Après avoir bloqué la livraison à Ankara d'une centaine de F-35, les avions furtifs américains de dernière génération, Washington menace d'imposer des sanctions supplémentaires en cas de déploiement des S-400, ces missiles russes antiaériens achetés par la Turquie à la Russie et dont les premiers éléments ont été livrés le 15 juillet.

Le déploiement final des S-400, prévu pour avril 2020, est un casse-tête pour l'OTAN. Les puissants radars équipant ces missiles risquent de permettre à la Russie de percer les secrets technologiques du F-35 américain et d'autres installations de l'Alliance. L'administration américaine cherche à convaincre M. Erdogan de ne pas activer les S-400 pour lui éviter les sanctions, mais si celles-ci sont appliquées, l'économie du pays en pâtira.

FORAGE AU LARGE DE CHYPRE

Autre sujet de discorde, l'armée turque et ses supplétifs rebelles syriens sont intervenus au nord-est de la Syrie en octobre, contraignant le président Trump à évacuer à la hâte les troupes qui combattaient l'organisation Etat islamique aux côtés des combattants kurdes syriens, sans consultation préalable avec les partenaires européens.

Désaccords aussi avec Bruxelles au sujet de l'exploitation gazière au large de Chypre. Divisée depuis 1974 entre la République de Chypre (grecque), la seule légitime, et la « République turque de Chypre du Nord » (RTCN), reconnue seulement par la Turquie, l'île est fébrile depuis la découverte, au large de ses côtes, de gisements de gaz équivalents en volume à ceux de la mer du Nord.

Conviées par Nicosie, les majors ENI, Total, ExxonMobil y sont à pied d'œuvre. Estimant que les droits des Chypriotes turcs sont lésés, la Turquie, obsédée par sa projection de puissance, a envoyé des navires de forage dans la zone. Appelée à la rescousse par les autorités chypriotes, l'UE menace, elle aussi, de sanctionner Ankara. ●

MARIE JÉGO

VOLKSWAGEN SUSPEND UN PROJET D'USINE EN TURQUIE APRÈS SON INTERVENTION EN SYRIE

A cause de l'offensive militaire turque en Syrie, la direction du géant automobile allemand Volkswagen a suspendu la construction d'une nouvelle usine en Turquie, un investissement estimé entre 1,2 et 1,5 milliard d'euros, susceptible d'employer 4 000 personnes. Volkswagen a déclaré, dès le 15 octobre 2019, que le projet était suspendu en raison de l'attaque des forces turques contre les combattants kurdes syriens, alliés des Occidentaux dans la lutte contre l'organisation Etat islamique, dans le nord-est de la Syrie.

Lancée le 9 octobre, cette attaque a suscité la condamnation des partenaires européens de la Turquie, inquiets pour la stabilité et la sécurité de l'ensemble de la région. *« Tant que des personnes sont tuées, nous ne poserons pas la première pierre près d'un champ de bataille »*, a déclaré le patron de Volkswagen, Herbert Diess, dans un message posté sur le réseau social LinkedIn à la fin de novembre. Le géant automobile doit composer entre des *« considérations purement économiques »* et un *« point de vue moral »*, a-t-il résumé.

Ouvrir une nouvelle usine à Manisa, dans la région d'Izmir, ne représente pas en soi une menace directe à la sécurité de Volkswagen, l'endroit étant très éloigné de la frontière méridionale avec la Syrie. Mais les investisseurs visent avant tout la stabilité et la prévisibilité.

La direction du géant redoute les sanctions économiques qui pourraient s'abattre sur la Turquie de la part des Etats-Unis et de l'Union européenne. Avec toutes les conséquences que cela implique, notamment une mise à l'écart des marchés internationaux des capitaux.

Un impératif : s'étendre à l'est

De plus, le conflit turco-kurde est particulièrement sensible en Allemagne, où vivent 3 millions de Turcs, dont 1 million d'origine kurde. S'étendre à l'est reste un impératif pour Volkswagen, en raison des coûts élevés de ses usines en Europe occidentale. Des unités de production existent, sous différentes marques, en Pologne, en Slovaquie, en République tchèque, en Hongrie et en Bosnie-Herzégovine. Des partenaires dotés d'une main-d'œuvre qualifiée et qui affichent une stabilité plus grande que celle de la Turquie devenue turbulente.

L'usine, prévue pour produire environ 300 000 voitures par an, était censée servir de tremplin à l'expansion du géant automobile au Moyen-Orient. Côté turc, la concrétisation de ce projet s'annonçait comme une étape importante dans le processus d'attraction des investissements étrangers, après une période de récession économique. La décision de créer ce site en Turquie reste *« toujours ouverte »*, a toutefois admis M. Diess. ●

M. JÉ.

Europe *l'autre Europe*

UKRAINE

RUSSIE
BIÉLORUSSIE
POLOGNE
■ KIEV □ Kharkiv
Dnipropetrovsk ● ● Donetsk
MOLDAVIE
Odessa
ROUMANIE
Crimée
Région rattachée
à la Russie depuis
le 16 mars 2014
Mer Noire   200 KM

CHEF DE L'ÉTAT Volodymyr Zelensky
(élu le 21/04/2019, en fonctions le 20/05/2019)
PREMIER MINISTRE
Oleksi Hontcharouk (29/08/2019)
SUPERFICIE 604 000 km^2
POPULATION (HAB.) 44 millions
PIB (MD $) 150,4
CROISSANCE 3 %
CHÔMAGE 9,3 %
MONNAIE hrivnia (0,04 €)
ÉMISSIONS DE CO_2 (T/HAB.) 5,1 (72e)

Volodymyr Zelensky n'est pas le « traître à la patrie » que redoutait une partie des Ukrainiens. Mais l'ex-acteur de série télévisée, élu avec plus de 70 % des voix à la tête de l'Ukraine en avril 2019, n'est pas non plus un héros. Le jeune chef d'Etat (41 ans), le « président de la paix », qui avait promis à ses compatriotes d'en finir avec la guerre du Donbass qui déchire depuis cinq ans l'est du pays, a dû réviser ses ambitions.

Ce pan de terre où l'armée ukrainienne s'oppose depuis 2014 aux séparatistes et à leurs parrains russes pourrait au mieux venir grossir la liste des conflits gelés, tels que l'Ossétie du Sud ou la Transnistrie, éloignant un peu plus la perspective d'un rapprochement avec l'Union européenne. M. Zelensky est certes parvenu à relever un défi : le 9 décembre, à Paris, après trois années de gel diplomatique, Vladimir Poutine a accepté de s'asseoir à la table des négociations pour tenter de faire taire les armes qui, en cinq ans, ont fait plus de 13 300 morts. Mais lors de ce sommet, dit en format « Normandie » sous la médiation de la France et de l'Allemagne, les positions russes et ukrainiennes ont semblé toujours aussi irréconciliables. A l'issue des négociations, le chef d'Etat ukrainien a parlé d'un *match nul*.

La victoire du jeune président n'est donc pas totale. Mais il s'agissait probablement de la seule réussite à sa portée. Suspecté de naïveté, Volodymyr Zelensky a montré lors de ce sommet qu'il n'était pas prêt à signer un armistice aux allures de « capitulation ». La rue l'avait mis en garde à plusieurs reprises, protestant contre le contenu de la « formule Steinmeier » que ses équipes avaient signée à l'automne. Du nom de l'ancien ministre allemand des affaires étrangères, Frank-Walter Steinmeier, cette formule est la version politique des accords de Minsk signés en 2015 à un moment où l'armée ukrainienne était en position de faiblesse. Accepter la paix à ces conditions serait, pour une partie de l'opinion, une trahison.

M. Zelensky a prouvé qu'il avait fait siennes les lignes rouges brandies par la population et qu'il savait tenir tête à son homologue russe en exigeant d'inverser le séquençage prévu par ces accords. Le texte stipule que l'Ukraine ne récupérera le contrôle de sa frontière méridionale avec la Russie qu'au lendemain d'élections locales et une fois qu'un statut spécial pour les territoires séparatistes de Donetsk et Louhansk aura été inscrit dans la Constitution ukrainienne. Respecter cet enchaînement d'événements mettrait en péril la souveraineté de l'Ukraine, a rappelé le chef d'Etat.

Personnage public et sympathique, le quadragénaire a débarqué dans la politique ukrainienne en crevant l'écran. Littéralement. Volodymyr Zelensky a transposé dans la « vraie vie » le scénario de la série télévisée *Serviteur du peuple*, dont il était la vedette sur la chaîne 1+1, détenue par l'oligarque Ihor Kolomoïsky : l'histoire d'un professeur, en guerre contre les élites corrompues, qui devient président de la République, malgré lui.

TEMPÊTE GÉOPOLITIQUE

Son élection apporte un vent nouveau dans un pays longtemps réduit à une cleptocratie de l'ère post-soviétique. Quinze ans après les désillusions de la « révolution orange » (hiver 2004-2005), et cinq ans après celles de Maïdan, le candidat « hors système » prétend réussir là où ses prédécesseurs ont échoué, en réconciliant et réformant un pays sclérosé.

Las. Sa fraîcheur a pris des allures de candeur quelques mois après son investiture. Homme pressé, le président multipliait les réformes au pas de course quand, soudain, une tempête géopolitique aux déflagrations infinies s'est abattue sur lui. Nous sommes en septembre. Sans même l'en informer, la Maison Blanche révèle le contenu d'une conversation téléphonique qu'il a tenue avec Donald Trump, ouvrant la voie à une procédure d'impeachment visant le 45e président des Etats-Unis. Lors de cet échange, daté du 25 juillet, l'ancien magnat de l'immobilier réclame avec insistance la réouverture d'une enquête sur Hunter Biden, le fils d'un de ses rivaux démocrates, Joe Biden, du temps où il était administrateur d'une société gazière ukrainienne. Volodymyr Zelensky, gêné, tente de ne pas le contrarier pour ne pas renoncer à une aide militaire de plusieurs centaines de millions de dollars.

PETITE PHRASE ASSASSINE

De ce coup de fil, les Ukrainiens ont retenu les flagorneries de leur président vantant le confort de la Trump Tower, à New York, ou assurant à son homologue : « *C'est vrai, vous avez totalement raison. A 100 %, non, vous avez raison à 1000 %.* » Et cette petite phrase assassine : « *Le prochain procureur général sera choisi à 100 % par moi, ce sera mon candidat.* » En quelques mots, Volodymyr Zelensky, qui promettait de dépoussiérer le pays, prenait des airs de « débutant » manipulé et manipulable par les grandes puissances.

Le sommet du 9 décembre a permis de faire passer cet échange au second plan, offrant à l'ancien comique le statut d'un véritable chef d'Etat. Mais il lui reste, encore, à mener à bien des réformes souvent aussi historiques qu'impopulaires. Après celle de la justice, le voici qui s'attaque à la libéralisation des terres agricoles. Un totem dans l'ex- « grenier à blé de l'URSS ». ●

CLAIRE GATINOIS

FAITES PLACE !

"Faites place aux personnes handicapées dans vos cœurs et dans la société. Soutenez les actions de la Fondation Perce-Neige." *Bruno Solo*

Perce Neige

perce-neige.org

2019, ANNÉE DE COLÈRE POPULAIRE

Les mouvements de protestation se sont propagés dans toute l'Amérique latine contre les pouvoirs en place, qu'ils soient de droite ou de gauche. Une instabilité qui inquiète les Etats-Unis

Amérique

L'année 2019 avait pourtant plutôt bien commencé pour le président américain Donald Trump. Dans un élan international d'une rare unanimité, une quarantaine de pays, les Etats-Unis en tête, avaient publiquement appuyé la démarche du jeune opposant vénézuélien Juan Guaido autoproclamé, le 23 janvier, président par intérim en lieu et place de Nicolas Maduro. Les hommes forts de l'administration américaine jubilaient à l'idée de pouvoir enfin tourner la page du régime chaviste. Sa chute était proche, assurait-on. Le vice-président Mike Pence n'avait-il pas évoqué la fin de la « troïka de la tyrannie » (Cuba, Nicaragua et Venezuela), et laissé entendre l'arrivée d'une nouvelle ère pour l'Amérique latine ?

Force est de constater que la région a bien connu une série de bouleversements sans précédent, mais pas dans le sens escompté par la Maison Blanche. Au contraire, rarement une année s'est terminée dans un tel état de confusion et d'incertitude. Au Venezuela, malgré une situation humanitaire catastrophique et un régime à bout de souffle, Juan Guaido n'a pas réussi à s'imposer face à Nicolas Maduro. Il peine même désormais à maintenir l'unité de l'opposition.

Ailleurs, les mouvements de protestation se sont propagés avec une intensité extrême contre les pouvoirs en place, qu'ils soient de droite ou de gauche. Différentes mesures touchant directement au coût de la vie, et d'apparence souvent dérisoire, ont ainsi provoqué de véritables ondes de choc, caractéristiques de l'effet papillon, libérant une colère populaire contre des élites politiques allègrement brocardées dans les cortèges. Ici, l'envolée du prix de l'essence à la pompe. Là, l'augmentation du tarif du ticket de métro ou un projet de réforme. Comme si l'Amérique latine tout entière était soudainement entrée en ébullition, avec une efflorescence de revendications sociales et politiques dont nous n'avons pas fini de mesurer la profondeur ni les conséquences.

Donald Trump a eu beau accuser, fin octobre, « les efforts étrangers [de Cuba et du Venezuela] pour saper les institutions » de certains pays latino-américains et d'attiser les tensions régionales. Le propos renvoie davantage à un aveu d'impuissance d'une Maison Blanche ayant perdu la main.

BRUTAL DÉSENCHANTEMENT

A chaque pays sa contagion. Bolivie, Chili, Colombie, Equateur, Haïti, Honduras, Nicaragua, Uruguay : les vagues de protestation ont défilé au gré des revendications et des réponses, ou non, des autorités. A première vue, il est évidemment difficile de donner une seule explication aux différentes convulsions sociales qui ont eu lieu ces derniers mois. Les contingences sont différentes, les contextes nationaux éminemment singuliers. Il n'empêche. Les pays d'Amérique latine ont renvoyé, à chaque fois, une toile de fond identique : un ralentissement global de l'économie, un accroissement des inégalités sociales, une crise de la démocratie représentative, du système politique et de sa représentation.

Dans les cas mexicain et brésilien, la crise a trouvé une issue dans un populisme de gauche pour l'un et d'extrême droite pour l'autre. En Argentine, c'est le péronisme qui a su canaliser une colère provoquée par l'augmentation des tarifs des services publics. Au scrutin du 27 octobre, le candidat Alberto Fernandez

La nouvelle classe moyenne latino-américaine lutte pour ne pas retomber dans la pauvreté

l'a largement remporté contre le président sortant Mauricio Macri et ses politiques d'austérité.

Retour de flamme : à peine trente secondes après avoir entamé son discours de victoire, le nouveau président a congratulé son homologue bolivien Evo Morales, alors en pleine crise politique après un scrutin contesté, et appelé à la libération de Luiz Inacio Lula da Silva, l'ex-président brésilien, à l'époque encore incarcéré. M. Fernandez pourrait même être le premier chef d'Etat à retirer son pays de la coalition de soutien au Vénézuélien Juan Guaido.

L'autre trait marquant a été pointé par l'institut de sondages Latinobarometro. En 2018, seules 16 % des personnes interrogées étaient satisfaites de leur situation économique, et à peine 48 % estimaient que la démocratie fonctionnait bien. Elles étaient respectivement, comme l'a rappelé le site mexicain *Animal Politico*, 30 % et 61 % en 2000. L'expression d'un brutal désenchantement.

A regarder de près les statistiques, on voit que les revenus et la qualité de vie ont progressé dans l'ensemble de la région entre 2000 et 2015. La mise en œuvre de politiques publiques visant à réduire les inégalités et la croissance économique d'alors, nourrie par la hausse des prix des matières premières, a entraîné une réduction du chômage, une augmentation du travail formel et des salaires minimums, ainsi qu'un meilleur accès aux systèmes de protection sociale.

« Cette date marque la fin du "cycle progressif", commencé à la fin des années 1990, souligne Arturo Escobar, militant et anthropologue colombien. Elle marque le creusement à nouveau des inégalités en termes de répartition des richesses et des revenus. C'est au moment où les dirigeants ont appliqué peu ou prou le même modèle néolibéral pour l'économie, avec les ajustements structurels dans le cadre du FMI, que les citoyens ont commencé à réagir. » Si, entre 2002 et 2014, ces inégalités se sont réduites (−13,6 %

L'augmentation du prix du ticket de métro a provoqué une vague de contestation au Chili, qui a fait une vingtaine de morts. ESTEBAN FELIX/AP

en moyenne pour quinze pays d'Amérique latine), le rythme de cette amélioration a fortement ralenti depuis. Au point de provoquer un sentiment diffus de mécontentement et une peur d'un déclassement social.

Ces explosions de colère peuvent également se lire en référence à cette nouvelle classe moyenne latino-américaine, née au début du siècle et rudoyée par les mesures d'austérité appliquées ces dernières années. C'est elle qui lutte pour ne pas retomber dans la pauvreté. Elle qui descend en tête dans les rues pour signifier son indignation.

GIGANTESQUE RAS-LE-BOL

Le cas colombien est, à ce titre, révélateur. Le 21 novembre, le pays est à son tour saisi d'une convulsion sociale majeure. Des centaines de milliers de manifestants envahissent les villes du pays pour protester contre un projet de réforme du droit du travail et du système des retraites. C'est l'étincelle qui transforme le pays en brasier géant. Syndicats, étudiants, Indiens, partis d'opposition, défenseurs de la paix et de l'environnement, jeunes et moins jeunes, tous se rassemblent pour conspuer les élites politiques dans une sorte de gigantesque ras-le-bol général. En quelques heures, ce pays d'habitude si austère devient un nouveau miroir de l'Amérique latine, un

des chaudrons bouillants d'un continent déjà en pleine ébullition. Il faudra attendre douze jours d'une mobilisation inédite avant que le président Ivan Duque ne cède et accepte de rencontrer les organisateurs du mouvement.

En Equateur, la contestation massive contre l'augmentation des prix à la pompe décidée par le gouvernement dans le cadre d'un accord avec le FMI a fait plier les autorités. Fer de lance du mouvement, la communauté indigène (un quart de la population) a su organiser un front uni contre le président Lenin Moreno, contraint d'abroger le décret du gouvernement qui visait à éliminer les subventions au carburant.

De fait, les pays de la région offrent des situations d'instabilité à peu près similaires. M. Moreno, d'après les observateurs, ne doit sa survie qu'à sa reculade. Au Chili, la mobilisation a poussé le pouvoir à organiser une consultation populaire dont personne ne sait très bien sur quoi elle débouchera. De quoi inquiéter le grand voisin du Nord. Pour reprendre la formule de Juan Gabriel Tokatlian, professeur de relations internationales à l'université Torcuato di Tella de Buenos Aires : *« Les Etats-Unis veulent deux choses en Amérique latine : la sécurité et la stabilité. »* Et l'expert d'ajouter : *« Ils ne peuvent se permettre autant de points chauds dans la région. »*

Une mise en garde qui pourrait augurer une nouvelle période de tensions, à l'heure où le président Trump joue sa propre réélection. ●

NICOLAS BOURCIER

PAYS	PIB 2019 RÉEL	PIB 2019 RÉEL PAR HAB.	CROISSANCE DU PIB 2019	EMISSIONS DE CO$_2$ 2018	INDICE DE CORRUPTION 2008	INDICE DE CORRUPTION 2018	PAYS	PIB 2019 RÉEL	PIB 2019 RÉEL PAR HAB.	CROISSANCE DU PIB 2019	EMISSIONS DE CO$_2$ 2018	INDICE DE CORRUPTION 2008	INDICE DE CORRUPTION 2018
ANTIGUA	1,7	18 109	4	0,6	n.c.	n.c.	GUYANA	4,1	5 252	4,4	2,4	126*	93*
ARGENTINE	445,5	9 888	– 3,1	195,5	109*	85*	HAÏTI	8,8	784	0,1	3	177	161*
BAHAMAS	12,7	33 261	0,9	1,8	n.c.	29	HONDURAS	24,4	2 548	3,4	9,9	126*	132*
BARBADE	5,2	18 069	– 0,1	1,3	22	25*	JAMAÏQUE	15,7	5 461	1,1	8,2	96*	70*
BELIZE	2,0	4 925	2,7	0,6	109*	n.c.	MEXIQUE	1 274,2	10 118	0,4	477,3	72*	138*
BOLIVIE	42,4	3 671	3,9	22,3	102*	132*	NICARAGUA	12,5	1 919	– 5	5,6	134*	152*
BRÉSIL	1 847,0	8 797	0,9	457,2	80*	105*	PANAMA	68,5	16 245	4,3	10,9	85*	93*
CANADA	1 730,9	46 213	1,5	568,4	9*	9*	PARAGUAY	40,7	5 692	1	7,4	138*	132*
CHILI	294,2	15 399	2,5	85,9	23*	27	PÉROU	229,0	7 047	2,6	55,5	72*	105*
COLOMBIE	327,9	6 508	3,4	97,3	70*	99*	SAINTE-LUCIE	2,0	11 076	1,5	0,2	21	50
COSTA RICA	61,0	12 015	2	8,1	47*	48*	SAINT-KITTS-ET-NEVIS	1,0	18 246	3,5	0,2	nc	nc
CUBA	n.c.	n.c.	n.c.	28,6	65*	61*	ST-VINCENT-ET-LES-GRENADINES	0,9	7 751	2,3	0,2	28*	41*
RÉP. DOMINICAINE	89,5	8 629	5	24,9	102*	129*	SALVADOR	26,9	4 008	2,5	7,1	67*	105*
DOMINIQUE	0,6	8 381	9,4	0,2	33*	45*	SURINAME	3,8	6 311	2,2	1,8	72*	73*
EQUATEUR	107,9	6 249	– 0,5	41,9	151*	114*	TRINITÉ-ET-TOBAGO	22,6	16 366	0	43,5	72*	78*
ETATS-UNIS	21 439,5	65 112	2,4	5 416,3	18*	22*	URUGUAY	59,9	17 029	0,4	6,9	23*	23*
GRENADE	1,2	11 381	3,1	0,3	n.c.	53*	VENEZUELA	70,1	2 548	– 35	138,8	158*	168*
GUATEMALA	81,3	4 617	3,4	18,4	96*	144*							

*ex aequo

PIB réel : en milliards de dollars • PIB/hab. : en dollars • Croissance : en % du PIB • Emissions de CO$_2$: en millions de tonnes

Amérique du Nord

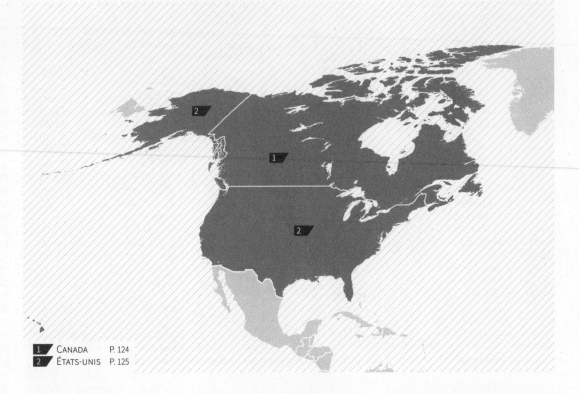

CANADA

1 000 KM

CHEF DE L'ÉTAT Elizabeth II
PREMIER MINISTRE Justin Trudeau
SUPERFICIE 9 971 000 km²
POPULATION (HAB.) 37,4 millions
PIB (MD $) 1 730,9
CROISSANCE 1,5 %
CHÔMAGE (OCDE) 5,7 %
MONNAIE dollar canadien (0,68 €)
ÉMISSIONS DE CO_2 (T/HAB.) 15 (14e)

C'est un premier ministre victorieux mais affaibli qui termine l'année 2019. Victorieux, car les conservateurs emmenés par Andrew Scheer ont échoué, lors des élections fédérales du 21 octobre, à reprendre le pouvoir. Affaibli, car Justin Trudeau entame son second mandat à la tête d'un gouvernement minoritaire (157 sièges sur 338). Il devra donc trouver des alliés au Parlement pour mettre en œuvre ses priorités, notamment un nouvel allégement d'impôt en faveur de la classe moyenne et la réalisation de ses ambitions en matière écologique.

Ces élections fédérales ont été marquées par la résurgence d'un vote québécois indépendantiste fort, le Bloc québécois ayant remporté 32 sièges, et la disparition totale des libéraux dans deux provinces de l'Est, l'Alberta et la Saskatchewan. Une «fracture» politique, avec des velléités de «Wexit» pour ces provinces, qui illustre une fracture du pays sur la question environnementale. L'achat, par le gouvernement Trudeau, de l'oléoduc Transmoutain en 2018, puis l'expansion de ce pipeline, décidée en juin 2019, avec pour objectif de tripler sa capacité d'acheminement (de 300 000 barils par jour à 890 000) et de s'ouvrir à d'autres marchés que le marché américain, n'ont pas suffi à convaincre ces provinces pétrolifères du soutien fédéral.

Des décisions qui ont, dans le même temps, mécontenté les défenseurs de l'environnement, qui doutent de la sincérité de l'engagement climatique du premier ministre. Justin Trudeau a promis de reverser intégralement la manne de cet oléoduc dans des mesures de lutte contre le réchauffement climatique. Une manne qu'Ottawa estime à 500 millions de dollars canadiens (341 millions d'euros) à partir de 2022, mais dont le chiffrage est mis en doute par les experts.

La création d'une taxe carbone reste par ailleurs contestée par l'Alberta, la Saskatchewan et l'Ontario, qui ont porté la cause devant leurs cours de justice respectives. Le 27 novembre, la Commission de l'écofiscalité démontrait que, pour atteindre en 2030 la cible fixée de diminution des gaz à effet de serre (30 % sous le niveau de 2005), cette taxe carbone devrait cependant être relevée. De 20 dollars aujourd'hui, elle devrait passer à 56 dollars en 2023 et à 120 dollars en 2030, selon un rapport du directeur parlementaire du budget.

Sur le plan diplomatique, les relations entre Ottawa et Pékin sont toujours au plus mal, après l'arrestation à Vancouver, fin 2018, à la demande des Etats-Unis, de la directrice de Huawei, assignée à résidence à Vancouver. Les premières audiences liées à son extradition devaient débuter le 20 janvier. Deux ressortissants canadiens accusés d'espionnage restent également détenus en Chine.

Le géant des télécoms chinois Huawei a annoncé en fin d'année son intention de déménager son centre de recherche et développement des Etats-Unis au Canada, mais ce conflit diplomatique qui perdure a de lourdes répercussions sur le plan économique. Un embargo sur le porc et le bœuf, décrété par les autorités chinoises sous prétexte d'une affaire de «*falsification des certificats d'exportation*», appliqué de juin à novembre, a lourdement pesé sur les revenus des producteurs canadiens, et notamment québécois. Ces derniers ont estimé leur manque à gagner de l'ordre de 119 millions de dollars (plus de

81 millions d'euros). La suspension des permis d'exportation reste valable sur le canola (colza canadien).

Une nouvelle version de l'Accord de libre-échange entre Etats-Unis-Mexique-Canada (AEUMC) a finalement été signée par les trois pays, le 10 décembre. Mais l'industrie canadienne de l'aluminium s'inquiète de son sort. Si l'accord renégocié accorde à l'acier une clause de protection, afin de s'assurer que les voitures nord-américaines contiennent au moins 70 % d'acier venant du continent, l'aluminium n'a pas obtenu le même verrou. La loi de mise en œuvre de cet accord commercial sera soumise au vote de la Chambre des communes en début d'année.

Le processus de destitution de Donald Trump, les élections américaines de 2020 et les craintes de récession liées, notamment, à la guerre commerciale entre les Etats-Unis et la Chine nourrissent les inquiétudes des investisseurs et des marchés canadiens dans une économie très dépendante des Etats-Unis. Les conflits commerciaux persistants ainsi que le froid polaire de l'hiver 2019 ont eu des répercussions sur la croissance canadienne, atone cette année. Pour autant, la Banque du Canada reste optimiste. Dans son rapport d'octobre, le gouverneur prévoit que l'économie progressera de 1,5 % en 2019, avant de se redresser dans les prochaines années. L'inflation reste contenue sous les 2 %, *« le marché du travail demeure vigoureux, le marché de l'habitation se redresse, les dépenses de consommation résistent et les salaires montent »*.

UNE ÉCONOMIE « RÉSILIENTE »
Le taux de chômage est proche de son plus bas historique, à 5,5 % (octobre), et la pénurie de main-d'œuvre reste un problème majeur. Cette économie « résiliente » connaît néanmoins de grandes disparités selon les provinces. Les régions productrices d'énergie continuent d'éprouver des difficultés depuis la chute du cours du pétrole, en 2015, et pâtissent de la baisse de la demande mondiale.

Dans le budget 2019 présenté par son précédent gouvernement, le premier ministre prévoyait un déficit de 19,8 milliards de dollars canadiens en 2019, avec une trajectoire de réduction, d'ici à 2023, à 9,8 milliards.

Si les secteurs des technologies de l'information, du tourisme, de l'éducation, des soins à la santé ou des services financiers restent sources de croissance, le Canada a déchanté quant aux perspectives

ouvertes par la légalisation du cannabis, en octobre 2018. Le marché, qui s'annonçait lucratif, pourrait n'être qu'une bulle spéculative face aux attentes irréalistes des investisseurs. Le plus gros producteur canadien de marijuana, Canopy Growth, a vu son action dégringoler de 67 dollars en début d'année à 25 dollars en décembre. La légalisation des produits comestibles dérivés du cannabis, en octobre 2019, pourrait cependant stimuler de nouveau la croissance du secteur. ●
HÉLÈNE JOUAN

ÉTATS-UNIS

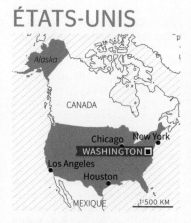

CHEF DE L'ÉTAT Donald Trump
SUPERFICIE 9 629 000 km²
POPULATION (HAB.) 329,1 millions
PIB (MD $) 21 439,5
CROISSANCE 2,4 %
CHÔMAGE (OCDE) 3,7 %
MONNAIE dollar américain (0,91 €)
ÉMISSIONS DE CO$_2$ (T/HAB.) 16 (12e)

La dernière année « utile » de Donald Trump, candidat à sa réélection en 2020, a été perturbée comme les précédentes par les controverses. Celles-ci ont atteint un nouveau pic avec une mise en accusation votée par la Chambre des représentants, en décembre. La troisième seulement d'un président dans l'histoire des Etats-Unis, même si la majorité républicaine au Sénat devait s'opposer en janvier à la destitution du milliardaire. Cette mise en accusation, déclenchée par une conversation téléphonique problématique entre Donald Trump et son homologue ukrainien, Volodymyr Zelensky, le 25 juillet 2019, a éclipsé à la fois les bons résultats économiques et les impasses diplomatiques.

En dépit d'un ralentissement mondial, les Etats-Unis ont en effet affiché une santé insolente en 2019, comme en ont témoigné les créations d'emplois en novembre (266 000) situées dans la fourchette haute des moyennes mensuelles, et une croissance supérieure à 2 %

(2,1 %) au troisième trimestre. Les créations d'emplois sont positives depuis 110 mois consécutifs aux Etats-Unis, un record depuis les années 1990. Il s'agit de la onzième année positive pour l'économie du pays.

Cette solidité sur le front de l'emploi explique en partie celle de la consommation, qui reste le moteur principal de la croissance américaine à laquelle elle contribue pour les deux tiers. Seul bémol, les salaires progressent à un rythme bien moins soutenu qu'il y a un peu plus de deux décennies.

Les inquiétudes qui avaient troublé les marchés financiers à la fin de l'été, au pire de tensions avec la Chine, se sont donc dissipées en fin d'année, comme l'a confirmé lors de sa dernière réunion, en décembre, la Réserve fédérale américaine (Fed). Cette dernière a laissé les taux d'intérêt inchangés, jugeant que le moteur américain n'avait pas besoin d'adjuvant, après trois baisses consécutives, sous la pression insistante de Donald Trump, très critique à l'égard du président de la Fed qu'il avait pourtant nommé lui-même, Jerome Powell.

Ce dernier est devenu en effet le bouc émissaire du président, qui lui a imputé par exemple la responsabilité du ralentissement de la croissance noté au deuxième trimestre. La Réserve fédérale a estimé lors de la réunion de décembre à 2 % le taux de croissance pour 2020. Il s'agit de chiffres en deçà des promesses de Donald Trump, qui avançait déjà l'objectif ambitieux de 3 % en 2018, sans y être parvenu. Mais ces prévisions annoncent plus un ralentissement très graduel qu'une dégradation brutale.

DÉFICIT RECORD
La Fed a d'ailleurs jugé que le taux de chômage devrait rester tout au long de l'année à venir à son niveau actuel, exceptionnellement bas, à 3,5 % de la population active, et que l'inflation ne devrait remonter que légèrement, à 1,9 %. Autant de pronostics qui, s'ils se vérifient, pourraient favoriser une réélection de Donald Trump.

Parmi les rares points noirs, le déficit budgétaire des Etats-Unis a progressé de 26 % pour l'exercice 2019, qui s'est conclu en septembre, pour frôler les 1 000 milliards de dollars (900 milliards d'euros). Ce chiffre est d'autant plus spectaculaire qu'il intervient en période de croissance. Il est le produit à la fois de la réforme fiscale de 2017, qui a privé de ressources l'Etat fédéral, et de dépenses soutenues, notamment dans le domaine de la défense.

Dans la continuité de ce déficit record, le compromis obtenu en décembre entre la Chambre des représentants et la Maison Blanche (un congé parental défendu par les démocrates contre le financement de la force spatiale voulue par Donald Trump) a été une nouvelle illustration d'un Etat fédéral particulièrement dépensier, bien loin des dogmes républicains qui prévalaient avant l'élection du milliardaire.

Car le basculement de la majorité de la Chambre des représentants au profit des démocrates lors des élections de mi-mandat, en novembre 2018, a privé Donald Trump de la liberté de manœuvre dont il avait pu jouir pendant les deux premières années de son mandat. Cette situation nouvelle est à l'origine d'un revers politique cinglant pour le président. Ulcéré par le refus démocrate de financer son projet de mur sur la frontière avec le Mexique, il s'est lancé dans la plus longue « fermeture » *(shut down)* partielle du gouvernement fédéral de l'histoire du pays, du 22 décembre 2018 au 25 janvier 2019. Sans succès.

TENSIONS AVEC LES DÉMOCRATES
Donald Trump a riposté en détournant, contre l'avis du Congrès, et au prix d'une entorse à la pratique qui attribue à ce dernier « le pouvoir de la bourse », des fonds initialement alloués au département de la défense pour financer cette promesse de campagne. Les travaux engagés se sont cependant limités en 2019 à remplacer des sections de clôture déjà existantes par un nouveau dispositif présenté comme plus dissuasif, comme l'a reconnu un haut responsable de l'administration devant la presse, en novembre.

Les tensions avec les démocrates n'ont pas empêché la ratification par la Chambre de la réécriture de l'accord de libre-échange avec le Canada et le Mexique conclu fin 2018, légèrement modifié à la demande des démocrates. En revanche, la guerre commerciale avec la Chine s'est enlisée en 2019. Après une escalade au cours de l'été, marquée par des hausses de taxes d'importation massives, les deux pays ont tenté de conclure un accord à l'automne, sans y parvenir. Le renoncement à de nouvelles hausses par Washington, mi-décembre, a cependant maintenu ouverte la voie vers un compromis. Les taxes ont eu pour effet de réduire les importations venant de Chine, tout comme le déficit commercial des Etats-Unis.

Donald Trump s'est révélé tout aussi incapable d'obtenir le moindre résultat diplomatique ►►►

Amérique du Nord

▶▶▶ sur une série de dossiers. L'administration américaine a cru avoir pris l'avantage sur l'homme fort du Venezuela, Nicolas Maduro, en soutenant en janvier 2019 la tentative de l'opposant Juan Guaido de se proclamer unilatéralement président par intérim. L'initiative, soutenue par la majorité des pays de l'Amérique latine et par de nombreux pays européens, s'est pourtant heurtée à la détermination du régime. Des sanctions américaines draconiennes conçues pour le faire basculer ont manqué leur cible tout en accélérant la descente aux enfers d'un pays qui alimente la plus grande crise migratoire du continent.

Après une première historique en 2018, deux nouvelles rencontres entre Donald Trump et l'homme fort de Pyongyang, Kim Jong-un, en février puis en juillet, se sont achevées sans percée. Washington n'a donc pas progressé dans son ambition de parvenir à une dénucléarisation de la péninsule coréenne.

Le régime nord-coréen, frustré par son incapacité à obtenir une levée des sanctions internationales qui le frappent, inspirées par les Etats-Unis, a au contraire repris progressivement des essais balistiques en contravention avec les résolutions des Nations unies. Pyongyang a même pu se féliciter des tensions entre les Etats-Unis et la Corée du Sud liées au coût critiqué de longue date par Donald Trump du déploiement américain sur place, conformément aux accords de sécurité qui lient les deux pays.

TENTATIVE DE MÉDIATION

Washington n'a pas été plus productif sur le dossier iranien. La suspension en avril des dernières dérogations qui permettaient à Téhéran de bénéficier du produit de la vente de pétrole a entraîné des tensions dans le golfe Arabo-Persique, de juin à août, qui ont mis à l'épreuve l'axe anti-iranien soutenu par les Etats-Unis. Une tentative de médiation française a tourné court, en septembre, alors que Téhéran, au lieu de plier et d'accepter un nouvel accord encore plus restrictif que celui auquel Washington a renoncé unilatéralement en 2018, a relancé au contraire des activités d'enrichissement d'uranium.

Le « deal du siècle » est resté également dans les limbes. L'incapacité du principal allié régional de Donald Trump, Benyamin Nétanyahou, à forger une coalition gouvernementale en Israël au terme de deux élections législatives anticipées particulièrement indécises, en dépit de nouvelles concessions américaines sur la souveraineté du Golan et sur les colonies israéliennes en Cisjordanie, a en effet empêché la publication d'un plan de paix longuement concocté par le gendre du président, Jared Kushner.

Une nouvelle annonce unilatérale d'un retrait des forces spéciales américaines déployées dans le nord-est de la Syrie pour y combattre l'organisation Etat islamique (EI), suivie d'un contre-ordre, a souligné également les difficultés de Washington à s'extraire de la région, même si la mort du fondateur de l'EI, Abou Bakr Al-Baghdadi, en octobre, dans un raid américain, a offert un rare succès au président.

PROCÉDURE DE DESTITUTION

Parallèlement, les affaires ont continué de peser sur la présidence de Donald Trump. Contrairement à ses attentes, la conclusion de l'enquête du procureur spécial Robert Mueller, en mars, sur les interférences russes pendant la présidentielle de 2016, n'a pas mis fin à ses ennuis, en dépit de la gestion à son profit d'un rapport sévère par son ministre de la justice, l'attorney general des Etats-Unis William Barr, qui en avait gommé les aspérités lors de sa présentation.

Ce rapport écartait une collusion de l'équipe de campagne du candidat républicain avec la Russie, tout en confirmant la réalité de ces interférences. Il n'avait pas absous pour autant Donald Trump de toute obstruction à la justice dans le cadre de cette enquête.

Alors qu'il pensait en avoir terminé avec ce qu'il décrivait comme « une chasse aux sorcières », le président s'est mis de lui-même en difficulté en proposant un marché à son homologue ukrainien, selon les témoins qui ont accepté de s'exprimer devant la Chambre des représentants : l'ouverture d'enquêtes par Kiev contre ses adversaires politiques en échange d'une invitation à la Maison Blanche et d'une aide militaire cruciale pour un pays en proie à un conflit avec des séparatistes prorusses.

Ce marché présenté par une équipe de proches du président dirigée par son avocat personnel, Rudy Giuliani, œuvrant en marge des canaux diplomatiques officiels américains, a constitué un abus de pouvoir à des fins personnelles, selon les démocrates, ce que les républicains ont contesté avec virulence.

Cet épisode a été également marqué par la volonté de la Maison Blanche de s'opposer à toute forme de contrôle par le Congrès, qui en a pourtant constitutionnellement la responsabilité. Théorisé par William Barr, partisan d'une présidence surpuissante, cet obstructionnisme a poussé les démocrates à ajouter cette accusation aux articles d'impeachment (« procédure de destitution ») du président.

Dans cette épreuve, le président a pu compter sur la parfaite loyauté du Parti républicain. Il a, il est vrai, conforté ses lettres de créances conservatrices en continuant à nommer un nombre record de juges fédéraux, profitant de l'obstruction pratiquée par le chef de la majorité républicaine du Sénat, Mitch McConnell, pendant les deux dernières années du second mandat de Barack Obama, qui a laissé vacants un grand nombre de postes. Après 85 nominations pendant les deux premières années de sa présidence, Donald Trump est en mesure de parvenir au nombre de 180 juges fédéraux promis pendant la campagne.

Dans le même temps, le président est resté sourd aux appels à légiférer sur le marché des armes, malgré deux fusillades de masse, en août, à Dayton (Ohio) et à El Paso (Texas). En dépit d'une profonde crise interne, y compris financière, le puissant lobby des armes, la National Rifle Association, a empêché tout compromis entre la Maison Blanche et les démocrates du Congrès. Là encore, l'immobilisme l'a emporté. ■

GILLES PARIS

Amérique centrale

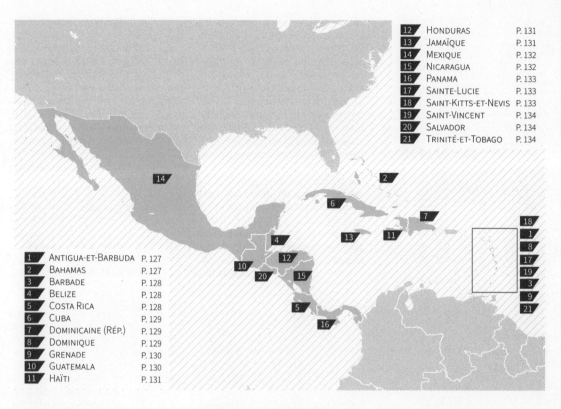

ANTIGUA-ET-BARBUDA

CHEF DE L'ÉTAT Elizabeth II
PREMIER MINISTRE Gaston Browne
SUPERFICIE 440 km²
POPULATION (HAB.) 97 000
PIB (MD $) 1,7
CROISSANCE 4 %
CHÔMAGE n. c.
MONNAIE dollar des Caraïbes orientales (0,34 €)
ÉMISSIONS DE CO_2 (T/HAB.) 5,9 (61e)

Après une augmentation de 7,4 % du PIB d'Antigua-et-Barbuda en 2018, le FMI annonce un taux de croissance de 4 % pour 2019. Ce chapelet d'îles, autrefois au cœur de l'industrie sucrière, dépend du tourisme, qui représente 60 % du PIB, et du secteur financier offshore. Il fait toujours partie de la « liste grise » de l'Union européenne sur les paradis fiscaux. Barbuda a été particulièrement affectée par l'ouragan Irma, en septembre 2017. Environ 90 % des infrastructures de l'île ont été détruites. La totalité des habitants, environ 2 000 personnes, avait alors été évacuée à Antigua. Lors de l'Assemblée générale de l'ONU, en septembre 2019, le premier ministre d'Antigua-et-Barbuda, Gaston Browne, a expliqué qu'en deux ans, 60 % des résidents avaient pu regagner l'île à la suite d'importants travaux de reconstruction, mais qu'il manquait encore beaucoup avant de revenir à la normale, d'autant que très peu d'aide internationale est parvenue.

Au Sommet action climat organisé par l'ONU en septembre, M. Browne a demandé des mesures plus ambitieuses pour limiter les émissions de gaz à effet de serre et pour lutter contre le changement climatique, qui affectera particulièrement son pays avec la montée des eaux. ∎

ANGELINE MONTOYA

BAHAMAS

CHEF DE L'ÉTAT Elizabeth II
PREMIER MINISTRE Hubert Minnis
SUPERFICIE 14 000 km²
POPULATION (HAB.) 389 000
PIB (MD $) 12,7
CROISSANCE 0,9 %
CHÔMAGE 11,5 %
MONNAIE dollar bahamien (0,91 €)
ÉMISSIONS DE CO_2 (T/HAB.) 4,7 (79e)

En septembre 2019, l'ouragan Dorian, un des plus forts jamais enregistrés, a frappé de plein fouet les Bahamas, en particulier les îles de Grand Bahama, d'Eleuthera et d'Abaco. Le premier ministre, Hubert Minnis, a qualifié Dorian de *« plus grande crise nationale de l'histoire du pays »*. Au 29 novembre, le bilan était de 70 morts, mais presque 300 personnes étaient encore portées disparues dans cet archipel de 389 000 habitants.

Après le passage de Dorian, les autorités ont annoncé leur ▶▶▶

Amérique centrale

▶▶▶ intention d'expulser tous les migrants en situation irrégulière. Une décision « *sauvage, impitoyable et illégale* », selon les organisations de défense des droits humains. La communauté haïtienne, qui a représenté le gros des victimes de Dorian à Abaco, est particulièrement visée, puisque de 20 000 à 50 000 Haïtiens y vivraient sans papiers. Début novembre, 340 d'entre eux ont été rapatriés à Haïti.

Alors que les Bahamas avaient été retirées en mai de la liste noire des paradis fiscaux de l'Union européenne, la France a décidé de les rajouter sur sa propre liste, car elles ne sont pas « *assez coopératives en matière de transparence financière* ». ■
ANGELINE MONTOYA

BARBADE

DOMINIQUE

Mer des Caraïbes

Martinique

SAINTE-LUCIE

SAINT-VINCENT-ET-
LES-GRENADINES

Speightstown

■ BRIDGETOWN

GRENADE

OCÉAN
ATLANTIQUE   50 KM

CHEF DE L'ÉTAT Elizabeth II
PREMIÈRE MINISTRE Mia Mottley
SUPERFICIE 431 km²
POPULATION (HAB.) 287 000
PIB (MD $) 5,2
CROISSANCE – 0,1 %
CHÔMAGE 9,6 %
MONNAIE dollar barbadien (0,45 €)
ÉMISSIONS DE CO₂ (T/HAB.) 4,5 (83ᵉ)

Après un accord avec le FMI et une restructuration de la dette (qui est passée de 158 % du PIB en 2017-2018 à 125 % en 2018-2019), l'économie de la Barbade reste fragile. Selon les projections du FMI, en 2019, le PIB va de nouveau se contracter (– 0,1 %), même s'il enregistre un léger mieux que l'année précédente (– 0,6%). L'inflation, elle, a été contrôlée.

Ce micro-Etat des Caraïbes a été retiré de la liste noire des paradis fiscaux en mai. Il en était sorti en janvier puis replacé en mars, car aux yeux de Bruxelles, les mesures engagées n'étaient pas suffisantes.

En septembre, la première ministre, Mia Mottley, est intervenue lors du Sommet action climat de l'ONU pour réclamer de la part des pays les plus pollueurs des objectifs plus ambitieux que ceux que les Nations unies se sont fixés, sans

quoi l'immigration de réfugiés climatiques pourrait être « *massive* ». « *Nous* [les petits pays insulaires] *refusons d'être relégués en pied de note de l'histoire et d'être le dommage collatéral des autres, alors que nous ne contribuons qu'à moins de 1 % à l'émission de gaz à effet de serre*, a-t-elle asséné. *Les jeunes du monde exigent de la justice climatique. Nous aussi.* » ■
AN. MO.

BELIZE

MEXIQUE

Corozal

Orange Walk

Ambergris

Belize

■ BELMOPAN

Iles Turneffe

Golfe du
Honduras

GUATEMALA

HONDURAS   50 KM

CHEF DE L'ÉTAT Elizabeth II
PREMIER MINISTRE Dean Barrow
SUPERFICIE 23 000 km²
POPULATION (HAB.) 390 000
PIB (MD $) 2
CROISSANCE 2,7 %
CHÔMAGE 9,5 %
MONNAIE dollar bélizien (0,44 €)
ÉMISSIONS DE CO₂ (T/HAB.) 1,5 (143ᵉ)

Un vent de panique a frappé le pays, avec l'arrivée massive sur ses plages paradisiaques de millions de tonnes de sargasses, algues brunes nauséabondes. Un coup dur pour l'ancien Honduras britannique, le secteur touristique représentant au total le tiers de son PIB. Le gouvernement a évité le pire en multipliant le ramassage de ces algues nuisibles pour la santé et l'environnement. D'autant que la croissance est restée positive, tirée par les investissements publics. Grâce à une nouvelle législation, le pays est sorti de la liste noire des paradis fiscaux élaborée par l'UE.

La misère frappe toujours 11,5 % de la population, selon l'Horloge mondiale de la pauvreté. Un fléau qui fait le lit du narcotrafic. La contagion de la criminalité, record chez le voisin guatémaltèque, a fait décoller le taux d'homicides à 37 pour 100 000 habitants. En mai 2019, les Béliziens ont décidé, par référendum, de régler un autre différend avec le Guatemala portant sur un litige territorial, renvoyé à un arbitrage de la Cour internationale de justice. ■
FRÉDÉRIC SALIBA

COSTA RICA

NICARAGUA

Mer des
Caraïbes

Liberia

Alajuela

■ SAN JOSÉ

Limón

Cartago

PANAMÁ

OCÉAN PACIFIQUE

100 KM

CHEF DE L'ÉTAT Carlos Alvarado
SUPERFICIE 51 000 km²
POPULATION (HAB.) 5 millions
PIB (MD $) 61
CROISSANCE 2 %
CHÔMAGE 8,2 %
MONNAIE colon (0,002 €)
ÉMISSIONS DE CO₂ (T/HAB.) 1,6 (139ᵉ)

Champion de la lutte contre le réchauffement climatique, le Costa Rica a annoncé la décarbonisation totale de son économie d'ici à 2050. Une promesse faite par le président, Carlos Alvarado, élu haut la main (plus de 60 % des suffrages) en 2018, dans un pays qui produit la quasi-totalité de son électricité à partir de sources d'énergies renouvelables.

Le bilan de la première année du nouveau président de centre gauche reste néanmoins mitigé. La réforme fiscale, adoptée fin 2018, n'a pas contenu le déficit budgétaire (6,3 % du PIB), malgré une meilleure collecte des impôts. L'Etat-providence costaricain, qui offre des services de santé et d'éducation sans équivalent dans la région, a continué de peser sur les dépenses publiques. En outre, la croissance affiche un ralentissement continu depuis 2016. La Banque centrale a réduit son taux directeur (3,25 %) à six reprises en 2019.

Le gouvernement a aussi dû faire face à une crise migratoire. La plupart des 80 000 exilés nicaraguayens, fuyant la répression menée par le président Daniel Ortega, se sont réfugiés au Costa Rica voisin. ■
F. SA.

CUBA

CHEF DE L'ÉTAT Miguel Diaz-Canel
SUPERFICIE 111 000 km²
POPULATION (HAB.) 11,3 millions
PIB (MD $) n. c.
CROISSANCE n. c.
CHÔMAGE 2,3 %
MONNAIE peso cubain (0,036 €)
ÉMISSIONS DE CO$_2$ (T/HAB.) 2,5 (116e)

La crise actuelle est *« conjoncturelle »* selon la terminologie choisie par le gouvernement. Elle est *« difficile »*, disent les habitants de l'île. Elle est même *« spéciale »* pour certains experts, en référence à la décennie qui a suivi la dissolution de l'Union soviétique, ces années 1990 surnommées en espagnol *« periodo especial »* et qui ont vu sombrer Cuba dans une terrible crise économique.

Le parallèle le plus symbolique est peut-être l'annonce par les autorités, en avril 2019, de la réduction de pagination de l'emblématique quotidien *Granma*, faute de papier. Le journal officiel du Parti communiste de Cuba (PCC, unique) est ainsi passé de seize à huit pages. Il faut remonter au 24 août 1990 pour trouver une annonce similaire. C'était même la première mesure adoptée par Fidel Castro pour affronter la *« période spéciale »* qui s'ouvrait. Privé du *« grand frère »* soviétique, qui accaparait 85 % de son commerce extérieur, Cuba s'était brusquement retrouvée à l'arrêt. Déjà.

Aujourd'hui, Fidel est mort (2016) et Raul, son frère, a cédé sa place, en 2018, à un jeune président, Miguel Diaz-Canel. Les files d'attente, elles, s'allongent de nouveau partout sur l'île pour acheter farine, riz, poulet ou beurre. Sur un air de déjà-vu, les transports ne fonctionnent plus, ou presque. Les restrictions imposent des quantités drastiques de produits de consommation de base. Certaines régions n'autorisent pas plus d'un litre d'huile de friture par personne et par mois sous peine de sanctions. Ailleurs, c'est l'essence qui est indisponible à la pompe. La baisse des exportations de pétrole vénézuélien vers Cuba, observée dès 2016 et aggravée par la profonde récession frappant le pays dirigé par l'allié Nicolas Maduro, a fini par atteindre un plus bas historique. Avec 55 000 barils acheminés par jour, le Venezuela couvre à peine plus d'un tiers des besoins quotidiens de l'île.

A cela s'ajoute un net durcissement de l'administration nord-américaine. Désireux de liquider tous les actes de normalisation entre Washington et La Havane obtenus par son prédécesseur, Donald Trump a multiplié les sanctions, pénalisant le tourisme, les investissements, l'importation de carburant et l'envoi d'argent vers l'île par les Cubains exilés.

En janvier 2019, Washington a ainsi interdit aux compagnies américaines et à leurs filiales de vendre du carburant à la société pétrolière nationale vénézuélienne, tant pour la consommation intérieure que pour l'exportation. En juillet, l'administration Trump a sanctionné des exploitants de navires couvrant la ligne Venezuela-Cuba. Quelques semaines plus tard, le ministère des transports a annoncé la suspension des vols opérés par les compagnies américaines à destination de toutes les villes cubaines, sauf La Havane, pénalisant encore davantage un secteur touristique vital pour l'île.

LE RETOUR DE MOSCOU

Le régime cubain a, lui, cherché des palliatifs. Plusieurs mesures d'austérité ont été imposées, comme la suppression des éclairages publics et l'usage de l'air conditionné dans les institutions d'Etat. Plus significatif, les habitants de l'île ont été autorisés, fin octobre, à ouvrir des comptes en dollars dans les banques locales. La mesure, déjà appliquée dans les années 1990, autorise les boutiques d'Etat à recevoir des dollars et autres monnaies étrangères, pour la vente de produits très demandés à l'importation : électroménager, pièces automobiles, scooters électriques. Le paiement réalisé par cartes de débit est alimenté grâce à des transferts de l'étranger ou d'autres comptes en devises étrangères, exemptés d'impôts. Les Cubains – particuliers ou entrepreneurs privés (13 % de la force de travail) – peuvent aussi demander l'importation de certains biens par le biais des entreprises d'Etat, toujours en réglant par carte.

La réforme a pour objectif de récupérer des devises face au renforcement de l'embargo américain. Elle cherche également à éviter la fuite de centaines de millions de dollars des particuliers qui vont faire leurs courses au Panama ou au Mexique.

Des dollars donc, mais aussi des roubles. Dans ce contexte de tensions croissantes, le gouvernement Díaz-Canel a cherché à accroître le soutien de Moscou, qui semble avoir bel et bien amorcé un « retour » en terre cubaine : les échanges commerciaux ont enregistré une hausse de 34 % en 2018. Elle pourrait atteindre 50 % en 2019. Troisième partenaire commercial derrière l'Union européenne et la Chine, la Russie a octroyé un prêt de 40 millions de dollars (36 millions d'euros) pour moderniser l'industrie militaire. Elle a aussi annoncé un plan d'investissement d'un milliard pour le rail sur les dix prochaines années. ●

NICOLAS BOURCIER

DOMINICAINE (RÉP.)

CHEF DE L'ÉTAT Danilo Medina
SUPERFICIE 49 000 km²
POPULATION (HAB.) 10,7 millions
PIB (MD $) 89,5
CROISSANCE 5 %
CHÔMAGE 5,8 %
MONNAIE peso (0,017 €)
ÉMISSIONS DE CO$_2$ (T/HAB.) 2,3 (122e)

En 2019, l'économie de la République dominicaine devrait continuer à croître (+ 5 %, selon les projections du FMI) malgré une baisse de la fréquentation touristique, principale source de devises du pays, de l'ordre de 4 % sur les dix premiers mois de l'année. Cette baisse a fait suite à plusieurs morts *« mystérieuses »* de touristes américains dans des hôtels du pays, bien que le FBI ait conclu à un décès naturel dans la plupart des cas.

Cette île caribéenne de 10,7 millions d'habitants vit au rythme du scrutin présidentiel de mai 2020 depuis plus d'un an. Les deux principaux candidats issus des primaires du 6 octobre seront deux entrepreneurs : Luis Abinader pour la principale force d'opposition, le Parti révolutionnaire moderne ; et l'ancien ministre des travaux publics Gonzalo Castillo Terrero pour le Parti de la libération dominicaine (PLD, au pouvoir), qui a vaincu l'ex-président Leonel Fernandez (1996-2000 puis 2004-2012).

Pendant plusieurs mois, le PLD a été plongé dans une crise interne entre les deux courants majoritaires opposant M. Fernandez et le président actuel, Danilo Medina. Ce dernier a finalement renoncé à se présenter à un troisième mandat, interdit par la Constitution. Les élections municipales auront lieu en février 2020 et la présidentielle et les législatives, le 17 mai. ●

AN. MO.

DOMINIQUE

CHEF DE L'ÉTAT Charles Savarin
PREMIER MINISTRE Roosevelt Skerrit
SUPERFICIE 750 km²
POPULATION (HAB.) 73 543
PIB (MD $) 0,6
CROISSANCE 9,4 %
CHÔMAGE n. c.
MONNAIE dollar des Caraïbes orientales (0,34 €)
ÉMISSIONS DE CO$_2$ (T/HAB.) 2,5 (114e)

Après plusieurs semaines d'incertitude, le premier ministre de la Dominique, Roosevelt Skerrit, au pouvoir depuis quinze ans, a été réélu haut la main le 6 décembre 2019 pour un quatrième mandat d'affilée. Son Parti de la liberté a emporté 18 des 21 sièges de l'Assemblée législative de cette petite île caribéenne. Des manifestations avaient émaillé la campagne, l'opposition du Parti uni des travailleurs, mené par Lennox Linton, considérant que les listes électorales sont désactualisées, car elles incluent des personnes décédées et des Dominiquais ayant quitté le pays depuis plus de cinq ans.

Un peu plus de deux ans après le passage de l'ouragan Maria, en septembre 2017, qui avait détruit presque 70 % de l'île, l'économie du pays a fait un bond spectaculaire : le FMI prévoit une croissance du PIB de 9,4 % en 2019, après une récession du même ordre en 2017, la ▶▶▶

Amérique centrale

▶▶▶ plus élevée du continent après le Venezuela. Les écoles ont rouvert, les touristes sont revenus, un hôpital financé par la Chine a été inauguré en septembre à Roseau, et le gouvernement a annoncé la construction d'un nouvel aéroport, lui aussi financé par Pékin. ◼

ANGELINE MONTOYA

GRENADE

DOMINIQUE

Mer des Caraïbes

Martinique (Fr.)

SAINTE-LUCIE

BARBADE

SAINT-VINCENT-
ET-LES-GRENADINES

OCÉAN
ATLANTIQUE

◻ SAINT-GEORGES

50 KM

CHEF DE L'ÉTAT Elizabeth II
PREMIER MINISTRE Keith Mitchell
SUPERFICIE 334 km²
POPULATION (HAB.) 112 000
PIB (MD $) 1,2
CROISSANCE 3,1 %
CHÔMAGE n. c.
MONNAIE dollar des Caraïbes orientales (0,34 €)
ÉMISSIONS DE CO$_2$ (T/HAB.) 2,4 (118e)

Les bonnes performances économiques de ce petit Etat anglophone des Caraïbes continuent d'être saluées par les créanciers internationaux. Même si l'économie grenadienne, malgré un secteur touristique dynamique, ralentit quelque peu (3,1 % de croissance en 2019, contre 4,2 % en 2018). Le chômage reste un problème (un Grenadien sur cinq demeure sans emploi), mais l'inflation est sous contrôle et la dette du gouvernement central, bien qu'élevée, a été largement réduite, passant de 70 % à 61,5 % du PIB entre 2018 et 2019, selon le FMI, grâce une politique fiscale rigoureuse.

Le changement climatique et la montée du niveau de la mer demeurent une menace existentielle pour ce pays insulaire, situé en plein sur la route des tempêtes tropicales. La problématique a été mise au cœur de l'action du gouvernement du premier ministre, Keith Mitchell, qui a créé en 2017 un ministère de la résilience climatique, chargé aujourd'hui de coordonner un ambitieux plan national d'adaptation (NAP) quinquennal, pour faire face à ce défi. ◼

BRUNO MEYERFELD

GUATEMALA

MEXIQUE

Flores

BELIZE

Mer des
Caraïbes

Puerto Barrios
Quezaltenango

◻ GUATEMALA

HONDURAS

Mazatenango

SALVADOR

OCÉAN PACIFIQUE

NICARAGUA

100 KM

CHEF DE L'ÉTAT
Jimmy Morales (jusqu'au 14/01/2020)
Alejandro Giammattei (élu le 11/08/2019)
SUPERFICIE 109 000 km²
POPULATION (HAB.) 17,6 millions
PIB (MD $) 81,3
CROISSANCE 3,4 %
CHÔMAGE 2,8 %
MONNAIE quetzal guatémaltèque (0,11 €)
ÉMISSIONS DE CO$_2$ (T/HAB.) 1,1 (156e)

Corruption, violence et misère : ces trois thèmes ont été au cœur de l'élection présidentielle remportée, le 11 août au second tour, par le conservateur Alejandro Giammattei, avec 58 % des voix contre 42 % pour la candidate sociale-démocrate, Sandra Torres. Ce médecin de profession, qui briguait pour la quatrième fois le siège suprême, a profité du rejet du président sortant, Jimmy Morales (2016-2020), par les électeurs. Cet humoriste novice en politique a terminé son mandat de quatre ans sous le coup d'une enquête pour financement électoral illégal.

Le taux d'abstention (57 %) a révélé l'apathie des 8 millions d'électeurs. La lutte contre la corruption politique est une des promesses de campagne de M. Giammattei, qui entrera en fonction le 14 janvier 2020. Pourtant, le nouveau président peine à convaincre, après avoir approuvé la décision de son prédécesseur de ne pas renouveler, le 3 septembre 2019, le mandat de la Commission internationale contre l'impunité au Guatemala (Cicig). Mise en place, en 2007, par un accord entre les Nations unies et le Congrès guatémaltèque, la Cicig avait, depuis, fait condamner les plus hautes autorités du pays impliquées dans des affaires de corruption.

Malgré le soutien de 70 % de la population, la Cicig a creusé sa propre tombe en demandant au Congrès la levée de l'immunité du président sortant, soupçonné de financement électoral illicite. Sans compter une enquête ouverte pour fraude contre le frère et le fils de M. Morales. Son successeur avait lui-même fait les frais de la Cicig. M. Giammattei avait passé dix mois en détention préventive en 2010, accusé dans une affaire d'exécution extrajudiciaire, avant d'être libéré faute de preuves. Comme M. Morales, M. Giammattei a considéré que la Commission internationale avait commis des excès. Fin août, la Cicig a rendu public un dernier rapport accablant sur la corruption au sein de l'Etat et du secteur privé. Le texte dénonce, notamment, « *une coalition mafieuse* » œuvrant au « *pillage des ressources publiques* ».

Autre sujet épineux dont hérite M. Giammattei : l'accord migratoire signé en juillet par le gouvernement sortant avec Washington. Ce dernier fait du Guatemala un « *pays tiers sûr* » pour les demandeurs d'asile aux Etats-Unis, obligeant certains à réaliser leurs démarches sur le sol guatémaltèque. Imposé à M. Morales par son homologue américain Donald Trump, sous la menace de représailles économiques, ce pacte a provoqué un tollé. Un premier demandeur d'asile hondurien a néanmoins été renvoyé, fin novembre, des Etats-Unis au Guatemala, malgré la levée de boucliers de plusieurs députés et représentants d'organisations de défense des migrants. Ces derniers considérant que le Guatemala ne dispose pas des conditions sociales et sécuritaires pour jouer un tel rôle auprès des migrants.

BAISSE DES HOMICIDES
M. Giammattei a botté en touche, préférant louer le partenariat noué parallèlement avec Mexico pour stimuler une économie restée dynamique. Mais tous ne récoltent pas les fruits de la croissance (3,4 %). Dans un pays où 59 % des Guatémaltèques sont pauvres, beaucoup survivent grâce aux envois de fonds des émigrés aux Etats-Unis. De quoi faire le lit de la migration, mais aussi de la délinquance organisée.

La réduction de la violence reste néanmoins un des rares succès du mandat de M. Morales qui s'est félicité, en septembre, d'une « baisse historique » des homicides, dont le taux est passé de 29,5 pour 100 000 habitants en 2016 à 21,8 en 2019. Pour aller plus loin, son successeur prône la manière forte contre les criminels. Durant sa campagne électorale, il a proposé de rétablir la peine de mort. ◼

FRÉDÉRIC SALIBA

HAÏTI

CHEF DE L'ÉTAT Jovenel Moïse
PREMIER MINISTRE
Fritz-William Michel (22/07/2019)
SUPERFICIE 28 000 km²
POPULATION (HAB.) 11,3 millions
PIB (MD $) 8,8
CROISSANCE 0,1 %
CHÔMAGE 13,5 %
MONNAIE gourde (0,009 €)
ÉMISSIONS DE CO$_2$ (T/HAB.) 0,3 (191e)

Un pays en chute libre. Déjà peu épargné par les catastrophes naturelles, Haïti fait face à une catastrophe politique, économique, sociale et humaine d'une ampleur inédite. Depuis la fin août 2019, l'île connaît un mouvement de contestation ininterrompu qui a fait au moins 42 morts et près de 200 blessées par balle. La colère née d'une pénurie d'essence est venue s'ajouter à l'exaspération liée à la corruption et à l'inflation galopante. Seul le départ du président, Jovenel Moïse, homme d'affaires visé par un rapport de la Cour des comptes pour corruption et détournements de fonds, semble à même de permettre une désescalade. Déjà, fin 2018, un mouvement de protestation nationale contre le pouvoir en place avait fait descendre des milliers de Haïtiens dans les rues pendant des mois et provoqué une centaine de victimes.

Dans ce pays parmi les plus pauvres du monde, où plus de 60 % de la population survit avec moins de 2 dollars par jour (1,80 euro), la situation économique est catastrophique. La monnaie nationale, la gourde, a perdu un tiers de sa valeur face au dollar en à peine un an. Haïti est entièrement paralysé et bloqué, des barricades ont été dressées sur les axes principaux, les écoles gardent porte close. «*Peyi lok*», comme on dit ici. Fait notable, le très large éventail des manifestants : la majorité des protestataires, issue des quartiers les plus pauvres, défile aux côtés d'universitaires, d'artistes, d'ouvriers, de représentants religieux, de policiers et de médecins, de sympathisants de partis politiques ou d'organisations luttant contre la corruption.

Le 9 novembre, la plupart des partis de l'opposition se sont accordés pour demander le départ sans condition du président. Réunis à Port-au-Prince, ils ont évoqué la formation d'un gouvernement de transition avec à sa tête des technocrates. Le temps de réfléchir, selon eux, à de nouvelles institutions pour tenter de sortir de ce cycle infernal de crises et de coups d'Etat qui a vu depuis les premières élections démocratiques en 1990 une succession de 12 présidents.

«*Ce n'est pas une crise "ordinaire" que nous vivons, mais l'expression d'une volonté générale pour un nouvel ordre social*, souligne l'écrivain et poète Lyonel Trouillot. *C'est la fin de ce système d'inégalités que réclame la population. Les Jovenel Moïse, les Michel Martelly* [son mentor et prédécesseur] *ont permis, par leur cupidité et leurs pratiques répressives, de voir le système dans son horreur.*»

Les Nations unies ont fait part, le 28 octobre, de leur inquiétude concernant la situation humanitaire. Près de 35 % de la population ont besoin d'une assistance alimentaire de toute urgence, soit 3,67 millions de personnes. ∎

NICOLAS BOURCIER

HONDURAS

CHEF DE L'ÉTAT
Juan Orlando Hernandez
SUPERFICIE 112 000 km²
POPULATION (HAB.) 9,7 millions
PIB (MD $) 24,5
CROISSANCE 3,4 %
CHÔMAGE 4,1 %
MONNAIE lempira (0,036 €)
ÉMISSIONS DE CO$_2$ (T/HAB.) 1 (159e)

Le 25 septembre 2019, le président Juan Orlando Hernandez (appelé « JOH »), réélu en 2018 lors d'élections controversées entachées d'accusations de fraude, a signé un accord avec Washington faisant du Honduras un « *pays tiers sûr* ». Les demandeurs d'asile aux Etats-Unis étant passés par ce pays peuvent donc y être renvoyés dans l'attente de l'examen de leur demande. Un accord critiqué par les organisations de défense des droits humains, qui rappellent que le Honduras est un des pays les plus violents au monde.

En 2019, les Honduriens ont assisté, sidérés, au procès à New York du propre frère du président, Juan Antonio « Tony » Hernandez, reconnu coupable en octobre de trafic de drogue et de faux témoignage. Or, le chef de l'Etat a été cité par les enquêteurs américains comme « co-conspirateur » de son frère. Selon le procureur fédéral du district sud de New York, « JOH » aurait touché des millions de dollars de pots-de-vin de narcotrafiquants, y compris de l'ex-chef de cartel mexicain « El Chapo » Guzman, pour financer ses campagnes électorales. Des accusations démenties vigoureusement par le président hondurien, qui n'a pas été inquiété par la justice américaine ni par celle de son pays.

RENÉGOCIATION DE LA DETTE
Ces accusations ont ravivé les protestations de rue contre ce que les manifestants qualifient de « narco-Etat ». Pendant l'année, d'autres manifestations avaient eu lieu, d'abord en janvier, à un an de la réélection de « JOH », pour dénoncer les conditions controversées du scrutin, puis en juin, contre des réformes annoncées dans l'éducation et la santé.

Malgré une croissance positive pour la dixième année consécutive (3,4 % en 2019, contre 3,7 % en 2018), le Honduras n'arrive toujours pas à faire baisser son taux de pauvreté. Depuis dix-huit ans, celui-ci stagne à plus de 60 % de la population (et presque 40 % pour la pauvreté extrême), a dénoncé la Banque interaméricaine de développement.

Lors du sommet de la COP25, le 2 décembre à Madrid, « JOH » a demandé une renégociation d'environ 1 milliard de dollars (900 millions d'euros) de sa dette pour pouvoir financer des programmes environnementaux et « *transformer le pays* ». En 2018, selon la Banque centrale hondurienne, la dette externe du pays s'est élevée à 8 milliards de dollars, en hausse de 0,92 point par rapport à 2017, soit 40 % du PIB.

La demande de renégociation de la dette au nom de l'écologie a surpris les militants honduriens, alors que, selon l'ONG Global Witness, le pays est l'un des plus dangereux au monde pour les défenseurs de l'environnement, avec 123 assassinats entre 2010 et 2017.

Le 2 décembre, les assassins de l'écologiste Berta Caceres ont été condamnés à des peines comprises entre trente et cinquante ans de prison, mais les proches de la militante ont dénoncé le fait que les commanditaires du meurtre survenu en mars 2016 soient toujours en liberté. ∎

AN. MO.

JAMAÏQUE

CHEF DE L'ÉTAT Elizabeth II
PREMIÈRE MINISTRE Andrew Holness
SUPERFICIE 11 000 km²
POPULATION (HAB.) 2,9 millions
PIB (MD $) 15,7
CROISSANCE 1,1 %
CHÔMAGE 9,5 %
MONNAIE dollar jamaïcain (0,006 €)
ÉMISSIONS DE CO$_2$ (T/HAB.) 2,8 (108e)

Après une année marquée par des violences particulièrement meurtrières liées à la guerre des gangs, le pays a, semble-t-il, su recouvrer un semblant de calme et rebondir en termes économiques. Selon les prévisions du FMI en novembre, le PIB a atteint 2 % en 2019, soit trois fois la croissance moyenne affichée ces deux dernières décennies. La troisième destination touristique de la région a enregistré de très bons résultats dans le secteur, ainsi que dans l'immobilier et les mines. En avril, le taux de chômage a atteint 7,8 % – le plus bas jamais enregistré – alors même que la population active augmentait.

Encerclé par les paradis fiscaux, le pays aurait pu également céder à la tentation de faire du dumping fiscal. Epinglées par l'OCDE en 2017 pour leur manque de transparence, les autorités ont au contraire décidé de transformer en lois les règles anti-abus préconisées par l'organisation internationale pour combattre l'optimisation fiscale des multinationales. Dans une île de 2,9 millions d'habitants, où près de 19 % de la population vit sous le seuil de pauvreté, la chasse aux millions détournés peut s'avérer utile. ∎

N. BO.

Amérique centrale

MEXIQUE

500 KM

CHEF DE L'ÉTAT
Andres Manuel Lopez Obrador
SUPERFICIE 1 958 000 km²
POPULATION (HAB.) 127,6 millions
PIB (MD $) 1 274,2
CROISSANCE 0,4 %
CHÔMAGE (OCDE) 3,5 %
MONNAIE peso mexicain (0,046 €)
ÉMISSIONS DE CO₂ (T/HAB.) 3,8 (92ᵉ)

Jamais un président du Mexique n'avait été tant plébiscité et critiqué à la fois. Andres Manuel Lopez Obrador (« AMLO ») a célébré, le 1ᵉʳ décembre, le premier anniversaire de son mandat (2018-2024), avec un taux d'approbation record (entre 60 % et 70 %). Ses détracteurs, eux, le taxent de « populiste », dénonçant son bilan sécuritaire et économique mitigé. L'intéressé a fait fi des critiques, bien décidé à mener « un changement radical de régime ».

Omniprésent, AMLO a donné plus de 270 conférences de presse matinales en un an. Un rituel unique au monde, qui lui permet de détailler son projet de refondation du pays, baptisé « la quatrième transformation du Mexique », après l'indépendance de 1810, la réforme de 1861 (instaurant la laïcité) et la révolution de 1910. Le président de gauche a transformé la luxueuse résidence présidentielle en centre culturel, mis en vente la flotte gouvernementale, supprimé les pensions des anciens présidents et réduit de moitié les salaires des hauts fonctionnaires, dont le sien. AMLO a aussi invité ses ministres à voyager, comme lui, sur des vols commerciaux.

Son principal cheval de bataille a été la lutte contre la pauvreté, qui touche plus de quatre Mexicains sur dix. L'ancien maire de Mexico (2000-2005) a multiplié les programmes sociaux, augmenté de 16 % le salaire minimum (102 pesos - 4,74 euros) et mis en place des politiques favorisant l'accès à l'éducation et à la santé. Son autre priorité : combattre la corruption qui caractérisait le régime clientéliste du Parti

révolutionnaire institutionnel (PRI, centre), hégémonique de 1929 à 2000 avant de revenir au pouvoir, de 2012 à 2018. AMLO a nommé un procureur indépendant, dont les enquêtes ont visé plusieurs proches de ses prédécesseurs, sans les mettre eux-mêmes en cause.

Mais des doutes planent sur la stratégie sécuritaire d'AMLO face à une nouvelle flambée des violences (25 890 homicides les neufs premiers mois de l'année). Le président mise sur la prévention plutôt que sur le rapport de force avec les cartels de la drogue. Tout en critiquant la stratégie frontale et militaire des gouvernements précédents (250 000 morts et 40 000 disparus depuis treize ans), AMLO a créé une Garde nationale, composée en majorité de soldats. L'initiative a provoqué une levée de boucliers des organisations de défense des droits de l'homme, dénonçant « une militarisation du pays ». D'autant que plusieurs attaques mafieuses ont ébranlé ce virage stratégique resté flou.

En tête, le fiasco de l'arrestation, le 17 octobre, du fils du célèbre narcotrafiquant, Joaquin « El Chapo » Guzman. En réaction, son cartel de Sinaloa a mis la ville de Culiacan (nord-ouest) à feu et à sang, obligeant les autorités à libérer cet héritier d'« El Chapo », condamné à la prison à perpétuité aux Etats-Unis. Trois semaines plus tard, trois femmes et six enfants mormons étaient massacrés par un autre cartel sur une route isolée de l'Etat de Sonora (nord-ouest). Ce crime barbare a incité le président américain, Donald Trump, à proposer à Mexico une aide militaire qu'AMLO a refusée.

MÉFIANCE DES INVESTISSEURS
Autre tension entre les deux voisins : les migrations. La signature, le 7 juin, d'un accord entre Mexico et Washington a levé la menace brandie par M. Trump de l'imposition de droits de douanes sur les produits en provenance du Mexique. Dans la foulée, Mexico a déployé 21 000 gardes nationaux, bloquant les candidats au « rêve américain » au sud et au nord du Mexique. Bilan : les arrestations de migrants par les autorités américaines ont chuté de 60 % entre janvier et novembre. Le Mexique a aussi accueilli plus de 50 000 demandeurs d'asile aux Etats-Unis, le temps que leurs démarches soient traitées par la justice américaine. Des mesures polémiques qu'AMLO a tempérées en lançant un plan de développement régional au sud du Mexique et en Amérique centrale pour « s'attaquer aux causes des migrations, dont la misère ».

La croissance moribonde pèse aussi sur le premier bilan d'AMLO. Le 26 novembre, le FMI a revu à la baisse ses prévisions à 0 % en 2019, contre 0,4 % précédemment. La méfiance règne chez les investisseurs, après l'annulation par AMLO du mégachantier du nouvel aéroport de Mexico. Sans compter que son plan de sauvetage de la compagnie pétrolière publique, Pemex, la plus endettée au monde (100 milliards de dollars – 90 milliards d'euros), n'a pas convaincu les agences de notation. Au point que la banque du Mexique a baissé ses taux d'intérêt à trois reprises. L'inflation est néanmoins restée stable (3,1 %).

Pour redresser la barre, AMLO s'appuie sur un plan de développement des infrastructures (4 milliards de dollars), venant s'ajouter à des grands travaux. Mexico a également signé, le 10 décembre, le nouvel accord de libre-échange nord-américain (AEUMC) avec le Canada et les Etats-Unis. Le temps presse pour le président qui, en 2021, soumettra à une consultation populaire la poursuite de son mandat de six ans (2018-2024), dans un pays où le président n'est pas rééligible. ∎

FRÉDÉRIC SALIBA

NICARAGUA

100 KM

CHEF DE L'ÉTAT Daniel Ortega
SUPERFICIE 130 000 km²
POPULATION (HAB.) 6,5 millions
PIB (MD $) 12,5
CROISSANCE – 5 %
CHÔMAGE 4,5 %
MONNAIE cordoba oro (0,027 €)
ÉMISSIONS DE CO₂ (T/HAB.) 0,9 (162ᵉ)

Le bras de fer s'est poursuivi entre le président, Daniel Ortega, et ses opposants qui réclament, depuis 2018, le départ de l'ancien guérillero sandiniste. Les contestataires ont bravé l'interdiction de manifester alors que M. Ortega, au pouvoir depuis 2007 après avoir gouverné de 1979 à 1990, a continué de réprimer. Un blocage à l'image de la fin des négociations entre les deux camps qui a plongé le pays dans l'impasse. La coalition d'opposition, Unité nationale bleu et blanc (UNAB), accuse M. Ortega d'avoir institué avec sa femme et vice-présidente, Rosario Murillo, une «dictature corrompue et népotiste». Les protestataires réclament «la fin d'un Etat policier de terreur», «la libération des prisonniers politiques», «la justice pour les victimes», «la démocratisation du pays», «des garanties de sécurité pour le retour des exilés (88 000)», une «réforme électorale» en vue d'«élections anticipées».

En face, le couple présidentiel s'accroche au pouvoir, refusant d'avancer le prochain scrutin prévu en 2021. M. Ortega, 74 ans, dénonce «une tentative échouée de coup d'Etat», fomentée par Washington avec la complicité de l'Eglise catholique, justifiant ainsi le «recours à la force» contre les secteurs d'opposition, dont la presse. Malgré le soutien de la police et de la justice, le régime n'est pas parvenu à arrêter le mouvement insurrectionnel national, né le 18 avril 2018 d'une mobilisation contre une réforme de la sécurité sociale. Depuis, la répression menée par les autorités a fait plus de 328 morts et 2 000 blessés. Le gouvernement n'en reconnaît que 199.

PRESSION INTERNATIONALE

De quoi bloquer le «dialogue national», pourtant renoué en février, entre le gouvernement et les membres de l'Alliance civique pour la justice et la démocratie (ACJD). La principale pomme de discorde porte sur l'application d'un accord sur la libération des protestataires détenus. Quelque 700 prisonniers ont été relâchés entre février et juin. Mais l'ACJD assure que 138 contestataires restent derrière les barreaux. Sans compter la levée de boucliers provoquée par le vote, le 8 juin, d'une loi d'amnistie par le Parlement dominé par les partisans de M. Ortega. L'opposition et les instances internationales de défense des droits de l'homme ont dénoncé une législation garantissant l'impunité des policiers violents. Début août, M. Ortega a mis fin aux négociations en accusant l'opposition de pratiquer la politique de la chaise vide.

En réaction, la pression internationale s'est accentuée sur le régime. Washington a gelé les comptes bancaires aux Etats-Unis et bloqué les visas de quatorze proches de M. Ortega, dont Rosario Murillo et Laureano Ortega, un des fils du couple et conseiller du régime. L'Union européenne a menacé de suivre cette voie sans franchir le pas.

M. Ortega a néanmoins campé sur ses positions, refusant le retour d'observateurs internationaux au Nicaragua. Son régime a interdit l'entrée sur son territoire d'une Commission spéciale de l'Organisation des Etats américains (OEA). Créée fin août, cette dernière visait à faciliter la reprise des négociations entre le gouvernement et l'opposition.

L'enjeu est de taille pour le régime: cette Commission spéciale a remis un rapport au Conseil permanent de l'OEA, qui étudie une possible exclusion du Nicaragua de ses rangs. Dans ce cas, le pays risque d'être privé de prêts internationaux, déstabilisant encore davantage une économie qui s'est enfoncée dans la crise. Le PIB a chuté de 5%. Et l'inflation (6,4%) a doublé en un an.

Daniel Ortega tente pourtant de gagner du temps, pariant sur la lenteur des décisions des organismes internationaux et sur les divisions au sein de l'opposition. Le 19 juillet, l'ancien guérillero a célébré le quarantième anniversaire de la révolution sandiniste, bien loin de la ferveur qui avait présidé au renversement de la dictature des Somoza (1936-1979). Ses opposants l'accusent d'être devenu le dictateur qu'il avait jadis combattu. ●

F. SA.

PANAMA

CHEF DE L'ÉTAT Laurentino Cortizo
(élu le 05/05/2019, en fonctions le 01/07/2019)
SUPERFICIE 76 000 km²
POPULATION (HAB.) 4,2 millions
PIB (MD $) 68,5
CROISSANCE 4,3 %
CHÔMAGE 3,9 %
MONNAIE balboa (0,91 €)
ÉMISSIONS DE CO₂ (T/HAB.) 2,6 (112ᵉ)

Avec 33 % des voix, le social-démocrate Laurentino « Nito » Cortizo a remporté de justesse, le 5 mai, l'élection présidentielle. Le champion du Parti révolutionnaire démocratique (PRD, gauche) a promis d'assainir la vie politique entachée par les scandales de corruption, dont celui de l'affaire Odebrecht, du nom du géant brésilien du BTP. Après les révélations des «Panama Papers» sur l'évasion fiscale, La City panaméenne a amélioré ses standards de transparence bancaire pour contrer les fraudes internationales.

L'économie reste favorable, même si le FMI a abaissé, en octobre, ses prévisions de croissance de 5 % à 4,3 % pour 2019. La guerre commerciale entre la Chine et les Etats-Unis a affecté l'activité du canal élargi, où transitent 5 % du trafic maritime mondial. Le pays, victime d'inégalités sociales persistantes, a été gagné, fin octobre, par la contestation sociale qui a embrasé l'Amérique du Sud. Le détonateur: un projet de réforme constitutionnelle qui pourrait interdire le mariage homosexuel (non reconnu). La question devrait être tranchée, en 2020, par référendum. ●

F. SA.

SAINTE-LUCIE

CHEF DE L'ÉTAT Elizabeth II
PREMIER MINISTRE Allen Chastenet
SUPERFICIE 617 km²
POPULATION (HAB.) 183 000
PIB (MD $) 2
CROISSANCE 1,5 %
CHÔMAGE 20,5 %
MONNAIE dollar des Caraïbes orientales (0,34 €)
ÉMISSIONS DE CO₂ (T/HAB.) 2,3 (124ᵉ)

En 2019, la contestation menée par l'opposition, entamée en 2018 lors d'importantes manifestations, s'est poursuivie. Au mois de février, une motion de censure visant à renverser le gouvernement du premier ministre Allen Chastanet, au pouvoir depuis 2016, a été déposée au Parlement par le chef du Parti travailliste de Sainte-Lucie (SLP), Philip J. Pierre. Bien que rejetée, la motion a été l'occasion d'un réquisitoire aussi long que sévère à l'encontre du pouvoir, portant en grande partie sur la mauvaise gestion économique du pays.

L'économie de Sainte-Lucie connaît en effet une croissance des plus molles (1,5 % en 2019, 0,9 % en 2018). Le chômage frappe encore 18 % de la population. Le gouvernement, qui a entamé un vaste plan de rénovation des infrastructures, des routes et de l'aéroport international, fonde aujourd'hui ses espoirs sur l'arrivée massive de touristes dans le pays: ils ont été 1,2 million à visiter les plages paradisiaques de Sainte-Lucie en 2018. Un record historique, qui pourrait être battu en 2019. ●

BRUNO MEYERFELD

SAINT-KITTS-ET-NEVIS

CHEF DE L'ÉTAT Elizabeth II
PREMIER MINISTRE Timothy Harris
SUPERFICIE 260 km²
POPULATION (HAB.) 54 000
PIB (MD DE $) 1
CROISSANCE 3,5 %
CHÔMAGE n. c.
MONNAIE dollar des Caraïbes orientales (0,34 €)
ÉMISSIONS DE CO₂ (T/HAB.) 4,6 (80ᵉ)

Suivant l'exemple de la Jamaïque ou de Saint-Vincent-et-les-Grenadines, Saint-Kitts-et-Nevis a décidé, en 2019, de décriminaliser l'usage du cannabis pour les besoins médicaux, religieux ou récréatif. La loi, votée par l'Assemblée nationale au mois de juillet, est le fruit de dix-sept mois de concertation auprès de la population et de la société civile.

De son côté, l'économie du pays, dépendante du secteur offshore et du tourisme, a continué sur sa lancée, en léger recul cependant (3,5 % de croissance en 2019, en baisse de plus d'un point par rapport à 2018), avec une inflation minimale (0,6 %). Pas de quoi satisfaire l'opposition au premier ministre Timothy Harris, à la tête depuis près de cinq ans d'un gouvernement de coalition. Denzil Douglas, leader du Parti ▶▶▶

Amérique centrale

►►► travailliste (SKNLP), chef du gouvernement pendant deux décennies (de 1995 à 2015), dénonce un pouvoir « *indifférent, incompétent et corrompu* », et compte bien reprendre les rênes du pays, lors des élections législatives prévues pour février 2020. ∎

BRUNO MEYERFELD

ST-VINCENT-ET-LES-GRENADINES

CHEF DE L'ÉTAT Elizabeth II
PREMIER MINISTRE Ralph Gonsalves
SUPERFICIE 390 km²
POPULATION (HAB.) 111 000
PIB (MD $) 0,9
CROISSANCE 2,3 %
CHÔMAGE 19,7 %
MONNAIE dollar des Caraïbes orientales (0,34 €)
ÉMISSIONS DE CO$_2$ (T/HAB.) 2 (128e)

En 2019, le premier ministre, Ralph Gonsalves, a remporté une victoire diplomatique, aussi éclatante qu'improbable. Saint-Vincent-et-les-Grenadines a en effet été élu au mois de juin membre non permanent du Conseil de sécurité de l'ONU, devenant le plus petit État à siéger au sein de la prestigieuse institution.

L'événement est historique à plus d'un titre pour ce petit archipel caribéen, nain diplomatique d'à peine 111 000 habitants, menacé par la montée des eaux, et qui siégera désormais à la table des très grands de ce monde. Lors du scrutin, le pays a largement dominé le Salvador, soixante fois plus peuplé, qui n'a obtenu que six petites voix à l'Assemblée générale, contre 185 pour les Grenadines.

Le tout permet au « Camarade Ralph » (surnom du premier ministre), 73 ans, de trouver un nouveau souffle après deux décennies de pouvoir et une économie en demiteinte (la croissance du PIB s'est établie à seulement 2,3 % en 2019) alors qu'auront lieu en décembre 2020 des élections législatives. ∎

B. ME.

SALVADOR

CHEF DE L'ETAT Nayib Bukele
(élu le 03/02/2019, en fonctions le 01/06/2019)
SUPERFICIE 21 000 km²
POPULATION (HAB.) 6,5 millions
PIB (MD DE $) 26,9
CROISSANCE 2,5 %
CHÔMAGE 4,4 %
MONNAIE dollar américain (0,91 €)
ÉMISSIONS DE CO$_2$ (T/HAB.) 1,1 (153e)

La victoire de Nayib Bukele (54 % des suffrages) à l'élection présidentielle du 3 février 2019 a marqué un virage politique. Le candidat antisystème est devenu le premier président, depuis la fin de la guerre civile, en 1992, à ne représenter aucun des deux partis traditionnels, le Front Farabundo Marti de libération nationale (FMLN, gauche) et l'Alliance républicaine nationaliste (Arena, droite), impliqués dans des scandales de corruption.

Pour lutter contre ce fléau, Nayib Bukele a lancé, en partenariat avec l'Organisation des Etats américains (OEA), une Commission internationale contre l'impunité au Salvador (Cicies) sur le modèle de celle qui opérait au Guatemala voisin. Ce président de 38 ans bénéficie d'une popularité record (70 % environ de soutiens) en parvenant à réduire le taux d'homicides de 9,2 à 5,9 pour 100 000 habitants.

Plus polémique, l'accord migratoire signé, en septembre, avec Washington a fait du Salvador un « *pays tiers sûr* » pour les demandeurs d'asile aux Etats-Unis. En retour, l'aide américaine a été dégelée pour ce pays, dont la moitié des exportations est destinée au marché américain. ∎

FRÉDÉRIC SALIBA

TRINITÉ-ET-TOBAGO

CHEF DE L'ÉTAT Mme Paula-Mae Weekes
PREMIER MINISTRE Keith Rowley
SUPERFICIE 5 100 km²
POPULATION (HAB.) 1,4 million
PIB (MD $) 22,6
CROISSANCE 0 %
CHÔMAGE 2,8 %
MONNAIE dollar trinidadien (0,13 €)
ÉMISSIONS DE CO$_2$ (T/HAB.) 31 (3e)

Ces deux îles, premières productrices des Caraïbes de pétrole et de gaz (40 % du PIB, 80 % des recettes d'exportation), se remettent doucement de deux années de récession et d'une année de stagnation. Même si Trinité-et-Tobago est l'un des Etats les plus dynamiques de l'espace caribéen, le FMI prévoit encore une fois une croissance zéro pour 2019.

Ne respectant pas les critères de bonne gouvernance et de transparence, Trinité-et-Tobago fait partie des derniers pays non coopératifs toujours inscrits sur la liste noire de l'Union européenne des paradis fiscaux. L'archipel fait partie des trois pays, avec le Guatemala et le Kazakhstan, pratiquant encore le secret bancaire, selon l'OCDE.

En novembre 2019, le gouvernement du premier ministre Keith Rowley, au pouvoir depuis 2015, a envoyé deux projets de loi au Parlement, l'un pour décriminaliser la possession de moins de 30 grammes de cannabis, et l'autre pour légaliser l'usage de la marijuana pour des raisons médicales ou religieuses. Les prochaines élections générales sont prévues en 2020. ∎

ANGELINE MONTOYA

Amérique du Sud

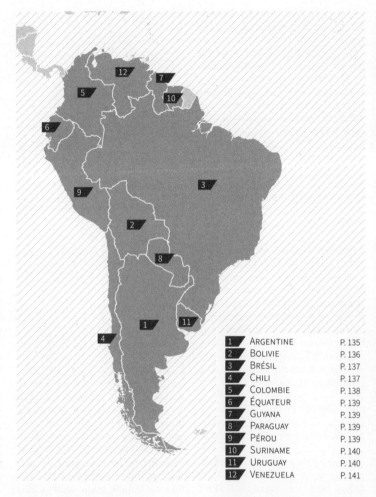

ARGENTINE

OCÉAN PACIFIQUE

PARAGUAY

San Miguel de Tucuman

BRÉSIL

Cordoba

Mendoza

Rosario

URUGUAY

BUENOS AIRES

CHILI

OCÉAN ATLANTIQUE

Iles Falkland (Malouines, R.-U.), revendiquées par l'Argentine

400 KM

CHEF DE L'ÉTAT Alberto Fernandez
(élu le 27/10/2019, en fonctions le 10/12/2019)

SUPERFICIE 2 780 000 km²

POPULATION (HAB.) 44,8 millions

PIB (MD $) 445,5

CROISSANCE − 3,1 %

CHÔMAGE 10 %

MONNAIE peso (0,015 €)

ÉMISSIONS DE CO₂ (T/HAB.) 4,4 (84ᵉ)

Le 27 octobre 2019, le péroniste Alberto Fernandez a été élu dès le premier tour de la présidentielle, avec 48 % des voix face à Mauricio Macri, le président de centre droit, au pouvoir depuis décembre 2015. Ce dernier, qui briguait un second mandat, a été sanctionné pour son mauvais bilan économique et n'a obtenu que 40 % des voix à l'élection. Le *« Frente de todos »* (le *« front de tous »*), la grande coalition péroniste formée par Alberto Fernandez, est également arrivé légèrement en tête aux législatives partielles qui se tenaient en même temps que la présidentielle.

Alberto Fernandez a pris ses fonctions le 10 décembre 2019, avec à ses côtés, en tant que vice-présidente, Cristina Fernandez de Kirchner, présidente entre 2007 et 2015. Alberto Fernandez a été le chef de cabinet de celle-ci au début de son premier mandat, après avoir été celui de Nestor Kirchner (président de 2003 à 2007, mari de Cristina Kirchner, décédé en 2010). Elue sénatrice de la province de Buenos Aires lors de législatives partielles en 2017, Cristina Kirchner avait choisi de se mettre en retrait pour la présidentielle de 2019, en désignant Alberto Fernandez comme candidat et en briguant pour sa part la vice-présidence du pays. Toujours très populaire, elle suscite également un fort rejet chez une partie de la population argentine, qui voit d'un mauvais œil ses nombreuses mises en examen, notamment dans des affaires de corruption. Cristina Kirchner bénéficie d'une immunité qui ne peut être levée que par un vote du Parlement.

L'Argentine traverse une grave crise économique et sociale depuis mi-2018, la pire qu'ait connue le pays depuis celle de 2001-2002, qui avait à l'époque fait plonger la moitié de la population dans la pauvreté. Le PIB de l'Argentine s'est contracté de 2,5 % en 2018 et devrait chuter de 3,1 % en 2019. Au premier semestre 2019, près de 16 millions d'Argentins (sur les 45 millions que compte le pays) vivaient sous le seuil de pauvreté, soit 35,5 % de la population. Au deuxième trimestre 2019, le chômage, en forte augmentation, touchait plus de 10 % de la population active, un record depuis 2006. La crise économique a fortement affecté l'activité économique du pays : 20 000 entreprises, pour la plupart des PME, auraient fermé entre juin 2015 et juin 2019.

EXPLOSION DE L'INFLATION

De nombreux Argentins tiennent Mauricio Macri pour responsable de la crise qui frappe le pays. Dès les premiers jours de son mandat, ce libéral, ancien chef de gouvernement de la ville de Buenos Aires, avait levé le contrôle des changes mis en place par sa prédécesseure Cristina Kirchner et ouvert le pays – dont l'économie était pourtant encore fragile – aux marchés financiers. La *« pluie d'investissements étrangers »* qu'il avait promise n'est cependant jamais arrivée jusqu'à l'Argentine, les investisseurs restant frileux face à ce pays familier des crises économiques et financières.

La décision de la Banque centrale des Etats-Unis, au printemps 2018, de relever ses taux d'intérêt a eu un effet dévastateur sur les marchés émergents, massivement délaissés par les investisseurs. Face à l'effondrement du peso argentin sur le marché des changes, le gouvernement de Mauricio Macri a demandé au FMI un prêt de 50 milliards de dollars (45 milliards d'euros), relevé à 57 milliards quelques mois plus tard.

Ce crédit, le plus important jamais accordé à un pays par l'institution financière, a été octroyé à l'Argentine en échange d'un plan d'austérité budgétaire drastique. Le gouvernement de Mauricio Macri s'était ainsi engagé auprès du FMI à parvenir à l'« équilibre budgétaire » en 2019. Dans les ▶▶▶

Amérique du Sud

▶▶▶ faits, le déficit budgétaire de l'Argentine devait s'élever à 0,6 % du PIB fin 2019.

La monnaie nationale a perdu près de 60 % de sa valeur face au dollar sur l'année 2019, en particulier à la suite des résultats des élections primaires du 11 août – auxquelles Alberto Fernandez a obtenu un score très favorable (49 % des voix) – qui ont pris de court les marchés, dont le candidat préféré était Mauricio Macri. Aggravée par la dépréciation du peso, l'inflation a explosé dans le pays (47,6 % en 2018, et près de 54 % attendus en 2019), mais les salaires n'ont pas suivi son rythme effréné. Le pouvoir d'achat des Argentins s'est considérablement réduit en l'espace de deux ans.

Au mois de novembre, alors que le FMI devait encore verser près de 11 milliards de dollars à l'Argentine, le président élu Alberto Fernandez a annoncé qu'il ne demanderait pas le décaissement de ces dernières tranches d'aide, souhaitant éviter de devoir procéder à de nouvelles restrictions budgétaires.

PEU DE MARGE DE MANŒUVRE

Durant la campagne électorale, Alberto Fernandez a déclaré vouloir sortir le pays de la récession en encourageant la consommation et en proposant des aides aux entreprises. Mais le nouveau chef d'Etat aura cependant peu de marge de manœuvre pour mener une politique économique expansionniste, car il devra négocier le rééchelonnement de sa dette auprès de créanciers privés – hors FMI – dès 2020, lesquels pourraient exiger à leur tour de nouvelles mesures d'austérité budgétaire. Beaucoup de ses partisans espèrent que les quatre années de mandat de M. Fernandez soient marquées par des avancées sur des questions sociétales, comme le droit à l'interruption volontaire de grossesse (IVG), en faveur duquel M. Fernandez s'est prononcé durant la campagne électorale. A l'heure actuelle, l'avortement est uniquement autorisé en cas de viol, ou si la grossesse présente un danger pour la santé de la femme enceinte. L'Argentine est passée très près de légaliser l'IVG en 2018, mais la proposition de loi a été rejetée par le Sénat en seconde lecture. Cristina Kirchner, à l'époque sénatrice, avait voté pour la légalisation de l'IVG. Une nouvelle proposition de loi sur le sujet devrait être examinée par le Congrès en 2020 et, si elle est approuvée, pourrait faire de l'Argentine le quatrième pays d'Amérique latine et des Caraïbes à légaliser l'IVG (après Cuba, l'Uruguay et le Guyana). ●

AUDE VILLIERS-MORIAMÉ

BOLIVIE

CHEF DE L'ÉTAT Mᵐᵉ Jeanine Añez (par interim depuis le 12/11/2019)
SUPERFICIE 1 099 000 km²
POPULATION (HAB.) 11,5 millions
PIB (MD $) 42,4
CROISSANCE 3,9 %
CHÔMAGE 3,3 %
MONNAIE boliviano (0,13 €)
ÉMISSIONS DE CO$_2$ (T/HAB.) 2 (131ᵉ)

Les résultats contestés des élections générales du 20 octobre donnant le président sortant Evo Morales vainqueur au premier tour déclenchent une vague de protestation dans le pays. Après trois semaines d'intenses manifestations et la perte du soutien de l'armée, le « premier président indigène » de l'histoire de Bolivie, au pouvoir depuis près de quatorze ans, est contraint de démissionner le 10 novembre. Exilé au Mexique, Evo Morales s'est dit victime d'un « coup d'Etat ».

Après quarante-huit heures de vacance du pouvoir, la seconde vice-présidente du Sénat, Jeanine Añez (droite radicale), s'est proclamée présidente transitoire alors que pro et anti-Morales s'affrontaient dans un pays en proie au chaos. Elle a fait son entrée au palais du gouvernement une Bible dans les mains, marquant le retour de la religion dans la vie politique. Mᵐᵉ Añez a constitué un gouvernement conservateur, très à droite, et promis de nouvelles élections dans un intervalle de cent vingt jours, une fois le nouveau Tribunal suprême électoral (dont les membres sont poursuivis pour « irrégularités » présumées lors du scrutin) constitué.

Celle qui a promis la « pacification du pays », après des semaines de violences et une répression qui ont fait au moins 33 morts et plus de 800 blessés, s'est également donné pour mission de poursuivre les « séditieux ». Un accord entre le gouvernement et les organisations sociales a permis un retour au calme, mais des poches de résistance persistent, notamment dans la région du Chapare, bastion d'Evo Morales où les *cocaleros*, producteurs de coca dont M. Morales est issu, refusent de reconnaître le gouvernement provisoire.

En août, le pays a fait face à de violents incendies qui ont ravagé la région de la Chiquitania – une zone de plaine proche de l'Amazonie – et causé la perte de 1,5 million d'hectares de terres.

UN SECTEUR AGRICOLE DYNAMIQUE

Sur le plan économique, la Bolivie affiche une relative bonne santé et une stabilité qui tranche avec le reste de la région. Avec près de 4 % de croissance, elle enregistre un des meilleurs résultats du continent, malgré la baisse du prix des matières premières et des exportations de gaz, dont elle dépend largement (les hydrocarbures et l'activité minière représentent plus de 60 % des exportations en 2018). Le pays possède parmi les plus grandes réserves au monde de lithium, dans la zone du salar d'Uyuni (Sud). Il bénéficie également d'un secteur agricole dynamique (14 % du PIB), notamment avec l'exportation de soja. Une activité responsable de la perte de 150 000 à 300 000 hectares de forêt par an.

La Bolivie a un chômage faible (en dessous de 4 %), bien que ce dernier chiffre cache la réalité de l'activité informelle qui concerne 70 % de la population active. L'extrême pauvreté est passée de 38 % à 15 % entre 2005 et 2018, tandis que la pauvreté a été divisée par deux, mais la Bolivie reste l'un des plus pauvres du sous-continent. Elle enregistre un déficit de la balance commerciale et un déficit fiscal et les économistes prédisent un ralentissement de l'économie pour les prochaines années. L'inflation est maîtrisée mais est en hausse (environ 4,5 %, contre 1,5 % en 2017), tout comme la dette externe. ●

AMANDA CHAPARRO

BRÉSIL

CHEF DE L'ÉTAT Jair Bolsonaro

SUPERFICIE 8 515 000 km²

POPULATION (HAB.) 211,1 millions

PIB (MD $) 1 847

CROISSANCE 0,9 %

CHÔMAGE 12,2 %

MONNAIE real (0,21 €)

ÉMISSIONS DE CO₂ (T/HAB.) CO_2 2,2 (126ᵉ)

Fureur et fracas. C'est avec ces deux mots qu'on pourrait résumer la première année de Jair Bolsonaro à la tête du Brésil. D'ailleurs, le 28 octobre 2018, jour de sa victoire à la présidentielle, ce dernier annonçait déjà la couleur dans son premier discours « *Vamos desamarrar o Brasil !* » (« Nous allons larguer les amarres du Brésil ! »). Le leader d'extrême droite n'a pas failli à sa parole. Mené par son capitaine Fracasse, le « bateau Brésil » a bel et bien quitté son port d'attache, lancé à toute allure et sans boussole sur des flots sans cesse plus furieux.

En un an, le nouveau chef de l'Etat a sonné la charge contre ce « système » qu'il honnit. On peine à tenir la liste des outrances « bolsonariennes », aussi quotidiennes que nauséeuses : mensonges en série, propos misogynes en pagaille, remarques racistes ou homophobes, blagues scatophiles, délires complotistes, apologie de la dictature et de la torture, atteintes à la presse et à la justice, insultes envers les dirigeants étrangers et jusqu'à leurs épouses – telle Brigitte Macron, moquée cet été sur son physique… De quoi faire passer Trump ou Salvini pour de courtois gentlemen… A première vue, difficile d'imaginer que telle tempête puisse durer jusqu'en 2022 et le terme du mandat du maître du Planalto (le palais présidentiel).

D'autant que l'économie va mal. Très mal même, avec une croissance du PIB atone (0,9 % en 2019), un real en chute libre (10 % de perte de valeur face au dollar en un an), un chômage structurellement élevé (12 % des actifs) et, surtout, une extrême pauvreté frappant aujourd'hui 6,5 % de la population (soit 13,5 millions de Brésiliens, un record depuis sept ans) selon l'Institut brésilien de géographie et de statistique. Tous les indicateurs sont au rouge.

Et pourtant, on aurait tort, depuis l'Europe, de ne voir dans ce capitaine Bolsonaro qu'un picaresque « général Alcazar », produit d'une fièvre tropicale passagère, vite attrapée, vite soignée, vite oubliée. C'est gravement sous-estimer le personnage. C'est méconnaître la crise morale profonde que traverse le Brésil. Car « Bolso » n'a rien d'un clown. Et son action est loin de se limiter au verbe – aussi virulent soit-il. Bénéficiant de puissants soutiens chez les évangéliques, les policiers et militaires, l'agrobusiness et l'industrie de Sao Paulo, le président d'extrême droite a agi. Mis à part lors de l'adoption d'une réforme des retraites en octobre 2019 (grâce à l'entremise du puissant ministre de l'économie Paulo Guedes), Bolsonaro s'est certes révélé incapable d'élaborer des lois et de bâtir des coalitions au Parlement. Pour arriver à ses fins, le président a préféré une stratégie plus discrète mais tout aussi efficace, consistant à assécher les budgets d'une part, supprimer les normes existantes plutôt que d'en inventer de nouvelles, de l'autre ; et, enfin, nommer aux postes de responsabilités des hommes incompétents ou fidèles (c'est souvent la même chose).

LE MONDE DE LA CULTURE MENACÉ

Ce travail de sape s'est révélé d'une efficacité redoutable. Asphyxiées, les universités fédérales, vues comme des nids de gauchistes, peinent aujourd'hui à organiser les examens, payer les bourses et jusqu'aux factures d'électricité. Les agences environnementales, décapitées, privées de budget, se révèlent incapables d'intervenir sur le terrain. Le monde de la culture craint le pire pour l'année à venir : le Fonds sectoriel de l'audiovisuel, principale source de financement du cinéma national, devrait chuter près de moitié en 2020 et l'enveloppe consacrée à la préservation du patrimoine historique pourrait être amputée de 71 %, mettant en péril les bijoux du pays et jusqu'aux monuments de Brasilia classés à l'Unesco. Bolsonaro détruit. Bolsonaro libère aussi.

Il libéralise l'économie (16 entreprises publiques devraient être privatisées en 2020, dont l'électricien Eletrobras, la Poste brésilienne ou l'imprimeur officiel de billets de banque). Il libère le port d'armes (le nombre d'armes enregistré dans le pays est passé de 678 309 à plus d'1 million entre décembre 2018 et octobre 2019, selon la police fédérale). Il libère l'exploitation des forêts (la déforestation de l'Amazonie a augmenté de 93 % au cours des neuf premiers mois de l'année 2019, par rapport à la même période l'an dernier, selon l'Institut national de recherche spatiale). Il libère les pesticides (plus de 400 nouveaux produits toxiques homologués depuis le début du mandat). Surtout, il libère la parole et la violence qui s'ensuit, en particulier contre les minorités : 132 transsexuels ont été assassinés au Brésil entre octobre 2018 et septembre 2019, selon l'ONG Antra, quasiment la moitié des meurtres transphobes de la planète.

FEUX DE FORÊT ET MARÉE NOIRE

La conséquence la plus visible aux yeux du monde se situe sur la préservation de l'environnement. En un an seulement, le gouvernement de Bolsonaro a été confronté à pas moins de trois désastres écologiques. En janvier 2019, il y eut la rupture du barrage de Brumadinho (Minas Gerais) qui a déversé des quantités monstrueuses de boue toxique dans l'écosystème. A l'été, il y eut les dramatiques feux de forêt en Amazonie, qui défrayèrent la chronique et provoquèrent un émoi international ainsi qu'une crise diplomatique entre Emmanuel Macron et Jair Bolsonaro. En septembre, il y eut enfin cette marée noire, pire catastrophe historique du littoral brésilien, souillant 2 500 kilomètres de côte. Trois crises, auxquelles l'extrême droite n'a pas répondu, ou alors seulement en retard et en traînant les pieds, sous pression internationale. Rivières, forêts, océan : tout est sali, tout brûle, tout s'effondre dans ce triste Brésil.

Et pourtant, malgré les scandales, malgré l'opprobre, Bolsonaro est loin d'être impopulaire. Sa communication est efficace, calibrée pour séduire cette fraction minoritaire de Brésiliens, dégoûtée des institutions, raffolant de ce « Jair » national, fort en gueule, irrévérencieux, violent, tenant tête aux « moralisateurs » de tout bord. Fin 2019, le président conservait une image positive chez 42 % des Brésiliens (contre 51 % négative) selon un sondage de l'Institut Atlas. Bolsonaro prend racine.

Mais, situé au point d'équilibre de forces contradictoires, soumis au système institutionnel instable et compliqué du Brésil, son pouvoir est moins solide qu'il n'y paraît. Bolsonaro a ainsi déjà été obligé à plusieurs reculades. Sous pression de l'agronégoce, il a cessé ses attaques contre la Chine communiste, grande acheteuse de soja brésilien. Soumis à l'état-major étoilé, le petit capitaine de réserve a remis au placard ses plans d'intervention au Venezuela. Sous la pression internationale, il a autorisé fin août l'opération « vert Brésil », menée par l'armée, afin d'éteindre les feux dévastant l'Amazonie.

De son côté, l'opposition retrouve du poil de la bête et fonde ses espoirs sur Luiz Inacio Lula da Silva, sorti de prison grâce à une décision favorable de la justice, en novembre 2019, après 580 jours derrière les barreaux. Mais la vraie menace pourrait venir de l'extérieur. Ayant fondé l'ensemble de sa politique extérieure sur son alliance avec les Etats-Unis de Donald Trump, une défaite de l'actuel locataire de la Maison Blanche au scrutin présidentiel pourrait ébranler le pouvoir brésilien. La bonne entente entre les deux hommes est d'ailleurs toute relative. En décembre 2019, le président américain a annoncé le rétablissement des taxes douanières sur l'acier venant du Brésil. Un coup de froid venu du nord, qui pourrait annoncer un hiver tropical à venir. ●

BRUNO MEYERFELD

CHILI

CHEF DE L'ÉTAT Sebastian Piñera

SUPERFICIE 756 000 km²

POPULATION (HAB.) 19 millions

PIB (MD $) 294,2

CROISSANCE 2,5 %

CHÔMAGE (OCDE) 6,8 %

MONNAIE peso chilien (0,001 €)

ÉMISSIONS DE CO₂ (T/HAB.) CO_2 4,6 (81ᵉ)

Une importante crise sociale a éclaté au Chili, pays de près de 19 millions d'habitants, à la mi-octobre. Des manifestations, à l'origine menées par des collégiens, lycéens et étudiants contre la hausse du prix du ticket de métro à Santiago, la capitale, se sont rapidement étendues à l'ensemble du pays. Les Chiliens ont défilé par millions pour dénoncer les fortes inégalités sociales qui affectent le pays depuis que la dictature ▶▶▶

Amérique du Sud

▶▶▶ militaire du général Augusto Pinochet (1973-1990) a privatisé un à un les services publics (retraites, éducation supérieure, distribution de l'eau...), devenant ainsi un laboratoire mondial des théories économiques néolibérales.

Face à cette colère sociale d'une ampleur inédite depuis la fin de la dictature, Sebastian Piñera, président de droite au pouvoir depuis mars 2018 après un premier mandat effectué entre 2010 et 2014, a décrété l'état d'urgence et déployé l'armée dans les rues de Santiago et d'autres villes du pays durant les dix premiers jours de la contestation.

CONCESSIONS DU GOUVERNEMENT
Devant la colère qui ne faiblissait pas – alimentée par la brutale répression exercée par les forces de l'ordre et dénoncée par plusieurs organisations internationales – le gouvernement de M. Piñera a fait des concessions en novembre : hausse des minima vieillesse, aide de l'Etat pour les Chiliens percevant le salaire minimum, remaniement de son gouvernement, et ouverture d'un dialogue sur une nouvelle Constitution, pour remplacer celle rédigée durant la dictature. Un référendum doit être organisé en avril 2020 sur cette question. Le président n'a cependant pas répondu à certaines revendications des manifestants, qui réclament notamment une refonte du système des retraites. Celles-ci sont gérées par des fonds de pension privés, qui génèrent chaque année d'immenses bénéfices et ne reversent aux Chiliens que de maigres retraites.

La forte croissance du pays – de 4 % en 2018, un chiffre élevé par rapport aux autres pays de la région – a été affectée par ces semaines d'intense mobilisation sociale. Selon les estimations du gouvernement chilien, elle ne devrait s'établir qu'à 1,4 % du PIB en 2019, contre les 2,5 % prévus quelques mois plus tôt. L'annulation des grands sommets de l'Apec et de la COP25, qui devaient se tenir aux mois de novembre et de décembre à Santiago, a également eu un coût élevé pour l'économie du pays.

Le gouvernement chilien a annoncé début décembre un plan de relance économique pour 2020, de l'ordre de 5 milliards d'euros, qui inclut des investissements publics et un coup de pouce aux PME. Ces mesures doivent aussi, selon le gouvernement, permettre de créer 100 000 emplois directs et indirects. Au troisième trimestre 2019, le taux de chômage touchait près de 7 % de la population active. ●

AUDE VILLIERS-MORIAMÉ

COLOMBIE

CHEF DE L'ÉTAT Ivan Duque
SUPERFICIE 1 139 000 km²
POPULATION (HAB.) 50,3 millions
PIB (MD $) 327,9
CROISSANCE 3,4 %
CHÔMAGE 9,2 %
MONNAIE peso colombien (0,0003 €)
ÉMISSIONS DE CO$_2$ (T/HAB.) 2 (132ᵉ)

Une voiture piégée a explosé, le 17 janvier 2019, à Bogota, causant la mort de 23 jeunes policiers. Revendiqué par la petite guérilla de l'Armée de libération nationale (ELN), cet attentat est venu rappeler que la paix n'est pas encore gagnée en Colombie. Trois ans après l'accord historique signé avec la guérilla des Forces armées révolutionnaires de Colombie (FARC), la situation reste tendue dans plusieurs régions du pays. Les milices au service des narcotrafiquants, les groupes dissidents des FARC et l'ELN se disputent le contrôle du trafic de drogue, de l'or, du bois. De source officielle, 164 leaders paysans et défenseurs des droits de l'homme ont été assassinés au cours des onze premiers mois de l'année.

Très proche de l'ancien président Alvaro Uribe (2002-2010), le président Ivan Duque est arrivé au pouvoir en 2018, en contestant l'accord de paix. Le développement rural se fait attendre. Fin août, plusieurs anciens chefs guérilleros, dont le négociateur de l'accord de paix, Ivan Marquez, annonçaient qu'ils reprenaient le maquis.

Les élections locales du 27 octobre ont été marquées par un recul des partis traditionnels et par la victoire surprise de candidats indépendants dans plusieurs grandes villes. Claudia Lopez, 49 ans, docteure en science politique et lesbienne, a ainsi emporté la mairie de Bogota. Le parti de M. Uribe a enregistré un sérieux revers, en perdant notamment la ville de Medellin. En novembre, le ministre de la défense, proche lui aussi de M. Uribe, était contraint de démissionner à la suite du scandale causé par la mort de 18 adolescents tués lors d'un bombardement de l'armée contre un camp de dissidents.

Fin 2019, le président Ivan Duque battait des records d'impopularité (70 % d'opinions défavorables). Le 21 novembre, les manifestants ont défilé par centaines de milliers pour contester un projet de réforme du droit du travail et des retraites, exiger la fin des assassinats ciblés et des bavures de la force publique, défendre l'université publique. La mobilisation, qui a surpris par son ampleur et sa diversité, s'est prolongée jusqu'en décembre.

Contesté sur le plan intérieur, le président colombien a opté pour faire du départ du président vénézuélien Nicolas Maduro une priorité : en janvier, il reconnaissait, immédiatement après Washington, le président autoproclamé Juan Guaido.

Les deux pays ont rompu toutes relations, alors que des dizaines de milliers de Vénézuéliens continuent de fuir leur pays délabré. Près de 1,4 million d'entre eux sont désormais établis en Colombie. Le défi humanitaire que représente ce flux migratoire sans précédent est immense pour un pays aux services publics déficients. Les autorités centrales colombiennes ont mis en place une stratégie d'intégration ambitieuse, et contenu, jusqu'à présent, les dérapages xénophobes.

DÉVALUATION DU PESO
Les migrants pourraient contribuer à dynamiser l'économie. Tiré par la consommation (+ 4,6 %) et les investissements (+ 5,5 %), le taux de croissance devrait atteindre 3,4 %, un résultat supérieur à celui la région. Mais il ne doit pas tromper : la croissance profite essentiellement au secteur financier (+ 8,2 %). En recul depuis début 2017, le bâtiment a chuté de 2,9 % et l'industrie manufacturière est en berne. La croissance reste donc peu créatrice d'emplois. Le chômage frôle la barre des 10 %. Et ce taux ne rend pas compte de la précarité des conditions d'emploi dans le secteur informel.

Le peso colombien a fait les frais de la dispute commerciale entre les Etats Unis et la Chine et de l'agitation sociale qui a secoué le continent. Sa dévaluation face au dollar (– 8 %) a renchéri les importations (+ 2,7 % sur les dix premiers mois de l'année), sans stimuler les exportations (– 5 % sur la même période). Le déficit commercial continue donc de se creuser.

La réforme fiscale votée en décembre 2018 a été annulée par la Cour constitutionnelle en octobre. Le gouvernement a déposé un nouveau projet, mais sa majorité au Congrès est désormais fragile. ∎

MARIE DELCAS

ÉQUATEUR

300 KM

CHEF DE L'ÉTAT Lenin Moreno
SUPERFICIE 284 000 km²
POPULATION (HAB.) 17,4 millions
PIB (MD $) 107,9
CROISSANCE − 0,5 %
CHÔMAGE 4 %
MONNAIE dollar américain (0,91 €)
ÉMISSIONS DE CO₂ (T/HAB.) 2,5 (117ᵉ)

L'Equateur qui a besoin d'argent pour équilibrer ses comptes et payer sa dette extérieure, peine à se financer sur les marchés internationaux. Le gouvernement de Lenin Moreno s'est adressé au FMI que son prédécesseur, et ancien allié, Rafael Correa, vilipendait. En échange d'un prêt de 4,2 milliards de dollars (3,8 milliards d'euros), Quito s'est engagé en février 2019 à mettre en œuvre des réformes structurelles. Elles ont fait l'objet d'un large débat entre les élites.

Le 1ᵉʳ octobre, le président annonçait une première série de mesures, dont la réduction de moitié des vacances des fonctionnaires, la baisse de 20 % du salaire des contractuels et l'élimination des subventions aux carburants. Entrée en vigueur deux jours plus tard, l'augmentation du prix de l'essence (+ 24 %) et du diesel (+ 118 %) a provoqué la colère des transporteurs et des Indiens qui ne représentent que 7 % de la population mais qui, réunis au sein de la Confédération des nationalités indigènes (CONAIE), restent un acteur social décisif. Au terme de onze jours d'une mobilisation qui a paralysé le pays, le président a cédé. Début novembre, l'Assemblée nationale enterrait la réforme économique. La crise a contribué à fragiliser encore M. Moreno qui, élu sur un programme de gauche, tente de séduire le secteur privé et la droite.

La croissance qui était en légère hausse au premier semestre a fait les frais de la grève : le FMI prévoit – 0,5 %. Malgré les restrictions appliquées par la Chine, les exportations de produits non pétroliers ont augmenté (+ 3,1 %), tirées par celles des crevettes. L'accord passé avec le FMI n'a pas réussi à rassurer les investisseurs étrangers (– 21 % d'IDE au premier semestre). Le chômage reste stable (4,9 % selon les chiffres du gouvernement) mais l'emploi informel continue d'occuper près de la moitié de la main-d'œuvre. L'arrivée de 374 000 migrants vénézuéliens en trois ans dans le pays n'est pas faite pour améliorer les conditions de travail, ni les salaires dans ce secteur informel.

Décidément soucieux de se rapprocher des Etats Unis – et de se libérer des quotas –, l'Equateur, qui produit quelque 500 000 barils de pétrole par jour, a annoncé son retrait de l'OPEP. Le pays espère augmenter sa production à 590 000 barils par jour en 2020. ∎

M. DS.

GUYANA

150 KM

CHEF DE L'ÉTAT David Granger
PREMIER MINISTRE Moses Nagamootoo
SUPERFICIE 215 000 km²
POPULATION (HAB.) 783 000
PIB (MD $) 4,1
CROISSANCE 4,4 %
CHÔMAGE 12,2 %
MONNAIE dollar guyanais (0,004 €)
ÉMISSIONS DE CO₂ (T/HAB.) 3,1 (102ᵉ)

Ce petit pays anglophone est à la fois à la veille de bouleversements profonds, mais aussi au milieu d'une crise politique inédite. En décembre 2018, le gouvernement du président David Granger a en effet été renversé par une motion de censure, lancée par l'opposition du Parti progressiste du peuple (PPP), et adoptée à une voix près. Cette dernière a été contestée par le pouvoir devant les tribunaux, sur fond d'accusation de corruption.

Après des mois de flou constitutionnel, la date des prochaines législatives a finalement été fixée au 2 mars 2020. Le scrutin promet d'être des plus tendus. D'autant que doit débuter, la même année, l'exploitation commerciale du pétrole guyanien. Grâce à cette activité, le FMI prévoit pour l'année qui vient un « boom » économique sans précédent, avec un PIB qui pourrait croître de 85,6 % (contre 4,4 % en 2019). La production d'or noir devrait dépasser 750 000 barils par jour d'ici à cinq ans – soit près d'un baril par habitant. De quoi donner des sueurs froides à ceux qui craignent que le Guyana sombre dans la « maladie de l'or noir », alliant corruption et destruction de l'environnement. ∎

BRUNO MEYERFELD

PARAGUAY

200 KM

CHEF DE L'ÉTAT Mario Abdo Benitez
SUPERFICIE 407 000 km²
POPULATION (HAB.) 7 millions
PIB (MD DE $) 40,7
CROISSANCE 1 %
CHÔMAGE 4,7 %
MONNAIE guarani (0,0001 €)
ÉMISSIONS DE CO₂ (T/HAB.) 1,1 (155ᵉ)

Un an après sa prise de fonctions, le gouvernement conservateur de Mario Abdo Benitez connaît une crise politique majeure liée à un pacte économique secret avec le Brésil de Jair Bolsonaro qui a failli lui coûter son poste. M. Benitez a été sauvé in extremis par sa majorité au Congrès et l'accord – portant sur la renégociation du contrat d'une des plus grandes centrales électriques au monde, Itaipu (entre les deux pays), annulé.

Celui qui avait promis de combattre le fléau de la corruption bat des records d'impopularité (70 % selon un sondage de juillet 2019) sur fond de ralentissement de l'économie. La croissance, estimée à 1 % et revue à la baisse en cours d'année (0,2 %), connaît son pire taux depuis 2012, notamment du fait des mauvais résultats du secteur agricole (30 % des exportations, soja et viande bovine en tête).

Le pays, touché par les gigantesques feux de forêt de la Bolivie voisine, reste l'un des plus pauvres du sous-continent, où un tiers des 7 millions d'habitants vit dans l'extrême pauvreté, en particulier les paysans sans terre : 2,5 % des propriétaires possèdent environ 85 % des superficies cultivables. ∎

AMANDA CHAPARRO

PÉROU

400 KM

CHEF DE L'ÉTAT Martin Vizcarra
PREMIER MINISTRE
Vicente Zeballos (30/09/2019)
SUPERFICIE 1 285 000 km²
POPULATION (HAB.) 32,5 millions
PIB (MD $) 229
CROISSANCE 2,6 %
CHÔMAGE 2,9 %
MONNAIE nouveau sol péruvien (0,26 €)
ÉMISSIONS DE CO₂ (T/HAB.) 1,7 (137ᵉ)

Martin Vizcarra, le président péruvien, a déclaré 2019, année de la lutte anticorruption, alors que le pays s'enlise dans les scandales politico-judiciaires, liés notamment à l'affaire Odebrecht – du nom de l'entreprise brésilienne de BTP accusée de verser des pots-de-vin à des dirigeants – et qui mouillent tous les derniers présidents péruviens.

Les juges anticorruption ont multiplié les coups d'éclat, travaillant sur plus de 600 cas et envoyant nombre de dirigeants en prison préventive, montrant leur détermination à mettre fin à l'impunité.

Le 17 avril, l'ex-président Alan Garcia (1985-1990 et 2006-2011) s'est suicidé juste avant son arrestation. Pedro Pablo Kuczynski (2016-2018) est assigné à résidence pour trois ans. La leader de l'opposition, Keiko Fujimori (droite populiste), fille de l'ancien autocrate Alberto Fujimori (1990-2000) a, quant à elle, été libérée après plus d'un an de prison préventive le 29 novembre mais doit encore être ▶▶▶

Amérique du Sud

►►► jugée pour financement illégal de ses campagnes électorales (2011 et 2016) présumé.

Le 30 septembre, la crise atteint son paroxysme. Alors que l'opposition parlementaire dominée par les fujimoristes est accusée de bloquer les réformes du gouvernement – notamment celles de la justice et de la politique – et de vouloir nommer des juges constitutionnels proches de leur groupe, le président Martin Vizcarra dissout le Congrès. Une mesure saluée par l'immense majorité des Péruviens (80 % d'entre eux l'approuvent, selon un sondage de l'Institut d'études péruviennes). Il convoque des élections législatives anticipées dès le 26 janvier 2020.

Sur le plan économique, le pays enregistre une croissance positive pour la vingtième année consécutive, mais connaît néanmoins un sérieux ralentissement, avec 2,6 % en 2019, en dessous de la moyenne 2012-2017 (+ 4 %). L'augmentation des crédits à la consommation et le dynamisme du secteur agroalimentaire, avec la hausse des exportations des produits de la pêche, permettent de conserver une croissance positive. Le secteur traditionnel minier observe en revanche un recul de la production et freine les exportations alors que le Pérou est le deuxième producteur de cuivre et d'argent au monde et le sixième d'or.

ACTES XÉNOPHOBES

Le pays fait face à une vague migratoire soudaine et massive de ressortissants vénézuéliens. Avec plus de 860 000 migrants, le Pérou est le deuxième territoire d'accueil après la Colombie. Tandis que 70 % des Péruviens travaillent dans le secteur informel, l'arrivée de travailleurs vénézuéliens a provoqué une augmentation d'actes xénophobes.

Le Pérou connaît un nombre élevé de conflits sociaux (134 actifs), liés notamment à l'environnement. En juillet, le feu vert au projet d'une gigantesque mine de cuivre à ciel ouvert dans la vallée agricole de Tambo, au sud de Lima, déclenche la colère des habitants qui en redoutent la pollution et les conséquences sur les réserves aquifères. « Tia Maria », porté par une filiale du Grupo Mexico, devait produire 120 000 tonnes de minerais par an, pour un investissement de 12 milliards d'euros. Le gouvernement a suspendu le permis en août mais les manifestations et la grève illimitée se poursuivent pour exiger son abandon. ∎

AMANDA CHAPARRO

SURINAME

CHEF DE L'ÉTAT Désiré Bouterse
SUPERFICIE 164 000 km²
POPULATION (HAB.) 581 000
PIB (MD $) 3,8
CROISSANCE 2,2 %
CHÔMAGE 7,4 %
MONNAIE dollar du Suriname (0,12 €)
ÉMISSIONS DE CO₂ (T/HAB.) CO_2 3,1 (103ᵉ)

Coup de théâtre sur la Côte sauvage sud-américaine : le 29 novembre 2019, le président Désiré Bouterse, dit « Desi », a été condamné à vingt ans de prison par un tribunal militaire. Il a été reconnu coupable, après plus d'une décennie d'enquêtes et de procès, de l'exécution de quinze opposants lors des « assassinats de décembre » en 1982, alors qu'il était déjà l'homme fort du pays, arrivé au pouvoir par un putsch militaire deux ans plus tôt.

Ayant quitté la tête de l'Etat en 1988, « Desi » est revenu aux responsabilités par deux fois : de 1990 à 1991 à l'occasion d'un nouveau coup d'Etat, puis par la voie des urnes en 2010, avant d'être réélu cinq ans plus tard. L'homme, très controversé, a déjà été condamné par contumace aux Pays-Bas à onze ans de prison pour trafic de cocaïne. Dans le cas des meurtres de 1982, « Desi » a dénoncé un *procès politique* et compte faire appel. Il a également annoncé se concentrer sur la campagne des élections législatives, prévues le 25 mai 2020 (les députés élus désignant le président de la République). ∎

BRUNO MEYERFELD

URUGUAY

CHEF DE L'ÉTAT
Tabaré Vazquez (jusqu'au 29/02/2020)
Luis Lacalle Pou (élu le 24/11/2019)
SUPERFICIE 175 000 km²
POPULATION (HAB.) 3,5 millions
PIB (MD $) 59,9
CROISSANCE 0,4 %
CHÔMAGE 7,9 %
MONNAIE peso uruguayen (0,024 €)
ÉMISSIONS DE CO₂ (T/HAB.) CO_2 2 (129)

Luis Lacalle Pou, candidat d'une large coalition de droite et fils de l'ancien président Luis Lacalle Herrera, a été élu de justesse le 24 novembre 2019, au terme d'un second tour très serré, face au socialiste Daniel Martínez. Il doit prendre ses fonctions le 1ᵉʳ mars 2020.

Son arrivée au pouvoir dans ce petit pays de 3,5 millions d'habitants va mettre fin à quinze ans de gouvernements du Frente Amplio (« front élargi »). Cette coalition de gauche a fait passer de nombreuses lois progressistes prises en exemples au niveau de la région (légalisation du cannabis, de l'IVG, et du mariage homosexuel) et considérablement réduit les inégalités sociales. Selon les statistiques officielles, le taux de pauvreté est passé de 32,5 % en 2006 à 8,1 % en 2018. C'est l'un des chiffres les plus bas de la région.

Mais après plusieurs années de forte croissance, l'économie uruguayenne est entrée dans une phase de stagnation lors du second mandat de Tabaré Vazquez (revenu au pouvoir en 2015 après un premier mandat entre 2005 et 2010). Le PIB du pays ne devrait augmenter que de 0,4 % en 2019 – la croissance était de 1,6 % en 2018. Le chômage, en nette augmentation, touchait 9,2 % des Uruguayens au troisième trimestre 2019, un record depuis 2007.

Elu sur la promesse de relancer une économie en berne et de lutter contre la hausse de l'insécurité – le taux d'homicides, historiquement bas, a fortement augmenté ces dernières années – Luis Lacalle Pou va devoir faire face à une opposition très solide et composer avec une coalition aux éléments imprévisibles. Son alliance formée durant l'entre-deux-tours, surnommée la « coalition multicolore », réunit cinq partis, parmi lesquels Cabildo abierto, jeune parti d'extrême droite fondé par l'ancien commandant en chef des armées, Guido Manini Rios. Ce dernier s'est révélé un allié embarrassant durant la campagne électorale de Luis Lacalle Pou, qui a cependant besoin de Cabildo abierto pour obtenir une majorité au Parlement. ◼

AUDE VILLIERS-MORIAMÉ

VENEZUELA

250 KM

CHEF DE L'ÉTAT Nicolas Maduro
SUPERFICIE 912 000 km²
POPULATION (HAB.) 28,5 millions
PIB (MD $) 70,1
CROISSANCE – 35 %
CHÔMAGE 8,4 %
MONNAIE bolivar souverain (0,00003 €)
ÉMISSIONS DE CO₂ (T/HAB.) 4,8 (76e)

Un démarrage de l'année politique sur les chapeaux de roue. Le 10 janvier 2019, Nicolas Maduro prête serment pour un nouveau mandat de six ans. L'opposition, qui n'avait pas reconnu les résultats du scrutin présidentiel du 20 mai 2018, le qualifie alors d'« usurpateur ». Le 23, le jeune président de l'Assemblée nationale, Juan Guaido, s'autoproclame président par intérim. Il est immédiatement reconnu par les Etats-Unis, les grands pays latino-américains (à l'exception du Mexique) et plusieurs pays européens dont la France. Dans un pays dévasté par une crise économique sans précédent, la chute de Nicolas Maduro semble alors imminente. Douze mois plus tard, l'immobilisme a repris ses droits, cependant que l'économie, victime d'une crise sans précédent et des sanctions américaines, semble avoir touché le fond.

L'opposition s'est fixé une feuille de route : « *fin de l'usurpation, gouvernement de transition et élections libres* ». Washington approuve et avise Caracas de ne pas toucher Juan Guaido. La formule lancée par Donald Trump *(« toutes les options sont sur la table »)* laisse penser que les Etats-Unis sont prêts à une intervention militaire que d'aucuns, au sein de l'opposition, appellent de leurs vœux. En février, le gouvernement américain annonce un premier renforcement des sanctions économiques. Leur efficacité fait débat. Les sanctions pénalisent la population qui vit dans des conditions extrêmement précaires, tout en légitimant le discours du gouvernement : au pouvoir depuis vingt ans, les « chavistes » refusent toute responsabilité dans la catastrophe économique en cours et disent le pays victime de la « *guerre économique* » menée par « *l'Empire* ».

COUP DE FORCE

Le 23 février, l'opposition et ses alliés internationaux tentent un coup de force, à l'occasion d'une opération dite humanitaire, organisée depuis la ville colombienne de Cucuta. Juan Guaido appelle l'armée à se ranger « *du bon côté de l'histoire* ». Mais les camions chargés d'aide internationale sont bloqués à la frontière, le haut commandement reste loyal au gouvernement et l'opération hypermédiatisée tourne au fiasco. Mille deux cents militaires déserteurs se retrouvent bloqués en Colombie.

L'opération « Libertad » du 30 avril connaît le même sort. M. Guaido appelle une fois encore les forces armées à se soulever, sans succès. Plusieurs militaires sont accusés par le gouvernement de travailler pour la CIA, dont le général Manuel Cristopher Figuera, ancien directeur des services de renseignement. Ce nouvel échec accentue les divisions de l'opposition et ternit l'image de M. Guaido. Un scandale concernant le détournement des fonds destinés aux militaires déserteurs de Cucuta et l'opacité de la gestion des fonds de l'aide internationale mettent également l'opposition en difficulté.

Plusieurs fois suspendu, le dialogue engagé mi-2018 entre les représentants du gouvernement chaviste et les membres de l'opposition reprend, sous l'égide du gouvernement norvégien, d'abord à Oslo puis à Barbade, dans un grand scepticisme. En août, le gouvernement se lève de la table des négociations, en réponse à une nouvelle série de sanctions américaines. Poussé par l'aile dure de l'opposition, Juan Guaido suspend à son tour les pourparlers en septembre. Le gouvernement joue la division et annonce alors être arrivé à un accord en vue d'un scrutin, avec un petit groupe d'opposants fort peu représentatifs. Les députés chavistes reviennent siéger au Parlement, qu'ils avaient quitté en 2015.

Juan Guaido reste crédité de plus de 50 % des intentions de vote si une présidentielle devait avoir lieu, mais il peine désormais à maintenir la pression dans la rue.

Pourtant la vie quotidienne reste un enfer et la catastrophe humanitaire menace. En mars, de gigantesques coupures d'électricité ont privé de courant le pays pendant plusieurs jours d'affilée. Même la ville de Caracas n'a, cette fois, pas été épargnée. Les difficultés d'approvisionnement continuent. Selon les enquêtes d'Encovi, 92 % des Vénézuéliens vivraient au-dessous du seuil de pauvreté. Accaparés par les difficultés du quotidien, ils migrent par milliers ou se résignent à leur sort. Selon l'ONU, plus de 4 millions de Vénézuéliens ont déjà quitté le pays. Le président Maduro continue de nier l'ampleur du phénomène. L'émigration allège la pression sur les services publics, augmente les entrées de devises et diminue le nombre des protestataires.

Dans les secteurs les plus défavorisés – qui survivent grâce à la distribution erratique d'aliments et aux maigres subsides publics –, d'aucuns continuent de soutenir le pouvoir en place par crainte d'une transition politique aux conséquences incertaines. Les militaires qui occupent des postes importants au sein de l'administration, et que l'opposition dit très corrompus, semblent largement partager ce point de vue. Sur la scène internationale, le gouvernement vénézuélien compte sur le soutien de la Russie, de la Chine et de Cuba, ainsi que de la Turquie et de la Corée du Nord où Nicolas Maduro s'est rendu en visite officielle en août.

DRAMATIQUE CHUTE DE L'ÉCONOMIE

Le président Nicolas Maduro a perdu son plus fidèle allié sur le continent, le bolivien Evo Morales, qui a démissionné le 10 novembre. Mais le Groupe de Lima qui réunit les pays hostiles au chavisme s'est vu fragilisé par la victoire du péroniste Alberto Fernandez en Argentine et par la vague de protestation sociale qui a touché le Chili, l'Equateur et la Colombie.

Le président Nicolas Maduro qui continue de pourfendre les politiques libérales de ses voisins a pourtant assoupli les contrôles dans son pays, pour tenter de freiner la dramatique chute de l'économie. En mars, la Banque centrale publiait des chiffres pour la première fois depuis trois ans, et confirmait que le PIB a diminué de moitié (– 47,6) depuis 2013. Les économistes de l'opposition donnent le chiffre de – 60 %. Selon les prévisions du FMI, le PIB pourrait encore reculer de 35 % en 2019.

Géant pétrolier, le Venezuela qui détient les plus grandes réserves de brut au monde produit désormais moins de 1 million de barils par jour (contre 3,2 en 1999). Faute d'entretien des installations et d'investissements, la production continue à la baisse. Pour compenser ce manque à gagner, le gouvernement a mis en exploitation dans des conditions extrêmement opaques les gisements de minerais de l'est du pays. Les organisations écologistes dénoncent « l'écocide de l'arc minier de l'Orénoque ».

DOLLARISATION DES ÉCHANGES

Le contrôle des changes, en vigueur depuis 2003, a donc été libéralisé de fait, et le contrôle des prix s'est relâché. La dollarisation des échanges qui a suivi a contribué à réactiver légèrement le commerce, les services et l'industrie au second semestre. Désormais, les prix sont partout indiqués en dollars. Selon la société de conseil Ecoanalitica, 54 % des transactions se font désormais en monnaie américaine. Au pays de la révolution bolivarienne le dollar est devenu roi.

Les billets verts proviennent des exportations de pétrole (qui, selon la BCE, continuent de fournir 96 % du total des exportations) et des ventes illégales du secteur minier, des envois d'argent effectués par les migrants et du secteur privé (qui a depuis longtemps placé ses capitaux à l'étranger). La dollarisation a ouvert la brèche entre ceux qui ont des dollars et ceux qui n'en ont pas.

La politique monétaire restrictive, la baisse de la consommation et la dollarisation ont contribué à freiner la hausse des prix (passée de plus de 200 % en janvier à 20 % en octobre), mais, selon le FMI, l'inflation pourrait encore atteindre 200 000 % cette année. La stabilisation de l'économie est très fragile. Mais elle joue, à court terme, en faveur du gouvernement. ◼

MARIE DELCAS

MENACES SUR UN CONTINENT EN TRANSFORMATION

La création d'une zone de libre-échange continentale africaine est en bonne voie. Mais l'influence grandissante de la galaxie djihadiste au-delà de la bande sahélienne est un facteur de déstabilisation

Dans un continent où s'organisent chaque année de nombreux sommets où se discutent les avancées, les perspectives de croissance et les opportunités dans le monde des affaires, a surgi en 2019 un nouveau registre d'inquiétudes apparemment contradictoires, touchant à la crainte de voir certains Etats menacés d'effondrement.

Cette question – qui demeure théorique – est devenue un sujet de débats au cours de l'année, tandis que s'étendait inexorablement, dans la bande sahélienne, une zone dans laquelle se conjuguent plusieurs types de déstabilisation. A l'extension de zones où opèrent des groupes djihadistes s'ajoute désormais une accumulation de conflits locaux.

FRAGILITÉ DES INSTITUTIONS

Dans la bande sahélienne, la force conjointe des cinq Etats de la région réunis dans le G5-Sahel (de la Mauritanie au Tchad) pas plus que les troupes françaises de l'opération Barkhane déployée dans cet espace courant entre Sahel et Sahara (avec seulement 4 500 hommes) ne sont parvenues à confiner les différents groupes djihadistes malgré des opérations constantes et l'élimination de chefs importants. La galaxie djihadiste – dont les groupes réunis en coalitions prennent différents noms selon les pays où ils opèrent pour accentuer la confusion – n'a certes pas conquis de territoires définis ni de villes importantes (leur erreur lors de la phase de 2012-2013, déclenchant alors l'opération française), mais ils ont étendu leur aire d'intervention. Et ils ont réussi à y renforcer leur influence, même si *« présence ne signifie pas contrôle »*, comme le note Yvan Guichaoua, maître de conférences sur les conflits internationaux à l'université du Kent.

Les principaux groupes armés de cette mouvance (Etat islamique au Grand Sahara, Groupe de soutien à l'islam et aux musulmans, etc.) ne représentent sans doute, en termes de forces permanentes, que quelques centaines, au mieux quelques milliers de combattants. Mais ils peuvent compter sur des appuis occasionnels, et surtout, comme l'écrit Yvan Guichaoua dans *The Conversation*, *« ils s'efforcent aussi de persuader, patiemment, par le bas, les communautés de la supériorité de leurs normes de gouvernance là où l'Etat n'a généralement pas brillé par sa compétence ni son impartialité »*.

Ils agissent donc comme révélateurs, mettant à nu la fragilité des institutions, et renforçant en conséquence les craintes d'effondrement, avec des attaques visant les bases militaires, comme celle d'Indelimane, au Mali, en novembre (49 soldats maliens ont été tués), et la contestation aussi bien des institutions que de la présence militaire française. La possible mise en danger des structures de l'Etat n'est donc pas le fait seulement des djihadistes, qui se contentent d'exploiter des faiblesses existantes.

Au Cameroun, dans le Sud anglophone, une crise violente s'est développée qui, conjointement à la pression de Boko Haram dans le nord du pays, pose un problème de fond à un pays où un régime finissant dirigé

> Les groupes armés tirent avantage du chaos ambiant. Dans certaines zones, ce sont les djihadistes qui lèvent des impôts

par le même président depuis 1984, Paul Biya, fait craindre des conséquences plus graves. A l'autre extrémité du continent, l'Ethiopie est *« au bord de l'abîme »*, selon de nombreux observateurs, confrontée à une crise politique mais aussi à des problèmes profonds qui tiennent à son identité même.

ZONE DE DÉSTABILISATION ÉTENDUE

Enfin, au Mozambique, dans la région de Cabo Delgado, une minuscule insurrection islamiste, qui s'était fait appeler initialement « Shabaab », est en progression. Des mercenaires russes déployés pour tenter de venir à bout de ce groupe ont subi de lourdes pertes. Certains des djihadistes se revendiquent à présent de l'organisation Etat islamique (EI). Un risque mineur est en train de changer d'échelle. Au Sahel, en quelques mois, les zones d'activité ou de passage des djihadistes, depuis le Mali et les régions frontalières du Niger, se sont étendues au Burkina Faso. De plus, dans ce contexte où l'autorité de l'Etat reflue, des groupes armés et des milices locales se sont mis à proliférer, alors que se règlent dans le sang des litiges anciens sous le couvert de la menace djihadiste.

Parallèlement, les groupes armés tirent avantage du chaos ambiant. Dans certaines zones, ce sont désormais les djihadistes qui lèvent des impôts et, au choix, résolvent des conflits ou les attisent selon leurs intérêts. L'extension de cette zone de déstabilisation risque de se poursuivre vers le sud et de menacer un second rideau de nations côtières, dont la Côte d'Ivoire ou le Ghana voisin, où des parcs naturels, dans le nord du pays, servent déjà de bases de repli pour des groupes armés.

Pourtant, dans le même mouvement, des élans de reconstruction sont à l'œuvre à l'échelle du continent. A cet égard, *« la nouvelle la plus*

Des visiteurs testent des kalachnikovs lors du forum économique russo-africain, le 24 octobre 2019, à Sotchi, en Russie. POOL NEW/REUTERS

parti au pouvoir, et l'Algérie est en pleine ébullition avant et après l'élection, en partie boycottée par les Algériens, d'Abdelmadjid Tebboune, ex-fidèle de Bouteflika. Quant à la Libye, elle est enlisée dans sa guerre civile.

Dans ce contexte, la nouvelle « ruée vers l'Afrique » demeure d'actualité. Cette lutte d'influence, pour y trouver des marchés ou y contrôler les ressources naturelles, met aux prises divers pays de la planète, parmi lesquels la France, ancienne puissance coloniale, et la Russie, le dernier venu. Paris veut redéfinir sa relation avec le continent. Le président Emmanuel Macron a reconnu le colonialisme comme « *une faute de la République* ». Autre signe de changement, l'annonce de la suppression du franc CFA pour une partie des Etats de l'Afrique de l'Ouest.

Quant à la Russie, le pays de Vladimir Poutine, en 2019, est venu se mesurer à tous ceux ayant une politique d'influence en Afrique : Chine, Japon, Corée, Turquie, Qatar, Arabie saoudite, Emirats arabes unis et bon nombre d'européens. Moscou bouleverse déjà certains secteurs. Le premier sommet Russie-Afrique

consacré au continent qui a eu lieu le 24 octobre à Sotchi, au lendemain d'un forum d'affaires, a remporté un succès hors de proportion avec le volume de ses échanges passés. Durant l'année écoulée, la Russie avait négocié de nouveaux accords de défense, portant à vingt et un le nombre de pays signataires à l'échelle du continent. Plusieurs types d'actions sont encadrés par cette poussée d'influence russe, en premier lieu dans le domaine de la sécurité, alors que la Russie est le premier fournisseur d'armement de l'Afrique, devant la Chine, avec un volume qui a doublé en cinq ans.

Or, ce renforcement a des conséquences directes sur le continent. Des chasseurs bombardiers Sukhoï 35 ont été vendus à l'Egypte, qui se trouve dotée d'un potentiel aérien renforcé face à l'Ethiopie, avec laquelle Le Caire est engagé dans un rapport de force au sujet de la mise en eau du grand barrage de la Renaissance. En parallèle, la Russie joue de cette influence nouvelle pour promouvoir divers intérêts, dans les mines comme dans le nucléaire grâce à la société Rosatom. ●

JEAN-PHILIPPE RÉMY

importante pour l'Afrique en 2019 », estime Alex Vines, le responsable Afrique du think tank britannique Chatham House, est l'avancée de la création d'un projet de longue haleine, la Zone de libre-échange continentale africaine (Zlecaf). A travers la Zlecaf se manifeste d'abord un déplacement des centres d'influences continentaux. Comme ils paraissent ralentis, en perte d'autorité,

ces « grands » pays d'Afrique qui ont modelé la construction panafricaine et repensé l'avenir de leur continent il y a deux décennies...

Le Nigeria est empêtré dans ses problèmes locaux – dont Boko Haram n'est qu'un aspect, les dysfonctionnements de l'Etat et de l'économie étant des facteurs plus graves –, l'Afrique du Sud souffre des divisions internes au sein du

PAYS	PIB 2019 RÉEL	RÉEL PAR HAB.	CROISSANCE DU PIB 2019	EMISSIONS DE CO_2 2018	INDICE DE CORRUPTION 2008	INDICE DE CORRUPTION 2018
AFRIQUE DU SUD	358,8	6 100	0,7	467,6	54	73*
ALGÉRIE	172,8	3 980	2,6	155,7	92*	105*
ANGOLA	91,5	3 038	– 0,3	34,5	158*	165*
BÉNIN	14,4	1 217	6,6	7,1	96*	85*
BOTSWANA	18,7	7 859	3,5	6,7	36*	34*
BURKINA FASO	14,6	718	6	3,9	80*	78*
BURUNDI	3,6	310	0,4	0,5	158*	170*
CAMEROUN	38,6	1 515	4	8,1	141*	152*
CAP-VERT	2,0	3 599	5	0,6	47*	45*
CENTRAFRIQUE	2,3	448	4,5	0,3	151*	149*
COMORES	1,2	1 350	1,3	0,2	134*	144*
CONGO	11,6	2 534	4	3,2	158*	165*
RÉP. DÉM. DU CONGO	49,0	501	4,3	2,0	171*	161*
CÔTE D'IVOIRE	44,4	1 691	7,5	8,4	151*	105*
DJIBOUTI	3,2	2 936	6	0,6	102*	124*
ERYTHRÉE	2,1	343	3,1	0,7	126*	157
ESWATINI (EX-SWAZ.)	4,7	4 177	1,3	1,2	72*	89*
ETHIOPIE	91,2	953	7,4	14,9	126*	114*
GABON	16,9	8 112	2,9	5,4	96*	124*
GAMBIE	1,8	755	6,5	0,6	158*	93*
GHANA	67,1	2 223	7,5	18,3	67*	78*
GUINÉE	13,4	981	5,9	3,2	173*	138*
GUINÉE-BISSAU	1,4	786	4,6	0,3	158*	172*
GUINÉE ÉQUATORIALE	12,1	8 927	– 4,6	5,7	173*	172*
KENYA	98,6	1 998	5,6	18,5	147*	144*
LESOTHO	2,7	1 339	2,8	2,7	92*	78*
LIBERIA	3,2	704	0,4	1,6	138*	120*

PAYS	PIB 2019 RÉEL	RÉEL PAR HAB.	CROISSANCE DU PIB 2019	EMISSIONS DE CO_2 2018	INDICE DE CORRUPTION 2008	INDICE DE CORRUPTION 2018
LIBYE	33,0	5 020	– 19,1	54	126*	170*
MADAGASCAR	12,6	464	5,2	4,3	85*	152*
MALAWI	7,5	371	4,5	1,4	115*	120*
MALI	17,6	924	5	3,6	96*	120*
MAROC	119,0	3 345	2,7	66,3	80*	73*
MAURICE	14,4	11 361	3,7	4,9	41*	56
MAURITANIE	5,7	1 392	6,6	2,7	115*	144*
MOZAMBIQUE	15,1	484	1,8	8,3	126*	158*
NAMIBIE	14,4	5 842	– 0,2	4,3	61	52
NIGER	9,4	405	6,3	2,3	115*	114*
NIGERIA	446,5	2 222	2,3	127,3	121*	144*
OUGANDA	30,7	770	6,2	5,8	126*	149*
RWANDA	10,2	825	7,8	1,1	102*	48*
SAO TOMÉ-ET-PRINCIPE	0,4	1 933	2,7	0,1	121*	64*
SÉNÉGAL	23,9	1 428	6	11,7	85*	67*
SEYCHELLES	1,6	17 052	3,5	0,7	55*	28
SIERRA LEONE	4,2	547	5	1,1	158*	129*
SOMALIE	5,0	nc	2,9	0,7	180	180
SOUDAN	30,9	714	– 2,6	21	173*	172*
SOUDAN DU SUD	3,7	275	7,9	1,9	-	178*
TANZANIE	62,2	1 105	5,2	12,5	102*	99*
TCHAD	11,0	861	2,3	1	171*	165*
TOGO	5,5	671	5,1	3,4	121*	129*
TUNISIE	38,7	3 287	1,5	31,6	62*	73*
ZAMBIE	23,9	1 307	2	5,2	115*	105*
ZIMBABWE	12,8	860	– 7,1	12,3	166*	160

*ex aequo

PIB réel : en milliards de dollars • PIB/hab. : en dollars • Croissance : en % du PIB • Emissions de CO_2 : en millions de tonnes

Afrique du Nord

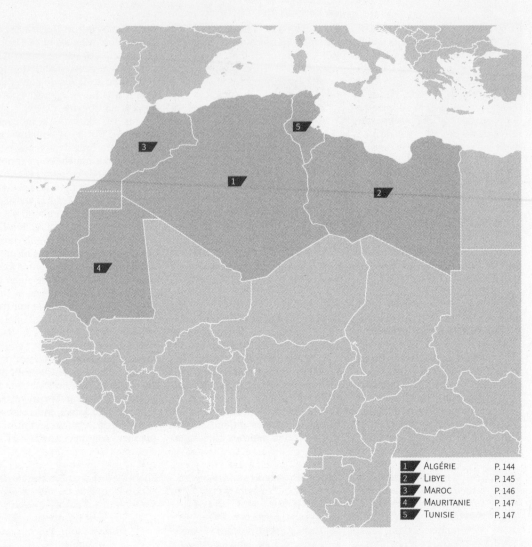

ALGÉRIE

CHEF DE L'ÉTAT Abdelmadjid Tebboune
(élu le 12/12/2019, en fonctions le 19/12/2019)

PREMIER MINISTRE
Abdelaziz Djerad (28/12/2019)

SUPERFICIE 2 382 000 km²

POPULATION (HAB.) 43,1 millions

PIB (MD $) 172,8

CROISSANCE 2,6 %

CHÔMAGE 12,4 %

MONNAIE dinar algérien (0,008 €)

ÉMISSIONS DE CO$_2$ (T/HAB.) 3,7 (96e)

La mort le 23 décembre 2019 de l'homme fort du pays, le général et chef d'état-major des armées, Ahmed Gaïd Salah, vient clore une année qui a rebattu toutes les cartes politiques en Algérie. Le pays, qui s'acheminait vers un cinquième mandat d'Abdelaziz Bouteflika, au pouvoir depuis 1999, a vu l'irruption d'un puissant mouvement de contestation populaire qui a contraint l'ancien président à démissionner, le 2 avril, et plongé le pays dans une crise politique et un vide institutionnel.

Avec l'élection de l'ancien premier ministre Abdelmadjid Tebboune à la présidence, le 12 décembre, le pays a retrouvé un semblant de légalité institutionnelle. En apparence. Mal élu au terme d'un scrutin boycotté et chahuté, le nouveau président fait face à une défiance profonde de la part des secteurs de la société qui se sont mobilisés contre l'ancien président. Et qui réclamaient un changement de régime et non ce qui est vécu comme un ravalement de sa façade. Le scrutin ayant été boudé par l'ensemble des partis de l'opposition politique tout comme par les figures de la société civile.

A cette crise politique se juxtapose celle, tout aussi aiguë, de l'économie. Ces deux périls, entrés cette année en collision, promettent de prochaines années compliquées pour le pays, qui devra faire des choix cruciaux, politiques, sociaux et économiques. Les chiffres de cette crise économique et du marasme dans lequel est plongé le pays figureront en bonne place sur la feuille de route du nouveau pouvoir.

UNE ÉCONOMIE DÉGRADÉE

« Avec une économie rentière fondée sur les exportations d'hydrocarbures, qui représentent 95 % des revenus en devises et plus de 60 % des recettes fiscales, la marge de manœuvre des dirigeants est limitée. Le recours à la planche à billets n'a fait que retarder l'échéance en plus de permettre plus ou moins à l'Etat de faire face à ses engagements internes – paiement des créditeurs, entreprises de construction... Le tableau dressé par le FMI montre que la situation économique se dégrade inexorablement : les réserves de change sont passées de 194 milliards de dollars en 2013 à 72 milliards en avril 2019. Ce qui reste pourra couvrir à peu près treize mois

d'importations alors que l'Algérie importe 70 % des produits qu'elle consomme », alerte Dalia Ghanem, chercheuse résidente au Carnegie Middle East Center.

Si l'Algérie ne s'écarte pas de la trajectoire budgétaire adoptée ces dernières années, le pays pourrait se retrouver en cessation de paiement à partir de 2022. Soit demain. Et se voir contraint de retourner devant les marchés extérieurs pour se financer. Et ce *« dans les pires conditions »*, estiment les chercheurs et économistes locaux, qui voient dans la structure actuelle de l'économie – basée sur la distribution de la rente pétrolière à des clientèles proches du régime –

UN NOUVEAU PREMIER MINISTRE EN SIGNE D'OUVERTURE

L'Algérie connaît désormais le nom de son nouveau premier ministre. L'universitaire Abdelaziz Djerad, 65 ans, ancien secrétaire général à la présidence de la République et du ministère des affaires étrangères, a été désigné, le 28 décembre, à la tête du gouvernement, plus de deux semaines après l'élection d'Abdelmadjid Tebboune à la tête de l'Etat, lors d'un scrutin présidentiel boudé par la population. Le pays est en effet secoué depuis dix mois par le Hirak (« mouvement ») exigeant le « départ du système ».

Des propos prudents

Ce diplômé de l'Institut des sciences politiques et des relations internationales d'Alger en 1976 et docteur d'Etat en sciences politiques de l'université Paris-X-Nanterre en 1981 a suivi la trajectoire plutôt lisse des technocrates et des hauts cadres de l'Etat.

Abdelaziz Djerad a affiché sa volonté de *« travailler avec l'ensemble des compétences nationales, des cadres du pays et des citoyens et citoyennes... pour relever les défis socio-économiques et sortir de cette période délicate que traverse [leur] pays »*. Des propos prudents qui ne l'engagent pas sur le volet politique, formellement réservé au président. ∎

M.Z.

l'explosion de l'informel et de l'arbitraire d'une bureaucratie tatillonne dès lors qu'un opérateur économique n'est pas en cour auprès des « décideurs », la source de tous les maux du pays.

Pour équilibrer son budget, le pays aurait besoin d'un baril à 116 dollars (105 euros) – soit 50 dollars de plus que le cours actuel – et du maintien du niveau de sa production, en chute libre depuis le début de l'année. L'office des statistiques algérien projette même une décélération globale de ce secteur pour la troisième année d'affilée en 2019, et une croissance globale limitée à 2,3 %, alors qu'il faut 7 % pour créer de l'emploi et que de plus en plus de jeunes arrivent sur le marché du travail.

FORT CHÔMAGE DES JEUNES

En Algérie, le taux de chômage des 16-24 ans était de 29,1 % en septembre 2018, contre 12,4 % dans l'ensemble de la population. Et parmi les diplômés du supérieur, un sur cinq est sans emploi à l'issue de sa formation. Chaque année, 150 000 diplômés arrivent sur un marché du travail constitué à plus de 95 % de petites et très petites entreprises qui n'ont pas la capacité de les absorber. Les autres, notamment dans les secteurs à forte main-d'œuvre, sont frappées de plein fouet par la baisse de dépenses publiques, le blocage politique et la frilosité des banques. En septembre, les professionnels du BTP annonçaient que plus de la moitié des entreprises du secteur allaient mettre la clé sous la porte.

Les entreprises étrangères les plus exposées sont les banques qui détiennent des créances dans les entreprises dont les comptes ont été gelés. Et si les sociétés françaises ne se partagent que 10 % des parts de marché des banques étrangères dans le pays, elles sont quand même exposées à hauteur de plusieurs centaines de millions d'euros.

Les investissements français en Algérie, qui ont atteint 283 millions d'euros en 2018 (un record depuis 2009), devraient fortement baisser en 2019. Signe du ralentissement, les exportations et les importations algériennes ont baissé respectivement de 1,86 % et de 5,32 % sur les cinq premiers mois de l'année par rapport à la même période de l'année précédente. Or, le pays est le premier importateur de produits français en Afrique. ∎

MADJID ZERROUKY
AVEC JULIEN BOUISSOU

LIBYE

CHEF DE L'ÉTAT ET PREMIER MINISTRE
Faïez Sarraj
SUPERFICIE 1 760 000 km²
POPULATION (HAB.) 6,8 millions
PIB (MD $) 33
CROISSANCE – 19,1 %
CHÔMAGE 17,3 %
MONNAIE dinar libyen (0,63 €)
ÉMISSIONS DE CO₂ (T/HAB.) 8,1 (41e)

Avec l'assaut déclenché en avril 2019 sur Tripoli par les troupes de l'Armée nationale libyenne (ANL) du maréchal Khalifa Haftar, le maigre espoir d'un règlement politique en Libye a été pulvérisé. Cette attaque surprise de l'homme fort de la Cyrénaïque (Est) contre la capitale où siège le « gouvernement d'accord national » (GAN) de Faïez Sarraj relance la guerre civile qui avait semblé s'émousser depuis le printemps 2016. Si elle avait échoué à accoucher d'une paix définitive, la médiation diplomatique conduite par Paris (sommets à La Celle-Saint-Cloud en juillet 2017 et à l'Elysée en mai 2018) puis Rome (sommet de Palerme en novembre 2018) sur fond d'intensification des efforts des Nations unies avait au moins permis d'instaurer un dialogue entre les deux camps antagonistes.

Basé dans la région de Benghazi, le maréchal Haftar, drapé dans l'étendard de la lutte contre le *« terrorisme »* – label sous lequel il mêle tous ses adversaires – est activement soutenu par une coalition de parrains régionaux hostiles aux effets des « printemps arabes » de 2011 (Emirats arabes unies, Arabie saoudite et Egypte) et bénéficie même de la bienveillance de la France préoccupée par la stabilité du Sahel.

De son côté, le gouvernement de Tripoli (GAN) de Faïez Sarraj, installé début 2016 sous les auspices des Nations unies, n'a jamais pu exercer son autorité effective au-delà de la Tripolitaine (Ouest). Handicapé dès sa naissance par l'hostilité que lui a vouée Haftar en Cyrénaïque, M. Sarraj n'a dû sa survie

qu'aux ralliements opportunistes de l'essentiel des milices de Tripoli intéressées par la reconnaissance formelle que lui avait accordée la communauté internationale. Or, cet arrangement sécuritaire n'a cessé de produire des effets délétères tout au long de 2018. Les milices pro-Sarraj, qui avaient mis en coupe réglée la capitale et ses ressources, ont en effet suscité l'exaspération d'autres milices de la Tripolitaine qui s'estimaient exclues de ce pacte sécuritaire de la capitale. Il en a résulté une série d'affrontements entre groupes armés qui a incité la communauté internationale à se mobiliser fin 2018 pour alléger l'emprise des milices sur Tripoli au profit d'institutions étatiques à reconstruire.

C'est dans ce contexte que le maréchal Haftar a décidé de lancer son assaut sur Tripoli début avril à la veille de la tenue à Ghadamès (Fezzan) d'une « conférence nationale » entre acteurs de la société civile préparée de longue date par l'ONU. L'annulation de cette conférence dans cette situation de reprise des combats a sonné le glas du processus politique en cours. Cette offensive militaire de Haftar a pris de court la plupart des chancelleries occidentales mais elle était prévisible, Haftar n'ayant jamais fait mystère de son plan de *« libérer Tripoli »*.

MAUVAISE HUMEUR AMÉRICAINE

Après avoir engrangé le soutien militaire, diplomatique et financier de ses parrains régionaux pendant des années, le patron de l'ANL avait conquis en 2018 des positions dans le Fezzan dans le but non dissimulé d'en faire une plate-forme de lancement sur Tripoli. Sa percée initiale a toutefois fini par buter sur la résistance farouche des forces loyales du GAN de Sarraj, notamment des milices de Tripolitaine (Tripoli, Misrata, Zaouïa, une partie de Zinten) qui ont mis entre parenthèses leurs rivalités afin de faire front contre un adversaire commun. Le soutien prodigué par la Turquie, qui a fourni aux forces de Tripoli des véhicules et des drones – afin d'équilibrer ceux livrés à Haftar par les Emiratis –, a provoqué l'enlisement de l'assaut.

La situation a toutefois évolué à l'automne quand l'entrée en scène de plusieurs centaines de mercenaires russes, probablement liés à la compagnie de sécurité privée Wagner, proche de Moscou, a placé les forces pro-Sarraj sur la défensive. Les Américains, jusque-là plutôt silencieux sur le dossier libyen, ont publiquement manifesté leur mauvaise humeur face à ▶▶▶

Afrique du Nord

►►► cette intervention à peine déguisée de la Russie. L'Union européenne (UE) se trouve également de plus en plus impliquée après la signature fin novembre d'un accord de délimitation maritime entre le GNA de Sarraj et la Turquie – le prix du soutien militaire d'Ankara – qui a provoqué l'hostilité de Chypre et de la Grèce. Autant le GNA de Sarraj peut tirer profit de l'émotion américaine vis-à-vis du jeu de Moscou, autant le maréchal Haftar est susceptible de capitaliser sur l'inquiétude de certains pays de l'UE par rapport aux visées d'Ankara. La signature d'un second accord entre Tripoli et Ankara – militaire celui-là – prévoyant l'envoi de troupes turques en Libye a ajouté à cette internationalisation de la crise libyenne. Celle-ci jette une ombre sur les préparatifs d'un nouveau sommet sur la Libye prévu début 2020 à Berlin.

Le rebond de la crise libyenne fragilise l'amélioration enregistrée en 2018 sur le front de l'activité pétrolière, qui fournit 90 % des recettes fiscales. Après une spectaculaire reprise à 1,17 million de barils par jour en avril 2019 – soit un doublement en deux ans – la production pétrolière a connu un repli (– 100 000 barils par jour) depuis l'assaut de Tripoli. Du coup, la Banque mondiale anticipe un ralentissement de la croissance du PIB à 5,5 % pour 2019 contre 17,3 % sur la période 2017-2018 (les prévisions du FMI sont plus pessimistes : – 19,1 %). Malgré le chaos ambiant, le gouvernement a réussi à limiter les malversations autour du marché noir des devises qui avait nourri la spéculation contre le dinar libyen, permettant ainsi de briser la spirale inflationniste. Les prix ont chuté de 7,3 % au cours du premier semestre 2019, allégeant d'autant le fardeau qui pesait sur les ménages. ●

FRÉDÉRIC BOBIN

MAROC

OCÉAN ATLANTIQUE — ESPAGNE
Madère
Tanger
RABAT □ ● Fès
Casablanca
● Marrakech
Iles Canaries
Sahara occidental *(revendiqué par le Maroc)*
ALGÉRIE
MAURITANIE | MALI **400 KM**

CHEF DE L'ÉTAT Mohammed VI
PREMIER MINISTRE
Saad-Eddine Al-Othmani
SUPERFICIE 447 000 km²
POPULATION (HAB.) 36,5 millions
PIB (MD $) 119
CROISSANCE 2,7 %
CHÔMAGE 9 %
MONNAIE dirham marocain (0,09 €)
ÉMISSIONS DE CO$_2$ (T/HAB.) 1,8 (135e)

En 2019, le royaume a célébré le vingtième anniversaire de l'accession au trône du roi Mohammed VI. Le fils d'Hassan II a en effet fêté, le 30 juillet, deux décennies à la tête du royaume : un pays de plus de 36 millions d'habitants qui bénéficie aujourd'hui d'une excellente image à l'étranger – terre d'investissements, promoteur d'un islam éclairé et maillon de la lutte contre le terrorisme –, mais qui est régulièrement secoué par des mouvements sociaux en interne, nourris par les inégalités et un sentiment d'arbitraire dans un pays où 43 % des jeunes urbains (15 à 24 ans) sont sans emploi.

L'année s'est ouverte par une visite historique les 30 et 31 mars : celle du pape François, la première depuis la venue de Jean-Paul II, en 1985. Le pape a prôné le dialogue interreligieux, mais aussi l'accueil des migrants dans un royaume à 99 % musulman mais qui compte quelque 30 000 fidèles catholiques, essentiellement des ressortissants de pays d'Afrique subsaharienne, étudiants ou migrants en route vers le continent européen.

Sur le plan économique, le Maroc a poursuivi sa stratégie d'industrialisation avec le développement de zones franches, offrant aux investisseurs étrangers d'importants avantages fiscaux et douaniers en échange de créations d'emplois. En juin, le constructeur automobile français PSA a ainsi inauguré une nouvelle usine dans la ville côtière de Kénitra, avec l'objectif de produire 100 000 véhicules en 2020 et le double à terme. En 2012, son concurrent Renault avait ouvert à Tanger sa plus grande usine en Afrique. Depuis quelques années, le secteur automobile s'affirme en tête des exportations marocaines, devant le secteur agricole et le phosphate.

Sur le plan social, le pays a été secoué par deux mouvements catégoriels qui ont chacun duré plusieurs mois. D'abord celui des enseignants «contractuels», qui ont massivement manifesté afin d'obtenir le statut de fonctionnaires. Ensuite celui des étudiants en médecine, qui ont observé plus de cinq mois de grève et de boycottage des examens avant l'obtention d'un accord avec les autorités. La plupart des revendications étaient liées à la formation et aux infrastructures. Quant au Hirak, le mouvement de contestation qui avait agité le nord du Maroc en 2016-2017 après la mort d'un jeune vendeur de poissons, il n'a refait parler de lui qu'à travers certains de ses leaders toujours en prison. Le plus connu, Nasser Zefzafi, et cinq autres militants ont demandé à être déchus de leur nationalité, dénonçant une instrumentalisation de la justice.

UN PROCÈS «POLITIQUE»
La fin d'année a été marquée par l'arrestation de la journaliste Hajar Raissouni. Interpellée fin août à l'entrée d'un cabinet médical de Rabat, cette jeune femme de 28 ans a été condamnée, le mois suivant, à un an de prison ferme pour «avortement illégal» et «relations sexuelles hors mariage» par le tribunal de Rabat. Ont également été condamnés son fiancé (un an de prison), son gynécologue (deux ans de prison), l'anesthésiste (un an de prison avec sursis) et une secrétaire (huit mois avec sursis). Mme Raissouni a expliqué avoir consulté un médecin pour une hémorragie et dénoncé un procès «politique». Journaliste au quotidien arabophone *Akhbar Al-Yaoum*, elle est la nièce de deux personnalités très critiques du pouvoir.

L'affaire a suscité l'indignation dans le royaume et à l'étranger. Dans un manifeste publié le 23 septembre dans *Le Monde* et plusieurs médias marocains, plus de 470 femmes et hommes, citoyens marocains, ont apporté leur soutien à la journaliste et demandé l'abrogation des lois liberticides du code pénal qui sanctionnent les relations sexuelles hors mariage et l'avortement. Les poursuites contre Mme Raissouni *«traduisent la persistance d'une législation passéiste et l'utilisation des femmes comme boucs émissaires, dans un pays qui se veut moderne»*, écrivaient-ils. Si le roi a finalement gracié la journaliste le 16 octobre, le débat sur la législation reste, lui, entier. ●

CHARLOTTE BOZONNET

MAURITANIE

OCÉAN ATLANTIQUE

Iles Canaries

MAROC

ALG.

Sahara occidental

Nouadhibou

NOUAKCHOTT □

Rosso ● ● Boghé

SÉNÉGAL

Adel Bagrou ●

MALI

400 KM

CHEF DE L'ÉTAT
Mohamed Ould Ghazouani
(élu le 22/06/2019, en fonctions le 01/08/2019)
PREMIER MINISTRE Ismaïl Ould Bedde
Ould Cheikh Sidiya (03/08/2019)
SUPERFICIE 1 026 000 km²
POPULATION (HAB.) 4,5 millions
PIB (MD $) 5,7
CROISSANCE 6,6 %
CHÔMAGE 10,3 %
MONNAIE nouvel ouguiya (0,02 €)
ÉMISSIONS DE CO₂ (T/HAB.) 0,6 (172ᵉ)

Pour la première fois depuis l'indépendance de cette ancienne colonie française, deux présidents élus se sont transmis le pouvoir à l'issue d'un scrutin pluraliste, si ce n'est égalitaire : l'élection, le 22 juin 2019, de Mohamed Ould Ghazouani à la présidence de la République islamique de Mauritanie, au premier tour avec 52 % des voix, fera date. La prime dont dispose le candidat du pouvoir demeure un atout imbattable dans un jeu politique verrouillé par les clans et tribus maures les plus puissants.

L'arrivée de Mohamed Ould Ghazouani, plus consensuel que son prédécesseur, autorise quelques espoirs d'ouverture. Le deuxième mandat de Mohamed Ould Abdel Aziz avait notamment été marqué par des accusations de corruption et de prédation des marchés publics de grande ampleur au profit de ses proches. Le nouveau président a, quant à lui, promis d'améliorer la gouvernance et d'afficher davantage de transparence dans la gestion des affaires publiques. Ce qui ne devrait pas changer, en revanche, c'est la priorité accordée au domaine sécuritaire. L'un des acquis de ce pays sahélien, voisin du Mali, épargné par les attaques djihadistes depuis une décennie. ●

CHRISTOPHE CHÂTELOT

TUNISIE

Mer Méditerranée

Sicile
ITALIE

Bizerte
TUNIS □
Sousse ●
Sfax ●
Gabès ●

MALTE

ALGÉRIE

LIBYE

200 KM

CHEF DE L'ÉTAT Kaïs Saïed
(élu le 13/10/2019, en fonctions le 23/10/2019)
PREMIER MINISTRE Habib Jemli (15/11/2019)
SUPERFICIE 164 000 km²
POPULATION (HAB.) 11,7 millions
PIB (MD $) 38,7
CROISSANCE 1,5 %
CHÔMAGE 15,5 %
MONNAIE dinar tunisien (0,31 €)
ÉMISSIONS DE CO₂ (T/HAB.) 2,7 (110ᵉ)

La Tunisie a contredit les scénarios les plus inquiets sur une alternance politique qui s'annonçait à première vue périlleuse. Le double scrutin législatif (6 octobre) et présidentiel (13 octobre) s'est déroulé sans heurts ni contestations majeurs, consolidant ainsi l'exercice de la démocratie électorale en Tunisie plus de huit ans après le « printemps » révolutionnaire de 2011.

Le vote de l'automne a été l'occasion pour l'électorat tunisien d'exprimer son rejet des candidats issus des partis établis – formations nées de la matrice historique de Nidaa Tounès (« modernistes ») ou Ennahda (islamo-conservateur) – au profit de nouvelles figures incarnant le retour aux idéaux de 2011. La vague protestataire, née des espérances de la révolution déçues par les compromissions de la classe politique, a propulsé à la présidence de la République Kaïs Saïed, confortablement élu avec 72,71 % des suffrages. Enseignant en droit constitutionnel âgé de 61 ans, M. Saïed est un novice en politique, même s'il s'était beaucoup impliqué dans les débats autour de la Constitution de 2014. Durant une campagne sobre et minimale, il a proposé une vision où un conservatisme moral et religieux teinté de souverainisme cohabite avec un projet de démocratie directe renversant la pyramide de l'Etat. Les audacieuses réformes institutionnelles proposées par M. Saïed, qui s'inscrivent à rebours de l'architecture de l'Etat bourguibien bâti après l'indépendance de 1956, ne pourront toutefois être mises en place sans une attitude coopérative de la part de l'Assemblée des représentants du peuple (ARP). Or cette dernière manque a priori de cohésion. Le scrutin législatif du 6 octobre a donné naissance à un Parlement fragmenté. Aucune majorité absolue ne s'en est dégagée. Le parti islamo-conservateur Ennahda, malgré une chute de 40 % de voix par rapport au scrutin de 2014, demeure le premier parti, – ce qui a permis à son chef historique Rached Ghannouchi d'être élu président de l'Assemblée. Derrière Ennahda se place Qalb Tounès (« Au cœur de la Tunisie »), parti fraîchement fondé par le magnat de la télévision Nabil Karoui, ex-candidat au scrutin présidentiel et dont la détention préventive – pour « *corruption* » et « *blanchiment d'argent* » – durant la majeure partie de la campagne électorale avait menacé de faire dérailler la consultation.

En vertu de la Constitution, il est revenu à Ennahda de proposer le nom du premier ministre chargé par le chef de l'Etat de composer une coalition gouvernementale. La responsabilité a échu à Habib Jemli, ingénieur agricole peu connu du grand public, non affilié à un parti mais proche d'Ennahda. Si le parti islamo-conservateur tend la main à tous les partenaires possibles afin de forger un gouvernement de cohabitation, son rôle moteur ramène à l'ère dite de la « troïka », du nom de la coalition qui avait dirigé la Tunisie de la fin 2011 au début 2014.

NOUVEAUX PARTIS

L'expérience avait été très controversée en raison d'une multitude d'errements qui ont entaché l'image d'Ennahda. La mobilisation du camp anti-islamiste autour de Béji Caïd Essebsi et de son parti Nidaa Tounès, vainqueurs des élections de 2014, avait ensuite imposé le relatif effacement d'Ennahda. Cinq ans plus tard, le parti de Rached Ghannouchi, dont l'électorat n'a pourtant cessé de reculer, revient au premier plan par défaut. Il ne doit son statut de « premier parti » qu'à la décomposition de la famille « moderniste » naguère agrégée autour de Nidaa Tounès.

Depuis l'épisode tourmenté de la « troïka », Ennahda a accéléré son aggiornamento idéologique afin de normaliser son image. La question est de savoir si cette stratégie de « respectabilisation », souvent imposée à une base récalcitrante par le patron du parti, Rached Ghannouchi, résistera à un air du temps où un courant d'opinion plus radical redonne de la voix. L'arrivée de nouveaux partis au cœur du Parlement, telle la coalition El-Karama (« Dignité »), illustre en effet le retour d'un discours qui, en réaction au recyclage de figures de l'ancien régime de Ben Ali au cœur du pouvoir dans les années 2015-2019, réactive les thématiques de la révolution de 2011 tombées en déshérence.

L'élection à la présidence de la République de Kaïs Saïed, chantre de la démocratie directe, participe de ce retour du « refoulé » de la révolution. Alors que la rupture de 2011 n'avait pas de connotation religieuse particulière, certains de ces néorévolutionnaires remettent toutefois au goût du jour une rhétorique ultraconservatrice sur les questions sociétales, plaçant sur la défensive les progressistes partisans d'un approfondissement des droits des femmes. Il restera à observer dans quelle mesure ce mouvement d'opinion influera sur les futures options de l'Etat.

HUMEUR SOUVERAINISTE

Cette nouvelle configuration politique en Tunisie, marquée tout à la fois par le morcellement du Parlement et la montée d'une humeur souverainiste, pourrait compliquer l'élaboration de politiques économiques cohérentes. Or le temps presse. Avant le double scrutin, le gouvernement avait vigoureusement actionné les freins afin de désamorcer le risque électoral autour de l'inflation, finalement contenue à un taux inférieur à 7 %. La facture en a été lourde avec un resserrement du crédit qui a sévèrement pesé sur la croissance du PIB. Celle-ci a peiné à 1,1 % sur les trois premiers trimestres de 2019 contre 2,5 % sur l'année 2018. Alors que le taux de chômage demeure élevé – autour de 15 % – le gouvernement fait un pari sensible en troquant un risque social (les prix) pour un autre (l'emploi).

Sa marge de manœuvre n'est guère aidée par une panne structurelle de l'investissement productif, notamment dans le secteur de l'énergie et des industries extractives (phosphate), qui demeure en 2018 inférieur à son niveau de 2010. De là naît l'enchaînement des déficits budgétaires et courant –, ce dernier n'étant soulagé que par le rebond du tourisme. Ainsi s'est creusé l'endettement public (77 % du PIB) et extérieur (94 %). Dans ce contexte, le gouvernement devra arbitrer dans la douleur entre les pressions des bailleurs de fonds, dont la Tunisie dépend de plus en plus, et le risque social associé à d'éventuelles restructurations du secteur public, dossier potentiellement explosif. ●

F. B.

Afri Afrique de l'Ouest

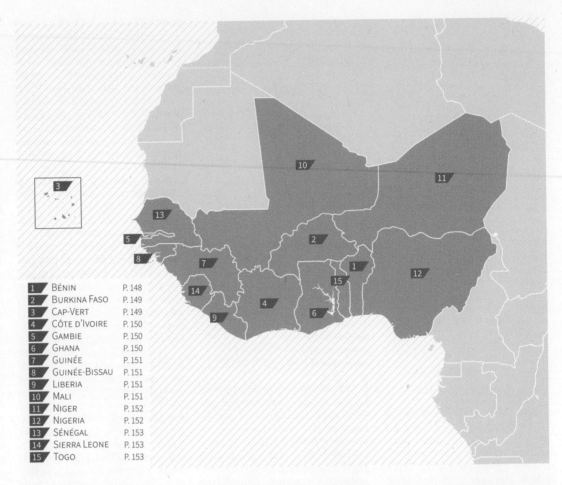

BÉNIN

CHEF DE L'ÉTAT Patrice Talon
SUPERFICIE 113 000 km²
POPULATION (HAB.) 11,8 millions
PIB (MD $) 14,4
CROISSANCE 6,6 %
CHÔMAGE 2 %
MONNAIE franc CFA BCEAO (0,0015 €)
ÉMISSIONS DE CO_2 (T/HAB.) 0,6 (169e)

Considéré comme un exemple de stabilité et de démocratie, le Bénin a connu en 2019 de fortes tensions. Après les élections législatives controversées du 28 avril, auxquelles l'opposition n'avait pas pu présenter de candidats, des centaines de personnes se sont rassemblées autour du domicile de l'ancien président Thomas Boni Yayi afin d'éviter son arrestation. Elles ont été violemment délogées par la police. Les heurts se sont propagés dans différents quartiers de Cotonou puis des villes du centre et du nord, faisant au total une dizaine de morts.

Pour apaiser cette crise politique alimentée par un fort mécontentement social, le Parlement a voté fin octobre une loi promulguant l'amnistie pour les auteurs des violences postélectorales. Elle devait permettre de libérer des dizaines de manifestants hostiles au président Patrice Talon, dont la tentative de *« dialogue politique »*, boycottée par les leaders de l'opposition, n'a débouché sur aucune décision majeure.

Le Bénin a également été ébranlé par une première offensive islamiste sur son sol. Le 1er mai, deux touristes français ont été enlevés alors qu'ils se trouvaient dans le parc national de la Pendjari, dans le nord du pays, l'un des derniers sanctuaires de la vie sauvage en Afrique de l'Ouest. Leur guide, Fiacre Gbédji, a été tué. Les otages ont été conduits au Burkina Faso où ils devaient être remis aux djihadistes de la katiba Macina, originaire du Mali.

Au cours de l'opération organisée pour les libérer, deux commandos marine français, Cédric de Pierrepont et Alain Bertoncello, ont trouvé la mort, ce qui a suscité une vive émotion en France où ils ont reçu un hommage national. Une polémique sur la présence de deux touristes dans une zone *« formellement déconseillée »* par le Quai d'Orsay a par ailleurs éclaté, Jean-Yves Le Drian, ministre des affaires étrangères, rappelant que les deux hommes avaient pris des *« risques majeurs »*. Une Américaine et une Sud-Coréenne ont également été libérées. ∎

PIERRE LEPIDI

BURKINA FASO

MALI

● Ouahigouya

NIGER

Koudougou ☐ **OUAGADOUGOU**

● Bobo-Dioulasso

● Banfora

CÔTE
D'IVOIRE

GHANA

BÉNIN

TOGO

150 KM

CHEF DE L'ÉTAT
Roch Marc Christian Kaboré

PREMIER MINISTRE
Christophe Marie Dabiré (21/01/2019)

SUPERFICIE 274 000 km²

POPULATION (HAB.) 20,3 millions

PIB (MD $) 14,6

CROISSANCE 6 %

CHÔMAGE 6,2 %

MONNAIE franc CFA BCEAO (0,0015 €)

ÉMISSIONS DE CO₂ (T/HAB.) 0,2 (198)

L'Etat burkinabé se relèvera-t-il d'une année 2019 qui a exposé toutes ses faiblesses sécuritaires et institutionnelles sous les coups, sans cesse plus audacieux et meurtriers, assénés par des groupes armés djihadistes liés à Al-Qaida au Maghreb islamique (AQMI) ou à l'Etat islamique au Grand Sahara (EIGS), conjugués aux effets socialement destructeurs de massacres intercommunautaires ? Le scénario burkinabé rappelle celui de 2012 au Mali marqué, pour les mêmes raisons, par un effondrement de l'autorité publique dont ce pays voisin ne s'est toujours pas relevé.

Longtemps épargnées par les violences qui ravageaient le Mali, les autorités du Burkina Faso ont probablement minoré l'effet de contagion de l'instabilité qui régnait – et perdure – juste de l'autre côté de sa frontière septentrionale. Un chiffre : les organisations humanitaires dénombraient au début du mois de novembre près d'un demi-million de personnes déplacées à cause des violences essentiellement en provenance des régions du Nord, soit une augmentation de 120 % par rapport au bilan établi trois mois plus tôt.

En quelques mois, les autorités ont perdu le contrôle de près d'un tiers de leur territoire, pas seulement dans le nord, mais également à l'est, le long de la frontière avec le Niger et, dans une moindre mesure, au sud-est jouxtant le Ghana, le Bénin et le Togo, faisant craindre un ruissellement des violences vers les pays du golfe de Guinée. Depuis 2015, environ 750 personnes, civiles

ou militaires, ont été tuées dans des attaques djihadistes ou des attentats. L'armée a payé un tribut particulièrement lourd cette année dans l'attaque de plusieurs de ses casernes, exposant un niveau alarmant d'impréparation et de sous-équipement qui laisse planer le doute sur sa capacité à reconquérir le terrain perdu. Parallèlement, près de 2 000 écoles ont fermé leurs portes dans les zones touchées par des violences qui visent en priorité les symboles – matériels ou humains – de l'Etat.

PRÉVISIONS ALARMISTES

L'impact économique de cette situation est difficile à mesurer. Le FMI prévoit une croissance de 6 % (contre 6,8 % en 2018) mais avertit, dans un langage très diplomatique, qu'à *« moyen terme il existe des risques de ralentissement compte tenu d'un contexte difficile »*. L'embuscade tendue le 6 novembre par des hommes armés à un convoi de travailleurs se rendant dans une mine d'or de la société canadienne Sémafo, dans le sud-est du pays, illustre dramatiquement ce *« contexte difficile »*. Au moins trente-huit personnes ont été assassinées et la Sémafo a décidé de suspendre temporairement l'exploitation du site.

On constate également, sans pouvoir les chiffrer précisément, les conséquences de l'insécurité sur l'activité agricole (qui emploie 80 % de la population active). En 2018, la Banque mondiale soulignait la fragilité économique du pays liée aux *« risques internes et externes importants, tels que la*

menace terroriste et les fluctuations des cours de l'or et du coton, ainsi que la hausse des prix internationaux du pétrole ».

Ces prévisions sont devenues réalité – le Burkina Faso figurait (déjà) à la 183ᵉ place sur les 189 pays classés en 2018 par l'ONU en fonction de leur indice de développement humain – et nourrissent le mécontentement et l'agitation sociale.

Discrédité pour son incapacité à juguler les violences, le pouvoir subit aussi les critiques de sa mauvaise gouvernance. *« Notre administration ne fonctionne pas comme un Etat en guerre. Il y a une perte totale du sens de l'Etat au profit de la prédation »*, constate Luc Marius Ibriga. Rapport après rapport, ce chef de l'autorité supérieure de contrôle de l'Etat et de lutte contre la corruption dénonce, en vain, *« une montée des actes de malversation du haut en bas de l'échelle depuis 2016, en toute impunité »*. *« Jamais la défense n'a reçu autant d'argent, mais on ne sait pas où ça va, au nom du secret militaire »*, ajoute-t-il. Le pays, lui, s'enfonce dans la crise, alors que 2020 sera une année électorale (législatives et présidentielle) pleine d'incertitudes. ∎

CHRISTOPHE CHÂTELOT

CAP-VERT

Santo Antão

● Mindelo
Sao Vicente

● Sal

Sao Nicolau ● Boa Vista

Santiago

Fogo ● Maio

☐ PRAIA

Brava

SÉNÉGAL

OCÉAN
ATLANTIQUE

150 KM

CHEF DE L'ÉTAT Jorge Carlos Fonseca

PREMIER MINISTRE
Ulisses Correia e Silva

SUPERFICIE 4 000 km²

POPULATION (HAB.) 500 000

PIB (MD $) 2

CROISSANCE 5 %

CHÔMAGE 12,3 %

MONNAIE escudo cap-verdien (0,009 €)

ÉMISSIONS DE CO₂ (T/HAB.) 1,2 (151ᵉ)

En 2016, lorsqu'il fut nommé premier ministre, Ulisses Correia e Silva avait fait de la réforme du secteur aérien l'une de ses priorités. Trois ans plus tard, la compagnie Loftleidir Icelandic, filiale du groupe islandais Icelandair, a signé avec le gouvernement un contrat de rachat de 51 % du capital de la compagnie nationale Cabo Verde Airlines (TACV), dont les pertes annuelles de plus de 30 millions d'euros constituaient une charge très lourde pour l'archipel.

Grâce notamment aux effets de la mise en œuvre continue des réformes de l'administration fiscale et des régimes spéciaux de recouvrement de dettes fiscales, le Cap-Vert table sur une croissance de 5 % en 2020. Bon élève en matière de gouvernance, le pays, dont l'économie peu diversifiée dépend à 20 % du tourisme, vise toujours des modes de production entièrement renouvelables (solaire, éolien, géothermie) d'ici cinq ans. ∎

P. LE.

AU SAHEL, LE TERRORISME GAGNE DU TERRAIN

L'enlèvement, au mois de mai, de deux touristes français dans le nord du Bénin a confirmé les inquiétudes concernant l'allongement du rayon d'action des groupes armés depuis le Sahel vers les pays du golfe de Guinée. Le parc national du W, situé à la jonction des frontières du Bénin, du Burkina Faso et du Niger, *« est en train de devenir un nouveau bastion pour les groupes terroristes, notamment l'Etat islamique au Grand Sahara, qui continue de coopérer avec JNIM [lié à Al-Qaida] au Mali et au Niger »*, notaient, en juin, des experts de l'ONU. *« Ils empiètent de plus en plus sur les frontières du Bénin, de la Côte d'Ivoire, du Ghana et du Togo »*,

ajoutaient-ils dans leur rapport. Il s'agit bien d'une expansion et non d'un repli car la région du Liptako-Gourma, à cheval sur le Mali, le Burkina Faso et le Niger, demeure l'épicentre de violences croissantes. Qu'elles soient le fait de groupes se revendiquant du djihad qui s'enracinent dans la région, ou de milices communautaires attaquant des civils. Les armées nationales, sous-équipées et démoralisées par les pertes humaines subies par leurs unités, ne parviennent pas à inverser la dynamique. Pas plus que n'y parviennent les forces étrangères – les Français de « Barkhane » ou les casques bleus. ∎

CH. CT

Afrique de l'Ouest

CÔTE D'IVOIRE

CHEF DE L'ÉTAT Alassane Ouattara
PREMIER MINISTRE Amadou Gon Coulibaly
SUPERFICIE 322 000 km²
POPULATION (HAB.) 25,7 millions
PIB (MD $) 44,4
CROISSANCE 7,5 %
CHÔMAGE 2,5 %
MONNAIE franc CFA BCEAO (0,0015 €)
ÉMISSIONS DE CO$_2$ (T/HAB.) 0,3 (185e)

Alassane Ouattara, en accédant au pouvoir en 2011, s'était fixé pour objectif de faire de la Côte d'Ivoire *« à l'horizon 2020 un pays émergent, une nation réconciliée avec elle-même »*. Force est de constater que l'ambition a été partiellement atteinte.

Le pays demeure, comme le note la Banque mondiale, *« l'une des économies les plus dynamiques de la planète »* avec une croissance qui devait atteindre 7,2 % en 2019. *« A court et moyen termes, les perspectives restent solides avec, entre autres, une inflation maîtrisée, un déficit public qui devrait se redresser et une augmentation progressive des exportations »*, juge ainsi Jacques Morisset, le chef des programmes de cette institution sur place.

Reste que si ce développement est remis en cause pour son impact limité sur le niveau de vie des Ivoiriens, sa principale fragilité tient au contexte politique. L'élection présidentielle prévue fin octobre 2020, avec son lot d'incertitudes sur l'identité des candidats et la crainte de voir la violence ressurgir, occupe déjà les esprits. Alassane Ouattara, après avoir fait adopter une nouvelle Constitution, briguera-t-il un troisième mandat ? Sera-t-il sinon en mesure d'imposer son successeur putatif, Amadou Gon Coulibaly ?

Ceux qui l'accompagnèrent dans ses victoires, l'ancien président Henri Konan Bédié et l'ex-chef rebelle Guillaume Soro, lui ont tourné le dos pour se regrouper au sein d'un front qui se fédère autour d'une idée simple : *« Tout sauf Ouattara »*. Seront-ils rejoints dans cette alliance par Laurent Gbagbo, acquitté en première instance par la Cour pénale internationale, mais toujours dans l'attente d'un éventuel procès en appel ? La Côte d'Ivoire entame l'année 2020 avec une multitude de questions, tout en espérant ne pas trouver les réponses dans la relecture de son histoire récente. ◼

CYRIL BENSIMON

GAMBIE

CHEF DE L'ÉTAT Adama Barrow
SUPERFICIE 11 000 km²
POPULATION (HAB.) 2,3 millions
PIB (MD $) 1,8
CROISSANCE 6,5 %
CHÔMAGE 8,9 %
MONNAIE dalasi (0,018 €)
ÉMISSIONS DE CO$_2$ (T/HAB.) 0,3 (192e)

Toute l'année 2019 a été rythmée par les auditions de la commission Vérité, réconciliation, réparation. Cette institution est chargée de faire la lumière sur les crimes commis durant le régime de l'ancien président Yahya Jammeh. Ses travaux se poursuivent l'année prochaine et doivent se conclure par des recommandations.

La Gambie tourne peu à peu la page de la dictature à travers un projet de nouvelle Constitution. Si elle est adoptée par référendum, elle introduira une limitation à deux mandats présidentiels de cinq ans. Adama Barrow, le chef de l'Etat, veut se représenter à l'élection en 2021. Il doit créer son parti au mois de janvier 2020.

Le bilan économique d'Adama Barrow pourrait être terni par la faillite du voyagiste Thomas Cook au Royaume-Uni. En Gambie, près d'un tiers des touristes sont britanniques. La banque privée Standard Chartered a réduit sa prévision de croissance à 4,5 % contre 6,3 % initialement. Le FMI table toujours sur 6,5 % de croissance en 2019. ◼

ROMAIN CHANSON

GHANA

CHEF DE L'ÉTAT Nana Akufo-Addo
SUPERFICIE 239 000 km²
POPULATION (HAB.) 30,4 millions
PIB (MD $) 67,1
CROISSANCE 7,5 %
CHÔMAGE 6,8 %
MONNAIE nouveau cedi (0,16 €)
ÉMISSIONS DE CO$_2$ (T/HAB.) 0,6 (171e)

L'union a fait la force. Après plusieurs semaines de bras de fer, le Ghana, appuyé par la Côte d'Ivoire, pays avec lequel il partage plus de 60 % de la production mondiale de cacao, a obtenu l'accord des géants mondiaux du chocolat pour que la récolte 2020-2021 soit payée avec un différentiel de revenu décent de 400 dollars la tonne (363 euros), destiné à ses 800 000 planteurs.

Pour doper ses recettes touristiques, le Ghana, l'un des principaux pays de départ de la traite négrière jusqu'au XVIIIe siècle, continue d'inciter les Afro-Américains à découvrir leurs origines, voire à s'installer de manière permanente dans le pays de leurs ancêtres. Avec « l'Année du retour », succession de festivals et de célébrations, le pays devait accueillir près de 500 000 visiteurs en 2019 (350 000 en 2018) et dégagé des recettes de l'ordre de 830 millions d'euros. Fidèle à sa réputation d'exemple démocratique et de bon gestionnaire, le Ghana a renoncé à consacrer 200 millions de dollars à un nouveau Parlement face au tollé provoqué par la société civile à cause du coût des travaux. ◼

PIERRE LEPIDI

GUINÉE

CHEF DE L'ÉTAT Alpha Condé

PREMIER MINISTRE
Ibrahima Kassorry Fofana

SUPERFICIE 246 000 km²

POPULATION (HAB.) 12,8 millions

PIB (MD $) 13,4

CROISSANCE 5,9 %

CHÔMAGE 3,6 %

MONNAIE franc guinéen (0,00009 €)

ÉMISSIONS DE CO₂ (T/HAB.) 0,3 (194ᵉ)

Un projet de réforme constitutionnelle porté par le président Alpha Condé a fait replonger la Guinée dans la violence politique qui jalonne son histoire récente. Alors que son second quinquennat se termine fin 2020, Alpha Condé s'est en effet mis en tête de changer la Constitution de 2010. Ses nombreux détracteurs, qui l'accusent de dérive autoritaire, y voient une manœuvre grossière pour se maintenir au pouvoir alors que l'actuelle loi fondamentale lui interdit de se porter candidat à la prochaine présidentielle. Le bilan de la répression policière, une dizaine de morts en 2019, pourrait bien s'alourdir compte tenu du blocage politique et des profondes divisions communautaires.

D'autant que ce mouvement de contestation est aussi alimenté par un environnement socio-économique difficile. Certes, l'activité extractive a explosé ces dernières années, projetant notamment la Guinée au rang de premier fournisseur de bauxite à la Chine. Les projections du FMI annoncent une croissance solide du PIB de 5,9 % en 2019.

Mais le quotidien des Guinéens reste rythmé par les coupures d'eau et d'électricité – malgré la mise en service d'un nouveau barrage – et par le chômage, qui touche environ 40 % des jeunes. Quant aux conséquences environnementales de l'activité minière débridée, elles sont dramatiques pour les populations vivant aux alentours des exploitations. ∎

CHRISTOPHE CHÂTELOT

GUINÉE-BISSAU

CHEF DE L'ÉTAT Umaro Sissoco Embalo
(élu le 29 décembre)

PREMIER MINISTRE
Aristides Gomes (08/11/2019)

SUPERFICIE 36 000 km²

POPULATION (HAB.) 1,9 million

PIB (MD $) 1,4

CROISSANCE 4,6 %

CHÔMAGE 4,1 %

MONNAIE franc CFA BCEAO (0,0015 €)

ÉMISSIONS DE CO₂ (T/HAB.) 0,2 (200ᵉ)

Ce réveillon sera-t-il le premier jour d'une consécration démocratique pour les Bissaoguinéens ? La première transition pacifique pour ce petit pays lusophone d'Afrique de l'Ouest ? Mercredi 1ᵉʳ janvier 2020, le candidat Umaro Sissoco Embalo, dit « le Général », premier ministre de 2016 à 2018, a remporté le second tour de la présidentielle du 29 décembre 2019 à la surprise générale. Au premier tour, il était mené de douze points par son adversaire Domingos Simoes Pereira, lui aussi ancien premier ministre. Mais grâce au report de voix des candidats malheureux, il a été désigné vainqueur à 53,55 %. Il a notamment reçu le soutien du président sortant, José Mario Vaz. Ce dernier l'a préféré à M. Pereira avec lequel il est en conflit. Sa destitution en août 2015 avait déclenché une crise politique pérenne dans un pays pourtant habitué aux coups d'Etat (seize tentatives et quatre réussis en quarante-cinq ans d'indépendance). Si M. Pereira accepte sa défaite, M. Vaz sera le premier président en vingt-cinq ans à terminer son mandat sans être tué ou renversé.

Le défi du nouveau chef de l'Etat sera avant tout d'assurer la stabilité d'un pays qui n'en a guère connu et d'appliquer les réformes nécessaires afin de débloquer un système politique source de nombreux maux : une extrême pauvreté (plus d'un tiers de la population vit avec moins d'un dollar par jour) et une corruption rampante qui a favorisé l'implantation du trafic de drogue sud-américain en direction de l'Afrique et de l'Europe, faisant de la Guinée-Bissau une plaque tournante. Quelques heures avant les législatives du 10 mars 2019, la police mettait la main sur 800 kg de cocaïne, sa plus grosse saisie depuis douze ans. Un record battu le 2 septembre, avec la plus importante prise de son histoire : 1,8 tonne en provenance de Colombie. ∎

MATTEO MAILLARD

LIBERIA

CHEF DE L'ÉTAT Georges Weah

SUPERFICIE 111 000 km²

POPULATION (HAB.) 4,9 millions

PIB (MD $) 3,2

CROISSANCE 0,4 %

CHÔMAGE 2 %

MONNAIE dollar libérien (0,005 €)

ÉMISSIONS DE CO₂ (T/HAB.) 0,3 (186ᵉ)

En janvier 2020, le mandat du président George Weah passera le cap des deux ans. Après l'espoir porté par cet ancien ballon d'or élu sur un programme de lutte contre la misère, dans un pays où plus de la moitié de la population vit sous le seuil de pauvreté, la tâche semble l'écraser. Cet été, la capitale Monrovia a vu défiler ses premières manifestations anti-Weah, faisant craindre la résurgence de violences telles que le pays en a connu durant la guerre civile (1989-2003), qui avait fait 250 000 morts.

Le président est fragilisé et isolé. Plusieurs de ses conseillers dénoncent son caractère péremptoire et rancunier. Lui invoque le legs d'une crise économique difficile à éponger avec un budget national de 570 millions de dollars (près de 520 millions d'euros) qui sert d'abord à payer les frais de fonctionnement et à rembourser les intérêts de la dette. Il veut poursuivre son programme « Pro-Poor », intensifier la lutte anticorruption et mettre la priorité sur l'éducation – avec la gratuité des écoles publiques.

La situation économique s'est aggravée à cause d'opérations monétaires hasardeuses de la banque centrale du Liberia sous son administration et sous la précédente, celle d'Ellen Johnson Sirleaf, conduisant à l'évaporation de 100 millions de dollars et à l'inculpation de cinq responsables, dont un fils de Sirleaf. Face à une inflation atteignant 31,3 %, le gouvernement a conclu en octobre un accord avec le FMI pour mettre en œuvre un programme de réformes économiques visant à redresser la barre d'ici les sénatoriales de mi-mandat prévues en 2020. ∎

M. MD

MALI

CHEF DE L'ÉTAT Ibrahim Boubacar Keïta

PREMIER MINISTRE
Boubou Cissé (22/04/2019)

SUPERFICIE 1 240 000 km²

POPULATION (HAB.) 19,7 millions

PIB (MD $) 17,6

CROISSANCE 5 %

CHÔMAGE 9,8 %

MONNAIE franc CFA BCEAO (0,0015 €)

ÉMISSIONS DE CO₂ (T/HAB.) 0,2 (199ᵉ)

De mal en pis. Sept ans après avoir failli s'effondrer face aux assauts de groupes djihadistes et d'indépendantistes finalement repoussés par l'intervention militaire française, l'Etat malien affiche toujours une extrême fragilité. Après une période de mutation et de reconstitution, les groupes armés dictent de nouveau leur loi sur une grande partie du territoire, au centre surtout, alors que le nord du pays est toujours englué dans la crise ouverte par les revendications indépendantistes touareg, en 2012.

Dans un rapport publié début décembre, le Centre d'études stratégiques de l'Afrique a ainsi établi que *« les activités violentes impliquant des groupes islamistes dans le Sahel – principalement le fait du Front de libération du Macina, de l'Etat islamique au Grand Sahara et d'Ansaroul Islam – ont doublé chaque année depuis 2015 ».* Jamais autant qu'en 2019 les civils n'auront ▶▶▶

Afrique de l'Ouest

▶▶▶ ainsi payé un si lourd tribut, massacrés par centaines lors de violences intercommunautaires. De son côté, l'armée malienne aura enregistré ses plus importants revers. Embuscades, attaques de casernes, terrains et routes minés... le bilan se compte, là aussi, en centaines de soldats morts.

Adeptes de tactiques de guerre asymétrique face à des armées constituées, de mieux en mieux coordonnés, les groupes armés ont *« amplifié les ressentiments locaux et les différences intercommunautaires, dans le but de recruter et d'approfondir les griefs contre les autorités et le sentiment de marginalisation de certaines communautés »*, explique le rapport. La réponse militaire est, à ce jour, incapable de contenir ces violences aux accents insurrectionnels.

Malgré la signature d'un accord de paix en 2015, les autorités paient le prix politique de leur impuissance à restaurer l'autorité de l'Etat au nord et à contenir les groupes armés au centre. A Bamako, la capitale, l'année a ainsi été marquée par une montée de la contestation et de la remise en question de la légitimité du pouvoir et de son mode de gouvernance, entaché par une corruption massive.

SITUATION INCONFORTABLE
Parallèlement, de plus en plus de voix s'élèvent pour contraindre le gouvernement à demander le départ des 14 000 casques bleus déployés dans le pays, ainsi que des soldats français de la force « Barkhane ». Une situation inconfortable pour des autorités qui ne peuvent se passer de l'assistance humaine et financière internationale.

Ces violences ont également un coût économique de plus en plus lourd à porter. Une étude du FMI, publiée en septembre 2019, rappelait que *« les dépenses de sécurité mobilisent une part croissante du budget national, menaçant celles consacrées aux services sociaux et au développement »*. Ces dépenses sont ainsi passées de 1,8 % du PIB en 2012 à près de 3 % en 2019. L'insécurité a coûté plus de vingt points de croissance depuis 2012, selon la même étude.

Dans ce contexte très défavorable, les 5 % de croissance du PIB anticipés pour l'année 2019 paraissent presque miraculeux, et à relativiser en raison d'une augmentation démographique annuelle de 3 % qui consomme une partie considérable de l'accroissement de la richesse nationale. ∎

CHRISTOPHE CHÂTELOT

NIGER

NIGERIA

CHEF DE L'ÉTAT Mahamadou Issoufou
PREMIER MINISTRE Brigi Rafini
SUPERFICIE 1 267 000 km²
POPULATION (HAB.) 23,3 millions
PIB (MD $) 9,4
CROISSANCE 6,3 %
CHÔMAGE 0,3 %
MONNAIE franc CFA BCEAO (0,0015 €)
ÉMISSIONS DE CO_2 (T/HAB.) 0,1 (206ᵉ)

CHEF DE L'ÉTAT Muhammadu Buhari
SUPERFICIE 924 000 km²
POPULATION (HAB.) 201 millions
PIB (MD $) 446,5
CROISSANCE 2,3 %
CHÔMAGE 6,1 %
MONNAIE naira (0,002 €)
ÉMISSIONS DE CO_2 (T/HAB.) 0,6 (167ᵉ)

Le Niger doit maudire certains de ses voisins qui, pour des raisons diverses, mettent tant d'obstacles aux efforts entrepris afin que ce pays ne soit plus l'un des plus pauvres du monde. Le Nigeria est l'un d'eux. Il y a tout d'abord les incursions meurtrières des combattants de la secte islamiste Boko Haram, établie dans le nord du Nigeria, qui paralysent les échanges dans la région du lac Tchad. En août, Abuja a décidé unilatéralement de fermer ses 1 500 kilomètres de frontière avec le Niger, au titre de la lutte contre les trafics de contrebande.

La situation sécuritaire dans l'est du Mali et au Burkina Faso ne cesse de se dégrader, obligeant Niamey à consacrer un tiers de son maigre budget aux dépenses militaires alors que la faiblesse des prix mondiaux de l'uranium, principale richesse du pays, ne permet pas de renflouer les caisses de l'Etat.

Quant à la vigueur affichée de la croissance économique (6,3 % en 2019), celle-ci doit être relativisée par un taux de croissance démographique annuel étourdissant de 3,8 %. ∎

CH. CT

Tout peut sembler XL, immense, démesuré, au Nigeria. Dans le pays le plus peuplé d'Afrique se trouvent les plus grandes stars de la musique et de la littérature africaines, une industrie cinématographique parmi la plus prolifique de la planète, quelques-uns des plus riches oligarques du continent, certaines des plus grandes usines et, bientôt, la plus grande raffinerie de pétrole d'Afrique... Au pays du « plus », la loi du superlatif s'applique également aux inégalités. Le Nigeria a ainsi dépassé l'Inde, avec 87 millions de personnes vivant avec moins de 2 dollars par jour (1,80 euro). Le géant d'Afrique de l'Ouest abrite plus de personnes vivant dans l'extrême pauvreté qu'aucune autre nation.

Le président Muhammadu Buhari entame son second mandat dans un contexte économique et sécuritaire toujours délicat. Reconduit à l'issue de l'élection présidentielle de février 2019, l'ancien général, âgé de 76 ans et à la santé fragile, poursuit son programme de 2015 axé autour de trois thèmes majeurs : la victoire contre le groupe djihadiste Boko Haram qui ravage le nord-est du pays, le rétablissement de la croissance et la lutte contre la corruption.

Le Nigeria peine toujours à se remettre de la récession de 2016 et, faute, entre autres, d'électricité, à diversifier une économie encore très largement dépendante du pétrole, pour faire jaillir de nouveaux pôles de création de richesses. Le président Buhari s'est fixé comme objectif d'atteindre 2,93 % de croissance en 2020, tablant sur une production pétrolière de

2,18 millions de barils par jour, contre 1,86 million en 2019.

Au nord-est du pays, l'armée nigériane, qui continue de s'illustrer par sa brutalité, n'a toujours pas « éradiqué » Boko Haram qui, toutefois, ne parvient plus à contrôler et administrer des territoires. La secte islamiste a connu plusieurs réorganisations internes d'ampleur, notamment au sein de sa branche affiliée à l'organisation Etat islamique qui continue de sévir sur les rives et les îles du lac Tchad. Au centre du pays, les conflits meurtriers entre éleveurs et agriculteurs se poursuivent tandis que, dans le sud-est pétrolier, une grande criminalité organisée continue de menacer le cœur de l'économie nigériane. ◾

JOAN TILOUINE

SÉNÉGAL

MAURITANIE
Pikine
DAKAR
Thiès • Touba
• Kaolack
MALI
GAMBIE
GUINÉE-BISSAU
OCÉAN ATLANTIQUE
GUINÉE
150 KM

CHEF DE L'ÉTAT Macky Sall
SUPERFICIE 197 000 km²
POPULATION (HAB.) 16,3 millions
PIB (MD $) 24
CROISSANCE 6 %
CHÔMAGE 6,5 %
MONNAIE franc CFA BCEAO (0,0015 €)
ÉMISSIONS DE CO$_2$ (T/HAB.) 0,7 (164e)

Macky Sall a réussi son pari. Se faire réélire au premier tour de la présidentielle du 24 février 2019, avec une marge confortable à 58,27 % des suffrages. Une victoire qu'il doit notamment à une opposition divisée et à ses deux principaux adversaires rendus inéligibles par des procédures judiciaires. Khalifa Sall, l'ex-maire de Dakar, et Karim Wade, fils de l'ancien président, ont été visés, l'un pour escroquerie, l'autre pour enrichissement illicite, par des enquêtes que l'opposition estime « *politiques* », et Amnesty International « *ciblées* ».

Dès sa réélection, le président supprime le poste de premier ministre et laisse planer la possibilité d'une candidature à un troisième mandat inconstitutionnel.

Bien qu'entachant l'image d'un Sénégal vitrine démocratique d'Afrique de l'Ouest, Macky Sall a su préserver sa stabilité économique. Depuis son élection en 2012, la croissance est passée de 4,4 % à 6,7 % en 2018 et devrait s'accélérer avec la mise en production, à partir de 2023, des puits de gaz et de pétrole récemment découverts. Le FMI prévoit une progression soutenue à partir de l'an prochain : 6,8 % en 2020, 8,4 % en 2022 et jusqu'à 11,6 % en 2023. Cette croissance est stimulée par les généreux investissements étrangers dans le Plan Sénégal émergent (PSE), dont 14 milliards de dollars ont été débloqués pour la phase 2 (2019-2023), parmi lesquels 1,5 milliard de la France, premier partenaire économique.

Cette croissance bondissante a aussi gonflé la dette publique, qui dépasse 60 %. Et, malgré des grands projets d'infrastructures – un nouvel aéroport, une autoroute, un pont transnational, un pôle urbain, des stades et un TER –, la pauvreté stagne toujours à 47 % et l'indice de développement humain a reculé. L'accès aux soins reste difficile dans les campagnes et le programme d'assurance-santé universelle est très loin de ses objectifs.

Le président est aussi ébranlé par une affaire de corruption touchant son frère, accusé d'avoir reçu un pot-de-vin contre l'attribution de concessions gazières. Un scandale qui risque de se refléter dans les élections locales, prévues en décembre 2019, mais repoussées à une date ultérieure. ◾

MATTEO MAILLARD

SIERRA LEONE

GUINÉE
Makeni
Koidu
FREETOWN
Bo •
Kenema
OCÉAN ATLANTIQUE
LIBERIA
100 KM

CHEF DE L'ÉTAT Julius Maada Bio
SUPERFICIE 72 000 km²
POPULATION (HAB.) 7,8 millions
PIB (MD $) 4,2
CROISSANCE 5 %
CHÔMAGE 4,3 %
MONNAIE leone (0,00009 €)
ÉMISSIONS DE CO$_2$ (T/HAB.) 0,1 (203e)

Après les deux chocs économiques – l'épidémie d'Ebola et la chute des cours des matières premières – l'économie de la Sierra Leone reste fragile et gangrenée par la corruption. Elu en 2018, le président Julius Maada Bio a mis en place une révision du secteur minier, estimant que les concessions précédemment accordées étaient défavorables à son pays. Après plusieurs mois de tensions, les autorités ont annulé la licence d'exploitation de la société SL Mining à cause d'un arriéré de 1 million de dollars (plus de 900 000 euros). Mais la filiale du groupe américain Gerald Group a dénoncé cette mesure, la qualifiant de « *tentative d'extorsion* ».

Afin d'encourager la filière rizicole, les autorités se sont tournées vers de nouveaux partenaires, tels que l'Inde, en signant un projet de 550 millions de dollars. Il devrait permettre la production de 1,6 million de tonnes de riz, dont 900 000 pour le marché local. ◾

PIERRE LEPIDI

TOGO

BURKINA FASO
Kara •
Sokodé • BÉNIN
GHANA
Atakpamé
NIGERIA
• Kpalimé
LOMÉ
Golfe de Guinée
150 KM

CHEF DE L'ÉTAT Faure Gnassingbé
PREMIER MINISTRE Komi Klassou
SUPERFICIE 57 000 km²
POPULATION (HAB.) 8,1 millions
PIB (MD $) 5,5
CROISSANCE 5,1 %
CHÔMAGE 1,7 %
MONNAIE franc CFA BCEAO (0,0015 €)
ÉMISSIONS DE CO$_2$ (T/HAB.) 0,4 (180e)

Il est un domaine dans lequel le Togo est champion du monde 2019. Celui de la plus grosse progression sur une année dans le classement Doing Business dressé chaque année par la Banque mondiale et qui évalue l'environnement local pour faire des affaires dans 190 pays. Le Togo pointe à la 97e place, résultat de multiples réformes dans le domaine administratif et des infrastructures. Le pays devrait également afficher une croissance vigoureuse de 5,1 %, selon les dernières estimations du FMI, dans un contexte peu inflationniste et de rigueur budgétaire.

Ces bons chiffres restent toutefois corrélés à un environnement politique figé dans un état de tension réel mais de basse intensité. Cette crise se cristallise autour de l'éventuelle candidature du président sortant, Faure Gnassingbé, au pouvoir depuis 2005, pour un nouveau mandat lors d'un scrutin prévu au premier trimestre 2020. Début mai, les députés togolais avaient voté une révision constitutionnelle qui permet au président Gnassingbé non seulement de se représenter en 2020 et 2025, mais aussi de bénéficier d'une immunité à vie « *pour les actes posés pendant les mandats présidentiels* ». ◾

CH. CT

Afrique centrale

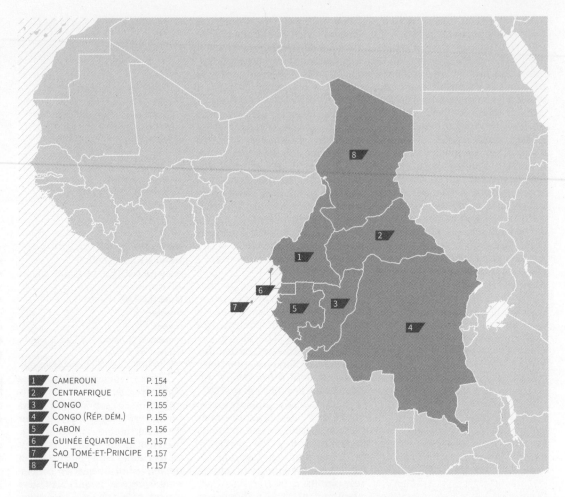

CAMEROUN

CHEF DE L'ÉTAT Paul Biya

PREMIER MINISTRE
Joseph Dion Ngute (04/01/2019)

SUPERFICIE 475 000 km²

POPULATION (HAB.) 25,9 millions

PIB (MD $) 38,6

CROISSANCE 4 %

CHÔMAGE 3,3 %

MONNAIE franc CFA BEAC (0,0015 €)

ÉMISSIONS DE CO$_2$ (T/HAB.) 0,3 (187e)

Au lendemain de sa septième élection depuis 1984, Paul Biya a poursuivi sa conduite des affaires du Cameroun en capitaine vieillissant (87 ans en février 2020), autoritaire et solitaire. Fin janvier 2019, moins de quatre mois après le scrutin qu'il a officiellement remporté avec 71,28 % des suffrages, il fit d'abord emprisonner Maurice Kamto, son principal opposant, ainsi qu'une centaine de ses lieutenants et de ses partisans du Mouvement pour la renaissance du Cameroun. Ceux-ci avaient eu le tort de refuser la victoire du chef de l'Etat et de la contester dans les rues.

Puis, à ce tour de vis sécuritaire qui mit en émoi les chancelleries occidentales, M. Biya répondit par l'organisation d'un « grand dialogue national », tenu du 30 septembre au 4 octobre à Yaoundé. Celui-ci permit à M. Kamto et à ses militants de regagner leur liberté et à M. Biya, qui ordonna l'arrêt des poursuites, de redevenir « fréquentable » sur la scène internationale.

En revanche, le conflit qui sévit dans les deux provinces anglophones du pays (région qui regroupe environ 20 % de la population) et pour lequel avait été officiellement mobilisé ce conclave d'une semaine dans la capitale n'a connu aucune avancée décisive. Si 333 prisonniers détenus dans le cadre de cette crise ont bien été libérés sur ordre du président, les dirigeants anglophones qui prônent la sécession avec « la République du Cameroun » ont été gardés dans les geôles du pays ou tenus loin des discussions. Une première médiation entre les deux camps a été instruite discrètement en Suisse, mais sur le terrain la poursuite des attaques des milices indépendantistes et de la répression des forces gouvernementales continue d'aggraver la situation humanitaire.

DÉFIS SÉCURITAIRES

Selon les Nations unies, près de 3 000 personnes ont été tuées et plus de 500 000 autres ont déjà fui leur domicile du fait du conflit. Début novembre, le Fonds des Nations unies pour l'enfance avait enregistré 529 incidents de sécurité dans les deux régions depuis le début de l'année et prédisait que « la situation humanitaire devrait encore se détériorer en 2020 en l'absence d'une solution politique ». L'Unicef estimait par ailleurs qu'environ 1,9 million de personnes, dont la moitié d'enfants, sont dans le besoin, soit une augmentation de 80 % par rapport à 2018 et une multiplication par 15 depuis 2017.

Alors que la menace djihadiste que fait planer Boko Haram dans le nord du pays n'a pas été totalement éradiquée, l'agence de notation Standard & Poor's considérait dans une note d'octobre 2019 que *« les tensions sociales et politiques et les défis sécuritaires, surtout dans les régions anglophones, ont compromis les perspectives économiques du Cameroun »*. Ainsi, par mesure de sécurité, le complexe agro-industriel Cameroon Development Cooperation, le plus gros employeur du pays après l'Etat, a été contraint de réduire considérablement ses activités dans ces zones. Entre les journées ville morte imposées chaque semaine par les sécessionnistes, les violences de l'armée, les rackets effectués par les deux camps, les investisseurs privés ont largement déserté ces deux régions autrefois parmi les plus attractives du pays.

Selon les prévisions de Standard & Poor's, *« la croissance du PIB se stabilisera dans les années à venir à environ 4 % par an (...). Le déficit budgétaire se stabilisera à environ 2,8 % du PIB entre 2019 et 2022, avec des risques de dérapage comme en 2016 et 2017 »*. Si, en raison des *« violations persistantes des droits de l'homme commises par ses forces de sécurité »*, le Cameroun a subi l'affront début novembre d'être exclu par Donald Trump des clauses de l'AGOA (African Growth and Opportunity Act, « Loi sur le développement et les opportunités africaines »), qui permettent d'exporter sur le marché américain sans droits de douane, son économie a été jugée par Moody's comme l'une des plus à même de résister en cas de fort ralentissement mondial. Cette résilience, selon cette agence d'analyse financière, est à chercher dans la capacité des autorités à réduire les dépenses publiques lorsque la nécessité s'en fait sentir. Un art de la flexibilité également éprouvé dans l'action politique. ∎

CYRIL BENSIMON

CENTRAFRIQUE

CHEF DE L'ÉTAT Faustin-Archange Touadéra
PREMIER MINISTRE Firmin Ngrebada (25/02/2019)
SUPERFICIE 623 000 km²
POPULATION (HAB.) 4,7 millions
PIB (MD $) 2,3
CROISSANCE 4,5 %
CHÔMAGE 6,5 %
MONNAIE franc CFA BEAC (0,0015 €)
ÉMISSIONS DE CO₂ (T/HAB.) 0,1 (210ᵉ)

En République centrafricaine (RCA), les années se suivent et génèrent les mêmes désillusions. En février 2019, le président Faustin-Archange Touadéra avait signé avec quatorze groupes armés un accord de paix, négocié au Soudan, avec l'appui de l'Union africaine et de la Russie, le nouveau partenaire privilégié de Bangui. Celui-ci a permis d'offrir un calme très relatif au pays, des fonctions officielles ainsi qu'une certaine impunité aux chefs de guerre ou à leurs représentants et la possibilité aux dirigeants centrafricains de maintenir le cap d'une politique de redéploiement de l'administration qui n'a porté que de maigres fruits.

Piquée par l'arrivée de Moscou dans une zone qui géostratégiquement n'intéressait qu'elle jusqu'ici, la France s'est depuis 2018 réinvestie en RCA, soutenant notamment le réarmement des militaires locaux, après s'y être opposée.

Dans l'optique d'obtenir un second mandat grâce à l'élection prévue fin 2020, le président Touadéra pourrait jouer de ces rivalités. Reste que, depuis sa victoire en février 2016, son autorité ne s'est guère étendue au-delà des limites de la capitale. ∎

C. BE.

CONGO

CHEF DE L'ÉTAT Denis Sassou-Nguesso
PREMIER MINISTRE Clément Mouamba
SUPERFICIE 342 000 km²
POPULATION (HAB.) 5,4 millions
PIB (MD $) 11,6
CROISSANCE 4 %
CHÔMAGE 10,4 %
MONNAIE franc CFA BEAC (0,0015 €)
ÉMISSIONS DE CO₂ (T/HAB.) 0,6 (170ᵉ)

Denis Sassou-Nguesso, au grand dam de son peuple, ne semble pas comprendre une évolution de l'Afrique, notamment sur le plan de la gouvernance. Le président septuagénaire, qui cumule plus de trente-cinq ans à la tête de l'Etat pétrolier, reste dans son rôle d'autocrate anachronique à la tête d'un clan familial qui s'illustre par sa brutalité et l'enrichissement par la corruption à grande échelle.

Les scandales s'accumulent. Les enquêtes judiciaires se poursuivent en France, au Portugal, en Italie, en Suisse, et mettent en lumière des détournements de fonds publics vertigineux qui se conjuguent à une situation économique désastreuse pour les Congolais, dont près de la moitié vit sous le seuil de pauvreté.

Le Congo-Brazzaville, malgré son endettement public partiellement caché, est toutefois parvenu à convaincre son plus gros créancier, la Chine, de restructurer la dette. Ce qui lui a permis de renouer avec le FMI qui lui a accordé, en juin 2019, 448,6 millions de dollars (407 millions d'euros) sur trois ans.

De plus en plus isolé sur la scène régionale et internationale, Denis Sassou-Nguesso s'est révélé incapable de mener à bien sa mission de médiation en Libye pour le compte de l'Union africaine, après avoir échoué en Centrafrique. Toutefois, il s'accroche au pouvoir en vue de l'élection présidentielle de 2021, ce qui laisse craindre de vives tensions et des soulèvements populaires qui devraient être, une fois encore, réprimés par les forces de sécurité. ∎

JOAN TILOUINE

CONGO (RÉP. DÉM.)

CHEF DE L'ÉTAT Félix Tshisekedi (élu le 30/12/2018, en fonctions le 24/01/2019)
PREMIER MINISTRE Sylvestre Ilunga (07/09/2019)
SUPERFICIE 2 345 000 km²
POPULATION (HAB.) 86,8 millions
PIB (MD $) 49
CROISSANCE 4,3 %
CHÔMAGE 4,3 %
MONNAIE franc congolais (0,0005 €)
ÉMISSIONS DE CO₂ (T/HAB.) 0 (213ᵉ)

Cette année pourrait être déterminante pour le nouveau président de la République démocratique du Congo (RDC), Félix Tshisekedi. Le fils du défunt leader mythique de l'opposition, Etienne Tshisekedi, a été proclamé vainqueur de l'élection présidentielle de décembre 2018 dont les résultats sont toujours contestés. Mais, s'il a conquis le pouvoir, c'est à l'issue de compromissions comprises et acceptées par la majorité de la population, pour le moment. A commencer par cette alliance de circonstance nouée durant la campagne avec son prédécesseur et ancien ennemi politique, Joseph Kabila (2001-2018).

Ce dernier maintient son influence sur des pans de secteurs aussi stratégiques que l'armée ou les mines, et a négocié une certaine forme d'impunité sur des violations des droits de l'homme et des crimes économiques présumés commis sous son règne. A cela s'ajoute le fait que sa plate-forme politique, le Front commun pour le Congo (FCC), détient la majorité au gouvernement, au Parlement et aux Assemblées provinciales. Le président Félix Tshisekedi compose donc avec le « président honoraire », Joseph Kabila, et a été contraint de tenter une expérience politique assez rare dans la région et particulièrement risquée : la cohabitation.

Le début de son mandat a été parasité par les divergences de vue et les rapports de force entre ▶▶▶

Afrique centrale

▶▶▶ les deux camps. Il a ainsi fallu sept mois de tractations pour parvenir à un consensus sur la composition du gouvernement de 66 membres, dont 42 sont issus des rangs du FCC. Après s'être engagé à *« déboulonner le système dictatorial qui était en place »*, le président Tshisekedi a changé de posture. Peut-être par pragmatisme ou par crainte, il assume et défend désormais sa *« coalition »*, assurant *« partager des valeurs communes de social-démocratie »* avec Joseph Kabila. Au point d'appeler l'Union européenne et les Etats-Unis à lever les sanctions – reconduites en juin 2019 pour un an – visant des caciques de l'ancien régime. Et d'épargner Joseph Kabila et ses proches, responsables présumés de détournements de fonds importants, alors qu'il a fait de la lutte anticorruption une priorité et un préalable au développement économique. Les plus hauts responsables de l'armée, pour certains accusés de crimes de sang, sont restés en poste et missionnés par Tshisekedi pour apaiser les tensions dans les provinces du pays où l'insécurité demeure. Quitte à perpétuer une forme de gouvernance violente et la mainmise de certains hauts gradés sur certaines ressources économiques.

LA LUTTE CONTRE EBOLA
Une centaine de groupes armés, plus ou moins actifs, continuent toutefois d'agir à l'est du pays, principalement dans les provinces des Kivus, frontalières de l'Ouganda, du Rwanda et du Burundi. Le plus mystérieux et meurtrier d'entre eux serait les Forces démocratiques alliées (ADF), un groupe islamiste fondé en Ouganda dans les années 1990, qui a déclaré son allégeance à l'organisation Etat islamique en 2017. La plupart des massacres perpétrés depuis 2014 sur le territoire de Beni sont attribués aux ADF.

Le chef de l'Etat a repris à son compte la rhétorique de lutte contre le terrorisme et a annoncé le déclenchement d'une vaste opération militaire visant d'abord les ADF et plus largement les autres groupes armés évoluant dans ces provinces orientales ravagées par les violences. Celles-ci freinent la lutte contre la dixième épidémie d'Ebola constatée sur le sol congolais, qualifiée d'*« urgence sanitaire mondiale »* par l'Organisation mondiale de la santé.

Sur le plan sanitaire, le président Tshisekedi a procédé à une réorganisation de la lutte contre Ebola minée par la corruption et cible de violences de la part de la population instrumentalisée par certains responsables politiques et des groupes armés locaux. Sur le plan militaire, il a sollicité le soutien des pays de la région, avec lesquels il a renforcé les liens diplomatiques dès le début de son mandat, ainsi que de la Mission des Nations unies en RDC (Monusco) dont il souhaite le maintien, contrairement à Joseph Kabila.

Sur le plan économique, le plus grand pays d'Afrique francophone, riche en minerais, en bois et en pétrole, est péniblement sorti de la récession en 2018. Mais la RDC reste très dépendante des fluctuations des cours des minerais, même si le président Tshisekedi souhaite peu à peu sortir d'une économie dépendante du secteur extractif pour tirer profit du potentiel agricole. Faute d'infrastructures et d'accès à l'énergie (avec un taux d'électrification d'à peine 10 %), d'autant que le développement du projet de méga-barrage Inga3 sur le fleuve Congo est au point mort, tout dessein d'industrialisation reste pour l'instant hypothétique et très onéreux. Le président Tshisekedi n'a d'autre choix que de se tourner vers les bailleurs de fonds internationaux pour soutenir son programme de réformes et concrétiser sa mesure phare : la gratuité de l'enseignement. Un projet qui a un prix élevé. ∎

JOAN TILOUINE

GABON

CAMEROUN
SAO TOMÉ-ET-PRINCIPE
GUINÉE ÉQ.
LIBREVILLE ☐
Oyem
Port-Gentil
Moanda
Franceville
OCÉAN ATLANTIQUE
CONGO
RDC
200 KM

CHEF DE L'ÉTAT Ali Bongo Ondimba
PREMIER MINISTRE Julien Nkoghe Bekale (12/01/2019)
SUPERFICIE 268 000 km²
POPULATION (HAB.) 2,2 million
PIB (MD $) 16,9
CROISSANCE 2,9 %
CHÔMAGE 19,6 %
MONNAIE franc CFA BEAC (0,0015 €)
ÉMISSIONS DE CO₂ (T/HAB.) 2,5 (115e)

La vie gabonaise a continué de tourner autour de l'incertitude qui obsède le pays depuis le 24 octobre 2018 : Ali Bongo Ondimba a-t-il récupéré de son accident vasculaire cérébral survenu ce jour-là en Arabie saoudite ? Le président est-il désormais apte à gouverner ? Certaines de ses apparitions publiques, ses difficultés à se mouvoir ou à s'exprimer ont alimenté le doute, mais l'héritier d'Omar Bongo n'a pas renoncé ou subi de procédure de destitution, comme le souhaitaient ses opposants. *« Je suis là et je serai toujours là »*, s'est-il permis de lancer début octobre 2019 devant les militants du pouvoir réunis à Libreville. Mais l'édifice est fragile. Après deux élections contestées en 2009 et 2016, des rivalités familiales jamais réglées et des questions qui perdurent sur sa santé, Ali Bongo Ondimba a échappé à sa première tentative de coup d'Etat le 7 janvier 2019 alors qu'il se trouvait en convalescence au Maroc. L'arène politique est le théâtre d'une guerre de clans incessante, entre janvier et décembre, le pays a connu sept remaniements ministériels.

Malgré de réels efforts de diversification économique, le Gabon reste tributaire des cours du brut, dont il demeure le cinquième producteur en Afrique subsaharienne. ∎

CYRIL BENSIMON

GUINÉE ÉQUATORIALE

CHEF DE L'ÉTAT
Teodoro Obiang Nguema Mbasogo

PREMIER MINISTRE
Francisco Pascual Obama Asue

SUPERFICIE 28 000 km²

POPULATION (HAB.) 1,4 million

PIB (MD $) 12,1

CROISSANCE – 4,6 %

CHÔMAGE 9,2 %

MONNAIE franc CFA BEAC (0,0015 €)

ÉMISSIONS DE CO$_2$ (T/HAB.) 4,3 (85e)

Frappée de plein fouet par la chute des cours du brut en 2014, la Guinée équatoriale, qui a accueilli en avril 2019 le septième sommet des pays africains producteurs de pétrole, a mis en vente de nouveaux blocs d'exploitation. Une vingtaine de compagnies internationales ont manifesté un intérêt pour l'or noir de ce pays considéré comme l'un des plus riches du continent mais où une grande partie de la population vit dans des conditions précaires. En septembre, les habitants de Bata, la capitale économique, ont été privés d'eau courante pendant près d'un mois sans explication des autorités.

Sur le plan politique, le quarantième anniversaire de la prise de pouvoir de Teodoro Obiang Nguema Mbasogo a été l'occasion pour Amnesty International de dénoncer la *«torture»* et les nombreuses *«violations des droits de l'homme»* commises par son régime. Quelques semaines auparavant, plus de 130 personnes, jugées pour leur implication présumée dans une tentative de coup d'Etat déjouée en décembre 2017, ont été condamnées à des peines d'emprisonnement allant de 3 à 96 ans. ∎

PIERRE LEPIDI

SAO TOMÉ-ET-PRINCIPE

CHEF DE L'ÉTAT Evaristo Carvalho

PREMIER MINISTRE Jorge L. Born Jesus

SUPERFICIE 1 000 km²

POPULATION (HAB.) 220 000

PIB (MD $) 0,4

CROISSANCE 2,7 %

CHÔMAGE 13,4 %

MONNAIE nouveau dobra (0,04 €)

ÉMISSIONS DE CO$_2$ (T/HAB.) 0,6 (175e)

Sao Tomé-et-Principe, le petit archipel du golfe de Guinée, dont le budget dépend à 90 % de l'aide extérieure, est en quête permanente de nouveaux partenaires. Après avoir renoué en 2018 ses relations diplomatiques avec la Chine, au détriment de Taïwan, le pays souhaite voir la Russie investir dans les secteurs des transports, du numérique ou de la sécurité, comme l'a indiqué Elsa Pinto, ministre des affaires étrangères, lors du sommet Russie-Afrique en octobre 2019 à Sotchi (Russie). Quelques semaines plus tard, c'est avec le Maroc, qui a accueilli 180 étudiants santoméens dans ses écoles et ses universités, qu'un accord de coopération était signé entre les deux Parlements.

L'ancienne colonie portugaise, sur laquelle les scientifiques ont recensé une centaine de plantes endémiques, continue de miser sur ses plages paradisiaques et sur un tourisme vert pour stimuler son économie. Elle entend poursuivre la mise en valeur du parc naturel Obo, d'une surface de près de 300 km² répartis sur les deux îles, et sa protection des biotopes de l'archipel, dont les forêts, la mangrove et la savane. ∎

P. LE.

TCHAD

CHEF DE L'ÉTAT Idriss Déby

SUPERFICIE 1 284 000 km²

POPULATION (HAB.) 15,9 millions

PIB (MD $) 11

CROISSANCE 2,3 %

CHÔMAGE 2,3 %

MONNAIE franc CFA BEAC (0,0015 €)

ÉMISSIONS DE CO$_2$ (KT) 0,1 (209e)

Au Tchad, il y a les invariables : le désert qui avance, des groupes rebelles qui s'activent aux frontières, et le chef de l'Etat, Idriss Déby, au pouvoir depuis 1990, qui résiste avec l'appui plus ou moins assumé de la France. Il y a également les éléments plus imprévisibles, conjoncturels, comme l'évolution des cours du pétrole, décisive pour l'économie depuis que le pays est devenu producteur en 2003, ou les grandes évolutions régionales.

Au cours de l'année 2019, le chef de l'Etat tchadien a pu se féliciter de la qualité du soutien que lui apporte Paris depuis qu'il a envoyé en 2013 ses soldats guerroyer contre les islamistes dans le désert malien. En février, des Mirage 2000 français auraient conduit *«une vingtaine de frappes»*, dit-on de source militaire, contre une colonne rebelle de l'Union des forces de la résistance venue de Libye. Ce n'est pas la première fois que Paris vole au secours de son meilleur allié au Sahel, mais jamais l'action n'avait été aussi frontale. Qu'importe si les insurgés tchadiens n'ont rien de djihadistes, N'Djamena est désormais le siège de l'opération antiterroriste française «Barkhane».

Après deux années de récession brutale, l'économie a connu des jours meilleurs. La hausse des cours du brut a permis de regarnir les caisses de l'Etat... de même que les coupes salariales dans la fonction publique, quitte à ce que ces dernières provoquent une grogne sociale.

Cependant, peut-être qu'au cours de cette année écoulée les principales sources d'inquiétude d'Idriss Déby ne se situaient pas du côté des insurgés de Boko Haram autour du lac Tchad, des rebelles dans le massif du Tibesti ou des tradeurs pétroliers. Les yeux des officiels tchadiens sont restés longtemps braqués sur le Soudan, théâtre d'une révolution populaire qui a chassé Omar Al-Bachir du pouvoir. Ce dernier fut longtemps l'ennemi juré d'Idriss Déby, mais dans les arcanes du pouvoir à N'Djamena son éviction a suscité davantage la crainte d'un effet tache d'huile que des réjouissances. ∎

C. BE.

Afrique australe

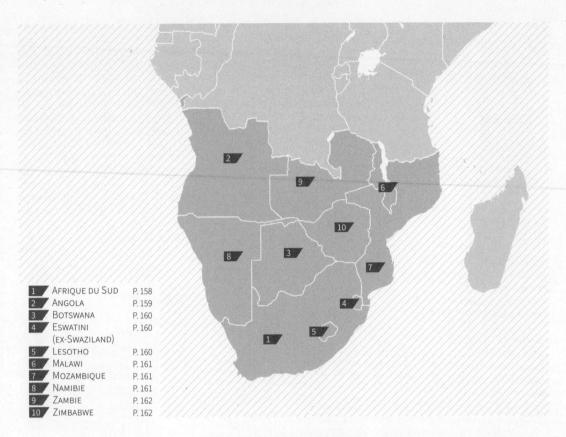

AFRIQUE DU SUD

CHEF DE L'ÉTAT Cyril Ramaphosa

SUPERFICIE 1 221 000 km²

POPULATION (HAB.) 58,6 millions

PIB (MD $) 358,9

CROISSANCE 0,7 %

CHÔMAGE 27,3 %

MONNAIE rand (0,06 €)

ÉMISSIONS DE CO$_2$ (T/HAB.) 8,1 (40e)

Avec ses infrastructures uniques à l'échelle de l'Afrique, son économie diversifiée et ses ressources minières, l'Afrique du Sud offre une impression de prospérité solide. En réalité, le pays traverse une crise à la fois économique, politique et identitaire, la plus grave depuis l'avènement de la démocratie multiraciale en 1994.

L'arrivée au pouvoir de Cyril Ramaphosa, en février 2019, le jour de la Saint-Valentin, aurait pu signifier une ère de renouveau, après une décennie au cours de laquelle son prédécesseur, Jacob Zuma, avait été le vecteur d'une entreprise de « capture d'Etat » avec la complicité d'une famille indienne, les Gupta. Ensemble, ils ont mis les ressources publiques en coupe réglée, conduisant les entreprises publiques sud-africaines les plus importantes au bord de la faillite, au point de faire vaciller une économie déjà soumise à un essoufflement structurel.

En février, Jacob Zuma a été démis de ses fonctions par le Congrès national africain (ANC) après en avoir perdu le contrôle lors de la conférence élective du parti, deux mois plus tôt – un président, en Afrique du Sud, est « déployé » par le parti, qui peut décider de le « rappeler » –, mais il n'a pas abandonné son poste et ses prébendes de bonne grâce. Dans l'ANC comme dans diverses structures de l'administration, une faction continue de soutenir l'ex-président jusque dans les instances dirigeantes de l'ANC et l'appuie dans son projet de « *fight back* » (« combat pour le retour ») destiné à la fois à échapper aux poursuites judiciaires qui le menacent et à poursuivre l'œuvre d'enrichissement personnel de son réseau de clientèle.

La victoire de l'ANC aux élections générales, en mai, n'a pas donné d'avantage marqué à Cyril Ramaphosa, pour s'imposer avec ses partisans face aux pro-Zuma. Fin 2019, aucune des deux factions n'était parvenue à s'imposer, y compris à la tête du parti du parti comme dans les rouages de l'économie.

MOTION DE DÉFIANCE

Ces dissensions ne constituent pas un épiphénomène. D'abord, jamais une telle guerre au sein de l'ANC n'a atteint ce stade destructeur, preuve de l'affaiblissement du parti au pouvoir. Les pro-Zuma, réunis autour du secrétaire général de l'ANC, Ace Magashule, se préparent à un assaut direct lors de la future conférence de l'ANC qui se tiendra en juin, le Conseil général national, au cours duquel ils comptent introduire une motion de défiance destinée à renverser le président, pour lui substituer l'un des leurs, le vice-président David « DD » Mabuza. Ce plan est connu depuis des mois. Le fait qu'il soit encore en œuvre alors que toute forme de secret à son égard a été éventée montre la gravité de la crise. Des voix s'élèvent, dans le parti, pour appeler à une scission.

À JOHANNESBURG, UNE VAGUE DE XÉNOPHOBIE DÉFERLE SUR LES «ÉTRANGERS»

Ce n'est que l'ultime manifestation d'un phénomène qui est en réalité aussi ancien que l'Afrique du Sud de l'après-apartheid : en septembre, une vague de xénophobie dans la région de Johannesburg s'est traduite par des violences visant des «étrangers», aboutissant à du vandalisme et à la perte de vies humaines. Sur douze victimes décomptées, après le retour au calme, dix étaient sud-africaines. D'où le risque d'une aggravation de la situation, puisque les ressortissants d'origine étrangère sont tentés de s'armer pour faire face aux agressions fréquentes dont elles font l'objet.

Les spécialistes s'accordent pour établir un lien entre ces éruptions de violences et les compétitions pour certains types de ressources ou de revenus : accès au logement social, monopole de certains petits commerces, etc. Dans certains quartiers, des pillages ont lieu à intervalles réguliers. Dans le township de Diesloot, au nord de Johannesburg, les boutiquiers somaliens ont été agressés si souvent qu'ils avaient décidé de se retirer en 2017. Un an plus tard, certains sont de retour, faute de mieux.

«Une violence organisée»

Mais d'autres quartiers proches peuvent, au contraire, ne pas être affectés par ce type d'attaques. Pour Jean-Pierre Misago, chercheur au Centre africain de recherche sur les migrations et la société (ACMS) de l'université du Witwatersrand, cela montre que *«la violence est organisée par de petits responsables politiques locaux»* contre lesquels le pouvoir ou la police ne peuvent rien.

Mais ce ressentiment vis-à-vis des «étrangers» (baptisés de manière péjorative *kwerekwere*) ne se limite pas aux personnes nées hors du pays. Dans un Etat qui hérite de la longue période de ségrégation ayant culminé avec l'apartheid (1948-1994), la tension peut aussi s'exercer à l'encontre d'autres communautés ou d'autres clans différents. Cette tension est l'autre menace qui pèse sur le futur et sur la cohésion nationale de l'Afrique du Sud. ◾

J.-P. RY

Cette division n'est pas seulement formelle ou cantonnée à l'espace politique : elle se reflète dans le pays. Ainsi, la tentative de sauver les entreprises d'Etat de la faillite se heurte non seulement au passif de leurs dettes, mais aussi aux réseaux pro-Zuma au sein de ces entreprises. Malgré les efforts du gouvernement nommé par Cyril Ramaphosa, comme le ministre des entreprises d'Etat, Pravin Gordhan, la plupart des sociétés parapubliques sont au bord de la faillite, comme South African Airways (SAA), la compagnie aérienne nationale placée en redressement judiciaire au mois de décembre, la SABC (compagnie nationale de télévision), en plein marasme, ou le fabricant d'armes Denel, qui peine à payer les salaires de ses employés. Tous sont au bord de la cessation de paiement. Prasa, la compagnie nationale encadrant les transports et infrastructures, a été placée en redressement judiciaire à la fin de l'année.

Mais le plus gros problème sud-africain est la compagnie nationale d'électricité, Eskom, dont la dette (441 milliards de rands, 27 milliards d'euros) s'accroît de mois en mois. Toutes les analyses s'accordent pour considérer qu'Eskom a la capacité d'entraîner dans sa chute l'économie sud-africaine tout entière. Dans l'immédiat, son impact négatif est considérable : la seconde grande vague de délestages de fin d'année a déjà plongé l'économie dans un nouveau trimestre de récession (− 0,6 % de croissance), et menace de se poursuivre. Mais pourquoi, en dépit des efforts menés au plus haut de l'Etat, l'ordre n'est-il pas rétabli à Eskom ? *«Il s'y trouve encore un grand nombre de responsables pro-Zuma, le pillage continue, et lorsque des ordres sont donnés pour changer cette situation, ils ne sont pas obéis»*, assure une source impliquée dans le dossier.

L'ANC n'est pas la seule à connaître ces divisions qui, de plus en plus, ressemblent à une fragmentation. Le principal parti d'opposition, l'Alliance démocratique (DA), a subi un sort similaire en 2019, voyant ses tentatives de se transformer en un parti multiracial s'effondrer en même temps que ses résultats aux élections. La DA a perdu le contrôle des grandes villes qu'elle avait conquises, grâce à des alliances, lors des dernières élections locales, en 2016. Un coup de force a eu lieu dans les institutions du parti, provoquant le départ de Mmusi Maimane, qui devait faire de cette formation un parti de pouvoir multiracial. Son éviction signifie un retour à la niche politique de «parti de Blancs». A l'échelle du pays, on assiste à une re-racialisation des lignes politiques, ce qui ne fait que renforcer les craintes pour l'avenir de ce pays fragile. Et ce, d'autant plus que s'observe, parallèlement, une perte de contrôle de l'Etat dans les régions les plus reculées, où des micromafias locales s'affrontent pour le contrôle des ressources locales.

L'Afrique du Sud est le pays où les inégalités sont les plus marquées de toute la planète, et où une partie écrasante des richesses (90 %) est possédée par 10 % de la population. Pour éviter une explosion sociale qui pourrait prendre une dimension raciale, l'Etat a mis en place une politique d'assistance qui offre de modestes allocations mensuelles à 11 millions de personnes. Mais cet équilibre fragile est à la merci d'un nouvel écueil, alors que Moody's, la seule agence de notation à avoir maintenu la note souveraine sud-africaine dans la catégorie «investisseurs», annonce le risque d'une dégradation dans la catégorie *«junk»* (spéculative) début 2020, ce qui aurait pour effet immédiat de faire fuir les gros investisseurs, comme les fonds souverains. ◾

JEAN-PHILIPPE RÉMY

ANGOLA

CHEF DE L'ÉTAT Joao Lourenço
SUPERFICIE 1 247 000 km²
POPULATION (HAB.) 31,8 millions
PIB (MD $) 91,5
CROISSANCE − 0,3 %
CHÔMAGE 7,3 %
MONNAIE kwanza (0,002 €)
ÉMISSIONS DE CO₂ (T/HAB.) 1,1 (152ᵉ)

Puissance politique et militaire régionale, l'Angola parviendra-t-il à se stabiliser puis à s'imposer sur le plan économique ? Tel est l'objectif du président Joao Lourenço qui a lancé des réformes ambitieuses pour tenter de renouer avec la croissance en 2020, première étape avant d'atteindre le *«miracle économique»* qu'il a promis.

Le pays, second producteur de pétrole du continent africain, peine toujours à se relever de la chute vertigineuse des cours de l'or noir entamée à l'été 2014, conjuguée à une récession deux ans plus tard et à une inflation préoccupante peu à peu contenue. Fragilisé par un endettement considérable, l'Angola s'est tourné vers le FMI qui, après avoir accordé un prêt de 3,7 milliards de dollars sur trois ans fin 2018 (environ 3,4 milliards d'euros), a octroyé six mois plus tard un financement de 248 millions de dollars.

LUTTE ANTICORRUPTION

S'il s'efforce d'amorcer une diversification de l'économie et d'attirer les investisseurs étrangers, le chef de l'Etat mise, pour cette année encore, sur le pétrole. En préconisant une augmentation de la production de 35 000 barils par jour en 2020 et en mettant sur le marché de nouveaux blocs *[zone de champs pétrolifères mis en concession]* tout en réformant la société pétrolière nationale, Sonangol.

Dès le début de son mandat, Joao Lourenço s'est attelé à neutraliser le clan de son prédécesseur, José Eduardo dos Santos (1979-2017) écarté de la direction du Parti-Etat, le Mouvement populaire de libération de l'Angola (MPLA), au pouvoir depuis l'indépendance en 1975. Pour tenter de récupérer des fonds détournés et séduire la communauté internationale, Lourenço a lancé une spectaculaire lutte anticorruption visant particulièrement les richissimes enfants dos Santos et des caciques de l'ancien régime. Toutefois, cette «croisade» sélective épargne des personnalités politiques de premier plan telles que l'ancien vice-président et ex-PDG de Sonangol, Manuel Vicente, devenu conseiller puissant du nouveau chef de l'Etat.

Sur le plan de la diplomatie régionale, l'Angola ambitionne de retrouver son influence en Afrique australe et centrale, plus particulièrement dans les Grands Lacs. L'Angola de Lourenço se montre particulièrement concerné par la situation en République démocratique du Congo, au nom d'une «stabilité» régionale mais aussi pour préserver ses intérêts économiques, en gardant la main sur l'exploitation contestée de champs pétroliers frontaliers. Le nouveau président congolais, Félix Tshisekedi, ▶▶▶

Afrique australe

▶▶▶ désireux de récupérer ces gisements d'or noir ne peut toutefois par entamer un rapport de force avec son homologue angolais auquel il a demandé un *« soutien »* indispensable dans la région. ∎

JOAN TILOUINE

BOTSWANA

CHEF DE L'ÉTAT Mokgweetsi Masisi
SUPERFICIE 582 000 km²
POPULATION (HAB.) 2,3 millions
PIB (MD $) 18,7
CROISSANCE 3,5 %
CHÔMAGE 18,2 %
MONNAIE pula (0,08 €)
ÉMISSIONS DE CO$_2$ (T/HAB.) 3 (104e)

La chute de 16 % des exportations de diamants en 2019 est un signal d'alarme pour le Botswana, pourtant perçu comme l'un des pays les plus prospères en Afrique subsaharienne. Malgré une croissance attendue autour de 4,3 % en 2020, les signaux menacent de passer au rouge pour le troisième producteur mondial de diamants, confronté au risque d'épuisement de cette ressource – sa principale richesse – d'ici à 2025. Réélu en octobre 2019, après une année politique très agitée qui a failli plonger ce modèle de démocratie dans l'instabilité, le président Mokgweetsi Masisi doit définir une stratégie de diversification de l'économie. Plus qu'un défi, il s'agit là d'un véritable casse-tête pour le chef de l'État botswanais. Développer l'agriculture ? Le sol est très pauvre en surface. Promouvoir le tourisme ? Une option envisagée, mais le secteur représente pour l'heure à peine un emploi sur dix. Pas suffisant pour sortir le pays de sa dépendance au secteur minier et réduire les inégalités. ∎

RAOUL MBOG

ESWATINI

CHEF DE L'ÉTAT Mswati III
PREMIER MINISTRE Mandvulo Ambrose Dlamini
SUPERFICIE 17 000 km²
POPULATION (HAB.) 1,1 million
PIB (MD $) 4,7
CROISSANCE 1,3 %
CHÔMAGE 22,9 %
MONNAIE lilangeni (0,06 €)
ÉMISSIONS DE CO$_2$ (T/HAB.) 1,1 (157e)

Depuis que le roi l'a unilatéralement renommée en 2018, la dernière monarchie absolue d'Afrique ne s'appelle plus officiellement Swaziland mais bien Eswatini. Le roi Mswati III règne sans partage sur le petit territoire de 17 363 km² depuis 1986, exerçant une *« répression politique »* et *« ignorant les droits de l'homme »*, selon le dernier rapport de l'ONG internationale Human Rights Watch. La famille royale a une nouvelle fois provoqué la colère des habitants cette année à cause de son train de vie luxueux. Fin octobre, des centaines de voitures de luxe ont été livrées à Mswati III et ses proches, alors que près des deux tiers de la population (58,9 %) vit encore sous le seuil de pauvreté.

Dans la foulée, des milliers de fonctionnaires se sont réunis dans les rues, demandant une revalorisation de leur salaire. Amnesty International note de son côté les expropriations forcées du gouvernement qui confisque des terres à des centaines de Swazis au nom de la loi coutumière. Malgré ces défis, l'Eswatini a vu son inflation baisser (3 % cette année) par rapport à 2018 (4,6 %) mais se trouve toujours en position de grande dépendance avec le voisin sud-africain pour ses importations (85 %) et ses exportations (60 %). ∎

NOÉ HOCHET-BODIN

LESOTHO

CHEF DE L'ÉTAT Letsie III
PREMIER MINISTRE Thomas Thabane
SUPERFICIE 30 000 km²
POPULATION (HAB.) 2,1 millions
PIB (MD $) 2,7
CROISSANCE 2,8 %
CHÔMAGE 23,5 %
MONNAIE loti (0,06 €)
ÉMISSIONS DE CO$_2$ (T/HAB.) 1,3 (149e)

Enclavé au centre de l'Afrique du Sud, le royaume montagneux du Lesotho ne cesse de souffrir de son instabilité politique. Au cœur des difficultés du pays, les liaisons dangereuses entre le gouvernement et l'armée. En 2019, l'instabilité a regagné le royaume après le retrait des troupes de la SADC (la Communauté de développement d'Afrique australe). Le premier ministre Thomas Thabane, 80 ans, est en délicatesse au sein de son propre parti, l'ABC, où beaucoup se plaignent de la place prépondérante qu'occuperait sa femme à la tête de l'État.

Les producteurs de laine Basotho ont également demandé le départ de l'homme fort du pays pour dénoncer un accord qui les contraint à vendre toute leur production de laine et de mohair à un seul grossiste chinois. La croissance s'est stabilisée par rapport à 2018 (+ 2,8 %), en partie grâce au secteur du cannabis médical, dont le Lesotho a été le premier pays africain à en légaliser la culture. ∎

N. H.-B.

MALAWI

CHEF DE L'ÉTAT Peter Mutharika
SUPERFICIE 118 000 km²
POPULATION (HAB.) 18,6 millions
PIB (MD $) 7,5
CROISSANCE 4,5 %
CHÔMAGE 5,4 %
MONNAIE kwacha malawite (0,001 €)
ÉMISSIONS DE CO₂ (T/HAB.) 0,1 (208ᵉ)

Année électorale au Malawi. Peter Mutharika a été réélu à la tête du pays lors du scrutin présidentiel fin mai. L'homme de 79 ans a vu son parti, le DPP (Democratic Progressive Party), l'emporter d'une courte tête (48,57 % des suffrages). Le début de son second mandat est cependant secoué par de nombreuses protestations. Des milliers de manifestants contestent le résultat du scrutin. Parmi les détracteurs du président, Saulos Chilima, son ancien vice-président, qui s'est lancé sans succès dans cette élection. Il dénonce les « *nombreuses irrégularités du scrutin* », tout comme le chef des observateurs de l'Union européenne, Mark Stephens, qui reconnaît que « *beaucoup d'erreurs ont été commises* ».

Les manifestations continuent, cinq mois après l'élection, et ont fait au moins deux morts. L'incertitude politique pourrait, à terme, fragiliser la bonne croissance du PIB malawite (4,5 %) que le FMI anticipe à plus de 5 % en 2020. L'économie est également fragilisée par le passage du cyclone Idai au mois de mars, qui a fait 60 morts et plus de 125 000 déplacés. Le pays a besoin de 370 millions de dollars (335,5 millions d'euros) pour ses travaux de reconstruction. La production agricole du pays reste tout de même stable et parfois augmente, comme la production de maïs par exemple (+ 10 %), selon le ministère de l'agriculture. Le Malawi est pourtant particulièrement vulnérable au changement climatique. L'alternance répétée entre sécheresses et inondations fait perdre au moins 1,7 % du PIB tous les ans. ■

N. H.-B

MOZAMBIQUE

CHEF DE L'ÉTAT Filipe Nyusi
PREMIER MINISTRE Carlos Agostinho do Rosario
SUPERFICIE 802 000 km²
POPULATION (HAB.) 30,4 millions
PIB (MD $) 15,1
CROISSANCE 1,8 %
CHÔMAGE 3,2 %
MONNAIE nouveau metical (0,01 €)
ÉMISSIONS DE CO₂ (T/HAB.) 0,3 (189ᵉ)

La victoire de Filipe Nyusi avec 73 % des suffrages officiels, lors du scrutin qui s'est tenu le 15 octobre 2019, pourrait être considérée d'ici quelques années comme la dernière élection d'un chef de l'Etat au Mozambique avant que le pays n'entre dans une nouvelle dimension économique. Les élections générales se sont passées selon les canons habituels. Le recensement et le redécoupage électoral avaient au préalable été menés pour favoriser le Frelimo, le parti au pouvoir. Les opposants ont vu leur campagne entravée. Des intimidations et des violences allant jusqu'à l'assassinat d'un observateur indépendant par des policiers ont précédé un jour de vote où ont été constatés quelques bourrages d'urnes et diverses irrégularités.

Le Frelimo s'est ainsi taillé une victoire sans partage, au risque de remettre en cause le dernier accord de paix signé en août avec la Renamo, l'ex-rébellion devenue principal parti d'opposition. La philosophie de ce plan était d'asseoir la paix en permettant un meilleur partage du pouvoir, notamment au niveau local, entre les deux mouvements qui depuis l'indépendance en 1975 polarisent la vie politique mozambicaine. Le Frelimo, qui contrôle l'ensemble des instances électorales, a donc choisi de ne laisser que quelques miettes à son rival.

Les raisons de cet hégémonisme sont à chercher du côté du calendrier économique. Après avoir été mis en difficulté lors des municipales de 2018, le parti-Etat, aux commandes depuis quarante-quatre ans, a démontré lors de ces dernières élections qu'il n'entendait pas partager la gestion de la manne de milliards d'euros qui promet d'alimenter les caisses publiques et sûrement aussi les comptes de certains dirigeants dans les prochaines années.

Le Mozambique est, en effet, en passe de devenir un géant de la production de gaz naturel liquéfié (GNL). Depuis 2010, des réserves de plus de 4 500 milliards de mètres cubes de gaz ont été découvertes dans le nord du pays. Potentiellement, le Mozambique a les capacités pour devenir le quatrième exportateur mondial de gaz. Le plus important projet industriel lancé sur le continent africain est en cours de construction près de l'ancien village de pêcheurs de Palma, à quelques kilomètres de la frontière avec la Tanzanie. Le premier projet, Mozambique LNG, désormais piloté par Total, devrait générer 25 milliards de dollars d'investissements (près de 23 milliards d'euros). Le second, Rovuma LNG, dont ExxonMobil est le maître d'œuvre, 30 milliards de dollars. Le gaz extrait et liquéfié sur place devrait permettre d'approvisionner en premier lieu le marché asiatique où, concernant le projet Mozambique LNG, une bonne partie de la production a déjà été prévendue pour l'année 2024.

NOUVELLE MENACE

Reste que ces perspectives de développement subissent l'arrivée d'une nouvelle menace. Les sites d'exploitation gazière se situent dans la province de Cabo Delgado, où est apparu en octobre 2017 un groupe djihadiste encore largement mystérieux. Les attaques se sont multipliées, ont gagné en ampleur et en violence. Selon une note de l'UE rédigée début octobre 2019, en deux ans « *plus de 200 attaques ont causé la mort d'au moins 500 personnes et le déplacement de dizaines de milliers d'autres* ». Le 21 février 2019, un employé d'une entreprise travaillant en sous-traitance d'un géant gazier a été tué dans une embuscade. Les activités ont alors été gelées pendant plus de deux mois. En juin 2019, pour la première fois, l'organisation Etat islamique a revendiqué une action au Mozambique.

La sécurité est devenue un enjeu crucial pour les opérateurs économiques présents dans cette zone comme pour l'Etat qui a tout intérêt à les protéger. Pour tous les Mozambicains qui espèrent en tirer bénéfice, la question se situe tout autant sur la manière dont sera gérée la manne gazière. Les agissements récents de la classe dirigeante invitent, en effet, à la prudence. Depuis 2016 et la révélation de l'affaire des dettes cachées – scandale d'Etat où, sous couvert d'un programme de construction navale, de hauts responsables ont, à partir de 2011, emprunté, avec des complicités bancaires, plus de 2 milliards de dollars dans le but de se verser des centaines de millions d'euros de rétrocommissions –, l'économie a été violemment ébranlée. Le pays a fait défaut de sa dette, le FMI qui avait été tenu à l'écart a suspendu ses aides, la justice américaine s'est saisie de l'affaire. Si l'ex-ministre des finances a été placé en détention provisoire dans le cadre de l'enquête, Filipe Nyusi, ministre de la défense à l'époque de la commande de six patrouilleurs en France, a jusqu'ici été tenu à l'écart des procédures en cours. ■

CYRIL BENSIMON

NAMIBIE

CHEF DE L'ÉTAT Hage Geingob
PREMIÈRE MINISTRE Saara Kuugongelwa-Amadhila
SUPERFICIE 824 000 km²
POPULATION (HAB.) 2,5 millions
PIB (MD $) 14,4
CROISSANCE – 0,2 %
CHÔMAGE 23,2 %
MONNAIE dollar namibien (0,06 €)
ÉMISSIONS DE CO₂ (T/HAB.) 1,7 (136ᵉ)

Une nouvelle sécheresse s'est abattue sur la Namibie en 2019. Pour la seconde fois en trois ans, le gouvernement a dû déclarer l'état de catastrophe naturelle et faire appel à l'aide internationale. Le président Hage Geingob, réélu en novembre, a annoncé un fonds de 40 millions de dollars (plus de 36 millions d'euros) pour soutenir les 500 000 personnes menacées par la famine. Les récoltes sont 53 % inférieures à celles de l'an dernier et 60 000 animaux sont morts de soif. Pour générer plus de revenus destinés à la préservation de son environnement, la Namibie a vendu plus de 1 000 animaux (buffles, éléphants, girafes) pour plus de 1 million de dollars. Le PIB est en légère baisse (–0,2 %) après ▶▶▶

Afrique australe

▶▶▶ l'effondrement des secteurs agricole et de la construction, mais ne sombre tout de même pas grâce à la vigueur du secteur minier (14 % du PIB) qui a connu une augmentation de 28 % en 2018. L'année 2019 rime aussi avec restitution. L'Allemagne a restitué une croix en pierre datant du XVᵉ siècle à son ancienne colonie. L'objet était jusqu'au mois de mai exposé au Musée historique allemand de Berlin. ∎

NOÉ HOCHET-BODIN

ZAMBIE

CHEF DE L'ÉTAT Edgar Lungu
SUPERFICIE 753 000 km²
POPULATION (HAB.) 17,9 millions
PIB (MD $) 23,9
CROISSANCE 2 %
CHÔMAGE 7,2 %
MONNAIE kwacha zambien (0,06 €)
ÉMISSIONS DE CO₂ (T/HAB.) 0,3 (188ᵉ)

La campagne « carton jaune » contre la corruption, lancée en juillet 2019 par la société civile, est l'illustration des tensions en Zambie. Le pays s'oppose à un projet de réforme constitutionnelle donnant davantage de pouvoirs au président Edgar Lungu, 63 ans. Le chef de l'Etat, élu en 2015, est accusé d'autoritarisme et d'avoir organisé un système de prédation des ressources. Deuxième exportateur africain de cuivre, après la République démocratique du Congo, la production du pays est en baisse constante depuis deux ans (moins de 1 million de tonnes en 2018).

Cependant, les quelques recettes qui en découlent ne profitent pas au plus grand nombre : plus de 60 % des 17,9 millions de Zambiens vivent sous le seuil de pauvreté, selon la Banque mondiale. La crise survenue en mai dans l'industrie minière, laquelle refuse l'introduction d'un nouveau régime fiscal, n'arrange rien. Tout comme le déficit d'électricité, en partie dû à la sécheresse, étouffe la production agricole qui représente 20 % du PIB. ∎

RAOUL MBOG

ZIMBABWE

CHEF DE L'ÉTAT Emmerson Mnangagwa
SUPERFICIE 391 000 km²
POPULATION (HAB.) 16 millions
PIB (MD $) 12,8
CROISSANCE – 7,1 %
CHÔMAGE 4,9 %
MONNAIE dollar zimbabwéen
(depuis le 24/06/2019) (0,003 €)
ÉMISSIONS DE CO₂ (T/HAB.) 0,8 (163ᵉ)

Des espoirs de voir enfin le Zimbabwe réaliser tout son potentiel de prospérité, nés après la chute de l'ex-autocrate, Robert Mugabe, en novembre 2017, il ne reste rien, deux ans plus tard. Le pays, dirigé par Emmerson Mnangagwa depuis le coup d'Etat en douceur de l'armée, est désormais un navire en perdition, et la perspective d'un naufrage s'est renforcée en 2019. L'électricité est rationnée, l'essence manque, comme les médicaments ; les pénuries de produits de base se multiplient et les devises font défaut.

Pour se livrer à des achats, il faut désormais posséder des dollars américains ou des rands sud-africains – deux devises qui ont remplacé le dollar zimbabwéen dix ans plus tôt, bannies par le gouvernement en avril, afin de favoriser le retour de sa propre monnaie. Il faut aussi avoir recours à un « runner », un intermédiaire qui multiplie les allers et retours avec l'Afrique du Sud voisine, où il acquiert des biens de consommation avant de les ramener au Zimbabwe, passant la frontière grâce à des pots-de-vin, avant de livrer la marchandise. Tous ceux qui ne peuvent s'offrir ces services – la majorité de la population – sont donc condamnés à des difficultés d'approvisionnement qui s'étendent de jour en jour.

Dans ces circonstances, la sécheresse qui touche toute l'Afrique australe risque d'avoir des effets dévastateurs. Hilal Elver, la rapporteuse spéciale des Nations unies pour le droit à l'alimentation, a estimé en novembre que se profilait dans ce pays de 16 millions d'habitants, une « famine provoquée par l'homme » qui pourrait toucher 60 % de la population, surtout dans les zones urbaines où la vie quotidienne est affectée par le retour de l'hyperinflation, malgré les dénégations du pouvoir, qui a cessé de publier des données économiques sur cette question.

En février, le lancement d'une prétendue monnaie, le RTGS (« Real-time gross settlement »), en réalité un bricolage fabriqué à partie d'une monnaie électronique virtuelle conçue par l'Etat pour ses paiements, et adossée à des sortes de bons du Trésor, a vu sa valeur décroître rapidement.

En novembre, les autorités sont allées plus loin. Eddie Cross, un responsable de la Banque centrale, a admis : *« Nous avons une masse insuffisante de cash dans le pays pour répondre aux besoins de la population en matière de transactions. »* Une raison avancée pour injecter de nouveaux dollars zimbabwéens en papier, dix ans après leur disparition pour cause d'hyperinflation. L'impression de papier-monnaie hors contrôle se profile de nouveau au Zimbabwe, dernier élément d'une combinaison dangereuse. On redoute à présent l'apparition d'émeutes de la faim dans l'ancien grenier de l'Afrique australe.

BAISSE DES COURS DU TABAC

La sécheresse affecte aussi la production d'électricité, au point d'entraîner des délestages allant jusqu'à dix-huit heures par jour, annihilant les espoirs des dernières entreprises locales. La production record de tabac (257 000 tonnes), secteur source des plus importantes recettes à l'export du pays, aurait pu apporter la seule bonne nouvelle de l'année. Mais la baisse des cours et de la qualité, en raison de la sécheresse, ajoutée à la décision des autorités de payer les producteurs pour moitié en dollars zimbabwéens, a porté un coup fatal à cette activité. Les paysans ne rentrent plus dans leurs frais et envisagent de cesser leur production.

Dans ce contexte, le pouvoir anticipe sur d'éventuelles contestations en imposant une violence exacerbée de la répression, preuve aussi que les généraux de l'armée zimbabwéenne sont aux commandes, derrière la figure du président Mnangagwa qui avait joui, pendant une période de grâce, d'un engouement international lorsqu'il promettait de recréer, au Zimbabwe, les conditions d'un décollage économique. ∎

JEAN-PHILIPPE RÉMY

Afrique de l'Est

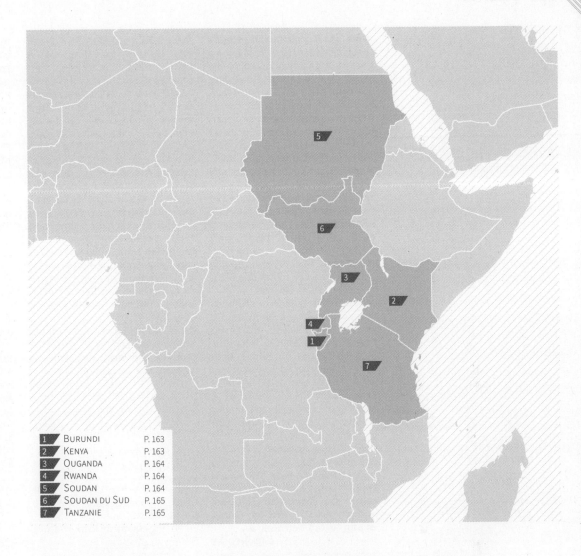

BURUNDI

CHEF DE L'ÉTAT Pierre Nkurunziza
SUPERFICIE 28 000 km²
POPULATION (HAB.) 11,5 millions
PIB (MD $) 3,6
CROISSANCE 0,4 %
CHÔMAGE 1,5 %
MONNAIE franc burundais (0,0005 €)
ÉMISSIONS DE CO$_2$ (T/HAB.) 0 (211e)

Pierre Nkurunziza tiendra-t-il sa promesse ? Lui, qui a annoncé renoncer à se porter candidat à la présidentielle de mai 2020, accentue les tensions. Fin octobre, l'émissaire de l'ONU pour le Burundi a relevé une « *montée de l'intolérance politique et des atteintes aux libertés civiques* ». Les Imbonerakure, milice aux ordres du parti au pouvoir, ont repris leurs exactions en vue de « *contrôler la population et forcer son allégeance* ». Disparitions, viols, tortures et violences sur des opposants ont été documentés.

Plane le risque d'une crise similaire à 2015, lorsque Nkurunziza s'était représenté pour un troisième mandat inconstitutionnel. La répression dans le sang des manifestations avait forcé 400 000 Burundais à l'exil. Nombre d'entre eux, réfugiés en Tanzanie, subissent aujourd'hui un rapatriement forcé, dénoncé par le HCR.

Le bilan économique est désastreux après deux ans de récession et la suspension par l'UE de toute aide. Malgré une faible reprise de la croissance (0,4 % en 2019), les ressources budgétaires manquent pour financer les investissements publics, au moment où s'opère le transfert de la capitale du pays, de Bujumbura à Gitega. La Banque mondiale estime que 1,77 million de personnes nécessitent une aide humanitaire. ∎

MATTEO MAILLARD

KENYA

CHEF DE L'ÉTAT Uhuru Kenyatta
SUPERFICIE 580 000 km²
POPULATION (HAB.) 52,6 millions
PIB (MD $) 98,6
CROISSANCE 5,6 %
CHÔMAGE 9,3 %
MONNAIE shilling kényan (0,009 €)
ÉMISSIONS DE CO$_2$ (T/HAB.) 0,4 (182e)

Le 15 janvier 2019, le DusitD2, un hôtel du centre de Nairobi, a été attaqué par des terroristes, faisant 21 victimes. Cinq ans après le centre commercial Westgate, cet attentat, a rappelé à la capitale kényane ▶▶▶

Afrique de l'Est

▶▶▶ qu'elle n'était toujours pas à l'abri. Mais il a aussi montré que les forces armées étaient mieux préparées (le siège du Westgate avait duré plusieurs jours et fait 67 morts). Autre enseignement, le cerveau de l'attaque, Ali Salim Gichunge, venait d'une famille de soldats kényans au patronyme kikuyu, la première communauté du pays. Une information qui tranche avec le discours ambiant, prompt à faire porter aux Somalis la responsabilité de la menace terroriste. Le Kenya a pourtant décider, en février, de fermer le camp de réfugiés de Dadaab (hébergeant à 94 % des Somaliens) dans un délai de six mois. Mais rien ou presque n'a bougé dans ce camp accueillant plus de 211 000 personnes.

Outre la lutte contre la corruption, qui a fait tomber le ministre des finances Henry Rotich, et l'apparition de nouveaux billets de banque, le Kenya marque son retour sur la scène internationale. Se présentant comme un champion de stabilité et de croissance (5,6 % en 2019), il mène une campagne active pour obtenir un siège de membre non permanent au Conseil de sécurité de l'ONU. Nairobi convoite le fauteuil que quittera, fin 2020, l'Afrique du Sud. En août, l'Union africaine a apporté son soutien au Kenya contre son concurrent, Djibouti, qui conteste cette décision. Verdict en juin 2020, à New York. ∎

MARION DOUET

Museveni, 75 ans, président depuis 1986, devrait, sauf imprévu, se représenter. La Constitution a été changée à cette fin en 2017 (avec la suppression de la limite d'âge des candidats à... 75 ans), une décision validée par la Cour constitutionnelle début 2019. En face, le chanteur devenu député de l'opposition Bobi Wine, de son vrai nom Robert Kyagulanyi Ssentamu, 37 ans, s'est déclaré candidat. Il doit cependant répondre des charges de trahison qui pourraient l'empêcher de concourir en cas de condamnation. Tandis que les autorités tentent de mettre des bâtons dans les roues de son mouvement, le People Power (en interdisant par exemple le port du béret rouge, son signe de ralliement), le rapprochement entre le « président du ghetto », comme il se définit lui-même, et l'opposant historique Kizza Besigye n'a pour l'instant pas clairement débouché sur une candidature commune. ∎

M. DO.

RWANDA

CHEF DE L'ÉTAT Paul Kagame
PREMIER MINISTRE Edouard Ngirente
SUPERFICIE 26 000 km²
POPULATION (HAB.) 12,6 millions
PIB (MD $) 10,2
CROISSANCE 7,8 %
CHÔMAGE 1 %
MONNAIE franc rwandais (0,001 €)
ÉMISSIONS DE CO₂ (T/HAB.) 0,1 (207ᵉ)

OUGANDA

CHEF DE L'ÉTAT Yoweri Museveni
PREMIER MINISTRE Ruhakana Rugunda
SUPERFICIE 241 000 km²
POPULATION (HAB.) 44,3 millions
PIB (MD $) 30,7
CROISSANCE 6,2 %
CHÔMAGE 1,8 %
MONNAIE shilling ougandais (0,0002 €)
ÉMISSIONS DE CO₂ (T/HAB.) 0,1 (205ᵉ)

Encore un an avant l'élection présidentielle de 2021, mais, déjà, l'Ouganda vit au rythme de cette prochaine échéance. Yoweri

Si les relations entre la France et le Rwanda s'améliorent depuis l'élection d'Emmanuel Macron, l'absence du président français à la cérémonie du 25ᵉ anniversaire du génocide des Tutsi montre qu'elles ne sont pas encore normalisées. En avril 2019, à Kigali, c'est Hervé Berville, député des Côtes-d'Armor, d'origine rwandaise, qui a représenté la France, accusée d'avoir soutenu le régime extrémiste hutu en 1994. Pour faire la lumière sur ce drame qui a fait 800 000 morts, et analyser les archives françaises de l'époque, M. Macron a créé une commission d'historiens et de chercheurs, qui ne compte aucun spécialiste de ce sujet complexe.

Le Rwanda s'est rapproché de la République démocratique du Congo du président Félix Tshisekedi, même si Paul Kagame avait mis en doute son élection. En septembre, l'armée congolaise a tué dans le Nord-Kivu Sylvestre Mudacumura, chef suprême du Front démocratique de libération du Rwanda (FDLR), recherché par la justice internationale. Des membres de cette milice hutu ont répliqué par une attaque meurtrière dans le nord du Rwanda, faisant une vingtaine de morts. Avec l'Ouganda, les relations se sont apaisées en octobre, les deux pays s'engageant à « respecter leur souveraineté réciproque » après s'être mutuellement accusés d'espionnage, d'assassinat politique et d'ingérence.

Le miracle économique, symbolisé cette année par la fabrication à Kigali du premier smartphone 100 % africain, ne peut occulter un « climat politique alarmant », selon Amnesty International. Le parti de l'opposante Victoire Ingabire a ainsi perdu plusieurs de ses membres à la suite des disparitions et des décès inexpliqués, dont celui d'un haut responsable au mois d'octobre. ∎

PIERRE LEPIDI

SOUDAN

CHEF DU CONSEIL SOUVERAIN Abdel Fattah Al-Burhane (12/04/2019)
PREMIER MINISTRE Abdallah Hamdok (21/08/2019)
SUPERFICIE 1 861 000 km²
POPULATION (HAB.) 42,8 millions
PIB (MD $) 30,9
CROISSANCE – 2,6 %
CHÔMAGE 13 %
MONNAIE livre soudanaise (0,02 €)
ÉMISSIONS DE CO₂ (T/HAB.) 0,5 (178ᵉ)

Le général de brigade Omar Al-Bachir n'a pas fêté, en 2019, comme il l'espérait, le trentième anniversaire de son arrivée au pouvoir au Soudan. A quelques jours de la date du coup d'Etat du 30 juin 1989

– dirigé en sous-main par la branche des Frères musulmans soudanais –, l'homme qui a dirigé le pays d'une main de fer pendant trois décennies presque jour pour jour a été renversé, le 11 juin, par un groupe de militaires, alors que des manifestations entamées six mois plus tôt avaient totalement paralysé le pays. Il est désormais en détention et, selon le nouveau premier ministre Abdallah Hamdok, devrait être jugé au Soudan, mais ne pas être livré à la Cour pénale internationale, qui a émis des mandats contre lui sur la base des massacres au Darfour.

TRIPLEMENT DU PRIX DU PAIN

Le régime islamo-militaire s'est vu privé de sa tête, Omar Al-Bachir, au terme d'un mouvement de contestation qui avait démarré, techniquement, le 18 décembre 2018, par une réaction face au triplement du prix du pain. Ce n'était que le facteur déclenchant d'une crise à origines multiples : irritation générale face à la corruption ; lassitude face à un régime rigoriste ; réalignement géopolitique entre la Corne de l'Afrique et les pays du Golfe. Même si le reste du système Bachir, enraciné au cours des trois décennies précédentes, est loin d'être éliminé du jeu, ce qui a été accompli est déjà important. Plusieurs calendriers sont à l'œuvre pour permettre ce changement à multiples facteurs. D'abord, celui de la sécession de ce qui était le Sud du Soudan, plongé dans une guerre civile avec le Nord depuis 1983. Un processus de paix soutenu par les Etats-Unis, au début des années 2000, avait amené Khartoum à négocier avec la rébellion et à envisager la sécession du Sud dans l'espoir, notamment, de mettre fin aux sanctions américaines. En 2011, un nouvel Etat, le Soudan du Sud, était né, privant le Soudan d'un tiers de sa surface et des deux tiers de ses ressources pétrolières, au moment où le prix du baril s'effondrait.

Après une décennie de boom pétrolier artificiel, le Soudan se trouvait donc confronté à des difficultés mettant en évidence ses propres faiblesses structurelles : environ 70 % du budget consacré aux dépenses militaires ; le plus gros de l'économie capturé par le réseau clientéliste du pouvoir ; une dette de 60 milliards de dollars (54 milliards d'euros) ; un alignement fluctuant sur des parrains régionaux érodant la confiance à l'égard du pouvoir.

Cette situation a été bousculée par un dernier facteur : au sein de l'élite soudanaise s'est constitué un réseau de cadres préparant la chute du régime. Au sein de l'Association des professionnels soudanais, une forme de syndicat bis (les véritables syndicats ayant été noyautés par le pouvoir islamiste), des responsables dont certains sont encore dans l'ombre ont défini le cadre du mouvement de contestation et préparé l'après-Bachir en analysant les échecs des mouvements dits des « printemps arabes » de 2011.

Il s'agissait de mobiliser la population en partant de la classe moyenne, quitte à ce que les masses des plus pauvres se joignent au mouvement dans un second temps, et d'éviter le basculement dans la violence. Rien de tout cela n'aurait abouti sans un pacte secret passé entre les dirigeants du mouvement de contestation et le général Mohammed Hamdan Daglo Hemetti, ex-acteur de la répression au Darfour ayant développé sa propre armée personnelle, permettant aux civils d'user de ses forces comme d'un contrepoids à celui d'autres factions de l'armée ou des services de renseignement. Une fois Omar Al-Bachir renversé, le plan des cerveaux de la contestation, réunis dans la vaste coalition des Forces pour la liberté et le changement (FFC), était d'instaurer une longue transition, dirigée par un gouvernement de technocrates, avec pour mission de redresser l'économie et de rétablir des règles de fonctionnement politique pluraliste.

LOURDE TÂCHE

Abdallah Hamdok, placé à la tête du gouvernement pour diriger cette période de transition de trois ans et demi, a donc une lourde tâche. Pour commencer, il lui faut obtenir un plan de financement solide de l'économie soudanaise par les bailleurs de fonds. Il faut à la fois des plans d'urgence (notamment humanitaires) et une levée des sanctions américaines afin de pouvoir rééchelonner la dette soudanaise. Parallèlement, il lui faut s'attaquer aux secteurs de l'économie contrôlés par les représentants du mouvement islamiste, lesquels se réorganisent en vue de mener une contre-révolution avec leurs alliés au sein de l'armée et des ex-services de renseignement. Pour leur faire face, le gouvernement de transition doit continuer de compter sur les forces du général Hamdan Daglo Hemetti, qui nourrit des ambitions personnelles qui vont, à un moment, entrer en contradiction avec les objectifs de la révolution. Le Soudan reste fragile, mais central à plusieurs égards. Du succès de la transition dépend non seulement son avenir, mais aussi la constitution d'un pôle de prospérité et de stabilité régional. ∎

JEAN-PHILIPPE RÉMY

SOUDAN DU SUD

CHEF DE L'ÉTAT Salva Kiir
SUPERFICIE 644 000 km²
POPULATION (HAB.) 11,1 millions
PIB (MD $) 3,7
CROISSANCE 7,9 %
CHÔMAGE 12,7 %
MONNAIE livre sud-soudanaise (0,007 €)
ÉMISSIONS DE CO_2 (T/HAB.) 0,2 (201e)

Après cinq années de guerre civile qui ont fait plus de 380 000 morts et forcé 4 millions d'habitants à fuir depuis 2013, la violence armée s'est largement tue en 2019. Le cessez-le-feu entre les principaux opposants – le gouvernement dirigé par le président Salva Kiir et son ancien vice-président Riek Machar, chef du plus large groupe d'opposition – a tenu bon, et seuls des combats impliquant les non-signataires de l'accord de paix de septembre 2018 ont eu lieu.

Malgré cette accalmie, le processus de paix n'a pas avancé comme prévu, rendant incertaine une sortie de la crise politique et humanitaire. La formation d'un gouvernement d'union nationale, avec retour de Riek Machar au poste de vice-président, a été repoussée une première fois de mai à novembre, puis à février 2020, faute de progrès insuffisants dans la mise en œuvre d'aspects-clés de l'accord, tels que la formation d'une armée unifiée. Le gouvernement n'a pas débloqué l'ensemble des fonds prévus à cet effet.

Les revenus pétroliers ont pourtant été en hausse, avec la relance de la production dans des sites inexploités depuis le début de la guerre, dans la région d'Unité, grâce à l'arrêt des combats. En 2019, la production est passée de 135 000 à 178 000 barils par jour selon le gouvernement. Cette reprise a cependant été ralentie par les grèves et les changements politiques au Soudan, où le pétrole sud-soudanais est exporté. La remise en route des installations est par ailleurs risquée ; une fuite de 2 000 barils a touché trois comtés près de la ville de Bentiu, fin septembre.

La crise humanitaire a perduré. En milieu d'année, 54 % de la population étaient en situation d'insécurité alimentaire grave selon l'ONU. Une amélioration était escomptée grâce à des récoltes de fin d'année prévues à la hausse, au cessez-le-feu et à la possibilité pour les paysans de revenir cultiver leurs terres. Mais les pluies torrentielles et les inondations d'octobre ont remis en question ce scénario. Les récoltes ont été partiellement détruites, et 908 000 personnes plongées dans le dénuement le plus complet, selon l'ONU. ∎

FLORENCE MIETTAUX

TANZANIE

CHEF DE L'ÉTAT John Magufuli
PREMIER MINISTRE Majaliwa K. Majaliwa
SUPERFICIE 945 000 km²
POPULATION (HAB.) 58 millions
PIB (MD $) 62,2
CROISSANCE 5,2 %
CHÔMAGE 1,9 %
MONNAIE shilling tanzanien (0,0004 €)
ÉMISSIONS DE CO_2 (T/HAB.) 0,2 (196e)

Comme en 2018, l'année 2019 a été marquée par les attaques du pouvoir contre les libertés individuelles. En août, le journaliste d'investigation Erick Kabendera a été arrêté pour crime organisé, fraude à l'impôt et blanchiment d'argent. Son procès, maintes fois reporté, est dénoncé par les organisations de défense des droits de l'homme. En décembre, le gouvernement a décidé de retirer aux particuliers et aux ONG la possibilité de porter plainte contre lui devant la Cour africaine des droits de l'homme, qui, ironiquement, est basée à Arusha.

Le parti du président Magufuli a remporté plus de 99 % des sièges lors d'élections locales fin novembre, un scrutin boycotté par l'opposition dont les candidats s'estimaient victimes d'intimidations. Populaire, notamment pour sa lutte contre la corruption et pour le développement des infrastructures, qui portent la croissance (5,2 % en 2019), John Magufuli, élu en 2015, devrait se représenter en 2020. ∎

M. DO.

Afrique Corne de l'Afrique

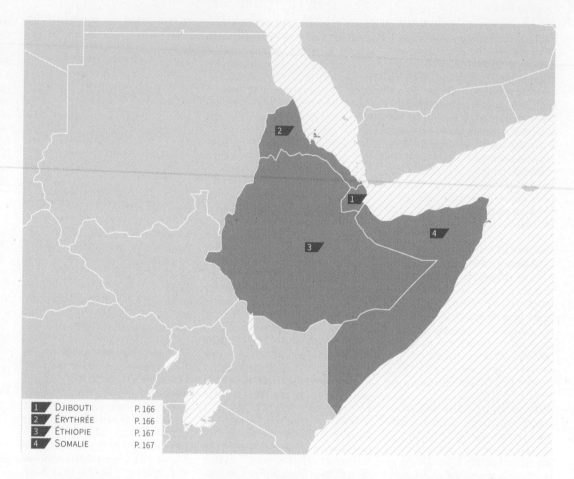

DJIBOUTI

CHEF DE L'ÉTAT Ismaël Omar Guelleh

PREMIER MINISTRE
Abdoulkader Kamil Mohamed

SUPERFICIE 23 000 km²

POPULATION (HAB.) 1 million

PIB (MD $) 3,2

CROISSANCE 6 %

CHÔMAGE 11 %

MONNAIE franc de Djibouti (0,005 €)

ÉMISSIONS DE CO_2 (T/HAB.) 0,7 (165e)

Des échauffourées entre manifestants et forces de l'ordre ont marqué la fin d'année 2019 à Djibouti, après le placement en détention de la figure d'opposition Kako Houmed. Deux militants du principal parti d'opposition ont aussi été arrêtés fin octobre. Une preuve supplémentaire de l'absence de libertés politiques dans ce pays de 1 million habitants, dirigé depuis vingt ans par Ismaël Omar Guelleh, 72 ans. Mais les puissances étrangères ferment les yeux, compte tenu du positionnement stratégique de Djibouti, idéalement situé entre la Corne de l'Afrique, la péninsule arabique, la mer Rouge et l'océan Indien.

Présente militairement depuis 2017, aux côtés des Etats-Unis, de la France et du Japon, la Chine, qui investit tous azimuts dans le pays, est consciente que cette zone est vitale pour le transit des matières premières dans le cadre de son initiative des «nouvelles routes de la soie». Elle détient désormais 70 % de la dette extérieure de Djibouti, qui a récemment écarté des partenaires de longue date au profit de la Chine. Le groupe émirati Dubaï Port World a été chassé du terminal à conteneurs de Doraleh, en 2018. Mais, cette année, l'Etat djiboutien a été débouté (pour la seconde fois) et contraint de verser 385 millions de dollars (près de 350 millions d'euros) d'indemnisation à son ancien partenaire. Il a essuyé un autre revers lorsque l'Union africaine a annoncé soutenir la candidature du Kenya en tant que membre non permanent du Conseil de sécurité de l'ONU, mais entend bien défendre sa candidature avant l'élection de juin, à New York. ●

EMELINE WUILBERCQ

ÉRYTHRÉE

CHEF DE L'ÉTAT Isaias Afwerki

SUPERFICIE 118 000 km²

POPULATION (HAB.) 3,5 millions

PIB (MD $) 2,1

CROISSANCE 3,1 %

CHÔMAGE 6,6 %

MONNAIE nakfa (0,06 €)

ÉMISSIONS DE CO_2 (T/HAB.) 0,2 (197e)

Attribué au premier ministre éthiopien Abiy Ahmed, le prix Nobel de la paix aurait pu être partagé avec le président érythréen, mais le comité norvégien en a décidé autrement. Il a toutefois salué le fait qu'Isaias Afwerki, qui dirige le pays d'une main de fer depuis son indépendance, en 1993, ait accepté la main tendue d'Abiy Ahmed. Mais les doutes subsistent aujourd'hui sur l'accord de paix signé entre l'Erythrée et l'Ethiopie en 2018, alors que la frontière n'a toujours pas été clairement démarquée. La fermeture rapide des postes-frontières, trois mois à peine après leur ouverture en grande pompe, a douché les espoirs des deux peuples. Cela n'empêche pas les Erythréens de fuir leur pays pour échapper aux violations des droits humains et à la conscription militaire à durée indéterminée qui ne leur offre aucune perspective d'avenir. Quelque 300 Erythréens traverseraient la frontière avec l'Ethiopie chaque jour, las de l'absence de changement dans ce pays considéré comme l'un des plus répressifs au monde. ■

E. W.

ÉTHIOPIE

CHEF DE L'ÉTAT Mme Sahle-Work Zwede
PREMIER MINISTRE Abiy Ahmed
SUPERFICIE 1 104 000 km²
POPULATION (HAB.) 112,1 millions
PIB (MD $) 91,2
CROISSANCE 7,4 %
CHÔMAGE 1,8 %
MONNAIE birr (0,03 €)
ÉMISSIONS DE CO₂ (T/HAB.) 0,1 (204ᵉ)

Cette année 2020 risque d'être une année test pour le premier ministre éthiopien, Abiy Ahmed, récompensé du prix Nobel de la paix en octobre 2019. Encensé par le comité pour avoir mis un terme à la brouille historique entre l'Ethiopie et l'Erythrée, deux ex-frères ennemis, et engagé son pays sur la voie des réformes, il est sévèrement critiqué par de nombreux compatriotes pour son incapacité à maintenir l'ordre et à maîtriser le cycle de violences meurtrières dans la deuxième nation la plus peuplée d'Afrique, où la situation semble très volatile.

Des assassinats politiques, en juin 2019, ont visé le président de l'Etat régional Amhara et le chef d'état-major. Des affrontements interethniques et religieux ont endeuillé le pays, fin octobre. L'insécurité grandissante laisse planer le

doute sur la tenue des élections générales en mai 2020, lors desquelles seront élus les membres de la chambre basse du Parlement – qui désigneront un premier ministre – et les conseillers régionaux.

Certains membres de l'opposition souhaitent leur report, mais le chef du gouvernement veut tenir le calendrier. Il s'est d'ailleurs félicité du bon déroulement du vote lors du référendum sur l'autodétermination du peuple Sidama, qui doit déboucher sur la création du dixième Etat fédéré éthiopien. Abiy Ahmed a promis que les prochaines élections seraient « *libres, justes et démocratiques* », une première en Ethiopie où les précédents scrutins ont été entachés d'irrégularités. Pour l'instant, la coalition au pouvoir depuis 1991, dont Abiy Ahmed est le président, détient la totalité des sièges à la chambre basse du Parlement.

Celle-ci est toutefois en pleine reconfiguration. Trois des quatre partis de la coalition, établis sur une base ethnique, ont décidé, en novembre, de fusionner pour former le Parti de la prospérité. Mais cette décision ne fait pas l'unanimité. Le Front de libération du peuple du Tigré (TPLF), qui dominait la vie politique éthiopienne jusqu'à l'arrivée au pouvoir d'Abiy Ahmed, en avril 2018, a décidé de boycotter la réunion du Conseil de l'EPRDF. L'activiste populaire Jawar Mohammed, issu comme le premier ministre de l'ethnie oromo, la plus importante du pays, a fait publiquement savoir qu'il était contre cette idée.

REPLI IDENTITAIRE

Ce différend peut s'expliquer par des perceptions divergentes du modèle de fédéralisme ethnolinguistique qui structure l'Ethiopie depuis un quart de siècle. Si certains partis prônent l'éthiopianité et souhaitent se débarrasser des lignes ethniques, les partis ethnonationalistes gagnent du terrain, sur fond de repli identitaire. Les élections risquent de tester ce modèle, tandis qu'Abiy Ahmed prône plutôt le « *medemer* », un mot en amharique qui signifie « *s'additionner* », et qui fait référence à l'unité et à la synergie. Il a lancé en grande pompe un livre éponyme, mi-octobre. Certains manifestants en colère ont été vus en train d'en brûler des exemplaires fin octobre.

Les revendications de ces derniers sont multiples, mais l'une d'elles est urgente : la création d'emplois. Le gouvernement veut en créer 3 millions en un an, et 14 millions d'ici à 2025, afin d'absorber cette jeunesse au chômage qui est une bombe à retardement. L'un des secteurs prioritaires est l'industrie. L'Ethiopie

prévoit de compter 30 parcs industriels d'ici à 2025, construits par l'Etat ou par des investisseurs privés, qui, lorsqu'ils seront optimisés, devraient engendrer 270 000 emplois. Pour l'instant, les neuf parcs opérationnels ont permis d'en créer 50 000, et le secteur manufacturier représente seulement 6 % du PIB.

C'est pourtant l'un des secteurs censés permettre au pays de renflouer les caisses en devises, grâce aux exportations qu'il génère. L'Ethiopie compte aussi sur la privatisation partielle de certains fleurons de l'économie comme Ethio Telecom, monopole d'Etat aux 36 milliards de birrs (1 milliard d'euros) de chiffre d'affaires.

L'année 2020 devrait aussi sceller l'avenir du barrage de la Renaissance, qui doit devenir le plus grand ouvrage hydroélectrique d'Afrique, mais qui suscite des frictions avec l'Egypte. Celui-ci craint que ce barrage n'entraîne une réduction du débit en aval du fleuve, dont ses habitants sont largement dépendants. Lors d'une visite aux Etats-Unis, en novembre, les ministres de l'eau éthiopien, soudanais et égyptien se sont engagés à aboutir à un accord mi-janvier 2020. En cas d'échec, il reviendra aux chefs d'Etat de prendre le relais, ou à des acteurs externes de faire la médiation. ■

E. W.

SOMALIE

CHEF DE L'ÉTAT
Mohamed Abdullahi Mohamed
PREMIER MINISTRE Hassan Ali Khayre
SUPERFICIE 638 000 km²
POPULATION (HAB.) 15,4 millions
PIB (MD $) 5
CROISSANCE 2,9 %
CHÔMAGE 14 %
MONNAIE shilling somalien (0,002 €)
ÉMISSIONS DE CO₂ (T/HAB.) 0 (212ᵉ)

Le gouvernement somalien sera-t-il capable d'organiser les élections parlementaires qui doivent avoir lieu en 2020 ? Celles-ci doivent se dérouler au suffrage

universel direct dans ce pays de plus de 15 millions d'habitants. Pour le moment, des doutes persistent et les tensions sont fortes entre les Etats fédérés et le gouvernement central, accusé d'ingérence dans leurs affaires.

La déstabilisation potentielle du pouvoir, compte tenu de l'incertitude qui pèse sur ce scrutin, comporte un risque : une crise électorale pourrait profiter aux islamistes Chabab qui contrôlent une partie du territoire, et dont les attaques en 2019 ont été particulièrement meurtrières, notamment dans la capitale, Mogadiscio, d'où ils ont pourtant été chassés. Le 28 décembre, un attentat y a fait au moins 81 morts. Au-delà de la menace terroriste des Chabab, qui sont capables de fabriquer leurs propres explosifs, des combattants de l'organisation Etat islamique sont également présents en Somalie depuis 2015 et leur font désormais concurrence.

LOURD TRIBUT

Cela soulève des inquiétudes tandis que l'Amisom – les forces de l'Union africaine en Somalie présentes dans le pays depuis plus de dix ans – est censée se désengager progressivement au profit d'une armée somalienne sous-équipée. Mais les conséquences de son retrait définitif, qui doit avoir lieu fin 2021, sont encore méconnues dans un pays si fragile où les civils somaliens paient un lourd tribut, également touchés par une grave sécheresse.

Les attaques des Chabab s'inscrivent dans un contexte d'augmentation des frappes aériennes américaines. Lesquelles toucheraient toutefois des civils, comme l'a dénoncé Amnesty International à deux reprises en 2019.

En 2020, la Cour internationale de justice devrait également trancher le différend à l'origine cette année d'une crise diplomatique entre la Somalie et le Kenya. Les pays ont finalement normalisé leurs relations en novembre après plusieurs mois de tensions élevées au sujet d'un litige maritime frontalier. ■

E. W.

Afrique océan Indien

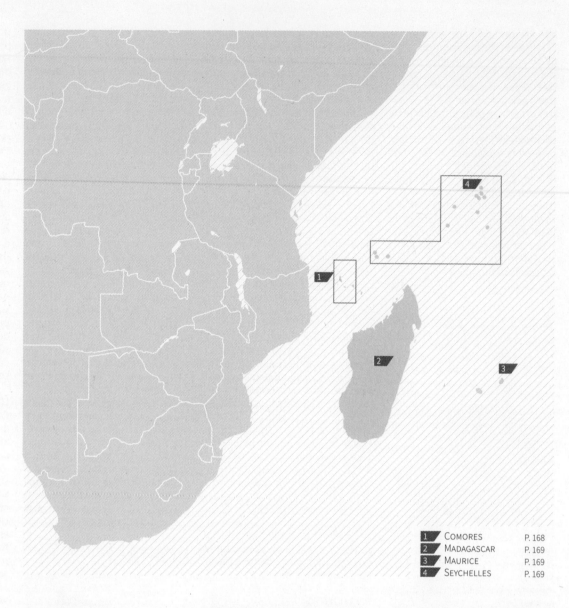

COMORES

CHEF DE L'ÉTAT Azali Assoumani

SUPERFICIE 2 200 km²

POPULATION (HAB.) 900 000

PIB (MD $) 1,2

CROISSANCE 1,3 %

CHÔMAGE 3,7 %

MONNAIE franc comorien (0,002 €)

ÉMISSIONS DE CO₂ (T/HAB.) 0,3 (193ᵉ)

Nourries par les vagues d'immigration clandestine comorienne à Mayotte, les crises fréquentes entre Moroni et Paris, vont-elles connaître une accalmie ? C'est l'objectif assumé de l'accord de coopération de 150 millions d'euros, conclu par l'archipel avec la France en juillet 2019. La somme, destinée à la santé, à l'éducation et à la formation professionnelle, ne suffira vraisemblablement pas à retenir chez eux les Comoriens qui fuient un contexte socio-économique et politique des plus tendus. La reconstruction des dégâts humains et matériels du cyclone Kenneth, d'avril 2019, est un casse-tête (5 morts, 40 000 déplacés et des dizaines de milliers d'habitations détruites). Le retour du paludisme, avec plus de 20 000 cas recensés cette année dans la seule Grande Comore, la principale île, n'augure rien d'heureux dans ce pays où trois habitants sur quatre ont moins de 33 ans. Même si l'archipel a rejoint, en 2019, le groupe des pays intermédiaires, il reste touché par un chômage massif des jeunes de 15 à 25 ans (40 %) et une extrême précarité : plus de la moitié de la population vit sous le seuil de pauvreté.

Les Comores ne manquent pourtant pas d'atouts et pourraient même s'imaginer un avenir de pays pétrolier, avec le démarrage de prospections pour tenter de déceler la présence d'hydrocarbures au large de l'archipel. Mais la réélection contestée d'Azali Assoumani, à l'issue du scrutin présidentiel de mars, ajoute à ce climat anxiogène. L'ancien putschiste est accusé de dérive autoritaire et de mauvaise gestion. ●

RAOUL MBOG

MADAGASCAR

CHEF DE L'ÉTAT Andry Rajoelina
(en fonctions le 07/01/2019)
PREMIER MINISTRE
Christian Ntsay
SUPERFICIE 587 000 km²
POPULATION (HAB.) 27 millions
PIB (MD $) 12,6
CROISSANCE 5,2 %
CHÔMAGE 1,7 %
MONNAIE ariary (0,0003 €)
ÉMISSIONS DE CO₂ (T/HAB.) 0,2 (202e)

La transition politique marquée par le retour à la tête de l'Etat d'Andry Rajoelina, fin 2018, s'est déroulée de manière pacifique. Ce dernier a conforté sa victoire en remportant une confortable majorité aux législatives, en mai 2019, disqualifiant une seconde fois son vieux rival, Marc Ravalomanana. Entouré d'une équipe ministérielle dominée par des techniciens, il s'est attaché, lors de cette première année de mandat, à incarner un président volontariste, présent sur tous les fronts.

Le plan Emergence Madagascar qui doit, selon ses promesses de campagne, sortir le pays de la misère d'ici à 2023 a été présenté à l'automne. Il prévoit d'investir massivement dans des programmes d'infrastructures, d'encourager l'industrialisation, le développement agricole et l'activité touristique. Les trois quarts de la population vivent toujours avec moins de 1,90 dollar par jour (1,72 euro). La question du financement de ce plan reste posée. Avec un niveau de prélèvements obligatoires limité à 12 % du PIB, soit un des plus bas d'Afrique subsaharienne, les moyens de l'Etat restent très restreints. La participation du secteur privé et des bailleurs étrangers sera donc cruciale pour sa mise en œuvre.

En 2018, le pays a enregistré une croissance du PIB de 5,1 %, la plus forte depuis dix ans. Cette tendance a légèrement fléchi en 2019. Dans sa note de conjoncture, publiée en octobre 2019, la Banque mondiale prévoyait une croissance de 4,7 %

cette année. Ce léger ralentissement s'explique par la contraction de la demande extérieure des principaux partenaires commerciaux de la Grande Ile (Etats-Unis et Chine) et par le faible niveau de décaissement de l'investissement public lié à l'installation de la nouvelle équipe gouvernementale. L'institution financière internationale souligne cependant que *« le potentiel de croissance de Madagascar continue d'être freiné par l'insuffisance d'infrastructures, le faible niveau de capital humain, le manque de concurrence dans des secteurs clés* [de l'économie] *et la mauvaise gouvernance »*.

LE CONTENTIEUX DES ÎLES ÉPARSES
Des réformes sont attendues dans tous ces domaines. M. Rajoelina a cependant pu rapidement constater qu'il lui serait difficile de mener à bien ses projets sans concertation avec la population. Face à l'opposition des communautés déplacées, il a provisoirement dû suspendre les travaux devant conduire à la création d'une ville nouvelle de 300 000 habitants pour désengorger la capitale, Antananarivo.

Par ailleurs, le président a rouvert le contentieux sur l'appartenance des îles Eparses gardées par la France après l'indépendance. Une commission mixte, composée d'experts et de diplomates, s'est réunie à Antananarivo, en novembre. Les discussions se solderont-elles par la restitution de ces territoires situés sur le canal du Mozambique, ou par un accord de cogestion comme le propose Paris ? Le 26 juin 2020, jour du soixantième anniversaire de l'indépendance, a été fixé comme date butoir des négociations. ∎

LAURENCE CARAMEL

MAURICE

CHEF DE L'ÉTAT Prithvirajsing Roopun
(en fonctions le 02/12/2019)
PREMIER MINISTRE Pravind Jugnauth
SUPERFICIE 2 000 km²
POPULATION (HAB.) 1,3 million
PIB (MD $) 14,4
CROISSANCE 3,7 %
CHÔMAGE 6,9 %
MONNAIE roupie mauricienne (0,024 €)
ÉMISSIONS DE CO₂ (T/HAB.) 3,8 (90e)

En novembre 2019, la victoire de Pravind Jugnauth aux législatives n'a pas mis fin, comme espéré, à l'hégémonie dynastique des familles hindoues Jugnauth et Ramgoolam, qui se succèdent au pouvoir depuis l'indépendance de l'île Maurice en 1968. Pour autant, le pays reste considéré comme l'une des démocraties les plus stables d'Afrique. Mais Pravind Jugnauth, 57 ans, reconduit pour un mandat de cinq ans après avoir succédé à son père en 2017 sans passer par les urnes, ne pourra pas se contenter de la légitimité populaire ainsi acquise. Malgré une croissance soutenue autour de 4 % ces dernières années, le tourisme est en train de se gripper, avec une baisse continuelle de fréquentation des visiteurs et des recettes en moins dans ce secteur essentiel de l'économie mauricienne, après les services financiers : près de 900 millions d'euros en 2019 contre 1 million d'euros en 2018. Une alerte difficilement compensée par les grands projets d'infrastructures concrétisés par l'inauguration d'une première ligne de tramway.

A cela s'ajoute le défi des 7 % de chômage qui frappent Maurice, et la mauvaise image dont souffre le pays. Les « Mauritius Leaks » ont mis au jour un vaste système d'optimisation fiscale dont le reste du continent serait le premier à pâtir : entre 50 et 100 milliards de dollars (entre 45 et 90 milliards d'euros) de perte par an. La révélation a provoqué un tollé international. Pourtant, en octobre, l'UE a retiré l'île Maurice de sa liste grise des paradis fiscaux. ∎

R. MB.

SEYCHELLES

CHEF DE L'ÉTAT Danny Faure
SUPERFICIE 500 km²
POPULATION (HAB.) 100 000
PIB (MD $) 1,6
CROISSANCE 3,5 %
CHÔMAGE n. c.
MONNAIE roupie seychelloise (0,06 €)
ÉMISSIONS DE CO₂ (T/HAB.) 6,7 (53e)

Après avoir favorisé l'achat de résidences par les étrangers pendant une quinzaine d'années, à travers une exemption massive de taxes, le gouvernement seychellois a décidé d'un impôt annuel sur les biens immobiliers des expatriés. La mesure s'applique dès janvier 2020 et concerne aussi bien les particuliers que les entreprises étrangères implantées dans l'archipel. Le taux d'imposition a été fixé à 0,25 % de la valeur de la propriété. Sachant que, pour la seule île artificielle Eden Island, la 116e du pays, les maisons simples sont estimées de 400 000 à 900 000 dollars (363 000 à 816 000 euros), et à près de 2 millions pour les villas de luxe, les Seychelles espèrent donc en tirer un petit pactole pour continuer à dynamiser l'économie, déjà en bonne santé grâce à une croissance relativement stable (3,5 % en 2019 et 3,3 % en 2020), soutenue par les revenus du tourisme. Les recettes seront investies dans les secteurs de l'éducation, de la santé, des transports, et dans l'amélioration du pouvoir d'achat.

La démarche va sans doute permettre au pays de maintenir sa position de « pays africain au meilleur indice de développement humain ». D'autant que le président, Danny Faure, a affirmé vouloir tenir la promesse faite le 1er mai, lors de la Fête des travailleurs, d'augmenter le salaire minimum de 348 à 380 euros mensuels dès le 1er janvier 2020, et de favoriser la création d'emplois. Dans cet archipel peu peuplé, le chômage est faible (4 %, selon des statistiques nationales). Mais ce sont les jeunes femmes (22 %) qui en souffrent le plus. ∎

R. MB.

Moyen-Orient

LE NOUVEAU RÉVEIL DES PEUPLES ARABES

Huit ans après les soulèvements des « printemps arabes », la région est secouée par une nouvelle vague de révoltes « antisystème ». Dans les rues de Bagdad, de Beyrouth, d'Alger ou de Khartoum, les protestataires souhaitent devenir acteurs de leur destinée en gardant, cette fois, le cap de la non-violence

Dans le monde arabe, les fortunes très diverses et souvent tragiques des soulèvements de 2011 n'ont pas entamé la soif de changement des populations. Huit ans après ces mobilisations fondatrices, la région est secouée par une nouvelle vague de révoltes antisystème.

En Algérie, la foule a poussé à la retraite le grabataire Abdelaziz Bouteflika, qui rêvait d'un cinquième mandat de président. Au Soudan, les protestataires ont eu raison d'une autre dictature, celle d'Omar Al-Bachir, en poste depuis trente ans. En Irak, la jeunesse chiite, après avoir fait chuter le chef du gouvernement Adel Abdel-Mahdi, réclame l'abolition du système confessionnel. Et au Liban, les manifestants, tombeurs du premier ministre Saad Hariri, exigent le renouvellement intégral de la classe politique, prise en otage par les chefs communautaires.

Nul ne s'attendait à un tel regain d'ardeur révolutionnaire. Hormis la Tunisie, qui a su développer un système politique relativement inclusif, les pays touchés par les mouvements de protestation d'il y a huit ans ont basculé soit dans la guerre civile (Syrie, Yémen, Libye), soit dans la restauration autoritaire (Egypte, Bahreïn).

Désenchantées, parfois anesthésiées par les pétrodollars des monarchies du Golfe, les masses arabes semblaient avoir de nouveau succombé aux fausses promesses de la « stabilisation autoritaire » : du pain et de la sécurité, en échange d'une soumission politique totale.

Mais la faillite de la gouvernance arabe est désormais trop patente, trop violente, pour que ce marché de dupes fonctionne encore.

« *Nous sommes confrontés à un mouvement de convulsions historique,* » explique la politologue Maha Yehya, directrice du bureau de la fondation Carnegie à Beyrouth. *Les causes structurelles des révolutions de 2011 n'ont pas été traitées, et c'est pour cela que la protestation est repartie de l'avant.* »

La crise systémique à laquelle les Etats arabes sont confrontés a deux racines majeures : la confiscation du pouvoir par une caste, préoccupée principalement par sa perpétuation ; et le naufrage des systèmes économiques, rentiers ou prédateurs, incapables de gérer l'afflux sur le marché du travail d'une population en rapide expansion.

TYRANNIE DE RÉGIMES POLICIERS
Dans la plupart des cas, notamment l'Algérie et le Soudan, il faut rajouter un autre facteur explicatif : la tyrannie de régimes policiers, qui oppriment et humilient sans ciller. Au Liban et en Irak, deux pays à part, où un relatif pluralisme existe, sanctionné par des élections à peu près libres, le ressentiment est avivé par la perversion du système confessionnel : censé garantir la représentation de toutes les communautés, il est devenu un outil de clientélisation et de division du corps social.

Les révoltés de 2019 sauront-ils éviter les pièges et les impasses dans lesquels leurs devanciers sont tombés ?

Entre les deux cycles des « printemps arabes », celui de 2011 et celui de 2019, les échos sont nombreux. On a retrouvé dans les rues de Beyrouth, d'Alger et de Bagdad la ferveur, l'émotion, l'ivresse de faire enfin peuple – un sentiment longtemps manipulé par les pouvoirs en place – qui était déjà palpable dans les rues du Caire, de Homs, en Syrie, et de Tunis. D'une vague à l'autre, on ressent la même demande de dignité, aspiration aussi simple qu'essentielle, systématiquement piétinée par les classes dirigeantes.

L'opposition des Algériens au projet de cinquième mandat de Bouteflika, l'erreur fatale commise par son clan, a rappelé le refus des Egyptiens de voir Hosni Moubarak céder son poste à son fils Gamal et transformer leur pays en monarchie républicaine. L'exaspération des Soudanais devant le triplement du prix du pain, le déclencheur des manifestations de Khartoum, a renvoyé à l'indignation des Tunisiens, après l'immolation par le feu de Mohamed Bouazizi, le marchand des quatre saisons humilié par la police.

Les révoltés de 2019 sauront-ils éviter les pièges et les impasses dans lesquels leurs devanciers sont tombés ? Il est trop tôt pour le dire. Les appareils politico-économiques auxquels ils s'affrontent ont une capacité de résilience énorme. Mais du cataclysme syrien, de la régression égyptienne et du chaos libyen et yéménite, les nouveaux indignés arabes ont, à l'évidence, tiré quelques leçons.

La première est que le renversement d'un chef d'Etat, si symbolique soit-il, ne suffit pas à faire tomber un régime. « *Après le départ d'Hosni Moubarak, le 11 février 2011, les Egyptiens ont quitté la place Tahrir, en pensant que sa démission*

Une Libanaise brandit le drapeau national en signe de protestation contre les « ingérences étrangères », à Aoukar, au nord de Beyrouth, le 24 novembre 2019. MARWAN NAAMANI/PICTURE-ALLIANCE/DPA/AP IMAGES

était suffisante pour permettre à une transition démocratique de se mettre en place, observe Georges Fahmi, spécialiste du Moyen-Orient, au centre de réflexion Chatham House. *Inversement, en Algérie et au Soudan, les protestataires ont continué à manifester après la démission de Bouteflika et l'éviction par les militaires d'Al-Bachir.* »

Autre enseignement : le recours à la violence est la manière la plus sûre d'anéantir les espoirs de démocratisation. La militarisation du soulèvement syrien, en marginalisant la dissidence civile et en propulsant les formations les plus radicales sur le devant de la scène, a aidé le régime Assad à donner à sa politique d'éradication de l'opposition l'allure d'une guerre contre le « terrorisme ». En revanche, en Irak et au Soudan, bien que soumis à une répression cruelle, les manifestants n'ont pas dévié de leur ligne non violente.

INTELLIGENCE COLLECTIVE

Troisième leçon-clé : les élections doivent être l'aboutissement de la transition, et non son prélude. *« En Egypte, après 2011, l'organisation précipitée d'un scrutin, sans accord préalable sur de nouvelles règles du jeu, a divisé l'opposition et accru la polarisation de la société*, fait remarquer Georges Fahmi. *Dans cette seconde vague, les contestataires perçoivent les élections comme des pièges, qui permettent à l'ordre ancien de se reproduire sous un nouveau nom. »*

Au Soudan, les frondeurs ont réussi à repousser les élections, que les militaires voulaient tenir rapidement, à l'issue d'une période de transition de trois ans. Et en Algérie, ils ont hésité jusqu'à la dernière minute à participer au scrutin présidentiel que le chef de l'armée leur a imposé au mois de décembre.

Les citoyens arabes se réapproprient la politique, de manière empirique, avec des succès et des ratés. Ils s'affranchissent à petits pas des représentations conflictuelles, d'ordre politique (laïques contre islamistes), ou confessionnel (sunnites contre chiites), dont ils ont été otages. Sur les places de Bagdad, de Beyrouth, d'Alger et de Khartoum, ils déploient une intelligence collective de plus en plus manifeste, dans l'espoir de redevenir acteurs de leur destinée. ∎

BENJAMIN BARTHE

PAYS	PIB 2019 RÉEL	RÉEL PAR HAB.	CROISSANCE DU PIB 2019	EMISSIONS DE CO_2 2018	INDICE DE CORRUPTION 2008	INDICE DE CORRUPTION 2018	PAYS	PIB 2019 RÉEL	RÉEL PAR HAB.	CROISSANCE DU PIB 2019	EMISSIONS DE CO_2 2018	INDICE DE CORRUPTION 2008	INDICE DE CORRUPTION 2018
Arabie saoudite	779,3	22 865	0,2	621,3	80*	58*	Jordanie	44,2	4 387	2,2	24,1	47*	58*
Bahreïn	38,2	25 273	2	31,1	43*	99*	Koweït	137,6	29 267	0,6	98,1	65*	78*
Egypte	302,3	3 047	5,5	238,8	115*	105*	Liban	58,6	9 655	0,2	24,2	102*	138*
Emirats arabes unis	405,8	37 750	1,6	205,6	35	23*	Oman	76,6	17 791	0	67,3	41*	53*
Irak	224,5	5 738	3,4	204,2	178*	168*	Qatar	191,8	69 688	2	105,6	28*	33
Iran	458,5	5 506	− 9,5	720,4	141*	138*	Syrie	n.c.	n.c.	n.c.	28,3	147*	178*
Israël	387,7	42 823	3,1	64,3	33*	34*	Yémen	29,9	943	2,1	10,1	141*	176*

*ex aequo

PIB réel : en milliards de dollars • PIB/hab. : en dollars • Croissance : en % du PIB • Emissions de CO_2 : en millions de tonnes

Moyen Proche-Orient

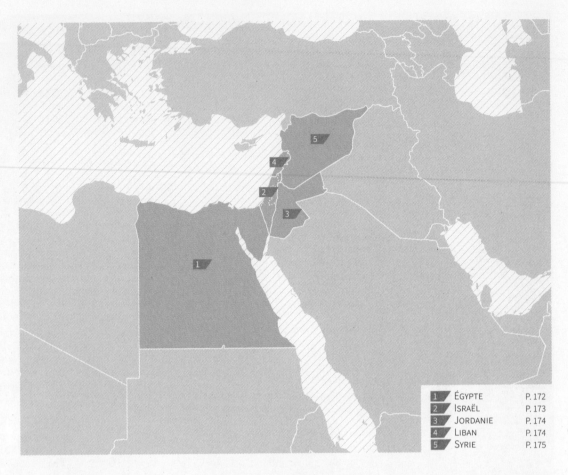

ÉGYPTE

CHEF DE L'ÉTAT Abdel Fattah Al-Sissi
PREMIER MINISTRE Moustafa Madbouli
SUPERFICIE 1 001 000 km^2
POPULATION (HAB.) 100,4 millions
PIB (MD $) 302,3
CROISSANCE 5,5 %
CHÔMAGE 11,3 %
MONNAIE livre égyptienne (0,056 €)
ÉMISSIONS DE CO$_2$ (T/HAB.) 2,4 (119e)

Fin septembre 2019, l'Egypte a connu des manifestations inédites contre le président Abdel Fattah Al-Sissi. Quoique d'ampleur limitée, du fait du contexte ultra-répressif qui prévaut dans le pays, ces manifestations ont éclaté à la suite d'allégations de corruption contre le maréchal Sissi et son armée, dont le rôle s'est accru dans l'économie. Les accusations portées par l'homme d'affaires égyptien Mohamed Ali, dans une série de vidéos publiées depuis l'Espagne, ont attisé la colère de la jeunesse et trouvé un large écho chez une majorité des 100 millions d'Egyptiens qui pâtissent des mesures d'austérité économique.

L'Egypte a lancé, fin 2016, des réformes structurelles dans le cadre d'un prêt de trois ans de 12 milliards de dollars (près de 11 milliards d'euros) du FMI. Les coupes aux subventions publiques, la dévaluation de la livre égyptienne et l'introduction de la TVA, qui ont entraîné une inflation galopante, ont durement affecté les ménages les plus défavorisés et la classe moyenne. Si l'inflation devrait chuter à 11 % pour l'année 2019-2020, et la croissance atteindre 6 % pour l'année 2020-2021, 39 % de la population active est au chômage, selon la Banque mondiale. La part d'Egyptiens vivant sous le seuil de pauvreté est passée de 27 à 32 % en 2019, selon l'organisme gouvernemental de statistiques Capmas.

Les manifestations de septembre ont été matées au prix d'une nouvelle vague de répression, avec plus de 4 400 arrestations dont des figures de l'opposition libérale et de gauche. L'Egypte traverse, selon les organisations de défense des droits de l'homme, sa *« pire crise des droits humains depuis des décennies »*. A compter de l'accession au pouvoir de l'armée en 2013, et de son homme fort le maréchal Sissi, toute voix critique est systématiquement muselée, que ce soit parmi l'opposition, la société civile ou les médias. Plus de 60 000 personnes ont été emprisonnées. Les organisations des droits de l'homme dénoncent le recours par les autorités à la torture, aux mauvais traitements, aux disparitions forcées et aux exécutions extrajudiciaires. Human Rights Watch (HRW) a pointé de *« graves abus »* dans les conditions de détention de l'ancien président islamiste Mohamed Morsi, destitué par l'armée en 2013 et mort d'une crise cardiaque lors de son procès en juin.

RÉFORME DE LA CONSTITUTION

Elu en 2014 à la présidence, et réélu pour un second mandat en 2018, après avoir fait arrêter ses principaux rivaux, Abdel Fattah Al-Sissi pourrait se maintenir au pouvoir jusqu'en 2030. Au terme d'un référendum populaire, qui s'est déroulé dans un environnement *« injuste »* et *« non libre »* selon HRW, une réforme de la Constitution a été introduite en avril, pour allonger le mandat de M. Sissi de quatre à six ans et lui permettre de se représenter pour un troisième mandat. Le président voit en outre son contrôle renforcé sur le système judiciaire, tandis que l'armée se voit conférer le rôle de « gardienne et protectrice » de l'Etat, de la démocratie et de la Constitution, et ses tribunaux militaires une juridiction étendue sur les civils. ∎

HÉLÈNE SALLON

ISRAËL

CHEF DE L'ÉTAT Réouven Rivlin
PREMIER MINISTRE Benyamin Nétanyahou
SUPERFICIE 22 000 km²
POPULATION (HAB.) 8,5 millions
PIB (MD $) 387,7
CROISSANCE 3,1 %
CHÔMAGE (OCDE) 3,9 %
MONNAIE nouveau shekel (0,26 €)
ÉMISSIONS DE CO$_2$ (T/HAB.) 7,7 (45ᵉ)

Israël a passé l'essentiel de l'année 2019 en campagne électorale. Deux scrutins législatifs, en avril puis en septembre, n'ont dégagé aucune majorité nette. Des mois de tractations entre partis n'ont pas permis la formation d'un gouvernement de coalition. Les électeurs, las, se préparent désormais à retourner aux urnes, en mars 2020.

Cette crise institutionnelle est le fruit des démêlés judiciaires du premier ministre, Benyamin Nétanyahou, au pouvoir depuis 2009, qui a dépassé durant l'été en longévité le fondateur de l'Etat d'Israël, David Ben Gourion. Longtemps attendue, son inculpation pour des faits de corruption, de fraude et d'abus de confiance a été annoncée en novembre.

M. Nétanyahou entend affronter la justice en demeurant à son poste : une situation inédite et mal encadrée par le droit. L'ex-chef d'état-major Benny Gantz, un novice en politique qui s'est imposé dès avril comme son principal rival, refuse quant à lui de siéger aux côtés d'un premier ministre inculpé.

M. Nétanyahou, pour l'heure, a réussi à se garder d'une rébellion au sein de son parti, le Likoud, en battant à plate couture, son adversaire Gideon Saar aux primaires du 26 décembre. Il électrise sa base électorale en dénonçant un « coup d'Etat » des juges, et fait bloc avec les partis ultraorthodoxes et messianiques. En avril, il a promis à ces derniers de sortir de la zone grise que représente la poursuite du régime d'occupation des territoires palestiniens en Cisjordanie, conquis durant la guerre de 1967, pour annexer les colonies israéliennes.

M. Nétanyahou entend profiter de sa proximité avec la Maison Blanche, sous la présidence de Donald Trump. En mars, un an après le déménagement de l'ambassade américaine à Jérusalem, Washington lui avait offert, en pleine campagne, une reconnaissance de la souveraineté israélienne sur le plateau du Golan, conquis sur la Syrie en 1967.

FRACTURES POLITIQUES

En novembre, le département d'Etat américain a fait un pas de plus, en estimant que les colonies n'étaient pas contraires au droit international. Mais ces gestes sont avant tout destinés à l'électorat évangélique de M. Trump, qui s'aligne sur les positions des ultranationalistes israéliens. Ils servent M. Nétanyahou, mais ils le poussent aussi à courir après sa droite et menacent de le déborder. En novembre, certains représentants influents des colons se sont ainsi désolidarisés du premier ministre, estimant qu'il avait trop promis mais peu agi.

Ces fractures politiques israéliennes n'ont pas pesé, en surface, sur les équilibres économiques du pays. La croissance s'est maintenue en 2019 à 3,1 %, selon le FMI, après dix ans de stabilité. L'inflation a grimpé à 1 %. Cependant, le gouvernement intérimaire n'a pas les moyens de réduire un déficit budgétaire qui s'est élevé en octobre à 3,7 % du PIB. Des coupes sont attendues dans le prochain budget, qui ne pourra être adopté comme prévu en mars 2020, en pleines élections.

Dans cette phase indécise, la métropole économique Tel-Aviv a été contrainte, en 2019, de verser des fonds d'un mois sur l'autre, pour des projets d'infrastructures censés se déployer sur des années. L'armée elle aussi attend d'obtenir une extension budgétaire de 1 milliard d'euros, afin de mieux s'adapter à l'amélioration des capacités balistiques du grand rival régional, l'Iran.

Cela ne l'a pas empêchée d'étendre ses opérations au Proche-Orient, pour contrer des transferts de

PALESTINE : UN HORIZON ÉLECTORAL INCERTAIN

La fin de l'année 2019 aura été marquée par le retour de la perspective d'élections palestiniennes, sans cesse repoussées depuis 2006. Le président de l'Autorité palestinienne, Mahmoud Abbas, s'y est dit favorable, en septembre, devant l'Assemblée générale des Nations unies, sans préciser de date. Cette avancée est le fait d'un dirigeant âgé de 84 ans, isolé, qui ne veut plus entendre parler de négociations avec le Hamas, maître de la bande de Gaza. Il renvoie désormais tout rapprochement entre les deux pans des territoires au résultat d'un hypothétique scrutin.

Des émissaires ont multiplié les allers-retours à Gaza, actant avec le Hamas le principe de deux scrutins, législatif puis présidentiel. Le mouvement islamiste, au pouvoir depuis 2007 dans l'enclave sous blocus israélien, entend ainsi compenser une crise de légitimité. En mars, il avait réprimé de rares manifestations spontanées contre le coût de la vie – selon la Banque mondiale, 70 % des jeunes Gazaouis sont au chômage.

Alors que l'Autorité palestinienne maintient ses mesures punitives contre l'enclave depuis 2017 (les salaires des fonctionnaires demeurent en partie gelés), des millions de dollars d'aide d'urgence versés par le Qatar depuis la fin 2018 ont mitigé cette détresse, sans empêcher l'écroulement continu de l'enclave.

Dans le même temps, le Hamas a approfondi son entente tacite avec Israël, afin de maintenir la possibilité d'une trêve militaire, négociée indirectement par l'Egypte et le Qatar. Malgré de multiples éruptions de violence, cette trêve a permis un allégement discret et relatif du blocus en 2019, facilitant notamment le passage de ciment et d'autres biens contrôlés par Israël via l'Egypte.

Tempérance inédite

En septembre, le Hamas a été jusqu'à refuser de soutenir son allié, le Djihad islamique, après l'assassinat de l'un de ses commandants, le laissant échanger le feu seul avec Israël, au prix de 34 morts palestiniens. Cette tempérance inédite est censée ouvrir la voie à une levée du blocus. Mais après deux élections législatives israéliennes en 2019, et en l'attente d'une troisième en mars 2020, il n'y a pas de gouvernement capable de négocier.

Vue de Ramallah, l'instabilité politique israélienne a eu pour conséquence de repousser la publication du plan de paix de l'administration américaine pour la région. Présenté en juin, son premier volet économique est apparu hors sol. L'administration Trump a maintenu sa pression financière sur l'Autorité palestinienne et a approfondi sa rupture avec un demi-siècle de diplomatie américaine dans la région. En novembre, elle a jugé légale au regard du droit international la poursuite de la colonisation israélienne dans les territoires de Cisjordanie occupés depuis la guerre de 1967. Dans le même temps, le premier ministre israélien, Benyamin Nétanyahou, promettait d'annexer la vallée du Jourdain et les colonies en Cisjordanie.

Dans ce contexte, c'est encore Israël qui s'annonce comme arbitre de la tenue d'élections palestiniennes. Des doutes pèsent, certes, sur la capacité du Hamas à tolérer un vote libre et pluraliste à Gaza, mais c'est avant tout l'autorisation d'un scrutin à Jérusalem-Est par les autorités israéliennes qui pose question. Les factions palestiniennes pourraient prendre prétexte d'un refus pour maintenir le statu quo. ∎

L. I.

missiles de l'Iran vers des groupes armés alliés. Tsahal a ainsi continué de frapper en Syrie en 2019, mais pour la première fois également en Irak, et jusqu'au cœur de Beyrouth, la capitale libanaise, durant l'été. Le Hezbollah a riposté par des tirs de roquettes à la frontière, qui n'ont pas fait de morts. Cette escalade a ravivé le spectre d'un conflit avec le mouvement chiite, le premier depuis 2006. Elle avait lieu alors que la Maison Blanche n'a cessé, au fil de l'année, de démontrer sa réticence à user de la force militaire au Proche-Orient. Washington maintient des sanctions économiques massives contre Téhéran. Mais Israël s'estime désormais le seul Etat capable et désireux de brandir la menace militaire pour repousser l'influence iranienne dans la région. ∎

LOUIS IMBERT

Moyen-Orient Proche-Orient

JORDANIE

CHEF DE L'ÉTAT Abdallah II
PREMIER MINISTRE Omar Al-Razzaz
SUPERFICIE 89 000 km²
POPULATION (HAB.) 10,1 millions
PIB (MD $) 44,2
CROISSANCE 2,2 %
CHÔMAGE 15 %
MONNAIE dinar jordanien (1,28 €)
ÉMISSIONS DE CO_2 (T/HAB.) 2,4 (120e)

Avec un taux de croissance d'un peu plus de 2 %, la Jordanie, toujours confrontée à des difficultés économiques, ne peut répondre aux besoins du marché du travail, alors qu'un habitant sur cinq est au chômage. Ce dernier est de 19 %, selon les chiffres officiels, mais il est encore plus élevé chez les femmes et chez les jeunes : 30 % des moins de 30 ans sont concernés.

Au niveau social, le chômage et les mesures d'austérité nourrissent le mécontentement et la déception dans le royaume hachémite. La relance économique est considérée comme une urgence par les experts, pour endiguer le risque d'une nouvelle éruption contestataire à l'image de celle qui a secoué le pays au printemps 2018. Chargé de mener les réformes, le premier ministre Omar Al-Razzaz a souligné à plusieurs reprises la difficulté de la tâche.

Le royaume continue donc de subir les conséquences du conflit en Syrie et de l'agitation en Irak, même si la situation sécuritaire est stabilisée. Le retour de djihadistes jordaniens partis combattre dans les pays voisins et l'activation de cellules locales, longtemps craints, semblent maîtrisés. La reprise de relations commerciales avec l'Irak – principal débouché économique du royaume jusqu'en 2014 – est encore timide. Alors que la crise syrienne perdure, le pays continue d'endosser le fardeau des réfugiés auxquels il continue de fournir une large assistance.

En août 2019, la Jordanie accueillait plus de 660 000 réfugiés syriens, 48 % d'entre eux étant des enfants selon, le Haut-Commissariat aux réfugiés, alors que le gouvernement estime leur nombre réel à 1,3 million, soit 20 % de la population. Selon les Nations unies, en Jordanie, 57 % des réfugiés syriens en âge de travailler sont sans emploi et 80 % des réfugiés syriens en dehors des camps vivent en dessous du seuil de pauvreté. Cette main-d'œuvre très fragilisée vient concurrencer les Jordaniens au niveau du travail informel, ce qui ne manque pas d'aviver les tensions. ∎

MADJID ZERROUKY

LIBAN

CHEF DE L'ÉTAT Michel Aoun
PREMIER MINISTRE
Hassan Diab (19/12/2019)
SUPERFICIE 10 000 km²
POPULATION (HAB.) 6,9 millions
PIB (MD $) 58,6
CROISSANCE 0,2 %
CHÔMAGE 6,2 %
MONNAIE livre libanaise (0,0006 €)
ÉMISSIONS DE CO_2 (T/HAB.) 3,5 (98e)

La colère de la population libanaise à l'encontre de ses dirigeants, accusés de corruption et d'incurie, couvait depuis de nombreuses années. Elle a finalement éclaté le 17 octobre, en réaction à l'annonce, par le gouvernement, de la création d'une nouvelle taxe sur les appels sur WhatsApp.

Depuis cette date, les rues de Beyrouth et de toutes les grandes villes du pays, qu'elles soient à dominante sunnite, chrétienne ou chiite, sont quasiment, chaque jour, le théâtre de manifestations, rassemblant des milliers, des dizaines de milliers, et parfois des centaines de milliers de personnes.

Très majoritairement jeunes, issus en général de la classe moyenne, les « indignés » libanais protestent contre un système politique et économique en bout de course, vicié et paralysé, qui condamne leur pays à pourrir sur pied. Ils stigmatisent aussi bien l'état de déliquescence des infrastructures du pays et les pénuries d'eau et d'électricité, que la cherté de la vie, l'absence d'horizon professionnel et le siphonnage des fonds publics par la classe politique.

Par-delà leurs différences, un slogan unit les protestataires, « *Kellon yaani kellon* » (« Tout ça veut dire tous »), un cri de rejet de l'ensemble des chefs communautaires qui monopolisent le pouvoir depuis parfois trente ans, en jouant sur les peurs confessionnelles et la hantise d'un retour de la guerre civile. ∎

SOULÈVEMENT DÉGAGISTE
Fait marquant, le mouvement chiite Hezbollah n'a pas été épargné par la fronde antisystème, en dépit de son aura de libérateur, héritée de sa victoire, en 2000, sur les troupes d'occupation israéliennes. Des rassemblements de protestation se sont déroulés dans ses bastions de Baalbek et Nabatieh, et des habitants de la Dahieh, la banlieue sud de Beyrouth, fief chiite, ont rallié la place des Martyrs, au cœur de la capitale, l'épicentre de la révolte.

Ce soulèvement dégagiste, auquel les forces de l'ordre libanaises ont réagi sans violence, a eu raison du premier ministre, Saad Hariri, qui a démissionné le 29 octobre. Le président, Michel Aoun, a confié, fin décembre, à l'universitaire Hassan Diab, ancien ministre de l'éducation, le soin de former un nouveau gouvernement. Ce dernier aura fort à faire pour concilier les aspirations de la rue, qui exige un gouvernement formé exclusivement d'indépendants, avec les calculs du Hezbollah et de son allié chrétien, le Courant patriotique libre, qui insistent pour être représentés au sein du nouvel exécutif.

La crise économique menace de rattraper la crise politique. La baisse des entrées de capitaux, qui équilibraient traditionnellement la balance des paiements du pays, a engendré une pénurie de liquidités. En dépit du contrôle des capitaux de fait instaurés par les banques, la livre libanaise a commencé à chuter par rapport au dollar, laissant craindre une dévaluation de la monnaie nationale. Les établissements financiers libanais sont les principaux détenteurs de la dette de l'Etat, évaluée à 85 milliards de dollars (près de 77 milliards d'euros), soit 150 % du PIB, l'un des ratios les plus élevés au monde. ∎

BENJAMIN BARTHE

SYRIE

TURQUIE

Alep
Lattaquié
Hama
Homs

Mer Méditerranée

LIBAN

ISR.   □ DAMAS   IRAK

Golan
*Occupé par Israël
depuis 1967*

JORDANIE   150 KM

CHEF DE L'ÉTAT Bachar Al-Assad
PREMIER MINISTRE Imad Khamis
SUPERFICIE 185 000 km²
POPULATION (HAB.) 17,1 millions
PIB (MD DE $) n. c.
CROISSANCE n. c.
CHÔMAGE 8,1 %
MONNAIE livre syrienne (0,004 €)
ÉMISSIONS DE CO$_2$ (T/HAB.) 1,7 (138e)

Durant l'année 2019, le gouvernement de Damas a fait un pas supplémentaire vers la réalisation de son objectif numéro un, la reconquête de la totalité du territoire syrien. A l'automne, ses troupes ont repris pied dans le nord-est du pays, une zone qui était contrôlée jusque-là par les seules Forces démocratiques syriennes (FDS), une coalition placée sous commandement kurde. Cette avancée, réalisée sans tirer de coups de feu, prolonge les gains obtenus en 2018 par les loyalistes, comme la reprise de la banlieue de Damas et de la région méridionale de Deraa.

C'est le déclenchement, le 9 octobre, de l'opération militaire turque contre les FDS, baptisée «Source de paix», qui a permis ce retournement de situation. L'offensive visait à déloger ces combattants du tronçon oriental de la frontière turco-syrienne. Ankara, qui est déterminé à endiguer l'essor du Rojava, le Kurdistan syrien, de peur qu'il ne conforte les aspirations séparatistes des Kurdes de Turquie, avait mené une opération semblable, en 2018, dans la région d'Afrin, tout à l'ouest de la frontière.

La nouvelle attaque a été rendue possible par la décision des Etats-Unis de retirer leurs forces déployées dans le nord-est syrien, en appui aux FDS, leur allié dans la lutte contre l'organisation Etat islamique (EI). Ce revirement, annoncé par le président américain Donald Trump le 6 octobre, a été vécu comme un lâchage par les Kurdes syriens.

Les bombardements de l'armée turque ont semé le chaos, jetant des centaines de milliers de personnes sur les routes de la Djézireh («l'île» en arabe), le territoire délimité par l'Euphrate à l'ouest et le Tigre à l'est. Le sentiment de terreur a été accru par les exactions commises par les ex-rebelles syriens épaulant les soldats d'Ankara, comme le lynchage de Havrin Khalaf, une trentenaire, cadre d'un petit parti kurde.

Confrontés au risque de l'écroulement complet du système politique semi-autonome qu'ils ont bâti depuis 2011 dans le nord-est, les dirigeants du PYD (Parti de l'union démocratique), la force kurde dominante dans cette région, ont appelé Damas à la rescousse. Un compromis, conclu le 13 octobre sous l'égide de la Russie, a autorisé l'armée syrienne à se redéployer dans la zone, dont elle était absente depuis 2012.

Quatre jours plus tard, le mouvement kurde acceptait un accord de cessez-le-feu, proposé par Mike Pence, le vice-président américain, les obligeant à retirer leurs forces de la frontière. La rencontre entre le président turc Recep Tayyip Erdogan et son homologue russe Vladimir Poutine, le 22 octobre, à Sotchi, sur les bords de la mer Noire, a achevé de redessiner la carte du nord-est syrien.

RETOUR GRADUEL

La sécurisation de la frontière à l'est de l'Euphrate est désormais assurée par des patrouilles russo-turques, à l'exception du tronçon de 100 kilomètres entre Tall Abyad et Ras Al-Aïn, passé sous la coupe exclusive des forces pro-Ankara. Les troupes américaines évacuées de ce secteur, qui devaient être rapatriées, ont finalement été relocalisées près des gisements pétroliers syriens, le long de la frontière irakienne. L'armée syrienne a pris position sur les grands axes routiers et nœuds de communication de la Djézireh, notamment l'autoroute M4, qui traverse la région d'ouest en est.

Pour éviter un conflit ouvert avec les FDS et par manque de moyens aussi, les forces gouvernementales se sont abstenues de pénétrer à l'intérieur des villes du Nord-Est, comme Rakka et Kobané. Pour les mêmes raisons, à Hassaké et à Kamechliyé, deux villes où elles ont conservé une petite présence depuis 2011, les forces prorégime continuent à faire profil bas. Le régime syrien suit une tactique de retour graduel, dans l'attente du moment où il pourra réimposer sa férule sur la région sans risque.

Le coup porté par la Turquie aux FDS, sans lesquels la reprise de Rakka, l'ex-capitale de l'EI, n'aurait pas été possible, a inquiété les capitales européennes. Près de 2000 djihadistes étrangers, dont des centaines de Français, sont prisonniers des forces kurdes. Mais, malgré quelques évasions, le scénario catastrophe, celui d'une fuite en masse des extrémistes, ne s'est pas produit.

MORT DU CHEF DE L'EI

Les FDS avaient encore fait la preuve de leur efficacité au mois de mars, en venant à bout des partisans de l'EI retranchés à Baghouz, un village de l'est de la Syrie, dernier lambeau du califat proclamé en 2014 par Abou Bakr Al-Baghdadi. Ce dernier a péri dans la nuit du 26 au 27 octobre, lorsque, après une longue traque, les Etats-Unis sont parvenus à le localiser, dans le village de Baricha, dans le nord-ouest de la Syrie, non loin de la frontière turque. Encerclé par les forces spéciales américaines, le chef de l'EI a préféré déclencher sa ceinture d'explosifs que se rendre.

La zone où sa cavale s'est terminée, la province d'Idlib, est l'ultime poche de résistance de l'insurrection syrienne. Ce territoire, dominé par l'organisation djihadiste Hayat Tahrir Al-Sham, rivale de l'EI, a été soumis à de violents bombardements du régime et de son allié russe entre les mois d'avril et août. Ces frappes ont fait un millier de victimes civiles et déplacé plus de 400 000 personnes. Après un répit de quelques semaines, à la suite d'une trêve décrétée par Moscou, les bombardements ont repris au mois de novembre.

L'effondrement de la rébellion, amorcée par la chute d'Alep-est en 2016, ayant vidé les négociations intersyriennes de leur raison d'être, l'ONU s'est rabattue sur un processus de paix a minima, limité à la réforme de la Constitution syrienne. Ces travaux, menés par 150 délégués, issus de l'opposition, de la société civile et de cercles prorégime, ont débuté fin octobre, à Genève, dans une indifférence quasi-totale.

Après huit années de guerre dévastatrice, la population syrienne fait face à un marasme économique sans précédent. Cette situation, conséquence de la stratégie de la terre brûlée suivie par le régime, des réseaux de corruption et des sanctions imposées par les puissances occidentales, a été avivée par la crise politique qui paralyse le Liban, poumon économique de la Syrie. La livre syrienne a brutalement chuté face au dollar durant l'automne, rongeant le pouvoir d'achat déjà très faible des ménages. Selon l'ONU, 8 Syriens sur 10 gagnent moins de 100 dollars par mois. ■

BENJAMIN BARTHE

Moyen-Orient **Golfe**

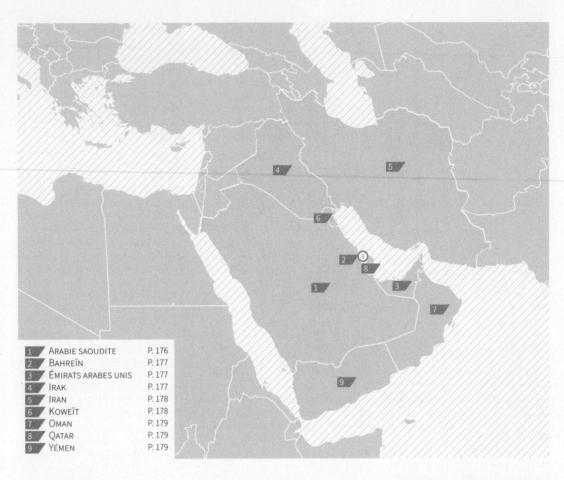

ARABIE SAOUDITE

CHEF DE L'ÉTAT
Salman Ben Abdel Aziz Al Saoud
SUPERFICIE 2 150 000 km²
POPULATION (HAB.) 34,3 millions
PIB (MD $) 779,3
CROISSANCE 0,2 %
CHÔMAGE 5,9 %
MONNAIE riyal saoudien (0,24 €)
ÉMISSIONS DE CO_2 (T/HAB.) 18 (9e)

Sous la tutelle de Mohammed Ben Salman, le prince héritier, surnommé « MBS », qui fait figure de roi bis, l'Arabie saoudite a poursuivi sa transformation, tant sur le plan social qu'économique. Ce processus de modernisation avance à pas lents, du fait de l'archaïsme général du royaume et de la méfiance relative des investisseurs.

La privatisation partielle d'Aramco, la compagnie nationale pétrolière, mesure-phare de Vision 2030, le plan de réformes de MBS, a débuté en décembre, avec un an et demi de retard et sous un format moins ambitieux que prévu. Seulement 1,5 % du capital de la société, connue comme la plus rentable au monde, a été introduit sur le Tadawul, le marché financier saoudien. Le projet, dévoilé en 2016, envisageait une cotation de 5 %, à la fois à la Bourse de Riyad et sur une place étrangère.

A 32 riyals (7,70 euros) l'action, l'opération a rapporté 25,6 milliards de dollars à l'Etat saoudien (23 milliards d'euros), ce qui en fait la plus grosse introduction en Bourse de l'histoire. Elle valorise Aramco autour de 1700 milliards de dollars, loin devant l'américain Apple (1180 milliards de dollars). Ce montant est toutefois en-deçà des 2 000 milliards escomptés par MBS, ce qui laisse planer le doute sur la volonté de Riyad de poursuivre l'opération pour atteindre le seuil des 5 % cotés. Le fruit de la privatisation est censé contribuer à la diversification économique du pays, leitmotiv de Mohammed Ben Salman.

Quelques semaines avant cet événement, Aramco, premier exportateur de pétrole au monde, a été la cible d'une attaque d'une ampleur inédite. Le 14 septembre, des missiles de croisière et des drones chargés d'explosifs se sont abattus sur deux sites de la compagnie, situés dans l'est du royaume.

L'opération, attribuée à l'Iran, a réduit la production d'Aramco de moitié, soit quelque 5,7 millions de barils par jour, équivalant à 5 % du volume de pétrole extrait toutes les vingt-quatre heures sur la planète. Le géant des hydrocarbures a retrouvé son niveau de production dix jours plus tard, mais l'attaque, en mettant en lumière les vulnérabilités d'Aramco, a pesé sur la confiance des investisseurs.

L'assassinat du journaliste et dissident Jamal Khashoggi par des agents saoudiens, en octobre 2018, dans le consulat du royaume à Istanbul, continue de nuire à la couronne. En juin, un rapport d'une experte onusienne a appelé à l'ouverture d'une enquête internationale contre Mohammed Ben Salman, déjà considéré par la CIA comme le probable ordonnateur de cette opération.

Les démentis répétés de Riyad n'ont pas suffi à dissiper l'embarras des capitales occidentales. Signe éloquent, MBS n'a voyagé ni en Europe ni aux Etats-Unis en 2019.

La face sombre de MBS, son rejet absolu du pluralisme politique, dont atteste, outre l'affaire Khashoggi, le maintien en prison de militants féministes, cohabite avec un côté plus ouvert dans le domaine sociétal. Après avoir accordé le droit de conduire aux femmes, le royaume, sous son impulsion, les a autorisées à voyager librement. Depuis août, les Saoudiennes ne sont plus obligées de requérir l'approbation de leur tuteur pour franchir les frontières de leur pays.

En plus de dépoussiérer l'image du pays, ces mesures visent à faciliter le travail des femmes, une des priorités de Vision 2030. Quelques semaines plus tard, Riyad a annoncé la création d'un visa touristique, une autre première dans ce pays jusque-là très refermé sur lui-même. Pour attirer les visiteurs, les autorités misent sur une politique d'événements à grand spectacle, par exemple le rallye Dakar, désormais organisé dans les sables du royaume. Ce faisant, Mohammed Ben Salman espère développer une industrie touristique, tout en changeant le regard porté sur son pays, qui a pris, en novembre, les rênes de la présidence tournante du G20. ∎

BENJAMIN BARTHE

BAHREÏN

CHEF DE L'ÉTAT
Hamad Ben Issa Al Khalifa
PREMIER MINISTRE
Khalifa Ben Salman Al Khalifa
SUPERFICIE 700 km²
POPULATION (HAB.) 1,6 million
PIB (MD $) 38,2
CROISSANCE 2 %
CHÔMAGE 1 %
MONNAIE dinar de bahreïnien (2,38 €)
ÉMISSIONS DE CO$_2$ (T/HAB.) 20 (7ᵉ)

Tout en continuant de museler l'opposition politique, les autorités du petit royaume de Bahreïn se sont donné pour priorité de stabiliser la situation économique. Manama a introduit une TVA à 5 % et lancé un plan de départ volontaire à la retraite dans le secteur public. L'allié de Riyad a enregistré une embellie dans le tourisme (80 % des visiteurs viennent de l'Arabie saoudite voisine) et a poursuivi le développement de la finance islamique. Mais le secteur non pétrolier (plus de 80 % du PIB) devait toutefois poursuivre son ralentissement en 2019.

Partisan de la « pression maximale » contre l'Iran, voulue par Washington, Bahreïn a également accueilli, en juin, une conférence consacrée au volet économique du plan de paix américain pour le Proche-Orient. Ce dernier n'avait toujours pas été dévoilé, fin 2019. La conférence a donné lieu à de multiples protestations dans le monde arabe. ∎

LAURE STEPHAN

ÉMIRATS ARABES UNIS

CHEF DE L'ÉTAT
Khalifa Ben Zayed Al-Nahyane
PREMIER MINISTRE Mohammed Ben Rachid Al-Maktoum
SUPERFICIE 84 000 km²
POPULATION (HAB.) 9,8 millions
PIB (MD $) 405,8
CROISSANCE 1,6 %
CHÔMAGE 2,6 %
MONNAIE dirham des EAU (0,25 €)
ÉMISSIONS DE CO$_2$ (T/HAB.) 21 (5ᵉ)

Les Emirats arabes unis (EAU), pétromonarchie réputée pour son opulence et sa stabilité, se sont brutalement retrouvés, au printemps 2019, en première ligne de la guerre froide entre l'Iran et le camp pro-américain. Le 12 mai, quatre navires, dont trois pétroliers, ont été victimes d'actes de sabotage, au large de Foujeyrah, l'une des sept principautés du pays, située à la sortie du détroit d'Ormuz, sur la mer d'Oman.

Des engins de nature indéterminée ont percuté la coque des bateaux, causant suffisamment de dégâts pour donner l'alerte, mais pas assez pour les couler. L'opération, qui n'a pas été revendiquée, a été attribuée par les observateurs et les médias de la péninsule Arabique à l'Iran, qui menace rituellement de fermer Ormuz en cas de confrontation avec les Etats-Unis.

Pour les EAU, considérés jusque-là comme le faucon du golfe Arabo-Persique, l'incident a eu l'effet d'un coup de semonce. Conscients que leur modèle économique ne résisterait pas à un embrasement de la région, les dirigeants du pays ont entrepris de recentrer leur diplomatie.

Les Emirats ont d'abord annoncé, début juillet, le retrait du gros de leurs soldats déployés au Yémen. Ces troupes, membres d'une coalition conduite par l'Arabie saoudite, y combattent depuis 2015 les houthistes, une rébellion pro-iranienne. Cette intervention militaire, responsable de plusieurs dizaines de milliers de morts et de la pire crise humanitaire au monde, a fortement nui à l'image de Riyad et à celle d'Abou Dhabi.

VISITE DU PAPE FRANÇOIS
Fin juillet, une rencontre a aussi eu lieu, sur le sol iranien, entre le chef des gardes-côtes émiratis et son homologue au sein de la République islamique, la première réunion de ce genre en six ans. Enfin, dans un autre effort d'apaisement, les EAU se sont abstenus de rendre public leur rapport d'enquête sur les sabotages de Foujeyrah, se dispensant ainsi d'incriminer officiellement leur puissant voisin chiite.

Sur le plan diplomatique, l'année a été aussi marquée par la venue du pape François à Abou Dhabi. Une visite historique, puisque c'est la première fois que le chef de l'Eglise catholique foulait le sol de la péninsule Arabique, berceau de l'islam. En septembre, le pilote de chasse Hazza Al-Mansouri est devenu le premier Emirati et le troisième Arabe à s'arracher à la gravité terrestre. Le trentenaire a séjourné une semaine dans la Station spatiale internationale. Les EAU, qui nourrissent de grandes ambitions dans ce domaine, prévoient d'envoyer une sonde orbitale autour de la planète Mars en 2020. ∎

B. BA.

IRAK

CHEF DE L'ÉTAT Barham Saleh
PREMIER MINISTRE Nomination en cours
SUPERFICIE 438 000 km²
POPULATION (HAB.) 39,3 millions
PIB (MD $) 224,5
CROISSANCE 3,4 %
CHÔMAGE 7,9 %
MONNAIE dinar irakien (0,0007 €)
ÉMISSIONS DE CO$_2$ (T/HAB.) 5,3 (67ᵉ)

En Irak, l'année 2019 s'achève sur les images de l'ambassade américaine à Bagdad assiégée par des milliers de partisans des milices chiites pro-iraniennes, le 31 décembre. La confrontation entre les deux parrains de l'Irak sur son sol, larvée depuis le retrait unilatéral américain de l'accord sur le nucléaire iranien en mai 2018 et le rétablissement des sanctions contre Téhéran, est désormais ouverte. Elle a été précipitée par une attaque à la roquette contre une base américaine dans le nord de l'Irak, qui a tué un sous-traitant américain, le 27 décembre, et des raids américains menés en représailles, deux jours plus tard, contre la milice chiite pro-iranienne des brigades du Hezbollah, accusée par Washington d'être derrière l'attaque, qui a fait 25 morts et 51 blessés.

Huit ans après le retrait des troupes américaines d'Irak en décembre 2011, le maintien des 5 200 soldats qui y ont été redéployés à l'invitation du gouvernement de Bagdad, à l'été 2014, pour assister les forces irakiennes dans la lutte contre l'organisation Etat islamique (EI) à la tête de la coalition internationale, est remis en question. Unanimement condamnés par la classe politique irakienne, les raids américains ont relancé les appels de députés chiites proches de l'Iran, majoritaires au Parlement, à bouter hors d'Irak les forces étrangères engagées dans des missions d'assistance et de formation des forces irakiennes. Défait militairement fin 2017, l'EI reforme des cellules dormantes dans les régions libérées, où la reconstruction avance lentement et où plus de 1,5 million ▶▶▶

Moyen-Orient · **Golfe**

▶▶▶ d'Irakiens sont toujours déplacés, selon les Nations unies.

Partenaires indirects dans la lutte contre l'EI, les Etats-Unis et l'Iran se livrent une lutte d'influence sur le sol irakien. Téhéran a renforcé sa mainmise sur les institutions politiques et l'économie du pays à la faveur de la guerre, par le biais de ses affiliés locaux, les milices chiites qui dominent les unités de la Mobilisation populaire, au détriment de Washington. Leurs chefs, réunis dans la coalition parlementaire Al-Fatih, sont à la tête de la deuxième force politique du pays. Une nouvelle tentative, en juillet, pour placer ces milices et leurs armes sous l'autorité de l'Etat, a échoué.

Depuis le rétablissement des sanctions américaines contre l'Iran, dont l'Irak dépend en partie pour sa production énergétique et l'importation de biens de consommation, et alors que l'Iran multiplie les attaques contre Washington et ses alliés dans la région, les menaces se sont accrues contre les intérêts américains en Irak. En 2019, une série d'attaques peu sophistiquées, imputées aux milices pro-Téhéran, ont visé les représentations diplomatiques et des bases américaines. A l'été 2019, certaines de ces milices ont, à leur tour, été visées par des frappes aériennes attribuées à Israël, qui les accuse de détenir des armements fournis par l'Iran ainsi que d'aider Téhéran au transfert de missiles vers la Syrie et le Liban.

La domination de l'Iran sur l'Irak, par l'entremise des partis et des milices chiites au pouvoir, fait l'objet d'une contestation inédite depuis le 1er octobre. Des dizaines de milliers d'Irakiens, en majorité chiites, manifestent à Bagdad et dans le sud du pays pour dénoncer la déliquescence des services publics, le manque d'emplois et la corruption. Ils en tiennent pour responsables la classe politique, jugée corrompue et népotique, et le parrain iranien, et réclament une refonte totale du système politique instauré après l'invasion américaine de 2003 et la fin du confessionnalisme politique.

La répression par les forces de sécurité et des milices chiites, qui a fait plus de 460 morts et 25 000 blessés en trois mois, a durci ce mouvement et ouvert une grave crise politique. Un mois après la démission du premier ministre, Adel Abdel-Mahdi, le 29 novembre, les différends perduraient entre les coalitions chiites qui dominent le Parlement sur la nomination de son successeur, tandis que les contestataires font pression pour que soit nommée une figure indépendante. ∎

HÉLÈNE SALLON

IRAN

CHEF DE L'ÉTAT Ali Khamenei
PRÉSIDENT DE LA RÉPUBLIQUE Hassan Rohani
SUPERFICIE 1 648 000 km²
POPULATION (HAB.) 82,9 millions
PIB (MD $) 458,5
CROISSANCE – 9,5 %
CHÔMAGE 12 %
MONNAIE rial iranien (0,00002 €)
ÉMISSIONS DE CO₂ (T/HAB.) 8,8 (35e)

En 2019, l'Iran a enterré les espoirs de normalisation économique et diplomatique, morts en 2018 avec la sortie des Etats-Unis de l'accord sur son programme nucléaire. Le durcissement des sanctions et la politique de pression maximale menée contre la République islamique par Washington ont profondément meurtri l'économie iranienne, altéré le niveau de vie de la population tout en contribuant à un durcissement du régime, entre agressivité régionale et escalade répressive. Avec au moins 304 morts selon le décompte d'Amnesty International, l'hécatombe causée par la répression d'un vaste mouvement de protestation lancé le 15 novembre porte la marque d'un pouvoir qui se vit comme assiégé et en lutte existentielle contre ses adversaires, y compris sur son propre territoire.

Sur le plan économique, la levée par Washington des exemptions qui permettaient aux principaux acheteurs de pétrole iranien de poursuivre leur approvisionnement a marqué le début de la débâcle. Avec des exportations passées de 1,3 million de barils par jour au premier trimestre à 213 000 barils par jour en novembre, la République islamique s'est trouvée privée d'une rente énergétique dont dépendent largement les recettes publiques et l'activité économique et a vu la croissance du PIB se contracter de 9,5 % en 2019, selon les prévisions du FMI. Au manque à gagner subi dans le secteur énergétique se

sont ajoutés les effets de nouvelles sanctions américaines dans les secteurs bancaire, pétrochimique, minier et maritime.

Sur le plan politique, le durcissement du régime est le prolongement interne de la politique de « résistance » de la République islamique à ses adversaires extérieurs, attestée depuis mai. En plus du lourd bilan humain de la répression du mouvement de novembre, le blocage total d'Internet dès le début du mouvement de contestation signale le degré de préparation du régime, prêt à entrer dans une épreuve de force violente avec sa population en cas de besoin.

La répression, orchestrée pour partie par l'aile paramilitaire du régime, pourrait accroître le discrédit dont fait l'objet la classe politique au sein d'une large partie de la population. La participation, véritable enjeu des législatives de février 2021, pourrait s'en trouver sérieusement affectée tandis que les conservateurs paraissent favoris face au camp modéré du président Rohani, largement discrédité par la crise multiforme que traverse le pays. ∎

ALLAN KAVAL

KOWEÏT

CHEF DE L'ÉTAT Sabah Al-Ahmad Al-Jaber Al-Sabah
PREMIER MINISTRE Jaber Moubarak Al-Hamad Al-Sabah
SUPERFICIE 18 000 km²
POPULATION (HAB.) 4,2 millions
PIB (MD $) 137,6
CROISSANCE 0,6 %
CHÔMAGE 2,2 %
MONNAIE dinar koweïtien (2,97 €)
ÉMISSIONS DE CO₂ (T/HAB.) 24 (4e)

Le Koweït, un des plus petits et des plus riches Etats du Golfe, se prépare à la succession de son émir, Sabah Al-Ahmad Al-Jaber Al-Sabah, 90 ans. Retiré de la scène diplomatique pour des raisons de santé, il s'était illustré au cours de sa vie politique par ses qualités de médiateur régional. S'il doit être remplacé par le prince héritier, son demi-frère Nawaf, 82 ans, le changement de génération qui ne manquera pas d'intervenir par la suite cristallise les enjeux. Le spectre d'un retour aux querelles entre factions familiales qui ont marqué le tournant de la décennie 2000 plane, en effet, sur ce petit Etat dont les capacités de médiation traditionnelles risquent de devenir obsolètes dans une région du Golfe dominée par une nouvelle génération de princes héritiers plus prompts à la confrontation et polarisés entre le Qatar d'une part et l'Arabie saoudite flanquée des Emirats arabes unis d'autre part. Pour le Koweït, mais aussi pour Oman, autre Etat médiateur qui se trouve également confronté à l'imminence d'une succession complexe, la voie de la neutralité risque de se faire de plus en plus étroite. ◼

A. KA.

OMAN

CHEF DE L'ÉTAT
Qabous Ben Saïd Al-Saïd
SUPERFICIE 310 000 km²
POPULATION (HAB.) 4,7 millions
PIB (MD $) 76,6
CROISSANCE 0 %
CHÔMAGE 3,1 %
MONNAIE rial omanais (2,35 €)
ÉMISSIONS DE CO₂ (T/HAB.) 14 (16ᵉ)

Avec à sa tête le sultan malade et sans héritier connu Qabous Ben Saïd, 79 ans, Oman aborde une période de turbulences dans un voisinage dangereux. A l'est, le golfe d'Oman est le théâtre des tensions persistantes entre l'Iran et l'Arabie saoudite. A l'ouest, le Yémen est sur le chemin incertain de la fin de la guerre, mais le gouvernorat frontalier de Mahra devient l'objet d'une lutte d'influence de plus en plus aiguë entre Riyad et Mascate, qui, malgré une diplomatie marquée du sceau de la neutralité et de la médiation, se trouve à son tour emportée dans le champ de force yéménite. Le sultanat

traverse, par ailleurs, des difficultés financières qui pourraient remettre en cause l'autonomie stratégique d'un Etat en mesure d'entretenir des relations aussi bien avec l'Iran qu'avec le Qatar ou Israël. ◼

A. KA.

QATAR

CHEF DE L'ÉTAT
Tamim Ben Hamad Al Thani
PREMIER MINISTRE Abdallah Ben Nasser Ben Khalifa Al Thani
SUPERFICIE 11 000 km²
POPULATION (HAB.) 2,8 millions
PIB (MD $) 191,8
CROISSANCE 2 %
CHÔMAGE 0,2 %
MONNAIE rial qatari (0,25 €)
ÉMISSIONS DE CO₂ (T/HAB.) 38 (1ᵉʳ)

Boycotté par ses voisins du Golfe depuis juin 2017, le Qatar a entamé un processus de rapprochement avec l'Arabie saoudite à l'automne 2019. Les négociations portent sur la réouverture de la frontière terrestre entre les deux pays ainsi que de l'espace aérien saoudien, fermé aux avions qataris. Riyad et ses alliés, les Emirats arabes unis et Bahreïn, ont rompu leurs relations avec Doha en raison de son refus de s'aligner sur leur ligne diplomatique, anti-Iran et anti-islamistes.

Mais la résilience du petit émirat, qui a su rapidement contourner cet embargo, et la montée de la menace iranienne dans le Golfe, illustrée par l'attaque du 14 septembre contre les sites pétroliers saoudiens, poussent à la réconciliation entre les pétromonarchies. Sur le plan économique, le Qatar a annoncé son intention de porter sa production de gaz naturel liquéfié, secteur dont il est le leader mondial, de 77 à 126 millions de tonnes par an d'ici à 2027. Doha espère de cette manière contenir la montée en puissance sur ce marché de l'Australie et des Etats-Unis. ◼

BENJAMIN BARTHE

YÉMEN

CHEF DE L'ÉTAT
Abd Rabbo Mansour Hadi
PREMIER MINISTRE Maïn Abdelmalek Saïd
SUPERFICIE 528 000 km²
POPULATION (HAB.) 29,2 millions
PIB (MD $) 29,9
CROISSANCE 2,1 %
CHÔMAGE 12,9 %
MONNAIE rial yéménite (0,004 €)
ÉMISSIONS DE CO₂ (T/HAB.) 0,3 (183ᵉ)

Fin 2019, la guerre enlisée menée par l'Arabie saoudite semble se terminer, sans pour autant que les conditions d'une paix durable soient réunies. Après avoir déclaré un cessez-le-feu unilatéral en septembre, les rebelles houthistes, soutenus par l'Iran, qui contrôlent le nord du pays où se trouve la capitale, Sanaa, ont considérablement limité leurs tirs de missiles et drones contre le territoire saoudien, le royaume ayant, de son côté, réduit sa campagne de frappes aériennes.

Déterminée à mettre fin à une guerre ruineuse et désormais jugée impossible à gagner, l'Arabie saoudite a pris les devants en renforçant son influence dans la partie méridionale du pays, placée sous la souveraineté nominale du gouvernement officiel yéménite. Son retour en force dans le Sud contrebalance le départ des Emirats arabes unis, alliés de Riyad depuis le déclenchement de l'intervention saoudienne, en 2015. Leur retrait militaire avait ouvert la voie à des troubles importants causés par les alliés locaux d'Abou Dhabi au cours de l'été, faisant alors craindre qu'éclate une guerre dans la guerre au Yémen.

En août, une coalition milicienne alignée sur Abou Dhabi et structurée autour du mouvement indépendantiste du sud du Yémen avait ainsi pris le contrôle par les armes de l'essentiel de la grande ville portuaire d'Aden. Les représentants du gouvernement officiel yéménite et les partisans du président du pays, en exil à Riyad, Abd Rabbo Mansour Hadi, étaient alors chassés de la ville, tandis que les forces séparatistes et

leurs alliés investissaient d'autres régions du Sud. Les alliés locaux respectifs des deux puissances principales de la coalition anti-houthistes entraient dans un état de conflit ouvert. Cette situation, imputable aux profondes divergences stratégiques entre Abou Dhabi et Riyad, a pu être réglée par les deux capitales à l'avantage de l'Arabie saoudite, désormais protectrice unique du sud du Yémen et détentrice réelle de sa souveraineté nominalement exercée par le gouvernement officiel.

Cette évolution a été entérinée par les accords de Riyad, signés le 5 novembre, qui prévoient l'intégration militaire, mais également politique, sous domination saoudienne, des forces loyales au gouvernement officiel et des forces liées au mouvement sudiste. Le traité prévoit par ailleurs l'entrée des séparatistes au gouvernement, et donc leur représentation dans des instances diplomatiques dont ils étaient jusqu'à présent exclus.

MOSAÏQUE D'INTÉRÊTS LOCAUX
Cet effort de consolidation du front anti-houthiste sous la férule saoudienne est considéré comme un prélude nécessaire au démarrage de négociations avec les rebelles qui pourront déboucher sur un éventuel processus de paix. Des échanges informels ont déjà lieu et les gestes de bonne volonté comme les libérations mutuelles de prisonniers se poursuivent. Cet horizon est une nécessité pour l'Arabie saoudite, qui, après l'attaque d'infrastructures pétrolières stratégiques, le 14 septembre, revendiquée par les rebelles houthistes et restée sans réponse de la part du parrain américain, a pris conscience de sa vulnérabilité.

La dynamique engagée ne peut toutefois masquer la réalité d'un morcellement politique et militaire sans fond où des faisceaux d'affiliations régionales, politiques et tribales dessinent une mosaïque d'intérêts locaux alignés aux rapports de force régionaux, où les potentats miliciens de province sont légion et dont les interstices sont investis par des groupes terroristes comme Al-Qaida et l'organisation Etat islamique. Or, c'est bien cette disparition de l'Etat yéménite qui est à l'origine de la situation humanitaire désastreuse du pays. Les services assurés par des ONG pâtissent par ailleurs du blocus saoudien, qui se traduit par d'importantes pénuries en matière de médicaments et d'équipements médicaux, ainsi que par des prix très élevés pour les denrées de base, affectant les conditions de subsistance des plus modestes. ◼

A. KA.

LA CHINE PEINE À IMPOSER SON LEADERSHIP

Pékin a des relations complexes avec la plupart des pays voisins qui redoutent sa puissance et son hégémonie. Le Japon reste isolé et l'Inde s'est retiré du projet de Partenariat économique régional global qui réunit les principales économies d'Asie-Pacifique

Malgré une «conférence sur le dialogue des civilisations asiatiques» qui s'est tenue mi-mai à Pékin et la volonté affirmée du président chinois Xi Jinping de traiter tout le monde «sur un pied d'égalité», la Chine a des relations complexes avec la plupart des autres pays asiatiques qui redoutent sa puissance et son hégémonie. Même le Vietnam, dirigé par un Parti communiste pro-Pékin doit faire attention à ne pas heurter une population très réservée à l'égard de la Chine. Résultat : le pays ne joue quasiment aucun rôle dans les «nouvelles routes de la soie» – ce programme d'investissement majeur de la Chine dans les infrastructures d'autres pays, notamment ses voisins – et Hanoï s'oppose explicitement à la politique expansionniste de Pékin en mer de Chine du Sud. Le Vietnam communiste s'est même sérieusement rapproché des Etats-Unis, comme l'a illustré son choix d'accueillir fin février 2019 la deuxième rencontre entre le président américain Donald Trump et le dictateur nord-coréen Kim Jong-un.

CRISE DE HONGKONG

La politique de ce dernier illustre d'ailleurs également les limites du pouvoir de Pékin. Le leader nord-coréen prend bien soin de consulter la Chine voire de se rendre à Pékin lorsqu'il négocie avec Washington. De son côté, Xi Jinping a effectué sa première visite en Corée du Nord en juin 2019. Néanmoins, il est clair que Kim Jong-un ne se laisse pas dicter sa conduite par les dirigeants chinois.

En revanche, la Chine a vu ses relations s'améliorer avec le Japon. Une visite d'Etat de Xi Jinping dans l'Archipel, la première pour un président chinois depuis 12 ans, est prévue pour le printemps 2020. Chinois et Japonais placent de grands espoirs dans cette visite, qui reste toutefois sous la menace d'une annulation en raison de la crise hongkongaise. Washington, allié privilégié de Tokyo, a adopté en novembre une loi soutenant le mouvement pro-démocratie et pourrait exiger du premier ministre, Shinzo Abe, qu'il renonce à accueillir Xi Jinping.

Cela représenterait un nouveau revers pour Shinzo Abe. Depuis son retour au pouvoir en 2012, la diplomatie nippone reste axée sur une solide relation avec Washington, au point d'avoir accepté un accord commercial guère avantageux pour le Japon.

En parallèle, l'Archipel comptait sur 2019 pour renforcer sa visibilité internationale, grâce notamment au G20 organisé fin juin à Osaka. La rencontre ne lui a pas permis d'avancer sur plusieurs dossiers prioritaires, à commencer par les relations avec la Corée du Sud.

Les relations entre Tokyo et Séoul n'ont cessé de s'envenimer. Furieux de la condamnation en octobre 2018 de certaines entreprises nippones à verser des dédommagements à des travailleurs coréens victimes de travail forcé pendant la seconde guerre mondiale, Tokyo a répliqué sur le terrain commercial. En juillet, le Japon a imposé un contrôle renforcé des exportations, notamment d'éléments entrant dans la fabrication de semi-conducteurs, vers la Corée du Sud.

PRESSION AMÉRICAINE

Plainte à l'Organisation mondiale du commerce (OMC), boycottage massif des produits nippons, fin du tourisme vers l'Archipel, la réaction dans le sud de la péninsule a été cinglante. Séoul a également menacé de sortir du GSOMIA, un accord bilatéral de partage de renseignements militaires conclu en 2016 par les deux pays. Il a fallu une forte pression américaine pour que l'accord soit sauvé fin novembre, à quelques heures de son expiration. La fin d'année a été marquée par une reprise timide des négociations bilatérales. Le Japon apparaît en effet comme la première victime des mesures qu'il a imposées à son voisin.

Une crainte qui s'ajoute aux difficultés de la diplomatie nippone, toujours incapable d'obtenir le retour des Japonais enlevés dans les années 1970-1980 par des agents nord-coréens. Les négociations avec Pyongyang ne décollent pas et Shinzo Abe reste le seul dirigeant de la région n'ayant pas rencontré le leader Kim Jong-un.

Et il y a peu de chances d'un déblocage, qui dépend de l'état des relations entre Américains et Nord-Coréens. Depuis l'échec du sommet entre Donald Trump et Kim Jong-un, à Hanoï donc, les pourparlers sur la dénucléarisation du nord patinent. La Corée du Nord, qui bénéficie d'une amélioration de son écono-

Depuis l'échec du sommet entre le président américain Donald Trump et le leader nord-coréen Kim Jong-un, à Hanoï, les pourparlers sur la dénucléarisation du nord patinent

Asie

mie grâce notamment au tourisme chinois, enchaîne les tirs de missiles et d'artillerie et n'a quasiment plus de discussions avec le Sud.

Pour Shinzo Abe, le déblocage n'est guère en vue non plus du côté de la Russie. Il veut résoudre le contentieux autour des Territoires du Nord (Kouriles du Sud) datant de 1945. Fin 2019, malgré 27 sommets entre M. Abe et le président russe Vladimir Poutine, la situation n'avait pas évolué, Moscou restant déterminé à conserver ces îles revendiquées par le Japon.

De son côté, l'Inde continue son chemin à l'écart des voies tracées par la Chine. Après son refus de s'engager dans les « nouvelles routes de la soie », le grand projet de Xi Jinping, le premier ministre indien, Narendra Modi, a annoncé le 4 novembre que l'Inde ne ferait pas partie du Partenariat économique régional global (PERG ou RCEP pour son sigle anglais) qui réunit les principales économies d'Asie-Pacifique.

Ce retrait des négociations affaiblit la portée de l'accord, d'autant que le Japon, qui ne veut pas se retrouver seul face à la Chine et soigne ses liens stratégiques avec l'Inde – Shinzo Abe s'y est rendu à la mi-décembre – dans le cadre de sa stratégie de « containment » dans la région indopacifique, apparaît dès lors moins intéressé par le PERG.

Le retrait de New Dehli signe la fragilité de l'économie indienne qui tourne au ralenti depuis le début de l'année 2019 avec une croissance en berne. Le premier ministre indien a craint que le traité qui aurait introduit un libre-échange avec la Chine accentue

Des écoliers indiens ont peint leur visage aux couleurs des drapeaux de l'Inde et de la Chine lors de la visite du président chinois Xi Jinping, à Chennai, en Inde, le 10 octobre 2019. R. PARTHIBHAN/AP

encore le déséquilibre avec son concurrent. Le commerce bilatéral avec la Chine, premier partenaire économique, se traduit en effet par un énorme déficit en faveur de Pékin (54 milliards de dollars, près de 49 milliards d'euros). Pour Xi Jinping, le coup est dur : le retrait indien prive la Chine d'un marché de 1,3 milliard d'habitants.

Entre les deux puissances, qui représentent à elles seules 40 % de l'humanité, les relations s'étaient fortement tendues le 5 août, lorsque

le gouvernement indien a décidé brutalement de révoquer l'autonomie constitutionnelle dont jouissait le Cachemire indien depuis la Partition. La vallée himalayenne, revendiquée par le Pakistan, a été mise en coupes réglées par Narendra Modi et séparée du Ladakh, un territoire dont la frontière avec la Chine est toujours contestée.

Dans ce conflit cachemiri qui oppose depuis 70 ans New Delhi à Islamabad, Xi Jinping soutient le Pakistan, où la Chine investit mas-

sivement, notamment dans la construction du port de Gwadar au Balouchistan, pour s'offrir un accès à l'océan Indien, au grand dam de l'Inde. Le président chinois a rappelé, à plusieurs reprises, les « *droits légitimes* » de son allié sur le Cachemire. Narendra Modi lui a répliqué qu'il « *ne revient à aucun autre pays de commenter les sujets internes à l'Inde* ». ●

FRÉDÉRIC LEMAÎTRE (PÉKIN),
PHILIPPE MESMER (TOKYO)
ET SOPHIE LANDRIN (NEW DELHI)

PAYS	PIB 2019 RÉEL	RÉEL PAR HAB.	CROISSANCE DU PIB 2019	ÉMISSIONS DE CO$_2$ 2018	INDICE DE CORRUPTION 2008	2018	PAYS	PIB 2019 RÉEL	RÉEL PAR HAB.	CROISSANCE DU PIB 2019	ÉMISSIONS DE CO$_2$ 2018	INDICE DE CORRUPTION 2008	2018
AFGHANISTAN	18,7	513	3	9,4	176	172*	MALAISIE	365,3	11 137	4,5	254,5	47*	61*
BANGLADESH	317,5	1 906	7,8	85,7	147*	149*	MALDIVES	5,8	15 563	6,5	1,5	115*	124*
BHOUTAN	2,8	3 423	5,5	1,2	45*	25*	MONGOLIE	13,6	4 133	6,5	28,1	102*	93*
BIRMANIE (MYANMAR)	66,0	1 245	6,2	26,3	178*	132*	NÉPAL	29,8	1 048	7,1	9,4	121*	124*
BRUNEI	12,5	27 871	1,8	7,9	n.c	31*	OUZBÉKISTAN	60,5	1 832	5,5	91,3	166*	158*
CAMBODGE	26,7	1 621	7	10,4	166*	161*	PAKISTAN	284,2	1 388	3,3	223,5	134*	117*
CHINE	14 140,2	10 099	6,1	10 064,7	72*	87*	PHILIPPINES	356,8	3 294	5,7	135,1	141*	99*
CORÉE DU NORD	n.c	n.c	n.c	30,2	n.c	176*	SINGAPOUR	362,8	63 987	0,5	40,9	4*	3*
CORÉE DU SUD	1 629,5	31 431	2	658,8	40	45*	SRI LANKA	86,6	3 947	2,7	23,4	92*	89*
HONGKONG	373,0	49 334	0,3	43,1	12*	14*	TADJIKISTAN	8,2	877	5	5,5	151*	152*
INDE	2 935,6	2 172	6,1	2 654,1	85*	78*	TAÏWAN	586,1	24 828	2	274,6	39	31*
INDONÉSIE	1 111,7	4 164	5	614,9	126*	89*	THAÏLANDE	529,2	7 792	2,9	288,2	80*	99*
JAPON	5 154,5	40 847	0,9	1162	18*	18*	TIMOR ORIENTAL	2,9	2 263	4,5	0,5	145*	105*
KAZAKHSTAN	170,3	9 139	3,8	321,8	145*	124*	TURKMÉNISTAN	46,7	7 816	6,3	79,9	166*	161*
KIRGHIZISTAN	8,3	1 293	3,8	10,1	166*	132*	VIETNAM	261,6	2 740	6,5	206,7	121*	117*
LAOS	19,1	2 670	6,4	19,3	151*	132*							

*ex aequo
PIB réel : en milliards de dollars • PIB/hab. : en dollars • Croissance : en % du PIB • Émissions de CO$_2$: en millions de tonnes

Asie centrale

Asie

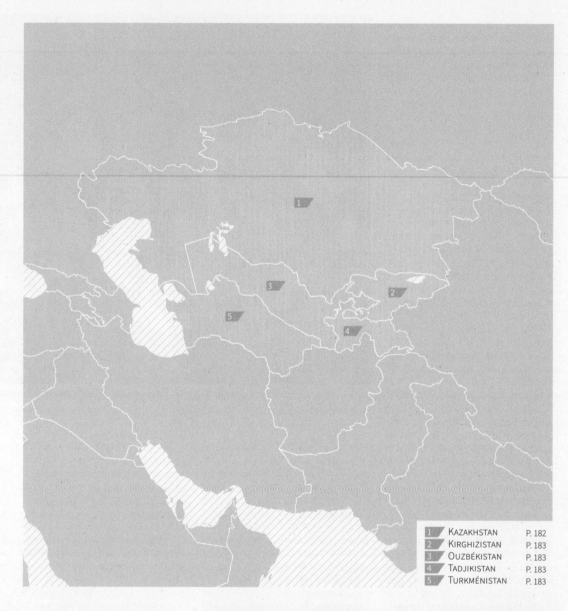

KAZAKHSTAN

CHEF DE L'ÉTAT Kassym-Jomart Tokaïev
(élu le 09/06/2019, en fonctions le 12/06/2019)

PREMIER MINISTRE Askar Mamine (21/02/2019)

SUPERFICIE 2 725 000 km²

POPULATION (HAB.) 18,6 millions

PIB (MD $) 170,3

CROISSANCE 3,8 %

CHÔMAGE 5,4 %

MONNAIE tenge (0,0023 €)

ÉMISSIONS DE CO$_2$ (T/HAB.) 18 (10e)

Transition en trompe-l'œil au Kazakhstan : le 9 juin, Kassym-Jomart Tokaïev a remporté l'élection présidentielle avec 70 % des voix. Le score rappelle les plébiscites organisés pour son prédécesseur, Noursoultan Nazarbaïev, de même que les centaines d'arrestations intervenues le jour du scrutin.

Surtout, l'élection de M. Tokaïev n'est qu'une étape dans la préparation de l'après-Nazarbaïev. Au pouvoir depuis 1989, le président a démissionné en mars, mais sans lâcher les rênes du pays.

IMMUNITÉ JUDICIAIRE

Une série de législations adoptées ces dernières années lui garantissent en effet de garder l'essentiel du pouvoir, notamment à la tête de l'organe stratégique qu'est le Conseil de sécurité. Son statut – tout à fait officiel – de « Père de la nation » lui garantit par ailleurs l'immunité judiciaire, et la première mesure du nouveau président Tokaïev a été de rebaptiser la capitale, Astana, en « Noursoultan » (« Lumière du sultan »).

Les revenus tirés des hydrocarbures offrent au Kazakhstan une confortable rente, et la croissance se maintient (près de 4 % pour 2019). Mais la succession de M. Nazarbaïev, 79 ans, est sensible : le premier président a réussi, certes au prix d'une pratique autoritaire du pouvoir et d'une corruption endémique, à garantir la stabilité dans le pays et à bâtir une politique étrangère équilibrée entre Russie, Occident et une Chine de plus en plus présente, à travers ses projets d'investissements liés aux « nouvelles routes de la soie ». ∎

BENOÎT VITKINE

KIRGHIZISTAN

CHEF DE L'ÉTAT Sooronbaï Jeenbekov
PREMIER MINISTRE Moukhamedkali Abylgaziev
SUPERFICIE 200 000 km²
POPULATION (HAB.) 6,4 millions
PIB (MD $) 8,3
CROISSANCE 3,8 %
CHÔMAGE 7,4 %
MONNAIE som kirghize (0,013 €)
ÉMISSIONS DE CO$_2$ (T/HAB.) 1,6 (141e)

Au Kirghizistan, depuis l'indépendance en 1991, la carrière politique de tous les chefs d'Etat connaît une fin tumultueuse. Ainsi, l'ex-président Almazbek Atambaïev, au pouvoir entre 2011 à 2017, a été arrêté en août 2019, après des accrochages entre ses partisans et la police. Depuis octobre, l'homme de 63 ans est jugé pour corruption, son rôle dans la libération de prison d'un chef mafieux, ainsi que dans l'organisation de troubles massifs, de meurtre et de prise d'otages, survenus lors de son interpellation. M. Atambaïev, ancien allié devenu rival du président actuel, Sooronbaï Jeenbekov, risque jusqu'à quinze ans de prison pour la seule charge de corruption.

Une autre affaire ayant secoué le pays concerne le blanchiment d'au moins 632 millions d'euros en passant par les douanes kirghizes, ayant permis à la famille de Raïmbek Matraïmov, l'ancien vice-directeur des douanes, de devenir l'une des plus riches du pays. L'affaire, mettant en cause l'actuel et l'ancien présidents, peut avoir des conséquences sur la politique intérieure.

Les querelles politiques entre les oligarques ont jusqu'à présent préservé le pays de l'autoritarisme, mais l'exposent au risque d'un conflit civil. Situation délicate pour cette ex-République soviétique, dont les frontières avec le Tadjikistan ont été, cette année, le théâtre d'affrontements entre les deux pays.

L'économie kirghize reste dépendante des transferts des travailleurs émigrés (30% du PIB), majoritairement installés en Russie. ■

GHAZAL GOLSHIRI

OUZBÉKISTAN

CHEF DE L'ÉTAT Chavkat Mirziyoyev
PREMIER MINISTRE Abdoullah Aripov
SUPERFICIE 447 000 km²
POPULATION (HAB.) 33 millions
PIB (MD $) 60,5
CROISSANCE 5,5 %
CHÔMAGE 5,5 %
MONNAIE som ouzbek (0,00009 €)
ÉMISSIONS DE CO$_2$ (T/HAB.) 2,8 (107e)

Un des symboles les plus marquants de l'année : au mois de novembre, Tachkent a accueilli pour la première fois de son histoire un sommet réunissant les cinq ex-Républiques soviétiques d'Asie centrale. Pour un pays qui, sous le règne de l'autoritaire Islam Karimov (1989-2016), entretenait des tensions avec ses voisins, le pas est immense. L'événement a donné lieu à des discussions prometteuses sur une gestion commune des ressources en eau. Et en signe de bonne volonté, le régime a commencé le déminage de sa frontière avec le Tadjikistan.

Les élections législatives, organisées fin décembre, ont aussi marqué un relatif progrès. Si les cinq partis autorisés à se présenter soutenaient le pouvoir, le scrutin a permis un débat au sein de la société plus large que jamais... sans toutefois autoriser les critiques à l'encontre du président, Chavkat Mirziyoyev.

Si les années 2016-2018 ont connu une libéralisation rapide, le rythme des réformes s'est ralenti en 2019. Selon les experts, l'absence de cadres qualifiés pour moderniser le pays en constitue la principale cause. Alors que les difficultés sociales s'accumulent, le pari des autorités d'attirer les investisseurs étrangers n'est qu'un demi-succès. Chinois et Russes sont les plus hardis (mines, hydrocarbures et agriculture), mais les Occidentaux se font attendre, à l'exception de sociétés comme Orano ou Carrefour, bientôt présentes dans le pays. Une adhésion de Tachkent à l'Union économique eurasiatique paraît de plus en plus probable. ■

B. VI.

TADJIKISTAN

CHEF DE L'ÉTAT Emomali Rahmon
PREMIER MINISTRE Kohir Rasulzoda
SUPERFICIE 143 000 km²
POPULATION (HAB.) 9,3 millions
PIB (MD $) 8,2
CROISSANCE 5 %
CHÔMAGE 11,1 %
MONNAIE somoni (0,093 €)
ÉMISSIONS DE CO$_2$ (T/HAB.) 0,6 (173e)

L'année 2019 a été celle de la menace de l'organisation Etat islamique (EI) au Tadjikistan. En mai, lors d'une émeute dans une prison proche de la capitale tadjike, Douchanbé, 29 prisonniers, dont 24 membres de l'EI, et trois gardiens, ont été tués.

En novembre encore, l'organisation djihadiste a frappé le pays, près de la frontière avec l'Ouzbékistan. Lors de cet attentat, le quatrième revendiqué sur le territoire tadjik, les autorités ont annoncé la mort de 17 personnes : 15 djihadistes présumés, un policier et un militaire.

Le président Emomali Rahmon, en fonction depuis 1992, a fait de la lutte contre l'intégrisme religieux une priorité. Or, selon les militants et les analystes, la politique de la lutte contre l'extrémisme sert avant tout à saper toute opposition dans cet Etat autoritaire. De plus, le Tadjikistan ne cesse de descendre dans le classement sur la liberté de la presse établi par Reporters sans frontières (161e parmi 181 pays, pour l'année 2019).

Alors que cette ex-République soviétique, privée de ressources naturelles, a cherché à dynamiser son secteur touristique en simplifiant, en 2018, la délivrance des visas, les résultats ne sont pas encourageants. Pour le premier semestre, il n'y a eu que quelque 23 000 touristes, soit dix fois moins que les estimations annoncées par les autorités. ■

G. GO.

TURKMÉNISTAN

CHEF DE L'ÉTAT ET DU GOUVERNEMENT Gourbangouli Berdimoukhamedov
SUPERFICIE 488 000 km²
POPULATION (HAB.) 5,9 millions
PIB (MD $) 46,7
CROISSANCE 6,3 %
CHÔMAGE 3,9 %
MONNAIE manat turkmène (0,25 €)
ÉMISSIONS DE CO$_2$ (T/HAB.) 14 (17e)

C'est par une photo que le président turkmène Gourbangouli Berdimoukhamedov a présenté au public le nouveau symbole de son pays. Désormais, les faveurs de ce grand artisan du culte de la personnalité vont au chien de berger alabaï, une race au poitrail bombé et à la gueule puissante. Auparavant, cet honneur n'a été accordé qu'au cheval akhal-téké. Le geste du président de ce pays autoritaire et reclus de l'Asie centrale est loin d'être anodin : il s'inscrit bel et bien dans une lignée d'efforts entrepris pour consolider l'idée d'une nation turkmène, alors que, durant des siècles, l'Asie centrale a été un vaste terrain, sans aucune frontière, où circulaient des populations nomades.

L'économie de ce pays détenant les quatrièmes réserves de gaz naturel du monde est aux prises avec d'importantes difficultés budgétaires, dues en partie à la baisse des cours du pétrole. Encore en 2019, l'inflation est restée obstinément élevée, frôlant les 300 %. Le gouvernement a ainsi aboli la gratuité de l'électricité, du gaz et de l'eau, en place depuis 1993, rompant un contrat social de plusieurs décennies.

La nouveauté est pourtant la reprise, par la société russe Gazprom, de ses achats de gaz au Turkménistan, après un arrêt de trois ans. Selon ce contrat, 5,5 milliards de mètres cubes de gaz seront fournis à Gazprom depuis le Turkménistan, jusqu'en 2024. Le coût de cet approvisionnement n'a pas été précisé. ■

G. GO

Asie Sous-continent indien

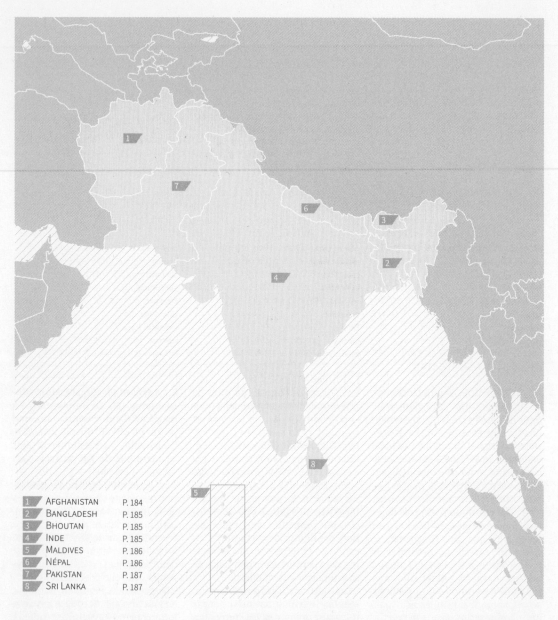

AFGHANISTAN

CHEF DE L'ÉTAT Ashraf Ghani
SUPERFICIE 652 000 km²
POPULATION (HAB.) 38 millions
PIB (MD $) 18,7
CROISSANCE 3 %
CHÔMAGE 1,5 %
MONNAIE afghani (0,011 €)
ÉMISSIONS DE CO$_2$ (T/HAB.) 0,3 (195e)

Pour l'Afghanistan, l'année 2019 promettait d'être celle de la paix et d'un retour à la stabilité politique d'un pays en guerre depuis dix-huit ans. A son terme, la négociation de paix entre talibans et Américains était toujours en cours. L'élection présidentielle du 28 septembre a donné un premier résultat provisoire le 22 décembre. Le chef de l'Etat sortant, Ashraf Ghani, a obtenu 50,64 % des voix. Un score qui restait encore suspendu à l'examen de nombreuses plaintes pour fraudes, prolongeant ainsi une crise institutionnelle larvée. L'avenir de l'Afghanistan dépend de la volonté et du calendrier des Etats-Unis, qui tiennent ce pays à bout de bras, économiquement et militairement.

En 2019, le budget de l'Etat dépendait toujours, selon l'ONU, à près de 60 % de l'aide extérieure. Un chiffre trompeur, car les forces de sécurité afghanes sont équipées et financées par le contribuable américain. L'UE et certains pays membres, avec 600 millions d'euros par an d'aide au développement, ainsi que le Japon, sont les autres principaux bailleurs de fonds. La communauté internationale s'est engagée à soutenir ce pays à hauteur de 13,6 milliards d'euros jusqu'en 2020.

MANQUE DE GRAINES
Selon les estimations de l'armée américaine publiées par l'Inspecteur général spécial pour la reconstruction de l'Afghanistan, le gouvernement afghan ne contrôle que 57 % des 407 provinces du pays. Cette situation sécuritaire pèse sur une croissance, en 2019, estimée à 3 %. L'inflation, avec 3,1 % selon la Banque mondiale, a augmenté face à la hausse des prix alimentaires suite aux mauvaises conditions climatiques. La grave sécheresse du second semestre 2018 a fortement impacté le pays. Ses effets ont commencé, en 2019, à s'atténuer

mais le manque de graines pour les futures récoltes devrait avoir des conséquences de long terme sur ce secteur qui emploie plus de 80 % de la population active. Avec 2,2 millions de personnes touchées, les mauvaises conditions climatiques ont déplacé plus de personnes que le conflit avec les talibans. La culture d'opium, qui a continué d'alimenter l'économie illégale, présente dans 30 à 50 % des villages selon les régions, et jusqu'à 85 % dans celles du sud, génère un chiffre d'affaires annuel de 2 milliards de dollars (1,8 milliard d'euros). La pauvreté a progressé, poussant des milliers de personnes vers des villes incapables de les loger et de les nourrir. Bien que l'économie montre des signes de reprise, avec une croissance démographique de près de 3 %, le revenu par habitant continue de baisser. D'après la Banque mondiale, 31 % des Afghans de 15-24 ans sont au chômage et 40 % de la population vit sous le seuil de pauvreté.

Le sort du pays semble être entre les mains des négociateurs de paix américains et talibans. L'avancée de leurs pourparlers pourrait dépendre de considérations de politique intérieure américaine. Si Donald Trump considère que la paix en Afghanistan doit figurer dans son bilan dans la course à sa réélection, en novembre 2020, alors l'Afghanistan peut espérer mettre fin à la guerre. ●

JACQUES FOLLOROU

BANGLADESH

CHEF DE L'ÉTAT Abdul Hamid
PREMIÈRE MINISTRE Sheikh Hasina
SUPERFICIE 144 000 km²
POPULATION (HAB.) 163 millions
PIB (MD $) 317,5
CROISSANCE 7,8 %
CHÔMAGE 4,3 %
MONNAIE taka (0,01 €)
ÉMISSIONS DE CO₂ (T/HAB.) 0,5 (176e)

Sheikh Hasina, la première ministre du Bangladesh, a entamé, à 71 ans, un troisième mandat consécutif, aux premiers jours de 2019. Avec sa formation, League Awani, la fille du fondateur du Bangladesh a remporté largement les élections législatives du 30 décembre 2018, laminant le principal parti d'opposition, le Parti national du Bangladesh (PNB).

Critiquée pour sa dérive autoritaire et antidémocratique, Sheikh Hasina peut se prévaloir d'un bilan économique et de progrès sociaux salués par les organismes internationaux, tels que le FMI. La croissance a atteint de 7,8 % en 2019. L'activité est restée poussée par le secteur textile, très compétitif grâce notamment à une main-d'œuvre bon marché. Le prêt-à-porter représente 70 % des exportations du Bangladesh, qui a bénéficié des effets des guerres commerciales entre la Chine et les Etats-Unis. Le pays du golfe du Bengale s'est imposé comme une bonne alternative à la Chine. La consommation intérieure, quant à elle, a été dopée par l'augmentation des salaires et par des transferts de fonds des travailleurs expatriés vivant principalement dans les pays du Golfe.

FORTE POUSSÉE URBAINE

En quinze ans, ce pays de 163 millions d'habitants est parvenu à diminuer de moitié la pauvreté ; l'espérance de vie a bondi de 58 ans à 72 ans en trente ans. En 2018, l'ONU a annoncé que le Bangladesh, classé parmi « *les pays les moins développés* », rejoindrait en 2024 le rang des « *pays en développement* ».

Si le pays reste majoritairement rural (70 % de la population), il connaît une poussée urbaine spectaculaire. Mais le pays le plus dense du monde reste sous-équipé, sans réseau de transports en commun dans les villes.

Outre les infrastructures, le principal défi pour le voisin de l'Inde reste son adaptation au changement climatique. Le Bangladesh est l'un des pays les plus vulnérables au monde, frappé régulièrement par les inondations, les cyclones et l'érosion du littoral. Selon un rapport de la Banque mondiale publié en mars, au mitan du siècle, l'Asie du Sud comptera 40 millions de migrants internes, dont un tiers pour le seul Bangladesh. ●

SOPHIE LANDRIN

BHOUTAN

CHEF DE L'ÉTAT
Jigme Khesar Namgyel Wangchuck
PREMIER MINISTRE Lotay Tshering
SUPERFICIE 47 000 km²
POPULATION (HAB.) 800 000
PIB (MD $) 2,8
CROISSANCE 5,5 %
CHÔMAGE 2,2 %
MONNAIE ngultrum (0,013 €)
ÉMISSIONS DE CO₂ (T/HAB.) 1,6 (140e)

L'économie du Bhoutan reste essentiellement tournée vers l'agriculture et l'exploitation forestière. Pour trouver de nouveaux débouchés face à l'Inde voisine, qui pratique une agriculture intensive et utilise massivement les pesticides, le secteur agricole s'est lancé dans l'agriculture biologique. Mais le petit pays himalayen tire l'essentiel de ses revenus de la vente d'électricité à l'Inde. Le premier ministre, Lyonchhen Lotay Tshering, désigné en octobre 2018, a assoupli les règles concernant les touristes indiens, qui ne sont plus assujettis au paiement de la taxe journalière de 250 dollars imposée aux autres pays.

En 2018, la croissance du PIB a atteint 5,8 % ; pour 2019, la prévision est de 5,5 %. L'économie du Bhoutan reste dépendante de l'aide extérieure et des banques de développement. Le pays, inventeur d'un indice de « bonheur national brut » pour mesurer le bien-être de la population, reste un pays pauvre, enclavé, doté d'infrastructures – eau, électricité, transports – de mauvaise qualité. Pour tenter de se moderniser, le gouvernement s'est engagé dans un plan de décentralisation des administrations. ●

S. LA.

INDE

CHEF DE L'ÉTAT Ram Nath Kovind
PREMIER MINISTRE Narendra Modi
SUPERFICIE 3 287 000 km²
POPULATION (HAB.) 1,37 milliard
PIB (MD $) 2 935,6
CROISSANCE 6,1 %
CHÔMAGE 2,6 %
MONNAIE roupie indienne (0,013 €)
ÉMISSIONS DE CO₂ (T/HAB.) 2 (130e)

Aucun observateur n'avait pronostiqué une victoire aussi nette. Narendra Modi a été réélu triomphalement en mai 2019. Le parti du premier ministre indien, le Bharatiya Janata Party (BJP), a rassemblé 45,5 % des suffrages (mieux qu'en 2014), battant largement le Congrès, le parti de la dynastie Nehru-Gandhi. Emmené par Rahul, le fils de Rajiv Gandhi et petit-fils d'Indira, le vieux parti de l'indépendance qui a gouverné l'Inde pendant des décennies est le grand perdant des élections législatives. L'héritier, qui misait sur la faiblesse du bilan économique du premier ministre, n'a pas réussi à convaincre. Narendra Modi a mobilisé ses électeurs sur son registre favori : menace terroriste en provenance du Pakistan, patriotisme, sentiment religieux.

Fort de sa relégitimation, le premier ministre a eu les coudées franches pour mettre en œuvre, dès le début de son second mandat, son programme idéologique baptisé « Hindutva », destiné à assurer le suprématisme des hindous en Inde. La première étape fut franchie avec le coup de force mené au Cachemire. Le 5 août, le gouvernement a brutalement révoqué l'autonomie constitutionnelle dont jouissait la région à majorité musulmane. Ce statut d'exception avait été accordé par New Delhi après l'indépendance et la partition, en échange du rattachement du Jammu-et-Cachemire à l'Inde, et non au Pakistan qui revendiquait également le ►►►

Asie sous-continent indien

►►► territoire. En plus d'être placée sous l'autorité directe de New Delhi, la région a été coupée en deux. Le Ladakh, à majorité bouddhiste, est désormais séparé du Cachemire.

Pour éviter toute rébellion, le gouvernement a coupé du monde la vallée himalayenne. Des milliers de forces de l'ordre ont été déployées sur un terrain déjà ultra-militarisé, toutes les communications et l'Internet ont été coupés pendant plusieurs semaines, les dirigeants politiques ont été arrêtés et assignés à résidence, les journalistes étrangers interdits.

DIABOLISATION DES MUSULMANS

L'étau se resserre autour des musulmans d'Inde qui représentent 14 % de la population, soit environ 200 millions de personnes. Le 31 août, la Cour suprême, la plus haute juridiction, a publié les résultats du Registre national des citoyens dans l'Etat de l'Assam, au nord-est de l'Inde, frontalier du Bangladesh et gouverné par le BJP. Près de 2 millions d'habitants ont été exclus de la liste, dont une majorité de musulmans. Ils sont menacés d'être déchus de la nationalité indienne et privés de leurs droits. Les citoyens de cet Etat devaient prouver qu'ils étaient entrés en Inde avant 1971, date à laquelle le Bangladesh a acquis son indépendance, entraînant de terribles massacres intercommunautaires et une vague d'immigration vers l'Inde voisine.

Le 11 décembre, une nouvelle étape a été franchie par l'adoption d'une réforme de la nationalité qui marginalise les musulmans et accorde, malgré le principe de laïcité inscrit dans la Constitution, la citoyenneté sur des critères religieux. Cette réforme a entraîné un gigantesque mouvement de protestation dans le pays.

Pour l'opposition, cette diabolisation des musulmans sert à masquer les mauvais résultats économiques enregistrés dans le pays. La croissance, qui était au premier trimestre de 5 %, est tombée à 4,3 % au second, contre 7 % un an plus tôt. Tous les secteurs de l'économie ont été affectés, l'industrie, les services, l'agriculture, la construction. La crise est multiforme : baisse de la consommation, crise du crédit, écroulement des investissements, faible industrialisation, stagnation des exportations, augmentation du taux de chômage.

Parmi les explications du ralentissement économique et du chômage figure au premier plan la démonétisation de 86 % des billets en circulation, décidée par le gouvernement en novembre 2016, dont les effets se font encore sentir. Cette mesure, censée lutter contre la corruption, a paralysé durablement l'économie, constituée à 90 % par le secteur informel. S'y ajoutent la faiblesse de l'industrialisation du pays et une trop grande centralisation.

Pour tenter de relancer l'activité, le gouvernement a annoncé une série de mesures, comme l'assouplissement des restrictions à l'investissement étranger, la baisse de l'impôt sur les sociétés pour 18 milliards d'euros, l'injection de liquidités dans les banques publiques pour 8,7 milliards d'euros. De son côté, la Banque centrale indienne a baissé ses taux d'intérêt cinq fois de suite en 2019 pour essayer de faire redémarrer les prêts. Ils sont déjà à un plus bas depuis neuf ans.

Les difficultés économiques et sociales de l'Inde font douter les experts de sa capacité à émerger. ◼

SOPHIE LANDRIN

chinois réalisés sous le précédent gouvernement, affirmant que la dette contractée vis-à-vis de Pékin avoisinerait 3,4 milliards de dollars (3 milliards d'euros). Les Maldives, qui se sont rapprochées de l'Inde, se sont abstenues de condamner la levée de l'autonomie du Cachemire, en dépit de l'émotion suscitée dans le monde musulman.

Par ailleurs, le gouvernement maldivien a annoncé, en septembre, l'abandon du plastique à usage unique à l'horizon 2023, alors que l'archipel est confronté à un problème endémique de gestion des déchets. ◼

ADRIEN LE GAL

NÉPAL

CHEF DE L'ÉTAT Mme Bidhya Devi Bhandari
PREMIER MINISTRE
Khadga Prasad Sharma Oli
SUPERFICIE 147 000 km²
POPULATION (HAB.) 28,6 millions
PIB (MD $) 29,8
CROISSANCE 7,1 %
CHÔMAGE 1,3 %
MONNAIE roupie népalaise (0,008 €)
ÉMISSIONS DE CO₂ (T/HAB.) 0,3 (184e)

Selon le FMI, l'économie népalaise connaît une solide expansion, soutenue par les activités de reconstruction consécutives au tremblement de terre de 2015, par le secteur manufacturier, les investissements dans les projets hydroélectriques, le tourisme et l'augmentation des transferts des expatriés.

La prévision de croissance pour 2019 est de 7,1 %, contre 6,3 % en 2018 et 7,9 % 2017. Mais l'Etat himalayen, enclavé géographiquement, financièrement et commercialement, reste l'un des pays les moins avancés du monde, avec un quart de sa population sous le seuil de pauvreté. Les comptes publics se sont détériorés, avec des dépenses qui ont augmenté de 32,4 % en 2018. La dette est estimée à 27,7 % du PIB.

Après les élections de décembre 2018, l'alliance de gauche entre les anciens rebelles maoïstes et le

MALDIVES

CHEF DE L'ÉTAT Ibrahim Mohamed Solih
SUPERFICIE 300 km²
POPULATION (HAB.) 500 000
PIB (MD $) 5,8
CROISSANCE 6,5 %
CHÔMAGE 6,4 %
MONNAIE rufiyaa (0,058 €)
ÉMISSIONS DE CO₂ (T/HAB.) 3 (105e)

En avril 2019, les élections législatives se sont soldées par une victoire écrasante de l'ex-président Mohamed Nasheed, dont le Parti démocrate maldivien a remporté 65 des 87 sièges au Parlement. Après avoir perdu la présidentielle de septembre 2018, le Parti progressiste des Maldives, qui avait imposé un régime autoritaire, a été balayé. M. Nasheed, qui avait été le premier président démocratiquement élu du pays, en 2008, a pris la tête du Parlement. La nouvelle majorité a remis en cause les investissements

parti communiste libéral a porté au pouvoir Khadga Prasad Sharma Oli, qui a notamment resserré les liens avec la Chine. Xi Jinping a effectué en novembre une visite de deux jours à Katmandou. Première visite officielle d'un président chinois depuis 1996. ∎

S. LA.

PAKISTAN

CHEF DE L'ÉTAT Arif Alvi
PREMIER MINISTRE Imran Khan
SUPERFICIE 796 000 km²
POPULATION (HAB.) 216,6 millions
PIB (MD $) 284,2
CROISSANCE 3,3 %
CHÔMAGE 3 %
MONNAIE roupie pakistanaise (0,006 €)
ÉMISSIONS DE CO$_2$ (T/HAB.) 1,1 (158e)

Élu, en juillet 2018, avec une confortable avance, en grande partie grâce à la promesse d'« un Etat providence islamique », le premier ministre pakistanais, Imran Khan, ex-joueur vedette de cricket, a dû largement revoir ses ambitions à la baisse. Il n'a cessé, en 2019, de chercher à juguler une grave crise de la balance des paiements et de tenter de maîtriser la colère croissante de la population, notamment face une inflation qui pourrait franchir la barre des 10 % fin 2019. La roupie s'est effondrée de 30 % face au dollar, et la croissance a connu un coup de frein à 3,3 % en 2019, contre 6,2 % attendus.

Pour soutenir l'économie fragile de ce pays de plus de 216 millions d'habitants, M. Khan a négocié, en juillet, avec le FMI, un prêt de 6 milliards de dollars (5,4 milliards d'euros), sur trois ans. Cette aide est venue s'ajouter aux plus de 6 milliards de dollars de prêts accordés, fin 2018, par l'Arabie saoudite. Les Emirats arabes unis et la Chine ont également apporté leur soutien avec des investissements en développement. L'apport vital du FMI n'a été débloqué qu'en contrepartie d'un budget d'austérité prévoyant une forte hausse des recettes fiscales

et des réformes impopulaires. Les commerçants ont ainsi été sommés de régulariser leurs activités au noir. Le 13 juillet, des manifestations de protestation ont été organisées dans tout le pays. Fin septembre, le FMI s'est félicité de *« la bonne mise en œuvre du programme »* de M. Khan, tout en ajoutant que des *« efforts supplémentaires sont nécessaires avant mars 2020 »*. Le défi est majeur pour le Pakistan qui doit, dans le même temps, gérer les besoins d'une croissance démographique de 2,7 % par an, la plus élevée de la région. Le gouvernement pakistanais rappelle que le pays se trouvait en quasi-cessation de paiements en 2013 et qu'entre-temps une classe moyenne de 25 millions de consommateurs solvables a émergé. Il attend également beaucoup de secteurs très dynamiques, comme les télécommunications et les banques.

HAUSSE DE LA DETTE PUBLIQUE

Mais la forte croissance enregistrée au cours des cinq dernières années s'est accompagnée d'une hausse considérable de la dette publique (75 % du PIB), d'une baisse des réserves de change (représentant 1,5 mois d'importations) et d'un arrêt des réformes structurelles (fiscalité, environnement des affaires, gestion des entreprises publiques, compétitivité et hypertrophie du secteur informel). La croissance devrait encore se replier, à 2,4 % en 2020 selon le FMI, et voir l'inflation atteindre les 13 %. En outre, en dépit de la forte amélioration de la situation sécuritaire (baisse des pertes civiles et militaires lors d'attaques terroristes) et de la forte réduction des coupures d'électricité, les flux d'investissements directs étrangers restent négligeables, à moins de 0,5 % du PIB.

Sur la scène extérieure, le premier ministre pakistanais a poursuivi, en 2019, sa politique de reconquête de l'opinion internationale, pour défaire le pays d'une image très détériorée. De vastes campagnes de promotions touristiques ont été mises en place à l'attention de pays étrangers. Mais, surtout, Islamabad s'est efforcé de montrer, à la faveur de deux crises survenues à propos de la zone du Cachemire, contestée entre le Pakistan et l'Inde, que le Pakistan privilégiait le dialogue face à un voisin indien dont le tournant autoritaire, nationaliste et belliciste devait inquiéter le monde.

En février, après des affrontements entre des avions de chasse indiens et pakistanais, le Pakistan avait mis en scène le retour, dans son pays, d'un pilote pakistanais capturé lors des combats. De

même, Islamabad a recouru au droit international pour contester la révocation, début août, de l'autonomie constitutionnelle de la partie du Cachemire contrôlée par New Delhi. Enfin, sur l'autre sujet brûlant de la région, les autorités pakistanaises ont multiplié les déclarations pour favoriser une solution de paix au conflit en Afghanistan en soutenant les négociations en cours entre les Américains et les talibans afghans. ∎

JACQUES FOLLOROU

SRI LANKA

CHEF DE L'ÉTAT Gotabaya Rajapaksa
(élu le 16/11/2019, en fonctions le 18/11/2019)
PREMIER MINISTRE
Mahinda Rajapaksa (21/11/2019)
SUPERFICIE 66 000 km²
POPULATION (HAB.) 21,3 millions
PIB (MD $) 86,6
CROISSANCE 2,7 %
CHÔMAGE 4,3 %
MONNAIE roupie sri-lankaise (0,005 €)
ÉMISSIONS DE CO$_2$ (T/HAB.) 1,1 (154e)

Le Sri Lanka avait entamé l'année dans une impasse politique, surtout pour l'ex-président Mahinda Rajapaksa. En dix années au pouvoir, de 2005 à 2015, celui-ci avait écrasé dans un bain de sang la guérilla séparatiste des Tigres tamouls mais aussi jeté l'ancienne Ceylan dans les bras de Pékin, lançant la construction par une entreprise étatique chinoise d'un immense quartier d'affaires gagné sur la mer en plein centre de la capitale, ou encore d'un port et d'un aéroport bâtis et financés par la Chine et qui n'ont jamais, depuis leur inauguration, attiré le trafic espéré. Le *New York Times* a révélé en 2018 comment ces projets ont financé en retour les campagnes électorales du clan Rajapaksa.

A l'automne 2018, Mahinda Rajapaksa avait tenté de s'imposer à la tête du gouvernement, en renversant le premier ministre avec l'accord du président mais pas le soutien du Parlement, ouvrant sept semaines de crise constitutionnelle et de volées de poudre de piment

au Parlement. La Cour suprême avait finalement bloqué cette tentative de passage en force.

Les événements tragiques que réservait l'année 2019 allaient radicalement changer la donne. Le dimanche de Pâques, des terroristes djihadistes s'en prenaient à trois églises et trois hôtels de luxe de Colombo et des environs, tuant 269 personnes. Après dix années de paix, l'île découvrait son exposition aux cellules se revendiquant de l'organisation Etat islamique (EI). L'incompétence du gouvernement est alors pointée : les services ont ignoré les mises en garde sur la radicalité des discours du futur coordinateur des attentats à la fois des renseignements de l'Inde voisine mais aussi de la communauté musulmane de l'île. Dans le nord-ouest du pays, les commerces musulmans et mosquées seront la cible d'émeutiers. Jusqu'alors en pleine expansion, le secteur touristique s'effondre brutalement.

DISCOURS SÉCURITAIRE

C'est quatre jours après les attentats du 21 avril que Gotabaya Rajapaksa, petit frère de l'ex-chef de l'Etat, annonce sa candidature à l'élection présidentielle. Après avoir passé vingt ans dans l'armée, puis s'être installé à Los Angeles, il avait été appelé par son aîné à la tête de l'appareil de sécurité jusqu'à la perte du pouvoir en 2015. En une décennie, dix-sept journalistes disparaîtront ou seront assassinés. Dans le Nord tamoul, les derniers mois d'offensive frapperont les civils sans discrimination et les combattants qui se rendent disparaîtront par centaines, ce qui lui vaut des poursuites au civil pour crimes de guerre aux Etats-Unis.

Porté par son discours sécuritaire, se plaçant en garant des intérêts de la majorité cinghalaise, Gotabaya Rajapaksa remporte la présidence le 16 novembre 2019, appuyé par des organisations bouddhistes ultranationalistes au racisme antimusulman patent. Les rumeurs sans aucun fondement selon lesquelles des médecins musulmans auraient stérilisé des milliers de femmes cinghalaises circulent, dans la rue et sur les réseaux sociaux, et ont fini par instiller le doute au sein d'une majorité bouddhiste dans la crainte perpétuelle de son remplacement par les minorités. Il nomme dès les jours qui suivent des membres de sa famille à des postes-clés. Notamment Mahinda qui, ayant échoué à occuper ce poste un an plus tôt, est finalement nommé premier ministre le 21 novembre 2019. ∎

HAROLD THIBAULT

Asie du Nord-Est

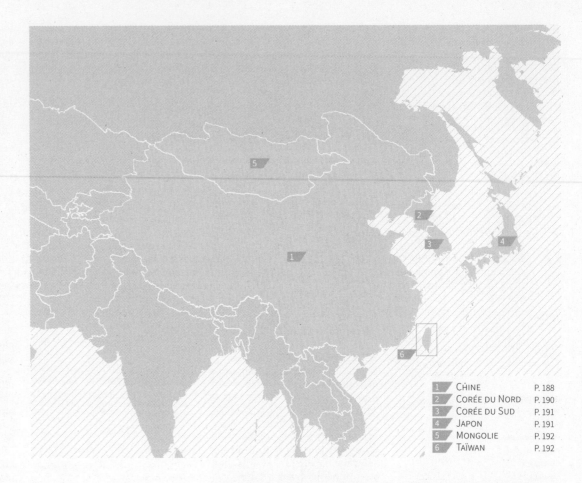

CHINE

CHEF DE L'ÉTAT Xi Jinping
PREMIER MINISTRE Li Keqiang
SUPERFICIE 9 561 000 km²
POPULATION (HAB.) 1,43 milliard
PIB (MD $) 14 140,2
CROISSANCE 6,1 %
CHÔMAGE 4,4 %
MONNAIE yuan (0,129 €)
ÉMISSIONS DE CO_2 (T/HAB.) 7 (49e)

Lors des 70 ans de la République populaire de Chine commémorés avec faste le 1er octobre 2019, le grain de sable est venu d'où nul ne l'attendait : Hongkong. La région administrative spéciale (RAS) a connu en 2019 les plus violents affrontements depuis sa rétrocession par la Grande-Bretagne à la Chine en 1997. En raison d'erreurs

majeures de la chef de l'exécutif de Hongkong, Carrie Lam, mais aussi des autorités chinoises.

Première erreur : nul, dans les allées du pouvoir, n'avait prévu que la tentative d'adoption – en urgence – d'un projet de loi permettant les extraditions, notamment vers la Chine, provoquerait une mobilisation massive des Hongkongais. Pourtant, il n'était pas difficile d'anticiper que le sujet allait être sensible.

La deuxième : croire que les autorités allaient pouvoir imposer ce projet de loi malgré des démonstrations d'une ampleur rarement atteinte dans le monde : environ 2 millions de personnes dans les rues le 16 juin, soit près d'un tiers des 7,4 millions d'habitants. D'abord simplement « suspendu », le projet de loi n'a été officiellement retiré que le 4 septembre, trop tard pour éteindre l'incendie qu'il avait entretemps provoqué. En août, il avait notamment donné lieu à une grève générale, événement rarissime dans ce temple de la finance, particulièrement bien suivie chez Cathay Pacific. Résultat : la Chine, qui n'est que le deuxième actionnaire de cette compagnie aérienne privée cotée à la Bourse de Hongkong, a obtenu – et même annoncé – le départ du directeur général. Du jamais-vu. En interdisant aux grévistes de poser un pied en Chine continentale

et même de survoler l'espace aérien chinois, Pékin a clairement voulu faire un exemple.

Bien qu'habitué aux mouvements de masse, notamment en 2003 et en 2014, Hongkong ne s'était jamais autant mobilisé contre l'emprise de Pékin et en faveur de la démocratie. La spectaculaire victoire des démocrates aux élections locales du 24 novembre – ceux-ci ont remporté 17 des 18 districts – est un désaveu total pour Pékin et Carrie Lam. La « majorité silencieuse » dont ils se prévalaient jusque-là n'existe manifestement pas.

RETOUR AUX PRATIQUES DU PASSÉ
Cette crise que nul n'avait vu venir est en fait la plus grave qu'ait eu à gérer Xi Jinping depuis son arrivée au pouvoir à l'automne 2012. Jamais, depuis 1989, Pékin n'avait dû faire face à une telle contestation. Elle montre les limites du principe « un pays, deux systèmes », qui avait présidé à la rétrocession et que Pékin s'était engagé à respecter jusqu'en 2047. Officiellement, la chef de l'exécutif, Carrie Lam, est au service de deux maîtres : Pékin, mais aussi la population locale. En fait, depuis le début de la crise, elle n'a cessé d'obéir au premier. Les Hongkongais en concluent qu'il faut revoir le mode d'élection du chef de l'exécutif. Actuellement, celui-ci

A HONGKONG, LES MILITANTS PRODÉMOCRATIE DÉFIENT PÉKIN

Le plus grand mouvement social de contestation et la plus grave crise politique de Hong-kong depuis la rétrocession de l'ancienne colonie britannique à la Chine, en 1997, ont commencé en juin après la proposition par le gouvernement d'un projet de loi d'extradition incluant la Chine continentale. Alors que Pékin ne cesse de renforcer son interventionnisme dans les affaires de la région administrative spéciale, les Hongkongais ont vu dans cette loi une nouvelle menace sur l'indépendance juridique de Hongkong, censé disposer d'un *« haut degré d'autonomie »* jusqu'en 2047.

Deux manifestations d'envergure exceptionnelle ont rassemblé un, puis deux millions de personnes les 9 et 16 juin, soit presque la moitié de la population active (4,1 millions sur 7,4 millions d'habitants). Malgré la suspension du projet de loi controversé dès le 15 juin, le mouvement s'est amplifié tout au long de l'été. Au mois d'août, une grève générale a eu lieu, et l'aéroport a été bloqué pendant vingt-quatre heures.

Quand la chef de l'exécutif, Carrie Lam, a finalement annoncé l'abandon du projet de loi, le 4 septembre, la mesure a été reçue comme *« trop peu, trop tard »*. Les revendications des manifestants avaient déjà évolué vers *« cinq demandes, pas une de moins »*, à savoir, outre l'abandon du projet de loi, une commission d'enquête indépendante sur les violences policières, l'abandon du qualificatif d'*« émeutiers »* (passible de dix ans de prison) pour les manifestants, une amnistie pour tous les manifestants arrêtés ou inculpés, et une relance du processus de réformes démocratiques.

Près de 6 000 arrestations

Plusieurs confrontations violentes entre police et manifestants (notamment le 12 juin, le 21 juillet, le 31 août, le 1er octobre) ont progressivement radicalisé le mouvement. Les militants prodémocratie ont notamment ciblé les stations de métro (accusant l'entreprise MTR d'être aux ordres du gouvernement) et certains commerces en fonction de leurs affiliations chinoises ou prochinoises. Malgré cette radicalisation, la population a continué de soutenir le mouvement. Les élections de districts du 24 novembre ont obtenu un taux record de participation (71 %) et ont fait basculer 17 des 18 districts du territoire dans le camp de l'opposition. Les districts ont toujours été des bastions du camp prochinois.

En fin d'année, la police avait procédé à près de 6 000 arrestations en lien avec la révolte. La conséquence la plus immédiate du mouvement sur l'économie a été de faire chuter le nombre de touristes, qui contribuent à plus de 50 % de la consommation totale de Hongkong. Lors de la « Golden Week » d'octobre (semaine de congés en Chine), le nombre de visiteurs chinois arrivés a chuté de 62 % par rapport au même jour en 2018. Les touristes chinois représentent 80 % des visiteurs à Hongkong.

En fin d'année, après une seconde contraction de 3,2 % au troisième trimestre, l'économie de la quatrième place financière de la planète est officiellement entrée en récession. Le gouvernement, qui a injecté 21 milliards de dollars hongkongais (2,4 milliards d'euros) pour relancer l'économie, a estimé que les événements allaient coûter environ 2 points de croissance et a annoncé le premier déficit budgétaire depuis quinze ans. Le taux de chômage marquait une légère aggravation (3,1 %), en particulier dans le secteur de la restauration. En fait, la situation économique commençait déjà à se détériorer avant le mouvement social, à cause des tensions entre la Chine et les Etats-Unis et de la dévalorisation de la monnaie chinoise, qui a rendu moins attrayantes les vacances de shopping à Hongkong.

Fin novembre, le Congrès américain a adopté le projet de loi « Hong Kong Human Rights and Democracy Act », qui amende et de fait suspend le « US-Hong Kong Policy Act » selon lequel le territoire semi-autonome jouissait d'un statut douanier particulier, distinct du reste de la Chine. Pékin a réagi en annonçant une série de sanctions, dont l'interdiction aux navires américains de faire escale à Hongkong. ∎

FLORENCE DE CHANGY

---

est élu par un collège d'environ 1 200 personnes, majoritairement acquises à Pékin. Les Hongkongais réclament une élection au suffrage universel, prévue d'ailleurs lors de la rétrocession. Plus largement, cette crise montre que la Chine, loin de se rapprocher d'un système capitaliste et libéral, comme beaucoup l'avaient cru à la fin du XXe siècle, est en fait en train de renouer avec ses pratiques passées.

Fort de ses succès économiques, le Parti communiste veut retrouver le rôle central qui était le sien, au risque – selon certains – de revenir sur les acquis de l'ouverture à l'origine du décollage économique du pays dans les années 1990. D'ailleurs la croissance économique est de moins en moins élevée (6,1 %, soit le plus bas niveau enregistré depuis 1992). Et encore ces chiffres sont plus que sujets à caution. Nombre de spécialistes estiment la croissance réelle inférieure de moitié aux chiffres officiels. De fait, il est étonnant de voir l'industrie continuer de progresser alors qu'officiellement le secteur automobile chute de plus de 10 %. Grâce à l'injection de crédits et d'investissements publics, la croissance reste néanmoins positive. La Chine n'est en tout cas pas assez affaiblie pour céder aux demandes de Donald Trump en matière commerciale. Lancée par le président américain au printemps 2018, la guerre commerciale a connu de multiples péripéties en 2019, mais la Chine n'a fait aucune concession majeure. Pour certains, elle joue la montre, convaincue que le président américain se montrera plus conciliant à l'approche de la prochaine campagne présidentielle en 2020.

AUCUNE CONCESSION

La Chine, qui, selon l'institut australien Lowy, dispose désormais du réseau diplomatique le plus dense du monde, ne cesse de mettre l'accent sur le « multilatéralisme » qu'elle dit vouloir promouvoir. Mais, en 2019, sur aucun dossier elle n'a fait la moindre concession à ses partenaires. Par exemple, elle se dit favorable à une réforme de l'Organisation mondiale du commerce, mais sans accepter de remettre en question son statut de pays en développement qui lui procure des avantages considérables. Justifiés en 2001 lorsqu'elle a adhéré à cette organisation, ceux-ci ne le sont plus forcément, estiment les Occidentaux. De même, les relations avec ses voisins sont généralement tendues – y compris avec le Vietnam communiste – en raison notamment de sa politique du fait accompli en mer de Chine du Sud, où elle s'approprie et ▶▶▶

LE GÉANT CHINOIS DES TÉLÉCOMS HUAWEI SOUS SANCTIONS AMÉRICAINES

L'année aurait dû être celle de la consécration pour Huawei : le chinois, leader mondial des réseaux de télécommunication, avait terminé 2018 en fanfare, en dépassant Apple, pour devenir le numéro deux mondial des ventes de smartphones, son autre activité. Mais 2019 a tourné au cauchemar pour le groupe aux 194 000 employés, pris dans la guerre économique et technologique que se livrent la Chine et les Etats-Unis depuis deux ans. L'entreprise est soupçonnée d'espionnage par les Américains, qui mènent campagne pour convaincre leurs alliés d'exclure Huawei des appels d'offres publiques pour l'installation de la 5G. Les soucis ont débuté fin 2018 pour Huawei, avec l'arrestation de Meng Wanzhou, directrice des finances de Huawei et fille du fondateur, Ren Zhengfei. Arrêtée au Canada, elle risque l'extradition vers les Etats-Unis qui accusent Huawei d'avoir enfreint un embargo contre l'Iran. Un an après, l'héritière de Huawei vit toujours en résidence surveillée à Vancouver, en attendant son procès.

La deuxième salve américaine est plus dangereuse encore pour l'avenir de Huawei : le 15 mai, les Etats-Unis ont placé le groupe sur une liste noire interdisant aux entreprises américaines de lui vendre tout produit. L'entreprise chinoise se retrouve ainsi privée des microprocesseurs Intel ou des puces de Qualcomm et de Broadcom. Plus grave, l'interdiction inclut aussi les fournisseurs de logiciels comme Google. Résultats, les derniers smartphones de Huawei ne disposent pas des principaux services comme YouTube ou le magasin d'applications Play Store. Dans ces conditions, l'avenir des ventes de smartphones sur les marchés occidentaux est en suspend pour Huawei, qui n'a toujours pas annoncé la sortie européenne de son dernier mobile haut de gamme, le Mate 30. En Chine, pourtant, les attaques américaines ont fait de Huawei un martyre, au point qu'acheter Huawei est signe de patriotisme. Si bien que, fin septembre, les ventes de Huawei avaient augmenté de 66 % sur un an. ∎

SIMON LEPLÂTRE

Asie du Nord-Est

▶▶▶ aménage des îlots au mépris du droit maritime international.

Sur le plan intérieur, le pouvoir ne semble pas avoir à craindre la contestation, même si l'absence de liberté de la presse et la non-publication depuis 2010 du nombre d'« incidents de masse » empêchent de se faire une idée précise de la situation. En revanche, au sein de l'appareil du Parti communiste chinois, il n'est pas acquis que Xi Jinping n'ait que des partisans. Certes, il ne semble pas que le plénum – la principale instance entre deux congrès – qu'il a convoqué en octobre 2019 ait été agité. Mais les nouvelles révélations du *New York Times* sur la responsabilité directe de Xi Jinping dans la politique de répression *« sans aucune pitié »* des musulmans ouïghours au Xinjiang prouvent que certains cadres haut placés ne sont pas d'accord avec la ligne suivie depuis 2017.

L'enfermement de plus d'un million de Ouïghours au nom de la lutte contre le terrorisme est d'ailleurs devenu, au fil des mois, un sujet de contentieux majeur entre la Chine et les Etats-Unis, même si Pékin peut mettre en avant le soutien des pays musulmans. Mais entre Hongkong et le Xinjiang, Pékin a deux foyers de tension majeurs au sein même de la République populaire. ◾

FRÉDÉRIC LEMAÎTRE

CORÉE DU NORD

CHEF DE L'ÉTAT Kim Jong-un
PREMIER MINISTRE Kim Jae-ryong (11/04/2019)
SUPERFICIE 121 000 km²
POPULATION (HAB.) 25,7 millions
PIB (MD $) n. c.
CROISSANCE n. c.
CHÔMAGE 3,3 %
MONNAIE won (0,007 €)
ÉMISSIONS DE CO$_2$ (T/HAB.) 1,2 (150e)

L'année 2019 a été marquée pour la République populaire démocratique de Corée (RPDC) par l'enlisement de la politique d'apaisement avec les Etats-Unis, le dirigeant Kim Jong-un ayant annoncé, le 31 décembre 2019, devant le plénum du Parti du travail, la fin du moratoire sur les essais nucléaires et balistiques respecté depuis juin 2018. Un changement de stratégie mis sur le compte de l'absence de progrès dans les relations avec Washington, qui risque de peser sur une économie déjà durement affectée par les sanctions internationales renforcées à la suite du sixième essai nucléaire en 2017.

Selon les estimations de la Banque de Corée (Séoul), l'économie nord-coréenne a continué à stagner en 2019 après la régression du produit intérieur brut (PIB) en 2018 (–4,1 %) ainsi que l'année précédente (– 3,5 %). L'effet des sanctions est d'autant plus sensible que, cette fois, la Chine, principal partenaire et allié de la RPDC, les applique – en principe du moins.

En raison de l'échec du second sommet entre Donald Trump et Kim Jong-un, à Hanoï, au Vietnam, en février 2019, les sanctions sont restées en place. Le regain de tension intercoréenne après une année marquée par un spectaculaire rapprochement des deux pays, a également affecté l'économie.

Si la stagnation ne fait guère de doute, elle est néanmoins contrastée. Les rares données chiffrées (la RPDC ne publie pas de statistiques), provenant de la Corée du Sud et des organisations internationales, ne reflètent qu'une partie de la réalité en raison de l'existence d'une économie parallèle difficile à quantifier mais néanmoins visible à Pyongyang et dans certaines grandes villes. Les entreprises d'Etat continuent de stagner et le secteur agricole peine en dépit de réformes concédant une plus grande autonomie aux fermes coopératives. Mais une économie hybride imbriquant les activités d'entreprises d'Etat et un nouveau secteur privé progresse.

La plupart des entreprises d'Etat ont dans leur mouvance des filiales ou des sous-traitants gérés par des entrepreneurs indépendants disposant de ressources financières. Cette économie gagne de nouveaux secteurs comme les transports et les services. On estime qu'un tiers de la population est partie prenante de cette économie qui favorise une recomposition sociale (apparition d'une embryonnaire classe moyenne) mais aussi une corruption endémique.

La productivité reste globalement faible en raison de la vétusté des infrastructures, qui pèse sur l'achèvement de grands projets dans un secteur prioritaire : le tourisme.

Pour l'instant, les touristes sont essentiellement chinois (près de 300 000 en 2019). Source de devises, le tourisme est d'autant plus important pour le régime qu'il n'est pas frappé par les sanctions qui commencent à affecter durement la RPDC.

Les échanges avec la Chine, de loin le premier partenaire commercial de la RPDC (90 % de ses échanges extérieurs), ont connu une chute drastique : selon les statistiques douanières chinoises, les importations – notamment de minerais, principale source de devises de la RPDC – ont diminué de 83 % en 2018 (240 millions de dollars, plus de 217 millions d'euros) par rapport à l'année précédente. Les importations nord-coréennes ont également diminué (– 31 %) pour tomber à 2,6 milliards de dollars. Une situation qui s'est poursuivie en 2019. Mais les statistiques chinoises ne reflètent qu'une partie de la réalité.

INSÉCURITÉ ALIMENTAIRE

Les trafics divers à travers la frontière (1 400 km) entre les deux pays, les transbordements de pétrole en mer ou l'acheminement par des voies terrestres détournées de pétrole russe pallient jusqu'à un certain point la chute de l'alimentation de la RPDC en hydrocarbures. En raison des commissions qu'ils nécessitent, ces trafics renchérissent le coût des échanges. L'assouplissement des mesures d'achat immobilier dans le pays suscite en revanche l'intérêt d'investisseurs de la diaspora coréenne en Chine et en Russie. On estime à 10 millions de dollars par mois les investissements immobiliers en RPDC par la diaspora. Le marché immobilier est aux mains d'entrepreneurs privés mais les contrats requièrent des autorisations – et donc des commissions.

Les difficultés économiques se font sentir sur les plus démunis : selon les Nations unies, 10 millions de personnes (soit 40 % de la population) sont victimes d'insécurité alimentaire. En 2018-2019, en raison de catastrophes naturelles, la RPDC a enregistré un déficit alimentaire de 1,5 million de tonnes, très partiellement comblé par des importations (200 000 tonnes) et une aide chinoise non quantifiée. La situation est d'autant plus alarmante que les sanctions ralentissent l'acheminement de l'aide alimentaire internationale déjà affectée par les réticences des pays donateurs, en dépit des demandes des organisations humanitaires. ◾

PHILIPPE PONS

CORÉE DU SUD

CORÉE DU NORD
Mer du Japon
(Mer de l'Est)
SÉOUL
Inchon
Taejon
Ullung
Mer
Jaune
Taegu
Pusan
Tsushima
JAPON
Cheju
100 KM

CHEF DE L'ÉTAT Moon Jae-in
PREMIER MINISTRE Lee Nak-yon
SUPERFICIE 100 000 km²
POPULATION (HAB.) 51,2 millions
PIB (MD $) 1 629,5
CROISSANCE 2 %
CHÔMAGE (OCDE) 3,7 %
MONNAIE won (0,0008 €)
ÉMISSIONS DE CO$_2$ (T/HAB.) 13 (22e)

Après avoir traversé 2018 dans l'euphorie d'un rapprochement historique avec la Corée du Nord qui a quelque peu occulté les autres sujets, la Corée du Sud s'est retrouvée en 2019 face à de multiples problèmes, économiques et politiques, sur lesquels s'est greffée une brusque dégradation des relations avec son voisin du Nord. Le dirigeant nord-coréen, Kim Jong-un, a indiqué dès avril que le rôle de médiateur que veut jouer Séoul, entre son pays et les Etats-Unis sur les questions de dénucléarisation, était «*inopportun*» et qu'il ferait mieux d'appliquer les accords bilatéraux, en matière de coopération économique.

Evitant la surenchère, notamment parce que cette coopération reste interdite tant que les sanctions sont imposées au Nord, le président sud-coréen, Moon Jae-in, a profité de l'anniversaire de l'indépendance de 1945, le 15 août, pour parler d'une dynamique du dialogue «*inébranlable*», affirmant que les deux Corées pouvaient prospérer ensemble dans une «*économie de paix*» si le Nord préférait «*le développement économique à celui du nucléaire*». Un appel rejeté par Pyongyang: «*Nous n'avons plus rien à discuter avec les autorités sud-coréennes et nous ne souhaitons plus les rencontrer*», a écrit en réaction KCNA, l'agence de presse nord-coréenne.

La Corée du Nord a fustigé les activités de défense du Sud, critiquant l'acquisition d'avions de combat américains F-35 ou la participation des forces sud-coréennes à des manœuvres militaires avec les Etats-Unis. Kim Jong-un a aussi appelé à détruire les installations hôtelières construites par la Corée du Sud au mont Kumgang, site touristique exploité en commun jusqu'en 2008 et situé au nord.

Pour le président Moon, ces difficultés avec Pyongyang ont été aggravées par celles avec son voisin japonais. Les contentieux historiques avec l'ancien colonisateur nippon – femmes dites «de réconfort» contraintes de se prostituer pour les soldats de l'armée impériale, travailleurs forcés – ont été exacerbés par un conflit dans les domaines commerciaux et de la coopération sécuritaire. Sous pression des Etats-Unis, inquiets de la dégradation des liens entre leurs alliés régionaux, de timides négociations bilatérales ont été amorcées fin 2019.

MOROSITÉ DE L'ÉCONOMIE
Sur le plan intérieur, Moon Jae-in a vu son image affectée par l'affaire Cho Kuk, proche conseiller, un temps considéré comme son possible successeur à la présidence, nommé en septembre à la tête du ministère de la justice pour réformer le tout puissant parquet, une promesse de campagne de M. Moon. M. Cho a longtemps travaillé sur ce projet régulièrement évoqué par les gouvernements progressistes. Il a toutefois dû démissionner trente-cinq jours après sa nomination, sa famille étant la cible de multiples enquêtes des procureurs, pour détournement de fonds ou réalisation de faux documents au bénéfice de ses enfants. Cette affaire a fortement érodé la confiance, des jeunes notamment, dans un président dont la cote de popularité a longtemps tourné autour des 70 %.

Autre sujet de mécontentement, l'incapacité du gouvernement à lutter contre la hausse des prix de l'immobilier dans les grandes villes. Dans le quartier recherché de Gangnam, à Séoul, ils ont crû de 20 % depuis l'arrivée au pouvoir de M. Moon en mai 2017. Les mesures mises en œuvre, augmentations des taxes sur l'immobilier ou encore renforcement des conditions d'accès aux crédits, n'ont pas eu les effets escomptés et l'administration envisage une nouvelle hausse des taxes.

La situation est compliquée par la morosité de l'économie, dont le principal moteur, les exportations, est en panne. Sous l'effet du ralentissement de l'économie mondiale et particulièrement de la demande dans des produits comme les smartphones, elles ont chuté de 14,3 % en novembre.

Les effets de la politique gouvernementale orientée sur la demande n'ont pas non plus suscité une adhésion massive. La hausse en janvier de 10,9 % du salaire minimum, après celle de 16,4 % en 2018, conjuguée à la réduction du temps de travail de 68 à 52 heures par semaine, continue de mécontenter les entreprises, qui y voient un facteur d'augmentation des coûts.

A l'Assemblée, l'opposition conservatrice, revigorée par les difficultés de l'administration, bloque toute avancée, notamment le vote du budget 2020, qui prévoit des aides pour les petites entreprises affectées par la hausse du salaire minimum et pour soutenir les secteurs devant permettre à la Corée du Sud de rester en avance dans les technologies de la quatrième révolution industrielle. Le pays souhaite profiter du succès de la 5G, qui avait séduit 3 millions d'utilisateurs en octobre, six mois après son entrée en fonctions, et qui permet à l'équipementier informatique Samsung de se positionner à l'étranger en profitant des interdits ciblant son rival chinois, Huawei. A condition que les subventions soient votées. Or le blocage parlementaire répond aussi à une stratégie de l'opposition, avec en ligne de mire les élections législatives prévues pour avril 2020. ∎

PHILIPPE MESMER

JAPON

RUSSIE
Iles Kouriles
(revendiquées
par le Japon)
Hokkaido
Sapporo
Mer
du Japon
(Mer de
l'Est)
Honshu
CORÉE
DU
NORD
Yokohama
TOKYO
Nagoya
Osaka
CORÉE
DU SUD
Shikoku
Mer
Jaune
Kyushu
CHINE
Mer de
Chine
orientale
OCÉAN
PACIFIQUE
Okinawa
Iles Ryukyu
TAIWAN
500 KM

CHEF DE L'ÉTAT Naruhito
(01/05/2019, accession le 22/10/2019)
PREMIER MINISTRE Shinzo Abe
SUPERFICIE 378 000 km²
POPULATION (HAB.) 126,9 millions
PIB (MD $) 5 154,5
CROISSANCE 0,9 %
CHÔMAGE (OCDE) 2,4 %
MONNAIE yen (0,008 €)
ÉMISSIONS DE CO$_2$ (T/HAB.) 9,1 (30e)

En 2019, le Japon est entré dans une nouvelle ère impériale. Baptisée Reiwa («Belle harmonie»), elle coïncide avec le règne du 126e empereur, Naruhito. Le populaire nouveau souverain a succédé le 1er mai à son père, Akihito, qui a abdiqué au terme d'un règne de trente années dit de l'ère Heisei («Paix en devenir»). L'année a été ponctuée par les cérémonies accompagnant cet événement, mais aussi par d'importants rendez-vous qui ont placé l'Archipel dans l'actualité internationale.

Ainsi du sommet du G20, en juin, à Osaka (Ouest), et de la visite, fin novembre, du pape François, la première d'un souverain pontife dans l'Archipel depuis trente-huit ans, ou encore de la Coupe du monde de rugby organisée entre septembre et novembre. Grand succès populaire, elle a tempéré les difficultés rencontrées par l'administration du premier ministre, Shinzo Abe.

Sur le plan intérieur, M. Abe et sa formation, le Parti libéral démocrate (PLD), ont pu savourer une nouvelle large victoire lors d'un scrutin national, les sénatoriales de juillet. Le 20 novembre, M. Abe est devenu le chef de gouvernement ayant passé le plus de temps au pouvoir dans l'histoire du Japon moderne. Cette réussite a toutefois coïncidé avec les révélations d'un scandale d'usage de fonds publics pour inviter 850 personnalités de sa circonscription électorale, mais aussi des membres de la pègre, à un événement public. Cette affaire a eu pour conséquences de retarder les débats parlementaires sur le projet de révision de la Constitution pacifiste, la priorité de son action, et de faire chuter sa cote de popularité.

PLUS DE TRAVAILLEURS ÉTRANGERS
Affecté par une pénurie croissante de main-d'œuvre due au vieillissement, le Japon a modifié en avril ses textes pour accueillir plus de travailleurs étrangers; mais les résultats sont décevants. Il a également conclu en août un accord commercial avec les Etats-Unis, dont les conditions, notamment sur les produits agricoles, semblent plutôt favorables à la partie américaine.

En parallèle, les tensions persistantes depuis la fin 2018 avec la Corée du Sud ont fini par peser sur l'activité. En représailles à la condamnation à Séoul d'entreprises nippones pour du travail forcé pendant la seconde guerre mondiale, Tokyo a choisi d'agir sur le plan commercial en renforçant le contrôle des exportations vers son voisin. La Corée du Sud a répondu par un boycottage très suivi des produits nippons, provoquant une baisse du tourisme dans l'Archipel et un effondrement des exportations japonaises vers le sud de la péninsule. Dans le même temps, l'augmentation, de 8 à 10 %, le 1er octobre, de la taxe sur la ▶▶▶

Asie du Nord-Est

▶▶▶ consommation a pesé plus qu'anticipé sur l'économie. Les dépenses des ménages se sont effondrées, menaçant de provoquer une baisse du PIB entre octobre et décembre. La croissance pour 2019 est attendue par le FMI à 0,9 %, et à 0,5 % en 2020, année qui voit le Japon accueillir les Jeux olympiques et paralympiques d'été. ●

PHILIPPE MESMER

MONGOLIE

CHEF DE L'ÉTAT Khaltmaa Battulga
PREMIER MINISTRE Khurelsukh Ukhnaa
SUPERFICIE 1 564 000 km²
POPULATION (HAB.) 3,2 millions
PIB (MD $) 13,6
CROISSANCE 6,5 %
CHÔMAGE 6,4 %
MONNAIE tugrik (0,0003 €)
ÉMISSIONS DE CO$_2$ (T/HAB.) 8,9 (34e)

L'économie mongole a connu une nouvelle année solide en 2019, après une bonne année 2018 à 6,9 % de croissance, grâce à une activité minière florissante. Une stabilité bienvenue pour un pays soumis aux aléas des cours des matières premières, et de la santé économique de ses puissants voisins, russe et chinois. Cette croissance a permis au pays, soutenu par le FMI, de réduire sa dette à 75 % du PIB, contre 90 % en 2017.

Côté politique, un nouveau scandale de corruption a frappé le pays en début d'année, entraînant la chute du chef du Parlement. Pourtant, en avril, le président, l'ancien lutteur Khaltmaa Battulga, a fait passer une loi réduisant l'indépendance de la justice, qui devrait porter un coup à la lutte contre la corruption.

Pour une bonne partie de la population cependant, c'est la pollution à Oulan-Bator qui concentre le mécontentement. Près de la moitié de la population, soit 1,44 million de personnes, vit dans la capitale, une vallée encaissée qui se remplit de la fumée des poêles à charbon tous les hivers, provoquant d'importants problèmes respiratoires. ●

SIMON LEPLÂTRE

TAÏWAN

CHEF DE L'ÉTAT Mme Tsai Ing-wen
PREMIER MINISTRE Su Tseng-chang (11/01/2019)
SUPERFICIE 36 000 km²
POPULATION (HAB.) 23,8 millions
PIB (MD $) 586,1
CROISSANCE 2 %
CHÔMAGE 3,8 %
MONNAIE dollar taïwanais (0,03 €)
ÉMISSIONS DE CO$_2$ (T/HAB.) 12 (24e)

Un an avant l'élection présidentielle qui se tient dans l'île de Taïwan le 11 janvier 2020, les jeux semblaient faits. La présidente proindépendantiste, Tsai Ing-wen, au pouvoir depuis 2016, allait essuyer une cuisante défaite si elle se représentait. Son parti, le Parti démocratique progressiste (DPP) n'avait-il pas largement perdu les élections locales du 24 novembre 2018 ?

Mais l'année 2019 a été marquée par plusieurs surprises. Il y a d'abord eu ce discours agressif de Xi Jinping, prononcé le 2 janvier 2019. Le président chinois a averti ses «*compatriotes taïwanais*» que «*la Chine doit être réunifiée et le sera*». Avant de menacer : «*Nous ne promettons pas de renoncer au recours à la force.*» Ile de 23 millions d'habitants où les nationalistes chinois ont trouvé refuge en 1949 lors de l'arrivée des communistes au pouvoir à Pékin, la «République de Chine» est indépendante de fait, mais pas de droit.

Hormis le Vatican, très peu d'Etats la reconnaissent. La Chine exerce d'énormes pressions sur les entreprises et les Etats pour l'isoler diplomatiquement et économiquement. Même si Taïwan est soutenue par les Occidentaux, notamment les Etats-Unis, ces pays n'y disposent que d'un bureau. Pour Xi Jinping, qui considère Taïwan comme une province, l'avenir de celle-ci passe par l'adoption du principe «un pays, deux systèmes» qui régit Macao et Hongkong, deux régions chinoises spécifiques. Une perspective inacceptable pour de nombreux Taïwanais et que la présidente Tsai a immédiatement rejetée. Si elle ne va

pas jusqu'à proclamer l'indépendance formelle de l'île, contrairement à ce que souhaitent certains de ses partisans, elle entend que Pékin respecte l'indépendance de fait. «*La Chine doit faire face à la réalité de l'existence de la République de Chine [Taïwan], et ne pas nier le système démocratique que les gens de Taïwan ont construit ensemble*», a-t-elle déclaré. Depuis ce discours, sa cote de popularité n'a cessé de remonter.

Deuxième événement : la légalisation du mariage gay, en mai 2019. Une première en Asie. Il n'est pas sûr que cela rapporte beaucoup de voix au DPP. Si cette loi a incontestablement rendu la présidente Tsai populaire chez les jeunes, elle a accru son impopularité chez les plus âgés, qui lui en voulaient déjà d'avoir rogné leurs retraites. En revanche, cette loi a rappelé au monde entier qu'il existait une île revendiquée par la Chine qui vivait en démocratie et menait une politique progressiste. Troisième événement : Hongkong. La crise qui sévit dans cette région administrative spéciale a servi de repoussoir pour nombre de Taïwanais.

« MOINS DÉPENDRE DE LA CHINE »

En soutenant clairement les opposants hongkongais au nom de la démocratie, Tsai Ing-wen a encore marqué des points auprès de l'électorat. Son engagement à «défendre» Taïwan contre la Chine devient de plus en plus audible, même auprès d'un électorat qui estime qu'il est illusoire de vouloir s'opposer à ce voisin géant. Plus la Chine menace, plus le DPP semble marquer des points.

Enfin, quatrième élément : contrairement à toutes les prévisions, Taïwan ne souffre pas de la guerre commerciale entre les Etats-Unis et la Chine. Selon l'ONU, elle en est même le principal bénéficiaire, devant l'Union européenne, le Mexique et le Vietnam. Certes, ses exportations vers la Chine ont diminué, mais celles vers les Etats-Unis ont bondi de 18 %. Surtout, les industriels taïwanais qui avaient transféré tout ou partie de leur production vers la Chine sont tentés de la relocaliser. Un phénomène que les Taïwanais espèrent durable. «*Jusqu'ici, l'économie de Taïwan était corrélée à l'économie chinoise. Ensemble, nous produisions des biens qui partaient aux Etats-Unis. C'est en train de changer. Nous allons moins dépendre de la Chine et vendre directement aux Américains*», affirme le professeur Darson Chiu, du Taïwan Institute of Economic Research. ●

FRÉDÉRIC LEMAÎTRE

Asie du Sud-Est

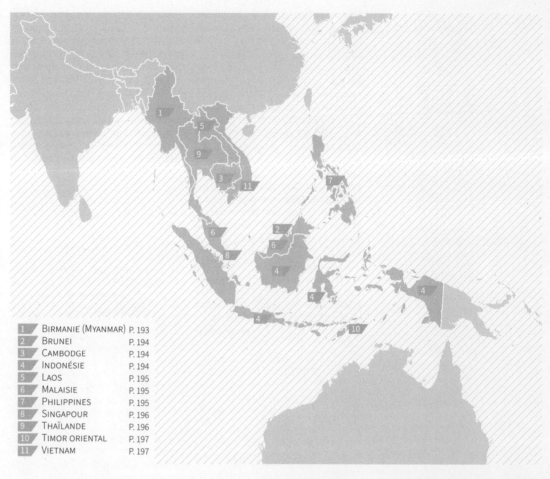

BIRMANIE (MYANMAR)

CHEF DE L'ÉTAT Win Myint
SUPERFICIE 677 000 km²
POPULATION (HAB.) 54 millions
PIB (MD $) 66
CROISSANCE 6,2 %
CHÔMAGE 1,6 %
MONNAIE kyat (0,0006 €)
ÉMISSIONS DE CO_2 (T/HAB.) 0,5 (179e)

Un taux de croissance fort (plus de 6 %) et de réelles perspectives économiques à l'horizon n'empêcheront pas la Birmanie d'être confrontée en 2020 aux incertitudes caractérisant à terme, et sur plusieurs plans, la situation politique et sécuritaire du « Myanmar » – nom officiel du pays.

Sur les marches nord et sud-ouest du pays, dans les Etats Shan et de l'Arakan, les mouvements armés d'ethnies minoritaires continuent d'entretenir un climat d'insécurité permanent.

Le fait que la chef du gouvernement birman, l'ancienne dissidente et Prix Nobel de la paix Aung San Suu Kyi, ait dû se rendre à La Haye, aux Pays-Bas, en décembre 2019, pour défendre son pays devant la Cour de justice internationale, montre par ailleurs à quel point les accusations de génocide dont l'armée birmane est accusée par l'ONU à l'encontre de la minorité musulmane des Rohingya ont durablement abîmé l'image du pays : 700 000 Rohingya, victimes des terribles opérations de nettoyage ethnique de 2016 et 2017, croupissent toujours dans des camps de réfugiés au Bangladesh. Et sans qu'aucune solution ait été trouvée quant à leur possible rapatriement en Birmanie.

Depuis deux ans, ces massacres ont fait voler en éclats la réputation de l'ex- « dame de Rangoun », longtemps icône démocratique mondiale, isolant la Birmanie et rendant plus compliqués ses rapports avec l'Occident et les pays musulmans.

Les élections législatives qui auront lieu à l'hiver 2020 constituent un autre facteur déstabilisant : le parti d'Aung San Suu Kyi, la Ligue nationale pour la démocratie (NLD), devra compter avec une montée en puissance de la formation politique des militaires. Que la « Ligue » avait battu à plates coutures lors du dernier scrutin de 2015. Cette fois-ci, ce « parti de l'Union, de la solidarité et du développement » (USDP), apparaît mieux placé pour se mesurer à la NLD.

ACCUSATIONS DE GÉNOCIDE

La situation d'instabilité créée par la poursuite des conflits internes et les opérations de guérilla dans plusieurs Etats – outre le Shan et l'Arakan, les Etats Karen et Mon ont été le théâtre de combats plus ou moins violents en 2019 – s'ajoute aux incertitudes politiques quant à l'avenir proche. Les investissements étrangers ont souffert : ils ont baissé de 14 % en 2018, même si les prévisions pour 2019 étaient plus prometteuses. La Birmanie ▶▶▶

Asie du Sud-Est

▶▶▶ souffre aussi de la guerre commerciale entre les Etats-Unis et la Chine : ses exportations payent le prix du ralentissement chinois.

Les accusations de génocide contre l'armée menacent les relations entre la Birmanie et l'UE : celle-ci pourrait reconsidérer le statut d'exemption des droits de douanes accordés aux exportateurs birmans, mesure dont jouissent aussi d'autres pays en développement. Une mission de l'UE s'est rendue au printemps à Rangoun et Naypyidaw, la capitale, pour évoquer avec les autorités la question des droits de l'homme. Un rapport devrait être rendu en 2020 et pourrait donner lieu à d'éventuelles sanctions.

Si cette éventualité se concrétisait, la Birmanie en serait affectée : ses exportations vers les pays de l'UE sont passées de 435 millions d'euros en 2015 à 2,3 milliards en 2018. ∎

BRUNO PHILIP

BRUNEI

CAMB.

VIETNAM

Mer de Chine méridionale

PHILIPPINES

Côn Son

Sabah

BANDAR SERI BEGAWAN ◻

Bungaran

MALAISIE

Anambas

Sarawak

MALAISIE

INDONÉSIE

Kalimantan (Bornéo)

SINGAPOUR

INDONÉSIE

250 KM

CHEF DE L'ÉTAT Hassanal Bolkiah
SUPERFICIE 6 000 km²
POPULATION (HAB.) 430 000
PIB (MD $) 12,5
CROISSANCE 1,8 %
CHÔMAGE 9,3 %
MONNAIE dollar de Brunei (0,66 €)
ÉMISSIONS DE CO$_2$ (T/HAB.) 19 (8e)

L'annonce faite au printemps 2019, par le sultan Hassanal Bolkiah, que des châtiments coraniques extrêmes allaient être appliqués en avril sur le petit émirat de Brunei a soulevé un tollé dans la communauté internationale. La législation prévoit entre autres la lapidation pour des « crimes » d'homosexualité et d'adultère.

Les réactions outrées des Etats-Unis – en particulier d'Hollywood, où le sultan a des intérêts dans des hôtels – et de l'Europe ont conduit le monarque à effectuer un peu plus tard une prudente marche arrière. Le 5 mai, Sa Majesté a annoncé qu'un moratoire s'appliquerait sur les crimes punis de lapidation.

La prospérité liée aux hydrocarbures a permis jusqu'à présent d'assurer la solidité du contrat social entre un système de monarchie absolue totalement non démocratique et une population aux deux tiers musulmane. Le Brunei devra cependant bientôt anticiper sur la raréfaction des réserves naturelles alors que, déjà, les investissements étrangers dans les compagnies pétrolières sont à la baisse. ∎

B.P.

CAMBODGE

THAÏLANDE

LAOS

Sisophon

● Siem Reap

Battambang ●

PHNOM PENH ◻

VIETNAM

Sihanoukville ●

Golfe de Thaïlande

Mer de Chine méridionale

125 KM

CHEF DE L'ÉTAT Norodom Sihamoni
PREMIER MINISTRE Hun Sen
SUPERFICIE 181 000 km²
POPULATION (HAB.) 16,5 millions
PIB (MD $) 26,7
CROISSANCE 7 %
CHÔMAGE 1 %
MONNAIE riel (0,0002 €)
ÉMISSIONS DE CO$_2$ (T/HAB.) 0,6 (168e)

En exil, l'opposition tente de reprendre l'initiative contre le premier ministre Hun Sen, un an après les élections législatives dont elle a été tenue à l'écart. Sam Rainsy a ainsi annoncé son retour au Cambodge, en novembre, en dépit des risques d'arrestation. Le chef de file de l'opposition, dont le parti a été dissous en 2017, n'a pas pu aller au-delà de la Malaisie, la Thaïlande et l'Indonésie lui ayant refusé l'accès à leur territoire. Mais l'opération a placé le régime de Hun Sen sur la défensive, alors que l'Union européenne menace de suspendre un accord douanier bénéficiant à l'industrie textile cambodgienne.

Bruxelles, qui doit prendre sa décision en février 2020, entend protester contre les régressions en matière de démocratie et de droits de l'homme. Contraint de lâcher du lest pour préserver la croissance, évaluée à 7 % en 2019, Hun Sen a fait lever l'assignation à résidence de Kem Sokha, un autre opposant emblématique. Celui-ci reste néanmoins accusé de « trahison ». Hun Sen, qui brandit la période du

Kampuchéa démocratique (1975-1979) comme un épouvantail, refuse de laisser la justice internationale se pencher sur le cas d'anciens cadres khmers rouges de niveau intermédiaire. Après la mort de leur idéologue, Nuon Chea, en août, l'ancien chef de l'Etat, Khieu Samphan, et le directeur de la prison du régime S-21, « Douch », sont les deux derniers anciens khmers rouges en détention. Le tribunal spécial parrainé par l'ONU décidera, début 2020, s'il jugera ou non Meas Muth, ex-commandant de la marine du régime génocidaire. ∎

ADRIEN LE GAL

INDONÉSIE

CHINE

OCÉAN PACIFIQUE

CAMB.

VIET.

PHILIPPINES

THAÏ.

MALAISIE

● Medan

DJAKARTA ◻

TIM.

● Surabaya

AUSTRALIE

Bandung ●

750 KM

CHEF DE L'ÉTAT Joko Widodo
SUPERFICIE 1 905 000 km²
POPULATION (HAB.) 270,6 millions
PIB (MD $) 1 111,7
CROISSANCE 5 %
CHÔMAGE 4,4 %
MONNAIE roupie indonésienne (0,00006 €)
ÉMISSIONS DE CO$_2$ (T/HAB.) 2,3 (125e)

Au mois d'avril 2019, l'élection présidentielle a vu Joko Widodo reconduit au pouvoir. La victoire sans conteste (55,5 % des voix) de ce chef de l'Etat de 58 ans, le premier de l'histoire à ne pas avoir trempé dans les affaires de l'ex-dictature militaire (1967-1998), a été aussi celle des libéraux et des minorités ethniques ou religieuses dans le plus grand pays musulman du monde (270,6 millions d'habitants, dont 87 % de disciples du prophète).

Mais l'archipel est travaillé par la montée de la bigoterie et l'essor d'un islamisme de plus en plus virulent : l'arrestation pour blasphème contre le Coran, en 2017, de l'ancien gouverneur de Djakarta, un sino-chrétien, n'a été que l'une des illustrations de ce phénomène. Sans compter que des djihadistes restent en embuscade, comme l'a montré la tentative d'assassinat en octobre de l'ex-général Wiranto, alors ministre de la sécurité.

Alors que « Jokowi » – surnom du président – apparaît plus préoccupé par la construction d'infrastructures et les succès économiques de sa stratégie de développement, en partie réussie, que par les droits de l'homme, les analystes remarquent que le chef de l'Etat a tendance à laisser le terrain libre à certains adversaires de la démocratie. Après la chute du dictateur Suharto, en 1998, la République indonésienne, dont le système est relativement séculariste, était devenue la plus vibrante démocratie d'Asie du Sud-Est. Il semble désormais que l'archipel dérive, à certains égards, vers un certain « illibéralisme ».

Même si la tenue régulière d'élections, une presse libre et un certain nombre de contre-pouvoirs institutionnels sont là pour prouver que le pays reste politiquement libéral, le pragmatisme de Jokowi inquiète les partisans de la démocratie et les minorités religieuses, notamment les chrétiens (10 % de la population), qui ont massivement voté pour lui. Le fait que le président soit intervenu avec une certaine mollesse pour conseiller le report d'un projet de loi préparé par des députés conservateurs et prévoyant des condamnations à des peines de prison en cas de relations sexuelles hors mariage, a choqué les libéraux.

ALLIÉS DES CACIQUES CORROMPUS

Joko Widodo a également déchaîné les foudres de certains de ses partisans – mais aussi de ses adversaires – en ne s'opposant pas à une autre loi qui va affaiblir les moyens d'action de la KPK, la très populaire agence anticorruption. En décidant de ne pas recourir à un décret présidentiel qui lui aurait permis d'empêcher la promulgation d'une telle loi, le président est apparu comme l'allié des caciques du monde des affaires aux pratiques souvent corrompues.

La dernière décision du président, en forme de coup de théâtre, a été prise le 23 octobre : s'il a choisi dans son nouveau gouvernement de jeunes entrepreneurs à certains postes-clés, il a nommé ministre de la défense Subianto Prabowo, candidat malheureux aux élections présidentielles de 2014 et 2019.

Si la manœuvre est habile, celle-ci consistant à couper l'herbe sous le pied d'un rival, la décision d'intégrer cet ancien lieutenant général accusé de crimes durant la dictature, a déçu plus d'un partisan de Joko Widodo. ■

B.P.

LAOS

CHEF DE L'ÉTAT
Boungnang Vorachit
PREMIER MINISTRE Thoungloun Sisoulith
SUPERFICIE 237 000 km²
POPULATION (HAB.) 7,2 millions
PIB (MD $) 19,1
CROISSANCE 6,4 %
CHÔMAGE 0,6 %
MONNAIE kip (0,0001 €)
ÉMISSIONS DE CO₂ (T/HAB.) 2,7 (109ᵉ)

Ce petit pays communiste a mis en service un nouveau méga-barrage hydroélectrique sur le Mékong, à Xayaburi, en octobre 2019. L'ouvrage, d'une capacité de 1 285 mégawatts et construit par une entreprise thaïlandaise, suscite des inquiétudes en raison de son impact sur la biodiversité et sur le niveau d'eau du fleuve, au plus bas sur de larges pans.

Le Laos, qui ambitionne de devenir « la batterie de l'Asie du Sud-Est », compte toujours des milliers de personnes déplacées et hébergées dans des camps, depuis l'effondrement d'un autre barrage, en juillet 2018, dans le sud du pays, faisant 71 morts, selon l'ONG International Rivers.

Sept ans après l'enlèvement et la disparition, à Vientiane, en 2012, de Sombath Somphone, défenseur des droits des paysans, les ONG s'inquiètent à présent pour le cas d'Od Sayavong. Ce militant des droits de l'homme de 34 ans, exilé à Bangkok, s'est volatilisé dans la soirée du 26 août. En janvier, deux dissidents thaïlandais réfugiés au Laos ont par ailleurs été retrouvés morts, dans le Mékong, le corps lesté de ciment. ■

A.L.G.

MALAISIE

CHEF DE L'ÉTAT Tengku Abdullah Shah
(24/01/2019, accession le 31/01/2019)
PREMIER MINISTRE Mahathir Mohamad
SUPERFICIE 330 000 km²
POPULATION (HAB.) 31,9 millions
PIB (MD $) 365,3
CROISSANCE 4,5 %
CHÔMAGE 3,4 %
MONNAIE ringgit (0,22 €)
ÉMISSIONS DE CO₂ (T/HAB.) 8,1 (43ᵉ)

En Malaisie, la transition au sommet tant attendue au sein de la coalition sortie victorieuse des élections de mai 2018 n'aura donc pas eu lieu en 2019 : contre toute attente, le premier ministre Mahathir Mohamad, ex-homme fort du pays sorti de sa retraite et passé dans le camp démocrate, n'a toujours pas cédé sa place à son ex-successeur puis ennemi juré, Anwar Ibrahim.

Agé de 94 ans, M. Mahathir estime que, s'il a bien promis de laisser sa place à M. Anwar, le chef du principal parti de la coalition, le PKR, ou Parti de la justice du peuple, « la durée ne fait pas partie de l'accord », et qu'il le fera dans un délai de « deux ou trois ans » après les élections. M. Mahathir s'est targué toutefois d'avoir remis en ordre les finances du pays après le scandale du fonds souverain 1MDB, pour lequel son prédécesseur, Najib Razak, accusé d'abus de pouvoir et de blanchiment, a comparu pour la première fois fin 2019.

MÉCHANT SCANDALE

Le « Docteur M » a renégocié les projets chinois : le coût du chemin de fer de la côte Est, projet qui relie la frontière de la Thaïlande à Port Kelang, de l'autre côté de la péninsule malaise, a ainsi été abaissé de 10 milliards de dollars (9 milliards d'euros), soit d'un tiers, et 40 % des contrats seront attribués à des sociétés locales. Le goût de M. Mahathir pour le pouvoir agite le microcosme politique malaisien, qui a connu un méchant scandale après que le ministre de l'économie et

numéro deux du PKR, Azmin Ali, a été accusé par un membre junior du parti d'avoir filmé leurs ébats sexuels entre hommes – délit passible d'emprisonnement et écho embarrassant des déboires judiciaires d'Anwar Ibrahim, condamné et emprisonné pour sodomie.

Les réformes promises en matière de gouvernance, notamment la diminution des pouvoirs du premier ministre, tardent à voir le jour sous Mahathir. Pendant que l'opposition des islamo-conservateurs a repris du poil de la bête en gagnant quatre des cinq élections partielles qui se sont tenues en 2019.

En ralentissement fin 2019, l'économie a connu une forte croissance pendant les trois premiers trimestres, qui porte le taux de croissance du PIB à 4,5 % pour cette année, selon le FMI. ■

BRICE PEDROLETTI

PHILIPPINES

CHEF DE L'ÉTAT Rodrigo Duterte
SUPERFICIE 300 000 km²
POPULATION (HAB.) 108,1 millions
PIB (MD $) 356,8
CROISSANCE 5,7 %
CHÔMAGE 2,4 %
MONNAIE peso philippin (0,018 €)
ÉMISSIONS DE CO₂ (T/HAB.) 1,3 (147ᵉ)

L'archipel philippin est devenu en 2019 le pays le plus dangereux de la planète pour les défenseurs de l'environnement, un indicateur parmi d'autres de l'impunité qui s'est installée en trois années de présidence de Rodrigo Duterte.

Dès son arrivée au pouvoir, en mai 2016, le « punisseur » a lancé une sanglante campagne de guerre contre la drogue, au cours de laquelle les petits usagers sont abattus lors de descentes de police ou à la nuit tombée par des escadrons de la mort à moto. La Commission des droits de l'homme du pays estime, depuis, le bilan à ▶▶▶

Asie du Sud-Est

▶▶▶ 27 000 morts. Ce permis de tuer se répercute en cascade sur toute la société civile : avocats, journalistes, activistes, qui dans les provinces assistent, impuissants, à l'assassinat de leurs collègues. Symbole de cette dérive, le pouvoir s'est lancé dans une guerre judiciaire contre le principal site de journalisme d'investigation du pays aux 108 millions d'habitants, *Rappler*, et contre sa rédactrice en chef, Maria Ressa, arrêtée puis relâchée sous caution à de multiples reprises au cours de l'année 2019.

LA TENTATION CHINOISE

Malgré ce bilan, la population porte au crédit de M. Duterte des progrès sécuritaires. C'est ce qui lui a permis de sortir victorieux des élections de mi-mandat, en mai 2019, son camp remportant la majorité au Sénat, où l'opposition, qui auparavant était parvenue à faire barrage à certaines de ses mesures les plus controversées – rétablissement de la peine de mort, abaissement de l'âge de la responsabilité pénale des mineurs –, ne tient plus que quatre sièges sur vingt-quatre.

A l'international, le gouvernement philippin continue de renforcer sa relation avec la Chine, les insultes proférées par le populiste Duterte envers les Occidentaux sur la première moitié de son mandat n'ayant pas aidé sa relation avec eux. Mais le différend entre Pékin et ses voisins d'Asie du Sud-Est, notamment Manille, sur la souveraineté en mer de Chine méridionale, n'est pas réglé pour autant. La compagnie nationale d'électricité chinoise a pris 40 % du capital de celle des Philippines, et les parlementaires de l'archipel ont par ailleurs révélé, en novembre 2019, que Pékin avait acquis les moyens de couper la distribution d'électricité du pays pour quarante-huit heures en cas de conflit ouvert. ∎

HAROLD THIBAULT

SINGAPOUR

CHEF DE L'ÉTAT Mme Halimah Yacob
PREMIER MINISTRE Lee Hsien Loong
SUPERFICIE 700 km²
POPULATION (HAB.) 5,8 millions
PIB (MD $) 362,8
CROISSANCE 0,5 %
CHÔMAGE 3,6 %
MONNAIE dollar de Singapour (0,66 €)
ÉMISSIONS DE CO₂ (T/HAB.) 7,1(48ᵉ)

Signe de l'anémie économique, la prime 2019 des 85 000 fonctionnaires de la cité-Etat, dont le secteur public est le premier employeur, a été la plus faible depuis dix ans. En cause, une baisse des exportations due aux retombées de la guerre économique entre Chine et Etats-Unis.

Sur le plan politique, la querelle qui agite la famille du fondateur du pays, Lee Kwan Yew, mort en 2015, à 91 ans, autour du sort de la maison qu'il occupait, s'est prolongée en 2019. Le fils du patriarche, le premier ministre singapourien, Lee Hsien Loong, est en conflit ouvert avec son frère et sa sœur, qui souhaitent que la maison soit détruite, conformément à la volonté de leur père. Ils accusent l'actuel premier ministre de vouloir l'exploiter en en faisant un musée. Alors que des élections doivent se tenir début 2020, la maigre opposition parlementaire s'est enrichie d'un nouveau parti en 2019, le Progress Singapore Party (PSP), créé par un transfuge du People's Action Party (PAP), la formation de Lee Kwan Yew, qui monopolise le pouvoir depuis l'indépendance, en 1965. Elle est soutenue par le frère du premier ministre, Lee Hsien Yang. Le PAP, qui avait raflé quasiment tous les sièges lors des élections de 2015, reste toutefois le grand favori. ∎

BRICE PEDROLETTI

THAÏLANDE

CHEF DE L'ÉTAT Rama X (Vajiralongkorn)
PREMIER MINISTRE Prayuth Chan-ocha
SUPERFICIE 513 000 km²
POPULATION (HAB.) 69,6 millions
PIB (MD DE $) 529,2
CROISSANCE 2,9 %
CHÔMAGE 0,7 %
MONNAIE baht (0,03 €)
ÉMISSIONS DE CO₂ (T/HAB.) 4,2 (87ᵉ)

Deux événements ont marqué l'année 2019 en Thaïlande : après cinq ans de régime militaire, les électeurs sont retournés aux urnes le 24 mars pour élire les 500 députés de leur Chambre des représentants. Peu de temps après le scrutin, le 5 mai, Maha Vajiralongkorn, monté sur le trône en 2016 à la mort de son père le roi Bhumibol, a été officiellement couronné à Bangkok lors de cérémonies fastueuses, mêlant d'anciens rites bouddhiques et brahmaniques.

Les élections, marquées par de nombreuses irrégularités, n'ont pas contribué à restaurer la démocratie dans le royaume : l'organisateur du coup d'Etat de mai 2014 et premier ministre sortant, Prayuth Chan-ocha, a été renommé à la tête du gouvernement le 5 juin, après un vote en sa faveur des députés affiliés à la douzaine de partis formant la nouvelle coalition gouvernementale. Cette dernière, emmenée par le Palang Pracharat (Parti du pouvoir de l'Etat du peuple), formation composée d'anciens ministres de l'ex-régime militaire, dispose cependant d'une très mince majorité à la chambre.

Le gouvernement se retrouve dans une position quelque peu instable : en dépit du fait que son chef est un général putschiste, ce dernier doit tout de même se plier aux exigences d'un système démocratisé, sinon démocratique. Mais la plupart des observateurs indépendants s'accordent à dire que le pouvoir reste entre les mains d'une oligarchie formée par les militaires, le palais royal et les grandes entreprises. L'opposition, qui a retrouvé la liberté de parole, en théorie, reste sujette à des brimades. L'écartement du Parlement par une justice aux ordres du député élu Thanathorn Juangroongruangkit, 40 ans, figure montante de la politique, en est la preuve. Son « Parti du nouvel avenir » – Anakot Maï – a été la révélation des élections mais la Cour constitutionnelle l'a déchu de son mandat sous le prétexte qu'il aurait détenu des actions dans un groupe de médias durant la campagne électorale, ce que la loi interdit. L'intéressé a nié ces accusations, affirmant que cette société de médias avait cessé toute activité avant le scrutin.

LE PAYS LE PLUS INÉGALITAIRE
Politiquement divisée et socialement instable, la Thaïlande, qui peut cependant compter sur de solides fondamentaux économiques, continue de souffrir d'une conjoncture morose : croissance moyenne (prévisions de moins de 3 % pour la fin 2019), consommation en berne, productivité en baisse.

Et, surtout, un baht très fort : la hausse du taux de change de la monnaie nationale a eu des conséquences pour le moins néfastes sur les exportations et le tourisme. L'avenir social reste problématique : la Thaïlande est devenue en 2019 le pays le plus inégalitaire de la planète, où 1 % de la population détient 66,9 % de la richesse du pays. ∎

BRUNO PHILIP

TIMOR ORIENTAL

CHEF DE L'ÉTAT Francisco Guterres
PREMIER MINISTRE Taur Matan Ruak
SUPERFICIE 15 000 km²
POPULATION (HAB.) 1,3 million
PIB (MD $) 2,9
CROISSANCE 4,5 %
CHÔMAGE 3 %
MONNAIE dollar américain (0,91 €)
ÉMISSIONS DE CO₂ (T/HAB.) 0,4 (181ᵉ)

Le Timor oriental a fêté dans la liesse, le 30 août 2019, le vingtième anniversaire du référendum d'autodétermination qui avait vu une écrasante majorité de votants se prononcer en faveur de l'indépendance. L'ancienne colonie portugaise, occupée par l'Indonésie pendant vingt-quatre ans, est devenue indépendante en 2002.

Depuis, la jeune nation jouit d'un système démocratique assez remarquable dans une Asie du Sud-Est qui a tendance à dériver vers l'autoritarisme. En dépit de la stabilisation politique et du respect de l'alternance au pouvoir grâce à la tenue d'élections régulières, la situation économique reste contrastée : selon les chiffres officiels, 38 % de la population vit avec 1 dollar américain (90 centimes d'euro) par jour, même si 80 % des habitants disposent de l'électricité.

L'île est potentiellement très riche : le fonds de réserve du pays en hydrocarbure est estimé à 17 milliards de dollars. En 2018, la signature d'un traité avec l'Australie a permis de régler le litige au sujet de la délimitation des frontières maritimes et des zones d'exploitation du pétrole et du gaz. ∎

B.P.

VIETNAM

CHEF DE L'ÉTAT Nguyen Phu Trong
PREMIER MINISTRE Nguyen Xuan Phuc
SUPERFICIE 332 000 km²
POPULATION (HAB.) 96,5 millions
PIB (MD $) 261,6
CROISSANCE 6,5 %
CHÔMAGE 1,9 %
MONNAIE dong (0,00004 €)
ÉMISSIONS DE CO₂ (T/HAB.) 2,2 (127ᵉ)

Au Vietnam, deux indicateurs sont à la hausse : la croissance économique et la répression de la mouvance prodémocratie. Le régime postcommuniste a des raisons de se flatter de la poursuite de ses bonnes performances, consolidées en 2019 : selon le « bureau des statistiques générales », qui a rendu publics les chiffres de la croissance en septembre, cette dernière a été de 7,31 % durant le

premier trimestre. Alors que les investissements étrangers et les exportations sont en hausse, l'industrie manufacturière a crû de 10 % d'une année sur l'autre tandis que les secteurs des services et l'agriculture affichaient également des résultats encourageants.

La guerre commerciale entre la Chine et les Etats-Unis, potentiellement facteur d'instabilité régionale, pourrait cependant permettre au Vietnam de tirer parti de l'affrontement : la chambre de commerce américaine en Chine a révélé que 40 % de ses membres ont délocalisé leurs usines manufacturières hors de la République populaire en 2019. Et une grande partie d'entre elles sont parties en Asie du Sud-Est. Le Vietnam, où se sont déjà installés des parcs industriels fabriquant téléphones portables et composants électroniques, pourrait profiter de ces délocalisations forcées.

UNE RÉPRESSION EN HAUSSE
En ce qui concerne les droits de l'homme et la liberté d'expression, la situation reste déplorable et la répression s'est encore renforcée en 2019. Rien que pour le mois de novembre, trois cas ont retenu l'attention : le 15, un professeur de musique a été condamné à onze ans de prison pour avoir posté des commentaires critiques contre le régime sur Facebook. Le 21, un journaliste indépendant a été arrêté pour « propagande contre l'Etat ». Le 22, un jeune activiste a été appréhendé pour avoir « répandu des informations contre l'Etat ».

L'organisation Human Rights Watch remarque que la répression est en hausse constante : en 2018, 42 défenseurs des droits humains ont été condamnés, soit le triple du nombre de condamnations prononcées contre des activistes vietnamiens en 2017. ∎

B.P.

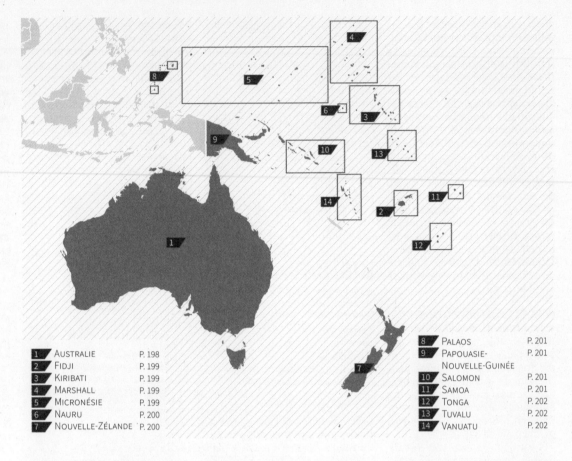

Océanie

AUSTRALIE

INDONÉSIE — TIMOR-ORIENTAL — PAPOUASIE-NOUVELLE-GUINÉE

Mer de Corail

Perth — Brisbane — Adélaïde — CANBERRA — Sydney — Melbourne

OCÉAN INDIEN — Tasmanie — Mer de Tasman

700 KM

CHEF DE L'ÉTAT Elizabeth II
PREMIER MINISTRE Scott Morrison
SUPERFICIE 7 741 000 km²
POPULATION (HAB.) 25,2 millions
PIB (MD $) 1 376,3
CROISSANCE 1,7 %
CHÔMAGE (OCDE) 5,2 %
MONNAIE dollar australien (0,62 €)
ÉMISSIONS DE CO$_2$ (T/HAB.) 17 (11e)

Arrivé à la tête du gouvernement, en août 2018, suite à la chute de Malcolm Turnbull – renversé par un putsch interne au Parti libéral – Scott Morrison aurait dû être un premier ministre de transition, balayé par les élections de mai 2019. Mais alors que les sondages donnaient la droite défaite par le Parti travailliste, l'ancien trésorier a inversé la tendance, offrant la victoire à la coalition libérale-nationale, pourtant usée par six années de pouvoir et de luttes intestines. Le 29 mai, il a été reconduit à son poste doté d'une nouvelle légitimité.

Pour réaliser ce qu'il a qualifié de « miracle », ce chrétien évangélique s'est concentré sur les sujets économiques, promettant des baisses d'impôt massives et des investissements dans les infrastructures. Il a également mis en avant son bilan : en avril, le gouvernement avait présenté le premier budget excédentaire depuis douze ans. L'Australie, l'un des premiers exportateurs mondiaux de charbon et de minerai de fer, a notamment profité de l'augmentation des cours des matières premières.

SIGNES D'ESSOUFFLEMENT

Néanmoins, l'économie de l'île-continent reste tributaire de la demande chinoise et présente des signes d'essoufflement. En 2019, la croissance du PIB devrait passer sous la barre des 2 % pour la première fois en dix ans. Craignant un ralentissement, la banque centrale a décidé, en décembre, de maintenir son taux d'intérêt à 0,75 %, un plus bas historique. Dans ce contexte, M. Morrison devra trouver les moyens de mettre en œuvre ses promesses de campagne.

L'opposition l'attendra aussi sur le dossier climatique. L'Australie, l'un des plus gros émetteurs de gaz à effet de serre par habitant au monde, s'est engagé, lors de la COP21 à réduire ses émissions de 26 % à 28 % d'ici à 2030 par rapport à 2005. Mais l'exécutif n'a pas de stratégie pour y parvenir, et M. Morrison donne la priorité aux intérêts du secteur minier. En avril, son cabinet a approuvé un projet de mine de charbon géante d'autant plus controversée qu'elle se situera à proximité de la Grande Barrière de corail. L'ensemble du pays est par ailleurs confronté à des catastrophes naturelles d'une violence inédite : inondation d'une ampleur historique dans le nord-est du pays ; incendies d'une intensité exceptionnelle dans l'Est ; interminable sécheresse...

L'immobilisme de la droite face à la crise climatique hypothèque les chances de réussite de l'offensive de charme lancée par Canberra auprès des Etats insulaires du Pacifique, dont l'existence même est menacée par la montée du niveau des eaux. Ainsi, M. Morrison, qui, dès le mois de janvier, a initié une série de rencontres bilatérales avec ses homologues dans cette zone longtemps considérée comme acquise mais qui regarde désormais vers Pékin, s'est surtout heurté à leurs critiques vis-à-vis de la dépendance de son pays au charbon.

Sur la scène internationale, le gouvernement s'est employé à maintenir un équilibre entre les Etats-Unis, son principal allié stratégique, et la Chine, son premier partenaire économique. Mais tandis que M. Morrison a affiché sa proximité avec Donald Trump, au cours d'une visite officielle aux Etats-Unis en septembre, les relations entre Canberra et Pékin ont été émaillées, en 2019, d'incidents sur fond de soupçons d'ingérence de la part des autorités australiennes. ◾

ISABELLE DELLERBA

des inondations menace la vie des habitants de ces îles mais aussi les infrastructures et l'économie fondée sur le tourisme et l'exportation de sucre. En septembre, Frank Bainimarama a créé un fonds pour les déplacés climatiques.

L'ancien chef d'état-major de l'armée, arrivé au pouvoir par un putsch en 2006 avant d'être démocratiquement élu en 2014, avait été reconduit à son poste fin 2018. En novembre 2019, les Nations unies ont appelé le pays à mieux protéger la liberté d'expression. ◾

I. DE.

Néanmoins, le gouvernement espère tirer profit de cette décision. La Chine a promis de nouvelles opportunités pour le développement économique du pays M. Maamau mise en particulier sur le tourisme et la pêche. Mais l'avenir de ces trente-trois atolls est menacé par la montée du niveau de la mer. Les Kiribati pourraient être l'un des premiers Etats souverains à devenir inhabitable à cause du réchauffement climatique. En 2014, le pays avait acheté des terres aux Fidji pour servir d'éventuel refuge à sa population. ◾

I. DE.

assure toujours la sécurité de l'archipel en vertu d'un accord de libre-association, soutient financièrement le pays, qui, depuis octobre 2019, ne figure plus sur la liste noire des paradis fiscaux de l'Union européenne. Son PIB dépend à 70 % des aides étrangères. En mai, la présidente Hilda Heine a été reçue par son homologue américain, Donald Trump.

Constituées d'atolls coralliens, les Marshall sont menacées de disparition par la montée du niveau des eaux. Le gouvernement envisage d'élever certaines îles pour sauver les zones les plus peuplées. Fin novembre, de fortes vagues ont partiellement inondé la capitale, à Majuro. ◾

I. DE.

FIDJI

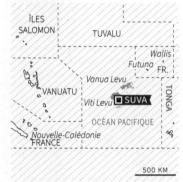

500 KM

CHEF DE L'ÉTAT Jioji Konrote
PREMIER MINISTRE Frank Bainimarama
SUPERFICIE 18 000 km²
POPULATION (HAB.) 890 000
PIB (MD $) 5,7
CROISSANCE 2,7 %
CHÔMAGE 4,2 %
MONNAIE dollar fidjien (0,41 €)
ÉMISSIONS DE CO$_2$ (T/HAB.) 2,4 (121e)

En janvier 2019, Frank Bainimarama était le premier chef de gouvernement fidjien à recevoir une visite bilatérale de son homologue australien. En septembre, il se rendait à son tour à Canberra. Mais si l'Australie souhaitait renforcer ses liens avec la quatrième économie de la région, les Fidji n'ont cessé de lui reprocher son inaction face à la crise climatique. La multiplication des cyclones et

KIRIBATI

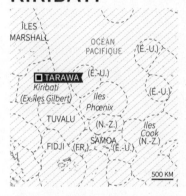

500 KM

CHEF DE L'ÉTAT Taneti Maamau
SUPERFICIE 700 km²
POPULATION (HAB.) 120 000
PIB (MD $) 0,18
CROISSANCE 2,3 %
CHÔMAGE n. c.
MONNAIE dollar australien (0,62 €)
ÉMISSIONS DE CO$_2$ (T/HAB.) 0,6 (174e)

Renversement d'alliance majeur pour cet archipel. En septembre 2019, les Kiribati ont reconnu Pékin, mettant fin à seize années de relations diplomatiques avec Taïwan. Ce changement stratégique n'a pas été sans conséquences pour le président Taneti Maamau. Critiqué jusque dans les rangs de son propre parti, il a perdu sa majorité parlementaire en novembre. Des élections doivent se tenir en 2020.

MARSHALL

300 KM

CHEF DE L'ÉTAT Mme Hilda Heine
SUPERFICIE 200 km²
POPULATION (HAB.) 60 000
PIB (MD $) 0,22
CROISSANCE 2,4 %
CHÔMAGE n. c.
MONNAIE dollar américain (0,91 €)
ÉMISSIONS DE CO$_2$ (T/HAB.) 2,6 (113e)

Une fuite de matières radioactives menace-t-elle l'atoll d'Enewetak ? Après y avoir mené des essais nucléaires entre 1946 et 1958, les Américains y ont enfoui les déchets dans un cratère mal isolé et l'ont recouvert d'un dôme de béton désormais fissuré. Les Marshall ont lancé des analyses en novembre et envisagent de poursuivre les Etats-Unis. L'ancienne puissance tutélaire, qui

ÉTATS FÉDÉRÉS DE MICRONÉSIE

1 000 KM

CHEF DE L'ÉTAT
David Panuelo (élu le 11/05/2019)
SUPERFICIE 700 km²
POPULATION (HAB.) 114 000
PIB (MD $) 0,38
CROISSANCE 1,4 %
CHÔMAGE n. c.
MONNAIE dollar américain (0,91 €)
ÉMISSIONS DE CO$_2$ (T/HAB.) 1,3 (144e)

Le 21 mai 2019, dix jours après son élection à la présidence, David Panuelo avait rendez-vous avec Donald Trump. Le président américain l'a reçu dans le bureau ▶▶▶

PAYS	PIB 2019 RÉEL	RÉEL PAR HAB.	CROISSANCE DU PIB 2019	EMISSIONS DE CO$_2$ 2018	INDICE DE CORRUPTION 2008	2018	PAYS	PIB 2019 RÉEL	RÉEL PAR HAB.	CROISSANCE DU PIB 2019	EMISSIONS DE CO$_2$ 2018	INDICE DE CORRUPTION 2008	2018
AUSTRALIE	1 376,3	53 825	1,7	420,2	9*	13	Palaos	0,3	16 736	0,3	0,2	n.c.	n.c.
FIDJI	5,7	6 380	2,7	2,1	n.c.	n.c.	Papouasie-N^{ELLE}-Guinée	23,6	2 742	5	7,8	151*	138*
KIRIBATI	0,2	1 575	2,3	0,1	96*	n.c.	Salomon	1,4	2 247	2,7	0,2	109*	70*
MARSHALL (ÎLES)	0,2	3 925	2,4	0,2	n.c.	n.c.	Samoa	0,9	4 501	3,4	0,3	62*	n.c.
MICRONÉSIE	0,4	3 718	1,4	0,2	n.c.	n.c.	Tonga	0,5	4 862	3,5	0,1	138*	n.c.
NAURU	0,1	8 270	1,5	0,1	n.c.	n.c.	Tuvalu	0,0	3 835	4,1	0	n.c.	n.c.
NOUVELLE-ZÉLANDE	204,7	40 634	2,5	34,8	1*	2	Vanuatu	1,0	3 260	3,8	0,2	109*	64*

*ex aequo

PIB réel : en milliards de dollars • PIB/hab. : en dollars • Croissance : en % du PIB • Emissions de CO$_2$: en millions de tonnes

Océanie

▶▶▶ Ovale, aux côtés des dirigeants des îles Marshall et Palaos. Face à la montée en puissance de la Chine dans la région, les Etats-Unis se sont employés en 2019 à renforcer leurs relations avec ces trois pays auxquels ils sont liés par des accords de libre-association – les autorités américaines prennent en charge leur défense tout en leur apportant des aides financières. Des négociations pour une extension de ces accords ont été annoncées en août.

L'économie de ce pays, composé de 600 îles, repose essentiellement sur la vente de licences de pêche à des flottes étrangères et est tributaire des aides extérieures. En mai, la Banque mondiale lui a accordé une subvention pour améliorer ses infrastructures maritimes menacées par la crise climatique. ●

I. DE.

NAURU

CHEF DE L'ÉTAT Lionel Aingimea
(élu le 27/08/2019)
SUPERFICIE 21 km²
POPULATION (HAB.) 13 000
PIB (MD $) 0,11
CROISSANCE 1,5 %
CHÔMAGE n. c.
MONNAIE dollar australien (0,62 €)
ÉMISSIONS DE CO_2 (T/HAB.) 4,7 (78e)

En août 2019, les 7 600 électeurs de la plus petite république du monde ont voté pour le changement. Lors du scrutin législatif, ils ont élu une nouvelle génération d'hommes politiques à l'Assemblée nationale. Le président Baron Waqa, très critiqué durant ses six années de règne pour ses dérives antidémocratiques, a dû céder le pouvoir à Lionel Aingimea.

L'ancien avocat spécialisé dans la défense des droits de l'homme a promis de donner la priorité à l'éducation, à la santé, et de faire face aux défis posés par le réchauffement climatique. Les trois quarts de l'île de Nauru ont été dévastés par l'exploitation du phosphate et la population comme

les principales infrastructures du pays sont concentrées dans les zones côtières à la merci de la montée des eaux.

En septembre 2019, le FMI a appelé Nauru à diversifier son économie. Le sous-traitement des demandeurs d'asile envoyés par l'Australie et financé par Canberra constitue l'une des principales sources de revenu du pays. ●

ISABELLE DELLERBA

NOUVELLE-ZÉLANDE

CHEF DE L'ÉTAT Elizabeth II
PREMIÈRE MINISTRE Jacinda Ardern
SUPERFICIE 271 000 km²
POPULATION (HAB.) 4,8 millions
PIB (MD $) 204,7
CROISSANCE 2,5 %
CHÔMAGE (OCDE) 4,1 %
MONNAIE dollar néo-zélandais (0,59 €)
ÉMISSIONS DE CO_2 (T/HAB.) 7,3 (46e)

De l'année 2019, les Néo-Zélandais retiendront une vingtaine de minutes. Le temps qu'il a fallu au suprémaciste blanc Brenton Tarrant pour tuer 51 personnes dans deux mosquées de Christchurch et commettre, le 15 mars, le pire massacre de l'histoire récente du pays. L'Australien, auteur du carnage filmé et diffusé en direct sur les réseaux sociaux, a expliqué dans un manifeste avoir visé la communauté immigrée de Nouvelle-Zélande afin de démontrer que « *les envahisseurs sont sur toutes nos terres, même les plus éloignées* ». Il a été inculpé de 92 chefs d'accusation et sera jugé le 2 juin 2020. « *Nous ne sommes pas immunisés contre le virus de la haine, de la peur, ou autre. Nous ne l'avons jamais été*, souligne, peu après les fusillades, la première ministre, Jacinda Ardern. *Mais nous pouvons être la nation qui découvre le remède.* »

Dès le 16 mars, la chef du gouvernement travailliste a annoncé le durcissement de la législation sur les armes à feu puis un programme de rachat des armes devenues illégales.

Le 25 mars, elle a ordonné une enquête pour déterminer s'il y avait eu des failles de la police ou des services de renseignement. Le 15 mai, aux côtés du président français, Emmanuel Macron, elle a lancé « l'appel de Christchurch » destiné à lutter contre la propagation de « *contenus terroristes et extrémistes violents* » en ligne.

Sur le terrain, Jacinda Ardern a multiplié les gestes de solidarité envers les victimes, au diapason avec la population qui s'est spontanément portée au chevet des quelque 46 000 musulmans que compte le pays. Sa réaction a été unanimement saluée à l'international comme au niveau local. Alors que des élections législatives doivent se tenir d'ici au 21 novembre 2020, elle jouit d'une cote de popularité nettement supérieure à celle de ses adversaires politiques.

La jeune femme de 39 ans, qui est la deuxième chef de cabinet au monde à avoir donné naissance à un enfant pendant son mandat, avait déjà suscité l'engouement des électeurs en 2017. Tout juste nommée à la tête du Parti travailliste, elle avait remporté des législatives considérées comme ingagnables.

PREMIER « BUDGET BIEN-ÊTRE »
Depuis, son cabinet a mis en place une politique visant à réduire les inégalités et à favoriser une croissance déjà solide. Ce pays agricole jouit d'une excellente santé économique, avec un taux de chômage bas et des salaires en hausse. Il a également été désigné, en octobre, comme le meilleur pays au monde où faire des affaires par la Banque mondiale. Mais l'exécutif a surtout introduit le premier « budget bien-être », en mai 2019, conçu pour placer le citoyen au cœur des décisions de dépenses publiques et pour soutenir les plus démunis.

En 2020, trois réformes sociétales seront à l'agenda : la légalisation de l'avortement, de l'euthanasie et du cannabis récréatif, les deux dernières étant soumises à référendum à la suite de l'insistance de New Zealand First, la formation populiste alliée du Parti travailliste et des Verts au sein de la coalition gouvernementale.

Sur la scène internationale, la Nouvelle-Zélande, très engagée dans la lutte contre le réchauffement climatique et qui a inscrit son objectif de neutralité carbone d'ici à 2050 dans une loi en novembre 2019, continue à renforcer ses relations avec les Etats insulaires du Pacifique. Alliée stratégique de l'Australie et des Etats-Unis, elle est également proche de la Chine, son premier partenaire commercial. Enfin, Wellington poursuit ses négociations avec l'Union européenne pour la conclusion d'un accord de libre-échange. ∎

I. DE.

PALAOS

CHEF DE L'ÉTAT Tommy Remengesau
SUPERFICIE 460 km²
POPULATION (HAB.) 21 500
PIB (MD $) 0,29
CROISSANCE 0,3 %
CHÔMAGE n. c.
MONNAIE dollar américain (0,91 €)
ÉMISSIONS DE CO₂ (T/HAB.) 13 (19e)

En 2020, les Palaos, qui ont fait de la défense de l'environnement un principe constitutionnel, confirmeront leur engagement en faveur de la protection marine en interdisant la pêche commerciale dans 80 % de leur zone économique spéciale. Ils accueilleront également la conférence « Our Ocean » – une réunion internationale consacrée à la santé des océans.

Les lagons préservés qui bordent l'archipel constituent l'un des principaux atouts de ce pays, qui vit essentiellement du tourisme. Mais, en 2019, le nombre de visiteurs a chuté pour la deuxième année d'affilée – atteignant son plus bas niveau en dix ans – à la suite du départ des opérateurs chinois.

Depuis fin 2017, Pékin fait pression sur les Palaos, l'un des derniers alliés de Taipei dans le Pacifique. Sans succès. En mars, les autorités ont reçu la présidente taïwanaise Tsai Ing-wen. Les Palaos sont également liés aux Etats-Unis par un accord de libre association. En octobre, Washington a lancé un nouveau système de surveillance côtière dans le pays. ∎

I. DE.

PAPOUASIE-N^{LLE}-GUINÉE

CHEF DE L'ÉTAT Elizabeth II
PREMIER MINISTRE
James Marape (30/05/2019)
SUPERFICIE 463 000 km²
POPULATION (HAB.) 8,8 millions
PIB (MD $) 23,6
CROISSANCE 5 %
CHÔMAGE 2,4 %
MONNAIE kina (0,26 €)
ÉMISSIONS DE CO₂ (T/HAB.) 0,9 (161e)

Appelés à se prononcer par référendum, plus de 98 % des électeurs de Bougainville ont choisi l'indépendance fin 2019. Entre 1988 et 1998, une révolte sécessionniste, sévèrement réprimée par le pouvoir central, avait plongé l'archipel dans le chaos.

Les violences sont endémiques en Papouasie-Nouvelle-Guinée, un pays où les malversations et le manque d'infrastructures pèsent sur le développement économique malgré d'immenses quantités de ressources naturelles.

En mai, un contrat pour un projet de gaz naturel liquéfié jugé trop favorable à des entreprises étrangères a coûté son poste au premier ministre, Peter O'Neill, déjà accusé de corruption. Son successeur, James Marape, a promis de modifier la législation sur l'exploitation des ressources minières et de rééquilibrer les relations régionales du pays. En novembre, l'Australie lui a accordé un prêt de 185 millions d'euros. Le pays avait auparavant demandé l'aide de la Chine pour refinancer l'intégralité de sa dette publique avant de démentir. ∎

I. DE.

SALOMON (ÎLES)

CHEF DE L'ÉTAT Elizabeth II
PREMIER MINISTRE Manasseh Sogavare
(24/04/2019)
SUPERFICIE 29 000 km²
POPULATION (HAB.) 670 000
PIB (MD $) 1,44
CROISSANCE 2,7 %
CHÔMAGE 1,8 %
MONNAIE dollar salomonais (0,11 €)
ÉMISSIONS DE CO₂ (T/HAB.) 0,3 (190e)

Honnêtement, sur les questions économiques et politiques, Taïwan nous est totalement inutile », a confié, en juillet 2019, le premier ministre Manasseh Sogavare à un universitaire australien. Deux mois plus tard, les Salomon ont tourné le dos à leur allié de trente-six ans, transférant leur reconnaissance diplomatique à la Chine.

L'archipel, très dépendant des aides étrangères, compte sur le soutien financier de Pékin pour développer ses infrastructures et soutenir son économie, alors qu'une industrie du bois en berne a contribué au ralentissement de sa croissance en 2019. L'Australie et la Nouvelle-Zélande lui sont également venus en aide, en mars, pour endiguer une marée noire.

Secoué par des violences interethniques entre 1998 et 2003, le pays reste fragile politiquement. En avril, des émeutes ont brièvement éclaté dans la capitale pour protester contre la reconduction pour la quatrième fois non consécutive de Manasseh Sogavare à la tête du gouvernement, alors que les élections générales n'avaient pas dégagé de majorité claire. ∎

I. DE.

SAMOA

CHEF DE L'ÉTAT
Va'aletoa Sualauvi II
PREMIER MINISTRE
Tuilaepa Sailele Malielegaoi
SUPERFICIE 2 800 km²
POPULATION (HAB.) 197 000
PIB (MD $) 0,9
CROISSANCE 3,4 %
CHÔMAGE 8,5 %
MONNAIE tala (0,34 €)
ÉMISSIONS DE CO₂ (T/HAB.) 1,3 (145e)

La vaccination contre la rougeole sera obligatoire en 2020 aux Samoa. En octobre 2019, seule 30 % de la population était vaccinée quand une épidémie a frappé l'archipel. Bilan : près de 80 personnes sont mortes en moins de trois mois. Les autorités ont pointé du doigt la responsabilité des mouvements anti-vaccins.

En octobre 2019, le pays a accueilli le troisième Forum de développement économique et de coopération entre la Chine et les pays insulaires du Pacifique. En amont, il avait signé une série d'accords avec Pékin. Le premier ministre Tuilaepa Malielegaoi, en poste depuis 1998, mise sur l'aide de la Chine pour développer l'économie de ce paradis fiscal, et notamment ses exportations de poissons et produits agricoles. La Nouvelle-Zélande, l'ex-puissance coloniale où s'expatrient de nombreux jeunes, reste néanmoins le principal soutien de l'archipel.

Autre priorité du gouvernement des Samoa : la lutte contre le réchauffement climatique. La hausse du niveau de la mer affecte déjà les réserves d'eau douce de ces îles volcaniques. ∎

I. DE.

TONGA

CHEF DE L'ÉTAT Tupou VI
PREMIER MINISTRE
Pohiva Tu'i'onetoa (27/09/2019)
SUPERFICIE 700 km²
POPULATION (HAB.) 104 000
PIB (MD $) 0,49
CROISSANCE 3,5 %
CHÔMAGE 1 %
MONNAIE pa'anga (0,38 €)
ÉMISSIONS DE CO₂ (T/HAB.) 1,3 (146ᵉ)

Premier roturier élu député en 1987 puis chef du gouvernement en 2014, le premier ministre Akilisi Pohiva est décédé en septembre 2019. Il a marqué l'histoire de son pays par son long combat pour la démocratie qui a abouti en 2010 à des réformes constitutionnelles ayant mis fin à la monarchie absolue. Le roi a toutefois gardé d'importantes prérogatives.

Après son arrivée au pouvoir, Akilisi Pohiva avait néanmoins déçu en échouant à réformer le pays en profondeur. Son successeur, Pohiva Tu'i'onetoa a promis de réconcilier le royaume divisé entre démocrates et royalistes. Il veut aussi développer l'économie de cet Etat polynésien où la population vit d'une agriculture de subsistance.

Peu avant son décès, en août, Akilisi Pohiva avait appelé à une réaction urgente face à la crise climatique lors du Forum des îles du Pacifique à Funafuti. Très ému, l'homme de 78 ans n'avait pu retenir ses larmes durant les discours de jeunes activistes. Les îles Tonga sont particulièrement exposées aux risques de catastrophes naturelles. ∎

ISABELLE DELLERBA

TUVALU

CHEF DE L'ÉTAT Elizabeth II
PREMIER MINISTRE
Kausea Natano (19/09/2019)
SUPERFICIE 26 km²
POPULATION (HAB.) 11 000
PIB (MD $) 0,04
CROISSANCE 4,1 %
CHÔMAGE n. c.
MONNAIE dollar australien (0,62 €)
ÉMISSIONS DE CO₂ (T/HAB.) 1 (160ᵉ)

Archipel de 11 000 habitants, les Tuvalu ont organisé la cinquantième édition de la réunion annuelle du Forum des îles du Pacifique en août 2019. A l'issue des discussions largement consacrées à la crise climatique, le premier ministre Enele Sopoaga a accusé l'Australie, Etat membre et grand pays minier, d'avoir édulcoré le communiqué final. « *Vous voulez sauver l'économie de l'Australie. Je veux sauver la population des Tuvalu* », a lancé Enele Sopoaga.

Sur ces îles de faible altitude dont certaines ont été submergées ces dernières années, la sécurité alimentaire et hydrique est déjà compromise. Elu premier ministre à la suite des législatives de septembre, Kausea Natano prévoit de lutter contre la montée du niveau des eaux, notamment en créant une île artificielle dans l'atoll de Funafuti grâce au dragage du lagon.

Disposant de peu de ressources naturelles, les Tuvalu tirent une partie substantielle de leurs revenus de l'extension Internet « .tv » vendue aux chaînes de télévision du monde entier. ∎

I. DE.

VANUATU

CHEF DE L'ÉTAT Tallis Obed Moses
PREMIER MINISTRE Charlot Salwai
SUPERFICIE 12 000 km²
POPULATION (HAB.) 300 000
PIB (MD $) 0,95
CROISSANCE 3,8 %
CHÔMAGE 5,4 %
MONNAIE vatu (0,008 €)
ÉMISSIONS DE CO₂ (T/HAB.) 0,5 (177ᵉ)

Les autorités ont déclaré l'état d'urgence en juillet 2019. En cause : un coléoptère qui s'attaque aux cocotiers. Le coprah – l'albumen séché de la noix de coco – est l'un des principaux produits d'exportation du Vanuatu qui connaît une croissance soutenue grâce à l'agriculture mais aussi au tourisme.

En décembre 2020, l'archipel sortira de la liste de l'ONU des pays les moins avancés. Il demande néanmoins aux Nations unies de continuer à le soutenir en facilitant l'accès à des financements pour la lutte contre le réchauffement climatique. Le Vanuatu est considéré comme le pays le plus vulnérable du monde aux catastrophes naturelles qui se multiplient avec la hausse des températures. Afin de faire face à ces coûts, il a commencé, en 2019, à constituer une équipe d'experts juridiques chargée d'explorer les voies judiciaires possibles pour attaquer les grandes entreprises d'extraction de combustible fossile.

En mars, le Vanuatu a été placé sur la liste noire des paradis fiscaux de l'Union européenne. ∎

I. DE.

Océanie

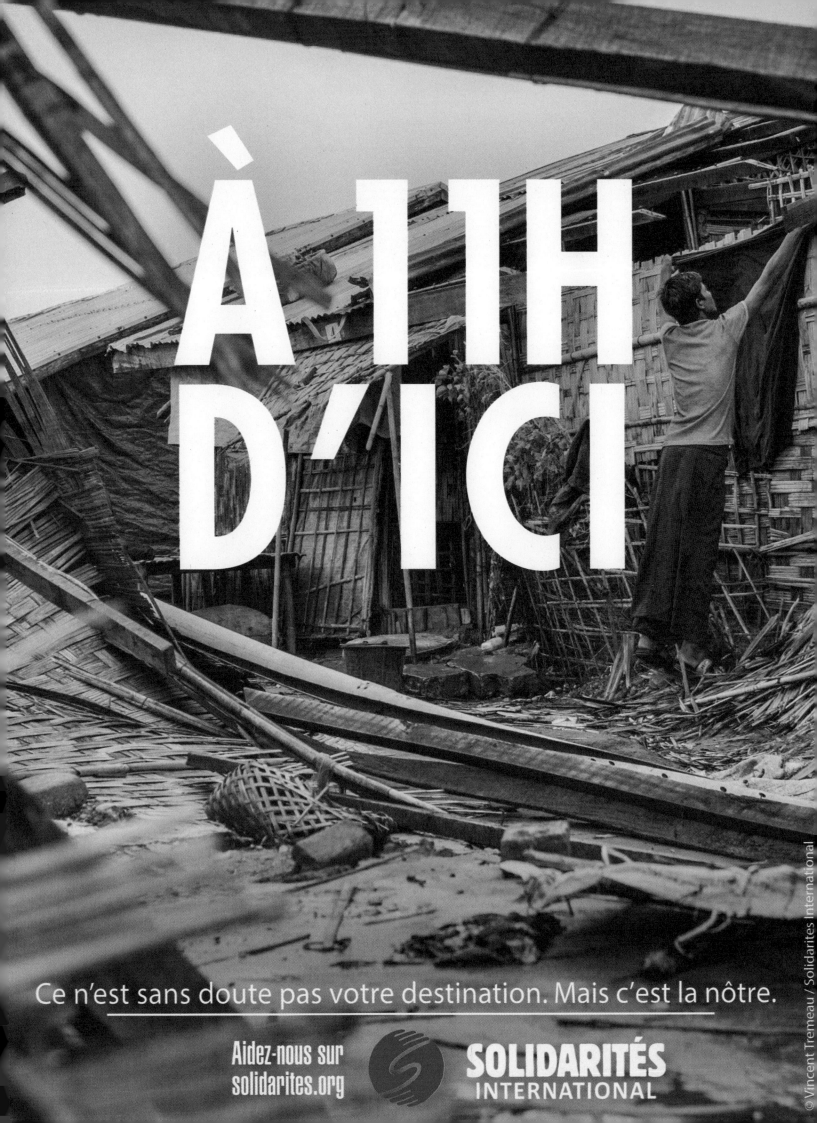

IDÉES

« Le Bilan du Monde » publie quelques-unes des tribunes parues dans « Le Monde » en 2019. De Kamel Daoud à Nancy Huston en passant par Cécile Dutheil de la Rochère, Olivier Beaud, Fabienne Brugère, Patrice Maniglier, Dominique Schnapper, ces textes ont présenté des prises de position marquantes dans les débats publics de l'année écoulée sur le mouvement de contestation en Algérie, l'état de la laïcité en France, l'après-incendie de la cathédrale Notre-Dame de Paris, la transition écologique, le féminisme, l'égalité homme-femme ou encore la crise des « gilets jaunes » et la réforme des retraites.

GEOFFROY DE CRÉCY
POUR « LE MONDE »

Cécile Dutheil de la Rochère
Le Monde du 10 août 2019

« S'IL DÉPLOYAIT LE COURAGE QU'IL VANTE TANT CHEZ CHURCHILL, BORIS JOHNSON VERRAIT BIEN PLUS LOIN »

La traductrice du livre de Boris Johnson « Winston. Comment un seul homme a fait l'histoire » décrit l'actuel premier ministre britannique comme se fantasmant en Churchill du XXIe siècle

Fin 2014, l'occasion m'a été donnée de traduire le livre de Boris Johnson consacré à Churchill : *Winston. Comment un seul homme a fait l'histoire* (Stock, 2015). Boris Johnson était alors maire de Londres. Sa notoriété commençait à dépasser les côtes de la Grande-Bretagne, et les épis de sa chevelure blonde ressemblaient déjà à ceux d'une girouette. Cinq années ont passé depuis. L'homme vient d'accéder au poste de premier ministre après avoir défendu la sortie du Royaume-Uni de l'Europe. Traduire est un poste d'observation privilégié : vous êtes en seconde main, puisque vous n'êtes pas auteur du texte original, mais vous êtes aux premières loges puisque vous pénétrez dans le grain de ce texte, pendant des semaines, des mois entiers. C'est une telle proximité que l'auteur, la personne, non seulement se révèle, mais se trahit. Ces lignes sont donc celles d'une traductrice, non d'une politologue ni d'une historienne, mais d'une traductrice éprise d'Europe, que rien dans les frasques, les revirements et les reniements passés et à venir de Boris Johnson n'étonne : nous avons vécu suffisamment longtemps en bonne intelligence textuelle.

Winston. Comment un seul homme a fait l'histoire est un livre brillant, mais c'est autant le portrait de Churchill que l'autoportrait rêvé de Johnson. Je me souviens d'une légère gêne liée non pas à l'admiration de Boris pour Winston, mais à son identification à celui-ci. Il est vrai que les deux hommes ont beaucoup en commun : tories, excentriques mais très contrôlés, corpulents et dotés d'une « bouille » ; doués d'un sens inné de l'image ; anciens journalistes sachant enjoliver la vérité ; issus d'un mélange de vieille aristocratie anglaise et de sang étranger.

> « L'homme est intelligent, et son livre comprend un chapitre intitulé "L'art de jouer à la roulette avec l'histoire" »

DU BON CÔTÉ DE L'HISTOIRE

Mais la clé de la biographie écrite par Boris Johnson est l'année 1940, plus exactement le jour où Churchill, à Westminster, fut seul à avoir le courage de s'engager contre l'Allemagne nazie. Sa vie entière est envisagée à la lumière de l'instant où il se dressa contre l'ennemi au nom d'une Europe libre et d'un continent uni. Johnson rappelle qu'Hitler et les siens avaient le projet funeste de *transformer ce territoire en une version sinistre de l'Union européenne*. Il oppose donc très clairement deux types d'Union. Dans sa campagne pro-Brexit, il eut le culot de les assimiler. Il fit évidemment scandale, alors qu'il renversait lui-même ses arguments en faveur de l'Europe. Boris Johnson voudrait une occasion aussi dramatique que 1940 pour se retrouver du bon côté de l'histoire. Le Brexit sera-t-il ce tremplin ? Il est permis d'en douter. Mais l'homme est intelligent, et son livre comprend un chapitre intitulé « L'art de jouer à la roulette avec l'histoire », qui est moins un éloge du risque que l'énumération des erreurs commises par Churchill : *« Le ratage russe », « L'erreur de jugement sur l'Inde »*…

Il est trop tôt pour l'affirmer, mais il y a des chances que le Brexit soit aussi une erreur, auquel cas l'intéressé pourra s'abriter sous le parapluie de son mentor.

Boris Johnson est habile et difficile à coincer. Sa biographie en est une preuve car elle fait de la contradiction une vertu, un comble de l'art du politique. Son rythme est rapide, vif, fait de ruptures, très soutenu. Pour le traducteur, c'est un jeu : l'anglais châtié côtoie l'argot, les références savantes relèvent les expressions familières, le ton est drolatique, même aux heures les plus graves.

ÉLOGE DE L'OPPORTUNISME

L'ensemble révèle une belle culture classique et un homme matois. Privé du point de fuite de l'année 1940, son éloge de Churchill est un magnifique éloge de l'opportunisme. Or s'il est un homme qui ne fut ni opportuniste, ni versatile, ni lâche en 1940, quand il fallut engager un pays entier, c'est Churchill.

Boris Johnson, lui, ne tranche pas. Il a beau baptiser un de ses chapitres « Churchill l'Européen », il ne prend pas parti et oppose plusieurs discours du grand homme plaidant dans un sens ou dans l'autre. Il rappelle néanmoins que Churchill serait le père de l'expression « Etats-Unis d'Europe ». Il reconnaît son rôle dans la construction de l'Europe et avoue ne pas pouvoir imaginer que Churchill soit absent de la table d'un gouvernement européen. *« Quel que soit le rôle précis qu'il envisageait pour la Grande-Bretagne, il est de ceux qui ont donné le jour à une ère de soixante-dix ans durant laquelle l'Europe occidentale n'a pas connu de guerre »*, écrit-il avant de clore sa très prudente analyse.

Cette conclusion n'est pas rien. A côté, la réduction de l'Europe aux tracasseries de Bruxelles ne tient pas. Il y a même quelque chose d'irresponsable et de minable à ne souligner que l'aspect petit de l'Europe. S'il déployait le courage physique et moral qu'il vante tant chez Churchill, Boris Johnson verrait bien plus haut et plus loin. ●

Cécile Dutheil de la Rochère *est éditrice, traductrice et critique littéraire*

Kamel Daoud
Le Monde du 11 mars 2019

« EN ALGÉRIE, L'HUMILIATION DE TROP »

En deux décennies de présidence Bouteflika, l'Etat, en proie à un « encanaillement généralisé », a glissé d'une « fausse république à un royaume tentaculaire », estime l'écrivain algérien

L'homme qui déteste son peuple. C'est l'une des légendes muettes qui accompagnent Abdelaziz Bouteflika depuis le début de son règne, en 1999. Le roman politique algérien aime collectionner les anecdotes sur le caractère rancunier de cet homme, son ancienne ambition devenue colère après qu'il a été écarté, chassé du pouvoir en 1981, ses blagues racontées aux visiteurs étrangers, dépeignant les Algériens sous le pire des portraits, ses grimaces et ses envolées égocentriques. C'était au temps où il parlait.

Aujourd'hui, son silence, qui dure depuis son AVC, depuis son dernier discours en 2012, où il promettait la transition et annonçait l'épuisement de sa génération, est tout aussi interprété comme du mépris. Il a menti la dernière fois qu'il s'est exprimé, depuis il n'a rien dit aux Algériens. De rares mots, lors des audiences accordées aux étrangers. Les images désastreuses d'une décomposition en live, que son frère surveille comme monteur d'images à la télévision publique. Pour lui, le peuple ne compte pas, ou seulement s'il dépasse les 90 % de « oui » pour le réélire.

Son règne est aussi celui d'une kadhafisation lente du pays depuis son élection après la guerre civile : destruction des institutions, encanaillement généralisé de l'Etat, de ses hommes, concentration abusive des pouvoirs, monarchisation. La grande tradition d'un pouvoir collégial, sous la forme d'un « cabinet noir » ou de « décideurs » à Alger, version occulte du consensus, a fini en palais peuplé de courtisans, de clans, de clowns et de courtiers. Une galaxie autour d'un homme et surtout de son frère, devenu le régent de la République.

Son époque est aussi celle de l'inflation des titres : « Son Excellence », « *Fakhamatouhou* ». La traduction ne rend pas compte du grossier du titre. Il faut traduire « Sa Grandeur ». Le mantra est obligatoire dans la bouche de chaque ministre, de chaque haut fonctionnaire, en prologue ou en conclusion de chaque déclaration publique, de chaque annonce de projet. Ceux qui ne sacrifient pas à l'usage finissent mal. En témoigne un journaliste de la télévision nationale qui, oubliant le titre, se fit remercier.

C'est cet encanaillement, qui semble avoir atteint des sommets, qui a fini par soulever les foules aujourd'hui. Tout est passé au filtre de ce rapetissement de l'Etat. Le FLN, grand parti de la libération, auteur d'une épopée de décolonisation unique au monde ? Il l'a réduit à un carnaval avec des secrétaires généraux véreux, vénaux, amuseurs de foules, menteurs, mégalomanes et courtisans jusqu'à l'obséquiosité. « *Insultez-moi, mais ne touchez pas à mon président* », s'est écrié l'un d'eux un jour. « *Vous êtes élégant !* », a lancé un journaliste à l'un des secrétaires généraux de ce parti. « *Oui*, a répondu l'apparatchik, célèbre pour sa mythomanie, *mais vous n'avez pas encore vu l'élégance de mon président.* » A la mort de la mère de Bouteflika, l'un d'eux a quasiment élu domicile dans le cimetière pour se signaler à l'œil de la présidence par son deuil en parade. Bouteflika est déclaré président d'honneur du FLN ? Il y impose un déshonneur permanent.

L'armée ? De même : les généraux, honnis, détestés par le Palais, finissent mal. A la fin, on les humilie jusqu'à la prison, on les arrête comme des malfrats en pleine autoroute, on les accuse, on leur fait passer une nuit ou deux en cellule puis on les relâche, brisés et étourdis par la disgrâce inconcevable.

Le Parlement ? Le règne de « Son Excellence » a veillé à y placer des poupées à peine gonflables, des fantoches. Un député algérien de la majorité, ce n'est pas « combien de voix ? », mais combien de sachets d'argent liquide glissés aux instances dirigeantes de son parti. En octobre 2018, le président de l'Assemblée populaire nationale, pour une histoire de frais de mission et à cause d'une désobéissance au clan, a été dégommé de la pire des manières : on a cadenassé, sous son nez, l'entrée du Parlement. Les Algériens ont été choqués par l'image d'un « Etat » qui en est venu aux mœurs d'un videur de boîte de nuit.

Le Sénat ? C'est un Club Med sans vue sur mer, une maison de repos pour la gérontocratie. C'est Bouteflika qui choisit, offre la pension, soutient un président au perchoir depuis… dix-sept ans. Les fameux « services » algériens ? Que ce fut beau et enthousiasmant de les voir se dissoudre il y a quelques années sous la perestroïka de son « Excellence ». On chassa le « Dieu d'Alger », le fameux général Toufik, faiseur de présidents, on l'insulta en public, on lâcha les chiens. Pour que vive la démocratie ? Non, juste pour que les services deviennent une intendance familiale. « Le général est mort ? Vive le roi. » La chute des services algériens ne fut pas l'annonce de la démocratie, mais la confirmation d'une régence installée. Le frère remplaça le « Dieu d'Alger ».

Un gouvernement ? Pas question : on a très vite remplacé le chef du gouvernement, comptable devant le Parlement, par un « premier ministre » comptable devant le Palais. Tout a été contaminé et évidé par cette monarchisation, vampirisé par cet encanaillement généralisé : patronat, syndicats, universités, corps diplomatique, etc.

Le pays a glissé, en deux décennies, d'une fausse république à un royaume tentaculaire. On a transformé le patriotisme en dîme, en taxe clandestine, en distribution de prébendes, en allégeance obligatoire et publique. Tous se souviennent de ce patron des patrons qui filmait les mains levées, lors d'un vote de son organisation patronale en faveur de Bouteflika pour un quatrième mandat. Les « contre » le paieront cher.

AVILISSEMENT PROGRAMMÉ

Les milieux d'affaires en Algérie peuvent raconter mieux que quiconque ces deux décennies. Ils peuvent éditer le catalogue des noms, détailler les pourcentages, les surfacturations, le racket. Rien n'a résisté à cette tempête de l'avilissement programmé, ce souffle mauvais de la vengeance et de la rancune. Rien. A peine si on pouvait, çà et là, encore crier « non ».

Le seul espace pour échapper à la monarchie était Internet. Mais là aussi, la dictature a été féroce : arrestations de jeunes, prison, procès, terrorisme médiatique et diffamations par des télévisions inféodées, etc. Le rêve de l'Algérie momifiée n'était plus, dès lors, l'indépendance ou le leadership africain, mais l'immobilité, le silence, l'ombre, la peur. Tôt ou tard, cela devait exploser, car l'infanticide a été terrible en Algérie.

Dans l'album de ces humiliations permanentes, on a retenu, début 2018, les images des médecins algériens tabassés, violentés, arrêtés et jetés hors d'Alger, aux bords de l'autoroute, pourchassés au faciès par la police. Le régime a gardé vive sa haine des élites qui veulent s'autonomiser. Ces médecins au visage ensanglanté vont rester dans la mémoire des manifestants d'aujourd'hui. En une année, près de 4 000 d'entre eux ont choisi l'exil après ces répressions. Bouteflika pouvait s'en passer, lui et ses hommes peuvent se faire soigner en France ou en Suisse.

Au catalogue des reproches, on peut ajouter des objets qui définissent l'Algérie d'aujourd'hui, sous le règne de l'immobilité : au début de l'été 2018, 700 kg de cocaïne sont découverts sur le port d'Oran, dans un conteneur. L'affaire est un scandale d'Etat et éclabousse jusqu'au patron de la police, ses proches, son chauffeur et un importateur de viande. Le scandale ▶▶▶

> « Humour, blessure, fierté, danger, révolte, colère et inquiétude. C'est tout cela mon pays aujourd'hui »

▶▶▶ se double d'un autre : le « Boucher », comme l'appellent les Algériens, avait enregistré des centaines d'heures de vidéo de clients corrompus pour un passe-droit, une autorisation d'urbanisme, un verdict de procès. Il s'agit de très hauts fonctionnaires d'Etat, de magistrats, de préfets, de ministres, de fils d'apparatchiks, de directeurs centraux... On découvre la réalité de ce régime, ses tarifs, sa décadence accélérée.

LA RELIGION DU « CADRE » OU L'ULTIME MÉPRIS

D'autres objets « signent » ce règne féroce : les communiqués contradictoires de la présidence à propos des listes des nouveaux gouvernements, les lettres de Bouteflika à la paternité douteuse, les nominations de ministres qui durent dix minutes, comme celle d'un ministre du tourisme nommé et remercié, deux fois, en moins d'une heure. Signes d'un éclatement de l'autorité, d'une usurpation du mandat, preuves d'un usage de faux au plus haut sommet du pays. On peut citer les images d'un président au si lent trépas diffusées cycliquement pour prouver qu'il y a une vie dans le palais et, dernièrement, surtout, le fameux « cadre ».

C'est peut-être ce que l'histoire gardera de ce règne : le rite de la photo de Bouteflika, un cadre présenté aux Algériens pour qu'ils l'embrassent et l'élisent. Ce « cadre », portrait muet et « photoshopé » jusqu'à l'outrance, est promené lors des défilés nationaux. On a vu le gouvernement et la hiérarchie du pays se lever pour le saluer aux fêtes de l'indépendance, on a vu le ministre de l'intérieur le décorer, on a vu des foules se pousser du coude autour pour se reprendre en photo avec... la photo, on a vu des tribus offrir un cheval au « cadre ». On a vu de jeunes blogueurs condamnés à de la prison pour avoir moqué ce portrait. Cette religion du « cadre » a été l'ultime mépris, l'insulte suprême, le crachat absolu.

Les nouvelles générations le ressentent comme l'humiliation de trop. C'est donc le portrait le plus coûteux de l'histoire algérienne : il nous a coûté des décennies d'immobilité et de rapine, il va nous coûter une révolution lourde, dangereuse, belle et longue. *« Si on doit être gouverné par un cadre, autant que cela soit Mona Lisa »*, brandissaient des jeunes lors des marches flamboyantes du 1er mars. Humour, blessure, fierté, danger, révolte, colère et inquiétude. C'est tout cela mon pays aujourd'hui.

Le destin de Bouteflika sera celui des décolonisateurs en chef (et de leurs courtiers), qui ne savent pas mourir, partir dignement, accepter le temps. Il aurait pu sortir par la grande porte et préserver la mémoire de sa personne et l'avenir des enfants de l'Algérie. Il ne l'a pas fait. ∎

¶

Kamel Daoud *est un écrivain et journaliste algérien,*
Connu des deux côtés de la Méditerranée pour ses
prises de position contre l'islam politique ou le
régime de Bouteflika, cibles de ses billets mordants
réunis dans «Mes indépendances» (Actes Sud, 2017),
cet homme à la plume acérée l'est tout autant pour
ses romans dont «Meursault, contre-enquête»
(Actes Sud, 2014, prix Goncourt du premier roman
2015), et «Zabor ou les Psaumes» (Actes Sud, 2017,
prix Méditerranée 2018).

Ali Vaez
Le Monde du 17 août 2019

« ÉVITONS UN "1914" DU PROCHE-ORIENT »

Le spécialiste de l'Iran affirme que, si l'escalade se poursuit entre les Etats-Unis et l'Iran, le risque d'une déflagration qui embraserait tout le Proche-Orient, comme l'Europe en 1914, n'est pas à exclure

Plus d'un siècle après l'assassinat de l'archiduc François-Ferdinand qui a plongé l'Europe dans la première guerre mondiale, le Proche-Orient fait face à son propre « 1914 ». Une roquette, un drone abattu ou une mine marine peuvent suffire à déclencher une escalade militaire incontrôlable entre les Etats-Unis et l'Iran. Ce scénario cauchemardesque peut encore être évité et la diplomatie européenne a un rôle crucial à jouer.

Le compte à rebours de la crise actuelle a commencé en mai 2018 quand les Etats-Unis se sont retirés de l'accord nucléaire de 2015 (Plan d'action global commun, PAGC). Téhéran et Washington sont depuis lors enfermés dans une dangereuse escalade. La moindre étincelle pourrait déclencher non seulement un affrontement militaire entre les deux pays, mais aussi une conflagration qui s'étendrait à tous les points de tensions de la région en Irak, au Yémen, en Syrie et au Liban.

Comme l'a récemment laissé présager un haut responsable iranien avec qui j'ai pu m'entretenir, *« l'administration Trump se trompe lourdement si elle pense que nous allons négocier avec un fusil sur la tempe, ou qu'une guerre qu'ils déclencheraient ne provoquerait que des représailles limitées de notre part. Nous serons dans l'obligation de les dissuader de frapper à nouveau, ce qui signifie leur infliger des dommages importants ».*

En Irak, théâtre de la rivalité entre Washington et Téhéran depuis l'invasion américaine de 2003, le soutien iranien aux groupes paramilitaires chiites donne à la République islamique les capacités d'attaquer les intérêts des Etats-Unis tout en maintenant la possibilité plausible de nier toute implication. Une série d'attaques au mortier et à la roquette contre les installations diplomatiques, militaires et pétrolières en Irak cette année ainsi que des tirs de roquettes près de l'ambassade américaine à Bagdad en septembre 2018 ont déjà démontré la réalité de ce scénario.

DANGEREUX JEU DU CHAT ET DE LA SOURIS

Un autre détonateur potentiel est la guerre au Yémen, qui pourrait être exacerbée et attiser en retour les tensions entre les Etats-Unis et l'Iran. Les rebelles houthistes, soutenus par Téhéran, ont récemment multiplié les frappes de drones et de missiles contre l'Arabie saoudite, alliée de Washington. Si le rythme et la gravité de ces attaques continuent d'augmenter et devaient mener à des pertes humaines du côté saoudien, cela pourrait entraîner des représailles américaines non seulement contre les rebelles yéménites, mais probablement aussi contre l'Iran.

En Syrie, un dangereux jeu du chat et de la souris entre Téhéran et l'Etat hébreu, avec des centaines de frappes aériennes israéliennes contre des cibles iraniennes sur le sol syrien, a mené à un *« quasi-état de guerre »*, selon un responsable israélien.

Les anciens schémas d'action limitée et de réaction modérée ne sont probablement pas viables compte tenu de l'aggravation des tensions régionales. Une confrontation américano-iranienne pourrait entraîner à la fois Israël et la Syrie, et Téhéran pourrait décider d'utiliser sa présence militaire accrue dans la région pour riposter. L'inverse peut aussi se produire : une confrontation Iran-Israël en Syrie pourrait entraîner les Etats-Unis, voire la Russie.

> « Puisque chacun de ces "points chauds" peut déclencher une confrontation régionale, la désescalade des tensions devrait être une priorité immédiate »

Au Liban, la stratégie de dissuasion ayant empêché un affrontement entre Israël et le Hezbollah depuis 2006 est en péril. Si les Etats-Unis attaquaient l'Iran, le Hezbollah se sentirait sans doute obligé de frapper l'Etat hébreu, pour ne pas s'aliéner ses principaux bailleurs de fonds à Téhéran alors que Jérusalem, décelant une faiblesse, pourrait saisir cette occasion pour annihiler l'arsenal militaire grandissant du « Parti de Dieu ». En mai, le secrétaire général du Hezbollah, Hassan Nasrallah, a mis en garde sur les conséquences d'une attaque contre l'Iran, estimant que cela *« signifierait une explosion de toute la région »*.

Puisque chacun de ces « points chauds » peut déclencher une confrontation régionale, la désescalade des tensions devrait être une priorité immédiate.

Jusqu'à présent, Téhéran, peu désireux d'entamer des négociations directes avec les Etats-Unis tant que la campagne de pression maximale de Washington est en vigueur, a utilisé des intermédiaires tels que le président français Emmanuel Macron et Rand Paul, sénateur républicain du Tennessee, pour explorer les possibilités d'une accalmie. Les deux hommes ont un accès direct au président Donald Trump et peuvent contourner la résistance interne au sein de son administration concernant une détente mutuellement bénéfique avec l'Iran.

Une des possibilités pour une telle désescalade mutuelle serait que les Etats-Unis acceptent de rétablir partiellement leurs dérogations aux sanctions sur les exportations de pétrole iranien, en échange de quoi Téhéran reviendrait au plein respect de l'accord nucléaire et s'abstiendrait de cibler le transport maritime dans le golfe Persique.

Les diplomates pourraient également faire des progrès dans la libération d'au moins certains des ressortissants américano-iraniens que Téhéran a emprisonnés sur la base d'accusations douteuses. En d'autres termes, les parties pourraient aller vers une version améliorée du statu quo qui prévalait avant mai 2018, avec l'engagement de reprendre de plus larges négociations dans un format à déterminer. Pour y parvenir, les Etats-Unis doivent modérer leur campagne de pression maximale contre la République islamique en échange de concessions iraniennes tout aussi limitées.

La guerre est encore loin d'être inévitable, mais il suffirait d'une allumette négligemment jetée sur le baril de poudre du Proche-Orient pour la déclencher. La France, qui n'est pas parvenue à arrêter les canons d'août 1914, pourra peut-être stopper les canonnières d'août 2019 dans le Golfe. ∎

¶

Ali Vaez *est directeur du programme Iran à l'International Crisis Group, un think tank américain spécialisé dans la résolution des conflits.*

Maud Chirio
Le Monde du 28 août 2019

« LE BOLSONARISME APPARAÎT DANS TOUTE SA PUISSANCE DESTRUCTRICE »

Les feux qui ravagent la forêt amazonienne sont une conséquence directe du projet politique incarné par le président populiste, estime l'historienne spécialiste du Brésil

En présentant les incendies des dernières semaines comme un événement exigeant une empathie et une inquiétude universelles, le hashtag #prayforamazonia a eu le mérite d'attirer l'attention des opinions occidentales sur le Brésil. Pourtant, l'appel à « prier » a initialement laissé entendre, surtout dans notre Europe sécularisée, que la propagation des flammes était une catastrophe naturelle, due à la sécheresse et au réchauffement climatique. La dimension politique de ce drame environnemental n'est apparue que dans un second temps. On a d'abord soupçonné le président brésilien, Jair Bolsonaro, très occupé à ses rodomontades habituelles, d'aveuglement et d'inconséquence face à l'ampleur du problème. Puis a émergé une autre interprétation : la complicité du gouvernement brésilien à l'égard de la déforestation du bassin amazonien.

Les dizaines de milliers de départs de feu ne sont en effet ni des accidents ni des initiatives individuelles d'agriculteurs pratiquant la culture sur brûlis ou désireux d'étendre leurs pâturages. Il s'agit d'une logique collective, à l'appui d'un projet politique.

> « Sous les mandats de Lula et de Dilma Rousseff, en tout cas jusqu'en 2014, l'exécutif a pu constituer un rempart »

Depuis l'élection de Bolsonaro, des milliers de prédateurs de la forêt (orpailleurs, producteurs de bois et propriétaires terriens) se sentent autorisés à ignorer les réglementations en vigueur, y compris en menaçant les rares agents encore disposés à les faire appliquer. Le gouvernement leur facilite la tâche de deux manières. D'une part, il démembre les instances de contrôle, notamment l'Institut brésilien de l'environnement (Ibama), privé de la moitié de son budget cette année. De l'autre, il discrédite les ONG travaillant pour la protection de l'Amazonie et des populations indigènes, faisant du discours écologiste le fruit d'un « complot mondialiste » visant à priver le Brésil de son droit d'exploiter ses ressources naturelles. L'Amazonie n'est pas présentée comme un territoire à protéger, mais à développer, c'est-à-dire à cultiver, à percer de mines et de carrières, et à garnir d'infrastructures autoroutières et hydroélectriques. Ce projet a pour préalable indispensable une accélération des défrichements, que le gouvernement attise sans nécessairement les contrôler, par conviction néolibérale que cette « libération des énergies » ne pourra que servir l'économie de la région.

ÉNERGIES PRÉDATRICES

C'est ce climat qui explique que les surfaces défrichées aient été en juillet trois fois supérieures par rapport à juillet 2018, selon les chiffres de l'Institut national de recherches spatiales (INPE), dont la divulgation a tant contrarié le président Bolsonaro qu'il en a licencié le directeur. C'est ce climat qui a incité des orpailleurs à envahir la réserve des Indiens wayapi à la fin juillet, et à en assassiner le cacique. C'est ce climat, enfin, qui a incité un groupe de 70 exploitants du Para, un Etat du nord du Brésil, à déclarer ▶▶▶

▶▶▶ le 10 août «jour du feu» et à allumer des centaines de foyers le long d'une route nationale. Ils disent aujourd'hui avoir agi en soutien au président. Le ministre de la justice, Sergio Moro, prévenu trois jours avant les faits, avait à l'époque refusé de fournir à l'Ibama l'appui policier nécessaire pour arrêter les pyromanes. En d'autres termes, le drame que vit la forêt amazonienne depuis plusieurs mois va bien au-delà des incendies en cours. Non seulement le projet économique de Bolsonaro est incompatible avec le maintien de surfaces arborées suffisantes pour que l'Amazonie demeure une forêt pluviale – le point de basculement avant la transformation en savane est bientôt atteint –, mais, même s'il renonçait à le mettre rapidement en œuvre, il faudrait déployer des moyens importants pour contenir les énergies prédatrices que son élection a relâchées. Pour la première fois peut-être depuis l'élection d'octobre 2018, le bolsonarisme apparaît dans toute sa radicalité et sa puissance destructrice. Il doit nous en rester deux prises de conscience – ou piqûres de rappel.

UN RÔLE DE PÈRE UBU

La première est que le néolibéralisme, dans le contexte d'une société violente, inégalitaire, ségréguée et à la démocratie abîmée, peut très rapidement générer des comportements extraordinairement destructeurs – aujourd'hui au Brésil, un écocide, mais des persécutions de plus en plus caractérisées de minorités ne sont pas à exclure. On ne peut compter sur aucun consensus civilisationnel, ni sur l'environnement, ni sur les droits humains. Sous les mandats de Lula et de Dilma Rousseff, en tout cas jusqu'en 2014, l'exécutif a pu constituer un rempart. Actuellement, notre principale marge de manœuvre est l'exercice de pressions économiques, afin que la prédation de court terme contrarie les intérêts de lobbys puissants au niveau fédéral.

La deuxième prise de conscience consiste à mesurer combien la logique de «guerre culturelle» inhérente à ce que l'on appelle les «populismes de droite» est un auxiliaire de cette destruction néolibérale. Bolsonaro entretient sa base politique, au Brésil, par un discours selon lequel la bienséance progressiste, qui englobe le multiculturalisme, le multilatéralisme, le féminisme et l'écologie, sont les nouveaux visages de l'ennemi. De l'ennemi communiste, que la dictature militaire (1964-1985) qu'il exalte a jadis combattu.

Le rôle de père Ubu que tient Bolsonaro, ces derniers temps, sur la scène internationale fait partie de ce scénario : plus il nous choque, plus il rejette les valeurs portées par le progressisme occidental dans le camp d'un «politiquement correct» à mépriser. Et dans le fossé qu'il creuse entre sa bouffonnerie haineuse et notre effarement brûle l'Amazonie. ■

Maud Chirio, *maîtresse de conférences à l'université Paris-Est-Marne-la-Vallée, est l'auteure de «La Politique en uniforme. L'expérience brésilienne, 1960-1980» (Presses universitaires de Rennes, 2016). Elle est également membre du Réseau européen pour la démocratie au Brésil, qui rassemble des universitaires et des acteurs du monde de la culture mobilisés afin de faire connaître la situation politique dans ce pays.*

Elisabeth Laville
Le Monde du 2 décembre 2019

« L'EFFET DE MASSE EST NÉCESSAIRE À LA TRANSITION ÉCOLOGIQUE »

Le seuil de 10 % d'une population adoptant de nouvelles pratiques peut changer la norme sociale et entraîner dans son sillage la majorité silencieuse

La nouvelle est passée comme un avion de ligne dans le ciel de novembre : EasyJet est devenue la première compagnie aérienne du monde à compenser l'intégralité des émissions carbone de ses vols, sans surcoût pour le client (mais avec un coût annuel de 30 millions d'euros pour l'entreprise)... tout en concédant que cela n'est pas la solution à long terme. Un signal faible ? Certainement pas. Plutôt un «point de bascule» du côté des entreprises. Greta Thunberg et le *flygskam* (la honte de prendre l'avion, en suédois) sont passés par là.

Et, en ces temps de «crise climatique» désormais reconnue (en mai, le quotidien britannique *The Guardian* a annoncé que ce terme remplacerait dorénavant dans ses articles celui, trop neutre, de «changement climatique»), l'aviation civile est dans la ligne de mire du grand public. Anne Rigail, la directrice générale d'Air France, a également annoncé en octobre que, début 2020, la compagnie compensera 100 % des émissions de CO_2 de ses vols intérieurs. Il n'est pourtant pas si loin le temps où la compensation carbone des vols était une option vaguement proposée, résolument facturée, et surtout systématiquement introuvable à la réservation...

> « Après une année riche en urgences environnementales réaffirmées, on aurait presque envie de croire que l'on s'approche vraiment d'un point de bascule décisif... »

Pour ne pas parler de l'appli Air France, qui valorise encore pour ses clients le nombre de villes visitées, de kilogrammes de bagages transportés ou, pis, le nombre astronomique de kilomètres (les équivalences sont données en parcours Terre-Lune, Lune-Mars, etc.) parcourus en avion depuis des années... Certes, Air France n'en est pas au stade de son cousin KLM, qui conseille à ses clients, dans sa campagne *«Fly Responsibly»* lancée avant l'été, de réfléchir avant de prendre l'avion voire avant de prendre le train, mais quand même ! Après une année riche en urgences environnementales réaffirmées, du climat à la biodiversité, on aurait presque envie de croire que l'on s'approche vraiment, cette fois, d'un point de bascule décisif...

UNE TRANSITION CULTURELLE AVANT TOUT

Selon l'éditorialiste américain Malcolm Gladwell, ce fameux *tipping point*, comme disent les Anglo-Saxons, se trouve quelque part aux alentours de 10 % d'une population, seuil à partir duquel une minorité engagée et adoptant de nouveaux comportements peut changer la norme sociale et entraîner dans son sillage la majorité silencieuse. L'initiative du haut-commissaire à l'économie sociale et solidaire et à l'innovation sociale, Christophe Itier, baptisée justement «10 % pour tout changer», ambitionne de fédérer au-delà de leurs différences les acteurs de la transition écologique et solidaire (groupes internationaux, entreprises de l'économie sociale et solidaire, TPE, start-up, ONG et acteurs de la société civile...) pour accélérer le changement. Cette thèse du point de bascule a le mérite d'insister à juste titre sur le fait que la transition écologique n'est pas qu'une transition des comportements individuels mais aussi (et sans doute avant tout) une transition culturelle qui se joue collectivement – d'où l'importance de faire changer d'abord les représentations et d'accroître la reconnaissance sociale accordée aux comportements vertueux. Ce changement culturel justifie, d'abord, la mobilisation des médias sur ces sujets – en témoignent les récentes initiatives de *La Voix du Nord* sur le journalisme positif, la fabrication locale, le reboisement des Hauts-de-France ou la lutte contre le harcèlement scolaire, dans le cadre de la nouvelle raison d'être du quotidien régional : « Ensemble, écrire la nouvelle histoire du Nord ». Mais aussi la mobilisation des intellectuels et des artistes (voir à ce sujet le travail utile d'Art of Change, par exemple), ou encore celle des acteurs du luxe, qui, mieux que personne, peuvent faire changer les normes sociales, redéfinir ce qui est « cool » et ce qui ne l'est plus, nous proposer des scénarios alternatifs et des imaginaires collectifs désirables pour le futur. Il faut faire advenir plus vite ce moment où les comportements d'hier perdurent, alors que leurs auteurs les assument de moins en moins (ou alors par provocation)...

FOLLE QUÊTE DE SENS DES ENTREPRISES

Sur beaucoup d'autres sujets que l'avion, ce moment semble déjà amorcé : songez à l'émergence rapide, même en France, dont beaucoup affirmaient qu'elle était « un pays de carnivores », des questions de bien-être animal et de végétarisme voire de véganisme (le groupe Nestlé vend les activités de sa marque Herta en conservant les produits végétariens, car, annonce-t-il, *« l'alimentation végétale est beaucoup plus prometteuse que les aliments carnés »*) ; pensez à la façon dont consommateurs, entreprises et autorités publiques semblent désormais vouloir se débarrasser du plastique à usage unique...

Ou encore à la folle quête de sens qui semble devoir s'emparer de toutes les entreprises françaises soucieuses de se doter d'une raison d'être sociétale, maintenant que la loi Pacte ou l'émergence du label B Corp ont consacré l'idée qu'une organisation peut être à but lucratif et au service de l'intérêt collectif. Qui aurait parié sur l'émergence aussi rapide de ces questions, et sur les changements de comportements qu'elles suscitent ?

Cette question du « point de bascule » pourrait être la clef pour l'avenir de l'humanité. Car le développement durable ne saurait advenir par la force des pionniers, si motivés et inspirants soient-ils : la consommation responsable doit gagner la majorité des citoyens, au-delà des « alter-consommateurs » de la première heure ; l'entreprise à impact doit devenir la norme au-delà du cercle fermé des entreprises historiquement engagées. Parce que les défis que nous devons relever sont massifs, il nous faut un effet de masse et l'engagement du plus grand nombre, que seule peut entraîner la transition culturelle, complément nécessaire de la transition écologique. ∎

Elisabeth Laville *est fondatrice d'Utopies, groupe de réflexion et de conseil sur la transition environnementale, et auteure de « Marques positives » (Pearson, 2019).*

Olivier Beaud
Le Monde du 12 avril 2019

« LA LIBERTÉ ACADÉMIQUE EST MENACÉE »

La France semblait à l'abri d'atteintes manifestes à la liberté dans le cadre universitaire, mais « les temps ont changé », s'inquiète ce professeur, qui revient sur quatre faits récents

En l'espace de quinze jours sont survenus divers événements qui ont pour point commun de révéler l'existence de sérieuses menaces pesant sur la liberté académique (les libertés universitaires, dit-on en France). Cette liberté, assez méconnue chez nous, en raison de la faible place sociale qu'occupent les universités et les universitaires dans l'espace public, peut se définir comme une liberté professionnelle.

Plus exactement, c'est, écrivait le philosophe américain Sidney Hook, *« la liberté de personnes, professionnellement qualifiées, de chercher, de découvrir, de publier et de rechercher la vérité telle qu'ils la perçoivent dans le champ de leur compétence. Elle n'est sujette à aucun contrôle ou à aucune autorité officielle, à l'exception du contrôle et de l'autorité des méthodes rationnelles par lesquelles on atteint ces vérités ou des conclusions dans ces disciplines »*.

Une telle liberté n'est donc pas un droit de l'homme, car elle n'est pas ouverte à tous, réservée uniquement aux universitaires et chercheurs. Elle est la condition d'existence de leur métier, et par là même la condition d'existence du progrès dans les sciences, qu'elles soient les sciences de la nature ou les sciences humaines. Elle se décline principalement dans trois dimensions : la liberté de la recherche, la liberté de l'enseignement et la liberté d'expression.

DES MENACES INÉDITES

Une telle liberté a été constamment menacée par les pouvoirs. D'abord par l'Eglise, qui, au nom d'une vérité dogmatique, voulait interdire les découvertes qui contredisaient son dogme. Puis, l'Etat lui a succédé dans ce rôle de censeur. De Louis Napoléon Bonaparte, qui a évincé Ernest Renan de sa chaire au Collège de France, à Recep Tayyip Erdogan, qui, en Turquie, a révoqué et fait emprisonner nombre d'universitaires, la liste serait trop longue à énumérer des autocrates qui se sont attaqués à une telle liberté. Depuis quelques décennies, on pensait la France à l'abri de telles atteintes, manifestes, à la liberté académique. Les temps ont changé et les menaces se précisent, certaines anciennes dans leur nature, d'autres nouvelles et originales. Quatre exemples le prouvent.

Le premier cas est celui où la politique s'immisce indûment dans la recherche. On a ainsi appris, fin mars, que la revue *Afrique contemporaine* avait suspendu la parution d'un numéro spécial sur l'intervention de la France au Mali qui, en raison d'articles très critiques, avait déplu au principal organisme finançant cette revue, l'Agence française de développement (AFD). Celle-ci a invoqué de pures arguties, qu'on peut lire sur son site, pour faire « censurer » ce numéro. Une partie du comité de rédaction a démissionné et les chercheurs tentent désormais de fonder une nouvelle revue, indépendante. Dans cet exemple, une autorité publique porte atteinte à la liberté de publier, corollaire des libertés de recherche et d'expression.

Tout aussi instructifs sont deux cas symétriques mettant en danger la liberté d'expression des universitaires et dans les universités.

Le premier est celui du grave trouble apporté par des ultranationalistes polonais à un colloque à l'Ecole des hautes études en sciences sociales (EHESS) sur « la nouvelle école polonaise d'histoire de la Shoah ». ▶▶▶

« Il serait grand temps de faire face et de dénoncer l'intolérance là où elle s'exprime »

►►► Portant frontalement atteinte à la liberté d'expression des universitaires, les perturbateurs sont venus hurler leurs slogans, sans aucune volonté de débattre.

Un autre fait, finalement peu éloigné, s'est produit il y a peu à la Sorbonne lorsque la représentation d'une pièce d'Eschyle, *Les Suppliantes*, a été empêchée par des militants de la cause noire qui ont, en outre, séquestré une partie de la troupe, au motif que la pièce utilisait des masques rappelant, selon eux, la pratique du *blackface*, utilisée aux Etats-Unis par les racistes blancs. Les érudits ont relevé le contresens historique majeur commis par ces perturbateurs. Retenons surtout qu'il s'agit d'une atteinte manifeste à la liberté d'expression, commise dans une enceinte universitaire, et qu'elle illustre un nouveau phénomène inquiétant : la menace que fait peser sur la liberté académique la « dictature des identités ».

De plus en plus, les Etats-Unis étant considérés à la pointe dans ce combat liberticide, certains étudiants, minoritaires mais actifs, entendent, au nom d'une prétendue « victimisation », dicter aux enseignants ce qu'ils doivent ne pas dire ou ne pas enseigner, pour ne pas blesser leur sensibilité. Dans cette logique, les universitaires n'auraient plus seulement à craindre l'Etat ou les puissances d'argent, mais les nouvelles *« forces de la morale et du Bien »*.

MENACES DE L'INTÉRIEUR
Le dernier exemple, qui témoigne d'une dangereuse montée de l'intolérance, est celui de récents incidents survenus à l'EHESS. A la suite de la participation de certains membres de cette prestigieuse école au grand débat avec les « intellectuels » à l'Elysée, le 18 mars, d'autres membres de cette école – collègues, doctorants et étudiants – ont considéré que cela constituait une nouvelle trahison des clercs. Ils ont par conséquent cloué au pilori les participants en diffusant par courrier électronique des messages au ton violent et vindicatif, puis en placardant une affiche contenant le nom des universitaires en question. Ces contestataires renouaient avec les pires méthodes dictatoriales. Dans ce dernier cas, la liberté d'expression des universitaires est cette fois menacée de l'intérieur même de la communauté universitaire.

Ces quatre exemples doivent faire réfléchir et leur concomitance inquiéter. Il serait grand temps de faire face et de dénoncer l'intolérance là où elle s'exprime, et même si elle est le fruit d'universitaires. Cela signifie aussi qu'il faut désormais faire reconnaître cette liberté académique pour mieux la faire respecter et comprendre.

La Constitution pourrait être révisée en reconnaissant le principe de cette liberté académique, qui serait alors mieux garantie dans une loi organique afin de devenir un « bien » protégé par la loi. Les magistrats bénéficient de dispositions juridiques qui protègent leur indépendance. Pourquoi seuls les universitaires devraient-ils voir leur liberté fondamentale menacée sans être en mesure de la défendre ? Il en va de la liberté de la pensée et de la liberté de la science, dont dépend le niveau de civilisation d'un pays. ■

ʧ

Olivier Beaud *est professeur de droit public à l'université Panthéon-Assas, auteur du livre « Les Libertés universitaires à l'abandon ? » (Dalloz, 2010).*

Dominique Schnapper
Le Monde du 9 octobre 2019

« LA NEUTRALITÉ DE L'ÉCOLE PRÉVAUT SUR LE COMMUNAUTARISME »

La présidente du Comité des sages de la laïcité au ministère de l'éducation considère que les sorties scolaires sont un moment d'apprentissage et doivent être fidèles aux principes appliqués à l'école

La diffusion, par une association de parents d'élèves, d'une affiche revendiquant la possibilité pour des mères d'élèves d'accompagner, voilées, des sorties scolaires, a récemment relancé le débat sur les modalités de participation des parents d'élèves à ce temps pédagogique. Depuis toujours, les professeurs ont eu à cœur d'enrichir leurs cours en emmenant leurs classes visiter un musée, un monument historique, fréquenter une bibliothèque, voir un film ou une pièce de théâtre. Ces sorties s'inscrivent même dans l'emploi du temps régulier des classes pour les enseignements physiques et sportifs.

A l'école primaire, il est d'usage, depuis longtemps, de faire appel à des parents d'élèves volontaires pour non pas seulement « accompagner » ces sorties, mais participer à l'encadrement de classes en activité scolaire extérieure. C'est une pratique courante organisée par l'école qui permet de concrétiser un lien avec les parents et de renforcer l'encadrement des élèves par des adultes. Dès lors qu'ils l'acceptent, les parents savent qu'il ne s'agit pas simplement pour eux de donner la main à leur propre enfant mais de contribuer, sous la responsabilité de l'enseignant, à la bonne marche de l'activité pédagogique : ils ont donc un devoir d'exemplarité dans leur comportement, leurs attitudes et leurs propos.

> « L'affiche de la FCPE (…) valorise le port du voile. Son contenu a un caractère incitatif, sinon prosélyte »

« BON FONCTIONNEMENT DU SERVICE PUBLIC »
D'autres que les parents peuvent d'ailleurs intervenir aux côtés des enseignants : autres personnels exerçant dans l'école, délégués départementaux de l'éducation nationale ou volontaires du service civique. Le bon déroulement de ces séances doit beaucoup à l'observation par les accompagnateurs ou accompagnatrices d'une attitude discrète, garante du respect des consciences : que dirait-on par exemple de parents arborant dans ce cadre des slogans politiques ou publicitaires ? La question dépasse largement celle du voile. Or, l'affiche de la FCPE, diffusée dans la perspective d'élections prochaines, valorise le port du voile. Son contenu a un caractère incitatif, sinon prosélyte, et sa diffusion sème le trouble au sein des associations laïques, y compris à l'intérieur de cette même fédération, certaines sections s'en étant déjà désolidarisées.

Pour rallier des électeurs, l'affiche présente en effet le port du voile par des mères comme allant de soi, une affirmation du libre arbitre de chacune. Elle suggère qu'en interdire la présence dans le cadre d'une sortie scolaire serait une discrimination. Elle érige les mères voilées en porte-drapeaux d'une lutte pour la liberté religieuse. Ne soyons pas dupes : elle fait du port de voile par ces mères un moyen d'introduire à l'école un espace particulier pour l'islam – une exception contraire à l'universalisme républicain, contraire à la laïcité, laquelle garantit la liberté d'opinion, la liberté pour tous d'avoir une religion, de n'en avoir aucune ou encore d'en changer.

La préface du « Vade-mecum de la laïcité à l'école » le dit bien en rappelant que *« la laïcité est une dimension essentielle de la République en ce qu'elle garantit la liberté, l'égalité et la fraternité. En vertu des lois Ferry de 1881* et 1882 puis de la loi Goblet de 1886, elle fut un *principe fondateur de l'école publique* ». Ce principe est consubstantiel à l'école. Dès que l'on s'éloigne de son application, on s'éloigne de la République, on va vers une fragmentation communautariste de la société.

Sur la question des sorties scolaires, ce vademecum précise : « *Dans toutes les situations, les parents doivent s'abstenir de toute forme de prosélytisme et leur comportement peut être soumis à des exigences liées à l'ordre public, au bon fonctionnement du service ou encore à des impératifs de sécurité, de santé et d'hygiène. Ces motifs peuvent fonder des restrictions à leur liberté d'expression religieuse.* »

Le Conseil d'Etat, saisi par le Défenseur des droits, a considéré, dans une étude du 19 décembre 2013 (qui n'est pas un arrêt et n'a pas de caractère contraignant), que les parents d'élèves avaient la qualité d'usagers du service public et qu'en tant que tels ils n'étaient pas soumis à l'exigence de neutralité religieuse. Il a néanmoins également précisé que « *les exigences liées au bon fonctionnement du service public de l'éducation peuvent conduire l'autorité compétente, s'agissant des parents d'élèves qui participent à des déplacements ou des activités scolaires, à recommander de s'abstenir de manifester leur appartenance ou leurs croyances religieuses* ».

GARANTIR UN CLIMAT PAISIBLE ET SEREIN

Au demeurant, une récente décision de justice a donné raison à un directeur d'école qui avait imposé la neutralité et l'absence de tout signe ostensible d'appartenance politique ou religieuse aux parents d'élèves intervenant dans une activité scolaire au sein des classes (cour administrative d'appel de Lyon, arrêt du 23 juillet 2019). Pour distincte que soit cette situation – dans la classe même – de celle d'une sortie scolaire, ainsi que le souligne le vademecum, il nous semble que l'esprit de cette décision devrait être adopté dans les deux cas.

On peut en effet se demander s'il doit y avoir un statut différent entre les activités scolaires qui se déroulent à l'intérieur des locaux et les activités conduites à l'extérieur de ces locaux. La sortie scolaire n'est pas une promenade ou un divertissement, mais un moment d'apprentissage qui confronte l'élève au réel et élargit son horizon culturel. Faire que tout ce qui ressortit à l'obligation scolaire fonctionne avec les mêmes principes, quel que soit le lieu de déroulement de l'activité, est un facteur de stabilité pour l'école, ses personnels et les élèves.

Si l'on ne saurait, en l'état actuel du droit, interdire à des mères d'élèves de participer à l'encadrement d'une sortie scolaire sous le seul motif qu'elles portent un voile, on peut toutefois espérer, pour le bien de l'école et pour y garantir le climat paisible et serein dont elle a besoin, que le principe de neutralité qui régit l'école publique prévaudra sur les tentatives de dévoiement communautariste. ∎

J

Dominique Schnapper *est sociologue, directrice à l'Ecole des hautes études en sciences sociales (EHESS) et ex-membre du Conseil constitutionnel. Elle préside le Comité des sages de la laïcité au ministère de l'éducation nationale.*

Nancy Huston
Le Monde du 23 avril 2019

« LES GRANDS MYTHES SE SONT PRÉCIPITÉS AU CHEVET DE NOTRE-DAME »

La romancière franco-canadienne constate que la sécularisation des mœurs ne nous empêche pas de renouer avec une symbolique spirituelle

N utrisco et extinguo » (« Je nourris le bon feu et j'éteins le mauvais »), dit la salamandre, cette créature de légende censée vivre au milieu des flammes, adoptée comme corps de devise par François Iᵉʳ. Outre les raisons collectives, chacun de nous a ses raisons intimes d'être bouleversé par l'incendie de Notre-Dame de Paris. Le lundi 15 avril, mon émotion à moi est venue du fait que j'ai vécu pendant des décennies dans le Marais, à un jet de pierre de la cathédrale, l'ai côtoyée en toutes saisons et sous toutes les lumières, ai aimé la contempler depuis la librairie Shakespeare & Company, en face, ai amené mes enfants rendre visite à ses gargouilles, m'y arrête parfois, encore maintenant, pour allumer un cierge et penser à mes chers disparus...

Elle ressemble à une grand-mère que ses enfants et petits-enfants adorent mais négligent ; ils sont partis vivre au loin, ont oublié les vicissitudes de sa longue histoire et abandonné ses valeurs. Mais quand elle a une crise cardiaque, au moment où ils manquent de la perdre, ils se rendent compte à quel point elle leur tient à cœur. Se précipitant à son chevet, ils se regardent et se rendent compte : « Mais... mais... on est une famille extraordinaire ! » Bien que non croyante et même assez hostile à l'égard des institutions religieuses, j'entre régulièrement dans des églises, mosquées et temples du monde entier. Je les valorise en tant que lieux « à part », destinés au sacré, au silence, à la célébration, à la méditation, à la prière et à la musique...

> « On pensait être rationnels, cartésiens, logiques ? Mais non, on est superstitieux, fétichistes... »

QUESTIONS DE FOND

Tous, nous sommes des créatures de symbole et de récit. Tous, nous nous racontons des histoires au sujet des villes que nous habitons. Leurs monuments, que nous connaissions bien ou mal leur passé réel, se marient à nos souvenirs et s'intègrent à notre identité. Même le cœur et les yeux des athées chérissent la grâce des arcs-boutants, portails gothiques, statues de marbre, rosaces, escaliers en colimaçon... Mais tout de suite après le drame, les surprises ont commencé. On pensait être fauchés ? Mais non on est riches, puisqu'on peut réunir 850 millions d'euros en trois jours pour la reconstruction. On pensait être laïques ? Mais non, on est catholiques, puisqu'il n'est soudain plus interdit de prier dans les rues de Paris. On pensait être rationnels, cartésiens, logiques ? Mais non, on est superstitieux, fétichistes, puisqu'on est soulagés de ne pas avoir perdu deux reliques qui valent une fortune. Tel un retour du refoulé, tous les grands mythes de la France se sont précipités au chevet de la vieille dame, sans souci de cohérence. Patrimoine, Miracle, Héroïsme, Tourisme, Destin, Générosité, Moyen Age, Monarchie... Ah ! Il eût fallu être Roland Barthes pour recenser le feu d'artifice de mythologies jaillies du brasier de la cathédrale !

Le surlendemain de l'incendie, je n'avais plus qu'une envie : quitter les hauts de Ménilmontant pour aller rendre visite à la grande malade. Comme le personnel hospitalier me repousse – « Désolé, pas de visites à l'heure actuelle, elle est dans le coma, nous pensons qu'elle survivra, nous faisons tout notre possible, mais la convalescence sera longue » –, mes pas dessinent un grand cercle autour de la cathédrale. Merveille : sur les branches des arbres qui la jouxtent, les fragiles fleurs roses ont survécu aux flammes infernales ▶▶▶

▶▶▶ et se balancent tranquillement dans le petit vent d'avril... Debout sur le pont de la Tournelle, parmi la foule de caméras du monde entier et leurs journalistes survoltés, je me dis qu'il faudrait profiter de cet événement spectaculaire, pour une fois sans victimes ni terrorisme ni malveillance, pour se poser doucement des questions de fond... Qu'est-ce qui est réellement précieux ? Que chérissons-nous ? Quelles sont nos valeurs ?

Le christianisme ? Mais Jésus (sans qui, en principe, il n'y aurait ni Eglise catholique ni Notre-Dame de Paris) s'est toujours identifié aux pauvres, aux affamés, aux malades, aux opprimés, aux piétinés, aux persécutés. Pas aux bâtiments. Pas aux couronnes d'épines. Il serait horripilé de savoir que l'on a fait d'un élément de son martyre un objet doré, et qu'on le préserve depuis deux mille ans. De même saint Jean pour sa tunique.

Nos grands auteurs ? Mais Victor Hugo défendait lui aussi les misérables. Dans *Notre-Dame de Paris*, La Esmeralda est une Gitane du Moyen-Orient accusée de meurtre ; Quasimodo, le bossu, l'arrache au tribunal et l'amène dans la cathédrale... «*Asile ! Asile ! Asile !*», rugit-il, et la foule en délire l'applaudit.

REBÂTIR L'IMPALPABLE

Paris ? Mais quel Paris ? Que représente Notre-Dame pour les millions de Franciliens qui habitent au-delà du boulevard périphérique ? Sur l'île de la Cité, le soir du 15 avril, on ne voyait pas beaucoup de visages non blancs... On n'en voit pas beaucoup les autres jours non plus... si ce n'est, piétinant devant la Préfecture de police, à 100 mètres de la cathédrale, les étrangers (dont j'ai longtemps fait partie) espérant se voir octroyer un permis de séjour.

Aujourd'hui, le centre de Paris est propre comme un sou neuf et la Cour des Miracles a été repoussée loin des yeux des touristes. J'habite près du boulevard périphérique. Depuis des années, une femme sans abri dort sur le pas de ma porte ; chaque jour, entre mon bureau et ma maison, je croise une dizaine d'hommes sans abri, sans emploi, sans nourriture et sans espoir. Ce n'est pas seulement un bâtiment qu'il s'agirait de reconstruire. C'est aussi ce que ce bâtiment était censé représenter : solidarité, amour, souci d'autrui, refuge... «*Asile !*»

Dans sa préface au roman, Hugo raconte que, en «*furetant*» dans la cathédrale, il est tombé en arrêt devant un mot grec gravé dans un coin : «*ananké*», «*la fatalité*». «*L'homme qui a écrit ce mot sur ce mur s'est effacé, il y a plusieurs siècles, du milieu des générations, le mot s'est à son tour effacé du mur de l'église, l'église elle-même s'effacera bientôt peut-être de la terre.*» Oui : le romancier avait prévu que Notre-Dame de Paris s'effacerait un jour, de même que son roman. La tragédie, c'est que sa pensée, aussi, comme celle de Jésus, comme celle de tant d'autres hommes et femmes porteurs de sagesse et de générosité, est trop souvent effacée, dénaturée, dispersée. Si l'on saisissait cette occasion de rebâtir, aussi... l'impalpable ? ∎

ɔ

Nancy Huston *est écrivaine, auteure notamment de «Lignes de faille» (2006), «L'Espèce fabulatrice» (2008) et «Lèvres de pierre» (2018), tous chez Actes Sud.*

Céline Parisot
Le Monde du 13 septembre 2019

« L'ÉGALITÉ DEVANT LA LOI S'OPPOSE À CE QUE LES CRIMES SOIENT "GENRÉS" »

L'introduction du terme « féminicide » dans le code pénal nuirait à la clarté du droit et donc à son efficacité, estime la présidente de l'Union syndicale des magistrats

D es meurtres de femmes dans un milieu familial s'accumulent. Cette réalité morbide mérite les projecteurs actuellement dirigés sur elle, car nul ne peut accepter comme une sorte de fatalité les meurtres de ces femmes commis par ceux dont elles partagent ou ont partagé la vie. Le droit pénal français est-il aujourd'hui à la hauteur des enjeux ? Ou le terme «féminicide» doit-il venir compléter notre arsenal juridique ?

Récemment entré dans le vocabulaire courant, ce mot ne fait pas l'objet d'une définition unanimement admise et n'est pas reconnu par l'Académie française. La sociologue américaine Diana E. H. Russell en a proposé la définition suivante : «*Le meurtre d'une femme parce qu'elle est une femme.*»

Son acception peut donc être très large. Elle va en tout cas bien au-delà d'un meurtre d'une épouse, d'une compagne ou d'une ex. Ce terme est utilisé pour nommer une réalité sociale et inclut une notion de domination, une volonté d'emprise du meurtrier sur la femme victime du crime. Faut-il pour autant le faire entrer dans le code pénal ? Donner une visibilité accrue à un phénomène n'aurait pas juridiquement de sens. Une nouvelle loi ne pourrait avoir pour objet que de créer une nouvelle infraction, ou de nouvelles circonstances aggravantes, ou encore d'aggraver la peine encourue en cas de meurtre d'une femme.

Or, le féminicide est déjà bien un crime, puni de la peine la plus élevée, même si le mot ne figure pas en tant que tel dans le code pénal. Les «parricide» (meurtre d'un parent) et «infanticide» (meurtre d'un enfant) n'y figurent plus depuis la refonte du code pénal en 1992. Pourtant, ils constituent également des crimes unanimement réprouvés, et ils sont d'ailleurs punis de la réclusion criminelle à perpétuité par l'article 221-4 du code pénal. Ce même article sanctionne exactement de la même peine le meurtre commis «*par le conjoint ou le concubin de la victime ou le partenaire lié par un pacs*».

Le droit pénal a pour objet de qualifier les infractions, puis de les sanctionner lorsque la preuve en est rapportée. Les termes qu'il utilise sont souvent techniques, ils doivent être précis pour que chacun sache quels sont les interdits au nom du principe de légalité des délits et des peines, et son caractère universel impose de l'appliquer à tous de manière égale. Aussi, la terminologie juridique ne doit pas être calquée sur une terminologie sociologique, aujourd'hui très médiatique.

Ce principe d'égalité devant la loi s'oppose à ce que les crimes soient « genrés », et les victimes sont donc désignées de manière neutre mais universelle, en raison de leur sexe, de leur orientation sexuelle ou de leur identité de genre. Ainsi, la loi prévoit des peines systématiquement

> « La terminologie juridique ne doit pas être calquée sur une terminologie sociologique, aujourd'hui très médiatique »

aggravées lorsqu'il peut être établi qu'un crime ou un délit a été commis contre une victime, ou un groupe de personnes dont fait partie la victime, *« en raison de son sexe, de son orientation sexuelle ou identité de genre vraie ou supposée »*.

La loi est donc très claire : tout féminicide est un crime. Et sa gravité justifie qu'il soit puni de la peine maximale : la réclusion criminelle à perpétuité. Aucun nouveau texte n'est donc nécessaire pour le réprimer plus sévèrement ou pour prévoir une nouvelle circonstance aggravante.

Même s'il est beaucoup plus rare, tout meurtre commis sur un homme en raison de son sexe ou de son orientation sexuelle sera sanctionné de la même manière. Faut-il faire une différence entre le meurtre d'un homme en raison de son sexe et le meurtre d'une femme en raison de son sexe ? Dans la communication courante, certainement ; dans le code pénal, certainement pas. Tout simplement parce que cela risquerait d'affaiblir la répression. En effet, plus une infraction est simple à démontrer de manière objective, plus il est aisé d'en rapporter la preuve et donc d'en sanctionner l'auteur.

CIRCONSTANCES AGGRAVANTES ÉTENDUES

Le droit pénal est actuellement efficace du fait de sa clarté en ce qui concerne le meurtre des femmes. Les circonstances aggravantes ont été largement étendues, pour couvrir toutes les situations de couple : le conjoint, concubin, partenaire, mais aussi l'ex-conjoint, concubin ou partenaire, même sans vie commune, encourent une peine aggravée. Ces notions ne demandent pas d'effort d'interprétation important. Elles sont claires pour le citoyen comme pour le juge. Il est un peu plus complexe de déterminer si le crime a été commis en raison du sexe, de l'orientation sexuelle ou de l'identité de genre de la victime, mais ces circonstances aggravantes permettent déjà de combattre tous les actes criminels motivés par le machisme, comme d'ailleurs l'homophobie ou la transphobie.

Toutes les femmes sont ainsi protégées par la loi. Cependant, le droit n'est pas un rempart contre la violence et la domination. Le débat qui porte sur la nécessité ou non d'introduire la notion de féminicide dans le code pénal est mal posé et détourne l'attention des vrais problèmes : comment inciter les femmes violentées à le faire savoir ? Comment traiter plus efficacement les plaintes de ces femmes et les accompagner dans le temps ? Comment mieux assurer l'effectivité des sanctions et la protection des victimes ? ∎

Céline Parisot *est magistrate et présidente de l'Union syndicale des magistrats (USM).*

Fabienne Brugère
Le Monde du 11 juin 2019

« LE FÉMINISME DOIT SE CONFRONTER AUX INÉGALITÉS DE POUVOIR »

Alors que « l'oppression patriarcale se réorganise » pour « maintenir l'ordre ancien », les féministes doivent renouer avec une visée universelle en s'attachant aux vies ordinaires des femmes et en engageant une lutte solidaire, plaide la philosophe

L'émancipation des femmes ne manquera pas de troubler profondément le XXIe siècle. Elle s'est déjà annoncée comme un sujet avec #metoo, les marches de femmes en Argentine ou en Pologne, le mouvement de rébellion des femmes *[contre le port du voile]* en Iran ou encore la présence des féministes dans les dernières manifestations en Algérie. Peut-être sera-t-elle une révolution silencieuse, accomplie petit à petit, ici ou là, avec une grande détermination toutefois. Tout le monde sait que cette révolution se prépare.

C'est pourquoi l'oppression patriarcale se réorganise sous ses différentes formes, se mondialise, se rassemble plus que jamais pour maintenir l'ordre ancien. Une géopolitique de la situation des femmes dans le monde en donne quelques exemples. Dernièrement, le plus significatif tient dans le refus des Etats-Unis, en avril, de laisser passer une résolution de l'ONU contre le viol comme arme de guerre. Il s'agit ainsi, rejoignant la Chine et la Russie, de refuser toute mesure de surveillance et de recensement de ces violences, de ne rendre possible aucun soin aux victimes.

Soutenir une réparation serait soutenir l'avortement. Les corps reproductifs des femmes doivent rester sous le contrôle des hommes même lorsqu'il s'agit de crimes de guerre. La liberté des sujets féminins n'est pas à l'ordre du jour, même pour un pays considéré comme une démocratie. On nous dit parfois que la défense du droit à l'avortement est une manie du féminisme occidental. Pourtant, quand on sait les viols qui ont été perpétrés dernièrement dans la République démocratique du Congo, ou sur les femmes de la communauté yézidie, en Irak, cette résolution refusée n'est-elle pas l'affaire de tous les féminismes du monde entier ? Les Etats-Unis, pays très religieux, sont au cœur de mesures anti-avortement comme en Géorgie, où le gouverneur républicain vient de signer un texte qui restreint ce droit. Ils rejoignent à nouveau des pays autoritaires et profondément patriarcaux.

Face à cette offensive mondiale, les féministes de tous les pays ont la nécessité de s'unir. Certes, comme l'a montré Françoise Vergès dans *Un féminisme décolonial* (La Fabrique, 2019), il existe des féminismes néolibéraux, souvent portés par des femmes blanches, qui n'aident pas la cause des femmes puisqu'ils promeuvent la réussite et l'enrichissement de quelques-unes aux dépens de toutes les autres.

Lorsque Sheryl Sandberg, l'une des directrices de Facebook, jeune milliardaire, écrit *En avant toutes : les femmes, le travail et le pouvoir* (JC Lattès, 2013), on se demande ce que ce livre peut bien changer à la situation des 70 % des personnes les plus pauvres dans le monde qui sont des femmes. On ne passe pas du jour au lendemain de femme migrante ▶▶▶

« Entre la cadre dirigeante et l'exilée sans papiers, ou la femme qui vit dans la rue, il n'y a souvent pas de solidarité. Ces solidarités sont à créer dans les féminismes à venir »

►►► sans papiers à femme très riche qui circule d'un continent à l'autre. S'agit-il d'ailleurs de féminisme ? Le slogan *«Enrichissez-vous le plus possible»* ne fut jamais dans l'histoire un slogan féministe.

Quand Virginia Woolf demandait l'indépendance financière pour les femmes qui écrivent, il ne s'agissait pas d'idéologie libérale mais d'autonomie : un peu d'argent aide à devenir un sujet libre. Dans le néolibéralisme, il ne s'agit plus de liberté : quand le culte de la liberté d'entreprendre devient systématique, il n'autorise plus les femmes à choisir leur vie ou leur imaginaire. La seule norme de vie devient la réussite dans la société de marché. Or, l'histoire des féminismes dessine des luttes contre l'oppression, qui imaginent d'autres modèles de société, ou qui sont menées en faveur de toutes les femmes.

La philosophe américaine Judith Butler définit le féminisme comme une «coalition des différences». Il faut renouer avec ce projet. Il y a un terme fort décrié mais pourtant intéressant, c'est celui de « sororité », compris comme solidarité entre femmes. L'historienne Arlette Farge a bien montré combien la solidarité féminine s'est développée dans les années 1970, et comment elle a buté ensuite sur les clivages de classes et l'individualisme de la société. La grande question à laquelle les femmes sont confrontées aujourd'hui est la question sociale, cette réalité incontournable des différences de pouvoir et de richesse dans le monde.

LA « SORORITÉ », UNE RECHERCHE DE JUSTICE

Car les différences n'existent pas seulement entre les couleurs de peau mais concernent plus encore les niveaux de vie, la liberté de circuler ou de prendre la parole, d'agir : entre la cadre dirigeante (qu'elle habite en Europe ou en Afrique) et l'exilée sans papiers, ou la femme qui vit dans la rue, il n'y a souvent pas de solidarité. Entre la Danoise dont les études sont financées par le gouvernement et la Bulgare ou la Roumaine aux confins d'une Europe aux salaires très bas, il n'existe pas non plus de solidarité. Ces solidarités sont à créer dans les féminismes à venir.

La vie militante est aujourd'hui affaiblie par un individualisme sauvage et une exploitation des richesses dans le monde plus forte que jamais. Les discours féministes ne doivent pas se raidir ou se scinder en chapelles. Renouer avec l'universel dans les féminismes d'aujourd'hui, c'est développer une solidarité des femmes à l'égard des femmes, des hommes à l'égard des femmes, des riches à l'égard des pauvres. Tel est le projet aujourd'hui d'un féminisme ordinaire qui affirme que la liberté et l'égalité des femmes passent par un combat contre tous les actes religieux, politiques, guerriers et sexuels qui les asservissent. La « sororité » est une recherche de la justice pour des femmes que l'on ne considère pas et auxquelles, précisément, on ne rend pas justice.

Il ne faut pas négliger ce que notre siècle devra porter. Deux directions doivent être tenues. Des féminismes radicaux nous font désirer d'autres mondes que celui-ci, penser que l'on ne parlera plus d'hommes et de femmes mais d'individus, plus de profit capitaliste mais de bonheur socialiste ou de société de la décroissance. Ces perspectives sont importantes car elles portent la possibilité d'un changement de système qui viendra peut-être un jour, et peuvent servir d'idéal régulateur de l'action politique.

Mais elles ne doivent pas étouffer d'autres formes de féminisme, attachées aux vies ordinaires des femmes dans leur présent, nécessitant à la fois des luttes « situées » dans des contextes géographiques ou sociaux spécifiques et des luttes internationales, en faveur d'une justice à l'égard des femmes. Ce féminisme ordinaire concerne aussi bien la lutte contre le féminicide que le harcèlement sexuel, le viol, l'excision, la défense du droit à l'avortement, ou l'exploitation des travailleuses dans le domaine du soin ou du service.

Ce féminisme revendique également l'égalité entre les femmes et les hommes, dans le monde du travail comme dans la vie conjugale ou familiale. Ainsi, défendre un féminisme ordinaire suppose d'être vent debout contre la position du gouvernement français, opposé, dans les négociations européennes, au financement du congé parental paritaire. Du point de vue d'un féminisme ordinaire, financer un tel congé parental est plus important qu'instaurer une parité de genre dans un gouvernement.

C'est en changeant les situations des femmes aujourd'hui, au nom de la solidarité, sur des affaires concrètes et qui paraissent parfois dérisoires au regard du « grand jour », que l'on fera bouger la société. Rendre les femmes moins pauvres et moins dépendantes des hommes est une nécessité. Gagner en liberté, c'est explorer des positions moins ordonnancées et se donner les moyens de s'imaginer des vies alternatives. Et sur ces vies alternatives qui mènent à de nouveaux modèles de société, les femmes et les hommes peuvent alors se retrouver.

Nous ne pouvons pas attendre des temps meilleurs pour promouvoir l'émancipation des femmes. De toute façon, tout changement de système se prépare, ne se fait qu'avec des sujets les plus libres possible. Il n'existe pas de changement de société réalisable sans que de nouvelles places – au-delà de celles déjà acquises par les femmes – soient conquises par des luttes qui doivent être universalisées.

Cela n'empêche nullement les féminismes « situés », mais cela les inscrit dans un commun des femmes qui doit, aujourd'hui comme hier, être préservé. Renouer avec une telle visée universelle n'est pas déployer un féminisme occidental « universaliste ». C'est considérer le droit d'être un humain comme les autres pour toutes les femmes, quelles que soient les parties du monde où elles naissent. *«L'avenir demeure largement ouvert »*, écrivait Simone de Beauvoir. A condition de le préparer. ∎

> « Le projet d'un féminisme ordinaire affirme que la liberté et l'égalité des femmes passent par un combat contre tous les actes religieux, politiques, guerriers et sexuels qui les asservissent »

Fabienne Brugère *est philosophe et professeure à l'université Paris-VIII Vincennes-Saint-Denis. Spécialisée en philosophie esthétique, morale et politique, elle a contribué à introduire le travail de l'Américaine Judith Butler en France. Elle est l'auteure, avec Guillaume Le Blanc, de «La Fin de l'hospitalité» (Flammarion, 2017). Son dernier ouvrage, «On ne naît pas femme, on le devient» (Stock, 2019) défend un «féminisme ordinaire» à partir de réflexions théoriques et de souvenirs biographiques.*

Patrice Maniglier
Le Monde du 1er mars 2019

« GILETS JAUNES » : « DEPUIS MAI 68, UN AUTHENTIQUE POTENTIEL RÉVOLUTIONNAIRE »

Le président de la République devrait prendre au sérieux l'insubordination de masse, estime le philosophe, qui voit dans le recours aux urnes la seule piste d'une « sortie par le haut »

Le mouvement des « gilets jaunes » est le premier mouvement social français, depuis Mai 68, voire depuis la fin de la guerre d'Algérie, à manifester un authentique potentiel révolutionnaire. Une révolution est un changement de pouvoir (soit que ceux qui occupaient les positions dirigeantes sont délogés au profit d'autres, soit que la structure même du pouvoir est modifiée) sous l'effet d'une insubordination de masse des gouvernés. Une situation révolutionnaire se produit quand deux légitimités se font face sans horizon de conciliation : d'un côté la légitimité que donne la détention légale du pouvoir, de l'autre la légitimité que donne la détermination, au sein d'une grande masse de gens, à défier ce pouvoir, en allant s'il le faut jusqu'à l'exposition de leurs corps.

Il importe ici de bien comprendre le mot « masse ». Il désigne surtout le fait que le mouvement agrège des identités sociales, culturelles et idéologiques suffisamment hétérogènes pour qu'on ne sache plus qui est susceptible de le rejoindre. Il n'a donc pas besoin d'être majoritaire : il doit être imprévisible. De fait, les « gilets jaunes » inquiètent, parce qu'on ne sait pas qui ils – et elles – sont. Ils divisent chaque identité sociale plus vite qu'on ne les divise. La présence, au sein du même mouvement, d'éléments indésirables les uns pour les autres est à la fois un souci légitime et la preuve de son potentiel révolutionnaire.

Le penseur italien Antonio Gramsci avait introduit dans la théorie marxiste le terme d'« hégémonie » pour désigner ce phénomène par lequel, au cours d'un processus révolutionnaire, les éléments d'une classe particulière (les ouvriers russes de 1917) prennent en charge aussi les intérêts de classe d'autres segments de la population (la paysannerie russe).

UN PROCESSUS HÉGÉMONIQUE FORT

Les philosophes Ernesto Laclau et Chantal Mouffe ont élargi le terme à toutes les identités, pas seulement de classe. Un mouvement à potentiel révolutionnaire est toujours ce qu'on peut appeler un processus hégémonique. Le mouvement contre la « loi travail » de 2016 avait donné lieu à un tel processus, qui s'était incarné dans Nuit debout et dans le « cortège de tête », au sens où ces formes de mobilisation débordaient les identités syndicales et politiques qui avaient été à l'origine de la contestation. Mais ce processus était resté faible, parce qu'il n'avait jamais réussi à construire une diagonale de mobilisation suffisamment indéterminée : à tort ou à raison, on croyait savoir qui y participait. Le mouvement des « gilets jaunes », en revanche, a tout d'un processus hégémonique fort, parce que, ayant entraîné des personnes jusqu'alors en retrait, son orbite de mobilisation devient imprévisible. S'il prétend incarner le « peuple », ce n'est pas parce qu'il est majoritaire, mais parce qu'il est indéfini.

Une situation révolutionnaire conjugue trois temporalités : des traits de structure, un aspect de conjoncture et un événement ponctuel. Emmanuel Macron fait semblant de n'interpréter la crise actuelle que sur le fond des premiers, ignore le deuxième et tente de détourner le troisième.

Les traits de structure convergent vers la méfiance accumulée depuis des années entre les gouvernants et les gouvernés, dans beaucoup de pays mais en France tout particulièrement. Différentes interprétations sont bien sûr données de cette crise de confiance. Pour l'exécutif, c'est l'absence de réalisation des « réformes de structure » qui en est responsable. Pour beaucoup de personnes, dont je fais partie, c'est au contraire l'imposition de réformes allant toujours plus dans le sens du néolibéralisme qui l'explique. Aller plus loin dans le néo-thatchérisme qui sert de credo à l'actuel pouvoir ne pourra donc pas résoudre mais seulement aggraver la crise.

DÉFAILLANCE DU SYSTÈME DÉMOCRATIQUE

La conjoncture, en l'occurrence, est précisément l'attitude de M. Macron : sa conviction que les élections de 2017 lui ont donné une légitimité suffisante pour conduire tambour battant les réformes d'ajustement structurel auxquelles il s'est identifié. Ce qu'on perçoit comme son « mépris » n'est qu'une des conséquences secondaires, peut-être aggravées par une vraie maladresse, de cette conviction profonde.

Mais un processus hégémonique ne se déclenche que s'il y a des événements qui « font déborder le vase », « mettent le feu aux poudres », etc. En Tunisie, ce fut l'immolation de Mohamed Bouazizi. En France, ce fut la hausse de la taxe sur les carburants. Un événement ne déclenche un processus hégémonique que s'il est symbolique d'un enjeu plus général, qui lui-même renvoie à un autre, puis un autre, dans des chaînes qui finissent par mettre en branle des parties très hétérogènes du corps social. En l'occurrence la taxe supplémentaire est apparue comme le symbole de l'injustice fiscale, elle-même symbole du désintérêt des classes dirigeantes pour les populations à revenu médian, lui-même symbole d'une défaillance du système démocratique, etc.

Emmanuel Macron a répondu à cet événement en supprimant l'augmentation de la taxe sur les carburants, en tentant de rééquilibrer au moins temporairement le pouvoir d'achat des plus modestes et en lançant un débat citoyen. Ces mesures ne sont pas suffisantes pour une raison simple : elles ne remettent pas en question l'axe de sa politique, c'est-à-dire son orientation néolibérale. Les gens n'étant pas bêtes, ils ont bien compris que ce n'était là que des concessions de court terme destinées à acheter leur soumission au programme de long terme. Dans ces conditions, que peut-il se passer ? ►►►

> « Aller plus loin dans le néo-thatchérisme qui sert de credo à l'actuel pouvoir ne pourra qu'aggraver la crise »

▶▶▶ Première hypothèse : un mélange de concessions et de répression permet au pouvoir en place de fatiguer son adversaire. C'est le pari d'Emmanuel Macron. Le regain de vitalité du mouvement laisse penser cependant que cette tactique risque d'échouer. Deuxième hypothèse : le pouvoir accepte de négocier réellement, c'est-à-dire de réorienter sa politique en renonçant à son axe néolibéral et en rouvrant les options envisageables. Cela est peu probable au regard de la mission historique dont M. Macron se croit investi. Reste la troisième hypothèse : l'insubordination de masse s'élargit toujours plus, malgré le coût de plus en plus élevé du mouvement pour beaucoup de personnes, au point de rendre le pays tout simplement ingouvernable.

MODIFIER LE FINANCEMENT DES PARTIS

Bien sûr, dans une telle situation, le pouvoir peut faire donner l'armée. Il n'est pas sûr que le résultat soit celui escompté. Non pas que les insurgés aient les moyens de le renverser militairement, mais il est probable que, dans une culture politique comme la nôtre, le coût symbolique soit trop élevé pour qu'aucun gouvernement puisse le payer. Encore qu'il ne faille, en ces temps obscurs, jurer de rien... Alors que reste-t-il ? C'est simple : de telles crises de gouvernabilité se résolvent sous nos climats par un passage aux urnes. Le mouvement devra, certes, accepter le tribunal des urnes – le refuser serait interprété comme une velléité dictatoriale et risquerait de casser sa dynamique d'expansion –, mais il doit aussi exiger quelques préalables au nom de l'authenticité démocratique elle-même. Car le système électoral tel qu'il existe aujourd'hui ne satisfait pas assez l'idéal démocratique. Il faut exiger des règles qui rétablissent un peu d'équité et de transparence. J'en vois deux, au moins.

La première est de refuser que l'élection présidentielle soit le moment le plus important de la vie nationale : si élections il doit y avoir, elles doivent être législatives et non pas présidentielles – ce qui devrait agréer à l'actuel détenteur de la charge. On doit espérer en conséquence que les enjeux constitutionnels soient au cœur de la campagne ainsi ouverte. La deuxième est technique et exige une réforme immédiate : elle vise à modifier le financement des partis de sorte à diminuer considérablement le plafond des dons qu'on peut leur faire afin que ce ne soient plus les riches qui décident du résultat des urnes. Alors nous pourrons espérer sortir par le haut de la situation révolutionnaire que le mélange de cynisme et d'aventurisme de M. Macron a ouvert.

On ne peut ignorer cependant que les conséquences d'un mouvement comme celui-ci passent aussi par l'extraordinaire école des luttes en quoi il consiste et par les circulations d'expériences qu'il aura permises. Jamais les procédés légaux de désignation des détenteurs du pouvoir n'ont monopolisé l'intégralité de la légitimité démocratique : il serait bon que le président de la République s'en avise et prenne au sérieux le potentiel révolutionnaire des « gilets jaunes ». ◼

Patrice Maniglier *est maître de conférences à l'université Paris-Nanterre. Il est l'auteur de « La philosophie qui se fait. Conversation avec Philippe Petit » (Cerf, 2019).*

Collectif
Le Monde du 11 décembre 2019

« POURQUOI RETARDER UNE RÉFORME DES RETRAITES JUSTE ET EFFICACE ? »

Les économistes Philippe Aghion, Antoine Bozio, Philippe Martin et Jean Pisani-Ferry, qui ont inspiré le programme du candidat Macron en 2017, font quatre propositions pour revenir aux objectifs initiaux de la réforme

Disons-le d'emblée, nous regardons l'établissement d'un système universel et transparent comme une réforme de progrès. Le principe qui la fonde, *« à cotisations égales, retraite égale »*, traduit l'équité des règles d'acquisition des droits contributifs. Il est pleinement compatible avec le renforcement de la solidarité du système et la prise en compte de la pénibilité. Dans un tel système, plus rien ne justifiera les régimes spéciaux. Pour réussir une réforme aussi ambitieuse, il faut de la clarté sur sa finalité, sur ses paramètres, sur la gouvernance future du système et, enfin, sur les conditions de la convergence des différents régimes existants. Les objectifs centraux de la réforme – lisibilité, sécurité, confiance, équité – ont été obscurcis par des considérations budgétaires qui détournent de l'essentiel.

RENONCER À L'ÂGE PIVOT

Nous recommandons donc, premièrement, de renoncer aux mesures d'âge et de s'en tenir strictement à une réforme systémique. Cela n'empêchera pas l'âge effectif de départ en retraite d'augmenter avec les progrès de l'espérance de vie. L'allongement des carrières en raison de la démographie est compatible avec le maintien d'un âge d'ouverture des droits à 62 ans et ne nécessite pas l'instauration d'un âge pivot.

Deuxièmement, il est urgent de dissiper la méfiance quant à l'évolution de la valeur des points accumulés. Pour recréer la confiance, il faut énoncer des règles d'indexation stables et précises, qui s'appliquent même en cas de récession. La loi devra ainsi fixer les principes d'évolution de la valeur du point, du taux de rendement et du supplément de pension par année travaillée supplémentaire.

Troisièmement, la gouvernance du système doit être transparente. Un accord social aussi large que possible doit être recherché sur un ensemble de grands paramètres, à commencer par la part des pensions dans le PIB et le taux de remplacement cible (le rapport entre pension et revenu d'activité), qui doit servir de repère pour déterminer l'âge de départ en retraite. Il est également souhaitable que les partenaires sociaux participent à la gouvernance du système.

Quatrièmement, le gouvernement doit proposer une méthode et une stratégie de transition pour la fonction publique. La réforme vise, à raison, à faire converger cotisations et droits à la retraite entre public et privé. Comme le taux de remplacement moyen de la fonction publique est équivalent à celui du secteur privé, cette convergence n'a pas de raison de conduire à la dégradation de la situation des fonctionnaires. Pour ceux d'entre eux qui sont peu primés, comme les enseignants, elle doit se traduire par un rééquilibrage entre rémunération d'activité et pension au profit de la première, mais pas par une perte.

Un problème réel est qu'une convergence des taux de cotisation sur l'ensemble de la rémunération ne doit pas se faire à l'avantage des fonctionnaires fortement primés. Ce ne serait pas l'esprit de la réforme. Mais ce problème est soluble : en augmentant très graduellement les cotisations sur les primes, et en réduisant celles qui portent sur le traitement, on ralentirait temporairement la progression des rémunérations des agents les mieux primés, et on l'accélérerait pour les moins primés. La dynamique des droits à pension serait inverse. In fine, aucune catégorie ne serait perdante. Beaucoup proposent de retarder la date d'application de la réforme, ou de ne l'appliquer qu'à des générations plus tardives. Des transitions sont nécessaires, mais les allonger à l'excès ne serait pas une vraie réponse. Si la réforme est injuste ou anxiogène, les délais ne résoudront rien. Si, comme nous le pensons, elle est socialement juste et économiquement efficace, pourquoi la retarder ? ◼

Philippe Aghion *est professeur au Collège de France ;*
Antoine Bozio *(EHESS, Ecole d'économie de Paris) est directeur de l'Institut des politiques publiques ;*
Philippe Martin *est professeur à Sciences Po, président délégué du Conseil d'analyse économique ;*
Jean Pisani-Ferry *est professeur à Sciences Po.*